本書係國家社科基金重大項目"出土簡帛文獻與古書形成問題研究"（19ZDA250）階段性成果

本書由河南大學歷史文化學院資助出版

第六節　駕馬之法……………………………………………416

主要參考文獻………………………………………………420
後　　記……………………………………………………424
分類索引……………………………………………………426
漢語拼音索引………………………………………………437

三禮名物分類彙釋

曹建墩 著

人民出版社

責任編輯：翟金明

封面設計：周方亞

**图书在版编目（CIP）数据**

三禮名物分類彙釋/曹建墩 著．— 北京：人民出版社，2021.6

ISBN 978－7－01－022544－9

I.①三…　II.①曹…　III.①禮儀－研究－中國－古代　IV.① K892.9

中國版本圖書館 CIP 數據核字（2020）第 195093 號

三禮名物分類彙釋

SANLI MINGWU FENLEI HUISHI

曹建墩 著

人民出版社 出版發行

（100706　北京市東城區隆福寺街 99 號）

北京匯林印務有限公司印刷　新華書店經銷

2021 年 6 月第 1 版　2021 年 6 月北京第 1 次印刷

开本：710 毫米 ×1000 毫米 1/16　印張：28.25

字數：445 千字

ISBN 978－7－01－022544－9　定價：98.00 元

郵購地址 100706　北京市東城區隆福寺街 99 号

人民東方圖書銷售中心　電話（010）65250042　65289539

# 目　录

緒　論……………………………………………………………………… 1

第一章　服飾（上）……………………………………………………… 15

　　第一節　服飾材料……………………………………………………… 15

　　第二節　練染與色彩…………………………………………………… 21

　　第三節　絲織物的種類………………………………………………… 28

　　第四節　冠冕…………………………………………………………… 41

　　第五節　體衣…………………………………………………………… 54

　　第六節　足衣…………………………………………………………… 74

　　第七節　髮式和首飾…………………………………………………… 84

　　第八節　佩飾…………………………………………………………… 99

第二章　服飾（下）……………………………………………………… 111

　　第一節　冕服…………………………………………………………… 111

　　第二節　弁服…………………………………………………………… 122

　　第三節　冠服…………………………………………………………… 127

　　第四節　裘衣與褐襲衣………………………………………………… 133

　　第五節　喪服…………………………………………………………… 138

　　第六節　其他…………………………………………………………… 154

第三章　飲食……………………………………………………………… 159

　　第一節　穀物與飯食…………………………………………………… 159

　　第二節　菜蔬…………………………………………………………… 171

1

第三節　瓜果·······························185

第四節　肉食·······························193

第五節　酒漿·······························202

第六節　乾飯粥類·························214

第七節　薦羞·······························217

第八節　調味品·····························223

第九節　烹飪法·····························230

第十節　其他·······························235

第四章　都邑宮室建築·······················237

第一節　《考工記》與都城、中城規劃·······237

第二節　宮室廟寢·························250

第三節　堂房序室·························262

第四節　房屋架構與裝飾·················286

第五節　學校·······························294

第六節　扶風雲塘、齊鎮建築基址·········306

第七節　倉廩府庫·························311

第八節　凌陰建築及其他建築·············316

第五章　車馬（上）·······················318

第一節　車的形制·························318

第二節　兵車、軺車、安車、輜重車·······358

第三節　三禮所載的禮儀用車·············370

第六章　車馬（下）·······················390

第一節　鞁具·······························390

第二節　挽具·······························398

第三節　馬飾·······························405

第四節　御馬之具·························411

第五節　戰馬配備·························413

# 緒　論

名物之學，早在兩周時期即爲時人所重。春秋時期，卿大夫對山川草木鳥獸蟲魚獸等認識頗多，當時有"博物君子"之説。《左傳·昭公元年》載："晉侯聞子產之言，曰：'博物君子也。'"博物君子乃精通名物之學、博學多識的君子。儒門重博學明道，名物之學亦爲其所重，蓋士君子可藉此助其成就其高遠之理想，是以孔子訓誨年青人要"多識於草木鳥獸之名"（《論語·陽貨》）①。《禮記·學記》云："不學雜服，不能安禮。"名物是禮制的物化表現形式，是彰顯尊卑長幼身份，體現貴族君子的威儀，彰明君子之德的物質載體。"三禮"指儒家經典中的《儀禮》《禮記》《周禮》，其中涉及的名物浩繁，有關先秦時期的衣食住行基本上都有涉及，三禮名物的考證與研究，是禮學研究的重要內容，也是先秦文化史研究的重要內容。

## 一、"名物"釋義

"名物"一詞最早出現於《周禮》，其含義不一。就《周禮》中的名物含義而言，大略有如下幾種意義。一，表事物的名稱、物色特徵等。《周禮·天官·庖人》："掌共六畜、六獸、六禽，辨其名物。"賈公彦疏："此禽獸等皆有名號物色，故云'辨其名物'。"《周禮·春官·司几筵》："掌五几五席之名物，辨其用，與其位。"賈公彦疏："名號物色。"《周禮·春官·小宗伯》："毛六牲，辨其名物，而頒之於五官，使共奉之；辨六齍之名物與其用，使六宮之人共奉之；辨六彝之名物，以待果將；辨六尊之名物，以待祭祀、賓客。"又《周禮·春官·典瑞》："掌玉瑞玉器之藏，辨其名物，與其用事。"《周禮·春官·司服》："掌王之吉凶衣服，辨其名物，與其用事。"《周禮·春官·典路》："掌王及后之五路，辨其名物，與其用説。"《周禮·春

---

① 本書所引用的十三經文獻除非特有説明，所用均爲阮元校刻本。由於本書引用十三經文獻量較大，限於篇幅，引用相關文獻時不再出注和標明頁碼。

1

官·龜人》："掌六龜之屬,各有名物。"《周禮·夏官·司弓矢》："掌六弓、四弩、八矢之法,辨其名物,而掌其守藏,與其出入。"以上"名物",皆指事物的名稱、特徵與附屬之性。二,名目與物産。《周禮·地官·大司徒》："辨其山林、川澤、丘陵、墳衍、原隰之名物。"鄭玄注："名物者,十等之名與所生之物。"此指名稱物産。

對三禮名物的概念界定,劉興均先生説："名物是古代人們從顏色、形狀(對於人爲之器來説是指形制)、功用、質料(含有等差的因素)等角度對特定具體文物加以辨别認識的結果,是關於具體特定之物的名稱。"① 這一解釋,基本上界定了名物的内涵,本書即采用此説。名物的特徵可簡略概括爲:有名可舉,有物可指,即名物是有形的可以指稱的事物。三禮中的名物,具有以下幾個特徵:首先,名物是從屬於周代禮樂制度的事物,它具有區别尊卑貴賤、男女、吉凶的禮制功能;其次,從道器關係而言,"物以載道",名物是周代禮樂文化的物質載體,是禮樂精神的附麗之物,故名物是承載禮樂思想、價值觀念的物質載體。最後,三禮中的名物是屬於特定歷史時代的,具有歷時性的物質載體,其形制與功能也不是一成不變的。因此不能孤立静止的來看名物,而應將之納入周代禮樂文明的背景下來認識、考察。

關於名物和名物研究,日本學者青木正兒在其《中華名物考》的《名物學序説》部分有一番簡明扼要的論述。他認爲,第一是作爲訓詁學的名物學,它以《爾雅》《小爾雅》《廣雅》爲主線,此外又有性質相近的《方言》等,共同構成名物研究的訓詁學基礎。第二是名物學的獨立。以《釋名》爲開端,以後又有從《詩經》訓詁中獨立出來的名物研究,再有從《爾雅》分出來的一支,如《埤雅》《爾雅翼》《通雅》。第三是名物學的發展,它的研究範圍也在發展過程中逐漸確立,大致説來有如下内容:甲,禮學;乙,格古(古器物);丙,本草;丁,藝植;戊,物産;己,類書(如《清異録》《事物異名録》《三才圖會》)。第四是作爲考證學的名物學。即特别把經學中的名物部分提出來,用考據的方法進行研究,并爲之作圖解,如江永《鄉黨圖考》。若作分類,可别爲數項,如:甲,衣服考;乙,飲食考;丙,住居考;丁,工藝考。②

---

① 劉興均:《周禮名物詞研究》,巴蜀書社 2001 年版,第 22 頁。
② [日]青木正兒:《中華名物考》,中華書局 2005 年版,第 8—31 頁。

## 二、三禮名物研究簡史

名物研究是禮學研究的重要組成部分,名物度數不明,則禮儀節次難曉,禮之深意更是杳渺難尋。是故,三禮之名物爲研究三禮者所重視,研究者代無乏人。

漢代禮學研究,鄭玄爲集大成者。鄭玄著作以《三禮注》爲大宗,而其中爲説解名物制度而作,其總字數當超越訓解聲義者。鄭玄門人曾撰《鄭志》八篇,據皮錫瑞所輯《鄭志疏證》,鄭玄論名物制度處亦多於音韻訓詁。[①] 故而《四庫全書總目提要》卷十九《禮類總序》説"鄭康成《注》,賈公彦、孔穎達《疏》,於名物度數特詳。……蓋得其節文,乃可推制作之精意"[②],洵爲的論。鄭玄訓詁名物的方式多樣,或訓其功能作用,或闡釋其形制特徵,或抉發名物命名之理據,如此等等,不一而足;對於語言難以解釋清晰者,則以漢代名物之制以比况[③],務使讀者明曉名物之形制。

名物爲具體的物質存在,有形有度,有高矮之差,有方圓之别,若不輔以圖像,即使有時費盡筆墨,讀者仍然不知所以。故名物詮釋輔以圖像,歷來爲治禮之傳統。據學者考證,三禮圖類有六:東漢鄭玄、阮諶《三禮圖》九卷,隋代夏侯伏朗《三禮圖》十二卷,唐代張鎰《三禮圖》九卷,梁正《三禮圖》一卷,宋代聶崇義《三禮圖集注》二十卷。[④] 然據《鄭志》,鄭玄并未繪有禮圖,蓋後來學者作圖而歸名於鄭氏。

北宋時期,聶崇義撰作《三禮圖》,以爲朝廷制作禮器樣本。此書繼承了漢唐經師對三禮名物制度的認識,其特點是從文獻出發,通過經文和歷代注疏來復原上古禮器。這樣就難免出現很多望文生義的想象,故學者對此書多有批評。沈括《夢溪筆談》譏其犧象尊、黄目尊之誤,并根據出土的黄目彝、穀璧、蒲璧等物,指出"《禮圖》亦未可爲據"[⑤]。歐陽修《集古録》譏其簠圖與劉敞所得真古簠不同,趙彦衛《雲麓漫鈔》譏其爵爲雀背承一器,犧象尊作一器繪牛象。陸佃撰寫有《禮

①　葉國良:《從名物制度之學看經典詮釋》,載《居愚居文獻論叢》,臺北大安出版社 2011 年版,第 89—131 頁。

②　永瑢等:《四庫全書總目提要》,河北人民出版社 2000 年版,第 501 頁。

③　相關研究參見劉善澤《三禮注漢制疏證》,岳麓書社 1997 年版。

④　王鍔:《三禮研究論著提要》,甘肅教育出版社 2001 年版,第 395、397 頁。

⑤　沈括:《夢溪筆談》卷 19,參見胡道静《夢溪筆談校證》下册,上海古籍出版社 1987 年版。

象》一書，"以改舊圖之失，其尊、爵、彝、舟，皆取公卿家及秘府所藏古器，與聶圖大異"①。總而言之，宋代諸儒對聶氏《禮圖》多不以爲然。淳熙年間，陳伯廣嘗重刻此書，題其後云："其圖度未必盡如古昔，苟得而考之，不猶愈於求諸野乎？"②然此書援據經典，考釋器象，較舊圖大有新意，具有一定的參考價值，因而遂行於世。以今天出土之文物來看《三禮圖》，此書謬誤之處觸目皆是，器皿圖嚴重失真處頗多，學術價值并不太高。

宋代，金石學興起，這爲研究三禮名物研究提供了有形可鑑的實物，因而宋代三禮名物研究有了很大的進步。宋代學者主張，名物研究的意義在於以器求象，即象求義（禮義），因此三禮名物研究的旨歸，是通過名物來探求禮樂制度以及禮樂蘊含的義理，這是宋代禮家名物研究所追求的重要目標。古器物學的先驅劉敞，嘗收藏殷周彝鼎數十件，朝廷一旦有禮樂之事，往往去其家請教。他在《先秦古器圖》的序言中明確指出，"禮家明其制度"應是古器研究的目標之一③，此洵爲卓識。金石學家呂大臨"通六經，尤邃於禮，每欲掇習三代遺文舊制，令可行"④，曾廣集諸家之説補苴《儀禮》，又在家廟祭禮中使用古器，穿著古禮服。呂大臨嘗撰有《考古圖》⑤，書中確立了根據器物的自名來爲古器定名的原則，這個原則也被今日的考古學和青銅器研究者遵循。宋代陳祥道撰有皇皇巨著《禮書》，其中多掊擊鄭學。此書貫通經傳，縷析條分，前説後圖，考訂詳悉，論辨精博，間以繪畫，對於唐代諸儒之論以及近世聶崇義之《三禮圖》，《禮書》或正其失，或補其闕，故是書甚爲當時所重。

元明兩代，經學疲敝，禮學凋零，三禮名物研究更是式微，可論者寥寥。明人劉績嘗撰《禮圖》一書。是書所繪之圖，一本陸佃《禮象》、陳祥道《禮書》、林希逸《考工記解》諸書，而取諸《博古圖》者尤多，與舊圖迥異。四庫館臣謂："然所采陸、陳諸家之説，如齊子尾送女器出於魏太和中，犧尊純爲牛形，王肅據以證鳳羽婆娑之誤。齊景公器出晉永康中，象尊純爲象形，劉杳據以證象骨飾尊之非。蒲

---

① 陳振孫：《直齋書録解題》，上海古籍出版社1987年版，第50頁。
② 以上參見王鍔《三禮研究論著提要》，第398頁。
③ 劉敞：《公是集》卷36《先秦古器記》，《景印文淵閣四庫全書》第1095冊，臺灣商務印書館1983年版。
④ 脱脱等：《宋史》卷340《呂大臨傳》，中華書局1977年版，第10848頁。
⑤ 呂大臨：《考古圖》，中華書局1987年版。

璧刻文如蒲荏敷時,璧如粟粒,其器出於宋時,沈括據以證蒲形、禾形之謬。此書并采用其說,亦足以備一解。至於宮室制度,輿輪名物,凡房序堂夾之位、奇較賢藪之分,亦皆一一分析。不惟補崇義之闕,且以拾希逸之遺。其他荼曲植之屬,增舊圖所未備者又七十餘事。"① 此書亦有一定的參考價值。

　　有清一代,樸學興起,三禮研究蔚爲大觀。因爲名物、典章、制度、禮義關係密切,名物考據也爲學者所重,遂爲清人禮學研究之大宗。《四庫全書總目提要》云:"古聖王經世之道,莫切於禮。然必悉其名物而後可求其制度,得其制度而後可語其精微。"② 戴震論之更詳:"經之至者道也,所以明道者其詞也,所以成詞者字也。由字以通其詞,由詞以通其道,必有漸。"其更論曰:

　　　　誦古《禮經》,先《士冠禮》,不知古者宮室、衣服等制,則迷於其方,莫辨其用。不知古今地名沿革,則《禹貢》職方失其處所。不知少廣、旁要,則《考工》之器不能因文而推其制。不知鳥獸蟲魚草木之狀類名號,則比、興之意乖。……凡經之難明,右若干事,儒者不宜忽置不講。

他進而論述云:"故訓明,則古經明,古經明,則賢人聖人之理義明。賢人聖人之理義,非他,存乎典章制度者是也。"③ 戴震對名物研究的意義做了深刻的説明,這種認識也是北宋以來禮學研究者的基本理念,從名物典章制度中探求聖人大義是經學研究者的一大共識。乾嘉學者重視名物制度研究,在正續《清經解》中,三禮類的著作,別爲三十七種二百六十卷、五十四種二百七十三卷,占群經第一位④,由此可見名物制度之學乃是乾嘉學術甚或是清代學術的重大取向。⑤ 大概而論,清人三禮名物研究的内容、方法及其取向,有犖犖如下數端。

　　清人的名物研究,一個重要特色是對特定名物或一類名物進行專題考證。如戴震曾經對宮室(如明堂、三朝三門)、冕服(皮弁服、爵弁服、朝服、玄端、深衣、中衣)、喪服等作有考證。又如程瑤田所撰《通藝録》計有十九種,其中《儀禮喪服

---

① 參見王鍔《三禮研究論著提要》所引,第407—408頁;葉國良:《從名物制度之學看經典詮釋》,第89—131頁。
② 永瑢等:《四庫全書總目提要》卷19,第523頁。
③ 戴震:《與是仲明論學書》,見《戴震全集》5册,清華大學出版社1997年版,第2587頁。
④ 竺静華:《從正續清經解的比較論清代經學的發展趨勢》,碩士學位論文,臺灣大學1999年,第241、283頁。
⑤ 葉國良:《從名物制度之學看經典詮釋》,第89—131頁。

足徵記》《釋宫小記》《考工創物小記》《磬折古義》《溝洫疆理小記》《禹貢三江考》《九穀考》《釋草小記》《釋蟲小記》等篇，對經書中的有關名物等分專題考辨，不囿於經傳注疏，多能旁搜廣徵；爲了方便理解尋找，常常繪以圖畫、表格，是研究經書名物制度極有價值的參考書。下面以衣食住行中的名物爲例來説明清人的名物研究之取向。

（一）服飾

對服飾考證，成績較著者當爲任大椿。任大椿（1738—1789），字幼植，一字子田，江蘇興化人，戴震弟子，曾任禮部主事，充四庫全書纂修官。任氏長於《禮》，撰有《弁服釋例》《深衣釋例》《釋繒》等書①，對服飾作了專門考釋。任大椿采取"即類以求，一類既貫，乃更求他類"的方法，分類考訂名物，剖析至密。《弁服釋例》一書解釋三禮弁服所用之例，分爵弁服、韋弁服、皮弁服、朝服、玄端等門，共一百四十餘事。每門先列條目，次引經文注疏，後加按語解説。在《釋繒》中任大椿首先考訂繒的含義，指出繒爲帛之總名且繒之顏色尚深，其次根據其質地、厚薄、有無顏色及其正名與別名的區別，逐一分析，條分縷析，以簡馭繁。

清人對服飾的研究，比較關注《禮記》記載的深衣之制，南宋朱熹曾經作《文公家禮》對此加以考釋。明末清初，黄宗羲撰《深衣考》一卷，成爲清代學者服飾研究的發軔。此後，戴震撰有《深衣解》一卷②，江永《深衣考誤》對深衣之制考辨頗精。③ 任大椿《深衣釋例》一書也對三禮深衣之制及其功用作了詳盡的考釋。

此外，宋綿初作《釋服》三卷④，對三禮中的服飾作了較爲全面的考證，補任氏之不備處較多，其中有些觀點值得重視。江永《鄉黨圖考》中也列"服飾"一卷專門作了考證。焦循之子焦廷琥撰有《冕服考》四卷，對冕服作了系統的考證⑤，該書先列出自己的觀點，次列取群經之相關文字，次考核漢唐注疏，再

① 任大椿：《弁服釋例》，《續修四庫全書》第109册，上海古籍出版社2002年版，第83—218頁；《深衣釋例》，《續修四庫全書》第107册，第197—252頁。
② 戴震：《深衣解》，《戴震全集》第3册，清華大學出版社1994年版，第1766—1777頁。
③ 江永：《深衣考誤》，《清經解》第2册，鳳凰出版社2005年版，第1936—1942頁。
④ 宋綿初：《釋服》，《續修四庫全書》第108册，第655—699頁。
⑤ 焦廷琥：《冕服考》，《續修四庫全書》第109册，第241—318頁。

輔以杜佑、聶崇義等人之書,附以按語。此書辨析精核,惜此書有文無圖,不免令人遺憾。

在飾物研究方面,俞樾《玉佩考》對經書中的玉佩制度作了考察。①

（二）飲食

江永《鄉黨圖考》列"飲食"一卷對飲食相關名物作了全面考證,已備飲食名物之要。② 後來學者對飲食的興趣多轉向對穀物的考證,尤以程瑤田的《九穀考》影響甚巨。③ 中國古代重要的糧食作物有五穀、六穀、九穀等説,但九穀指哪九種穀物,却衆説紛紜,令人莫衷一是。程瑤田對此作了認真的考證,認爲九穀是粱、黍、稷、稻、麥、大豆、小豆、麻、苽九種穀物。程氏《首府黍稷二穀記》一文分別對小米、黃米、高粱作了詳細的描述和考證,他認爲小米是粟,黃米是黍,至於聚訟紛紜的稷爲何種穀物,程瑤田多方考證,主張稷就是高粱。程瑤田《九穀考》一書旁徵博引,引證浩博,其稷是高粱之論一出,對學界影響甚大。段玉裁贊歎:"程氏《九穀考》至爲精析,學者必讀此而後能正名。……真可謂撥雲霧而睹青天矣。"④ 其他如王念孫《廣雅疏證》、劉寶楠《釋穀》、陳奐《詩毛氏傳疏》、孫詒讓《周禮正義》等皆贊成程氏稷即高粱之説。時至今日,程瑤田的高粱爲稷之説,鮮有人信從,但其研究方法却仍然值得重視。程瑤田長於名物訓詁,他對三禮之名物探賾索隱,對衆多的名物考證,對後來的王國維先生的名物考證有較大影響。王國維先生極其看重程瑤田的《通藝録》,稱贊程氏名物之學"皆足以上掩前哲"⑤。

此外,劉寶楠的《釋穀》特詳於對水稻的考證。⑥

（三）宮室

研究先秦禮儀制度,必須明曉宮室制度。《禮經》研究中宮室不明,則古人行禮之節,周旋升降之儀、進退之序皆茫然莫知其處,此議禮所以如聚訟的原因之一。是以有清一朝,學者對三禮宮室之制尤多措意。如任啓運撰有《朝廟宮室

---

① 俞樾:《玉佩考》,《清經解續編》第 13 册,凤凰出版社 2005 年版, 第 6786—6787 頁。

② 江永:《鄉黨圖考》,《清經解》第 2 册, 第 2007—2107 頁。

③ 程瑤田:《九穀考》,《清經解》第 4 册, 第 4503—4532 頁。

④ 段玉裁:《説文解字注》,上海古籍出版社 1988 年版, 第 321—322 頁。

⑤ 王國維:《周代金石文韻讀序》,《觀堂集林》卷 8, 中華書局 1959 年版, 第 394 頁。

⑥ 劉寶楠:《釋穀》,《清經解續編》第 12 册, 第 5205—5227 頁。

考》十三卷①,江永《鄉黨圖考》一書專門對宮室作了詳細考證,并撰有《儀禮釋宮增注》一卷②,程瑤田有《釋宮小記》一卷③,焦循有《群經宮室圖》二卷④,洪頤煊有《禮經宮室答問》二卷⑤,胡培翬有《燕寢考》⑥三卷,皆對宮室之制考證辨說。

江永《儀禮釋宮增注》一書爲李如圭《儀禮釋宮》做了詳細注釋,多有發明補正,其稍有出入者僅一二條,而考證精密者居十之九。其考辨俱有根據,可更正前人之誤。⑦

任啓運《朝廟宮室考》也是一部較爲重要的宮室考辨著作。該書分類别爲門、觀、朝、廟、寢、塾、宁、等威、名物、門大小廣狹、明堂、方明、辟雍,考據頗爲詳核。《儀禮》一經自唐代以來,久成絕學。任啓運能鈎貫經注,使條理秩然,中間雖然有較多疵謬,然對禮學研究也有參考價值。

胡培翬撰《燕寢考》三卷,在辨析諸家之説的基礎上詳考天子以至大夫、士燕寢之制,頗有創獲,是宮室研究方面的重要著作。然限於材料不足,胡氏考據時有推論,致使其立説的可信度有所降低。

此外,焦循撰《群經宮室圖》,繪制圖例,對於了解三禮宮室,亦有參考價值。張惠言《儀禮圖》所繪儀節圖對於宮室研究也具有參考價值⑧。

(四)車制

《考工記》主要記述百工技藝之事,文字奧曲艱深,難於理解。清人對《考工記》所載車制作了精密的考證,其中尤以戴震、阮元爲著。

戴震的《考工記圖》曾刪取鄭衆、鄭玄注,節録賈公彦疏,自撰補注列於後,又爲其繪禮樂器、車輿、宮室、兵器等諸圖。《考工記圖注》中專門有《釋車》一章,將原書中許多名物詞的句子摘録出來詳加詮釋考核,這一做法,爲後世解釋三禮名物提供了完整體例。

---

① 任啓運:《朝廟宮室考》,《清經解續編》第9册,第775—760頁。
② 江永:《儀禮釋宮增注》,《清經解續編》第9册,第350—355頁。
③ 程瑤田:《釋宮小記》,《清經解》第4册,第4356—4354頁。
④ 焦循:《群經宮室圖》,《清經解續編》第10册,第1887—1914頁。
⑤ 洪頤煊:《禮經宮室答問》,《續修四庫全書》第110册,第149—180頁。
⑥ 胡培翬:《燕寢考》,《續修四庫全書》第110册,第551—576頁。
⑦ 永瑢等編:《四庫全書總目提要》,第531—532頁。
⑧ 張惠言撰:《儀禮圖》,《續修四庫全書》第90册,第425—628頁。

繼戴震之後，阮元撰有《車制圖考》，作了大量的文獻考證工作，并附以實物圖解。王宗涑《考工記考辨》、鄭珍《輪輿私箋》、錢坫《車制考》、程瑤田《考工創物小記》[①]、江永《鄉黨圖考》等書也對車制作了考證。

（五）其他名物

禮樂器的研究以程瑤田、戴震、阮元等取得的成就較大。戴震對古鐘的鉦間圓徑作了詳細考釋，而且繪制了鐘圖。他繪制的古鐘圖，一直是研究古樂器的重要依據。[②] 此外，鄭珍撰《鳧氏爲鐘圖説》一卷[③]，對鐘的各部位名稱作了考證，并輔以圖像。

在兵器研究方面，戴震《考工記圖注》研究了戰國兵器戈、戟的構制尺寸，繪制了圖像，并詳加説明，明確了各部分的組成、功能和確切部位，糾正了鄭玄對戰國兵器的誤釋。阮元利用實物考證了青銅戟、銅匕等。

金榜《禮箋》曾經對旗幟作了研究[④]，孫詒讓撰有《九旗古義述》二卷[⑤]，對《周禮》中的旗幟作了考證，提出新的見解。

綜觀清人的名物研究，具有如下幾個特色。

第一，重視實物，并將之納入經學研究的視域，體現出新的學術自覺。隨著自然科學的發展和地下實物的發現，清代學者在繼承傳統的經學考辨方法的同時，將一些新材料應用到名物訓詁中去，結合實物和文獻記載對名物加以考證，從而突破傳統的名物研究範式，將名物研究推進到現代名物學研究的階段。此種方法，從王肅以實物考證三禮中的犧尊爲發軔，宋代金石學者踵繼於後，至清代被發揚光大。如程瑤田《通藝録》四十二卷，精細淹博，以實物來考證古名物，從而開始了文獻學與出土文物相結合的新階段。另如阮元等利用青銅器來考證兵器、禮器等，皆體現了這種名物研究方法的學術自覺。

① 戴震：《考工記圖》，《戴震全集》第 2 冊，清華大學出版社 1991 年版，第 707—845 頁；錢坫：《車制考》，《續修四庫全書》第 85 冊，第 387—400 頁；阮元：《考工記車制圖解》，《續修四庫全書》第 85 冊，第 401—426 頁；鄭珍：《輪輿私箋》，《續修四庫全書》第 85 冊，第 433—484 頁；程瑤田：《考工創物小記》，《續修四庫全書》第 85 冊，第 121—258 頁；王宗涑：《考工記考辨》，《續修四庫全書》第 85 冊，第 259—328 頁。
② 戴震：《考工記圖》，《戴震全集》第 2 冊，第 707—845 頁。
③ 鄭珍：《鳧氏爲鐘圖説》，《續修四庫全書》第 85 冊，第 485—492 頁。
④ 金榜：《禮箋》，《續修四庫全書》第 109 冊，第 1—82 頁。
⑤ 孫詒讓：《九旗古義述》，《續修四庫全書》第 85 冊，第 1—16 頁。

　　第二,名物考據與社會實踐相互結合。如程瑤田考訂九穀與螟蛉,總結爲
"陳言相因,不如目驗"。深入實踐,親自考察,這是清人名物考證的一大特色。
在這方面,如吳其濬的《植物名實圖考》雖然不是專門考證三禮植物名物的著作,
但吳氏本人却非常注重實際調查。① 這種重視調查研究,親自考察的研究方法
在清人名物考證方面多有體現,至今仍具有借鑑意義。

　　第三,重視文字疏解與禮圖的結合,將禮圖納入名物訓詁的範疇,從而使名
物研究圖文并茂,直觀可視。

　　清人考證名物,比較重視繪圖,也是清代禮學家研究三禮的共識,如戴震、黄
以周、林昌彝、曹元弼等禮學家皆繪制有禮圖。戴震繪制有玉案、圭、璋、璧、琮、
四圭、大圭、祼圭、琬圭、琰圭、璧羨、瓾、鬲、簠、豆、勺、爵、觶等禮器圖。黄以周的
《禮書通故》一書,精深淹博,"不墨守一家之學,綜貫群經,博采衆論,實事求是,
惟善是從"②,"可謂集清代禮學之大成"③。該書對名物研究頗爲重視,專列章
節討論名物,并繪有名物禮節圖。林昌彝《三禮通釋》一書④,精深不及《禮書通
故》,廣博不如《五禮通考》,但内容龐大,是書前二百三十卷爲通釋,後五十卷爲
三禮圖,參會各家禮圖,加以抉擇考訂。此不僅有益於三禮,對研究歷史考古者
也有重要的參考價值。曹元弼精於《禮經》研究,撰有《禮經學》一書⑤,書中繪有
不少名物圖,極有利於學者。

　　綜上所述,名物之學乃三禮研究中的重要内容,歷代學者亦多措意於此,在
研究方法上,很多學者注重繪圖,并詳加考據。但是,由於古代禮學家甚少看
到出土文物,致使對名物的解釋存在許多問題,例如,聶崇義的《三禮圖》、陳祥
道的《禮書》以及其他研究三禮的著作,所繪制的很多名物圖形比例失調,形制
與實物大相徑庭。迄至清代,此局面略有改觀,如阮元等利用青銅器來考證兵
器、禮器,程瑤田利用出土的青銅鐘來考證禮樂器等,在方法上能夠據出土器
物來探究三禮名物,在名物考釋的精確方面已勝於前人。然而,儘管清人對名
物的考證開始突破傳統的經學研究模式,但由於近代考古學尚未確立,這一研

---

① 吳其濬原著,張瑞賢等校注:《植物名實圖考校釋》,中醫古籍出版社 2008 年版。

② 黄以周:《禮書通故》,王文錦點校,中華書局 2007 年版,第 1—2 頁。

③ 梁啓超:《中國近三百年學術史》,中國書店 1983 年版,第 189 頁。

④ 林昌彝:《三禮通釋》,北京圖書館出版社 2006 年版。

⑤ 曹元弼:《禮經學》,《續修四庫全書》第 94 册,第 543—855 頁。

究範式并未從根本上產生突破。如黃以周《禮書通故》曾經對三禮名物進行專門研究，并輔繪以圖像，但仍然是遵循傳統的研究路數。即使是晚清經學殿軍孫詒讓的《周禮正義》，對鉦、象尊、雞尊、瓠、觶、絳衣等名物的訓解，也較少利用文物資料，其研究方法上具有一定的保守性，從而對於古名物度數的議論有失準鵠。

由於近代考古學的確立，20世紀初以來，大量的考古發現改變了人們對禮樂傳統的認識，尤其是許多禮樂器以及兵器、墓葬等的發現，大大促進了禮學研究。三禮名物研究業已突破了傳統經學的文字訓詁等研究方法，而將考古學與傳統名物研究結合起來，開創了利用考古材料研究名物的路數。早在20世紀20年代王國維先生提出"二重證據法"，以出土材料與文獻相互結合來考察古史，這種方法業已廣泛運用於史學研究的實踐中。王國維先生曾經撰寫有《說觥》《說珏》《說盉》等系列名物考證文章，充分體現了對這一方法的運用。[①] 新中國成立以來，很多學者在這方面作出了重要貢獻。如沈從文《中國古代服飾研究》一書利用出土材料對先秦服飾作了系統研究。[②] 孫機《中國古輿服論叢》一書利用出土的車馬資料對商周車馬作了系統研究，對古代名物訓詁錯誤之處多有糾正。楊泓《中國古兵器論叢》依據出土材料論述了中國古代冷兵器格鬥兵器（戟、劍、刀）、遠射兵器（弓弩）和防護裝具（甲胄）產生、發展直至衰亡的歷史。書中大量引用近半個世紀的重要考古發現和考古研究的新成果，并附有大量插圖和圖版，爲我們認識周代兵器提供了詳細的資料，其結論也頗爲可靠。這種研究著作較多，不再枚舉。

此外，學者對三禮名物也有專門研究者，如錢玄《三禮名物通釋》《三禮通論》兩書即其例[③]。《三禮名物通釋》采用清人名物考證體例，將與所要考證的名物相關經文注疏列出，便於讀者研究。但此書過於簡略，也缺乏相應圖片。爲了彌補此書缺憾，錢玄先生《三禮通論》中也列名物編，對重要名物作了考察，并與考古

---

① 馮勝君：《二十世紀古文獻新證研究》第三章三節《利用出土文獻校讀古書中的器物名》，齊魯書社2006年版，第98—111頁；彭林：《三禮研究入門》，復旦大學出版社2012年版，第84—88頁。

② 沈從文：《中國古代服飾研究》，商務印書館2017年版。

③ 錢玄：《三禮名物通釋》，江蘇古籍出版社1984年版；錢玄：《三禮通論》，南京師範大學出版社1996年版。

出土文物結合進行研究,限於本書體例,此書名物考釋也較爲簡略。需要一提的是,20 世紀 70 年代末,臺灣大學以孔德成先生爲首的團隊曾經作了《儀禮》部分禮儀的電影復原工作,并出版了《儀禮》復原叢刊,其中鄭良樹先生撰寫有《〈儀禮〉宮室考》《〈儀禮·士喪禮〉墓葬研究》,王關仕先生撰寫有《〈儀禮〉服飾考》①,這些著作結合出土材料作對《儀禮》中的重要名物作了考證。

關於近現代以來的三禮名物研究,由於龐大,而且本書内多有涉及并加以徵引,在此不再專門加以論述。

### 三、本書的名物研究

本書研究的對象是三禮所記載的名物,基本思路是運用二重證據法的方法,借鑑考古學、古文字學的研究方法和研究成果,對三禮中的名物作出綜合考證。

首先,對名物進行考釋,辯物、識物、揭物,運用傳統的名物研究方法,辨僞存真,正確理解名物的形制、度數、功用等。

其次,充分利用考古出土材料以及出土文獻,爲禮書中記載的一些名物找到真正的實物,配以插圖,圖文并茂,使讀者對名物具有直觀印象。黃侃曾謂"尋圖讀經,事半功倍"②,因此本書在名物考證基礎上需要輔助以大量圖片,這也是名物研究的應有之義。

再次,對名物所體現的文化含義進行闡釋,把名物放在禮樂文化背景中來考察,主要是闡釋名物所體現的典章制度、思想文化、風俗文化等。限於篇幅過大,本書對名物的文化意義不作過多闡釋,故這一部分不作爲名物研究的重點内容。

基於以上研究思路,本書對名物的研究,主要包括如下幾點:

1.追溯始源。結合考古材料,對名物的源流發展演變情況作考察。

2.求其名義。對名物的稱名之因進行考察,并考察其名字蘊含的意義。由於時代的變化,以及區域性差異,許多名物異名迭出,本書綜合利用音韻學、訓詁學、語源學等學科方法,對三禮名物的得名由來、異名別稱進行研究,從而釐清名物的名實關係。

---

① 鄭良樹撰有《〈儀禮〉宮室考》《〈儀禮·士喪禮〉墓葬研究》,王關仕撰有《〈儀禮〉服飾考》,均由臺灣中華書局 1980 年出版。

② 黃侃:《黃侃論學雜著》,中華書局 1964 年版,第 468 頁。

3.探其形制。對名物的形制進行考察,主要是參考傳統名物研究成果,結合出土金文簡帛以及考古材料來研究名物的形制。

4.辨其功用。結合禮書,對名物在禮儀情景中的功用進行考察。

5.考其度數。考察古代學者對名物度數的解釋,并利用考古材料分析其對錯。

6.繹其義理。本書希望不僅僅局限於對名物的形制、功用等方面加以考證,而是希望將名物放在禮樂文化背景中,從廣闊的禮制視野,來多角度詮釋名物所蘊含的禮制意義。當然,由於三禮名物的複雜性和獨特性,限於材料,并非是對每個名物都要達到以上的研究目標。

本書的研究方法可以概括爲:

一,傳統名物研究方法。傳統的三禮名物考證,是將文獻材料按照時代先後或者分類梳理類聚,將相關材料加以繫聯,反復參稽,以考察名物的形制功能。本書也采用此方法,綜合利用文獻、古文字、音韻訓詁知識,對名物進行考證。

二,重視考古出土資料與出土文獻,并將之納入本書名物研究的視域。有關名物制度的史料,三禮及其注疏是可供研究的重要參考資料。然而三禮注疏論及名物往往語辭簡約,後代經學注疏又常從文本到文本,據以考察三禮名物仍然不足,缺乏實物,而後世經學家考證名物,即使重視禮圖,但所繪名物圖往往失真。涉及兩周名物的大量出土資料是研究三禮名物制度的可靠學術資源,此外還有一批與名物有關的戰國時期楚國的遣册簡牘,較爲詳實地記錄了有關器名、質地、造型、裝飾、用途、分類、組合等方面情況,也是研究三禮名物制度的重要材料。另外,儘管三禮中的名物主要屬於先秦時期,但居延漢簡、敦煌簡牘、長沙走馬樓等秦漢簡記載的名物典制也是重要參考。本書在繼承傳統學術方法的同時,把新的考古材料應用到名物訓詁中去,結合考古實物、商周秦漢圖像、方言異俗和文獻記載的考證,這就突破了傳統上文獻與文獻之間循環操作的經學研究模式。

三,注重考察與調查研究。本書秉承清代程瑤田、吳其濬等人名物考證注重實際調查的優良傳統,盡量將名物考證與實際考察相互結合。筆者曾經走訪河南新鄭博物館考察宗廟石碑、冰廚遺址,殷墟遺址,山西侯馬工作站,考察很多田野考古發掘遺址,參觀多家省市博物館等,并取得第一手的照片資料。

四,重視文字疏解與禮圖的結合。將禮圖納入名物訓詁的範疇,圖文并茂,便於理解名物的形制。三禮名物,尤其是服飾、宫室、器具等,若是無配圖,雖然文獻考證精審,終究是難以窮盡其奥。鑑於名物研究的特殊性,本書廣泛搜羅出土資料,盡量配上豐富的出土實物圖。本書的配圖,原則上是以考古出土材料爲主。有些無出土實物的,則選擇相對可靠的前人繪圖作爲參考,并加以注明。需要説明的是,這些古代經學家所繪制的圖僅僅是作爲研究名物的參考圖。從前人的名物配圖來看,失真變形者居多,比如聶崇義的《三禮圖》、黄以周的《禮書通故》、林昌彝的《三禮通釋》所繪名物圖,能夠準確反映名物形象者較少。即使戴震、程瑶田等名家對《考工記》車制考證精審,但是其所繪制的車形制與考古出土先秦車也有很大的差距。

五,難以裁斷者則存疑待考。因爲三禮名物具有復雜性,有些器物在秦漢以後即消失,相關文獻記載又付之闕如,即使是漢儒鄭玄在注解三禮也是語焉不詳,這就導致一些名物很難知曉其形制,本書對此則存疑。此外,《周禮》中一些名物可能存在構擬情況,如《周禮》中的六冕服制,對於一些難解名物,本書存疑待考可矣。

由於三禮名物研究牽涉的學科知識較多,内容龐大,研究任務甚巨,常有蚊負之感。限於本人孤陋寡聞,學識淺薄,撰寫此書,謬誤之處,還望學界師友批評指正。

# 第一章　服飾（上）

周代，輿服是區分人的尊卑貴賤社會等級的重要彰顯物。衣料的質地顏色、剪裁樣式，衣服的緣飾，所佩戴的玉佩以及束腰之帶，都有嚴格的禮制規定。不僅如此，服飾還是貴族階層道德的體現，所謂"服以彰德"。服飾是貴族威儀風度的體現，是百姓效法的榜樣，如《禮記·緇衣》云："長民者，衣服不貳。"衣冠楚楚，澤被後世。服飾是中華禮樂文明的表徵。

## 第一節　服飾材料

布帛爲麻、葛、絲織物的總稱。麻、葛之織品稱爲布，絲織品稱爲帛，因以布帛統稱供裁制衣著用品的材料。絲織品屬於高檔衣料，普通百姓以麻、葛織品爲主要衣料，布衣遂成爲庶人的代稱。

### 一、絲帛

絲，指蠶絲，多爲白色，或呈淡黃色；絲質輕軟，光滑而富有彈性，具有其他任何纖維都不能比擬的美觀優雅的光澤，屬於高檔紡織原料。據加工方法的不同，可分爲生絲與熟絲兩種。生絲未經精煉，繅絲後不經過任何處理，繭絲尚含有約20％的絲膠成分，富於生絲光澤的絲質被絲膠包覆在內，因此質感稍硬呈半透明。由於一粒蠶繭可以繅絲的絲質長度平均達600—800米，因此生絲爲連續性纖維，極適合織帛。生絲精練去膠質後，柔軟具有光澤，稱爲熟絲。生絲硬，熟絲軟。

布帛分純、制兩種：凡匹長與幅廣合於標準而不削減者稱純，字也作"淳"；凡是長廣有削減者稱制。《周禮正義》引惠士奇云："淳與純通，純猶全也。……古之幣帛有純有制，全曰純，量曰制，吉凶禮用制，賓嘉禮用純。"孫詒讓進而釋云："純者廣長完全之正法,制者廣長裁剪之別法。凡賓嘉禮必用其類,故用純帛取其全也。吉凶禮用幣,或焚或埋,備物而已,故用制幣,取其易共,義各有當也。"① 凡吉禮、凶禮用制幣,賓禮、嘉禮用純幣。

布帛之廣謂之幅。一説,周制,布廣二尺二寸,帛廣二尺四寸。《漢書·食貨志下》云周布泉之制,"布帛廣二尺二寸爲幅,長四丈爲匹"②。《周官·天官·載師》載:"凡宅不毛者有里布。"所謂里布,鄭衆注釋爲:"里布者,布參印書,廣二寸長二尺爲布。"《禮記·王制》:"布帛精粗不中數,幅廣狹不中量,不粥於市。"孔穎達疏:"布廣二尺二寸,帛則未聞。鄭玄注《周禮》引《逸巡守禮》幅廣四尺,八寸爲尺。鄭注四當爲三,則帛廣三尺四寸。"③ 帛的度數,孔氏認爲廣二尺二寸。又《儀禮·聘禮》:"釋幣,制玄纁束,奠於几下,出。"鄭玄注:"《朝貢禮》云:純,四只。制,丈八尺。"賈公彥疏:"《周禮》趙商問只長八寸,四八三十二,幅廣三尺二寸,大廣非其度。《鄭志》答云:古積畫誤爲四,當爲三,三咫則二尺四寸矣。"據孔、賈等人之説,則帛幅廣二尺四寸。秦人的布度數,睡虎地秦墓竹簡《秦律十八種·金布律》記載爲"布,袤八尺,福(幅)廣二尺五寸。布惡,其廣袤不如式者,不行"④,秦人布長八尺,廣二尺五寸,不合標準者則不准流通。

凡計布帛之數,二丈爲一端,兩端(四丈)謂之一匹。《周禮·地官·媒氏》:"凡嫁子娶妻,入幣純帛,無過五兩。"鄭玄注:"五兩,十端也。……《雜記》曰:'納幣一束,束五兩,兩五尋。'然則每端二丈。"《儀禮·士昏禮》:"酬以束錦。"鄭玄注云:"束帛,十端也。"《左傳·襄公十九年》:"賄荀偃束錦加璧、乘馬,先吳壽夢之鼎。"杜預注:"五匹爲束。"《左傳·閔公二年》:"重錦三十兩。"杜預注:"重錦,錦之熟細者。以二丈雙行,故曰兩。三十兩,三十匹也。"先秦時期的卷布帛之法,是從兩端向中間卷,合爲一兩,故稱兩端爲一兩(一兩即一匹)。五匹合起來稱爲一束,束帛即五匹帛,因每匹帛有兩端,故束帛爲十端。布帛以匹爲單位,匹也叫兩,而兩這種單位名稱却最通行。如《左傳·昭公二十六年》云"幣錦二兩""百兩一布"等。

帛之精粗,以紽、緘、總計之。五絲爲紽。王引之《經義述聞》卷五:"五絲爲

---

① 孫詒讓:《周禮正義》卷 13,王文錦、陳玉霞點校,中華書局 1987 年版,第 528 頁。
② 班固:《漢書》卷 24 下,中華書局 1962 年版,第 1149 頁。
③ 依據孔穎達疏,則幅廣應爲二尺四寸。"三"乃"二"字之誤。
④ 睡虎地秦墓竹簡整理小組:《睡虎地秦墓竹簡》,文物出版社 1990 年版,第 36 頁。

紽，四紽爲緎，四緎爲總。五紽二十五絲，五緎一百絲，五總四百絲。"①《詩·召南·羔羊》："羔羊之皮，素絲五紽。"毛傳："紽，數也。"孔穎達疏："此言紽數，下言總數，謂紽、總之數有五，非訓紽、總爲數也……然則縫合羔羊皮爲裘，縫即皮之界緎，因名裘縫云緎。五緎既爲縫，則五紽、五總亦爲縫也。視之見其五，故皆云五焉。"據王説，則一總用八十絲。

一説，紽爲縫合羊皮爲裘。陳奐《詩毛氏傳疏》認爲"五"當讀爲交午之"午"。紽，本作"佗"。佗，加也。五佗猶交加，言縫裘，不言縫裘之絲。②

## 二、麻布

大麻是先秦時期重要的纖維作物兼食用作物，原產中國，栽培歷史至少已有5000年。大麻原稱麻，三國以後麻這一名稱逐漸發展爲麻類作物的總稱，爲了便於區別，大概在唐代便改稱爲大麻，以後又有漢麻、火麻、黄麻等别稱。

在新石器時代的不少遺址中，都有紡織和縫紉麻、絲用的大量石制或陶制的紡錘、紡輪出土，而在出土的某些陶器上還有麻織物的印紋和印痕。山西陶寺遺址出土的一件銅鈴上曾發現有麻布紋痕跡。③1975年在河南偃師二里頭遺址出土銅器上發現粗細不等的麻布，最粗的經緯線爲 8×8 根／平方厘米，最細的爲 52×14 根／平方厘米。④ 商周時期，麻布的使用更加廣泛。河北藁城臺西商代遺址出土的麻布爲平紋組織，原料是大麻纖維，與史前麻布相比較，它的殘留膠質較少，紗線加拈均匀，質量有很大的提高。⑤ 河南殷墟出土的麻布、麻、麻線更多，麻布種類、粗細不一，反映出麻紡織業達到較高水平。陝西涇陽高家堡晚商貴族墓、江西新幹大洋洲商代遺址、河南濬縣辛村遺址中都出土有麻織物或其痕跡。⑥

---

① 王引之：《經義述聞》卷 5，江蘇古籍出版社 2000 年版，第 121 頁。
② 陳奐：《詩毛氏傳疏》，《清經解續編》第 11 册，第 3994 頁。
③ 中國社會科學院考古研究所：《中國考古學·新石器時代卷》，中國社會科學出版社 2010 年版，第 571 頁。
④ 中國科學院考古研究所二里頭工作隊：《偃師二里頭遺址新發現的銅器和玉器》，《考古》1976 年第 4 期，第 261 頁。
⑤ 河北省文物研究所：《藁城臺西商代遺址》，文物出版社 1985 年版，第 60—61 頁。
⑥ 葛今：《涇陽高家堡早周墓葬發掘記》，《文物》1972 年第 7 期，第 5—8 頁；江西省文物考古研究所等：《江西新幹大洋洲商墓發掘簡報》，《文物》1991 年第 10 期，第 1—26 頁；中國社會科學院考古研究所：《殷墟的發現與研究》，科學出版社 1994 年版，第 415 頁。

布之精粗,以縷數計。古書"縷"常作"升",字本作"登"。一升布爲八十縷,即布帛在二尺二寸的幅度之内以八十根經線爲一縷。《儀禮·喪服》鄭玄注:"布八十縷爲升,'升'字當爲'登'。登,成也。今之《禮》皆以'登'爲'升',俗誤已行久矣。"《史記·孝景本紀》:"令徒隸衣七縷布。"司馬貞《索隱》:"七縷,蓋今七升布,言其粗,故令衣之也。"張守節《正義》:"縷,八十縷也,與布相似。七升布用五百六十縷。"①《漢書·王莽傳中》:"自公卿以下,一月之禄十縷布二匹,或帛一匹。"顏師古注引孟康曰:"縷,八十縷也。"② 在同樣的幅寬之内,線縷的數量越少,布料就顯得越稀疏;反之,就越精細。喪服用布,因喪秩的不同,升數有很大差别。喪越重則布料越粗疏,就五等喪服的正服而言,斬衰爲三升,齊衰爲四升,繐衰爲四升半,大功殤爲七升,大功成人爲八升,小功爲十一升,緦麻爲十四升半(一説爲七升半)。

細麻布有紵、絟、緆、繐等類。《説文·糸部》:"紵,檾屬。細者爲絟,布白而細曰紵。"③ 紵是一種細疏的白色麻布。《周禮·天官·典枲》:"典枲掌布緦縷紵之麻草之物。"鄭玄注:"白而細疏曰紵。"絟亦爲細布,《説文·糸部》:"絟,細布也。"④"絟"字亦通作"荃"。《漢書·江都易王劉非傳》:"繇王閩侯亦遺建荃、葛。"顏師古注:"字本作'絟'。"⑤

緆是一種細布。《説文·糸部》:"緆,細布也。"⑥《儀禮·既夕禮》:"縓綼緆。"鄭玄注:"飾裳在幅曰綼,在下曰緆。"《淮南子·齊俗訓》:"弱緆羅紈。"高誘注:"弱緆,細布也。"⑦《文選·司馬相如〈子虚賦〉》:"鄭女曼姬,被阿緆。"李善注引張揖曰:"緆,細布也。"⑧"緆"字亦作"錫","緆"與"錫"通。《儀禮·燕禮》:"公尊瓦大兩,有豐,冪用綌若錫。"鄭玄注:"今文'錫'爲'緆'。"

繐,細而稀疏的麻布,多用以制作喪服。《説文·糸部》:"繐,細疏布也。從

① 司馬遷:《史記》卷 11,中華書局 1959 年版,第 448 頁。
② 班固:《漢書》卷 99 中,第 4143 頁。
③ 段玉裁:《説文解字注》,第 660 頁。
④ 段玉裁:《説文解字注》,第 660 頁。
⑤ 班固:《漢書》卷 53,第 2417 頁。
⑥ 段玉裁:《説文解字注》,第 660 頁。
⑦ 劉文典:《淮南鴻烈集解》卷 11,中華書局 1989 年版,第 345 頁。
⑧ 蕭統編,李善注:《文選》卷 7,上海古籍出版社 1986 年版,第 353 頁。

糸，惠聲。"①《禮記·檀弓下》："縓衰縓裳"，"請縓衰而環絰"。鄭玄注："縓衰，小功之縷，而四升半之衰。"《左傳·襄公二十七年》："公喪之，如稅服終身。"杜預注："稅即縓也。喪服，縓縁裳，縷細而希。"

周代實物貿易時，布亦作爲貨幣使用，如《詩·衛風·氓》："氓之蚩蚩，抱布貿絲。"毛傳："布，幣也。"②《左傳·昭公二十六年》記有"魯人買之，百兩一布"的話。《禮記·檀弓下》："子柳之母死……既葬，子碩欲以賻布之餘具祭器"，"孟獻子之喪，司徒旅歸四布"。《墨子·貴義》："子墨子曰：今士之用身，不若商人之用一布之慎也。"③《管子·戒》："市正而不布"④，不必交納貨幣。桓寬《鹽鐵論·錯幣》："古者市朝而無刀幣，各以其所有易所無，抱布貿絲而已。"⑤ 這些文獻上所說的起貨幣作用的布，其形態即織造之布，而非布幣。

貨幣之布，其長寬有定制。睡虎地秦墓竹簡《秦律十八種·金布律》："布，袤八尺，福（幅）廣二尺五寸。布惡，其廣袤不如式者，不行。"⑥《漢書·食貨志下》："凡貨，金錢布帛之用，夏殷以前其詳靡記云。太公爲周立九府圜法：黃金方寸而重一斤；錢圜函方，輕重以銖；布帛廣二尺二寸爲幅，長四丈爲匹。"⑦

## 三、葛布

葛紡織成的布，具有良好的吸濕散濕性，質地細薄，適合作夏天服裝，俗稱夏布。《禮記·月令》記載孟夏之月"天子始絺"，鄭玄注："初服暑服。"

先秦時期，葛布在南方比較流行，《書·禹貢》："島夷卉服。"僞孔傳："南海島夷，草服葛越。"孔穎達疏："葛越，南方布名，用葛爲之。"

絺、綌爲兩種葛布，其精細程度不同，絺爲細葛布，綌爲粗葛布。《詩·周南·葛覃》："是刈是濩，爲絺爲綌，服之無斁。"毛傳："精曰絺，粗曰綌。"《説

---

① 段玉裁：《説文解字注》，第 661 頁。
② 現代也有學者認爲此布乃青銅貨幣，恐不可信。
③ 孫詒讓：《墨子閒詁》卷 12，中華書局 2001 年版，第 444 頁。
④ 黎翔鳳：《管子校注》卷 10，中華書局 2004 年版，第 514 頁。
⑤ 王利器：《鹽鐵論校注》卷 1，中華書局 1992 年版，第 57 頁。
⑥ 睡虎地秦墓竹簡整理小組：《睡虎地秦墓竹簡》，第 36 頁。
⑦ 班固：《漢書》卷 24 下，第 1149 頁。

文·糸部》："絺,細葛也","綌,粗葛也"①。絺綌的差别在於精粗不同。絺精細,爲高級貴族暑天所服,上繡有彩色花紋,《尚書·益稷》："予欲觀古人之象,日、月、星辰、山、龍、華蟲,作會;宗彝,藻、火、粉、米、黼、黻、絺、繡。"僞孔傳:"葛之精者曰絺,五色備曰繡。"此爲天子的服飾。縐是一種比絺更精細且有縐紋的葛布。《説文·糸部》:"縐,絺之細者也。《詩》曰:'蒙彼縐絺。'一曰戚也。"段玉裁注:"戚戚者,如今之縐紗然。"②《詩·鄘風·君子偕老》:"蒙彼縐絺。"毛傳:"絺之靡者爲葛。"鄭玄箋:"縐絺,絺之蹙蹙者。"孔穎達疏:"絺者,以葛爲之。其精尤細靡者縐也。言細而縐縐。"陳奐《詩毛氏傳疏》:"絺於綌較細,而縐尤絺之極細者也。"③

古人暑天穿葛布單衣出外,一定要外加套衣,否則被認爲不敬。《論語·鄉黨》云:"當暑,袗絺綌,必表而出之。"《禮記·玉藻》:"振絺綌不入公門,表裘不入公門。"鄭玄注:"振讀爲袗,禪也。表裘,外衣也。二者形且褻,皆當表之乃出。"因葛衣與裘衣外露不雅,有礙觀瞻,故出門需要外加套衣。

## 四、獸毛

人類最初穿帶毛的獸皮,後來隨著實踐經驗的積累,學會取獸毛紡紗織布。毳,指禽獸的細毛。《説文·毛部》:"毳,獸細毛也。"段玉裁注:"毛細則叢密,故從三毛。"④毳可以作許多紡織品的原料。如毳布,即是用動物的細毛織成的毛紡織品。西周銅器守宮尊即有"毳布三"(《集成》10168)的記載。罽是用細獸毛編織的布。《説文·糸部》作從糸從罽,解釋爲:"西胡毳布也。"段玉裁注:"毳者,獸細毛也。用織爲布,是曰罽。亦假罽爲之。"⑤《爾雅·釋言》:"氂,罽也。"郭璞注曰:氂,毛,所以爲罽也。犍爲舍人注曰:氂,毛也。罽,胡人績羊毛作衣。

毳也可以作氈,《周禮·天官·掌皮》:"供其毳毛爲氈,以待邦事。"氈是不經過紡織而將羊毛等通過濕熱擠壓等物理作用制作的塊片狀厚布。《説文·毛部》:

---

① 段玉裁:《説文解字注》,第660頁。
② 段玉裁:《説文解字注》,第660頁。
③ 陳奐:《詩毛氏傳疏》,《清經解續編》第11册,第4007頁。
④ 段玉裁:《説文解字注》,第399頁。
⑤ 段玉裁:《説文解字注》,第662頁。

"氈，撚毛也。"[1]劉熙《釋名·釋床帳》："氈，旃也，毛相著旃旃然也。"[2]氈具有特殊的回彈、吸震和保暖性能。

## 五、皮革

毛皮類服飾材料主要是裘和革。裘、革是動物的毛皮經過不同的加工處理後形成的具有不同特性的服飾材料。直接從動物身上剝下來的毛皮稱爲生皮，生皮經鞣制加工後，帶毛的稱爲裘，去毛的獸皮稱爲革。《説文·革部》云："獸皮治去其毛爲革。"[3]《周禮·天官·掌皮》："掌皮，掌秋斂皮，冬斂革，春獻之。"宋綿初《釋服》云："凡連毛者曰皮，裘材也，去毛者曰革，練治之革曰韋。"[4] 韋是去毛熟治的獸皮。《儀禮·聘禮》："君使卿韋弁。"鄭玄注："皮韋同類，取相近耳。"賈公彦疏："有毛則曰皮，去毛熟治則曰韋。本是一物，有毛無毛爲異，故云取相近耳。"

皮革的加工方法，大致經過三個步驟：首先，去掉毛肉，利用加灰的方法去除獸皮的毛與皮下組織；其次鞣制使毛皮變軟。《考工記·鮑人》："革，欲其荼白，而疾澣之，則堅；欲其柔滑，而腥脂之，則需。"澣指搓洗獸皮時加入鞣劑。皮革放置在有鞣酸類化學成分的液體中浸泡，使皮革不腐敗朽壞；然後用油脂沾染，使皮革柔滑。

## 第二節　練染與色彩

蠶繭的繅絲工藝、麻葛的漚煮與紡織品的練染是先秦服飾制作中必不可缺的重要工序。

## 一、繅絲

周代紡織手工業已有選繭、剝繭、繅絲等工序。選繭是剔去黴爛繭和小繭，

---

① 段玉裁：《説文解字注》，第 399 頁。

② 王先謙：《釋名疏證補》卷 6，第 197 頁。

③ 段玉裁：《説文解字注》，第 107 頁。

④ 宋綿初：《釋服》卷下，《續修四庫全書》第 108 册，第 691 頁。

經過分揀的蠶繭可以繅出質量好的絲,《禮記·月令》云:"蠶事既登,分繭稱絲效功,以共郊廟之服,無有敢惰。"分繭即選繭。

繅絲之前首先要剝繭。因爲蠶開始吐絲時是一層亂絲,因裹在繭殼外面,故稱爲繭衣。只有剝去繭衣,絲緒繚會暴露出來。剝下的繭衣稱爲絲絮,强力很低,無法用於織作,但可以填充在夾衣中起保暖作用。

剝繭之後,爲防止蛹化爲蛾而咬破繭殼,要及時繅絲。將蠶繭抽出蠶絲的工藝稱繅絲。繅絲的方法是將蠶繭放在沸水中煮,一邊煮,一邊將蠶繭反復按入水中攪動,使絲緒浮現出來。《禮記·祭義》載:"及良日,夫人繅,三盆手,遂布於三宮夫人、世婦之吉者,使繅。"鄭玄注:"三盆手者,三淹也。凡繅,每淹大總,而手振之,以出緒也。"絲緒浮出後,用草莖撈出,稱作索緒。然後將絲繞在繞紗板上。蠶繭的絲很纖細,只有 20 到 30 微米,難以單根使用,所以繅絲時要集緒、繞絲,就是把若干個繭的絲絞合在一起,形成一束生絲。

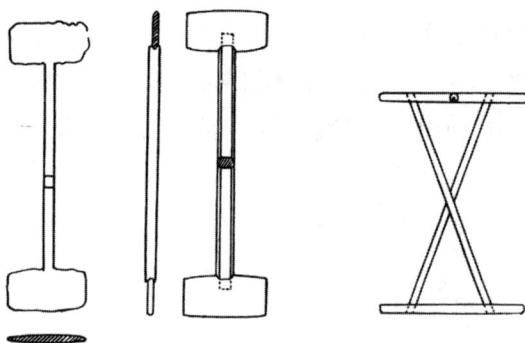

圖 1–1　繞紗板和繞紗框

浙江吳興錢山漾遺址出土的絹片,表面光滑均匀,蠶絲的橫斷面呈三角形,表明絲膠已經脫落,應該是在熱水中繅取的絲。錢山漾還出土了用草莖製成的小帚,柄部用麻繩捆紮,與繅絲工具索緒帚非常相似,此物與絹片一起出土,絕非偶然。[①]1979 年江西貴溪崖墓曾出土有一批紡織工具,有三件"I"形和一件"X"形繞絲器(圖 1–1),屬於春秋戰國之際的文物。同墓出土的還有三件殘斷的齒耙,可能是一種整經機具。[②]

---

① 浙江省文物管理委員會等:《錢山漾第一二次發掘報告》,《考古學報》1962 年第 2 期, 第 73—92 頁。

② 江西省歷史博物館、貴溪縣博物館:《江西貴溪崖墓發掘簡報》,《文物》1980 年第 11 期, 第 15—16 頁。

## 二、脱膠

要將麻類植物纖維紡成線，進而織成布，首先要對麻皮脱膠。從上古時代起，先民就逐步掌握了用漚製方法脱掉植物韌皮纖維所含膠質的技術。漚麻的方式有水浸和雨露漚麻兩種。水浸漚麻，是將收割的麻株或剥下的麻皮浸泡於水中，進行發酵，以獲取麻的纖維。《詩·陳風·東門之池》云："東門之池，可以漚麻"，"東門之池，可以漚紵"，所言即是對大麻和苧麻采用池水漚漬的辦法進行脱膠。這是利用池水中天然繁殖的某些細菌分解麻類韌皮中的膠質，從而起到脱膠作用，工藝纖維也就被分離出來。雨露漚麻是將收穫的麻株平鋪於田間，通過雨露浸潤發酵製纖。浙江錢山漾新石器時代遺址、河北藁城臺西商代遺址、北京平谷商墓、陝西寶雞西周墓、江蘇六合東周墓和湖南長沙戰國楚墓出土的麻布，都可辨認出經過脱膠的痕跡，説明當時已經掌握了漚麻技術。[1]

先秦時期，苧麻的脱膠除用漚漬之法外，也可將麻皮放在灰液中煮練使麻纖維脱膠，禮書稱爲治，《儀禮·喪服》記載："大功布衰裳、牡麻経，無受者。"鄭玄注："大功布者，其鍛治之功粗沽之。"賈公彦疏："言大功者，《斬衰章》傳云冠六升不加灰，則此七升言鍛治，可以加灰矣，但粗沽而已。"煮苧麻脱膠，水裏必須加入石灰等强鹼性的物質。灰質分爲兩種：一種是楝木灰汁，屬純鹼物質；另一種是蜃蛤殼燒成的灰加水，即灰水。

葛的脱膠方法是煮，將水煮後的葛漂於水中，加以捶打，以取得纖維。《詩·周南·葛覃》："葛之覃兮，施於中谷，維葉莫莫。是刈是濩，爲絺爲綌。"毛傳："濩，煮之也。"孔穎達疏："於是刈取之，於是濩煮之，煮治已迄，乃緝乃績之，爲絺爲綌。"

## 三、練、染

絲織物或麻織物染色之前需要練治。在熱水中繅取的絲是生絲，生絲中含有各種雜質，只有通過精練，將雜質除去，纔能漂白、染色，絲的光澤、手感以及絲鳴之聲纔能顯現，這就成了熟絲。

---

[1]　趙承澤主編：《中國科學技術史·紡織卷》，科學出版社 2002 年版，第 138 頁。

（一）練

絲麻織物在染色前的準備工藝，現代紡織稱作精練，練後的織物除去表面所附的雜質，變得更加柔軟、純净、易於著色。麻纖維、麻縷或麻紗、麻布的進一步脱膠處理，古代稱作治，也就是現代所謂精練。

古代精練一般用草木灰澄清的水，稱爲涚水。《考工記·㠛氏》："以涚水漚其絲七日。"鄭玄注："玄謂涚水，以灰所沸水也。"《禮記·内則》："冠帶垢，和灰請漱；衣裳垢，和灰請澣。"草木灰水是重要的洗滌劑，可以洗滌衣服和冠帽。《考工記·㠛氏》對練絲工藝有詳細的記載：

> 湅絲，以涚水漚其絲七日，去地尺暴之。晝暴諸日，夜宿諸井，七日七夜，是謂水湅。

> 湅帛，以欄爲灰，渥淳其帛，實諸澤器，淫之以蜃。清其灰而盝之，而揮之；而沃之，而盝之；而塗之，而宿之。明日，沃而盝之。晝暴諸日，夜宿諸井，七日七夜，是謂水湅。

練絲的具體過程是，練絲時先將絲束浸泡在澄清的草木灰水中，漚漬七天七夜後，撈出絲束，白天將其放置在距離地面一尺的地方暴曬，晚上懸掛在井水中漂洗，這樣反復交替七天七夜，練絲工藝結束。

練帛時先用濃度高的楝灰汁水來浸泡帛，使之變得柔潤，然後把帛放在光滑潔净的容器中，倒入蜃灰水再次浸泡，待到灰水中的雜質沉澱，取出帛，擰去灰水，將帛上粘附的雜質過濾掉，抖去污物，然後用蜃灰水從上往下澆灌帛，再擰去水分過濾掉帛上雜質，之後在帛上塗上一層蜃灰，放置一夜。第二天將帛清洗後，再按照前一天的工序重復對帛進行澆洗、脱水過濾，這一工藝過程就是練帛的灰練法。從第三天開始，用練絲過程中的水練法，白天將帛放置在陽光下暴曬，晚上則懸掛於井水中浸泡，徹底過濾掉帛上雜質，使帛變得柔軟潔白。這一工藝過程經歷七天七夜，帛的練治活動即告完成。這種暴練，實際上就是印染生產過程中的預處理工藝——練和漂。

（二）染

染色有石染和草染兩種方式，前者使用礦物染料，後者使用含有色素的植物染料。各種染料均有其著色原理：礦物顏料著色是通過黏和劑使已研磨成粉末狀的礦物顏料黏附於織物的表面，但顏色遇水即容易脱落；植物染料則不然，染製時，其色素分子是通過與織物纖維親合而改變纖維的色彩，所著之色雖經日曬水洗，均不易掉色或很少掉色，因而植物染料是我國古代染色的主要原料。

礦物性染料有赭石、朱砂、石綠、石青、雌黃、雄黃等。赭石也就是赤鐵礦。赤鐵礦的色相因爲氧化的情況不同，會産生鐵黃色、鐵紅色、鐵黑色等色相。天然赤鐵礦是最早利用的礦物顏料，多用來塗染粗劣的麻織物，周代稱作赭衣。朱砂也是古代重要的染紅用的礦物顏料。朱砂或赭石顏料施染以前，都要經過研磨，并且加膠液調製成漿狀，纔可以用工具塗到織物表面。石綠，又名空青，俗名孔雀石，是很重要的綠色礦物染料。石青是天然藍銅礦石，其色翠藍。雄黃是硫化砷，可以染橘紅色；雌黃即三硫化砷，可染淺黃與金黃色。

植物性染料有蓼藍、馬藍、茜草、藎草、紫草、鼠尾草、梔子等。《周禮·地官·掌染》"掌染草"鄭玄注曰："染草，藍、蒨、象斗之屬。"賈公彥疏："藍以染青，蒨以染赤，象斗染黑。"蓼藍、馬藍等藍草可染藍色，茜草染紅色，藎草染黃，紫草染紫，鼠尾草染灰與黑色，梔子可以染黃色。

用藍草染色，先以鮮藍草的汁液直接浸染織物來染藍，以後再用藍草製靛藍染青色。《荀子·勸學篇》説："青，取之於藍，而青於藍。"[1] 即指藍草製成的靛藍可以染出更青的顏色來。

茜草是染絳色的主要染料，亦名茹藘、茅蒐（圖1–2）。《説文·艸部》："茜，茅蒐也。"[2]《詩·鄭風·東門之墠》："東門之墠，茹藘在阪。"毛傳："茹藘，茅蒐也。"孔穎達疏引李巡曰："茅蒐，一名茜，可以染絳。"《爾雅·釋草》："茹藘，茅蒐。"郭璞注："今之蒨也，可以染絳。"陸德明《釋文》："蒨，本或作茜。"茜草根含有茜素，色澤嬌豔，而略帶黃色。茜草必須以明礬爲媒染劑，否則不易在纖維上著色。

我國古代將原色的紅稱爲赤色。而稱橙紅色爲紅色。染赤色最初不是用植物染料而是用礦物染料赤鐵

圖1–2　茜草

---

① 王先謙：《荀子集解》卷1，中華書局1988年版，第1頁。

② 段玉裁：《説文解字注》，第31頁。

礦粉末,後來有用朱砂(硫化汞)。用它們染色,牢度較差。

染黃色,早期主要用梔子,梔子又稱先支或支子。梔子的果實中含有藏花酸和藏紅花酸的黃色素,是一種直接染料,染成的黃色微泛紅光。

染黑色,主要用櫟實、橡實、五倍子、柿葉、冬青葉、栗殼、蓮子殼、鼠尾葉、烏柏葉等。

先秦時期染色法有多次浸染的復染法和套染法。

植物染料本身與植物纖維親和力低,染一次只有少量色素吸附在纖維上,要染深色,必須反復多次浸染,色素纔可能較多地吸附與聚結,達到顏色深度的要求。故將織物分幾次先後浸入溶有一種或多種不同色彩染料的容器内,從而得到某一顏色的不同深度的近似色或其他各種新的顏色。古代染工爲了每染一次便於掌握染色深度,規定每染一次色就有一個色名,以此確定染色標準。如《爾雅·釋器》云:"一染謂縓,再染謂赬,三染謂纁。"一、再、三指紡織物浸入染液的次數。縓,黃赤色,橙紅色;赬,淺赤色,近似於鐵鏽紅;纁,絳色。纖維染三次,顏色一次比一次深重。

《考工記·鍾氏》記載:"鍾氏染羽,以朱湛丹秫,三月而熾之,淳而漬之。三入爲纁,五入爲緅,七入爲緇。"賈公彦疏云:"熾之當及盛暑熱潤,則初以朱湛丹秫,春日預湛,至六月之時即染之矣。"對經文這句話,學者的解釋不一致。傳統解經者一般認爲朱指丹砂,丹秫是用作染料的赤粟,性黏。現代科技工作者從染色原理與工藝角度認爲朱指茜草類植物。① 爲羽毛等服飾品染色,首先將丹砂放入茜草的浸泡液裏不斷研磨,三月後將混合液烹煮加熱來提取染液,然後將待染服飾品在染液中浸染。② 三次進入紅色染料爲纁(絳紅色),再浸染二次爲緅(帶紅光的淺黑色),繼續浸染二次則爲緇(黑色)。於是紅色系列復染呈現從淺黃赤色到淺赤色、絳色,再從絳色到紫色,最後加深至黑色。這種同一色系反復染色達到深色的方法,即復染法。

除了復染法,也使用套染的方法來染色。套染是將同一件織物用兩種以上的染料連續來染色,以得到第三色。如先以藍草染藍色,再以梔子染黃色,就可

① 趙成澤:《中國科學技術史·紡織卷》,第270—272頁。
② 劉明玉:《考工記服飾染色工藝研究》,《武漢理工大學學報(哲學社會科學版)》2007年第1期,第137—140頁。

以得到綠色。先以紅花、茜草根染紅，再以藍草染藍，就可以得到紫色。

　　草木染工藝中，許多從植物裏提取的色素，對纖維親和力較弱，這種植物染料在纖維上得色不高，色牢度較差，要提高色素與纖維較好地結合必須通過一些礬類物質的介入，這種媒介物稱爲媒染劑。傳統的草木染媒染劑通常有白礬、皂礬、膽礬等，礬石可以使植物染料產生一種不溶解的有色物，沉澱在織物纖維中，與色素結合，使織物染色，通過這些媒染劑的媒染，使纖維上色量增加，同時也提高了染色的固色作用。媒染劑也使用椿木灰，另外，烏梅、鹼等也可當作媒染劑。

## 四、色彩

　　周代有"正色"和"間色"之説。《禮記·玉藻》："士不衣織。無君者不貳彩，衣正色，裳間色。非列彩不入公門。"孔穎達疏："正謂青、赤、黃、白、黑五方正色也；不正謂五方間色也。綠、紅、碧、紫、騮黃是也。"孫希旦《禮記集解》認爲，所謂正色，乃五方純正之色；間，猶雜也，謂間雜二色。[1] 青（即藍色）、赤、黃、白、黑稱爲五色，也是本色、原色。原色混合得到多次色如青黃之間的綠，赤白之間的紅，青白之間的碧以及黑赤之間的紫色、騮黃等色，稱間色。間色爲"奸色"，即不純正之色。

　　周代禮服衣裳均用正色，而不用間色。若是衣正色，裳間色，多爲燕居之服。周禮，正色尊於間色。《論語·鄉黨》："君子不以紺、緅飾，紅紫不以爲褻服。"是説不用紺青色和緅色鑲衣邊，日常衣服不用淺紅和紫色等間色。《論語·陽貨》："惡紫之奪朱也。"《孟子·盡心下》云："惡紫，恐其亂朱也。"在人們看來，眼花繚亂的間色，實乃擾亂了正色。《禮記·玉藻》又云："玄冠朱組纓，天子之冠也。玄冠丹組纓，諸侯之齊冠也。玄冠綦組纓，士之齊冠也。"《荀子·富國篇》亦云："諸侯玄袞衣冕。"[2] 周代玄黑和赤兩種正色被視爲吉色，通用爲貴族的禮服或朝服之色，至平民世俗社會亦多尚之，而間色則爲人們所賤之。

---

① 孫希旦：《禮記集解》卷 29，中華書局 1989 年版，第 801 頁。
② 王先謙：《荀子集解》卷 10，第 178 頁。

## 第三節　絲織物的種類

三禮等典籍中對各種不同絲織品所下的定義，多半并未明確指出各自的不同，大致是以顏色的不同及質地表面的精細、粗糙、輕滑、厚重等分門別類。

帛爲絲織品的總稱，秦漢以後又稱爲繒。《説文·帛部》："帛，繒也。"①"繒，帛也。"② 二者互訓。《漢書·匈奴傳》："赤綈、緑繒各四十匹。"顏師古注："繒者，帛之總稱。"③ 渾言之，繒帛二字可通用；析言之，純絲織品稱爲帛，雜絲織品稱爲繒。如《三蒼》曰："雜帛曰繒。"④

無紋飾的繒帛稱爲縵。《説文·系部》："縵，繒無文也。"⑤《急就篇》卷二："錦繡縵紵離雲爵。"顏師古注："無文之帛也。"⑥《管子·霸形》："於是以虎豹皮、文錦使諸侯，諸侯以縵帛、鹿皮報。"⑦《韓非子·十過》："縵帛爲茵。"⑧ 縵帛爲無文飾的帛，又泛指無文飾之物。如《周禮·春官·巾車》："服車五乘，孤乘夏篆，卿乘夏縵。"賈公彥疏："縵者，亦如縵帛無文章。"《左傳·成公五年》："君爲之不舉，降服，乘縵。"孔穎達疏："乘縵，車無文。"

繒帛，先秦時亦作爲祭祀、朝聘、饋贈的禮物。《禮記·禮運》云："瘞繒。"鄭玄注："幣帛曰繒。"是指將幣帛埋於坑坎中祭祀神靈。《墨子·尚同中》："其事鬼神也……珪璧幣帛不敢不中度量。"⑨ 以上皆是以幣帛作爲祭品之例。《左傳·襄公八年》載："敬共幣帛，以待來者，小國之道也。"又《周禮·天官·大宰》："六曰幣帛之式。"鄭玄注："幣帛，所以贈勞賓客者。"以上所引均是以幣帛爲禮品。帛除作爲服飾材料外，還用於書畫。1973 年湖南長沙馬王堆 3 號漢墓一塗漆木匣中發現有帛書，帛書内容有《周易》《喪服圖》《老子》等典籍，以及多種數術類、

---

① 段玉裁：《説文解字注》，第 363 頁。
② 段玉裁：《説文解字注》，第 648 頁。
③ 班固：《漢書》卷 94 上，第 3758 頁。
④ 宗福邦等：《故訓匯纂》，商務印書館 2003 年版，第 1778 頁。
⑤ 段玉裁：《説文解字注》，第 649 頁。
⑥ 史游：《急就篇》卷 2，岳麓書社 1989 年版，第 116 頁。
⑦ 黎翔鳳：《管子校注》卷 9，第 456 頁。
⑧ 王先慎：《韓非子集解》卷 3，中華書局 2013 年版，第 76 頁。
⑨ 孫詒讓：《墨子閒詁》卷 3，第 82 頁。

方術類文獻,還有《長沙國南部地形圖》《駐軍圖》《城邑圖》三幅地圖。[①]

絲織物分爲生絲織物和熟絲織物。

## 一、生絲類

任大椿《釋繒》曰:"繒,帛也,熟帛曰練。生帛曰縞,曰素,曰綃,曰縑,曰絹。"[②]縞、素、綃、縑、絹等均爲生絲,因生絲外面裹有膠質而不易著色,故生絲織物多爲素色。

縞

細密素白的生絲平織物。《尚書·禹貢》:"厥篚玄纖縞。"僞孔傳:"玄,黑繒;縞,白繒。"《禮記·王制》:"殷人哻而祭,縞衣而養老。"孔穎達疏:"縞,白色生絹,亦名爲素。"《後漢書·順帝紀》:"帝縞素避正殿。"李賢注:"繒之精白者曰縞。"[③]《漢書·食貨志上》:"曳縞。"顏師古注:"縞,皓素也,繒之精白者也。"[④]據上所引,可知縞是精白、輕薄的絲織物。歷史上以曲阜所産尤爲輕細,稱魯縞。《漢書·韓安國傳》:"强弩之末,力不能入魯縞。"顏師古注:"縞,素也。曲阜之地,俗善作之,尤爲輕細。"[⑤]

縞未經練染,爲白色,故縞又引申爲白色。

素

白色生絹。《説文·素部》:"素,白致繒也。"段玉裁注:"繒之白而細者也。"[⑥]《小爾雅·廣服》説:"縞之粗者曰素"[⑦],素指較粗的白繒。《禮記·雜記上》:"純以素。"鄭玄注:"素,生帛也。"素的本義是白色的絲織物,表面有光澤。素既未煮練,也未加任何繪繡,所以《釋名·釋采帛》説:"素,樸素也,已織則供用,不復加巧飾也。又物不加飾,皆目謂之素,此色然也。"[⑧]素引申爲樸素、樸質等義。

---

① 何介均主編:《長沙馬王堆二、三號漢墓第一卷:田野考古發掘報告》,文物出版社 2004 年版,第 87—116 頁。

② 任大椿:《釋繒》,《清經解》第 3 册,鳳凰出版社 2005 年版,第 4079—4090 頁。

③ 范曄:《後漢書》卷 6,中華書局 2011 年版,第 255 頁。

④ 班固:《漢書》卷 24 上,第 1133 頁。

⑤ 班固:《漢書》卷 52,第 2403 頁。

⑥ 段玉裁:《説文解字注》,第 662 頁。

⑦ 黄懷信:《小爾雅匯校集釋》,三秦出版社 2003 年版,第 379 頁。

⑧ 王先謙:《釋名疏證補》卷 4,第 150 頁。

混言之，縞、素可通用，如上引孔穎達疏云："縞，白色生絹。亦名爲素。"析言之，二者略有差別，如上引《小爾雅》云"縞之粗者曰素"，可見素的細白以及精細程度遜於縞。

凶服用縞素。如《禮記·玉藻》記："弟子縞帶，并紐約用組。"鄭玄注："用生縞爲帶，尚質也。"《禮記·曲禮下》："大夫、士去國，踰竟，爲壇位，向國而哭，素衣、素裳、素冠。"孔穎達疏："去父母之邦，有桑梓之戀，故爲壇位，向國而哭，衣、裳、冠皆素，爲凶飾也。"《禮記·檀弓下》："素服哭於庫門之外。"

### 綃

生絲織成的類似薄紗的平紋方孔絲織物。《説文·糸部》："綃，生絲也。"①《廣韻·平宵》："綃，生絲繒也。"綃經絲纖細，因用生絲織成，未經脱膠，故纖輕而挺括。《文選·曹植〈洛神賦〉》："踐遠游之文履，曳霧綃之輕裾。"李善注："綃，輕縠也。"②

以綃製作之衣服，稱爲綃衣，字或作"宵衣"。《禮記·玉藻》："君子狐青裘豹褒，玄綃衣以裼之。"鄭玄注："綃，綺屬也。"《禮記·郊特牲》："繡黼丹朱中衣。"鄭玄注："繡讀爲綃。綃，繒名也。《詩》云：'素衣朱綃。'"《儀禮·士昏禮》："姆纚、笄、宵衣，在其右。"鄭玄注："宵讀爲《詩》'素衣朱綃'之'綃'，《魯詩》以綃爲綺屬也。姆衣玄衣，以綃爲領，因以爲名，且相別耳。"

### 縑

并合多根絲織成的絹，比一般的絹緻密。《説文·糸部》："縑，并絲繒也。"段玉裁注："謂駢絲爲之，雙絲繒也。"③縑就是雙絲的繒。《釋名·釋采帛》："縑，兼也，其絲細緻，數兼於絹，染兼五色，細緻，不漏水也。"④《漢書·外戚傳上》："媪爲翁須作縑單衣。"顏師古注："縑，即今之絹也。"⑤《急就篇》卷二："綈絡縑練素帛蟬。"顏師古注："縑之言兼也，并絲而織，甚緻密也。"⑥《淮南子·齊俗訓》："縑

---

① 段玉裁：《説文解字注》，第 643 頁。

② 蕭統編，李善注：《文選》卷 19，第 898 頁。

③ 段玉裁：《説文解字注》，第 648 頁。

④ 王先謙：《釋名疏證補》卷 4，第 149 頁。

⑤ 班固：《漢書》卷 97 上，第 3963、3964 頁。

⑥ 史游：《急就篇》卷 2，第 122 頁。

之性黄，染之以丹則赤。"① 縑經緯不染色，而是織後再經練染，成爲一種多色彩的絲織品。故縑絲爲本色——黄白色或淡黄色。

周代多用縑作賞贈酬謝之物，亦用作貨幣。《周禮·天官·典絲》："掌其藏與其出，以待興功之時。"鄭玄注："時者若温暖宜縑帛，清凉宜文繡。"又可作春秋夾衣的衣料。《管子·山國軌》："春縑衣，夏單衣。"② 亦用以書畫。《墨子》提到"書於竹帛"，就是指寫在竹簡和縑帛上。縑帛柔軟而光滑，而且書寫時易著墨，幅面大小也可以根據文字多少任意裁切。質地細密的絲絹，通常以雙絲織成，能染成各種顏色，多作衣料。

長沙識字嶺 345 號墓中出土有縑這種織物。淺黑色，雙緯絲平紋，即由兩根不加撚的緯絲與單根經絲平織而成，密度爲每平方厘米 40×18 根。③

絹

用生絲織成的平紋織物，似縑而疏，挺括滑爽。《釋名·釋采帛》："絹，絖也，其絲絖厚而疎也。"④《急就篇》卷二："烝栗絹紺縓紅繎。"顏師古注："絹，生白繒似縑而疏者也。一名鮮支。"⑤《説文·系部》："絹，繒如麥色。從糸，𩵋聲。謂粗厚之絲爲之。"⑥ 厚而疏者稱絹。

絹多爲白色，也有經練染的有色絹。長沙子彈庫 1 號墓出土的"人物御龍帛畫"即爲絹地，經緯密度 66×36 根 / 平方厘米。長沙左家塘 44 號墓出土有棕色絹、褐色絹、黄色絹。江陵雨臺山楚墓出土的絲織物都是平紋絹。江陵馬山 1 號墓出土的衣衾和繡品所用絹的數量最大，共 55 件，多用作衣衾裏和繡地，也用於衣衾面。用作衣衾面和繡地的絹較爲細密，如紫紅色絹衣面經緯爲 122×64 根 / 平方厘米。有部分絹在織造後經捶壓，絲線扁平，個別經過壓光處理，具有良好的光澤。⑦

絹的經緯密度基本一致，質地挺爽細膩，可用來製衣，如《儀禮·聘禮》："大

① 劉文典：《淮南鴻烈集解》卷 11，第 352 頁。

② 黎翔鳳：《管子校注》卷 22，第 1291 頁。

③ 戴亮：《我國古代的縑絲物》，《絲綢史研究》1987 年第 1、2 期合刊，第 37—38 頁。

④ 王先謙：《釋名疏證補》卷 4，第 149 頁。

⑤ 史游：《急就篇》卷 2，第 120—121 頁。

⑥ 段玉裁：《説文解字注》，第 649 頁。

⑦ 湖北省荆州地區博物館：《江陵馬山一號楚墓》，文物出版社 1985 年版，第 32 頁。

夫賄用束紡。"鄭玄注:"紡,紡絲爲之,今之縛也,所以遺聘君,可以爲衣服,相厚之至。"賈公彥疏:"云'紡,紡絲爲之'者,因名此物爲紡。"縛即絹。《周禮·天官·内司服》:"素沙。"鄭玄注:"素沙者,今之白縛也。"《釋文》:"《聲類》以爲今作絹字。"《説文·糸部》云:"縛,白鮮厄也。"段玉裁注,"縛爲鮮支之白者。"[1] 王念孫《廣雅疏證》云:"縛與絹同。"[2] 縛、絹乃通稱。可見縛即絹,也就是《儀禮》之紡。

湖北江陵馬山一號楚墓出土有戰國時期的繡絹袍、裙、褲和禪衣等。[3]

## 二、熟絲類

熟絲織物一般稱作練。《説文·糸部》:"練,湅繪也。"[4] 練可以是先練而後織,亦可織而後練煮,以使織物光潔柔軟。

羅

羅是采用絞經組織織成的織物,其緯絲相互平行排列,而經絲分爲兩組(絞經和地經)相互扭結與緯絲交織而成,表面呈現均匀的椒眼紋,極爲輕薄,故有"椒眼曰羅"之説。《釋名·釋采帛》:"羅,文羅疏也。"王先謙《釋名疏證補》引蘇輿曰:"言文理羅羅而疏也。"[5] 羅質地輕薄,手感滑爽,花紋美觀雅致,而且透氣,因其纖柔而被冠以雲羅、霧羅、輕羅等稱名。未練者稱生羅,已練者稱熟羅。羅又有素羅、紋羅(花羅)之分,素羅爲羅地不起花者,起花紋者則稱紋羅。

商代即已出現有羅。[6] 江陵馬山 1 號墓出土有龍鳳虎紋繡,繡地爲四經絞羅,灰白色網孔狀織物,經線投影寬度爲 0.15 毫米,緯線投影寬度爲 0.05 毫米,經緯線均加 S 向撚,撚度爲 3000—3500 次 / 米,厚 0.17 毫米,經緯密度爲 46×42 根 / 平方厘米,幅寬 43.5—46.5 厘米。[7]

---

[1] 段玉裁:《説文解字注》,第 648 頁。

[2] 王念孫:《廣雅疏證》卷 7 下,中華書局 1983 年版,第 227 頁。

[3] 湖北省荆州地區博物館:《江陵馬山一號楚墓》,第 20—70 頁。

[4] 段玉裁:《説文解字注》,第 648 頁。

[5] 王先謙:《釋名疏證補》卷 4,第 151 頁。

[6] 中國社會科學院考古研究所:《殷墟婦好墓》,文物出版社 1980 年版,第 18 頁。

[7] 荆州地區博物館:《湖北江陵馬山磚廠一號墓出土大批戰國時期絲織品》,《文物》1982 年第 10 期,第 5 頁。

紗

平紋組織的絲織物，外觀有明顯的方孔，經緯稀疏而輕薄透亮。

紗，字亦作"沙"，周王后、夫人之服，以白沙爲内裏，稱爲素沙。《周禮·天官·内司服》云："掌王后六服：褘衣、揄狄、闕狄、鞠衣、展衣、緣衣、素沙。"鄭玄注："素沙者，今之白縳也。六服皆袍制，以白縳爲裏，使之張顯。今世有沙縠者，名出於此。"朱駿聲《説文通訓定聲》："今之縐紗也。不縐者，《周禮》之素紗。"①《漢書·江充傳》載："充衣紗縠襌衣。"顏師古注："紗縠，紡絲而織之也。輕者爲紗，縐者爲縠。"②與縠相比，紗無縐紋，較輕。

殷墟婦好墓出土的 50 餘件青銅器的表面粘附有紡織品殘片，其中"粗疏者每平方厘米有經絲二十，緯絲十八根，組織孔隙明朗可見"，屬於一種紗織物。③遼寧朝陽縣龍灣臺地 7101 號西周墓出土有經緯密度每平方厘米 20×20 根的絲織物，屬於古代所説的方目紗。④江陵馬山一號墓發現有素色、土黃色、深褐色幾種方孔紗。其中一件爲深褐色紗巾，保存較好，幅寬爲 32.2 厘米，經緯密度爲 25×16 根／平方厘米。長沙左家塘 44 號墓出土有藕色紗手帕，織品長 28 厘米，寬 24 厘米，有稀疏的方孔，經緯絲投影寬爲 80 微米，透孔率百分之七十，相當輕薄。⑤

縠

質地輕薄纖細透亮、表面起縐的平紋熟絲絲織物。《後漢書·章帝紀》："癸巳，詔齊相省冰紈、方空縠、吹綸絮。"李賢注："《釋名》曰：'縠，紗也。'方空者，紗薄如空也。或曰空，孔也，即今之方目紗也。"⑥上引顏師古注云："縐者爲縠。"⑦《釋名·釋采帛》："縠（縠），粟也，其形蹙蹙，視之如粟也。"⑧縠組織結構與紗同，

① 丁福保：《説文解字詁林》，第 12630 頁。

② 班固：《漢書》卷 45，第 2176 頁。

③ 中國社會科學院考古研究所：《殷墟婦好墓》，第 18 頁。

④ 趙承澤等：《關於西周絲織品（岐山和朝陽出土）的初步探討》，《北方紡織》1979 年第 2 期，第 14 頁。

⑤ 湖北省荆州地區博物館：《江陵馬山一號楚墓》，第 33 頁；熊傳新：《長沙新發現的戰國絲綢物》，《文物》1975 年第 2 期，第 51 頁。

⑥ 范曄：《後漢書》卷 3，第 135 頁。

⑦ 班固：《漢書》卷 45，第 2176 頁。

⑧ 王先謙：《釋名疏證補》卷 4，第 152 頁。

有紗一樣的方孔,質地輕薄,絲縷纖細,表面起均匀的鱗形皺紋。漢以後又稱爲紗縠。縠表面的縐紋,係經過特殊工藝處理而形成,在織造中,經緯線均須經反向强撚,織成後經煮練,使加撚經緯絲退撚,收縮彎曲,織物表面即形成縐紗。

河北藁城臺西商代遺址出土有一塊疏松的平紋絲織物,經緯絲屬於强拈絲,織物表面有皺物,屬於"平紋絲織物的縠"。① 長沙左家塘44號墓出土的一塊淺棕色縐紗,經緯密度爲38×30根/平方厘米,經緯絲都加强撚,緯絲撚向S,經絲有S撚、Z撚二種,相隔排行。②

紈

質地細膩有光澤的潔白絲織品。《爾雅·釋名》云:"紈,焕也,細澤有光,焕焕然也。"《説文·糸部》:"紈,素也。"③ 朱駿聲《説文通訓定聲》謂:"紈,謂白緻繒,今之細生絹也。"④《急就篇》卷二:"縹綟綠紈皂紫硟。"顏師古注:"紈即素之輕細者。"⑤ 紈是先用生絲織成,再經過精練,故織物精細、輕薄、光澤好。其色爲白色,亦有黄色等别的顏色,如《漢書·韓延壽傳》載"延壽衣黄紈方領"⑥。

紈之高級者色澤鮮潔如冰,名爲冰紈。《漢書·地理志下》:"其俗彌侈,織作冰紈綺繡純麗之物。"顏師古注:"冰謂布帛之細,其色鮮絜如冰者也。紈,素也。"⑦ 紈嚮爲珍貴的衣料,爲古代貴族子弟所服。

綈

一種質地厚實有光澤的平紋染色絲織物。《説文·糸部》:"綈,厚繒也。"⑧《急就篇》卷二:"綈絡縑練素帛蟬。"顏師古注:"綈,厚繒之滑澤者也。"⑨《史記·范雎蔡澤列傳》:"乃取其一綈袍以賜之。"司馬貞《索隱》:"綈,厚繒也,音啼,蓋今之絁也。"⑩《釋名·釋采帛》:"綈,似蝀蟲之色,綠而澤也。"王先謙《補注》:

<hr />

① 高漢玉:《臺西商代遺址出土的紡織品》,《文物》1979年第6期,第48頁。

② 熊傳新:《長沙新發現的戰國絲綢物》,《文物》1975年第2期,第51頁。

③ 段玉裁:《説文解字注》,第648頁。

④ 丁福保:《説文解字詁林》,第5824頁。

⑤ 史游:《急就篇》卷2,第120頁。

⑥ 班固:《漢書》卷76,第3214頁。

⑦ 班固:《漢書》卷28下,第1660頁。

⑧ 段玉裁:《説文解字注》,第648頁。

⑨ 史游:《急就篇》卷2,第122頁。

⑩ 司馬遷:《史記》卷79,第2413頁。

"後世則絳紺清白緋紫黄,綈不一其色,成國舉一狀之耳。"① 綈的絲線采用了并絲工藝,經緯絲較粗,質地粗而厚實、平滑而有光澤,織成後再練染,織品緊密光潔,色彩多樣。

江陵馬山1號墓出土的一件麻鞋面爲綈,土黄色,經緯密集,緯嚮呈凸條,有光澤,質地厚實。經線爲雙股合成,加S撚,撚度爲500次/米。經緯密度爲80×110根/平方厘米。②

綺

有花紋的繒,是一種在平紋地上起斜紋的絲織物。③繒的顔色起初僅僅一二種,後有多至七色者。《説文·系部》:"綺,文繒也。"段玉裁注:"綺,謂繒之有文者也。"④《釋名·釋采帛》:"綺,攲也,其文攲邪,不順經緯之縱橫也。有杯文,形似杯也,有長命,其彩色相間,皆横終幅,此之謂也。"⑤《漢書·高帝紀》:"賈人毋得衣錦繡綺縠絺紵罽。"顔師古注:"綺,文繒也,即今之細綾也。"⑥《尚書·禹貢》:"厥貢漆絲,厥篚織文。"僞孔傳:"織文,錦綺之屬,盛之筐篚而貢焉。"《慧琳音義》謂:"帛有邪文曰綺","用二色彩絲織成文華,次於錦,厚於綾"。⑦據上引文獻記載,可知綺以運用織物組織變化而産生斜紋起花爲特徵,花紋結構不順經緯方向,呈傾斜狀。

綺一般爲素織,織後染色,也有以彩色相間的經緯絲線強織而成的彩紋綺(圖1–3)。江陵馬山1號墓出土的彩條紋綺,是以黑、深紅、土黄幾種不同顔色的絲爲經線,以棕色絲爲緯線,按顔色條帶分區,相間織製。經緯密度爲88×19根/平方厘米,粗經線投影寬度0.2毫米,細經線投影寬度0.1—0.15毫米,緯線投影寬度0.15—0.2毫米。織物表面有小花紋效果,常見的有菱形紋。綺菱紋的組織結構大多是平紋、斜紋和變化斜紋組成的聯合組織。⑧

① 王先謙:《釋名疏證補》卷4,第150頁。
② 湖北省荊州地區博物館:《江陵馬山一號墓》,第33頁。
③ 根據陝西寶雞出土的絲織物綺,有的綺可能地紋與花皆斜紋,參見李也貞等《關於西周絲織和刺繡的重要發現》,《文物》1976年第4期,第60—63頁。
④ 段玉裁:《説文解字注》,第648頁。
⑤ 王先謙:《釋名疏證補》卷4,第151頁。
⑥ 班固:《漢書》卷1,第66頁。
⑦ 參宗福邦等編《故訓匯纂》,第1747頁。
⑧ 湖北省荊州地區博物館:《江陵馬山一號楚墓》,第34頁。

綺（信陽楚墓出土）　　　　　　　　　石字紋錦紋樣（望山 M1 出土）

圖 1–3　絲織品

綾

綾是綺的發展，是斜紋地上起斜紋花的絲織物，薄而細，紋如冰凌，光如鏡面，故名綾。《說文·糸部》：“綾，東齊謂布帛之細者曰綾。”① 揚雄《方言》卷二：“東齊言布帛之細者曰綾。”②《釋名·釋采帛》：“綾，凌也，其文望之如冰凌之理也。”③ 綾的特徵在於其特有的冰綾紋。綾是先織後練染，經緯絲一般不加撚或加弱撚，其外觀因浮長線的關係具有光亮耀眼的冰凌般光澤。

錦

錦是以彩色絲線用平紋或斜紋的多重或多層組織織成的提花織物。《說文·帛部》：“錦，襄邑織文也。”④ 朱駿聲《說文通訓定聲》：“染絲織成文章也。漢襄邑縣貢織文。”⑤《急就篇》卷二：“錦繡縵紵離雲爵。”顏師古注：“錦，織彩爲文也。”⑥《六書故》云：“織五彩爲文章曰錦。”⑦《釋名·釋采帛》：“錦，金也。作之用功重，其價如金。故其制字，從帛與金也。”⑧ 錦的特徵是先染後織，極富有文采。

---

① 段玉裁：《說文解字注》，第 649 頁。

② 華學誠：《揚雄方言校釋匯證》，中華書局 2006 年版，第 117—118 頁。

③ 王先謙：《釋名疏證補》卷 4，第 151 頁。

④ 段玉裁：《說文解字注》，第 363 頁。

⑤ 丁福保：《說文解字詁林》，第 7870 頁。

⑥ 史游：《急就篇》卷 2，第 116 頁。

⑦ 戴侗：《六書故》，中華書局 2012 年版，第 732 頁。

⑧ 王先謙：《釋名疏證補》卷 4，第 150—151 頁。

錦是一種精美的織物，先秦文獻中多有"錦衣""美錦""錦繡"的記載。如《詩·秦風·終南》曰："君子至止，錦衣狐裘。"毛傳："錦衣，采色也。"孔穎達疏："錦者，雜采爲文，故云采衣也。"《禮記·玉藻》："錦衣狐裘，諸侯之服也。"

錦有名織成者。《後漢書·輿服志下》："公侯九卿以下皆織成，陳留襄邑獻之云。"[1]任大椿《釋繒》云："古之錦必有地，於素地織采則爲'素錦'，於朱地織采則爲'朱錦'，若'織成'則全以采絲織爲文章。"[2]錦有素錦、朱錦之分：素錦，是於素色地上織彩；朱錦，是在朱色地上事先用染好的彩色絲縷製織；所謂織成則無地，全部用彩色絲織成。現代科技工作者認爲，織成是采用挖梭，即"通經斷緯"的方式織作，其特點是投梭時不通投，而是按紋樣顏色把花紋分爲若干塊，分別織製，然後再用挖梭或繫結的方法，把各個小塊連成一體。[3]

依絲的生熟、粗細、經緯結構、花紋的不同，錦有貝錦、重錦、束錦、玉錦等。貝錦，是一種先染絲而後織成貝紋的錦。[4]《詩·小雅·巷伯》云："萋兮斐兮，成是貝錦。"毛傳："貝錦，錦文也。"鄭玄箋云："錦文者，文如餘泉、餘蚔之貝文也。"《尚書·禹貢》："島夷卉服，厥篚織貝。"蔡沈《書集傳》："織貝，錦名，織爲貝文，《詩》曰'貝錦'是也。"[5]玉錦，乃是一種花紋繁縟細密似玉的錦。《儀禮·聘禮》："皆奉玉錦束請覿。"鄭玄注："玉錦，錦之文纖縟者也。"賈公彥疏："錦之纖縟似玉之密緻。"重錦是一種細緻精美的絲織品。《左傳·閔公二年》："歸夫人魚軒重錦三十兩。"杜預注："重錦，錦之熟細者。"

行禮時，帛貴於錦。《儀禮·聘禮》："受享束帛加璧，受夫人之聘璋，享玄纁束帛加琮，皆如初。"凌廷堪《禮經釋例》云："束帛則加璧，束錦則加琮。琮下璧一等，則束錦亦下束帛一等也。"[6]帛貴於錦。此以質爲貴，不以文爲貴，體現出禮儀尚質貴樸的精神。

---

① 范曄：《後漢書·輿服志下》，第3664頁。

② 任大椿：《釋繒》，《清經解》第3冊，第4084頁。

③ 趙承澤：《中國科學技術史·紡織卷》，第330—341頁。

④ 夏鼐先生認爲織貝"可能是綴貝的織物，不一定是絲織品"。參見夏鼐《我國古代蠶、桑、絲、綢的歷史》，《考古》1972年第2期，第25頁注15。

⑤ 蔡沈：《書集傳》，鳳凰出版社2010年版，第50頁。

⑥ 凌廷堪：《禮經釋例》，彭林點校，臺灣"中央"研究院文哲研究所2002年版，第581頁。

錦屬複雜組織結構的織物(圖 1–3),以提花織成大花紋爲特徵。從發現的實物資料來看,錦的花紋圖案非常豐富,有十種之多。在長沙左家塘 44 號墓、隨州曾侯乙墓和江陵馬山 1 號墓中都有錦出土。依其織物的組織特徵可分爲經二重、緯二重和經三重組織織物。①

組

用經線左右交叉成一定角度編結的帶狀織物。組可以用作帶飾,衣物的領和緣飾,以及器物的繫帶;可作佩印或佩玉的綬;或作冠纓和帶。

《説文·糸部》:“組,綬屬也。其小者以爲冕纓。”段玉裁注:“織成之綬材謂之組。”② 朱駿聲《説文通訓定聲》:“織絲有文以爲綬纓之用者也。闊者曰組,爲帶綬;狹者曰絛,爲冠纓。”③《周禮·天官·典絲》:“凡祭祀,共黼畫組就之物。喪紀,共其絲纊組文之物。”《尚書·禹貢》:“厥篚玄纁璣組。”孔傳:“組,綬類。”《禮記·内則》:“織纴組紃。”鄭玄注:“紃,絛也。”孔穎達疏:“組紃俱爲絛也。……然則薄闊爲組,似繩者爲紃。”

江陵馬山 1 號墓出土的組,用作衣袍的領、緣、帽繫和帶飾,皆雙層,單層寬度爲 0.23—39.5 厘米不等,所用經線數爲 26—672 根。多爲單色,少數爲二色或三色,有三角形紋、雷紋和橫向帶紋的花紋組,絲線顏色有淺黄花、土黄、黑、深紅、紫、深棕等。④

絛

用彩色絲線編織,以緯線起花的窄帶織物。絛一名編諸,亦作“偏諸”,或作“偏緒”,皆一聲之轉。《説文·糸部》云:“絛,扁緒也。”段玉裁注:“《廣雅》作‘編緒’,《漢書》及賈生《新書》作‘編諸’。蓋上字作‘編’,下字作‘諸’爲是。諸者,謂合衆采也。《賈誼傳》曰:‘今民賣僮者,爲之繡衣、絲履偏諸緣。’服虔曰:‘偏諸如牙絛,以作履緣。’又‘白穀之表,薄紈之裏,緁以偏諸。’晉灼曰:‘以偏諸緁著衣’,然則偏諸之爲絛明矣。”⑤ 諸,指色彩雜合。編諸爲雜色相合而織

---

① 湖北省博物館:《曾侯乙墓》,文物出版社 1985 年版,第 663—664 頁;湖北省荆州地區博物館:《江陵馬山一號楚墓》,第 34—43 頁。

② 段玉裁:《説文解字注》,第 653 頁。

③ 丁福保:《説文解字詁林》,第 12698 頁。

④ 湖北省荆州地區博物館:《江陵馬山一號楚墓》,第 56 頁。

⑤ 段玉裁:《説文解字注》,第 655 頁。

成的帶子，因係雜色絲線編織成，故名編諸。《漢書·賈誼傳》云："今民賣僮僕者，爲之繡衣、絲履、偏諸緣。"顏師古注："偏諸，若今之織成以爲要襻及褾領者也。"① 又有"白縠之表，薄紈之裏，緁以偏諸"之語，晉灼注："以偏諸緁著衣也。"顏師古注："以偏諸縺著之也。"② 縺，其意指用針縫衣服的袖襟邊處，或縫製布鈕扣。《説文·糸部》："縷，縺衣也。"③ 縺、縫都是用針縫上的意思。偏諸即縺子或縺條，是用絲織的細帶子，可縺在腰襻、衣領、袖口、襟邊等處。

紞也是以絛織成。《詩·齊風·著》："充耳以素乎而。"孔穎達疏："《魯語》敬姜云：'王后親織玄紞。'織線爲之，即今之絛繩，必用雜采線爲之。"《詩·國風·葛覃》："是刈是濩，爲絺爲綌，服之無斁。"毛傳："古者王后織玄紞，公侯夫人紘綖，卿之內子大帶，大夫命婦成祭服，士妻朝服，庶士以下各衣其夫。"《釋文》："紞，織五采如絛狀，用縣瑱也。"

紃

以彩色絲線編織成的圓形細帶，用以鑲嵌拼縫，鑲衣、枕等物的邊。《禮記·雜記下》云："紃以五采。"鄭玄注："紃，施諸縫中，若今時絛也。"紃的形狀與組不同，《説文·糸部》云："紃，圜采也。"段玉裁注："圜采，以采線辮之，其體圜也。"④《禮記·內則》："執麻枲，治絲繭，織紝組紃。"孔穎達疏："薄闊爲組，似繩者爲紃。"《集韻》引《字林》云："紃，圜緣絛也。"

據上，組、絛、紃這幾種絲織物的差別是，闊者爲組，可以爲帶綬；窄者爲絛，爲冠纓；圓者爲紃，可以爲韡與鞋履接縫。

絛在長沙楚墓和江陵馬山 1 號墓中都有發現。絛的組織結構較爲複雜。依據文獻記載和織造工藝特點，可分爲緯經起花絛和針織絛兩種。⑤

綬

組帶。《説文通訓定聲》："綬者，組帶之大名。"⑥ 綬帶的功能有：

一，爲蔽膝之繫帶。《説文·糸部》："綬，韍維也。"段玉裁注："謂之綬者，韍佩與

---

① 班固：《漢書》卷 48，第 2242、2243 頁。
② 班固：《漢書》卷 48，第 2242、2243 頁。
③ 段玉裁：《説文解字注》，第 656 頁。
④ 段玉裁：《説文解字注》，第 655 頁。
⑤ 湖北省荆州地區博物館：《江陵馬山一號楚墓》，第 43—56 頁。
⑥ 丁福保：《説文解字詁林》，第 12697 頁。

革帶之間有聯而受之者,故曰綬。"① 郝懿行《爾雅義疏》云:"綬爲蔽膝之繫。"②

　　二,爲繫佩玉、印璽之帶(圖1-4)。《禮記·玉藻》:"天子佩白玉而玄組綬,公侯佩山玄玉而朱組綬。"鄭玄注:"綬者,所以貫佩玉相承受者也。"《急就篇》卷二:"綸組縌綬以高遷。"顏師古注:"綬者,受也,所以承受環印也,亦謂之縌。"③《後漢書·輿服志下》:"韍佩既廢,秦乃以采組連結於璲,光明章表,轉相結受,故謂之綬。"④ 但綬見《禮記·玉藻》《爾雅》,非至秦漢乃有此名。

圖1-4　漢畫像石上的綬形象（據孫機《漢代物質文化資料圖説》圖63：1-5）

　　三,繫帷幕。《周禮·天官·幕人》:"幕人掌帷、幕、幄、帟、綬之事。"鄭玄注引鄭司農曰:"綬,組綬,所以繫帷也。"

---

①　段玉裁:《説文解字注》,第653頁。

②　郝懿行:《爾雅義疏》,中華書局2017年版,第529頁。

③　史游:《急就篇》卷2,第129頁。

④　范曄:《後漢書·輿服志下》,第3671頁。

繸，貫串佩玉的帶子。《爾雅·釋器》：“繸，綬也。”郭璞注：“即佩玉之組，所以連繫瑞玉者，因通謂之繸。”邢昺疏：“所佩之玉名繸，繫玉之組名綬，以其連繫瑑玉，因名其綬曰繸。”

佩玉的綬帶亦謂之綖。《説文·糸部》：“綖，繫綬也。”[1]《後漢書·蔡邕傳》：“濟濟多士，端委緇綖。”李賢注：“綖，繫綬也。”[2] 字亦作“裎”，綖與裎二字通。[3] 揚雄《方言》卷四：“佩紟謂之裎。”郭璞注：“所以繫玉佩帶也。”[4]《漢書·揚雄傳上》：“衿芰茄之緑衣兮。”顏師古注引應劭曰：“衿音衿繫之衿。衿，帶也。”[5] 紟通作衿。《爾雅·釋器》：“佩衿謂之褑。”郭璞注：“佩玉之帶上屬。”裎、綖俱是褑之異名。

綬帶的顏色常用以標志不同的身份與等級。《禮記·玉藻》：“天子佩白玉而玄組綬，公侯佩山玄玉而朱組綬，大夫佩水蒼玉而純組綬，世子佩瑜玉而綦組綬，士佩瓀玟而緼組綬，孔子佩象環五寸而綦組綬。”

**褑**

佩帶。《爾雅·釋器》：“佩衿謂之褑。”郭璞注：“佩玉之帶上屬。”佩物繫於革帶之上，繫於革帶之小帶稱爲褑。

## 第四節　冠冕

冠又被稱爲元服，元本指人首，元服即加在人首上的服飾。《儀禮·士冠禮》：“令月吉日，始加元服。”鄭玄注：“元，首也。”《漢書·昭帝紀》：“四年春正月丁亥，帝加元服。”顏師古注：“元，首也。冠者，首之所著，故曰元服。”[6] 周代的成年禮是爲即將成人者加冠，稱爲冠禮。冠是先秦社會成年人的標志，加冠之後意味著其將要承擔社會責任。因此元服爲先秦貴族所重，乃人的身份地位、尊嚴之

---

① 段玉裁：《説文解字注》，第 654 頁。
② 范曄：《後漢書》卷 60 下，第 1984—1985 頁。
③ 王念孫：《廣雅疏證》卷 7 下，第 233 頁。
④ 華學誠：《揚雄方言校釋匯證》，第 296 頁。
⑤ 班固：《漢書》卷 87 上，第 3518 頁。
⑥ 班固：《漢書》卷 7，第 229 頁。

所係。《國語·晉語六》云:“人之有冠,猶宮室之有牆屋也。”①《晏子春秋·内諫下》:“夫冠足以修敬。”②《左傳·哀公十五年》記載孔子弟子子路被人砍斷冠纓,他説:“君子死,冠不免。”於是“結纓”而被對方殺死,此事足見冠對一個成年人的重要性。三禮記載貴族男子的元服有冕、弁、冠等。

## 一、冕

冕是首服中最尊者,爲天子、諸侯、卿大夫之元服。《説文·冃部》云:“冕,大夫以上冠也。”③《白虎通·紼冕》:“麻冕者何? 周宗廟之冠也。”④《左傳·桓公二年》:“衮、冕、黻、珽。”孔穎達疏:“冠者,首服之大名;冕者,冠之别號……《世本》云:‘黄帝作冕。’宋仲子云:‘冕,冠之有旒者。’”有旒是冕的特徵,從漢代畫像石上古帝王圖像看⑤,冕是前後有旒(圖1–5)。冕的得名,據説來自其形前低後高,前俛而後仰。如《白虎通·紼冕》云:“前俯而後仰,故謂之冕也。”⑥《周禮·夏官·弁師》:“弁師掌王之五冕,皆玄冕,朱裏,延,紐。”賈公彦疏:“冕則前低一寸餘,得冕名,冕則俛也,以低爲號也。”

冕的形制,《周禮·夏官·弁師》:“弁師掌王之五冕,皆玄冕,朱裏,延,紐,五采繅十有二就,皆五采玉十有二,玉笄,朱紘。”鄭玄注:

> 延,冕之覆,在上,是以名焉。紐,小鼻在武上,笄所貫也。今時冠卷當簪者,廣袤以冠縫,其舊象與?……繅,雜文之名也。合五采絲爲之繩,垂於延之前後,各十二,所謂邃延也。就,成也。繩之每一匝而貫五采玉,十二旒則十二玉也。每就間蓋一寸。朱紘,以朱組爲紘也。紘一條,屬兩端於武。繅不言皆,有不皆者。此爲衮衣之冕十二旒,則用玉二百八十八。鷩衣之冕繅九旒,用玉二百一十六。毳衣之冕七旒,用玉百六十八。希衣之冕五旒,用玉百二十。玄衣之冕三旒,用玉七十二。

① 徐元誥:《國語集解》,中華書局2002年版,第388頁。
② 張純一:《晏子春秋校注》卷2,中華書局2014年版,第92頁。
③ 段玉裁:《説文解字注》,第354頁。
④ 陳立:《白虎通疏證》卷10,第498頁。
⑤ 圖像參中國畫像石全集編輯委員會編《中國畫像石全集》第1卷圖四九、圖一二〇,山東美術出版社2000年版。
⑥ 陳立:《白虎通疏證》卷10,第498頁。

圖 1-5　山東漢畫像石中的冕冠

　　冕的形制是前低後高，上玄下朱，外黑色，裏朱色，黈纊掩聰，垂旒蔽明。

　　冕體以木爲之，廣八寸，長一尺六寸，乃一長方板。木板用延覆裹之，延乃以麻布爲之，上玄色下纁色（在裏）。《周禮·夏官·弁師》："弁師掌王之五冕，皆玄冕，朱裏，延，紐。"賈公彥疏："凡冕體，《周禮》無文。叔孫通作《漢禮器制度》，取法於周，今還取彼以釋之。按彼文，凡冕以版，廣八寸，長尺六寸，以此上玄下朱覆之，乃以五采繅繩貫五采玉，垂於延前後，謂之邃延。"延，字又寫作"綖"，邃有深遠之義，這裏指其形長，延覆在頭上，後高前低，略向前傾。《左傳·桓公二年》："衡、紞、紘、綖。"杜預注："綖，冠上覆。"孔穎達疏："綖，冠上覆者，冕以木爲幹，以玄布衣其上，謂之綖。《論語》《商書》皆云麻冕，知其當用布也。弁師掌王之五冕皆玄冕，知其色用玄也。孔安國《論語》注言'績麻三十升布以爲冕'，即是綖也。"冕的沿用麻布製作而其色玄，故謂之玄冕，或謂之麻冕。

　　旒是冕前後沿所綴的數串小圓玉。[1] 冕前懸垂的貫以玉珠的五彩絲繩，稱爲玉藻。《禮記·玉藻》："天子玉藻，十有二旒，前後邃延，龍卷以祭。"孔穎達疏："天子玉藻者，藻，謂雜采之絲繩，以貫於玉，以玉飾藻，故云玉藻也。"絲繩稱繅

――――――

[1]　宋綿初《釋服》（《續修四庫全書》第 108 册，第 657 頁）、張惠言《儀禮圖》（《清經解續編》第 10 册，第 1642 頁）等認爲冕後無旒。此説不可據。

(字亦作"藻"),纁以彩色絲線編織而成,天子五彩(青、赤、白、黑、黃),諸侯三色(朱、白、蒼)。玉珠用絲繩(纁)貫穿,在貫穿玉珠時,每穿一個玉珠就把纁打結,使玉珠間距相等,此結稱爲"就"。每就間距一寸。冕又以旒的數量區別等級高下:天子冕十二旒,每旒十二玉;諸侯之冕九旒,每旒九玉;卿大夫七旒,每旒七玉;大夫五旒,每旒五玉。《周禮·夏官·弁師》:"諸侯之繅斿九就,瑉玉三采,其餘如王之事。繅斿皆就,玉瑱,玉筓。"

冕下有武,武即冠圈。《禮記·玉藻》:"縞冠玄武,子姓之冠也。"鄭玄注:"武,冠卷也。"上有衡以持冠。《左傳·桓公二年》:"衡、紞、紘、綖。"杜預注:"衡,維持冠者。"孔穎達疏:"弁及冕皆用玉筓,則天子之衡亦用玉,其諸侯以下衡之所用則未聞。"衡乃是筓,用以固冠。紐是以朱色組製作的小環,從冕上垂於武(冠圈)兩旁,以筓穿紐與纚、髮髻以固冠。上引《周禮·夏官·弁師》鄭玄注云:"紐,小鼻在武上,筓所貫也。冕鼻謂之紐,猶印鼻謂之鈕也。"賈公彥疏:"紐綴於冕兩旁,垂之武兩旁作孔,以筓貫之,使其得牢固也。"

冠筓插進冠帽固定於髮髻之後,從左筓端用絲帶拉到頷下拴住,由頷下向上繫於右筓上,此絲帶稱爲紘。《禮記·禮器》:"管仲鏤簋,朱紘,山節,藻梲,君子以爲濫矣。"孔穎達疏:"紘,冕之飾,用組爲之,以其組從下屈而上屬之於兩旁。"《禮記·雜記下》:"管仲朱紘。"鄭玄注:"冠有筓者爲紘,紘在纓處兩端上屬,下不結。"《國語·魯語下》:"公侯之夫人加之以紘綖。"韋昭注:"冕曰紘。紘,纓之無緌者也,從下而上,不結。"[1]《儀禮·士冠禮》:"緇布冠缺項,青組纓屬於缺。"賈公彥疏:"言屈組,謂以一條組於左筓上繫定,繞頤下,又相向上仰屬於筓,屈繫之有餘,因垂爲飾也。"紘的顏色因貴族等級的尊卑而有差異。《禮記·祭義》:"是故昔者天子爲藉千畝,冕而朱紘,躬秉耒;諸侯爲藉百畝,冕而青紘。"《禮記·禮器》:"管仲鏤簋朱紘。"鄭玄注:"朱紘,天子冕之紘也,諸侯青組紘,大夫士當緇組紘纁邊。"可知天子玉筓朱組紘,諸侯玉筓青組紘,大夫、士象(骨)筓緇組紘。

固定冠帽的帶子從兩側下垂,繫結於頷下。帽帶稱爲纓。《說文·糸部》:"纓,冠繫也。"段玉裁注:"冠繫,可以繫冠者也。繫者係也。以二組繫於冠卷結頤下是謂纓,與紘之自下而上繫於筓者不同。冠用纓,冕弁用紘。纓以固武,即以固冠,故曰冠繫。《玉藻》之記曰:玄冠朱組纓,天子之冠也。緇布冠繢緌,諸侯

---

① 徐元誥:《國語集解》,第197頁。

之冠也。玄冠丹組纓,諸侯之齊冠也。玄冠綦組纓,士之齊冠也。許此冠字專謂冠,不該冕弁。"①《左傳·桓公二年》:"衡、紞、紘、綖。"孔穎達疏:"紘纓皆以組爲之,所以結冠於人首也。纓用兩組,屬之於兩旁,結之於頷下,垂其餘也。紘用一組,從下屈而上,屬之於兩旁,垂其餘也。紘纓同類,以之相形,故云'紘,纓從下而上者'。……鄭玄云,有笄者,屈組爲紘,垂爲飾。無笄者,纓而結其條。以其有笄者用紘力少,故從下而上屬之;無笄者用纓力多,故從上而下結之。冕弁皆有笄,故用紘;緇布冠無笄,故用纓也。《魯語》稱公侯夫人織紘綖,知紘亦織而爲之。《士冠禮》言組纓、組紘,知天子諸侯之紘亦用組也。"冠的帶子用二條組,從上向下繫結於頷下,與冕弁的紘不同。帽帶的下垂部分稱爲緌。《詩·齊風·南山》:"葛屨五兩,冠緌雙止。"《禮記·內則》:"冠緌纓。"孔穎達疏:"結纓頷下以固冠,結之餘者,散而下垂,謂之緌。"

紞、瑱

紞,冠冕上用以繫瑱的絲繩。《左傳·桓公二年》:"衡、紞、紘、綖。"孔穎達疏:"紞者,縣瑱之繩,垂於冠之兩旁。"《國語·魯語下》:"王后親織玄紞。"韋昭注:"紞所以懸瑱當耳者也。"②《詩·齊風·著》:"俟我於著乎而,充耳以素乎而。"毛傳:"素,象瑱。"鄭玄箋云:"謂所以懸瑱者,或名爲紞織之,人君五色,臣則三色而已。"孔穎達疏:"織線爲之,即今之條繩,必用雜采線爲之。"

瑱是一種耳飾,多以玉製,也有用獸牙角製作者。古文獻中經常提及瑱,這是一種在周代很流行的耳飾。如:《戰國策·齊策四》:"北宮之女嬰兒子無恙耶?徹其環瑱,至老不嫁,以養父母。"③《新書》卷六:"鄒穆公死,鄒之百姓若失慈父,行哭三月。……婦女抉珠瑱,丈夫釋玦軒,琴瑟無音,期年而後始復。"④ 由此看瑱飾也是普通百姓家的婦女常佩飾物。舊說,瑱可以充耳。《說文·玉部》:"瑱,以玉充耳也。"⑤ 充耳在《詩經》中屢屢詠及,如《齊風·著》:"充耳以素乎而,尚之以瓊華乎而。"鄭玄箋:"以素爲充耳,謂所以懸瑱者,或名爲紞。"《衛風·淇奧》:"有匪君子,充耳琇瑩。"毛傳:"充耳謂之瑱。琇瑩,美石也。"《鄘風·君子偕老》:

① 段玉裁:《說文解字注》,第 653 頁。
② 徐元誥:《國語集解》,第 197 頁。
③ 繆文遠:《戰國策新校注》(修訂本)卷 11,巴蜀書社 1998 年版,第 353 頁。
④ 閻振益、鍾夏:《新書校注》卷 6,中華書局 2000 年版,第 248 頁。
⑤ 段玉裁:《說文解字注》,第 13 頁。

"玉之瑱也，象之搋也。"毛傳："瑱，塞耳也。"陸德明《經典釋文》："瑱，充耳也。"《周禮·夏官·弁師》："玉瑱、玉笄。"鄭玄注："玉瑱，塞耳者。"此玉塞耳，應是以紞懸掛於耳旁爲飾。

瑱又稱爲珥，《説文·玉部》："珥，瑱也。"[1] 瑱或者充耳的功能也見載於文獻，如：《釋名·釋首飾》："瑱，鎮也，懸當耳傍，不欲使人妄聽，自鎮重也。或曰充耳。充，塞也。塞耳，亦所以止聽也。"[2] 瑱是一種垂飾，活人有兩種佩戴方法，一種是從祭服冠帽左右兩方的衡笄用紞垂掛於兩旁正當耳孔之處，另一種是直接垂於耳上。《左傳·昭公二十六年》："以幣錦二兩，縛一如瑱。"杜預注；"瑱，充耳。縛，卷也。急卷使如充耳，易懷藏。"《禮記·檀弓上》："角瑱。"鄭玄注："瑱，充耳也。吉時以玉，人君有瑱。"瑱形圓而略長，似乎不宜塞於耳。朱熹認爲瑱"在當耳處"："不知古人充耳以瑱，或用玉，或用象，不知是塞於耳中，爲復是塞在耳外？看來恐只是以線穿垂在當耳處。"[3] 清人金鶚《求古録禮説·笄瑱考》："婦人不冠而亦有笄者，所以懸瑱，亦以固副編次也。"[4] 依據舊説，應將瑱視作懸掛於笄上下垂於當耳處。[5]《儀禮·士喪禮》："瑱，用白纊。"鄭玄注："新綿。"胡培翬《儀禮正義》認爲士生時以象牙爲瑱，有紞懸掛之，死時則以新綿塞耳，以之爲瑱。[6] 金鶚認爲："古者冕弁之制，上有笄下有瑱。笄所以固冕弁，亦以懸瑱也。……瑱之制，懸之以紞，上繫於笄。"[7] 可見，瑱是從冠帽左右兩方的衡笄用紞懸掛，垂於兩旁正當耳孔之處。婦人亦有瑱，其佩戴方法是以紞繫於衡笄的兩端然後垂懸於耳旁。

另一種看法是，瑱是穿入耳垂的耳飾。[8] 宋兆麟、馮莉《中國遠古文化》認爲耳飾有四種，"一種是耳塞，古代稱瑱、珥。它是在耳唇上穿孔，將耳塞插入。在新石器時代考古中發現不少耳塞（《圩墩新石器時代遺址發掘簡報》，《考古》

---

① 段玉裁：《説文解字注》，第 13 頁。

② 王先謙：《釋名疏證補》卷 4，第 162 頁。

③ 黎靖德：《朱子語類》卷 81，中華書局 1986 年版，第 2110 頁。

④ 金鶚：《求古録禮説》卷 12，《續修四庫全書》第 110 册，第 3948 頁。

⑤ 另參見汪少華《文獻考辨與考古成果的利用——以"瑱"注釋爲例》，《中國語言學報》2008 年第 13 期，第 192—195 頁。

⑥ 胡培翬：《儀禮正義》卷 26，段熙仲點校，江蘇古籍出版社 1993 年版，第 1675 頁。

⑦ 金鶚：《求古録禮説》卷 12，《續修四庫全書》第 110 册，第 395 頁。

⑧ 陳星燦：《瑱與中國古代的耳部裝飾》，《考古隨筆》，文物出版社 2002 年版，第 75—78 頁；另參見汪少華《文獻考辨與考古成果的利用——以"瑱"注釋爲例》，第 192—195 頁。

1978年第4期），質地各異"[1]。揚之水認爲，充耳的佩戴方式應該是穿耳。斯德哥爾摩遠東古物館所藏戰國銅人，耳垂上邊各貫了一支小"棒"，便是"充耳"，亦即穿耳之瑱。[2] 河南信陽長臺關一號楚墓出土的一件木俑（標本1—783），兩耳耳垂有穿，穿中間都插有細竹簽，[3] 發掘者將這種竹簽定爲珥飾，有學者認爲竹簽即代表穿耳之瑱（圖1-6）。[4]

玉瑱的形制，清人張惠言云："《春秋傳》曰：'幣錦二兩，縛一如瑱'，則其形必圓而長。"[5]

1.耳飾玦（晉侯墓地M31：63）

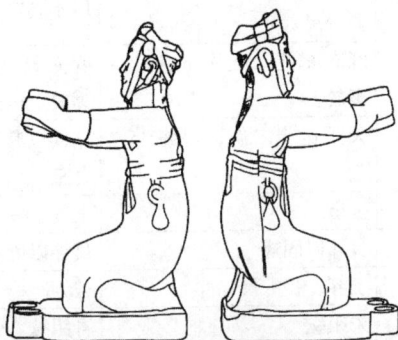

2.斯德哥爾摩遠東古物館所藏戰國銅人

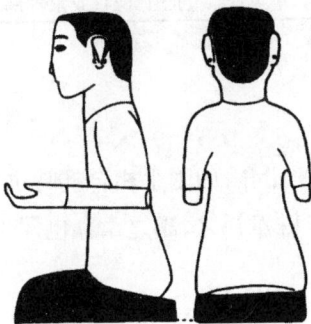

3.戴珥木俑（信陽楚墓M1）

4.西漢卜千秋墓壁畫戴珥婦女

圖1-6 耳飾

---

① 宋兆麟、馮莉：《中國遠古文化》，寧波出版社2004年版，第265頁。

② 揚之水：《詩經名物新證》，北京古籍出版社2000年版，第387—388頁。

③ 河南省文物研究所：《信陽楚墓》圖39，文物出版社1986年版，第59頁。

④ 揚之水：《詩經名物新證》，第409—410頁。

⑤ 孫詒讓：《周禮正義》卷60引張惠言説，第2534頁。

瑱的功能,《大戴禮記·子張問入官》曰:"古者冕而前旒,所以蔽明也;統絖塞耳,所以弇聰也。"①《釋名·釋首飾》解釋爲:"瑱,鎮也,懸當耳傍,不欲使人妄聽,自鎮重也。或曰充耳。充,塞也;塞耳,亦所以止聽也。"② 充耳之義,告誡人們要有所聞,有所不聞,言行舉止要謹慎。這種説法當爲後起。

表1-1　冕的構成一覽表

| | 天子 | 諸侯 | 卿大夫 |
|---|---|---|---|
| 冕體 | 以木爲之,一説,廣八寸,長一尺六寸 | 以木爲之,長寬不詳 | 以木爲之,長寬不詳 |
| 延(綖) | 麻布爲之,上玄下纁,覆裹於上 | 麻布爲之,上玄下纁,覆裹於上 | 麻布爲之,上玄下纁,覆裹於上 |
| 旒 | 天子冕十二旒,每旒十二玉 | 諸侯以其命數:九旒,每旒九玉 | 卿七旒,每旒七玉;大夫五旒,每旒五玉 |
| 衡 | 玉衡 | 玉衡 | 不詳 |
| 紐 | 貫笄以固冠 | 貫笄以固冠 | 貫笄以固冠 |
| 笄 | 玉笄,長一尺二寸 | 玉笄 | 大夫、士象(骨)笄(?) |
| 紘 | 朱組紘 | 青組紘 | 緇組紘纁邊 |
| 紞 | 五色 | 人君五色 | 臣三色 |
| 瑱 | 玉瑱 | 玉瑱 | 玉瑱(?)或象骨爲之 |

## 二、弁

弁是一種次於冕的首服。《釋名·釋首飾》:"弁,如兩手相合抃時也。以爵韋爲之,謂之爵弁。以鹿皮爲之,謂之皮弁。以韎韋爲之,謂之韋弁也。"③ 弁有爵弁、韋弁、皮弁等種類。

### 爵弁

又稱雀弁,比冕次一級,赤而微黑,因其顏色與雀頭色相近而得名。《儀禮·士冠禮》:"爵弁服:纁裳、純衣、緇帶、韎韐。"鄭玄注:"爵弁者,冕之次,其色赤而微黑,臺爵頭然。或謂之緅。其布三十升。"《周禮·春官·司服》:"凡吊事,

---

① 王聘珍:《大戴禮記解詁》卷8,中華書局1983年版,第140—141頁。
② 王先謙:《釋名疏證補》卷4,第162頁。
③ 王先謙:《釋名疏證補》卷4,第157頁。

弁経服。"賈公彥疏："爵弁之形，以木爲體，廣八寸，長尺六寸，以三十升布染爲爵頭色，赤多黑少。"《禮記·王制》："制，三公一命卷。"孔穎達疏："爵弁者，如雀頭色。"《儀禮·士冠禮》云："爵弁、皮弁、緇布冠，各一匴。"鄭玄注："爵弁者，制如冕，黑色，但無繅耳。"爵弁，以木板爲體，以三十升布爲之，延廣八寸，長一尺六寸。又據賈公彥疏云："其爵弁制大同，唯無旒，又爲爵色爲異。又名冕者，俛也，低前一寸二分，故得冕稱。其爵弁則前後平，故不得冕名。以其尊卑次於冕，故云爵弁冕之次也。"爵弁的形制與冕略同，差異是除顏色外，爵弁無旒，與無旒之冕同，延板前後相平。

韋弁

用熟皮製成，淺朱色，形制如皮弁。《周禮·春官·司服》："凡兵事，韋弁服。"鄭玄注："韋弁，以韎韋爲弁。"賈公彥疏："以赤色韋爲弁。"夏炘《學禮管釋·釋韋弁皮弁》："惟其去毛而熟治，故可以茅蒐染之，製以爲弁，曰韋弁，此弁名韋之取義也。"[1]孫詒讓《周禮正義》引任大椿曰："韋弁爲天子、諸侯、大夫兵事之服。戎服用韋者，以韋革同類，服以臨軍，取其堅也。《晉志》韋弁制似皮弁，頂上尖，韎草染之，色如淺絳，然則形狀似皮弁矣。"[2]

天子、諸侯、孤、卿大夫的韋弁（皮弁同），會皆有玉璂，璂數與玉采各以其等。《周禮·夏官·弁師》："諸侯及孤卿大夫之冕、韋弁、皮弁、弁経，各以其等爲之，而掌其禁令。"鄭玄注："韋弁、皮弁則侯伯璂飾七，子男璂飾五，玉亦三采。孤則璂飾四，三命之卿璂飾三，再命之大夫璂飾二，玉亦二采。"《詩·衛風·淇奧》："會弁如星。"孔穎達疏："若非外土諸侯事王朝者，則卿璂飾六，大夫璂飾四，及諸侯孤卿大夫各依命數，并玉用二采，其韋弁飾與皮弁同。"《禮記·王制》："制：三公一命卷，若有加則賜也，不過九命。次國之君，不過七命。小國之君，不過五命。"孔穎達疏："其韋弁、皮弁、冠弁縫中之玉，各依命數，玉皆三采，朱、白、蒼也。孤絺冕而下，其旒及玉皆二采，朱綠各依命數。其皮弁、韋弁、冠弁，玉亦二采，各依其命數。"

皮弁

皮弁是用白鹿皮縫製而成，上銳下闊，似合手之狀，縫製形式頗似後代的瓜

---

① 夏炘：《學禮管釋》卷11，《續修四庫全書》第93冊，第150頁。
② 孫詒讓：《周禮正義》卷40，第1635頁。

皮帽。

鹿皮各縫合處稱爲會,此處綴以許多五彩玉石,稱爲綦,字亦作琪、璂。《周禮·夏官·弁師》:"王之皮弁,會五采玉璂,象邸,玉笄。"鄭玄注:"玄謂會讀如大會之會。會,縫中也。璂讀如薄借綦之綦。綦,結也。皮弁之縫中,每貫結五采玉十二以爲飾,謂之綦。《詩》云'會弁如星',又曰'其弁伊綦'是也。邸,下柢也,以象骨爲之。"賈公彦疏:"邸,下柢也者,謂於弁內頂上以象骨爲柢。"《詩·衛風·淇奧》:"有匪君子,充耳琇瑩,會弁如星。"鄭玄箋云:"會,謂弁之縫中,飾之以玉,皪皪而處,狀似星。"孔穎達疏:《弁師》云:'王之皮弁,會五采玉璂。'注云:'會,縫中也。皮弁之縫中,每貫結五采玉十二以爲飾,謂之綦。《詩》云會弁如星,又曰其弁伊綦,是也。'此云武公所服非爵弁,是皮弁也。皮弁而言會,與《弁師》皮弁之會同,故云'謂弁之縫中'也。"吴大澂《古玉圖考》云:"璂者,正冠之玉飾於弁縫,如璧而小。大者象日月,小者象星,故曰'會弁如星'。"①

皮弁以象骨製作成支架,以支撐弁頂,支架上覆蓋白鹿皮;會中綴飾有小玉石(綦),看上去像星星一樣,所以《詩·衛風·淇奧》云"會弁如星"。

表1–2　弁的構成一覽表

|  | 爵弁 | 韋弁 | 皮弁 |
|---|---|---|---|
| 材質 | 三十升布 | 靺韋 | 白鹿皮淺毛者 |
| 顏色 | 赤色而微黑 | 淺朱色 | 白色 |
| 尺寸 | 長一尺六寸,廣八寸;或曰長一尺六寸,高八寸 | 廣狹度數無考 | 廣狹度數無考 |
| 笄、紘 | 天子玉笄,朱組紘;諸侯玉笄,青組紘;大夫士象笄,皆緇組紘,纁邊 | 天子玉笄,朱組紘;諸侯玉笄,青組紘;大夫士象笄,皆緇組紘,纁邊 | 天子玉笄,朱組紘;諸侯玉笄,青組紘;大夫士象笄,皆緇組紘,纁邊 |
| 瑱 | 天子、諸侯玉瑱,卿大夫、士石瑱 | 天子、諸侯玉瑱,卿大夫、士石瑱 | 天子、諸侯玉瑱,卿大夫、士石瑱 |
| 形狀 | 爵弁與冕相似而無旒,前後平而不俛 | 有會、玉綦,數目與玉采各以其等 | 有邸,有會、玉綦,數目與玉采各以其等 |
| 備注 |  |  |  |

① 吴大澂:《古玉圖考》,中華書局2013年版,第132頁。

## 三、冠

冠，戴於首上之常服。《釋名・釋首飾》説："冠，貫也，所以貫韜髮也。"① 冠既可以作弁、冕的總名，又可以爲冠的專名。《説文・冖部》釋云："冠，絭也，所以絭髮，弁冕之總名也。"段玉裁注："析言之冕、弁、冠三者異制，混言之則冕、弁亦冠也。"②

冠有武，有冠梁，冠以梁得名。武乃是冠圈，是冠底部的圓形托座，是冠身的核心，冠梁連屬於武。吉冠以黑繒爲梁，亦以黑繒爲武。吉冠之梁兩頭皆在武上從外向内及屈而縫之不見其畢，冠緌和冠武異材。吉冠亦三辟積向左縫，周始變爲橫縫，辟積無數。

緌，是冠圈兩旁的絲繩，可以在頷下打結繫冠。左右各一組緌，上繫於冠武，下結於頤下。緌對冠的固定起著重要作用，所以子路的冠緌被砍斷後，他爲不"免冠"纔"結纓而死"。緌帶打結的下垂部分謂之緌，可作爲裝飾。《禮記・内則》："冠，緌纓。"鄭玄注："緌，纓之飾也。"孔穎達疏："結纓頷下以固冠，結之餘者，散而下垂，謂之緌。"《詩・齊風・南山》："葛屨五兩，冠緌雙止。"馬瑞辰《毛詩傳箋通釋》："古者冠繫皆用二組繫於冠，卷結頷下，謂之緌。緌用二組，則緌亦雙垂。"③《禮記・玉藻》："居冠屬武，自天子下達，有事然後緌。"鄭玄注："謂燕居冠也。著冠於武，少威儀。燕無事者去飾。"

戴冠時，先將頭髮盤成髮髻，用纚把頭髮包住後把冠圈套在髮髻上，將冠固定後，加笄來固定髮髻。然後用冠緌在頷下打結以固定冠。

禮書記載的冠有緇布冠、玄冠、章甫、毋追等。

緇布冠

緇色布製作之冠。《毛詩》謂之緇撮。《詩・小雅・都人士》："彼都人士，臺笠緇撮。"毛傳："緇撮，緇布冠也。"孔穎達疏："言撮，是小撮持其髻而已。"緇撮以緇色麻布製作，形制較小，僅能容髮髻而已，故名。

緇布冠無笄、梁而有缺項以固冠。缺項是緇布冠的附屬物，其功能是在戴冠

① 王先謙：《釋名疏證補》卷4，第154頁。
② 段玉裁：《説文解字注》，第353頁。
③ 馬瑞辰：《毛詩傳箋通釋》卷9，中華書局1989年版，第304頁。

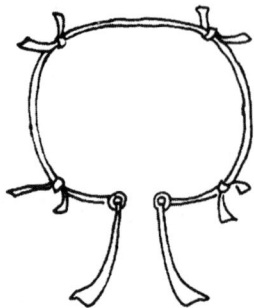

圖 1–7　缺項（據黄以周）

後起固冠作用。冠纓亦與缺項相連。《儀禮·士冠禮》："緇布冠，缺項，青組纓屬於缺。"鄭玄注："缺讀如'有頍者弁'之頍。緇布冠無笄者，著頍，圍髮際，結項中，隅爲四綴，以固冠也。項中有，亦由固頍爲之耳。"元人敖繼公謂："則是冠後亦謂之項也。此缺項者，蓋別以緇布一條圍冠，而後不合，故名之曰缺項，謂其當冠項之處則缺也。其兩端有，別以物貫穿而連結之以固冠，其兩相又皆以纓屬之，而結於頤下以自固。蓋太古始知爲冠之時，其制如此，後世之冠縫著於武，亦因缺項之法而爲之也。"① 缺項是一條帶子，其兩端各有一紐結，紐結中各穿一小繩，用時將缺項圍繞髮際，然後在後項正中處將小繩繫緊。缺項的兩側有纓，可繫於頷下來固冠；四隅有四綴，加緇布冠後將四綴繫於冠武(冠圈)上(圖1–7)，這樣以固冠。

頍見於《毛詩》，《詩·小雅·頍弁》云："有頍者弁，實維在首。"頍是布條，箍於髮際，《後漢書·輿服志下》："古者有冠無幘，其戴也，加首有頍，所以安物。故《詩》曰'有頍者弁'，此之謂也。"② 據此看頍的功能類似於幘頭巾。

緇布冠爲諸侯以下、士以上貴族冠禮初加之冠，亦爲庶人所常服之冠。《禮記·郊特牲》："始冠之，緇布之冠也。大古冠布，齊則緇之。其緌也，孔子曰：'吾未之聞也。'冠而敝之可也。"鄭玄注："此重古而冠之耳，三代改制，齊冠不復用也。以白布冠質，以爲喪冠也。"《禮記·玉藻》云："始冠緇布冠，自諸侯下達，冠而敝之可也。玄冠，朱組纓，天子之冠也。緇布冠，繢緌，諸侯之冠也。"鄭玄注："皆始冠之冠也。玄冠，委貌也。諸侯緇布冠有緌，尊者飾也。"據禮家解釋，太古時無論吉凶皆戴白布冠，即《禮記·雜記》所謂的"大白冠"，上古尚質，無緌飾。齋戒時因鬼神尚幽暗，用緇布冠。三代改制，凶禮用白布冠，吉冠則用繒，不用布。在加冠禮時，初加之冠用緇布冠，以表達重古之義。諸侯尊，加緇布冠有"繢緌"之飾，大夫、士則無緌飾。加冠之後，緇布冠即不再用之。

---

① 敖繼公：《儀禮集説》卷1，《欽定四庫全書薈要·經部》第16冊，吉林人民出版社2002年版，第11—12頁。

② 范曄：《後漢書·輿服志下》，第3670頁。

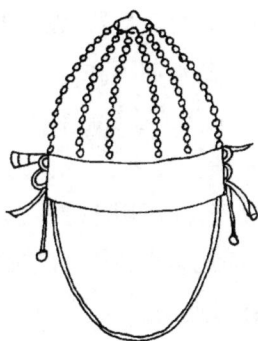

1. 皮弁（黃以周構擬）　　　　2. 爵弁（黃以周構擬）

3. 玄冠（清華大學儀禮復原小組構擬）　　　4. 緇布冠（聶崇義構擬）

**圖1-8　冠、弁（3.玄冠圖係清華大學《儀禮》復原項目組構擬）**

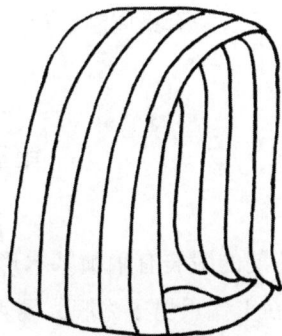

### 玄冠

爲常服之禮冠，以黑繒爲之，亦稱冠弁、委貌。《儀禮·士冠禮》：“主人玄冠，朝服，緇帶，素韠。”鄭玄注：“玄冠，委貌也。”《禮記·郊特牲》：“委貌，周道也。”《白虎通·紼冕》謂：委貌者，委曲有貌也。周朝廷理政事、行道德之冠名。①《周禮·春官·司服》：“凡甸，冠弁服。”鄭玄注：“冠弁，委貌。”②

### 章甫、毋追

均爲冠名。《儀禮·士冠禮》：“委貌，周道也。章甫，殷道也。毋追，夏后氏之道也。”鄭玄注：“委猶安也，言所以安正容貌。章，明也。殷質，言以表明丈夫

---

① 陳立：《白虎通疏證》卷10，第501頁。
② 孫詒讓：《周禮正義》卷40論委貌甚詳，第1641—1642頁。

也。甫，或爲父，今文爲斧。毋，發聲也。追猶堆也。夏后氏質，以其形名之。三冠皆所服以行道也，其制之異同未之聞。"這幾種冠的形制不詳。

章甫，據説是商代人戴的一種冠。《禮記·儒行》："丘少居魯，衣逢掖之衣；長居宋，冠章甫之冠。"孫希旦《禮記集解》："章甫，殷玄冠之名，宋人冠之。"① 《莊子·逍遙遊》："宋人資章甫而適諸越，越人斷髮文身，無所用之。"② 《漢書·賈誼傳》："章父薦屨，漸不可久兮。"顏師古注："章父，殷冠名也……父讀曰甫。"③

毋追，據説是夏代冠名。《禮記·郊特牲》："毋追，夏后氏之道也。"鄭玄注："常所服以行道之冠也。"《後漢書·輿服志下》："委貌冠、皮弁冠同制，長七寸，高四寸，制如覆杯，前高廣，後卑鋭，所謂夏之毋追，殷之章甫者也。"④ 此所説的冠制，不知何據，是否爲周制，待考。


## 第五節　體衣


先秦時期的服裝有兩種基本形制：上衣下裳和上下連屬形制。上衣下裳分開的服制，在上古爲男子之服。婦人之服則衣裳相連。深衣也爲上衣下裳連屬，亦可爲男子之服。


### 一、上衣下裳制

古代衣裳并舉時，衣指上衣，裳指下衣。《釋名·釋衣服》："凡服，上曰衣。衣，依也，人所依以芘寒暑也。"⑤ 《詩·齊風·東方未明》："顛倒衣裳。"毛傳："上曰衣，下曰裳。"裳是裙。《説文·巾部》作"常"，釋云："常(裳)，下帬也。"⑥ 《白虎通·衣裳》："衣者，隱也；裳者，障也，所以隱形自障閉也。《易》曰：'黄帝、堯、舜垂衣裳而天下治。'何以知上爲衣，下爲裳？以其先言衣也。《詩》曰：'褰裳涉

---

①　孫希旦：《禮記集解》卷41，第1399頁。

②　郭慶藩：《莊子集釋》卷1上，中華書局2004年版，第31頁。

③　班固：《漢書》卷48，第2224頁。

④　范曄：《後漢書·輿服志下》，第3665頁。

⑤　王先謙：《釋名疏證補》卷4，第165頁。

⑥　段玉裁：《説文解字注》，第358頁。

溱。'所以合爲下也。《弟子職》言'摳衣而降'也。名爲衣何？上兼下也。"[1]上衣下裳爲男子服裝正制。男子上衣皆用正色，裳可用間色。《禮記·玉藻》："衣正色，裳間色。"婦人之服上下不殊色，同色而相連。《詩·邶風·緑衣》鄭玄箋云："婦人之服，不殊衣裳，上下同色。"《周禮·春官·司服》鄭玄注云："婦人尚專一，德無所兼，連衣裳不異其色。"經學家的解釋是婦人上下衣裳連屬，象徵婦人德性專一。

（一）衣

禮書記載，衣長二尺二寸，下加一尺，足以掩蓋裳。《儀禮·喪服》："衣，二尺有二寸。"鄭玄注："衣自領至要二尺二寸，倍之四尺四寸，加辟領八寸，而又倍之。"《儀禮·喪服·記》又云："衣帶下尺。"鄭玄注："衣帶下尺者，要也。廣尺，足以掩裳上際也。"衣長二尺二寸，僅及於腰，故下再加一尺，以掩蓋裳的上際。

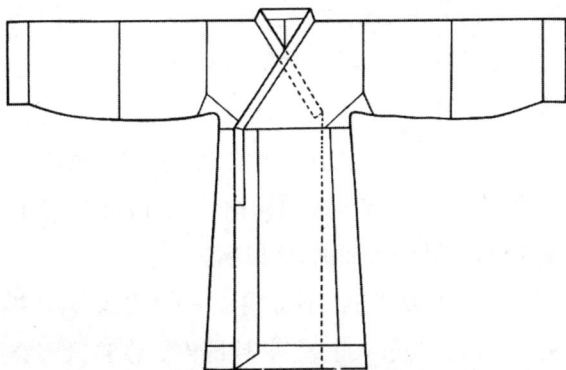

圖1-9 襌衣（馬山楚墓 M1 出土）

上衣的領口謂之襋。《詩·魏風·葛屨》："要之襋之，好人服之。"毛傳："襋，領也。"《説文·衣部》亦謂："襋，衣領也。"[2]繡有黼形花紋的衣領謂之襮。[3]《説文·衣部》："襮，黼領也。"[4]朱駿聲《通訓定聲》曰："襮，謂白黑相次之文刺之在領也。"[5]《禮記·郊特牲》"繡黼、丹朱中衣"，鄭玄注釋"襮"與《説文》同。《爾雅·釋器》云："黼領謂之襮。"郭璞注："繡刺黼文以褗領。"刺繡黑白相間的花紋稱爲黼。混言之，襮亦爲領之別名。《詩·唐風·揚之水》："素衣朱襮，從子於沃。"毛傳："襮，領也。"孔穎達疏："襮爲領之別名也。"

① 陳立：《白虎通疏證》卷9，第433頁。
② 段玉裁：《説文解字注》，第390頁。
③ 裘錫圭：《説"玄衣朱襮"——兼釋甲骨文字》，《文物》1976年第12期，第75—76頁。
④ 段玉裁：《説文解字注》，第390頁。
⑤ 丁福保：《説文解字詁林》，第8356頁。

　　連於衣兩旁者曰衽,形狀如燕尾,長二尺五寸。《儀禮·喪服》:"衽,二尺有五寸。"鄭玄注:"衽,所以掩裳際也。二尺五寸,與有司紳齊也。"上正一尺,燕尾二尺五寸,凡用布三尺五寸。

　　襟,指衣的交領。《爾雅·釋器》:"衣眥謂之襟。"郭璞注:"襟,交領也。"《詩·鄭風·子衿》:"青青子衿。"孔穎達疏引孫炎曰:"襟,交領也。"《釋名·釋衣服》:"襟,禁也,交於前,所以禁禦風寒也。"① 所謂襟,就是有一片或左或右的衣襟特別寬大,蓋住另一片衣襟,一直延伸到腋下。先秦時期的襟主要有兩種形式,一種爲交領式,又分二式,其一左襟在領口斜直而下至右腋處,其二左襟在領口曲折稱方形,再從右胸前下去右腋處,稱曲領,所謂"曲領如矩"即此。另一種爲直領式,即對襟衣。《釋名·釋衣服》:"直領,邪直而交下,亦如丈夫服袍方也。交領,就形名之也。曲領,在內,所以禁中衣領,上橫壅頸,其狀曲也。"②《急就篇》卷二:"袍襦表裏曲領裙。"顔師古注:"著曲領者,所以禁中衣之領,恐其上擁頸也,其狀闊大而曲,因以名云。"③

　　中原華夏民族,不分男女都是左襟壓右襟,稱爲右衽。衽,指衣襟。《説文·衣部》:"衽,衣也。"④ 裣即襟。當時只用衣結不用紐扣,右衽便於用右手解結。吉凶異禮,死人入殮的衣服用左衽(右襟壓左襟)。如《禮記·喪大記》:"小斂、大斂,祭服不倒,皆左衽。"鄭玄注:"左衽,衽鄉左,反生時也。"孔穎達疏:"衽,衣襟也。生鄉右,左手解袖帶便也;死則襟鄉左,示不復解也。"而中原四周的少數民族其服裝多左衽。僞古文《尚書·畢命》載:"四夷左衽。"《論語·憲問》:"微管仲,吾其被髮左衽矣!"邢昺疏:"衽謂衣衿,衣衿向左,謂之左衽。"

　　衣袖由袂和袪組成。袖,字本作褎。《説文·衣部》:"褎,袂也。"⑤《釋名·釋衣服》:"袖,由也,手所由出入也。亦言受也,以受手也。"⑥ 袂爲袖體。《説文·衣部》:"袂,褎也。"⑦《釋名·釋衣服》:"袂,掣也。掣,開也。開張之,以受臂屈伸

---

① 王先謙:《釋名疏證補》卷5,第165—166頁。
② 王先謙:《釋名疏證補》卷4,第174頁。
③ 史游:《急就篇》卷2,第142—143頁。
④ 段玉裁:《説文解字注》,第390頁。
⑤ 段玉裁:《説文解字注》,第392頁。
⑥ 王先謙:《釋名疏證補》卷5,第166頁。
⑦ 段玉裁:《説文解字注》,第392頁。

也。"①《禮記·深衣》："袂之長短，反詘之及肘。"袖子的長短標準是從手部向上反折，要達到肘部，也就是袖長是臂長的一點五倍。這是"法定"的長度，在實際生活中未必如此嚴格。袪，指袖口。《禮記·玉藻》："袪，尺二寸。"鄭玄注："袪，袂口也。"《左傳·僖公五年》："公使寺人披伐蒲。踰垣而走，披斬其袪，遂出奔翟。"孔穎達疏："其袂近口又別名爲袪。此'斬其袪'，斬其袖之末也。"《詩·鄭風·遵大路》："遵大路兮，摻執子之袪兮。"孔穎達疏："《喪服》云：'袂屬幅，袪尺二寸。'則袂是袪之本，袪爲袂之末。《唐風·羔裘》傳云：'袪，袂末。'則袂、袪不同。"袪與袂相連，長度較短。混言之，袪亦名爲袂。《説文·衣部》云："袪，衣袂也。"② 朱駿聲《説文通訓定聲》説："析言之則袖曰袂，袂口曰袪。"③

衿，衣上代紐扣的帶子。《儀禮·士昏禮》："母施衿結帨曰：'勉之敬之，夙夜無違宮事。'"衿，指衣上小帶。《爾雅·釋器》："衿謂之袸。"郭璞注云："衣小帶。"邢昺疏："衿，衣小帶也，一名袸。"《釋名·釋衣服》云："衿，亦禁也，禁使不得解散也"④，皆謂衣小帶。衿，字亦通作"紟"。《説文·糸部》云："紟，衣繫也。"段玉裁注："聯合衣襟之帶也。今人用銅鈕，非古也。凡結帶皆曰紟。"⑤ 紟爲衣小帶，蓋即《説文》所言的衣繫，上古無紐扣，以紟聯結衣襟。

（二）裳

下身之服曰裳，形如今之裙子。裳，《説文·巾部》作"常"："常，下裙也。裳，常或從衣。"⑥ 裳就是裙。《釋名·釋衣服》："裙，下裳也。裙，群也，聯接群幅也。"⑦ 又云："下曰裳，裳，障也，所以自障蔽也。"⑧

裳前後分爲兩片，一片蔽前，一片蔽後，前三幅，後四幅。《儀禮·喪服》鄭玄注："凡裳，前三幅，後四幅也。"古代布帛幅窄，只有二尺二寸。七幅，計十五尺四寸。裳的形制，似是以七幅布圍繞下體，前三幅後四幅，兩側重疊相聯，狀如今日

---

① 王先謙：《釋名疏證補》卷5，第166頁。

② 段玉裁：《説文解字注》，第392頁。

③ 丁福保：《説文解字詁林》，第8380頁。

④ 王先謙：《釋名疏證補》卷5，第166頁。

⑤ 段玉裁：《説文解字注》，第654頁。

⑥ 段玉裁：《説文解字注》，第358頁。

⑦ 王先謙：《釋名疏證補》卷5，第173頁。

⑧ 王先謙：《釋名疏證補》卷5，第165頁。

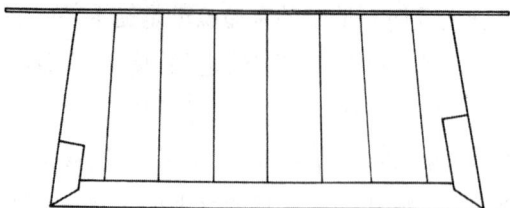

圖 1-10　單裙（馬山楚墓 M1 出土）

婦女的裙子，不過折襇在兩旁，中央部分則方正平整。《儀禮·喪服》：“凡衰，外削幅；裳，内削幅。幅三袧。”鄭玄注云：“袧者，謂辟兩側，空中央也。祭服朝服，辟積無數。凡裳，前三幅，後四幅也。”正是説明裳的制度。

下裳的上端有腰，裳腰處打有褶襇，名爲“辟積”，亦作“襞積”。《釋名·釋衣服》：“素積，素裳也。辟積其要中使踧，因以名之也。”[①]祭服、朝服的每幅褶襇數無定，即“辟積無數”。

（三）蔽膝

蔽膝是遮蔽在裳前之物，用熟皮或布帛製成，繫於腰間。《急就篇》卷二：“禪衣蔽膝布母縛。”顔師古注：“蔽膝者，於衣裳上著之，以蔽前也。一名韍，又曰韠，亦謂之幨。”[②]蔽膝有貴族所服之市，又名芾、韍、韠等，爲禮服所配專用飾物；又一種是庶民所服之蔽膝，又名襜、大巾等，勞作時服之，類似今日圍裙。

市乃祭服之蔽膝。金文中有“市”（《集成》2830，《銘圖》2495；《銘圖》14543），乃蔽膝之象形字。《説文》：“市，韠也。上古衣蔽前而已。”[③]字又寫作“芾”。如《詩·曹風·侯人》：“彼其之子，三百赤芾。”毛傳：“芾，韠也。”朱熹《詩集傳》：“芾，冕服之韠也。”[④]《易·豐》：“豐其芾。”鄭玄注：“芾，祭祀之蔽膝。”[⑤]冕服之蔽膝或作“韍”，《禮記·明堂位》：“有虞氏服韍。”鄭玄注：“韍，冕服之韠也。舜始作之，以尊祭服。……韍或作黼。”《漢書·王莽傳上》：“於是莽稽首再拜，受綠韍衮冕衣裳。”顔師古注：“此韍謂蔽膝也。”[⑥]《釋名·釋衣服》：“韍，韠也。韠，蔽膝也，所以蔽膝前也。婦人蔽膝亦如之。”[⑦]

---

① 王先謙：《釋名疏證補》卷 5，第 167 頁。

② 史游：《急就篇》卷 2，第 145 頁。

③ 段玉裁：《説文解字注》，第 362 頁。

④ 朱熹：《詩集傳》卷 7，中華書局 2011 年版，第 113 頁。

⑤ 宗福邦等：《故訓匯纂》，第 1910 頁。

⑥ 班固：《漢書》卷 99，第 4075 頁。

⑦ 王先謙：《釋名疏證補》卷 5，第 169 頁。

常見的稱呼爲"韠"。《説文·韋部》："韠，韍也。所以蔽前者。以韋。下廣二尺，上廣一尺，其頸五寸。一命緼韠，再命赤韠。"①《詩·檜風·素冠》："庶見素韠兮。"朱熹《詩集傳》："韠，蔽膝也，以韋爲之。冕服謂之韍，其餘曰韠。韠從裳色，素衣素裳，則素韠矣。"②貴族之蔽膝被稱作"韍""韠"，可知其爲皮製。

圖 1-11 商代玉人（安陽出土）

析言之，祭服之蔽膝名韍，其他服的蔽膝名韠。《左傳·宣公十六年》："戊申，以黻冕命士會將中軍。"杜預注："黻冕，命卿之服。"孔穎達疏："祭服謂之黻，其他服謂之韠。俱以韋爲之，制同而色異。"

韠之形制，《詩·小雅·采菽》："赤芾在股。"鄭玄箋引漢制解釋："芾，大古蔽膝之象也，冕服謂之芾，其他服謂之韠，以韋爲之。其制上廣一尺，下廣二尺，長三尺，其頸五寸，肩革帶博二寸。脛本曰股。"蔽膝的形制按等級有所區別。《禮記·玉藻》："圜，殺，直。天子直。公侯前後方。大夫前方，後挫角。士前後正。韠，下廣二尺，上廣一尺，長三尺。其頸五寸，肩、革帶博二寸。"韠之制，長三尺，上寬一尺，下寬二尺，中央部分寬五寸處爲頸，兩端各二寸處爲肩。天子之韠是從下端向上端直裁，公侯的韠是下端和上端均裁成方角，大夫之韠下端裁成方角，上端削去兩脚而成爲圓形。士的韠上下端均正裁。

禮之通例，韠的顏色與下裳之色相同，保持一致。據文獻記載，天子之韠純朱色③，諸侯之韠黃朱色，大夫之韠爲赤色。《詩·小雅·斯干》："朱芾斯皇。"鄭玄箋云："芾者，天子純朱，諸侯黃朱。"《禮記·玉藻》："韠，君朱，大夫素，士爵韋。"國君的蔽膝是朱色，大夫爲白色，士赤黑色。《禮記·玉藻》："一命緼韍幽衡，再命

---

① 段玉裁：《説文解字注》，第 234 頁。

② 朱熹：《詩集傳》卷 7，第 111 頁。

③ 毛公鼎（《集成》2841）、番生簋蓋（《集成》4326）銘文中有周天子賜予臣下朱市的記載，朱市爲高級貴族所用，但未必爲天子所專用。

赤韍幽衡,三命赤韍葱衡。"鄭玄注:"此玄冕、爵弁服之韠,尊祭服,異其名耳。韍之言亦蔽也。"一命使用赤黄色的蔽膝,二命、三命均使用赤色蔽膝。士爵弁服所用之蔽膝爲韎韐,《詩·小雅·瞻彼洛矣》:"韎韐有奭,以作六師。"毛傳:"韎韐者,茅蒐染韋也。一入曰韎韐,所以代韠也。"《儀禮·士冠禮》:"爵弁服:纁裳,純衣,緇帶,韎韐。"鄭玄注:"韎韐,緼韍也。士緼韍而幽衡,合韋爲之。士染以茅蒐,因以名焉。今齊人名蒨爲韎韐。"韎爲淺黄紅色,韎韐爲淺黄紅色的蔽膝。

祭服之韠上或繪有圖案,以別尊卑貴賤。《禮記·明堂位》:"有虞氏服韍,夏后氏山,殷火,周龍章。"鄭玄注:"韍,冕服之韠也,舜始作之,以尊祭服,禹湯至周,增以畫文,後王彌飾也。山,取其仁可仰也。火,取其明也。龍,取其變化也。天子備焉,諸侯火而下,卿大夫山,士韎韋而已。"據説有虞氏直接以韋爲韍,尚質無文飾。夏后氏之韠上畫之以山,殷人增之上畫以火,周人加龍以爲文飾。據鄭玄注,周代天子之韠兼用龍、山、火等幾種圖案作爲文飾,諸侯韠上繪有火或山,卿大夫韠上繪山,士的蔽膝無飾。

蔽膝是先秦、秦漢時期比較普遍的一種衣飾,庶民百姓亦服之於下裳前,其異名也較多,又稱作巨巾、大巾、襜等。《釋名·釋衣服》:"韍,韠也。韠,蔽膝也,所以蔽膝前也。婦人蔽膝亦如之。齊人謂之巨巾,田家婦女出,至田野,以覆其頭,故因以爲名也。又曰跪襜,跪時襜襜然張也。"①尹灣二號漢墓木牘一正載有"青巨巾一。練巨巾二。縷巨巾一",此巨巾即蔽膝②,以布製作而成。《詩·小雅·采綠》:"終朝采藍,不盈一襜。"毛傳:"衣蔽前謂之襜。"《爾雅·釋器》:"衣蔽前謂之襜。"郭璞注:"今蔽膝也。"襜繫於衣服前面,庶民勞動時服之,類似今日圍裙。此外,《方言》卷四載有不同地區的稱名:"蔽厀,江淮之間謂之褘,或謂之袜。魏、宋、南楚之間謂之大巾,自關東西謂之蔽厀,齊魯之郊謂之袡。"③ 袡、襜二字通,襜有障蔽之義。《廣雅·釋器》:"大巾,蔽厀也。"④ 大巾即巨巾。庶民百姓的蔽膝又稱作巨巾、大巾等,可知其爲紡織品。商周秦漢時期,禮服用蔽膝多以皮制,普通百姓多以布制。又《漢書·王莽傳上》記載:"母病,公卿列侯遣夫人

---

① 王先謙:《釋名疏證補》卷5,第169頁。

② 馬怡:《尹灣漢墓遣策劄記》,《簡帛研究》2002、2003年合刊,廣西師範大學出版社2005年版,第263頁。

③ 華學誠:《揚雄方言校釋匯證》,第277頁。

④ 王念孫:《廣雅疏證》卷7下,第232頁。

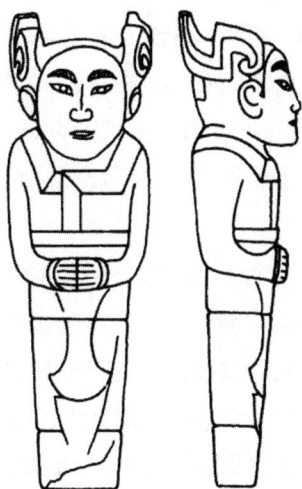

1. 西周玉人（洛陽東郊出土）　　　　　2. 西周玉人（晉侯墓地 M8：184 出土）

3. 西周玉人（天津歷史博物館藏）　　　　　4. 傳世西周玉人

**圖 1-12　考古出土西周時期人物形象（上有蔽膝）**

問疾，莽妻迎之，衣不曳地，布蔽膝。"① 《漢書·東方朔傳》："後數日，上臨山林，
主自執宰蔽膝，道入登階就坐。"顔師古注："爲賤者之服。"② 可見蔽膝爲一般百
姓勞作時所穿之服。

----

① 班固：《漢書》卷 99，第 4041 頁。
② 班固：《漢書》卷 65，第 2854、2855 頁。

韍爲上古時期遮蔽身蔽前的獸皮之遺制。《詩·小雅·采菽》:"赤芾在股，邪幅在下。"孔穎達疏引《易乾鑿度》注:"古者田漁而食，因衣其皮。先知蔽前，後知蔽後，後王易之以布帛，而猶存其蔽前者，重古道，不忘本。"上古時候，先民以獸皮遮蔽前身下體。後世民智開化，獸皮易爲布帛，但仍保留遮蔽前身的下裙，加於下裳之上，成爲裝飾物，以示不忘本之意。

蔽膝由於多用皮或布帛製作，易於腐朽，很難保存下來，在考古發掘中尚未被發現，但可以依據商周人像來了解蔽膝的形制(圖1–12)。傳殷墟出土現藏於美國的西周玉人像，爲站立形，穿素面無紋衣服，頭戴裹緇，交領右衽，長袖，腰間繫束帶，前腹束帶下垂一過膝的芾。天津藝術博物館藏西周玉人的頭上似施龍形雙髻，身上佩黻黼大袖衣，衣身寬博，下擺過膝及腳踝，用寬帶束腰，腰下腹前繫一斧口形蔽膝，足下著赤舄。山西晉侯墓地63號墓出土一件圓雕人像，玉人頭戴一高冠，頭髮蓬松垂頸外卷，身著窄袖上衣，下裳中長下擺，腹前有斧口形蔽膝，衣領後有披肩，腰間束帶，衣服下擺及披肩飾有網格紋，足著履。[1] 洛陽東郊曾經發現一件玉人像，其腰帶下繫一韠。[2]

(四) 束腰之帶

周代束腰之帶有二:一曰革帶，所以懸佩飾以及韍等，在內;一曰大帶，在外，用以束衣。

革帶以革制，用以佩韠、玉飾等物。《禮記·玉藻》云:"革帶，博二寸"，鄭玄注:"凡佩，繫於革帶。"孔穎達疏曰:"韠、佩并繫於革帶者，以大帶用紐約，其物細小，不堪繫韠、佩故也。"據鄭玄注和孔穎達疏，大帶爲束衣之帶，但其質地軟弱，不堪重負，故以革帶佩韠和組玉佩等物。

革帶或謂之鞶帶，《説文·巾部》:"帶，紳也。男子鞶帶，婦人帶絲。"[3] 又云:"紳，大帶也。"[4]"鞶，革大帶也。"[5]《左傳·桓公二年》:"鞶、厲、游、纓，昭其數也。"杜預注:"鞶，紳帶也。一名大帶。"孔穎達疏:"以帶束腰，垂其餘以爲飾，謂

---

① 考古出土有皮革蔽膝，參見中國社會科學院考古研究所內蒙古工作隊:《內蒙古敖漢旗周家墓地發掘簡報》，《考古》1984年第5期，第424頁。

② 傅永魁:《洛陽東郊西周墓發掘簡報》，《考古》1959年第4期，第188頁。

③ 段玉裁:《説文解字注》，第358頁。

④ 段玉裁:《説文解字注》，第653頁。

⑤ 段玉裁:《説文解字注》，第107頁。

之紳,上帶爲革帶,故云鞶,紳帶。"《文選·張衡〈思玄賦〉》:"辮貞亮以爲鞶兮,雜伎藝以爲珩。"李善注:"鞶,所以帶佩也。"[1]《易·訟》上九爻辭云:"或錫之鞶帶,終朝三褫之。"此鞶帶即革帶,用來繫韠繫佩。周代命服,是先束革帶,再加大帶。鞶帶是革帶,至於説鞶是大帶,孫詒讓《周禮正義》解釋云:"人服有二帶,大帶謂之紳,革帶謂之鞶。通言之革帶亦或謂之大帶。"[2]

　　大帶以絲製成。《詩·曹風·鳲鳩》:"淑人君子,其帶伊絲。"鄭玄箋:"其帶伊絲,謂大帶也。大帶用素絲,有雜色飾焉。"大帶有素帶、練帶、錦帶等。《禮記·玉藻》:"天子素帶,朱裏,終辟;而素帶,終辟;大夫素帶,辟垂;士練帶,率下辟;居士錦帶;弟子縞帶。并紐約用組。"鄭玄注:"辟,讀如裨冕之裨。裨,謂以繒采飾其側。"素帶,即白絹製成的大帶。天子、諸侯、大夫用素:天子之帶從頭至尾均鑲邊,帶裏爲紅色;諸侯之帶亦從頭至尾鑲邊,改用素裏;大夫素帶,帶的腰後部分不鑲邊,帶的中腰以前以及下垂部分用彩繒飾邊。士練帶,是白色熟絹製的帶子,帶的兩側編爲辮子狀,下端用彩繒鑲邊;不仕之士用錦帶。弟子繫縞帶。紐是帶之交結處,以物穿紐,約結其帶。天子以下至在學弟子都用組拴繫大帶。不同等級的貴族其帶的寬度以及鑲邊裝飾亦不同。《禮記·玉藻》:"大夫大帶四寸。雜帶,君朱緑,大夫玄華,士緇辟。二寸,再繚四寸。"鄭玄注曰:"大夫以上以素,皆廣四寸;士以練,廣二寸。"大夫以上至於天子,大帶寬四寸,士帶寬二寸。大帶裝飾:君用朱色和緑色,帶的部分用朱色緣邊,紳的部分用緑色緣邊;大夫的大帶鑲邊用玄色和黃色(外黑內黃),士的大帶用緇色(練帶而邊側飾以緇,即《儀禮》之緇帶)。《儀禮·士冠禮》:"主人玄冠,朝服,緇帶,素韠。"鄭玄注:"緇帶,黑繒帶。士帶博二寸,再繚四寸,屈垂三尺。"賈公彥疏:"若然,天子、諸侯帶繞腰及垂者,皆裨之。大夫則不裨其繞腰者,直裨垂之三尺屈而垂者。士則裨其末繞三尺,所垂者不裨,在者若然。大帶所用物:大夫已上用素;士練繒爲帶體,所裨者用緇。則此言緇,據裨者而言也。云士帶博二寸,再繚四寸,屈垂三尺者,此亦《玉藻》文。大夫已上大帶博四寸。此士卑降於大夫已上,博二寸,再繚共爲四寸,屈垂三尺。則大夫已上亦屈垂三尺同矣。"

① 蕭統編,李善注:《文選》卷15,第654—655頁。

② 孫詒讓:《周禮正義》卷52,第2146頁。

表 1–3　帶構成一覽表

| | | 天子 | 諸侯 | 大夫 | 士 | 備注 |
|---|---|---|---|---|---|---|
| 帶 | 質地 | 素 | 素 | 素 | 練帶 | 居士錦帶；弟子縞帶 |
| | 帶裏 | 朱裏 | 素裏 | 素裏 | 無襯裏 | |
| | 寬度 | 博四寸再繚四寸，屈垂三尺 | 博四寸再繚四寸，屈垂三尺 | 博四寸再繚四寸，屈垂三尺 | 博二寸，再繚共爲四寸，屈垂三尺 | |
| | 鑲邊 | 從頭至尾均鑲邊 | 從頭至尾鑲邊 | 腰後不鑲邊，其他部分用彩繒飾邊 | 帶的兩側編爲辮子狀，下端用彩繒鑲邊 | |

　　大帶的繫束方式是由後繞前，於腰前束結，結束後將多餘的部分下垂。下垂之部分，稱爲厲。《詩·小雅·都人士》：“垂帶而厲。”毛傳云：“厲，帶之垂者。”孔穎達疏：“毛以言垂帶而厲爲絕句之辭，則厲是垂帶之貌，故以厲爲帶之垂者。”《小爾雅·廣服》：“帶之垂者謂之厲。”① 帶之下垂部分亦稱爲紳，故大帶又有紳帶之稱。《詩·衛風·芄蘭》：“容兮遂兮，垂帶悸兮。”鄭玄箋：“言惠公佩容刀與瑞及垂紳帶三尺，則悸悸然行止有節度。”《論語·衛靈公》：“子張書諸紳。”邢昺疏：“以帶束腰，垂其餘以爲飾，謂之紳。”《禮記·玉藻》説：“凡侍於君，紳垂。”鄭玄注：“紳，帶之垂者也。”紳是大帶束結後餘下下垂的部分(圖 1–13)。《禮記·玉藻》云：“紳長，制：士三尺，有司二尺有五寸，子游曰：‘參分帶下，紳居二焉。’”紳的長短是區別身份的重要標志，身份越高，垂紳越長。② 紳帶在西周時期成爲輿服制度中重要的組成部分，成爲等級社會區分尊卑貴賤的一個標志。

　　周代，束帶是一個人地位的象徵。在各種正式場合，必須以帶束衣，否則爲失禮。《論語·公冶長》：“赤也束帶立於朝，可使與賓客言也。”這説明接待賓客時須在衣袍外束帶。古語常以冠帶連用，來表徵一個人的身份地位。《漢書·燕刺王劉旦傳》説：“寡人束帶聽朝三十餘年，曾無聞焉。”③ 束帶是一個人官位的象徵。

　　束帶也是一個人砥礪脩節約束自己的標志，稱爲束脩。④《論語·述而》云：“自行束脩以上，吾未嘗無誨焉。”孔安國《論語注》説：“束脩，束帶脩節。”何晏《論

① 黃懷信：《小爾雅匯校集釋》，第 398 頁。
② 大帶有組約繫聯，革帶有鈎勾連。
③ 班固：《漢書》卷 63，第 2752 頁。
④ 也有學者反對這種説法，參見黃金貴《古代文化詞語考論》，浙江大學出版社 2001 年版，第 211—217 頁。

圖 1-13-1　故宮博物院藏白玉人物雕像　圖 1-13-2　河北易縣燕下都遺址出土銅人

語集解》引孔安國語云："言人能奉禮，自行束脩以上，則皆教誨之。"鄭玄《論語注》："束脩，謂年十五以上也。"① 《尚書·秦誓》"如有一介臣"，孔穎達疏："孔注《論語》以束脩爲束帶脩節，此亦當然。"《鹽鐵論·貧富》："余結髮束脩，年十三，幸得宿衛，給事輦轂之下。"②《後漢書·延篤傳》："且吾自束脩已來，爲人臣不陷於不忠，爲人子不陷於不孝。"李賢注："束脩謂束帶脩飾。鄭玄注《論語》曰'謂年十五已上'也。"③

　　山西侯馬鑄銅遺址出土的春秋陶範人像，表現了帶之佩垂的情形（圖1-14）。④ 出土的彩繪木俑和玉人均服上衣下裳相聯爲一體的衣服，都有束腰的横帶。出土所見彩繪木俑和玉人像的腰際僅見一根腰帶，并無大帶和革帶的區別，孫機先生推測此是因革帶樸素無華而將其掩藏在華麗的大帶之下，⑤ 蓋是。

---

① 劉寶楠：《論語正義》卷8，第257—258頁。
② 王利器：《鹽鐵論校注》卷4，第219頁。
③ 范曄：《後漢書》卷64，第2106、2107頁。
④ 沈從文：《中國古代服飾研究》，第64頁。
⑤ 孫機：《我國古代的革帶》，《中國古輿服論叢》（增訂本），文物出版社2001年版，第253—292頁。

帶鈎

西周晚期至春秋早期，華夏民族采用銅帶鈎固定在革帶的一端上，只要把帶鈎勾住革帶另一端的環或孔眼，就能把革帶勾住，使用方便且美觀。①

圖 1-14　戰國人像（山西侯馬鑄銅遺址陶範）

浙江紹興西施山曾經出土三件同銘銅帶鈎，作器者皆爲吳王光，帶鈎自名爲"句"，銘文云："工吾王光初得其壽（鑄）金，作用丩（句）。"② 信陽楚簡遣册有"一組帶，一革，皆有鈎"的記載，墓中出土有錯金銀的銅帶鈎③。

帶鈎古稱鈎。《墨子·辭過》："鑄金以爲鈎。"④《莊子·胠篋》："彼竊鈎者誅，竊國者爲諸侯。"成玄英疏："鈎者，腰帶鈎也。"⑤《國語·晉語四》："申孫之矢集於桓鈎。"韋昭注："鈎，帶鈎。"⑥ 馬衡《中國金石學概要》説："鈎者，古革帶之飾，管仲射齊桓公中帶鈎是也。胡語謂之師比，趙武靈王賜周紹胡服衣冠、貝帶、黃金師比是也。其字或作胥紕（《史記·匈奴列傳》），或作犀毗（《漢書·匈奴傳》及班固《與竇憲箋》），或作鮮卑（《東觀漢記》），皆師比一音之轉耳。"⑦ 江蘇丹陽出土有東

---

① 良渚文化遺址中發現有玉帶鈎。參見《中國考古學·新石器時代卷》，第 683 頁。
② 曹錦炎：《吳王光銅帶鈎小考》，《東南文化》2013 年第 2 期，第 90—93 頁。
③ 河南省文物研究所：《信陽楚墓》，文物出版社 1986 年版。
④ 孫詒讓：《墨子閒詁》卷 1，第 34 頁。
⑤ 郭慶藩：《莊子集釋》卷四中，第 350、351 頁。
⑥ 徐元誥：《國語集解》，第 347 頁。
⑦ 馬衡：《中國金石學概要》，《凡將齋金石叢稿》，中華書局 1977 年版，第 47—48 頁。

漢帶鈎,自名作"鈎"①。《史記·齊太公世家》:"(管仲)射中小白帶鈎,……桓公之中鈎,詳死以誤管仲。"② 可見西漢時,束衣帶鈎已經被稱爲帶鈎了。

帶鈎的使用方法,依據圖像以及出土實物(圖1–13),大部分是由右向左鈎掛,如同我們現在皮帶扣合方式一樣,因爲由右向左比較方便(大部分人是用右手)。

據文獻記載,死者并無帶鈎隨葬,如《荀子·禮論》曰:"説褻衣,襲三稱,縉紳而無鈎帶矣。"王先謙認爲:"鈎之所用弛張也,今不復解脱,故不設鈎也。"③ 而考古發現的材料表明,早在良渚墓葬中就已經發現玉帶鈎。西周晚至春秋早期山

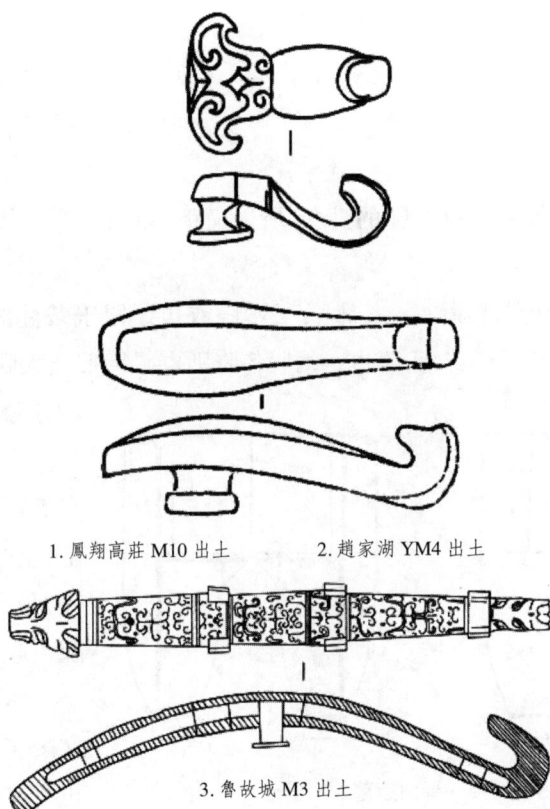

1. 鳳翔高莊 M10 出土　　2. 趙家湖 YM4 出土

3. 魯故城 M3 出土

圖 1–15　帶鈎

---

① 鎮江市博物館:《江蘇丹陽東漢墓》,《考古》1978 年第 3 期,第 155—157 頁。
② 司馬遷:《史記》卷 32,第 1486 頁。
③ 王先謙:《荀子集解》卷 13,第 367 頁。

東蓬萊村里集墓就有方形素面銅帶鈎出土。春秋中期的銅帶鈎在河南洛陽中州路西工段、淅川下寺、湖南湘鄉韶山灌區、陝西寶雞茹家莊、北京懷柔等地墓葬均有出土。山東臨淄郎家莊 1 號春秋墓和陝西鳳翔高莊 10 號春秋墓曾出土金帶鈎、河南固始侯古堆春秋大墓有玉帶鈎、銅環與玉瑗、玉璜和回形玉飾組成的佩飾同出。到戰國時期,也有帶鈎與環同出的情形,如河南汲縣 5 號戰國墓鐵帶鈎與骨環同出,6 號戰國墓青銅嵌綠松石的帶鈎與羊脂玉環同出,安陽大司空村131 號戰國墓人架腹部有銅帶鈎與玉髓環套合在一起。因此腰帶帶鈎的功用就有數種,一種是橫裝於帶端用來搭接革帶兩端的,一種是與環相配直掛在革帶上勾掛佩飾的。①

### (五) 脛衣

絝

商周時的絝僅爲兩條套腿的褲套,所以又稱爲脛衣,外再著裳,即成爲一套下衣服裝。

絝,字又作"袴",《説文·系部》:"絝,脛衣也。"段玉裁注説:"今所謂套褲也。"②《釋名·釋衣裳》:"絝,跨也。兩股各跨別也。"③股指大腿,脛指膝部以下的小腿部分。袴很像今天的套褲④,無襠,只有兩個褲筒,套在腿上,上端有繩帶繫在腰間,稱爲窮袴。袴套在腿上起禦寒作用。

絝一名襗。《説文·衣部》:"襗,絝也。"⑤襗爲褻衣,貼身

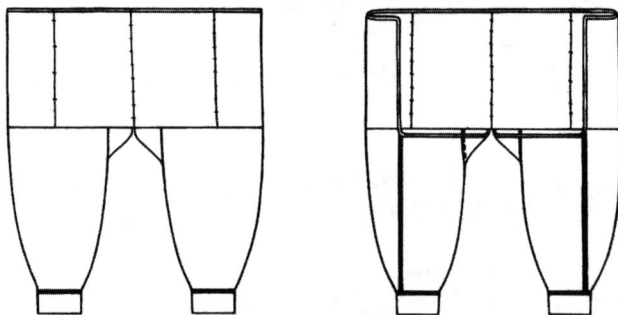

圖 1-16　綿袴(馬山楚墓 M1 出土)

---

① 王仁湘:《帶鈎概論》,《考古學報》1985 年第 3 期,第 267—312 頁。
② 段玉裁:《説文解字注》,第 654 頁。
③ 王先謙:《釋名疏證補》卷 5,第 1790 頁。
④ 王國維:《觀堂集林》卷 22《胡服考》認爲,"袴與今時褲制無異",第 1076 頁。
⑤ 段玉裁:《説文解字注》,第 393 頁。

的衣褌，可能因爲褌也是近身受污澤，所以用襗爲别名。《詩·秦風·無衣》："與子同澤。"鄭玄箋："襗，褻衣，近污垢。"孔穎達疏："《說文》云：'襗，袴也'，是其褻衣近污垢也，襗是袍類，故《論語》注云：'褻衣，袍襗也。'"《禮記·内則》："十年，出就外傅，居宿於外，學書記，衣不帛襦袴。"鄭玄注："不用帛爲襦袴，爲大温傷陰氣也。"孫希旦《禮記集解》："襦，裏衣；袴，下衣。二者皆不以帛爲之，防奢侈也。"①

綺有一些别稱。揚雄《方言》卷四："袴，齊魯之間謂之襤，或謂之襱，關西謂之袴。"②襱，指褲腳。《說文·衣部》："襱，綺踦也。"③朱駿聲《說文通訓定聲》："按，襱者，蘇俗曰褲腳管。"④

褲子縫合成一襠，即滿襠褲，叫作褌，亦謂之幒。《釋名·釋衣服》說："褌，貫也，貫兩腳，上繫要中也。"⑤《急就篇》卷二："襜褕袷複褶袴褌。"顏師古注："合襠謂之褌，最親身者也。"⑥馬縞《中華古今注·裩》："裩，三代不見所述。周文王所製裩長至膝，謂之弊衣，賤人不可服，曰良衣，蓋良人之服也。至魏文帝賜宫人緋交裩，即今之裩也。"⑦

### 邪幅

斜裹在小腿上的一塊布，形似漢時行縢，亦謂之徽，今則謂之綁腿。《說文·糸部》："徽，邪幅也。"⑧《詩·小雅·采菽》："赤芾在股，邪幅在下。"毛傳："諸侯赤芾邪幅。幅，偪也。所以自偪束也。"鄭玄箋："邪幅，如今行縢也，偪束其脛，自足至膝，故曰在下。"或單作幅，《左傳·桓公二年》："衮冕黻珽，帶裳幅舄，衡紞紘綖，昭其度也。"杜預注："幅，若今行縢者。"孔穎達疏："邪纏束之，故名邪幅。"幅乃"邪幅"之省。邪幅的形狀爲一窄的長布條，自足跗至膝下邪繞纏裹，故有邪名；又因其束縛逼壓腿脛，故稱偪。《禮記·内則》："偪，屨，著綦。"鄭玄注：

---

① 孫希旦：《禮記集解》卷 28，第 769 頁。
② 華學誠：《揚雄方言校釋匯證》，第 281 頁。
③ 段玉裁：《說文解字注》，第 393 頁。
④ 丁福保：《說文解字詁林》，第 8398 頁。
⑤ 王先謙：《釋名疏證補》卷 5，第 176 頁。
⑥ 史游：《急就篇》卷 2，第 143—145 頁。
⑦ 馬縞：《中華古今注》，中華書局 1985 年版，第 23 頁。
⑧ 段玉裁：《說文解字注》，第 657 頁。

"偪,行縢。"《釋文》:"偪,本又作幅。"貴族的邪幅乃盛服,非漢代行縢所能比,上當有紋飾而色彩較盛。

西周金文中有"牙僰",作爲賞賜用物,如西周銅器師克盨銘文云:"賜汝秬鬯一卣、赤市、五黄、赤舄、牙僰、駒車。"(《集成》9.4467、9.4468)"僰",以前學者將之釋讀爲襯,指衣領。後陳劍先生將"牙僰"讀爲"邪幅"①,論證可信。據《左傳》説,邪幅也可"昭其度",且西周時期作爲賞賜臣下之物。

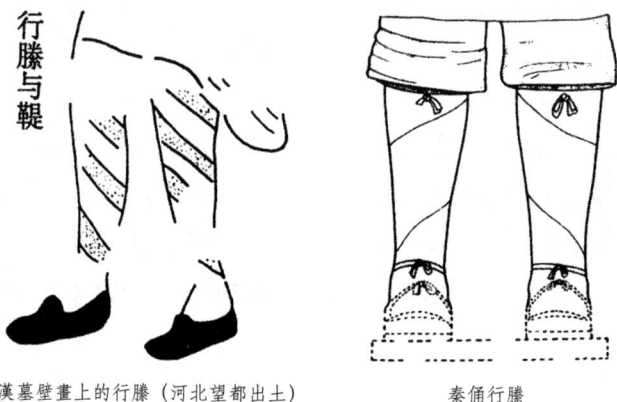

漢墓壁畫上的行縢(河北望都出土)　　　　秦俑行縢

圖 1-17　行縢

行縢的作用主要是使形容整齊②,行動利索,故先秦秦漢時期的軍士多有此裝束(圖 1-17)。《釋名·釋衣服》説:"幅,所以自偪束,今謂之行縢,言以裹腳,可以跳騰輕便也。"③據學者研究,出土的西漢陶俑,在大部分武士俑的小腿部位還纏有朱紅色織物,并有斜繞痕跡,顯然是繫有行縢。漢代軍士的行縢是用大塊布帛,四角綴帶,先橫束於帶的上方,再斜繞而下呈"Z"形,繫結緊固於腿下。楊家灣漢墓的騎兵和步兵俑群以及秦俑坑内武士俑的脛部亦繫著形制與此相仿的行縢,證明在秦漢時此種服制比較流行。④

---

① 陳劍:《西周金文"牙僰"小考》,參見《甲骨金文考釋論集》,綫裝書局 2007 年版,第 24—28 頁。

② 出於禮儀需要,貴族之邪幅製作較爲精美,上有紋飾,色彩絢爛。戴震《毛鄭詩考正》卷 2 云:"解襪就席,必露見此邪幅,不可使無紋飾,禮因之而爲儀制。"參見《戴震全集》第 2 册,第 1206 頁。

③ 王先謙:《釋名疏證補》卷 5,第 176 頁。

④ 焦南峰:《西漢裸體陶俑初論》,《歷史學刊》258 期,2009 年版,第 13—20 頁。

## 二、上下連屬形制

上下連屬形制就是把上衣和下裳縫合在一起的一種服裝形制，可分爲深衣與袍類，其中最典型的是深衣。

深衣

深衣是一種上衣、下裳相連綴的服裝，爲諸侯、大夫、士家居常穿的衣服，也是庶人的常禮服。深衣的特點是，上衣和下裳相連，衣襟右掩，下擺不開衩，將衣襟接長，向後擁掩，垂及踝部。

《禮記·深衣》云：“古者深衣，蓋有制度，以應規、矩、繩、權、衡。”鄭玄注：“深衣，連衣裳而純之以采者。素純曰長衣，有表則謂之中衣。大夫以上祭服之中衣用素。《詩》云：‘素衣朱襮。’《玉藻》曰：‘以帛裹布，非禮也。’士祭以朝服，中衣以布明矣。”孔穎達《正義》解釋説：“所以稱深衣者，以餘服則上衣下裳不相連，此深衣衣裳相連，被體深邃，故謂之深衣。”據鄭、孔之説，深衣的特徵在於：第一，深衣的衣裳相連，被體深邃，故謂之深衣。第二，深衣“純之以采”。純之以采曰深衣，純之以素曰長衣，純之以布曰麻衣，著在朝服祭服之内曰中衣。《詩·曹風·蜉蝣》：“蜉蝣掘閲，麻衣如雪。”鄭玄箋：“麻衣，深衣。諸侯之朝，朝服；朝夕則深衣也。”

深衣形制，見《禮記·深衣》及《玉藻》篇，但古今學者對於其形制爭論頗大，所擬深衣圖差距也較大（圖1-18）。後世學者如東漢鄭玄，唐代的孔穎達、顏師古，宋代的聶崇義、朱熹，清代的江永、黄宗羲和任大椿等都曾研究深衣。下面綜合各家之説，并參稽出土實物，略加考述。所謂深衣，大致有以下幾個特點：

（1）一種上下連屬的服裝，製作時上下分裁，然後在腰間縫合。腰縫以上仍稱爲衣，腰縫以下則稱爲裳。深衣裁製有嚴格的形式和尺度規定，具有象徵意義。《禮記·深衣》篇記載的深衣制度是儒家所主張的深衣之制，其云：

> 深衣蓋有制度，以應規、矩、繩、權、衡。……制：十有二幅，以應十有二月。袂圜以應規，曲袷如矩以應方，負繩及踝以應直，下齊如權衡，以應平。故規者，行舉手以爲容。負繩抱方者，以直其政，方其義也。故《易》曰：“《坤》六二之動，直以方也。”下齊如權衡者，以安志而平心也。五法已施，故聖人服之。故規矩取其無私，繩取其直，權衡取其平，故先王貴之。

裳制用十二幅布，以與一年的十二個月相應。衣袖作圓形以與圓規相應。衣領如同曲尺以與正方相應。衣背的中縫長到脚後跟以與正直相應，下裳下端

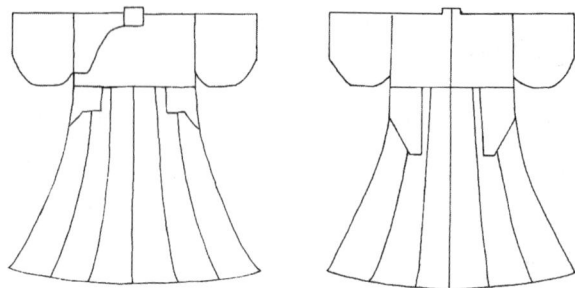

圖 1–18　深衣前後示意圖（黄以周構擬）

齊整如同權衡以與公平的原則相符合。衣袖似圓規，象徵舉手行揖讓禮的容姿。背縫垂直而領子正方，以象徵政教不偏，義理公正。下邊齊平如稱錘和稱杆，以象徵志向安定而心地平和。

（2）衣式采用矩領。《禮記·深衣》："曲袷如矩以應方。"鄭玄注："袷，交領也，古者方領。如今小兒衣領。"孔穎達疏："鄭以漢時領皆向下交垂，故云古者方領。……但方折之也。"

（3）深衣續衽鈎邊。古今學者對此"續衽鈎邊"的涵義解釋頗多，分歧很大。鄭玄注謂："續，猶屬也。衽，在裳旁者也。屬連之，不殊裳前後也。鈎讀如鳥喙必鈎之鈎。鈎邊若今曲裾也。"江永基本上贊成鄭玄之說，認爲：

> 續衽，謂裳之左旁縫合其衽也。鈎邊，謂裳之右旁別用一幅布斜裁之，綴於右後衽之上，使鈎而前也。漢時謂之曲裾，蓋裳後爲裾，綴於裾，曲而前，故名曲裾也。所以必用鈎邊者，裳之右畔前後衽不合，若無鈎邊，則行步之際露其後，衽之裏有鈎邊而後可以掩裳際也。[1]

此說認爲，裳兩旁左右謂之衽。鄭玄注："衽，裳幅所交裂也。"郭璞《方言注》及《玉篇注》俱云："衽，裳際也。"云"裳際"，則顯然爲裳之旁。左邊衽是縫合在一起的。而裳右邊的前後是分開的，爲了防止露出裏衣，於是在右衽處加一鈎邊掩蓋之。鈎邊的形制，可能是用一幅布爲之，上狹下闊，綴於右衽後，使其鈎曲而前，以掩蓋裳際。

任大椿《深衣釋例》解釋爲："案在旁曰衽。在旁之衽，前後屬連曰續衽。右

---

[1]　江永：《深衣考誤》，《清經解》第 2 册，第 1937 頁。

旁之衽不能屬連,前後兩開,必露裏衣,恐近於褻。故別以一幅布裁爲曲裾,而屬於右後袪,反屈之向前,如鳥喙之句曲,以掩其裏衣。而右前衽即交乎其上,於覆體更爲完密。”① 任氏認爲深衣另用一幅布裁剪爲曲裾以掩裏衣。

另一說,當代學者根據考古資料或主張所謂“續衽鈎邊”,就是衣服的曲裾,穿著時由前繞至背後。這樣做的目的,主要是爲了防止内衣的外露。②

(4)腰縫部分的寬度是裳的下邊的一半。衣袖當腋下部分的寬度,可以運轉胳肘。袖子也不能太長,從袖口反折上來正好可達肘處。束帶的部分,下不要壓住大腿,上不要壓住肋部,要正好在腰部無骨的地方。《禮記·玉藻》:“深衣三袪,縫齊倍要,衽當旁,袂可以回肘,長、中繼揜尺,袪二寸,袪尺二寸,緣廣寸半。”也就是説裳的腰圍三倍於袪圍,即三倍於袖口的寬度。而下擺爲腰圍的一倍。

深衣長度,《禮記·深衣》規定“短毋見膚,長毋被土”。深衣短不要露出腳踝,長不要拖到地上,具體長度因人而異。

(5)深衣純以采。深衣的領、袖、襟、裾等部位,通常還加以彩錦緣邊。父母、祖父母都健在的人,其深衣就鑲帶花紋的邊。只有父母健在的人就鑲青邊。如果是孤兒,其深衣就鑲白色生絹的邊緣。袖口、下裳和衣襟的側邊的邊緣寬度都是半寸。

從出土文物看,春秋戰國時衣裳連屬的服裝較多,都有一幅向後交掩的曲裾(圖1–19),有學者認爲此類衣服即深衣。③ 但考古出土的此類衣服與《禮記》所説的深衣多有不符合④,推測《禮記》深衣之制乃是一種理想化構擬的深衣之制。

深衣的用途,清人任大椿《深衣釋例》作了完整的歸納⑤,概括如下:

深衣是上古時期養老及燕群臣之服,《禮記·王制》:“有虞氏皇而祭,深衣而養老。”

深衣是君王、諸侯、文臣、武將、士大夫都能穿。深衣爲諸侯、大夫士居家之服。《禮記·王藻》:“朝玄端,夕深衣。”鄭玄注:“謂大夫、士也。”孔穎達疏:“朝玄端,夕深衣者,謂大夫、士早朝在私朝服玄端,夕服深衣,在私朝及家也。”《詩·曹風·蜉蝣》:“蜉蝣掘閲,麻衣如雪。”鄭玄箋:“麻衣,深衣。諸侯之朝,朝服;夕則

① 任大椿:《深衣釋例》卷2,《續修四庫全書》第107册,第225頁。
② 孫機:《深衣與楚服》,《中國古輿服論叢》(增訂本),第139—150頁。
③ 孫機:《深衣與楚服》,《中國古輿服論叢》(增訂本),第139—150頁。
④ 彭浩:《楚人的紡織與服飾》,第158—162頁。
⑤ 任大椿:《深衣釋例》卷1,《續修四庫全書》第107册,第198—213頁。

圖 1-19　戰國楚墓出土彩繪俑（沈從文《中國古代服飾研究》插圖一六）

深衣也。”深衣爲諸侯居家之服。又爲大夫士在私朝及居家之服。深衣比朝服次一等。庶人則用它當作吉服來穿。

又爲道路之服及爲庶人之吉服。《儀禮·聘禮》：“歸，使衆介先，衰而從之。”鄭玄注：“吉時道路深衣。”

此外，在喪葬禮場合也多服深衣，如爲親始死之服，又爲奔喪未成服之服，又爲親殯時之服，又爲殯後君巾及未殯之服，又爲既祥之服，又爲除喪受吊之服，又爲公子爲其母與子之服，又爲親迎女在途聞父母死趨喪之服，又爲女在途聞其父死奔喪之服，又爲女未至遭婿衰功之喪、男女易吉之服，又爲聘使聞私喪既反命之服，又爲庶人之吊服。深衣也是童子趨喪之服。

## 第六節　足衣

鞋，字本寫作“鞮”。《説文·革部》解釋爲：“鞮，生革鞮也”，“鞮，革履也”。[1] 可見鞋是皮製。漢代以前，履是鞋的總稱。《説文》：“履，履也。一曰鞮也。”段玉

---

[1]　段玉裁：《説文解字注》，第 108 頁。

裁引蔡謨曰："今時所謂履者,自漢以前皆名屨。《左傳》'踊貴屨賤',不言'履賤';《禮記》'戶外有二屨',不言'二履';賈誼曰'冠雖敝,不以苴屨',亦不言'苴履'。《詩》曰:'糾糾葛屨,可以履霜。'屨、舄者,一物之別名,履者,足踐之通稱。"① 漢代以後,履成爲鞋類的總稱。後來,以鞵爲鞋類的總稱。如朱駿聲《説文通訓定聲》説:"漢以前複底曰舄,禪底曰屨。漢以後曰履,今曰鞵。"②

## 一、鞋的組成及飾物

鞋子有鞋幫、鞋底,上有絇、繶、純等附飾。《周禮・天官・屨人》:"屨人掌王及后之服屨。爲赤舄、黑舄,赤繶,黃繶,青句,素屨,葛屨。"鄭玄注:"舄、屨有絇、繶、純者,飾也。"賈公彥疏:"凡屨、舄皆有絇、繶、純,三者相將……言繶,是牙底相接之縫,綴條於其中;言絇,謂屨頭以條爲鼻;純,謂以條爲口緣。"

綦,指鞋帶。《儀禮・士喪禮》:"夏葛屨,冬白屨,皆繶緇絇純組綦,繫於踵。"賈公彥疏:"經云'繫於踵',則綦當屬於跟後,以兩端向前與絇相連,於腳跗踵足之上合結之,名爲'繫於踵'也。"《禮記・內則》:"屨著綦。"鄭玄注:"綦,屨繫也。"《漢書・外戚傳下》:"俯視兮丹墀,思君兮履綦。"顏師古注:"綦,履下飾也。"③ 鞋帶穿過鞋前絇上的穿孔,再繞於後,在腳踝前足面處打結。

絇是鞋頭用絲帶穿結而成的裝飾部分,以絲條製成鼻狀,有孔,可以穿繫鞋帶,收束於足。舊説,絇的功能是告誡著舄者應當行爲謹慎。《禮記・玉藻》云:"童子不屨絇。"童子鞋子上無絇,因童子年少不備禮,未能自警戒。《儀禮・士冠禮》:"屨,夏用葛。玄端黑屨,青絇繶純,純博寸。"鄭玄注:"絇之言拘也,以爲行戒,狀如刀衣鼻,在屨頭。"《儀禮・士喪禮》:"乃屨,綦結於跗,連絇。"

繶是鞋牙(即今鞋幫)與鞋底相接處(下緣)以絲條嵌成的牙邊,是一種紃狀飾物,即圓絲帶,異於扁形之組。《儀禮・士虞禮》:"賓長洗繶爵三獻。"賈公彥疏:"繶是屨之牙底之間縫中之飾。"《周禮・天官・屨人》:"屨人掌王及后之服屨,爲赤舄、黑舄,赤繶,黃繶。"鄭玄注:"赤繶、黃繶,以赤黃之絲爲下緣。"赤繶,用赤絲緣飾鞋幫與鞋底相接之縫中;黃繶,用黃絲緣飾鞋幫與鞋底相接之縫中。

---

① 段玉裁:《説文解字注》,第 402 頁。
② 丁福保:《説文解字詁林》,第 8574 頁。
③ 班固:《漢書》卷 97,第 3987 頁。

純爲鞋子的上緣鑲邊。《儀禮·士冠禮》：“屨，夏用葛，玄端黑屨，青絇繶純，純博寸。”鄭玄注：“純，緣也。”賈公彦疏：“云純緣也者，謂繞口緣邊也。”純是舃口、屨口周緣的緄邊，寬一寸。

## 二、鞋的種類

據禮書記載，禮儀用鞋有舃、屨等，《周禮·天官·屨人》：“爲赤舃、黑舃。”鄭玄注：“複下曰舃，禪下曰屨。古人言屨以通於複，今世言屨以通於禪，俗易語反與?”周禮，舃貴屨賤。《周禮·天官》記“屨人”的職掌時，首先是掌管王及王后的舃，其次纔是掌管“外内命夫命婦”的屨。舃於朝覲祭祀等禮典時服用，而屨則無時不用。這均説明舃貴屨賤。

### （一）舃

舃是複底鞋，是在單底的屨下另加一塊木板作爲重底，穿著它便於舉行典禮時長久站立或在濕泥中行走。《釋名·釋衣服》：“複其下曰舃。舃，腊也，行禮久立，地或泥濕，故複其下，使乾腊也。”[1] 揚雄《方言》卷四：“扉、屨、𪌽、履也，徐克之郊謂之扉，自關而西謂之屨。中有木者謂之複舃。”[2]《左傳·桓公二年》：“帶裳幅舃。”杜預注：“舃，複屨。”皆説明舃的特徵是雙底。

據顔色分，王的舃有三等，赤舃爲上，黑舃、白舃次之。禮之通例，衣與冠同，屨與裳同，故舃屨之色與裳同。《周禮·天官·屨人》：“掌王及后之服屨，爲赤舃、黑舃。”鄭玄注曰：“王吉服有九，舃有三等：赤舃爲之，冕服之舃。《詩》云：‘王錫韓侯，玄衮赤舃。’則諸侯與王同。下有白舃、黑舃。王后吉服六，唯祭服有舃，玄舃爲上，褘衣之舃也。下有青舃、赤舃。”賈公彦疏：“（王及諸侯）白舃配韋弁、皮弁，黑舃配冠弁服。”又：“（王后）玄舃配褘衣，則青舃配搖翟，赤舃配闕翟可知。”天子的下裳纁朱色，舃與裳同，故赤舃爲上。赤舃亦用於賜予臣下，金文有云：“賜赤舃。”（《集成》2817、4467、4468、9723、9724）王后之舃亦有三等，玄舃爲上，次爲青舃、赤舃。

《詩經》中有“金舃”，學者解釋不一。一説，赤舃加以金飾，故稱金舃。《詩·小雅·車攻》：“赤芾金舃，會同有繹。”鄭玄箋：“金舃，黃朱色也。”孔穎達

---

① 王先謙：《釋名疏證補》卷5，第177頁。

② 華學誠：《揚雄方言校釋匯證》，第319頁。

疏：“《禮》之‘赤舄’也，故箋云：‘金舄，黄朱色。’加金爲飾，故謂之金舄。”朱熹《集傳》：“赤芾，諸侯之服。金舄，赤舄而加金飾，亦諸侯之服也。”[1]一説，金舄即赤舄。馬瑞辰《毛詩傳箋通釋》：“金舄即赤舄，此詩既言‘赤芾’，若再言‘赤舄’則不辭，故以‘金’易之。《周易乾鑿度》曰：‘天子之朝朱芾，諸侯之朝赤芾。’《斯干》詩‘朱芾斯皇’，箋：‘芾者，天子純朱，諸侯黄朱。’黄朱即赤芾也。是知箋以金爲黄朱色者，亦謂金舄即赤舄耳……孔疏乃以金舄謂加金爲飾，失之。”[2]案：此從孔穎達、朱熹説，金舄蓋以金絲爲飾。

礼之通例，履舄之色從裳色，而且履舄配用絇、繶和純附飾的顔色均有嚴格規定。如《周禮·天官·屨人》：“掌王及后之服屨。爲赤舄、黑舄、赤繶、黄繶；青句、素屨，葛屨。”鄭玄注：“玄謂：凡屨舄，各象其裳之色。《士冠禮》曰‘玄端、黑屨、青絇繶純，素積、白屨、緇絇繶純，爵弁、纁屨、黑絇繶純’是也。……凡舄之飾，如繢之次。赤繶者，王黑舄之飾；黄繶者，王后玄舄之飾；青鈎者，王白舄之飾。言繶必有絇純，言絇亦有繶純，三者相將。王及后之赤舄皆黑飾，后之青舄白飾。凡屨之飾，如繡次也。黄屨白飾，白屨黑飾，黑屨青飾。絇謂之拘，著舄屨之頭以爲行戒。繶，縫中紃。純，緣也。天子諸侯吉事皆舄，其餘唯服冕衣翟著舄耳。士爵弁纁屨，黑絇繶純，尊祭服之屨飾，從繢也。”

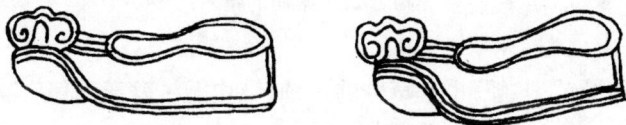

圖 1–20　舄（據黄以周）

## （二）屨

屨是用草、麻、葛或皮韋等材料製成的單底鞋。古代文獻中，對屨的稱呼比較混亂，蓋因方言差異等原因。揚雄《方言》：“絲作之者謂之履，麻作之者謂之不借。”又云：“徐兖之郊謂之扉，自關而西謂之屨。”[3]《玉篇》：“麻作謂之屨也。”[4]

① 朱熹：《詩集傳》卷 10，第 155 頁。
② 馬瑞辰：《毛詩傳箋通釋》卷 18，第 554 頁。
③ 華學誠：《揚雄方言校釋匯證》，第 319 頁。
④ 顧野王：《大廣益會玉篇》，中華書局 1987 年版，第 56 頁。

《周禮·夏官·弁師》："王之皮弁,會五采玉璂,象邸,玉笄。"鄭玄注:"璂讀如薄借綦之綦。綦,結也。"賈公彥疏:"漢時有薄借綦之語,故讀從之,亦取結義。"薄借即麻作之鞋,即不借。《釋名·釋衣服》解釋爲:"或曰不借,言賤易有,宜各自蓄之,不假借人也。"① 麻鞋因爲賤容易獲得,不需向別人借,故曰不借。

草屨即草鞋,用植物的莖皮編製。先秦文獻中,或稱之爲菲屨,也作扉。《左傳·僖公四年》:"若出於陳、鄭之間,共其資糧扉屨,其可也。"杜預注:"扉,草屨。"《釋名·釋衣服》:"齊人謂草屨曰扉。"②《漢書·刑法志》:"安有菲屨赭衣者哉!"顏師古注:"菲,草履也。"③

菅屨是用菅草編織的草鞋。《左傳·襄公十七年》記載晏嬰之父"齊晏桓子卒,晏嬰粗衰斬,苴絰帶,菅屨"。杜預注:"菅屨,草屨。"

圖 1–21　秦俑的屨

躧,字又作"屣""縰",也是草鞋的一種。《史記·蘇秦列傳》:"夫實得利,尊得所願,燕趙棄齊如脫躧矣。"④《漢書·郊祀志》:"於是天子曰:'嗟乎! 誠得如黃帝,吾視去妻子如脫屣耳!'"顏師古注:"屣,小履。脫屣者,言其便易無所顧也。"⑤《孟子·盡心上》:"舜視棄天下猶棄敝蹝也。"趙岐注:"蹝,草履。"屣是一種無繫帶和後跟而可以拖曳的草鞋,形似今日的拖鞋。《莊子·讓王》:"原憲華冠縰履。"陸德明《釋文》引《通俗文》曰:"履不著跟曰屣。"⑥統言之,鞋之無腳後跟者謂之屣。

---

① 王先謙:《釋名疏證補》卷 5,第 177 頁。
② 王先謙:《釋名疏證補》卷 5,第 177 頁。
③ 班固:《漢書》卷 23,第 1111 頁。
④ 司馬遷:《史記》卷 69,第 2270 頁。
⑤ 班固:《漢書》卷 25,第 1228、1230 頁。
⑥ 郭慶藩:《莊子集釋》卷 9 下,第 976 頁。

蹻（屩）也是草鞋的名稱。《莊子·天下》："使後世之墨者，多以裘褐爲衣，以跂蹻爲服。"成玄英疏："木曰跂，草曰蹻也。"①《史記·平原君虞卿列傳》："虞卿者，游説之士也，躡蹻擔簦説趙孝成王。"②《漢書·卜式傳》："式既爲郎，布衣草蹻而牧羊。"顏師古注："蹻，即今之鞋也，南方謂之蹻。"③《釋名·釋衣服》："屩，草履也。屩，蹻也，出行著之，蹻蹻輕便，因以爲名也。"④蓋蹻能使人邁步雙足高舉，堅牢輕便，服之便於遠行。

葛履是用葛纖維編成的鞋，介乎草、麻之間，比一般的草鞋要高級些。《詩·小雅·大東》："糾糾葛履，可以履霜。"葛履爲夏天所穿，《儀禮·士冠禮》："履，夏用葛。……冬皮履可也。"

絇履，是用粗麻繩編成的鞋。《荀子·富國篇》："布衣絇履之士誠是。"楊倞注："絇，條也，謂編麻爲之，麤繩之履也。"⑤

鞮，薄皮革製作的鞋子，皮鞋的古稱。《急就篇》卷二："靸鞮卬角褐襪巾。"顏師古注："鞮，薄革小履也。"⑥《説文·革部》："鞮，革履也。胡人履連脛，謂之絡鞮。"⑦《周禮·天官·敘官》有"鞮鞻氏"，鄭玄注："鞮讀如屨也。鞮履，四夷舞者所扉也。今時倡蹋鼓遝行者，自有扉。"鞮鞻，乃皮革製作之鞋。《方言》卷四："禪者謂之鞮。"郭璞注："今章鞮也。"⑧《釋名·釋衣服》："齊人謂草履曰扉。扉，皮也，以皮作之。"⑨

履的絇、繶、純以絲飾之，稱爲絲履。《禮記·少儀》："國家靡敝，則車不雕幾，甲不組縢，食器不刻鏤，君子不履絲屨。"孔穎達疏："絲屨謂絇繶純之屬，不以絲飾之，故云不履絲屨。"

①　郭慶藩：《莊子集釋》卷10下，第1077、1078頁。
②　司馬遷：《史記》卷76，第2370頁。
③　班固：《漢書》卷58，第2626頁。
④　王先謙：《釋名疏證補》卷5，178頁。
⑤　王先謙：《荀子集解》卷6，第196頁。
⑥　史游：《急就篇》卷2，第149頁。
⑦　段玉裁：《説文解字注》，第108頁。
⑧　華學誠：《揚雄方言校釋匯證》，第319頁。
⑨　王先謙：《釋名疏證補》卷5，第177頁。

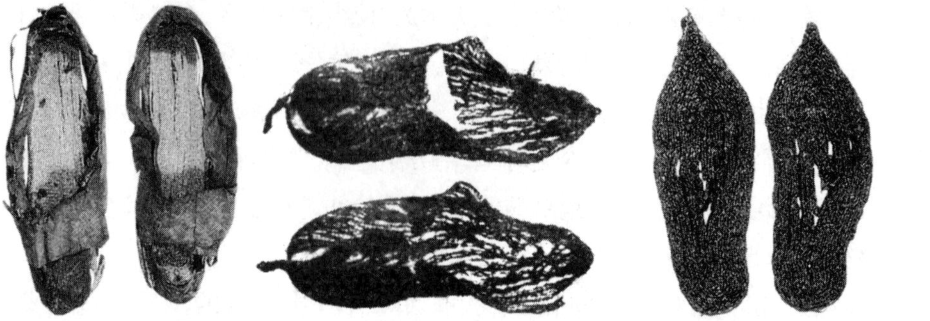

1. 錦面漆履(馬山楚墓出土)　2. 麻屨(湖北當陽金家山春秋墓 M9 出土)　3. 钩履底(河南光山春秋黄國墓出土)

4. 麻鞋(江陵九店楚墓出土)　5. 戰國長靴復原圖(遼寧瀋陽鄭家窪子出土)　6. 戰國皮鞜履

圖 1–22　出土東周時期的鞋

## 三、靴

靴,字本作鞾,是長筒或半筒的皮製之鞋。《説文新附》:“鞾,鞮屬。”[1]《釋名・釋衣服》:“鞾,跨也,兩足各以一跨騎也。本胡服,趙武靈王服之。”[2]鞾本是北方游牧民族的鞋子樣式,趙武靈王“胡服騎射”時中原地區始服之。

## 四、襪

襪子以布帛或革製作。襪,字作“韤”“韈”,從韋、革,表示襪子的製作材質是皮革。字又作“幭”。《文選・曹植〈洛神賦〉》:“陵波微步,羅韤生塵。”李善注

① 許慎:《説文解字》,第 56 頁。

② 王先謙:《釋名疏證補》卷 5,第 178 頁。

引《説文》：“韤，足衣也。”①《釋名·釋衣服》：“韤，末也，在腳末也。”②《急就篇》卷二：“靸鞮卬角褐韤巾。”顏師古注：“韤，足衣也。一曰褐，謂編枲爲韤也。”③

　　先秦韤子的形制，一説類似於後世之膝褲。《韓非子·外儲説左下》：“文王伐崇，至鳳黃虛，韤繫解，因自結。”④由此可見穿韤子時要用帶子繫上。馬縞《中華古今注》：“三代及周著角韤，以帶繫於踝。至魏文帝吳妃乃改樣以羅爲之，後加以彩繡畫，至今不易。”⑤據此説，先秦時期的韤子類似褲筒，下有繫帶，結繫於腳踝。從出土秦俑所穿履來看，韤帶應在腳後，繞而在腳踝前面拴結（圖1-21）。馬王堆一號漢墓出土兩雙韤子，形制相同，齊頭，後開口，開口處附有韤帶。兩雙都用絹縫製而成，縫在腳面和腳後側，韤底無縫（圖1-23）。⑥

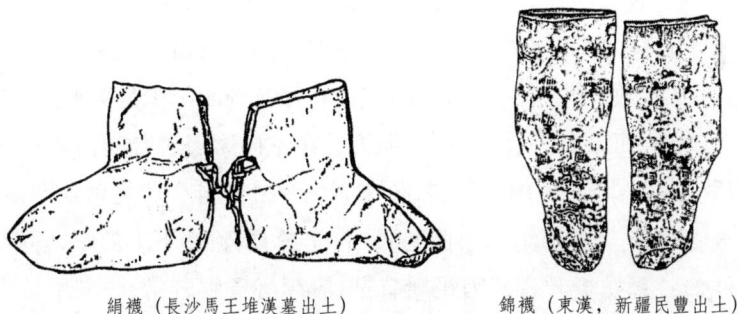

絹韤（長沙馬王堆漢墓出土）　　　錦韤（東漢，新疆民豐出土）

圖1-23　出土韤子

## 五、脱履解韤相關禮儀

　　古人在室燕居，要脱鞋入室。《莊子·寓言》説：“至舍，進盥漱巾櫛，脱履戶外，膝行而前。”⑦《莊子·列御寇》説：“無幾何而往，則戶外之履滿矣。”⑧這兩則

①　蕭統編，李善注：《文選》卷19，第899頁。
②　王先謙：《釋名疏證補》卷5，第176頁。
③　史游：《急就篇》卷2，第150頁。
④　王先慎：《韓非子集解》卷12，第321頁。
⑤　馬縞：《中華古今注》卷中，第21頁。
⑥　參見湖南省博物館等編《長沙馬王堆一號漢墓》（上），文物出版社1973年版，第69—70頁。
⑦　郭慶藩：《莊子集釋》卷9上，第962頁。
⑧　郭慶藩：《莊子集釋》卷10上，第1039頁。

記載都反映出古人進入室中要脱屨於外。《左傳·宣公十四年》:"(楚子)投袂而起,屨及於窒皇,劍及於寢門之外,車及於蒲胥之市。秋九月,楚子圍宋。"楚王到寢門口纔穿上鞋,可見在室中是脱鞋的。《吕氏春秋·至忠》記載文摯"不解屨登床","王怒而不與言"。① 文摯穿鞋入室問候君王,君王視爲是對自己的大不敬而勃然大怒。《禮記·曲禮上》規定後入者應"毋踐屨",不踐踏先入者的鞋,可見日常生活中也是入室脱鞋的。人們在室内通常是跪坐在席上,這種坐姿通常要脱鞋入座,一是爲了不弄髒席子,玷污衣服,一則是脱鞋登席入座,人也會比較舒服。

脱屨的具體規定,文獻有所記載。賓客身份匹敵者則脱鞋於室户外并放之於户外,《禮記·曲禮上》:"户外有二屨,言聞則入,言不聞則不入。"孔穎達疏云:"此謂兩人體敵,故二屨在外,知者,以《鄉飲酒》無筭爵,賓主皆降,脱屨於堂下,以體敵故也。若尊卑不同,則長者一人脱屨於户内。"身份匹敵者一并脱屨於户外;若是二人不匹敵,則長者一人脱屨於室内。按《禮記·少儀》規定:"排闔,説屨於户内者,一人而已矣。有尊長在,則否。"在室内席邊脱鞋的僅尊者一個人,其他人則户外脱鞋;若是室内有尊長,後來者則户外脱鞋。若是卑者則在堂下臺階一側隱蔽處脱鞋。②《禮記·曲禮上》:"侍坐於長者,屨不上於堂,解屨不敢當階。"鄭玄注曰:"爲妨後升者。"因爲屨有帶,脱屨必須解鞋帶,脱鞋不敢當臺階,而是於隱蔽處。

赤足不穿鞋古謂之跣。《説文·足部》:"跣,足親地也。"段玉裁注曰:"古者坐必脱屨,燕坐必褖韤,皆謂之跣。如趙盾侍候君燕,跣以下,此褖韤之跣也。如晉悼公跣而出,此不暇屨之跣也。《喪大記》主人徒跣,亦謂褖韤。"③ 此説大致正確。一般來説,脱屨謂之跣,脱韤亦謂之跣。一,脱屨猶有邪幅或韤稱爲跣,此不露體。二,解去韤或邪幅而露足,也即是赤足,稱爲徒跣。《戰國策·魏策四》:"布衣之怒,亦免冠徒跣,以頭搶地耳。"④ 此徒跣即赤足露體之跣。徒跣多用於刑罪者謝罪或喪禮時,爲極端之容。《禮記·問喪》云:"親始死,雞斯徒跣。"陳澔《禮記集説》:"徒跣,無屨而空跣也。"⑤《禮記·喪大記》:"凡主人之出也,徒跣抱袵

---

① 陳奇猷:《吕氏春秋新校釋》卷 11,上海古籍出版社 2002 年版,第 585 頁。
② 參見黃以周《禮説》卷 4,《續修四庫全書》第 112 册,第 722 頁。
③ 段玉裁:《説文解字注》,第 84 頁。
④ 繆文遠:《戰國策新校注》(修訂本)卷 25,第 803 頁。
⑤ 陳澔:《禮記集説》,萬久富整理,鳳凰出版社 2010 年版,第 440 頁。

拊心，降至西階。"此皆是赤足露肉之跣①，即徒跣，於喪禮中表示極度哀戚之情。
徒跣也是謝罪時常行之禮。據史書記載，西漢時鄧通至丞相府，免冠，徒跣，頓首
謝申屠嘉。②《漢書·匡衡傳》載："衡免冠徒跣待罪，天子使謁者詔衡冠履。"③
又《漢書·董賢傳》："（賢）詣闕免冠徒跣謝。"④皆表明待罪者謝罪時徒跣。

　　飲酒於堂上，燕坐則脫屨。《左傳·宣公二年》"遂扶以下。"孔穎達疏曰：
"禮，脫屨而升堂，降階乃納屨，堂上無屨。"此脫屨，皆不露脛足之肉。《儀禮·鄉
飲酒禮》："說屨，揖讓如初，升，坐。"鄭玄注曰："說屨者，爲安燕當坐也。"賈公彥
疏："凡堂上行禮之法，立行禮不說屨，坐則說屨。屨空則不宜陳於側，故降說屨，
然後升坐也。"據注疏，堂上站立行禮則不必脫屨，而爲安坐則脫屨。脫屨之法，
是在堂下脫屨然後升堂安坐。鄉飲酒禮，脫屨安坐之後，賓與主人酬酢皆在兩階
之間，又須降階而著屨，復升於階。酬酢之禮畢，又降而脫屨，復升於坐。古人禮
繁如此可見！禮經記載的宴飲脫屨還有，《儀禮·鄉射禮》："主人以賓揖讓，說屨
乃升。大夫及衆賓皆說屨升坐。"鄭玄注曰："說屨者，將空坐，屨褻賤，不宜在堂
也。說屨則摳衣，爲其被地。"《儀禮·燕禮》："賓反入，及卿大夫皆說屨升就席，
公以賓及卿大夫皆坐，乃安。"鄭玄注曰："凡燕坐必說屨。屨賤，不在堂也。禮者
尚敬，敬多則不親，燕安坐，相親之心。"此飲酒禮與燕飲禮都是在堂上舉行。燕
坐時脫鞋，鄭玄解釋爲"屨賤，不在堂也"。鞋子髒污有泥，恐其髒污席；而且古人
跪坐，脫去席子跪坐更方便；且飲酒禮燕坐是爲了賓客放鬆舒適，體現相親之情。

　　《說苑·辨物》："師曠至，履而上堂。平公曰：'安有人臣履而上人主堂者
乎？'師曠解履刺足，伏刺膝，仰天而歎。"⑤由此可見臣登堂當脫屨。也有人認爲
古人席地而坐，臣見君不僅要脫屨，而且兼脫其襪。《左傳·哀公二十五年》："衛
侯爲靈臺於藉圃，與諸大夫飲酒焉，褚師聲子襪而登席，公怒。辭曰："臣有疾，異
於人。若見之，君將殼之，是以不敢。"杜預注云："古者臣見君解襪。"此處記載的
是飲酒時，是否通禮，頗令人懷疑。

---

① 黃以周《禮說》認爲脫屨并去掉邪幅爲徒跣。參見《禮說》卷4，《續修四庫全書》第112冊，
　　第723頁。
② 徐天麟：《西漢會要》卷15《禮九·朝會》，中華書局1955年版，第130頁。
③ 班固：《漢書》卷81，第3345頁。
④ 班固：《漢書》卷93，第3739頁。
⑤ 向宗魯：《說苑校證》卷18，中華書局1987年版，第469頁。

　　從禮書記載來看,堂上脫屨也只是在宴飲歡會的一些特殊場合中。禮書規定,如下場合下不必脫屨登堂。

　　首先,在宗廟祭祀場合,需要穿鞋,不必脫屨。《禮記·少儀》:"凡祭於室中堂上無跣,燕則有之。"鄭玄注曰:"祭不跣者,主敬也;燕則有跣,爲歡也。"孔穎達疏曰:"凡祭於室中、堂上無跣者,凡祭,爲天子至士悉然也。跣,説屨也。"凡在堂上及室中行祭禮,都不需要脫屨。因爲在行祭禮時,將有洗飲酒器、盥洗、酌酒、獻酒等程式,如此頻繁行禮於堂上、室中,脫屨甚爲不便。又《儀禮·士虞禮》云:"尸坐不説屨。"鄭玄注:"侍神不敢燕惰也。"脫屨目的在於安燕,祭祀主敬,脫屨會顯得事神懈怠。

　　周代朝聘覲見時也可能不脫屨而登堂。閻若璩《潛邱劄記》云:"古祭不跣,所以主敬;朝不脫履,以非坐,故惟登坐,於燕飲始有跣爲歡,後則以跣爲敬,此亦古今不同處。"① 毛奇齡在《經問》中説同。② 君臣上朝不脫屨,禮書無明文,以理推之,朝主於敬而不主安,堂室之間行禮,故推測應不脫屨。③

　　脫屨後再穿鞋(納屨)也有規定。《儀禮·士相見禮》:"然後受虛爵,退坐取屨,隱辟而後屨。"《禮記·玉藻》:"禮已三爵,而油油以退,退則坐取屨,隱辟而後屨,坐左納右,坐右納左。"鄭玄注曰:"隱辟逡巡而退著屨也。"隱辟,指避於堂下隱蔽處,即"避於側"而穿屨。若左膝跪,則著右足的鞋子;若右膝跪,則穿左腳的鞋子。


## 第七節　　髮式和首飾


　　髮式和髮型在周代是辨別華夏和戎狄的重要外在依據。④《左傳·襄公二十四年》載姜氏戎言:"我諸戎飲食衣服,不與華同。"兩周時期,華夏族以頭戴

---

①　閻若璩:《潛邱劄記》,《清經解》第 1 册,第 264 頁。

②　毛奇齡:《經問》卷 1,《清經解》第 1 册,第 1227—1129 頁。

③　後世上朝脫屨爲常見現象。兩漢至三國,如蕭何、霍光、董卓、曹操、諸葛亮等人曾享有"劍履上殿、入朝不趨"的禮遇。

④　王玉哲先生總結先秦時期戎狄和華夏文化上的差異爲四端:服飾、語言、宗教信仰和社會經濟。參見其《論先秦的"戎狄"及其與華夏的關係》一文,收入《古史集林》,中華書局 2002 年版,第 382—406 頁。

冠、髮著笄爲風俗，即所謂的“中國冠笄”；而四方的戎狄，則或披髮①，或斷髮，“斷髮文身”，與諸夏顯著不同。

## 一、兒童髮式

### 髦

頭髮下垂至眉的一種髮式。《詩·鄘風·柏舟》：“髧彼兩髦。”毛傳：“髦者，髮至眉，子事父母之飾。”孔穎達疏：“言兩者，以象幼時鬌，則知鬌以挾囟，故兩髦也。”《儀禮·既夕禮》：“既殯，主人説髦。”鄭玄注：“兒生三月，剪髮爲鬌，男角女羈，否則男左女右，長大猶爲飾存之，謂之髦，所以順父母幼少之心。至此，喪無飾可以去之。髦之形象未聞。”《禮記·内則》：“拂髦。”鄭玄注：“髦用髮爲之，象幼時鬌，其制未聞。”《左傳·昭公九年》：“豈如弁髦而因以敝之。”杜預注：“童子垂髦始冠，必三加冠，成禮而棄其始冠，故言弁髦因以敝之。”《禮記·喪大記》：“主人袒，説髦。”孔穎達疏：“髦，幼時翦髮爲之，至年長則垂著兩邊，明人子事親，恒有孺子之義也。若父死説左髦，母死説右髦，二親并死則并説之，親没不髦是也。”據上引注疏之説，童子髮式是總角，有較短的餘髮未能編入髮髻，而是垂於兩旁，成人後仍然存之，稱爲髦。髦象徵承順父母之孝心，爲子事父母之飾。父母健在，髦一直留而不剪。若父親過世則去左髦，母親去世則去右髦，父母皆去世則全去之。髦的形象不詳。

### 總角

兒童束髮爲兩結，向上分開，形狀如角，故名總角，後世稱爲丫角、丫髻。《詩·齊風·甫田》：“婉兮孌兮，總角丱兮。”毛傳：“總角，聚兩髦也。丱，幼稚也。”鄭玄箋：“總角，聚兩髦也。”孔穎達疏：“總角聚兩髦，言總聚其髦以爲兩角也。”馬瑞辰《毛詩傳箋通釋》認爲，丱字原當作“丱”，像未成年人梳成角形的髮式。②《禮記·内則》：“男角女羈。”鄭玄注：“夾囟曰角。”孔穎達疏：“夾囟，兩旁當角之處，留髮不翦。”總角不用笄，直結爲髮，聚之爲兩角。

安陽殷墟婦好墓出土的玉雕兒童像（圖1–26），洛陽西郊出土的雙丫角騎獸

---

① 《左傳·僖公二十二年》：“辛有適伊川，見被髮而祭於野者曰：‘不及百年，此其戎乎！其禮先亡矣。’”

② 馬瑞辰：《毛詩傳箋通釋》卷9，第307—308頁。

玉雕兒童像,頭上皆有總角(圖1-24)。[1]

圖1-24　戰國人像髮式(洛陽出土)

羈

　　女孩的一種髮式。《禮記·內則》:"翦髮爲鬌,男角女羈。"鄭玄注:"午達曰羈。"孔穎達疏:"一從一橫曰午。今女翦髮,留其頂上縱橫各一,相交通達,故云午達。"《穀梁傳·昭公十九年》:"羈貫成童。"范甯注曰:"羈貫,謂交午翦髮爲飾。"此髮型,大概是頭頂上留有頭髮縱橫各一縷,成十字形交錯。

---

[1]　沈從文:《中國古代服飾研究》,第91—92頁。

## 二、成人髮式

兩周時期的男女髮型主要有髮髻、束髮、編髮、剪髮、斷髮等幾種類型（圖1–25）。其中盤髮成髻是周人的主要髮型，而編髮、斷髮、剪髮等主要流行於少數民族地區。

*披髮與斷髮*

披髮亦稱散髮，指將頭髮留下，修剪成一定形狀，但不借助任何工具，自然下披。披髮常見有三種形式：一種是短披髮，即髮長在脖子以上；一種是中長披髮，即髮長至於肩上；一種是長披髮，即髮長至肩下到腰部，甚至更長。

甘肅馬家窯文化半山類型中有一件彩陶人形器蓋，其髮式是"腦後平齊不及頸"，類似於今天的齊耳短髮。[①] 茹家莊一號車馬坑出土有一件青銅車飾，其上的人物形象即留有向後的長髮[②]；晉侯墓地 M63：90—15 出土的玉人像也有披散於兩肩的長髮。[③]

華夏周邊的戎狄民族盛行長髮披肩。《禮記·王制》曰："東方曰夷，被髮文身，……西方曰戎，被髮衣皮。"《左傳·僖公二十二年》記載平王之東遷後，"辛有適伊川，見被髮而祭於野者，曰：'不及百年，此其戎乎！其禮先亡矣。'"可證披髮爲西北民族之俗。《論語·憲問》載孔子説當時的東夷人是"被髮左衽"，《韓非子·説林》同樣有"越人被髮"[④] 的説法，《淮南子·原道訓》中也説古越族"民人被髮文身，以像鱗蟲"[⑤]。

剪割短髮，古稱斷髮，南方民族中較爲流行。《漢書·地理志》有越人"文身斷髮"的記載[⑥]，《淮南子·齊俗訓》亦有"越人斷髮"的記載[⑦]。

---

① 沈從文：《中國古代服飾研究》，第 22 頁。

② 盧連成、胡智生：《寶雞强國墓地》圖二七二，文物出版社 1988 年版，第 403 頁。

③ 山西省考古研究所、北京大學考古學系：《天馬—曲村遺址北趙晉侯墓地第四次發掘》圖二六：1，《文物》1994 年第 8 期。

④ 王先慎：《韓非子集解》卷 7，第 193 頁。

⑤ 劉文典：《淮南鴻烈集解》卷 1，第 19 頁。

⑥ 班固：《漢書》卷 28 下，第 1669 頁。

⑦ 劉文典：《淮南鴻烈集解》卷 11，第 355 頁。

1. 北窯 M451 人形轄　　　　2. 晉侯墓地 M63：90—15 玉人　　　　3. 何東收藏戰國玉人

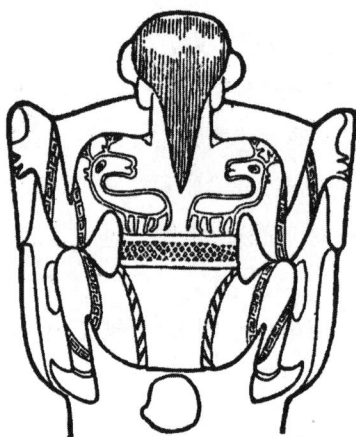

4. 茹家莊一號車馬坑車飾　　　5. 包山二號楚墓木俑　　　6. 馬山楚墓 2 號彩繪木俑

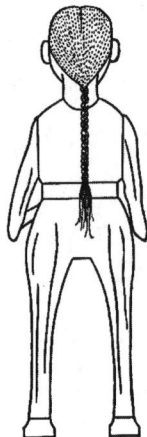

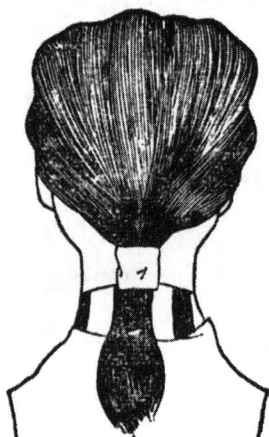

圖 1–25　考古資料所見的髮型

束髮

束髮是將頭髮後攏，然後用束帶捆紮後將頭髮在頸部固定，頭髮自然垂落於後。

何東爵士（Sir Joseph Hotung）收藏一件戰國玉人像不僅有披散的髮型，其腦後垂髮上還有明顯的束髮之帶。① 類似的束髮帶也見於江陵馬山一號楚墓出土的 2 號彩繪木俑，頭髮後梳，髮髻均用束帶捆紮而後自然垂落。②

編髮

所謂編髮，即將頭髮編成髮辮。甲骨文"奚"字作：

合 734　　正合 734　　正合 19770　　合 19771　　合 32126

于省吾先生認爲此字像編髮之形。③ 編髮的方式，或者是先將全部頭髮中分，兩側各編一條髮辮；或者是將全部頭髮編成二條以上的辮子。

從考古資料來看，新石器時代晚期即有編髮。青海大通縣上孫家寨出土的舞蹈紋陶盆上即繪有梳著髮辮的舞蹈者。④ 商周時期，這種髮型主要流行於西北地區。

結髮盤髻

盤髻是將頭髮歸攏在一起，於頭頂、頭側或腦後盤繞成髻。髻的發展經歷了三個階段。一爲挽髮成髻，頭髮自行纏繞，沒有束髮的頭飾；二爲以繩束髮成髻；三爲以笄貫髮成髻。束髮盤結使用有纚、總等絲織物。

束髮之帛稱爲纚，字又作"縰"，是一塊整幅帛。《説文·系部》："纚，冠織也。"段玉裁注："冠織者，爲冠而設之織成也。凡繒布不須剪裁而成者謂之織成。……是以纚韜髮而後冠也。此纚蓋織成，緇帛廣二尺二寸、長只六尺，不

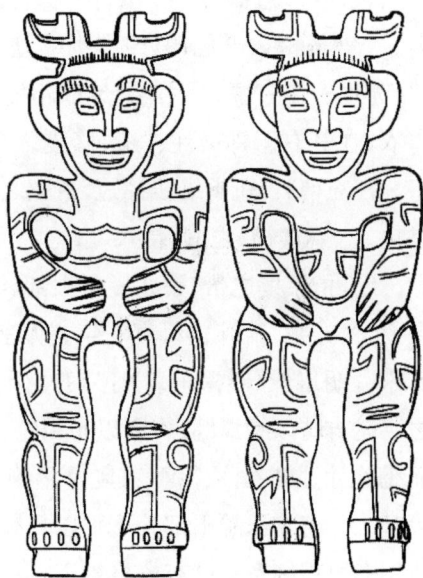

圖 1–26　殷墟出土玉人像（總角髮式）

---

① 轉引自孫慶偉《周代用玉制度研究》，上海古籍出版社 2008 年版，第 147 頁。
② 湖北省荆州地區博物館：《江陵馬山一號楚墓》，第 17、81 頁，圖 66。
③ 于省吾：《甲骨文字釋林》，中華書局 1979 年版，第 65—66 頁。
④ 沈從文：《中國古代服飾研究》，第 21 頁。

圖 1-27　黄夫人孟姬髮型復原示意圖

待翦裁,故曰冠織。"①《釋名·釋首飾》:"纚,以韜髮者也。以纚爲之,因以爲名。"②《儀禮·士冠禮》曰:"緇纚,廣終幅,長六尺。"鄭玄注:"纚,今之幘梁也。終,充也。纚一幅,長六尺,足以韜髮而結之矣。"《儀禮·士昏禮》:"姆纚、笄、宵衣,在其右。"鄭玄注:"纚,條髮。笄,今時簪也。纚亦廣充幅,長六尺。"《漢書·江充傳》:"冠禪纚步搖冠,飛翮之纓。"顏師古注:"纚,織絲爲之,即今方目紗是也。"③《儀禮》之纚,長六尺,寬一尺二寸。

　　總,指束髮之帶,繫在髮髻根部,餘下部分下垂。《儀禮·喪服》:"女子子在室爲父,布總、箭笄、髽,衰三年。"鄭玄注:"總,束髮。謂之總者,既束其本,又總其末。"胡培翬《儀禮正義》:"案《內則》注亦云:'總,束髮。'孔疏:'總,裂練繒爲之。'是吉時以繒爲總,喪則以布爲總也。"④《禮記·檀弓上》:"蓋榛以爲笄,長尺而總八寸。"鄭玄注:"總,束髮垂爲飾,齊衰之總八寸。"總是一帶子,將頭髮用總束起來并將帶子餘下部分下垂以爲裝飾。總平常以絲帛爲之,喪禮則用布爲之,所用布帛粗細及長度有嚴格規定。

　　據上引《禮記·內則》以及注疏,梳髮的大致程序,首先是先用梳子梳髮盤爲髮髻,然後以纚裹髮,如此則髮髻包在纚內而不外露;次之將笄插入頭髮以固定

① 段玉裁:《説文解字注》,第 652 頁。
② 王先謙:《釋名疏證補》卷 4,第 158 頁。
③ 班固:《漢書》卷 45,第 2166、2177 頁。
④ 胡培翬:《儀禮正義》卷 21,第 1374 頁。

髮髻與纚，最後用緫在髮根處束結，緫的多餘部分垂下爲飾。①

　　考古材料也表明周代婦女梳髮盤髮髻之俗（圖1–28）。平頂山應國墓地M50出土的甸鴨銅盉，器蓋和器柄連以一銅人，其"髮絲細密且梳理整齊，頭頂高綰髮髻"②。黃君孟夫婦墓黃君孟夫人孟姬梳偏左高髻，髻上插有木笄兩件，其中一件還帶有玉質笄頭③；江陵九店楚墓M410女性墓主也留有圓髻，髻上則橫貫木笄一支。④湖南長沙陳家大山楚墓出土帛畫上的婦女，腦後梳椎髻。

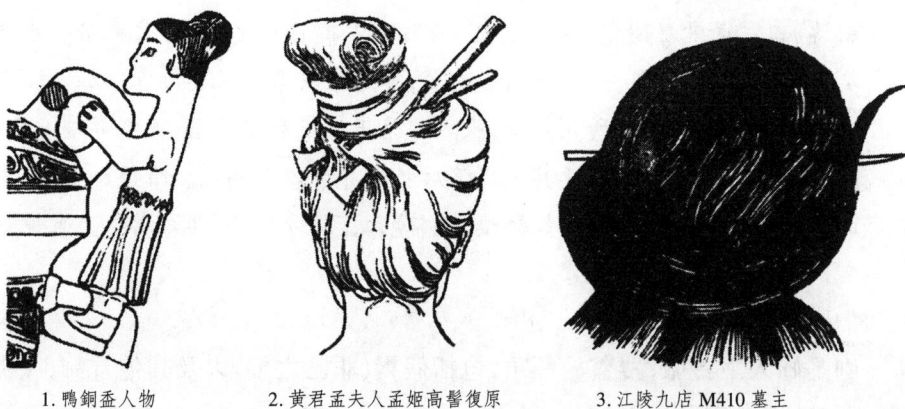

1.鴨銅盉人物　　　2.黃君孟夫人孟姬高髻復原　　　3.江陵九店M410墓主

**圖1–28　周代髮髻**

　　根據考古材料，先秦時結髮主要有三種形式，一種是在腦後梳結成一下垂的髮髻，這一髮式主要流行於殷周時期。安陽殷墟婦好墓出土有圓錐孔雀石人（377號），就是在腦後梳成一下垂的髮髻，上下有相通小孔，可能是用以插笄，髮髻上有一半圓形飾物。第二種是在頭頂梳攏成一個上翹的單髻，或稱之爲高髻，也有學者稱之爲椎髻。盤髻成椎狀者稱椎髻，又稱椎結，意爲將頭髮結成椎形的髻，《漢書·陸賈傳》："賈至，尉佗魋結箕踞見賈。"顏師古注曰："椎髻者，一撮

① 參見宋綿初：《釋服》，《續修四庫全書》第108册，第682頁。
② 王龍正等：《甸鴨銅盉與覿聘禮》，《文物》1998年第4期，第88頁。
③ 信陽地區文管會等：《春秋早期黃君孟夫婦墓發掘報告》，《考古》1984年第4期，第308頁。
④ 湖北省文物考古研究所：《江陵九店東周墓》圖88，科學出版社1995年版，第128頁。

之髻,其形如椎。"①其法是"梳髻挽於腦後,在髻的中間用巾繫住,使髻穩固而上翹"②。第三種是在頭頂梳攏成兩個上翹雙髻。如安陽婦好墓玉人頭像(第576號標本),即梳有左右雙髻。③

假髮

《周禮·天官》載追師一職"掌王后之首服,爲副、編、次,追衡笄",鄭玄注云:

> 鄭司農云:"追,冠名。《士冠禮記》曰:'委貌,周道也。章甫,殷道也。母追,夏后氏之道也。'追師,掌冠冕之官,故并主王后之道服。副者,婦人之首服。《祭統》曰:'君卷冕立於阼,夫人副褘立於東房。'衡,維持冠者。《春秋傳》曰:'衡紞紘綖。'"玄謂副之言覆,所以覆首爲之飾,其遺象若今步繇矣,服之以從王祭祀。編,編列髮爲之,其遺象若今假紒矣,服之以告桑也。次,次第髮長短爲之,所謂髲髢,服之以見王。王后之燕居,亦纚笄總而已。追猶治也。《詩》曰:"追琢其璋。"王后之衡笄皆以玉爲之。唯祭服有衡,垂於副之兩旁,當耳,其下以紞縣瑱。《詩》云:"玼兮玼兮,其之翟也。鬒髮如雲,不屑髢也。"是之謂也。

這裏的副、編、次、衡笄即是女子頭飾。

副是婦人之首服,覆蓋於頭頂,包括假髮(非己之髮)以及其他首飾。《釋名·釋首飾》:"王后首飾曰副。副,覆也,以覆首。亦言副貳也,兼用衆物成其飾也。"④《詩·鄘風》:"君子偕老,副笄六珈",毛傳:"副者,后、夫人之首飾,編髮爲之。笄,衡笄也。珈笄,飾之最盛者,所以別尊卑。"鄭玄箋釋爲"副即笄而加飾,如今步搖上飾"。步搖是婦女附在簪釵上的一種首飾,行步則搖動,故名步搖。《釋名·釋首飾》:"步搖,上有垂珠,步則搖動也。"⑤《後漢書·輿服志下》:"步搖以黃金爲山題,貫白珠爲桂枝相繆,一爵九華,熊、虎、赤羆、天鹿、辟邪、南山豐大特六獸,《詩》所謂'副笄六珈'者。"⑥可見副是編髮而成的髮髻,上加有珈、笄等飾物。王念孫《廣雅疏證》卷七云:"副之異於編、次者,副有衡笄六珈以爲飾,而

---

① 班固:《漢書》卷43,第2111頁。
② 熊傳新:《長沙出土楚服飾淺析》,《湖南考古輯刊》第2輯,第130頁。
③ 王方:《東周女性髮型髮飾初論》,《考古與文物》2011年第3期,第46—57頁。
④ 王先謙:《釋名疏證補》卷4,第160頁。
⑤ 王先謙:《釋名疏證補》卷4,第160頁。
⑥ 范曄:《後漢書·輿服志下》,第3676—3677頁。

編、次無之。其實副與編、次皆取他人之髮合己髮以爲結，則皆是假結也。"① 副包括假髮編成的假髻、笄以及其他裝飾物，則它是首上飾物之總稱，後代的"花釵大笄"是其遺制。②

編，屬於一種無飾假髮。《釋名·釋首飾》："編，編髮爲之也。"③ 編是將假髮編結起來成髻。

次，把頭髮編次成參差不齊的髮髻，屬於一種用假髮與自己的真髮合編起來的髻。據上引鄭玄注，次亦名髲、髢。《儀禮·士昏禮》："女次純衣纁袡。"鄭玄注："次，首飾也，今時髲也。"《說文·髟部》："髲，益髮也。""髢，髲也。"④《廣雅·釋器》："髢謂之髲。"⑤《釋名·釋首飾》："髲，被也，髮少者得以被助其髮也。髢，剔也，剔刑人之髮爲之也。"⑥ 髲即假髮。各本或作"髢"。《詩·鄘風·君子偕老》云："鬒髮如雲，不屑髢也。"鄭玄箋："髢，髲也。"孔穎達疏："言己髮少，聚他人髮益之。"朱熹《集傳》釋曰："人髮少則以髢益之，髮自美則不潔於髢而用之矣。"⑦ 髢即假髮。周代貴族婦女或將受髡刑者或下層民衆的頭髮和自己的頭髮編成紒。《左傳·哀公十七年》記載："初，公自城上見己氏之妻髮美，使髡之，以爲呂姜髢。"杜預注："髢，髮也。"衛莊公見呂氏之妻的長髮很美，就令其剪下長髮，給他的夫人呂姜製成假髮，稱爲"呂姜髢"。

婦人另有首飾名被。《詩·召南·采蘩》："被之僮僮，夙夜在公。"毛傳："被，首飾也。"鄭玄箋云："《禮記》：主婦髲髢。"孔穎達疏："被是《少牢》之髲髢，同物而異名耳。"鄭玄認爲次即髲，即被。《儀禮·少牢饋食禮》云："主婦贊者一人亦被錫，移衣袂。"鄭玄注："被錫，讀爲髲髢。古者或剔賤者刑者之髮，以被婦人之紒爲飾，因名髲髢焉。此《周禮》所謂次也。"鄭玄認爲《詩經》之"被"即《周禮》之"次"，即《儀禮》之"被錫"，即髲髢。

---

① 王念孫：《廣雅疏證》卷 7 下，第 230 頁。
② 黃能馥：《中國服裝史》，中國旅游出版社 1995 年版，第 100 頁。
③ 王先謙：《釋名疏證補》卷 4，第 160 頁。
④ 段玉裁：《說文解字注》，第 427 頁。
⑤ 王念孫：《廣雅疏證》卷 7，第 235 頁。
⑥ 王先謙：《釋名疏證補》卷 4，第 161 頁。
⑦ 朱熹：《詩集傳》卷 3，第 39 頁。

被是一種假髮,段玉裁《説文解字注》説:"髲字不見於經傳,假被字爲之。"[①] 被即髲鬄。但《周禮·天官·追師》之次是否即《詩經》之被,戴震、金榜等皆反對 鄭玄的説法,主張被與次并非是一物,孫詒讓、黃以周、陳奂等從之。[②]

綜上,據禮,婦人服笄總之後,分別加副、編、次於首上爲飾。副、編、次是三 種不同形制的假髮,副是取假髮合己髮編成的假髻,其特徵是上有笄,笄上另加 玉飾,是飾物之最盛者;編,是以別人之髮編作髮髻,加於首上;次,是鬄他髮與己 髮相合編成的髮髻。

包山二號楚墓出土假髮 1 件 15 束(圖 1–29–1)[③],江陵馬山一號楚墓墓主 的真髮之下也連接有一束長約 40 厘米的假髮[④];長沙 M569 等多座楚墓則出土 股式或盤桓髻的假髮。[⑤] 河南密縣打虎亭漢墓壁畫所繪的女性也頭縮假髻(1– 29–3),髻上插六枚髮笄,兩旁另有飾物下垂,正可作爲"副笄六珈"的圖解;而假 髮髻之下又有横貫的一笄,當是用於安髮的笄。[⑥]

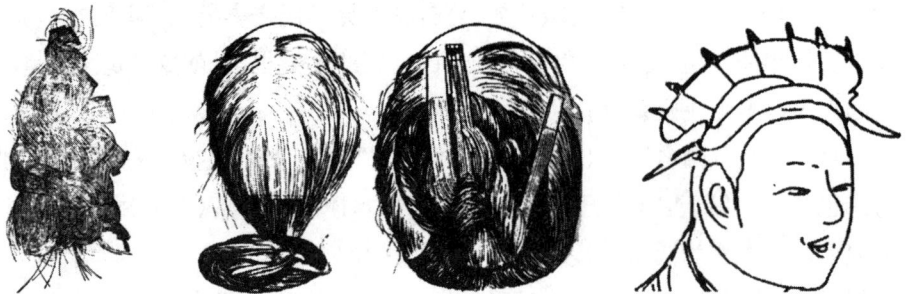

1. 包山 M2 出土假髮　　2. 馬王堆一號漢墓墓主的假髮和髮笄　　3. 打虎亭漢墓壁畫所繪假髮和髮笄

圖 1–29　假髮和髮笄

① 段玉裁:《説文解字注》,第 427 頁。
② 參見《周禮正義》卷 16,第 612—613 頁。黃以周《禮書通故·衣服通故》,第 173 頁;陳奂: 《詩毛氏傳疏》,《清經解續編》第 11 册,第 3992 頁;當代學者另有異説,參見叢文俊《〈詩 經〉"副笄六珈"古義鈎沉》,《安徽大學學報》1998 年第 3 期,第 53—56 頁。
③ 湖北省荆沙鐵路考古隊:《包山楚墓》,文物出版社 1991 年版,第 261 頁。
④ 湖北省荆州地區博物館:《江陵馬山一號楚墓》,第 17 頁。
⑤ 湖南省博物館等:《長沙楚墓》,第 536 頁。
⑥ 河南省文物研究所:《密縣打虎亭漢墓》圖 51,文物出版社 1993 年版,第 72 頁。

### 三、首飾

笄

笄是用來簪插頭髮和連冠用的飾物，是男女均用的髮飾。先秦時叫笄，漢以後叫簪。《儀禮·士冠禮》：“皮弁笄、爵弁笄。”鄭玄注：“笄，今謂之簪。”

周代的笄有兩類：一類是安髮之笄，一類是用來固冠之笄。《儀禮·士喪禮》：“櫛，設笄。”賈公彥疏：“凡笄有二種：一是安髮之笄，男子、婦人俱有。……一是爲冠笄、皮弁笄、爵弁笄，唯男子有婦人無也。”此外，女子的副、編、次上亦插有笄。

縮髮之笄男女皆有。《儀禮·士冠禮》記載士的加冠禮：“賓揖之，即筵坐，櫛設笄。”這是言男子之笄。《儀禮·士昏禮》載女子之笄曰：“姆纚笄宵衣，在其右。”《儀禮·士昏禮》記載女子有笄禮：“女子許嫁，笄而禮之。”《禮記·內則》云：“子事父母，雞初鳴，咸盥漱，櫛、縰、笄、總。”又曰：“婦事舅姑，如事父母，雞初鳴，咸盥漱，櫛、縰、總。”這些文獻均表明男女皆用笄。

據髮笄的使用場合不同，笄又可分爲吉禮時用的吉笄和喪禮所用之惡笄。吉笄有首，笄首有飾，而惡笄不使用裝飾；吉笄通常用象牙爲之，稱爲象笄，位尊者用玉，位卑者用骨。《儀禮·喪服》載：“吉笄者，象笄也。”又云：“吉笄尺二寸。”惡笄的製作材料較爲複雜，常見有桑木、榛木、理木及蓧竹等。

斬衰之喪用一種小竹做的笄，名箭笄。《禮記·喪服小記》：“箭笄終喪三年，齊衰三月，與大功同者繩屨。”《儀禮·喪服》：“布總，箭笄，髽，衰，三年。”鄭玄注：“箭笄，筱竹也。”笄用筱竹製作，曰箭笄。箭是一種竹名，細小而勁實，可作箭杆。《說文·竹部》：“箭，矢竹也。”王筠《句讀》：“《眾經音義》：箭，矢竹也。大身小葉曰竹，小身大葉曰箭。”[1]湖北雲夢睡虎地9號墓出土的一件箭笄，以五根纖細的竹針合併組成，合粗約0.8厘米，頂端包有一段銅頭。[2]

齊衰之喪用櫛笄，以白理木或榛木爲之，笄上有齒數枚，笄首施以鏤刻，因形如櫛具，故名櫛笄。《儀禮·喪服》：“惡笄者，櫛笄也。折笄首者，折吉笄之首也。”鄭玄注：“櫛笄者，以櫛之木爲笄，或曰榛笄。有首者，若今時刻鏤摘頭矣。”

---

① 丁福保：《說文解字詁林》，第1908頁。
② 雲夢睡虎地秦墓編寫組：《雲夢睡虎地秦墓》圖版10，文物出版社1981年版，第59頁。

普通喪笄用桑木，取"桑"之音同"喪"。《儀禮·士喪禮》："鬠笄用桑，長四寸，
纋中。""纋中"，賈公彥疏解釋爲："纋，笄之中央以安髮者，兩頭闊，中央狹，則於
髮安，故云安髮也。"這種笄中央狹，兩頭粗，便於安髮。

男子固定冠冕之笄稱爲衡笄，亦單稱之爲衡，其功能是將髮髻、冠冕或冠飾
連在一起。金鶚《笄瑱考》説："固冠之笄謂之衡笄，衡之言横也，横之於首也。"①
《儀禮·士冠禮》："皮弁笄，爵弁笄。"冠笄的用法大概是從外穿紐入冠梁，貫纚與
髮，從而使冠牢固。

婦人的首上亦有衡笄。《周禮·天官》追師職"掌王后之首服，爲副、編、
次、追衡笄"，賈公彥疏云："追，治玉石之名。謂治玉爲衡笄也。"孫詒讓《周禮
正義》説："女子副編次而著笄，猶男子冕弁而著笄，故女子雖不冠而不害其有衡
笄也。"② 女子衡笄乃首飾之笄，用以固定副、編、次等飾物，亦爲裝飾之用。又
《詩·鄘風·君子偕老》云："君子偕老，副笄六珈。"毛傳："副者，后夫人之首飾，
編髮爲之。笄，衡笄也。珈，飾之最盛者，所以别尊卑。"鄭玄箋："珈之言加也。
副既笄而加飾，如今步搖上飾。"孔穎達《正義》："言珈者，以玉加於笄爲飾。"《國
語·楚語上》："吾有妾而願，欲笄之，其可乎?"韋昭注："笄，内子首飾衡笄也。"③
婦人衡笄上加有玉石等作爲裝飾，插於假髻上。這種笄上加玉石飾物的方式，可
據考古發現以見一斑。黄君孟夫婦墓女性墓主髮髻上保留有二件木笄，上有玉
堵，頭骨下散落有 102 件玉飾，④ 極可能爲笄的飾件。

笄的基本造型爲長條形，一端尖鋭，用於插入髮中，另一端較粗，露於髮冠之
外，上常雕成動物、花瓣等各種形狀。笄可分爲笄身和笄首兩部分，笄身是笄的
實用部分，多是圓錐形的，方錐形的較少。笄身有通體素面和雕刻紋飾兩種類
型。笄首是笄的裝飾部分，一般都把笄首刻成笠帽形、圓球形或方鏟形，複雜的
笄，有琢成鳥獸形或花朵形的。笄的長短和形狀各不相同，一般來説，長笄用於
固定冠冕，短笄用於縮髮。

考古出土的笄較多(圖 1–30)，材質有石、竹、木、蚌、玉、骨、銅、金等。尤其

---

① 金鶚：《求古録禮説》卷 12《笄瑱考》，《續修四庫全書》第 110 册，第 394 頁。
② 孫詒讓：《周禮正義》卷 16，第 609 頁。
③ 徐元誥：《國語集解》，第 506 頁。
④ 河南信陽地區文管會等：《春秋早期黄君孟夫婦墓發掘報告》，《考古》1984 年第 4 期，第
308 頁。

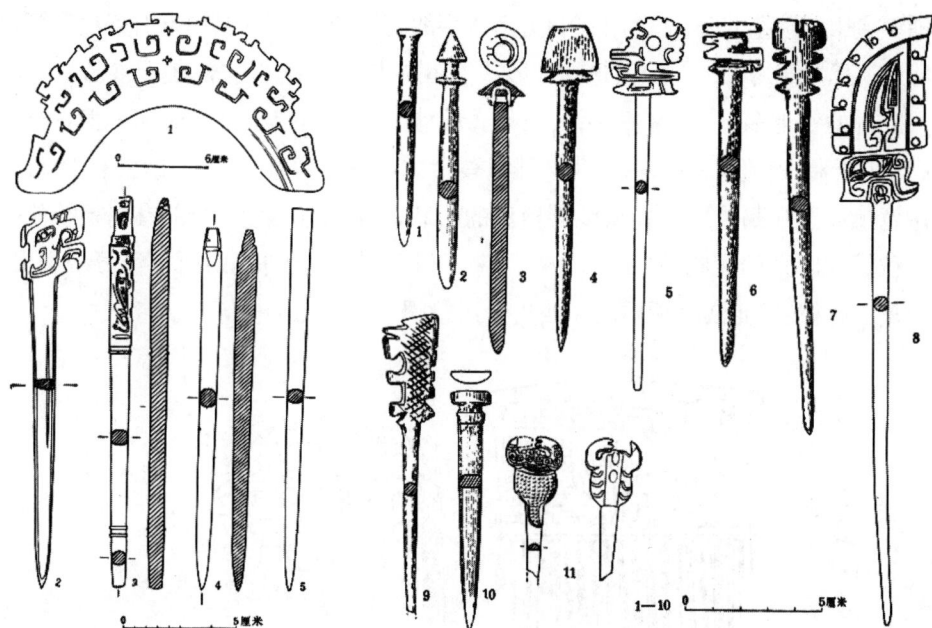

圖 1–30　出土笄（左，骨笄；右，玉笄，殷墟出土，《殷墟的發現與研究》）

西周時期的骨笄更爲豐富，張家坡墓地出土多件骨笄，有的爲扁圓形，頂端雕刻扉牙，有的爲圓形，頂部作釘頭形，有的作棱形，有的在頂端加有笄帽。[1] 春秋戰國時期則出現了金、玉、象牙等材質製作的笄，并逐漸成爲簪。江陵九店東周墓出土有三件多齒笄，一件出土時插在髮髻上，由一塊竹片削爲三齒，齒長 14.1 厘米，寬 0.15 厘米，通體光素，長 16.1 厘米，寬 1 厘米，厚 0.2 厘米。[2]

櫛

櫛是梳、篦的統稱，《説文·木部》：“櫛，梳比之總名也。”王筠《句讀》：“櫛，此謂漢時曰梳曰比者，周秦統謂之櫛也。”[3]《詩·周頌·良耜》：“其崇如墉，其比如櫛。”朱熹《集傳》：“櫛，理髮器，言密也。”[4] 段玉裁《説文解字注》曰：“疏者爲梳，密者爲比。”[5] 比，即篦。包山簡遣册有椰，《整理》考釋云：“椰”，讀如“櫛”，梳篦的總

---

① 中國社會科學院考古研究所：《張家坡西周墓地》，中國大百科全書出版社 1999 年版，第 323 頁。

② 湖北省文物考古研究所：《江陵九店東周墓》，科學出版社 1995 年版，第 128 頁。

③ 丁福保：《説文解字詁林》，第 2532 頁。

④ 朱熹：《詩集傳》卷 19，第 312 頁。

⑤ 段玉裁：《説文解字注》，第 258 頁。

稱。包山 2 號墓北室出土 1 件"長方形人字紋笥"(2：433),其内盛有二梳二篦,即遣册簡所記之櫛。[①] 梳與篦的外形基本相同,區别是篦子齒密,梳子齒疏。

櫛的質地多樣,有木、角、骨、玉等。殷墟婦好墓内出土有玉梳和玉篦:玉梳高 7.1 厘米,齒疏有 8 枚,梳子背部雕以饕餮紋;玉篦,高 10.4 厘米,齒密有 15 枚,篦背雕以雙鸚鵡紋。[②] 春秋戰國梳篦的形狀,背部呈圓弧形,身部有對稱紋飾。春秋戰國時期的實物(圖 1–31),有河南淅川春秋墓的玉梳、山西長治分水嶺春秋墓的竹梳、湖北江陵拍馬山和四川青川戰國墓出土的木梳等。

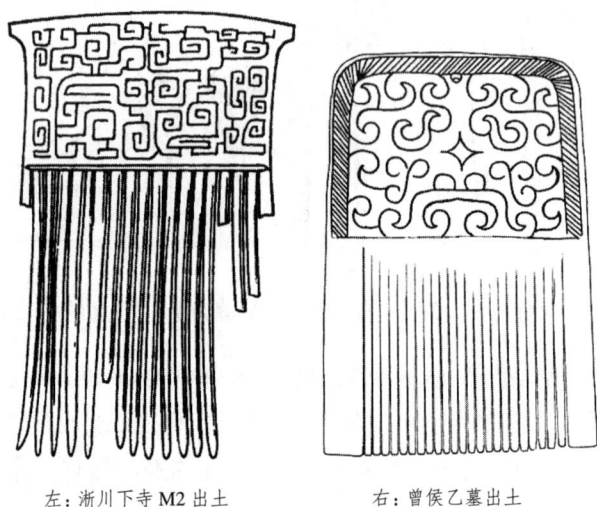

左：淅川下寺 M2 出土　　　右：曾侯乙墓出土

圖 1–31　玉梳篦

掃

搔頭的簪,可以爲首飾。《詩·鄘風·君子偕老》:"玉之瑱也,象之掃也。"毛傳:"掃,所以摘髮也。"孔穎達疏:"以象骨搔首,因以爲飾,名之掃。"馬瑞辰《傳箋通釋》云:"蓋掃本以搔髮,後兼用以固冠弁也。"[③]《詩·魏風·葛屨》云:"佩其象掃。"毛傳:"象掃,所以爲飾。"象掃是以象牙製作的簪子,可以搔首并以爲飾。

---

① 湖北省荆沙鐵路考古隊:《包山楚簡》,第 61 頁。
② 中國社會科學院考古研究所:《殷墟的發現與研究》,第 338 頁。
③ 馬瑞辰:《毛詩傳箋通釋》卷 5,第 174 頁。

馬王堆一號漢墓女性墓主"真髮稀疏，黃黑色，無白髮。真髮下半部綴連假髮，作盤髻式。髮髻上插梳形笄三支。分別爲玳瑁質、角質和竹質……竹笄繫用竹籤20 支，分三束，再在距頂端 1.7 厘米處用絲線纏紮而成"①。孫機先生認爲此件梳形笄是《詩・君子偕老》所謂"象之揥也"的揥，具有搔髮和會髮的雙重功能。②

## 第八節　佩飾

古代經學家將禮書中的佩飾分爲禮儀性質的德佩與實際用途的事佩兩類。《禮記・玉藻》："君在不佩玉，左結佩，右設佩。"鄭玄注："出所處而君在焉，則去德佩而設事佩，辟德而示即事也。"事佩所指，《禮記・內則》有"左佩紛帨、刀、礪、小觹、金燧，右佩玦、捍、管、遰、大觹、木燧"。事佩是實用性的腰佩。玉璧、玉珩、玉璜、玉玦等佩玉象徵君子德行，故稱德佩。無論是德佩抑或事佩，皆屬於成年人的佩飾，童子則不可佩戴。如《禮記・內則》記載周代男女未冠笄成人，則衿纓僅佩容臭而已，不能佩戴玉佩等物。《詩・衛風・芄蘭》記載惠公驕橫而無禮，故譏以童子佩觹，童子佩韘，言無成人之德而服成人之佩，此亦可見觹韘等物爲成人之佩。

### 一、事佩

#### 觹

解結的用具，其形如錐，用獸骨、玉等製成，也用作佩飾。《詩・衛風・芄蘭》："芄蘭之支，童子佩觹。"朱熹《集傳》："觹，錐也，以象骨爲之，所以解結。"③《禮記・內則》："左佩紛帨、刀、礪、小觹、金燧。"鄭玄注："觹，貌如錐，以象骨爲之。"觹最初以象牙或牛角製成，故字形從角，後來也用玉石製作。

上古之時，人們有佩戴獸角或獸牙的習俗，④并作爲解結帶的工具。《説

---

① 湖南省博物館等：《長沙馬王堆一號漢墓》圖 29，第 28 頁。

② 孫機：《漢代物質文化資料圖説》（增訂本），上海古籍出版社 2005 年版，第 283 頁。

③ 朱熹：《詩集傳》卷 3，第 51 頁。

④ 考古發現有隨葬獸牙、牙器、骨器現象。參見中國社會科學院考古研究所：《中國考古學・新石器時代卷》，第 304 頁。

文·角部》釋觿:"佩角鋭耑,可以解結。"[1] 觿角的尖部可以解結。觿使用完畢,一般多將其佩於腰際,於是便演變成一種佩飾,不分男女均可繫佩於腰間。《禮記·內則》:"子事父母,左佩小觿,右佩大觿。"

周代,一些末端不甚尖鋭,或者紋飾繁雜、雕琢精緻的觿,已經不再具有實用的解結功能,乃是供玩賞的佩器。而且,這些佩飾還被賦予了象徵意義。如劉向《說苑·修文》云:"能治煩決亂者佩觿,能射御者佩鞢。"[2] 觿象徵成年人具有治事決斷的含義。

考古出土的觿大多以玉石製成(圖1–32),最早的是新石器時代出土的玉觿。江蘇吳縣張陵山良渚文化遺址出土的玉觿呈扁平角狀,兩端以透雕技法鏤出丫形花紋等,器邊亦作凹凸起伏的變化。[3] 河南安陽大司空村14號墓出土一件殷商時期的玉觿,斷面呈三角形,下端尖鋭,上端雕成牛首形,長6.1厘米。[4] 河南洛陽北窰西周墓出土的玉觿,形如角錐,首端有鋒可以解結,後端刻飾獸首紋,并鑽一穿孔。[5] 春秋戰國時,由於佩玉之風盛行,玉觿的數量驟增。春秋戰國時期的玉觿多爲片狀,個別的角部作橢圓形,上半部雕成龍形或獸形,下半部

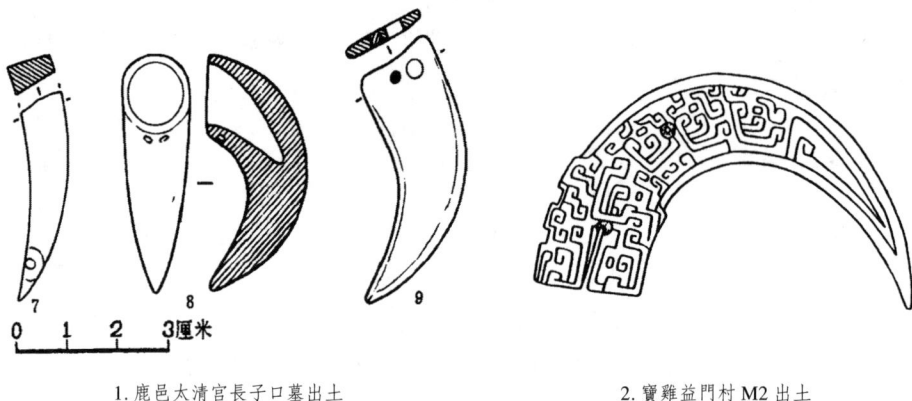

1.鹿邑太清宫長子口墓出土　　　　　　　　　2.寶雞益門村M2出土

圖1–32　玉觿

① 段玉裁:《說文解字注》,第186頁。
② 向宗魯:《說苑校證》卷19,第482頁。
③ 尤仁德:《古代玉器通論》,紫禁城出版社2004年版,第22頁。
④ 中國社會科學院考古研究所:《殷墟的發現與研究》,第337頁。
⑤ 洛陽市文物工作隊:《洛陽北窰西周墓》,文物出版社1999年版,第244頁。

作角形，光素。觿身的紋飾有蟠虺紋、穀紋、節狀紋和絞絲紋。此時期的玉觿實用功能淡化，主要是作爲佩飾。

削

一種有柄而微彎的兩刃小刀，或稱書刃，商周之世稱之爲削，是一種在竹木簡牘上削刮修改筆誤錯字的工具，因常佩於腰間，遂演變爲佩飾。

容刀

裝飾性的佩刀，佩戴以爲容飾，故曰容刀。《釋名·釋兵》：“佩刀，在佩旁之刀也。或曰容刀，有刀形而無刃，備儀容而已。”① 所謂容刀，具刀形而沒有刀刃，故不能使用，有圓環形首，可佩於腰間作爲佩飾。或單稱容，如《詩·衛風·芄蘭》：“容兮遂兮，垂帶悸兮。”鄭玄箋：“容，容刀也。”容刀上或有美玉製作的刀飾。《詩·大雅·公劉》：“何以舟之？維玉及瑤，鞞琫容刀。”容刀上有玉飾，代表武事，“容刀言有武事也”，象徵服容刀者身份尊貴，“顯其能制斷”。

考古出土有商周時期的刀多件，其中應有容刀。容刀的判定標準有：1. 刀柄端有環首以便繫掛佩戴；2. 作爲裝飾用，則其刀刃鈍，不具有使用價值；3. 其裝飾或有玉飾，或雕鏤紋飾；4. 刀的長度不會太長。依據這幾個標準，大致可以將佩飾的削與容刀區別開來。江陵雨臺山楚墓 M528：10 曾出土一件青銅刀，刀面與刀背上均飾有卷曲的變形龍紋，柄端接環處有箍，鋒部較鈍，長 14 厘米，戰國中期器。② 此件刀推測即容刀。

礪

礪石，用以磨刀刃。《國語·楚語上》：“若金，用女作礪。若津水，用女作舟。”③ 腰間佩小刀，一般與礪石佩在一起。考古出土的礫石較多，上面有孔，可以懸掛。

紛帨

拭物之佩巾。帨，指佩巾。《詩·召南·野有死麕》：“無感我帨兮，無使尨也吠。”毛傳：“帨，佩巾也。”《儀禮·士昏禮》：“母施衿結帨曰：‘勉之敬之，夙夜無違宮事。’”《禮記·內則》：“佩紛帨、刀、礪、小觿、金燧”，鄭玄注：“紛帨，拭物之

---

① 　王先謙：《釋名疏證補》卷 7，第 236 頁。

② 　湖北省荊州地區博物館編著：《江陵雨臺山楚墓》圖七六：10，文物出版社 1984 年版，第 89 頁。

③ 　徐元誥：《國語集解》，第 503 頁。

佩巾也,今齊人有言紛者。"陸德明《釋文》:"紛,拭物巾","或作帉"。紛,字或作
"帉"。帉乃大巾。

手巾有多種質料,有的用羅,有的用絹,有的則用綿布。湖南長沙左家塘楚
墓 M1023 出土一件手巾,整塊手巾以紗做成,深褐色,單層平紋組織,上有稀疏
的方孔,略呈正方形,長 24 厘米,寬 28.5 厘米。出土時手巾的對角縛一小結,以
便繫佩。①

容臭

猶香囊。《禮記·内則》記:"男女未冠笄者……皆佩容臭。"鄭玄注:"容臭,
香物也,以纓佩之。"陳澔《禮記集説》:"助爲形容之飾,故言容臭。以纓佩之,後
世香囊,即其遺制。"②孫希旦《禮記集解》謂:"容臭,謂爲小囊以容受香物也。"③
臭,指芬香的嗅味,因囊盛香草等物,故名容臭,以纓結之佩於身。

長沙馬王堆一號漢墓出有 4 件形制相同的香囊,出土時裝有茅香、辛夷、花
椒等香料。同墓竹簡上記有 4 件香囊的名稱。④

## 二、德佩

德佩即玉佩。兩周時期,玉佩乃是彰顯身份地位、德行的重要標志物,故《禮
記·玉藻》强調"古之君子必佩玉","君子無故玉不去身"。佩玉是貴族人士的風
尚之一,

從已有的考古資料來看,周代服飾用玉中結構最複雜、色澤最鮮豔者是以
璜、珩爲主要構件,并以各類管珠連綴而成的成組佩玉。因這類佩玉結構複雜,
故今學術界習慣上稱之爲組玉佩。⑤

組玉佩在《詩經》等文獻中稱"佩""雜佩"或"佩玉"。如《衛風·竹竿》:"巧
笑之瑳,佩玉之儺。"《鄭風·女曰雞鳴》"知子之來之,雜佩以贈之;知子之順
之,雜佩以問之;知子之好之,雜佩以報之。"毛傳:"雜佩者,珩、璜、琚、瑀、衝
牙之
類。"《鄭風·有女同車》:"將翱將翔,佩玉瓊琚。"扶風莊白 1 號窖藏出土的青銅

---

① 湖南省博物館等:《長沙楚墓》,文物出版社 2000 年版,第 415 頁。
② 陳澔:《禮記集説》,第 216 頁。
③ 孫希旦:《禮記集解》卷 27,第 731 頁。
④ 湖南省博物館等:《長沙馬王堆一號漢墓》,文物出版社 1973 年版,第 71 頁。
⑤ 孫機:《周代的組玉佩》,《中國古輿服論叢》(增訂本),第 124—138 頁。

鐘銘文則記載因王"易佩"而作器，① 臺北故宮藏的子范編鐘也記載周天子賜子范佩（《銘圖》15203），《左傳·定公三年》則記"蔡昭侯爲兩佩與兩裘以如楚"，可見佩是周代組玉佩的通名，因所佩雜陳，故稱雜佩。

　　周人的佩玉也呈現某種制度，《禮記·玉藻》載："天子佩白玉而玄組綬，公侯佩山玄玉而朱組綬，大夫佩水蒼玉而純組綬，世子佩瑜玉而綦組綬，士佩瓀玟而縕組綬。"天子佩白玉，用玄色組綬；諸侯佩山玄色之玉，用朱色組綬；大夫佩水蒼玉，用緇色組綬；世子佩瑜，用雜彩組綬；士佩美石，用赤黃色組綬。尊者之玉色純，卑者以下玉雜色，士論玉質而不論玉色。

　　關於組玉佩的結構，古籍記載的比較簡略。《大戴禮記·保傅》說："下車以佩玉爲度，上有雙衡，下有雙璜、衝牙，玭珠以納其間，琚瑀以雜之。"②《周禮·天官·玉府》"共王之服玉、佩玉、珠玉"鄭玄注引《詩傳》曰："佩玉，上有蔥衡，下有雙璜、衝牙，嬪珠以納其間。"《禮記·玉藻》"佩玉有衝牙"孔穎達疏："凡佩玉必上繫於衡，下垂三道，穿以蠙珠，下端前後以縣於璜，中央下端縣以衝牙，動則衝牙前後觸璜而爲聲。"朱熹《詩集傳》說："雜佩者，左右佩玉也。上橫曰珩，下繫三組，貫以蠙珠。中組之半，貫一大珠，曰瑀；末懸一玉，兩端皆銳，曰衝牙。兩旁組半，各懸一玉，長博而方，曰琚；其末各懸一玉，如半璧而內向，曰璜。又以兩組貫珠，上繫珩兩端，下交貫於瑀，而下繫於兩璜。行則衝牙觸璜，而有聲也。"③關於全佩的組合方式，清人陳奐、俞樾④，近人郭寶鈞和郭沫若等也都對玉佩作了復原，但可靠性需要實物檢驗。

　　周代組玉佩中，主要玉件有珩、璜、衝牙等。

　　珩，是位於組玉佩上端，起著總束和平衡整組玉佩作用的玉器。《説文·玉部》："珩，佩上玉也。"⑤珩是組佩最上面的玉飾，起提綱挈領的作用，全佩上各種雜佩都垂在珩下。

①　陝西周原考古隊：《陝西扶風莊白一號西周青銅器窖藏發掘簡報》，《文物》1978 年第 3 期，第 5 頁。

②　王聘珍：《大戴禮記解詁》，第 61 頁。

③　朱熹：《詩集傳》卷 4，第 67 頁。

④　賈峨：《兩周"雜佩"的初步研究》，《傳世古玉辨僞與鑑考》，紫禁城出版社 2005 年版，第 125—180 頁；《説璜》，《出土玉器鑑定與研究》，紫禁城出版社 2001 年版，第 347—381 頁。

⑤　段玉裁：《説文解字注》，第 13 頁。

　　古文獻中,多認爲珩是組玉佩上端的形似磬而小的一種器物。如《國語·晉語二》:"白玉之珩六雙。"韋昭注:"珩,佩上飾也。珩形似磬而小。"① 珩,亦作衡,孫詒讓《周禮正義》云:"衡,上隆而下窒,與橫磬略同,固非正平也。"② 這種形制的珩,已近似於璜。

　　中山王墓玉器爲了解珩的形制提供了重要證據。在其出土玉器中,XK:254、350、256、353、356 等五件龍形佩均有墨書文字自名爲珩,而這五件器物無一例外地在其器體中部拱處有一穿孔。③ 這類珩在組玉佩中具有平衡的作用,與傳統的似磬之珩不同。

　　珩與璜音近形似。唐蘭先生曾指出"璜"是古字,而"珩"是春秋以後的新字,實爲真知灼見,符合兩周時期璜、珩的演變趨勢④。珩與璜的關係,二者音近,本可通假,先秦時,兩者區別并非很嚴格。璜、珩的主要區別在於它們截然不同的佩戴方式:佩璜時是將璜的凹面朝上而凸面向下,而佩珩則是將拱面朝上而凹面向下。⑤

　　衝、牙,是組玉佩的

圖 1–33　銅珩（鄭州二里岡戰國墓出土）

---

① 　徐元誥:《國語集解》,第 296 頁。

② 　孫詒讓:《周禮正義》卷 12,第 453 頁。

③ 　河北省文物研究所:《厝墓——戰國中山國國王之墓》圖 193,文物出版社 1996 年版。

④ 　唐蘭:《毛公鼎"朱韍、蔥衡、玉環、玉瑹"新解——駁漢人"蔥珩佩玉"説》,《唐蘭先生金文論集》,紫禁城出版社 1995 年版,第 86—93 頁。

⑤ 　孫慶偉:《周代用玉制度研究》,第 167 頁。

玉件。在組玉佩的下端，兩旁兩個叫牙，與當中的衝玉相撞而發出聲音。

衝牙在組佩中又有不同的理解，有的認爲衝牙爲一物，如《禮記·玉藻》：“佩玉有衝牙。”鄭玄注云：“居中央以前後觸也。”後來的學者如孔穎達、賈公彥、陳祥道、朱熹等均將衝牙視作一物，看做是玉佩中組下端的一個玉件。有的認爲衝與牙各爲一物。如晉人皇侃認爲衝居中央，牙是外畔兩邊之璜，以衝、牙爲二物。[①] 郭寶鈞先生復原戰國時代的組玉佩時也將組玉佩中央組綬下端的方形玉件稱爲衝，兩側的牙形玉件稱作牙，中間爲衝，兩側爲牙，衝與牙爲兩器。[②] 郭先生的看法基於考古出土的實物，有相當的合理性，可從。

從考古發現來看，在組佩中的下端起衝撞作用的還有玉管、玉璽、玉璜、玉動物等，而牙的形狀和觿并無太大的差别，廣州南越王墓出土的玉佩中，其 E 組的末端左右各垂繫玉觿一枚，即以觿代牙；B 組的末端左右各垂繫玉管一枚，是以管代牙。

近年來，在山西曲沃縣北趙晉侯墓地、河南三門峽上村嶺虢國墓地、陝西長安縣張家坡井叔墓地等地的周人貴族墓葬中，出土了多例玉佩，爲認識周人的佩玉制度提供了實物。據孫華、孫慶偉等學者研究，兩周玉佩大

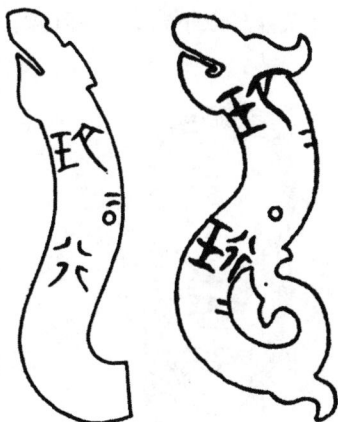

圖 1–34　戰國玉珩（中山王墓出土）

圖 1–35　彩繪木俑像（武昌義地出土）

---

① 《禮記·玉藻》孔穎達疏所引皇侃之説。

② 郭寶鈞：《古玉新詮》，《中央研究院歷史語言研究所集刊》第二十本下册，插圖三，商務印書館 1949 年版。

致可以分爲以下幾種式樣(圖 1–36)。①

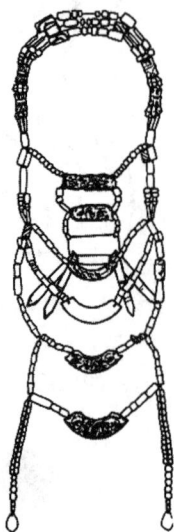

1. 晉侯墓地 M92 出土　　　　2. 晉侯墓地 M91 出土　　　　3. 晉侯墓地 M92 出土

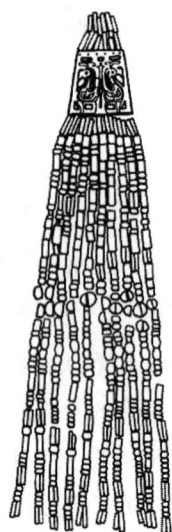

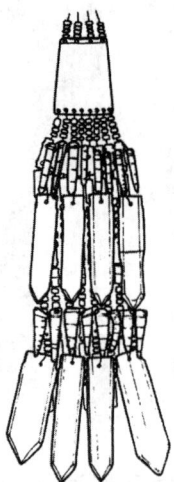

4. 晉侯墓地 M92 出土　　　　5. 中州路 M1316 出土　　　　6. 曲阜魯故城 M4 出土

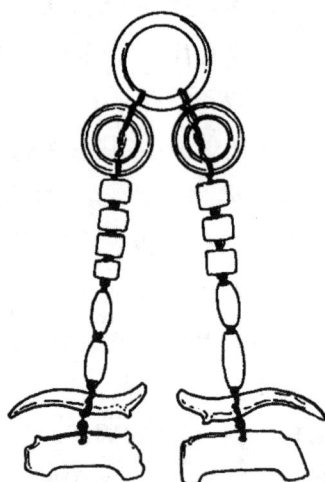

圖 1–36　出土周代玉佩

---

① 孫慶偉:《周代用玉制度研究》,第 166—183 頁;孫華:《試論周人的玉佩——以北趙晉侯墓
　地出土玉佩爲中心》,載費孝通主編《玉魂國魄——中國古代玉器與傳統文化學術討論會文
　集》,北京燕山出版社 2002 年版,第 73—198 頁。

　　第一類是裝飾身體軀幹正前方中間的主玉佩,這種玉佩爲左右對稱的雙組,組成玉件主要是仰置或側置的玉璜、玉璧和玉珩。在西周墓葬中,這類多璜組玉佩的上部有瑪瑙珠等物串成環形項圈,證明這類組玉佩都是佩於頸部而垂於其胸腹部的,所以西周墓葬中玉璜多見於墓主的胸腹部。佩於頸部而垂於胸腹部的玉佩,主要流行於西周時期,春秋早中期也有發現。

　　第二類是裝飾胸部一側的左右胸佩。這種玉佩玉件組成比較單一,其上端是一梯形的玉牌,玉牌上下都排列著若干小孔。玉牌聯珠串飾,即將瑪瑙珠、玉珠、料珠等物串成若干股,然後將其總束於一件梯形玉牌、骨牌或象牙牌。這類玉佩的佩戴方式是佩於肩部而垂於身體一側,流行於西周時期。

　　第三類,以環、珩、龍形佩爲主要構件,并以各類管、珠爲串聯之物的組玉佩。這類玉佩組合結構明確者見於洛陽中州路 M1316、M2717,曲阜魯故城 M4 和 M58 數座墓葬。玉佩多見於墓主腰腹部并垂至下肢,表明這是一種佩繫在腰帶上的組玉佩,信陽二號楚墓、江陵武昌義地楚墓[①]和荆州紀城一號楚墓[②]出土的彩繪木俑出土的玉人上均可見到這種以珩、環、管珠爲主要構件的組玉佩(圖1–35)。這類玉佩佩於革帶而垂於下肢,流行於春秋晚期和戰國時期,與春秋中期與西周玉佩的佩戴方式不同。

　　根據考古資料,學者們對兩周時期的組玉佩的發展演變脈絡作了考察。

　　孫機先生指出,西周多璜組玉佩是代表大貴族身份的儀飾,東周以降,西周時期的多璜組玉佩已經絶跡,出現了安排在玉佩頂端和當中以牽引和提掣其他玉件的對稱造型的珩,以及懸掛在玉佩下端的龍形佩。玉佩的繫戴方式也發生了變化,自春秋晚期起,組玉佩不再套於頸部,而是繫在革帶上。[③]李宏先生指出,東周組玉佩的主要構件由原來的聯璜、聯珠變爲以龍虎珩形器爲主的多行均衡佩掛。璜的作用有明顯改變,由西周時的弧背向下多重結合,變爲弧背向上的珩形器。東周組玉佩的懸佩部位,也由西周時著重於上部胸腹,發展到胸佩與腰佩分離并逐步以腰佩爲主。[④]這種佩戴方式的轉變,孫華先生認爲,西周和春秋

①　江陵縣文物局:《湖北江陵武昌義地楚墓》,《文物》1989 年第 3 期,第 46—47 頁。

②　湖北省文物考古研究所:《湖北荆州紀城一、二號楚墓發掘簡報》,《文物》1999 年第 4 期,第 11—12 頁圖 16。

③　孫機:《周代的組玉佩》,《中國古輿服論叢》(增訂本),第 124—138 頁。

④　李宏:《玉佩組合源流考》,《中原文物》1999 年第 1 期,第 63—73 頁。

早中期,因流行上衣下裳的服飾,腰帶上則繫有"蔽前"的市,故組玉佩佩於頸部;春秋戰國之際,隨著深衣的流行和市的衰落,組玉佩就下移至腰帶而取代了市的位置。①

古人的佩玉中除上面所引《禮記·內則》列出的以外,還有環、玦。

環

環形玉,《説文·玉部》:"環,璧肉好若一謂之環。"②《爾雅·釋器》:"肉好若一謂之環。"郭璞注:"邊、孔適等。"均謂環的孔徑與玉邊緣相等。實際上,目前定命爲環的玉器,其好(孔徑)大於肉(玉身)。《禮記·經解》:"行步則有環佩之聲,升車則有鸞和之音。"鄭玄注:"環佩,佩環、佩玉也。"

中山王墓出土有六件圓形片狀有中孔的玉器,帶有墨書文字"它環"或"它玉環"(《銘圖》19713—19719)。

玦

環形有缺口的佩玉,或作耳飾之器,古人常贈人以示決絕。《玉篇》說:"玦,玉佩也,如環而缺不連。"③玦的特徵是環形玉而有缺口。

玉玦的用途,在古文獻中有以下數種。首先是作爲佩飾器。《説文·玉部》:"玦,玉佩也。"④其作用是耳飾,這是玉玦最主要的用途。從新石器時代到戰國,大多數玉玦都出土於死者的兩耳部位。或爲胸腰部佩飾,如有些玉玦出土於死者腰間或胸部,有些玉玦肉上有穿,很明顯是佩繫物。其次,玦有符節的作用。因玦名稱來源於"決",且形制又是缺少一段,斷開的兩邊不相接,所以古人常以玦寓以"決"義。《荀子·大略篇》:"絕人以玦,反絕以環。"楊倞注:"古者臣有罪,待放於境,三年不敢去。與之環則還,與之玦則絕,皆所以見意也。反絕,謂反其將絕者。"⑤臣子有罪,天子派人贈予一隻環,表示可以回還;若得到一塊玦,則表示君臣之意已斷絕。再次,玦具有象徵意義,佩戴玦象徵君子能決斷。《史記·項羽本紀》記載鴻門宴上"范增數目項王,舉所佩玉玦以示之者三"⑥,這是以玦暗

---

① 孫華:《試論周人的玉佩——以北趙晉侯墓地出土玉佩爲中心》,第73—108頁。

② 段玉裁:《説文解字注》,第12頁。

③ 顧野王:《大廣益會玉篇》,第5頁。

④ 段玉裁:《説文解字注》,第13頁。

⑤ 王先謙:《荀子集解》卷19,第487—488頁。

⑥ 司馬遷:《史記》卷7,第312頁。

示項羽盡快決斷，殺掉劉邦以絕後患。玉玦也可以作爲祭祀用玉。山西侯馬晉國盟誓遺址的坎內放置有圭、璋、璧、環等衆多玉器，其中也有玉玦。

### 三、玉佩的文化內涵

古之佩玉被用來體現尊卑等級，表明社會各階層不同的身份地位，《後漢書·輿服志下》：“古者君臣佩玉，尊卑有度。”[1] 故區別所佩之玉及繫玉之組綬，爲先秦禮制的重要內涵。

佩玉也是君子表德修身的方式，《禮記·玉藻》謂：“君子於玉比德焉。”《白虎通·衣裳》言“所以必有佩者，表德見所能也”[2]，古人認爲玉有五德，佩玉有助於君子之德的培養，《禮記·玉藻》：“君子必佩玉，左徵角，右宮月，趨以《采齊》，行以《肆夏》，周還中規，折還中矩，進則揖之，退則揚之，然後玉鏘鳴也。故君子在車，則聞鸞和之聲，行則鳴佩玉。是以非辟之心，無自入也。……君子無故，玉不去身。”這是強調聽聞佩玉之聲可以培養人的德性修養。

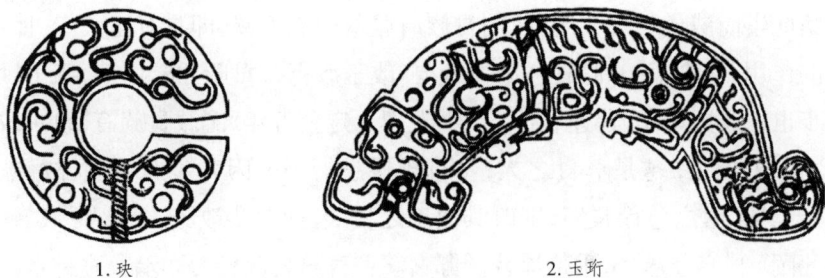

1.玦　　　　2.玉珩

**圖 1–37　薛國墓地出土玉佩**

周人尚文，崇尚威儀。君子的威儀也表現在服章、佩飾等方面，冠冕服飾與所戴佩飾成爲周代貴族展現優雅風度必不可少之物。《詩·小雅·都人士》謂“彼都人士，狐裘黃黃。其容不改，出言有章”“臺笠緇撮”“充耳琇實”“垂帶而厲”，極贊貴族的服飾儀態風度之美，誇贊服飾之文襯托出的君子氣度。《秦風·終南》贊美秦君云：“君子至止，錦衣狐裘。顏如渥丹，其君也哉”“君子至止，黻衣

---

① 范曄：《後漢書·輿服志下》，第 3671 頁。
② 陳立：《白虎通疏證》卷 9，第 435 頁。

繡裳。佩玉將將,壽考不忘"。其中,佩玉制度的興起與宗周社會崇尚威儀之風有更密切的關係。《禮記·玉藻》説:"古之君子必佩玉。"《大戴禮記·保傅》謂周代貴族"居則習禮文,行則鳴佩玉"①。有關周代貴族佩玉之風的描寫,《詩經》中亦有不少,如《詩·鄭風·有女同車》:"將翱將翔,佩玉將將。"《詩·小雅·采芑》:"服其命服,朱芾斯皇,有瑲蔥珩。"

周代組玉佩的結構和佩戴者的身份地位頗爲相關,其原因在於不同等級的貴族其步履的緩急各不相同,而佩戴組玉佩正可以起到節步的作用。周代不同等級貴族行禮時,其行步的緩急不同,行走快慢的一般原則是尊貴者行步尚緩,身份愈高,其步態緩慢而邁步小,愈顯得威儀儼然。《禮記·曲禮下》説:"天子穆穆,諸侯皇皇,大夫濟濟,士蹌蹌,庶人僬僬。"周禮要求貴族依據其身份的尊卑在不同禮典中行步溫文爾雅,步速快慢符合音節而富有節奏感,以展示出雍容典雅的威儀。《詩·衛風·竹竿》:"巧笑之瑳,佩玉之儺。"毛傳:"儺,行有節度。"《禮記·玉藻》記貴族在禮典中的行走要"趨以《采齊》,行以《肆夏》",《周禮·春官·樂師》記載周代貴族的樂儀云:"教樂儀:行以《肆夏》,趨以《采薺》。"

與此崇尚威儀之風相應,西周貴族所佩戴的組玉佩,即具有正威儀、節步速舒疾的作用。《國語·周語中》載貴族要"改玉改行",韋昭注云:"玉,佩玉,所以節行步也。君臣尊卑,遲速有節。"②《左傳·定公五年》記載貴族有"改步改玉"之禮,楊伯峻注:"越是尊貴之人,步行越慢越短……因其步履不同,故佩玉亦不同;改其步履之急徐長短,則改其佩玉之貴賤,此改步改玉之義。"③《詩·衛風·芄蘭》:"容兮遂兮,垂帶悸兮。"鄭玄箋:"言惠公佩容刀與瑞及垂紳帶三尺,則悸悸然行止有節度。"這些文獻記載都説明佩飾具有協調貴族行止節度的功能。據考古發現,在周原、晉國墓地、虢國墓地、應國墓地等許多西周、春秋時期高級貴族墓葬中發現有大量組玉佩④,數量之多與製作之精美,遠勝於殷商,其重要的功能即調節貴族行禮中步速之緩急,展現優雅的儀態,配以玉佩的清脆悦耳的聲音,以增加威儀。

---

① 王聘珍:《大戴禮記解詁》卷3,第61頁。

② 徐元誥:《國語集解》,第52頁。

③ 楊伯峻:《春秋左傳注》(修訂本),中華書局1990年版,第1550—1551頁。

④ 孫慶偉:《周代用玉制度研究》,第166—183頁。

# 第二章  服飾（下）

周代服飾成爲周禮體繫的重要内容。《左傳·昭公九年》有"服以旌禮,禮以行事,事有其物,物有其容"的説法,杜預注云:"旌,表也。事,政令。"服飾不僅具有基本的保暖、遮羞、裝飾等功能,而且也是人們身份地位的標識,具有明貴賤辨等級的政治功能。《管子·君臣下》云:"旌之以衣服",舊注:"衣服所以表貴賤也。"[1] 周代貴族有朝服,有祭服,有日常生活的常服,服飾必須遵守禮制。《管子·立政》説:"度爵而制服","衣服有制"。[2] 根據禮法規定合乎禮儀法度的服裝稱爲法服。如《孝經·卿大夫》云:"非先王之法服不敢服。"總之,周代,服飾成爲政治統治的一種手段。

## 第一節  冕服

周制,冕服最尊。孫詒讓《周禮正義》謂禮服尊卑之次云:"凡服尊卑之次,繫於冠,冕服爲上,弁服次之,冠服爲下。"[3] 冕服由冕、服(衣裳)、帶及蔽膝、烏屨等幾部分構成。

### 一、《周禮》及注疏建構的六冕服繫統

《周禮》冕服有六,爲大裘冕、衮冕、鷩冕、毳冕、希冕、玄冕。這六種冕服的冕相同,其服皆玄衣、纁裳,前三幅,後四幅,辟積無數,赤黻純朱,差别在於各服的繡繢之章不同。《周禮》六冕服之名,乃是出於《尚書·舜典》"予欲觀古人之象:

---

① 黎翔鳳:《管子校注》卷 11,第 569 頁。
② 黎翔鳳:《管子校注》卷 1,第 76 頁。
③ 孫詒讓:《周禮正義》卷 40,第 1620 頁。

日、月、星辰、山、龍、華蟲，作繪。宗彝、藻、火、粉米、黼、黻、絺繡。以五采彰施於五色，作服，汝明"，六冕之得名，取首章爲義。六冕服上圖文，曰服章，十二圖文，謂之十二服章，簡稱十二章，分依天子、公侯以下的爵級遞次用之；上衣無圖文者，則以衣色爲名。關於冕服制度，主要載於《周禮·春官·司服》，其文曰：

> 王之吉服，祀昊天、上帝，則服大裘而冕，祀五帝亦如之。享先王則袞冕，享先公、饗、射則鷩冕，祀四望、山川則毳冕，祭社稷、五祀則希冕，祭群小祀則玄冕。

鄭玄注：

> 六服同冕者，首飾尊也。先公，謂后稷之後，大王之前，不窋至諸盩。饗射，饗食賓客與諸侯射也。群小祀，林澤、墳衍、四方百物之屬。鄭司農云："大裘，羔裘也。袞，卷龍衣也。鷩，禪衣也。毳，罽衣也。"玄謂《書》曰："予欲觀古人之象，日、月、星辰、山、龍、華蟲作繢，宗彝、藻、火、粉米、黼、黻絺繡。"此古天子冕服十二章，舜欲觀焉。華蟲，五色之蟲。《繢人職》曰"鳥獸蛇雜四時五色以章"之謂是也。希讀爲絺，或作"黹"，字之誤也。王者相變，至周而以日月星辰畫於旌旗，所謂三辰旂旗，昭其明也。而冕服九章，登龍於山，登火於宗彝，尊其神明也。九章，初一曰龍，次二曰山，次三曰華蟲，次四曰火，次五曰宗彝，皆畫以爲繢；次六曰藻，次七曰粉米，次八曰黼，次九曰黻，皆希以爲繡。則袞之衣五章，裳四章，凡九也。鷩畫以雉，謂華蟲也，其衣三章，裳四章，凡七也。毳畫虎蜼，謂宗彝也，其衣三章，裳二章，凡五也。希刺粉米，無畫也，其衣一章，裳二章，凡三也。玄者衣無文，裳刺黻而已，是以謂玄焉。凡冕服皆玄衣纁裳。

下面依據經注以及古代經學家的解釋，對六冕之制以及功用作考釋。①

（一）大裘冕

大裘冕以其上衣爲黑羔裘而得名，玄衣纁裳，服采十二章。《周禮·春官·司服》："大裘冕。"鄭玄注："大裘，羔裘也。"賈公彦疏："然則凡祭之服皆同羔裘，義具於《司裘》也。"據賈説，六種冕服的冬裘皆用羔皮。據鄭玄説，大裘用於祀天，祭天尚質，故大裘冕上衣無文，故無服章。但《禮記·郊特牲》云："祭之日，王被袞以象天。戴冕璪十有二旒，則天數也。"鄭玄注："謂有日月星辰之象，此魯禮

---

① 關於冕服的考釋，參見清人焦廷琥《冕服考》，《續修四庫全書》第109册，第241—318頁。

也。《周禮》王祀昊天上帝，則服大裘而冕，祀五帝亦如之。魯侯之服，自袞冕而下也。"此《郊特牲》明言王祭祀天，則爲周天子之禮。袞爲龍袞。江永、宋綿初、孫詒讓等皆據《郊特牲》文主張大裘冕亦十二章（日、月、星辰、山、龍、華蟲；宗彝、藻、火、粉米、黼、黻）。[1] 此說主張，大裘冕外被龍袞，以龍爲首章，共十二章，以應天之大數。

據《周禮》，大裘冕爲天子祀昊天上帝之服，又爲祀五帝之服。

（二）袞冕

袞冕，玄衣纁裳，服采九章，衣五章：龍、山、華蟲、火、宗彝；裳四章：藻、粉米、黼、黻。

袞通卷，袞龍即卷龍。《詩·豳風·九罭》："我覯之子，袞衣繡裳。"毛傳："袞衣，卷龍也。"陸德明《釋文》："天子畫升龍於衣上，公但畫降龍。"《國語·周語中》云："棄袞冕而南冠以出，不亦簡彝乎？"韋昭注："袞，袞龍之衣也；冕，大冠也。公之盛服也。"[2] 袞冕以袞龍爲首章，以玄衣上畫有上升卷龍而得名。《釋名·釋首飾》："袞，卷也，畫卷龍於衣也。"[3]《詩·小雅·采菽》："又何予之，玄袞及黼。"毛傳："玄袞，卷龍也。"鄭玄箋："玄袞，玄衣而畫以卷龍也。"《荀子·富國》："天子袾裷衣冕，諸侯玄裷衣冕。"楊倞注："裷與袞同，畫龍於衣，謂之袞。"[4] 孫詒讓《周禮正義》："案：卷龍者，謂畫龍於衣，其形卷曲，其字《禮記》多作'卷'。鄭《王制》注云：'卷俗讀也，其通則曰袞。'是袞雖取卷龍之義，字則以袞爲正；作卷者，借字也。"[5] 卷龍紋蓋即出土青銅器、陶器上裝飾的蟠龍紋。[6]

袞冕爲天子祭享先王之服，又爲會同賓客之齊服，又爲受覲之服，又爲大昏親迎之服。袞冕亦爲諸侯將覲釋幣於禰之服，爲朝覲之服，爲從王大祭服，又爲魯祭文王、周公之服，又爲二王之後自祭之服，又爲二王後與魯國祭於天子之服。

① 孫詒讓：《周禮正義》卷40，第1626頁。
② 徐元誥：《國語集解》，第68頁。
③ 王先謙：《釋名疏證補》卷4，第155頁。
④ 王先謙：《荀子集解》卷10，第178頁。
⑤ 孫詒讓：《周禮正義》卷40，第1626頁。
⑥ 如陶寺遺址出土的陶盆上裝飾有蟠龍紋。青銅器上的蟠龍紋，參見朱鳳瀚《中國青銅器綜論》，第549—553頁。

（三）鷩冕

玄衣纁裳，服采七章，其衣三章：華蟲，火，宗彝；其裳四章：藻，粉米，黼，黻。《周禮·春官·司服》：“王之吉服……享先公饗射，則鷩冕。”鄭玄注：“鷩，畫以雉，謂華蟲也。其衣三章，裳四章，凡七也。”賈公彥疏：“華蟲，五色之蟲，孔君注以爲華，象草華；蟲，雉也。義亦通。”鷩冕物章以華蟲爲首章。鷩，依據鄭玄説即華蟲，屬於雉的一種。《山海經·西山經》：“鳥多赤鷩。”郭璞注：“赤鷩，山雞之屬，胸腹洞赤，冠金，背黄，頭綠，尾中有赤，毛彩鮮明。”①《文選·潘岳〈射雉賦〉》：“山鷩悍害，猋迅已甚。”徐爰注：“鷩雉，似山雞而小，冠背毛黄，腹下赤，項綠色，其性悍戾憨害，飛走如風之猋也。”②《爾雅·釋鳥》：“鷩雉。”郭璞注：“似山雞而小，冠背毛黄，腹下赤，項綠，色鮮明。”《説文·鳥部》：“鷩，赤雉也。”③鷩即現在稱爲錦雞的禽鳥。

鷩冕爲天子享祭先公，饗食賓客，大射、賓射之服，又爲食三老五更於太學之服。鷩冕亦爲公助享先王，侯伯助祭天地以及親迎之服。

（四）毳冕

玄衣纁裳，服采五章。毳冕五章，衣上以五彩繪繡宗彝、藻、粉米三章；裳上繡黼、黻二章。毳，本指鳥獸的細毛。鄭玄注：“毳，謂畫虎蜼，謂宗彝也。”據鄭玄注，毳冕服章以畫有老虎和蜼的宗廟彝器爲首章。蜼是長尾猴，《爾雅·釋獸》：“蜼，仰鼻而長毛。”郭璞注：“蜼，似獼猴而大。”因虎、蜼兩獸的身上有貼體的毳毛，故合稱爲毳。以畫有老虎和蜼的宗廟彝器爲首章④，取虎象徵威猛，猴象徵智慧之義。

毳冕爲天子祀四望山川，公助享先王，侯伯助享先王，子男助祭天地之服。天子祀四望山川、子男爵及大夫朝聘天子、助祭或巡行決訟皆服之。

（五）希冕

玄衣纁裳，服采三章，衣一章，爲粉米；裳二章：黼、黻。絺冕首章爲粉米。希冕得名於其首章粉米的形式特徵。

---

① 郝懿行：《山海經箋疏》卷 2，張鼎立、牟通校，齊魯書社 2010 年版，第 4694 頁。

② 蕭統編，李善注：《文選》，第 419 頁。

③ 段玉裁：《説文解字注》，第 155 頁。

④ 鄭玄説亦值得懷疑，對於服章的研究，諸説頗有歧義，待考。相關方面的研究參見我國臺灣學者王宇清《冕服服章之研究》，中華叢書編審委員會 1966 年版。

希，通"黹"。《周禮·春官·司服》："祭社稷、五祀則希冕。"鄭玄注："希讀爲絺，或作黹，字之誤也。"段玉裁《周禮漢讀考》卷三："周冕服九章，初一曰龍文，次二曰山，次三曰華蟲，次四曰火文，次五曰宗彝，皆畫以爲繢，次六曰藻文，七曰粉米，次八曰黼，次九曰黻，皆黹(今本作'希')以爲繡……黹，刺粉米無畫也。"[1]黹是針黹，即刺繡。據鄭玄之説，冕服上衣的文章應皆爲畫繪，下裳的文章皆爲刺繡。而希冕上衣的粉米服章却爲刺繡，如此則希冕上衣與下裳的服章皆爲刺繡。

希冕爲天子祭社稷、五祀，公助祀四望山川，侯伯助享先公，子男助享先王，孤助祭天地、親迎之服。

## （六）玄冕

玄衣纁裳，上衣之色玄，故以衣爲名，曰玄冕。《周禮·春官·司服》："祭群小祀則玄冕。"鄭玄注："玄者，衣無文，裳刺黻而已，是以謂玄焉。"賈公彦疏："以其祭服本是玄；今玄冕一章，以玄爲名，明上衣無畫。一章者，刺黻於裳而已。是以謂之玄焉。"玄冕的上衣無任何服章，下裳僅刺繡有黻文一章。

玄冕的穿著場合有：天子祭群小祀，公助祭社祭五祀(五方天地)，侯伯助祀四望山川，子男助享先公，孤助享先王，卿大夫助祭天地。《禮記·郊特牲》："玄冕齊戒，鬼神陰陽也。"鄭玄注："玄冕，祭服也。"玄冕又爲齋戒聽朔之服。

### 表 2-1　《周禮》六冕服一覽表

| 冕名 | 冕、衣裳、裘 | 服章 |
|---|---|---|
| 大裘冕 | 玄冕、玄衣纁裳、大裘（黑羔裘） | 一説，衣繪日、月、星辰、山、龍、華蟲六章，裳繡藻、火、粉米、宗彝、黼、黻六章；一説，大裘無文章 |
| 袞冕 | 玄冕、玄衣纁裳、狐青裘 | 服采九章：衣五章：龍、山、華蟲、火、宗彝；裳四章：藻、粉米、黼、黻 |
| 鷩冕 | 玄冕、玄衣纁裳、狐青裘 | 服采七章：衣三章：華蟲、火、宗彝；裳四章：藻、粉米、黼、黻 |
| 毳冕 | 玄冕、玄衣纁裳、狐青裘 | 服采五章：衣三章：華蟲、火、宗彝；裳二章：黼、黻 |
| 希冕 | 玄冕、玄衣纁裳、狐青裘 | 服采三章：衣一章：粉米；裳二章：黼、黻 |
| 玄冕 | 玄冕、玄衣纁裳、狐青裘 | 上衣無章，下裳一章：黻 |
| 備注 | | |

---

[1]　段玉裁：《周禮漢讀考》，《續修四庫全書》第 80 册，第 302 頁。

三禮冕服的構成如下：有韍，韍制與韠同，長三尺，下廣二尺，上廣一尺。天子直，公侯前後方，大夫前方後挫角，士前後正。天子之士則直，諸侯之士則方。韍色：從裳色，天子朱韍，諸侯黃朱，大夫素。若大夫助祭於君，則用玄冕赤韍。士無韍，若助祭於君，服爵弁，則用縕韍韎韐。冕服之帶有革帶，所以懸佩與韍；有大帶，天子素帶，朱裏終辟，諸侯素帶終辟，大夫素帶辟垂。冕服有偪，有舄，冕服皆赤舄，自天子至卿大夫同。

需要特別説明的是，閻步克先生對《周禮》中六冕曾有研究，他認爲《周禮》六冕乃是建構出來的，"周朝禮制中根本没有六冕，它只是'斷裂與建構期'的禮家想象"。其觀點大致如下：1. 鷩冕其實源於羽冠，毳冕源於用動物皮毛裝飾的帽子；2. 冕服十二章的存在尚不可斷定。據考古資料，先秦禮服已經畫有火、龍、黼、黻等幾種服章，并且與貴族等級有一定關係。①

## 二、王后禮服

王后禮服有六種，皆袍制，均以素紗爲衣裏，以使袍外表顔色鮮亮。所謂袍制，指衣裳上下相連不分，有表有裏。《釋名·釋衣服》："袍，丈夫著，下至跗者也。袍，苞也，苞内衣也。婦人以絳作衣裳，上下連，四起施緣，亦曰袍。"②《詩·邶風·綠衣》："綠衣黃裏。"鄭玄箋云："諸侯夫人祭服之下，鞠衣爲上，展衣次之，褖衣次之。次之者，衆妾亦以貴賤之等服之。鞠衣黃，展衣白，褖衣黑，皆以素紗爲裏。今褖衣反以黃爲裏，非其禮制也。"《禮記·雜記上》："内子以鞠衣、褎衣，素沙。下大夫以襢衣，其餘如士。"鄭玄注亦云："六服皆袍制，不襌，以素紗裏之，如今之袿袍襈重繒也。"孔穎達疏云："袍制，謂連衣裳，有表有裏似袍，故云'皆袍制不襌'。漢時有袿袍，其袍下之襈，以重繒爲之。古之服皆以素紗爲裏，似此袿袍襈之裏繒，故注云'如今之袿袍襈重繒也'。"襈乃是衣裳的邊飾。③據上，婦人衣裳的邊緣以重繒作緣飾。

王后六服中，褘衣、揄狄、闕狄三者合稱爲"三翟"，爲祭服，三翟皆以副爲首飾，配以大帶、蔽膝、舄等；鞠衣、展衣、緣衣三者爲朝服，合稱爲"三衣"，皆以絲帛製作。

---

① 閻步克：《服周之冕——〈周禮〉六冕禮制的興衰變異》，中華書局 2009 年版，第 32—112 頁。
② 王先謙：《釋名疏證補》卷 5，第 175 頁。
③ 劉善澤：《三禮注漢制疏證》卷 16，第 516—517 頁。

《周禮·天官·內司服》：“褘衣、揄狄、闕狄、鞠衣、展衣、緣衣，素沙。”鄭玄注云：“今世有圭衣者，蓋三翟之遺俗。”圭衣，即袿衣，其特點是以繒緣飾成刀圭狀燕尾。《釋名·釋衣服》云：“婦人上服曰袿，其下垂者，上廣下狹，如刀圭也。”①《傅毅·舞賦》：“華袿飛髾而雜纖羅。”②纖字又作“襳”，指燕尾形的衣尾。《文選·司馬相如〈子虛賦〉》：“揚袘戌削，蜚襳垂髾。”李善注：“司馬彪曰：‘襳，袿飾也。髾，燕尾也。’善曰：襳與燕尾，皆婦人袿衣之飾也。”③漢畫像石磚中見有舞伎身著袿衣形象（圖 2–1）。④

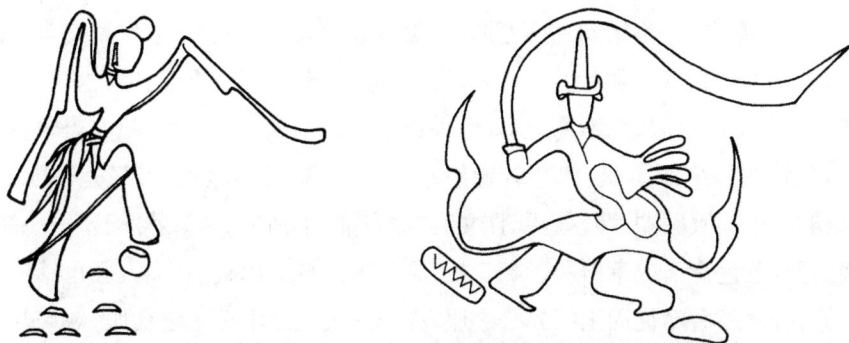

1. 河南新野出土　　　　　　　　　　2. 河南南陽出土

**圖 2–1　畫像磚石中的袿衣形象（《漢代物質文化資料圖説》圖版 62）**

## （一）褘衣

王后六服之一，褘衣爲玄色，以彩色絲線繡爲雉形，再以顏料繪出五彩，然後將之綴於衣服上。爲了襯托出衣上的紋彩，特地在衣內綴一層白色夾裏，即《周禮·天官·內司服》所言的素沙（紗）。

褘衣以衣服上綴有雉鳥紋飾爲特徵。褘讀爲翬，翬是一種黑色有五彩花紋的雉鳥。《周禮·天官·內司服》：“掌王后之六服，褘衣、揄狄、闕狄、鞠衣、展衣、緣衣。”鄭玄注：“褘衣，畫翬者……從王祭先王時服褘衣。”《釋名·釋衣服》：“王

---

① 王先謙：《釋名疏證補》卷 5，第 173 頁。此上服，指上等之服，乃婦人的盛衣。
② 蕭統編，李善注：《文選》卷 17，第 797 頁。
③ 蕭統編，李善注：《文選》卷 7，第 353 頁。
④ 孫機：《漢代物質文化資料圖説》（增訂本），第 281—282 頁。

后之上服曰褘衣,畫翬雉之文於衣也。"①《禮記·玉藻》:"王后褘衣,夫人揄狄。"鄭玄注:"褘讀如翬,揄讀如搖,翬、搖皆翟雉名也。刻繒而畫之,著於衣以爲飾,因以爲名也。"孔穎達疏:"褘,讀如翬,謂畫翬於衣,六服之最尊也。"

據《周禮》,褘衣爲王后從王祭祀先王所服之禮服。而《禮記·祭統》云:"君卷冕立於阼,夫人副褘立於東房。"《禮記·明堂位》:"君卷冕立於阼,夫人副褘立於房中。"《禮記·祭義》:"遂副褘而受之,因少牢以禮之。"則諸侯夫人宗廟祭祀以及行受蠶繭禮時亦服褘衣。②

(二)揄狄

王后六服之一,將繒刻爲揄翟形,然後以五彩畫之,綴於上衣作爲文章。《周禮·天官·内司服》:"掌王后之六服,褘衣、揄狄、闕狄。"鄭玄注:"狄當爲翟,翟,雉名。……王后之服,刻繒爲之形,而采畫之,綴於衣以爲文章。褘衣畫翬者,揄翟畫搖者,闕翟刻而不畫,此三者皆祭服,從王祭先王則服褘衣,祭先公則服揄翟,祭群小祀則服闕翟。"陸德明《釋文》:"揄音搖,羊消反。《爾雅》云:'……江淮而南,青質五色皆備成章曰鷂。'鷂音搖,謂刻畫此雉形以爲后、夫人服也。"

揄狄,爲王后隨從周王祭先公之服,亦爲三夫人及上公妻之命服。《禮記·玉藻》:"王后褘衣,夫人揄狄。"鄭玄注:"夫人,三夫人,亦侯伯之夫人也。"

(三)闕狄

王后六服之一,服赤色,將繒刻爲翟形,然後綴於上衣作爲文飾。因上不再將雉畫爲五彩,故名闕翟。《周禮·天官·内司服》:"揄狄、闕狄。"鄭玄注:"狄當爲翟。翟,雉名。祭群小祀,則服闕翟。"賈公彦疏:"闕狄者,其色赤,刻爲雉形,不畫之爲彩色,故名闕狄也。"《釋名·釋衣服》:"闕翟,翦闕繒爲翟雉形以綴衣也。"③

(四)鞠衣

王后六服之一,服黄色,上無紋飾,九嬪及卿妻亦服之。《周禮·天官·内司服》:"掌王后之六服:褘衣、揄狄、闕狄、鞠衣、展衣、緣衣。"鄭玄注:"鄭司農云:'鞠衣,黄衣也。'鞠衣,黄桑服也。色如麴塵,象桑葉始生。"麴塵是麴上所生的鮮

---

① 王先謙:《釋名疏證補》卷5,第168頁。
② 鄭玄注三禮爲彌合《周禮》《禮記》的差異,往往以魯國以及二王之後夫人來解釋,難以信從。
③ 王先謙:《釋名疏證補》卷5,第168頁。

黄色黴菌。鞠衣，以其色如麴塵之黄色，故有此名，其色又如桑葉始生之色。①

鞠衣爲王后親桑之服，亦爲孤之妻助祭之服。《周禮·天官·内司服》："辨外、内命婦之服，鞠衣、展衣、緣衣。"鄭玄注："内命婦之服：鞠衣，九嬪也……外命婦者，其夫孤也，則服鞠衣。"《禮記·月令》："是月也，天子乃薦鞠衣於先帝。"鄭玄注："爲將蠶，求福祥之助也。鞠衣，黄桑之服。"

（五）展衣

王后六服之一，服色白，無文采之飾。《周禮·天官·内司服》："掌王后之六服：褘衣、揄狄、闕狄、鞠衣、展衣、緣衣，素沙。"鄭玄注："鄭司農云：'展衣，白衣也。'……以禮見王及賓客之服。"《詩·鄘風·君子偕老》："瑳兮瑳兮，其之展也。"毛傳："禮有展衣者。"鄭玄箋云："后妃六服之次展衣，宜白。"

"展"通"襢"。《禮記·雜記上》："下大夫以襢衣。"鄭玄注："襢，《周禮》作'展'。"《釋名·釋衣服》作"襢衣"，釋云："襢衣，襢，坦也，坦然正白無文采也。"②《禮記·玉藻》："一命襢衣。"孔穎達疏："襢，展也。子男大夫一命，其妻服展衣也。"

襢衣，爲王后禮見王及宴賓客的禮服，亦是卿大夫之妻從夫助君祭宗廟的祭服，亦爲世婦和卿大夫妻的禮服。

（六）緣衣

王后六服之一，服色黑，無文采之飾。字本作"褖衣"。《周禮·天官·内司服》："掌王后之六服：褘衣、揄狄、闕狄、鞠衣、展衣、緣衣，素沙。"鄭玄注："此緣衣者實作褖衣也。褖衣，御於王之服，亦以燕居。"《禮記·玉藻》曰："士褖衣。"鄭玄注曰："鞠衣、展衣、褖衣者，諸侯之臣皆分爲三等，其妻以次受此服也。"蓋内命婦則女御服褖衣，外命婦則士妻服褖衣，與《禮記·玉藻》士褖衣之制合。《周禮》用緣字者，褖從彖，緣亦從彖，可通讀音彖。《釋名·釋衣服》："褖衣，褖然黑色也。"③

又《詩·邶風·緣衣》云："緣兮衣兮，緣衣黄裳"，"緣兮衣兮，緣衣黄裏"，"緣兮絲兮，女所治兮"。毛傳曰："緣，當爲褖。"鄭玄箋曰："諸侯夫人祭服，鞠衣爲

---

① 一説，因爲此衣顔色如菊花而得名。《吕氏春秋·季春紀》："薦鞠衣於先帝。"高誘注曰："菊衣，黄如菊花，故謂之菊衣。"《釋名·釋衣服》："鞠衣，黄如鞠華色也。"（王先謙：《釋名疏證補》卷5，第168頁）此説亦通。

② 王先謙：《釋名疏證補》卷5，第168頁。

③ 王先謙：《釋名疏證補》卷5，第168頁。

上,展衣次之,褖衣次之。鞠衣黃,展衣白,褖衣黑,今反以褖衣而黃裏黃裳,喻妾上僭亂禮也。"綠當讀作褖。綠衣即褖衣。

褖衣爲王后侍御王及燕居之服,亦爲士之妻與女御之禮服。

表 2-2 《周禮》王后六服構成表

| | 樣式 | 帶舄 | 功用 |
|---|---|---|---|
| 褘衣 | 袍制,黑衣;刻繒爲野雞形而加以彩繪,縫綴於衣上以爲紋飾;夾裏用白色紗縠 | 大帶、蔽膝、黑舄(黃絇繶純) | 王后的祭服(從王祭祀先王服之) |
| 揄狄 | 袍制,青衣,夾裏用白紗;衣上刻有長尾野雞形,不畫 | 大帶、蔽膝、青舄(白絇繶純) | 王后祭祀先公服;王后從王裸饗賓客;侯伯婦人從君祭宗廟時服之 |
| 闕狄 | 袍制,服赤色,將繒刻爲翟形,然後綴於上衣作爲文飾;夾裏用白 | 大帶、蔽膝、赤舄(黑絇繶純) | 后妃以至於士妻,祭祀以及燕飲服之 |
| 鞠衣 | 袍制,黃色,夾裏用白 | 大帶、蔽膝、襪,各隨衣色,黃屨(白絇繶純) | 后妃命婦皆可服之 |
| 展衣(襢衣) | 袍制,表裏皆白色 | 白屨(黑絇繶純) | 王后、大夫之妻朝見王,接見賓客時服之 |
| 褖衣(緣衣) | 袍制,黑色,夾裏用白 | 黑屨(青絇繶純) | 王后的禮服:王后禮見君王以及燕居服之 |

## 三、婦人其他衣裳

### 象服

禮服,上面繪有物象作爲裝飾。《詩·鄘風·君子偕老》:"象服是宜。"毛傳:"象服,尊者所以爲飾。"鄭玄箋:"象服者,謂揄翟、闕翟也。人君之象服,則舜所云'予欲觀古人之象,日月星辰'之屬。"象服爲上畫有物象之衣,鄭玄認爲王后六服的揄翟、闕翟皆屬於象服,人君上面畫有物象的衣服也屬於象服。陳奐《詩毛氏傳疏》:"象服未聞,疑此即褖衣也。象,古褖字,《說文》:'褖,飾也。'象服猶褖飾,服之以畫繪爲飾者。"[1] 陳奐認爲指褖衣。馬瑞辰也認爲象服即褖衣。[2]

---

① 陳奐:《詩毛氏傳疏》,《清經解續編》第 11 册,第 4006 頁。
② 馬瑞辰:《毛詩傳箋通釋》卷 5,第 171 頁。

宵衣

黑色的絲服。宵通綃。《儀禮·士昏禮》：“姆纚笄宵衣在其右。”鄭玄注：“宵，讀爲《詩》‘素衣朱綃’之綃，《魯詩》以綃爲綺屬也；姆亦玄衣，以綃爲領，因以爲名，且相別耳。”《儀禮·特牲饋食禮》：“主婦纚笄宵衣，立於房中，南面。”鄭玄注：“宵，綺屬也。此衣染之以黑，其繒本名宵……凡婦人助祭者同服也。”據鄭玄注，婦人出嫁，姆身穿玄衣，但因爲此衣是以綃爲領，故名綃衣。

潁衣

加於錦衣之上的單紗罩衣，女子出嫁時在途中所穿，以擋蔽塵土。服者的身份不同，罩衣的衣料也不同。《儀禮·士昏禮》：“女從者畢袗玄，纚笄被潁黼，在其後。”鄭玄注：“潁，禪也……士妻始嫁，施禪黼於領上。”賈公彥疏：“云‘潁，禪也’者，此讀如《詩》云‘褧衣’之‘褧’，故爲禪也。”此指領上繡有黼紋的單衣。

《詩經》作“褧衣”，《詩·衛風·碩人》：“碩人其頎，衣錦褧衣。”毛傳：“夫人德盛而尊，嫁則錦衣加褧襜。”鄭玄箋：“國君夫人翟衣而嫁。今衣錦者，在塗之所服也。”《詩·鄭風·丰》：“衣錦褧衣，裳錦褧裳。”鄭玄箋云：“褧，禪也，蓋以禪縠爲之，中衣裳用錦而上加禪縠焉，爲其文之大著也。庶人之妻嫁服也，士妻紖衣纁袡。”

褧衣，字或作“絅衣”，《禮記·玉藻》：“禪爲絅。”鄭玄注：“有衣裳而無裏。”《中庸》引《詩》作“衣錦尚絅。”朱熹《集注》：“褧絅同，禪衣也。”[1]

《儀禮》又作“景衣”，《儀禮·士昏禮》云：“姆加景。”鄭玄注：“景之制，蓋如明衣，加之，以爲行道禦塵，令衣鮮明也。”賈公彥疏：“士妻衣上亦用禪縠。《碩人》是國君夫人，亦衣錦褧衣，則尊卑同用禪縠。”絅乃單縠之衣，加於衣服上，爲行道禦塵，令衣鮮明。

景與絅、褧，音相近，所指并同，皆爲加於錦衣之上在途所穿之衣，爲行道禦塵之用。

稅衣

有纁色邊緣裝飾的黑衣。“稅”通“褖”。《禮記·雜記上》：“繭衣裳，與稅衣，纁袡爲一。”鄭玄注：“稅衣，若玄端而連衣裳者也。”孔穎達疏：“稅，謂黑衣也。”《禮記·雜記上》：“夫人稅衣揄狄，狄稅素沙。”陳澔《禮記集說》：“稅衣，色黑而緣

---

[1]　朱熹：《四書章句集注》，中華書局 2012 年版，第 40 頁。

以纁。"① 纁色,乃赤而微黄之色。

<h1 style="text-align:center">第二節　弁服</h1>

三禮中有爵弁服、韋弁服、皮弁服幾種弁服。爵弁服重於韋弁服,韋弁服重於皮弁服。② 下面依據三禮的記載,并參考任大椿《弁服釋例》,對弁服的形制與功能作考察。

## 一、爵弁服

爵弁服,以冠名爲爵弁得名,其服飾構成爲純衣(緇色絲衣)、纁裳、緇帶、韠韐。《儀禮·士冠禮》載:"爵弁服,纁裳,純衣,緇帶,韠韐。"鄭玄注:

> 爵弁者,冕之次,其色赤而微黑,如爵頭然,或謂之緅。其布三十升。纁裳,淺絳裳。凡染絳,一入謂之縓,再入謂之赬,三入謂之纁,朱則四入與? 純衣,絲衣也。餘衣皆用布,唯冕與爵弁服用絲耳。先裳後衣者,欲令下近緇,明衣與帶同色。韠韐,緼韍也。士緼韍而幽衡,合韋爲之。士染以茅蒐,因以名焉。今齊人名蒨爲韠韐。韍之制似韠。冠弁者不與衣陳而言於上,以冠名服耳。

據經注,純衣即絲衣,緇色。帶從衣色,爲緇帶。下裳爲纁色,蔽膝從裳,用韠韐。

爵弁服,天子、諸侯的大帶用素帶,終裨;大夫裨垂;士練帶,裨末。《詩·曹風·鳲鳩》:"其帶伊絲,其弁伊騏。"鄭玄箋:"其帶伊絲,謂大帶也。大帶用素絲,有雜色飾焉。"孔穎達疏:"《玉藻》説大帶之制云:'天子素帶朱裏終辟,諸侯素帶終辟,大夫素帶辟垂,士練帶率下辟。'是大夫以上,大帶用素,故知'其帶伊絲',謂大帶用素絲,故言絲也。《玉藻》又云:'雜帶,君朱緑,大夫玄華,士緇辟。'是其有雜色飾焉。"《儀禮·士喪禮》:"緇帶",鄭玄注謂:"黑繒之帶。"賈公彦疏:"上

---

① 陳澔:《禮記集説》,第 319 頁。
② 關於弁服與朝服、玄端之形制、功用,可參見任大椿《弁服釋例》,《續修四庫全書》第 109 册,第 83—218 頁。

雖陳三服同用一帶者，以其士唯有此一帶而已。案《玉藻》云士'練帶緇辟'，是黑繒之帶據裨者而言也。但生時著服不重各設帶，此襲時三服俱著共一帶，爲異也。"天子、諸侯、卿大夫的大帶獨用素帶，冕服與弁服均用之，故爵弁之帶不用緇帶而用素帶。士爵弁服之帶從裳色，故用緇帶。

天子、諸侯爵弁服的舄無明文可考。大夫、士爵弁服用纁屨，黑絇繶純。《詩·豳風·狼跋》："公孫碩膚，赤舄幾幾。"孔穎達疏："《士冠禮》云：'玄端黑屨，青絇繶純。爵弁纁屨，黑絇繶純。純博寸。'注云：'絇之言拘，以爲行戒，狀如刀衣鼻在屨頭。繶，縫中紃也。'屨順裳色，爵弁之屨以黑爲飾。爵弁尊，其屨飾以繢次。云'幾幾，絇貌'，謂舄頭飾之貌。以爵弁祭服之尊，飾之如繢次，屨色纁，而絇用黑，則冕服之舄必如繢次，舄色赤，則絇赤黑也。"《周禮·天官·屨人》云："辨外內命夫命婦之命屨、功屨、散屨。"賈公彥疏："士之命服，爵弁則纁屨，故云命屨纁屨而已。"天子、諸侯爵弁之舄，依據屨順裳色的通例，蓋用赤舄與？

爵弁服的中衣用素。《禮記·郊特牲》："繡黼丹朱中衣，大夫之僭禮也。"鄭玄注："繡黼丹朱以爲中衣領緣也。繡讀爲綃。綃，繒名也。《詩》云：'素衣朱綃。'又云：'素衣朱襮。'襮，黼領也。"孔穎達疏：

> 中衣，謂以素爲冕服之裏衣，猶今中衣單也。……云"繡黼丹朱以爲中衣領緣也"者，中衣，謂冕及爵弁之中衣，以素爲之，繡黼爲領，丹朱爲緣。云"繡讀爲綃，綃，繒名也"者，案注《昏禮》引《詩》云："素衣朱綃。"《魯詩》亦以爲綃。綃，綺屬，以《魯詩》既爲綃字，又五色備曰繡，白與黑曰黼，繡、黼不得共爲一物，故以繡爲綃也，謂於綃上而刺黼文也。引《詩》云"素衣朱綃"者，證以繡爲綃。又引《詩》"素衣朱襮"者，證黼領也。案《釋器》"黼領謂之襮"，故云"襮，黼領也"。案《玉藻》云："以帛裹布，非禮也。"此素衣是絲，當爲冕及爵弁之中衣。《禮》："朝燕之服，皆以布爲之。"皇氏云："此素爲中衣，兼爲朝燕服之中衣。"非也。案《禮》公之孤四命，則爵弁自祭也。則天子大夫四命，亦當爵弁自祭，則中衣得用素，但不得用綃黼爲領、丹朱爲緣耳。熊氏云：此云大夫僭，謂非四命大夫而著素衣爲僭。今爲四命得著素衣，但以綃黼丹朱猶爲僭也。其大夫士助祭於君，服爵弁以上，雖中衣用素，亦不得用綃黼丹朱以爲領緣，以其是諸侯之服，故《唐詩·揚之水》"刺晉昭公微弱"，云："素衣朱綃，從子於鵠。"國人欲進此服，去從桓叔爲諸侯也。

著爵弁服時可配穿黑羔裘。《詩·召南·羔羊》："羔羊之革，素絲五緎。"孔穎達疏:"《司裘職》云'掌爲大裘,以供王祀天之服',更不別言衮冕已下之裘,明六冕與爵弁同用黑羔裘。……又以《司服職》云'王祀昊天上帝,則服大裘而冕',以下冕不復云裘,《司裘職》云'掌爲大裘,以供王祀天之服',亦不別言衮冕以下之裘,明六冕與爵弁同用大裘之羔裘矣。"因裘與衣色相稱,故爵弁服用黑色羔裘。《周禮·天官·司裘》:"季秋,獻功裘,以待頒賜。"賈公彦疏:"卿大夫助祭用冕服,士用爵弁。君朝服冕服羔裘,卿大夫士弁冕用羔裘。至於朝服亦用羔裘,即是君臣祭服、朝服同服羔裘也。"爵弁服爲大夫士之尊服,助祭時服之,配用黑羔裘。

## 二、韋弁服

韋弁服以首服韋弁而得名,弁和衣服都是以紅色熟皮製作。《周禮·春官·司服》:"凡兵事,韋弁服。"鄭玄注:"韋弁,以韎韋爲弁,又以爲衣裳。《春秋傳》曰'晉郤至衣韎韋之跗注'是也,今時伍伯緹衣,古兵服之遺色。"跗注乃戎服之一種,其形似褲而與腳相連,韋皮製成,上束於腰,下裹於足,便於行動。《左傳·成公十六年》:"楚子使工尹襄問之以弓,曰:'方事之殷也,有韎韋之跗注,君子也。'"杜預注:"跗注,戎服。若袴而屬於跗,與袴連。"《國語·晉語六》:"鄢之戰,郤至以韎韋之跗注,三逐楚共王卒。"韋昭注:"跗注,兵服,自要以下注於跗。"①

韋弁服的弁、衣裳皆赤色。《詩·小雅·采芑》:"服其命服,朱芾斯皇,有瑲蔥珩。"鄭玄箋云:"天子之服,韋弁服,朱衣裳也。"特殊場合中,韋弁服也可以變通爲赤衣素裳。據禮書記載,韋弁或用於聘禮,爲聘禮時卿歸賓饔餼之服。《儀禮·聘禮》云:"卿韋弁,歸饔餼。"鄭玄注云:"韋弁,韎韋之弁,蓋韎布爲衣而素裳。"賈公彦疏:"入廟不可純如兵服,故疑用韎布爲衣也。言素裳者,亦從白屨爲正也。"因聘享之禮非戎事,且聘禮時使者(賓)住於大夫、士之宗廟,而進入廟中又不可純穿著戎服,故卿穿的韋弁服與兵事之戎服韋弁服應有所區別,其衣爲韎染的赤布衣,而裳爲素裳,舄爲白舄。《儀禮·聘禮》:"下大夫韋弁,用束帛致之。上介韋弁以受,如賓禮。"夫人使下大夫歸禮之服。《儀禮·聘禮》:"夕,夫人使下大夫韋弁歸禮。"因聘禮乃賓客之禮非兵事,故此韋弁服亦應是素裳。

---

① 徐元誥:《國語集解》,第390—391頁。

韋弁服的韠與爵弁同，皆用韎韐。韋弁服上衣爲赤色，依據禮之通例，韠同裳色，故韠爲赤色。《文選·西京賦》：“緹衣韎韐。”李善注：“緹衣韎韐，武士之服。”① 據此韋弁服亦用韎韐。

天子、諸侯皮弁服所用之舃，無明文記載，依據舃從裳色的禮例推測，蓋韋弁服之舃用赤舃否？ 一説大夫白屨，黑絇繶純。②

韋弁服用狐裘。《詩·召南·羔羊》：“羔羊之革，素絲五緎。”孔穎達疏：“若兵事，既用韎韋，衣則用黃衣狐裘及貍裘，象衣色故也。又襄四年《傳》云‘臧之狐裘，敗我於狐駘’，又定九年傳云‘晳幘而衣貍制’是也。”

韋弁服爲天子、諸侯、大夫兵事之服。《周禮·春官·司服》：“凡兵事，韋弁服。”兵服用韋，因韋革經過熟治，質堅硬。兵事雖服韋弁服，但在戰爭中韋弁服上還是需要穿甲冑以防禦，《左傳·成公十六年》記載郤至服韋弁服而免冑見楚子可證。韋弁服又名“戎輅之服”，《左傳·僖公二十八年》：“賜之大輅之服，戎輅之服。”孔穎達疏：“二輅各有服者，《周禮·司服》‘侯伯之服，自鷩冕而下。凡兵事，韋弁服’。金輅祭祀所乘，其大輅之服，當謂鷩冕之服。戎輅之服，當謂韋弁服也。”

## 三、皮弁服

皮弁服以首服皮弁而得名，構成如下：首服皮弁，白布衣，積素以爲裳，素帶或緇帶（大夫以上素帶，士緇帶，與爵弁同），素韠。

皮弁以淺毛鹿皮爲之，色白。③ 天子、諸侯、卿大夫會中綴有玉綦，與韋弁相同；天子、諸侯玉笄象邸，大夫象笄象邸，士象笄，與爵弁相同。《儀禮·士冠禮》：“皮弁服，素積，緇帶，素韠。”鄭玄注：“此與君視朔之服也。皮弁者，以白鹿皮爲冠，象上古也。積猶辟也，以素爲裳，辟蹙其要中。皮弁之衣用布亦十五升，其色象焉。”據鄭玄説，皮弁服之衣以十五升布裁製而成，此説多遭後世學者所

---

① 蕭統編，李善注：《文選》卷2，第69頁。

② 任大椿：《弁服釋例》卷3，《續修四庫全書》第109册，第137—138頁。

③ 《尚書·顧命》亦謂之騏弁。陸佃《埤雅》：“《詩》曰：‘其帶伊絲，其弁伊騏。’弁，皮弁也，以鹿皮爲之，故曰皮弁；一名騏弁，其色則象騏故也。”參見陸佃《埤雅》卷12，王敏紅點校，浙江大學出版社2008年版，第117頁。

駁。①裳亦素積以爲裳，即裳腰處有褶襴。大夫以上用素帶，士用緇帶。《詩·曹風·鳲鳩》："其帶伊絲，其弁伊騏。"毛傳："弁，皮弁也。"鄭玄箋云："其帶伊絲，謂大帶也。大帶用素絲，有雜色飾焉。"皮弁服之韠從裳色，天子至士都用素韠。《禮記·玉藻》："韠，君朱，大夫素，士爵韋。"鄭玄注："皮弁服皆素韠。"

皮弁服之舄或屨從裳色，爲白色。天子、諸侯以白舄，青絇繶純；大夫、士以白屨，緇絇繶純。鞋子的鑲邊寬爲一寸。②《儀禮·士冠禮》："素積白屨，以魁柎之，緇絇繶純，純博寸。"此是士之皮弁服用屨，有屨飾。

皮弁服所配裘，有狐白裘、麛裘、麑裘等。天子視朝，三公及諸侯在王朝，服皮弁用狐白裘，錦衣裼之。天子、卿大夫及諸侯、卿大夫在天子之朝亦皮弁，用狐白裘，素衣裼之。諸侯在國視朔及受聘享，服皮弁，則素衣麛裘。天子之士及諸侯之士在天子之朝，皮弁服，配麛裘。《詩·秦風·終南》："君子至止，錦衣狐裘。"毛傳："錦衣，采色也。狐裘，朝廷之服。"鄭玄箋云："至止者，受命服於天子而來也。諸侯狐裘，錦衣以裼之。"孔穎達疏：

> 鄭於《坊記》注云："在朝君臣同服。"《士冠禮》注云："諸侯與其臣，皮弁以視朔，朝服以日視朝。"《論語》云："素衣麑裘。"云素衣，諸侯視朔之服。《聘禮》云："公側授宰玉，裼降立。"注引《論語》曰："'素衣麑裘'，皮弁時或素衣，其裘同，可知也。"然則諸侯在國視朔，及受鄰國之聘，其皮弁服皆服麑裘，不服狐白。此言狐裘爲朝廷之服者，謂諸侯在天子之朝廷服此服耳，其歸在國則不服之。《曾子問》云："孔子曰：'天子賜諸侯冕弁服於太廟。歸設奠，服賜服。'"然則諸侯受天子之賜，歸則服之以告廟而已，於後不復服之。知視朔、受聘服麑裘。此美其受賜而歸，故言"錦衣狐裘"耳。

以上孔穎達疏解較爲明晰。又《禮記·玉藻》："士不衣狐白。"鄭玄注："辟君也。狐之白者少，以少爲貴也。"孔穎達疏："其天子之士，及諸侯之士，在天子之朝，既不衣狐白，熊氏云'用麛裘素裼也'。諸侯朝天子受皮弁之裼，歸來鄉國，則亦錦衣狐裘以告廟，則《秦詩》云'君子至止，錦衣狐裘'是也。告廟之後則服之，其在國視朔，則素衣麛裘。卿大夫士亦皆然，故《論語》注云'素衣麑裘，視朔之服'是也。其受外國聘享，亦素衣麛裘，故《聘禮》'公裼降立'。注引《玉藻》云'麛

---

① 參見孫詒讓：《周禮正義》卷40，第1638—1640頁。
② 任大椿：《弁服釋例》卷5，《續修四庫全書》第109冊，第163頁。

裘青豻襃'，絞衣以裼之'，又引《論語》云'素衣麑裘皮弁，時或素衣'。如鄭此言，則裼衣或絞或素不定也。"《詩·召南·羔羊》："羔羊之革，素絲五緎。"孔穎達疏："士則麛裘青豻襃，以狐白之外，唯麛裘素也。"

表 2–3　弁服構成一覽表

| | 爵弁服 | 韋弁服 | 皮弁服 |
|---|---|---|---|
| 冠 | 爵弁 | 韎韋爲弁 | 皮弁 |
| 衣裳 | 純衣（緇色絲衣）纁裳 | 韎韋爲衣；韎韋爲裳，或素裳 | 鄭玄認爲白布衣，以十五升布爲之。一説素衣。素積以爲裳 |
| 帶 | 士用緇帶；天子、諸侯用素帶，終紳；大夫紳垂；士練帶，紳末 | 朱帶 | 素帶或緇帶（大夫以上素帶，士緇帶，與爵弁同） |
| 韠 | 韎韐 | 朱韠 | 素韠 |
| 烏屨 | 天子、諸侯之烏無明文記載；大夫、士纁屨，黑絇繶純 | 天子、諸侯之烏無明文記載；纁屨或白屨。大夫白屨，黑絇繶純 | 天子、諸侯白烏，青絇繶純；大夫、士白屨，緇絇繶純。純博寸 |
| 裘 | 羔裘 | 黃衣狐裘及貍裘 | 狐白裘，或麛裘 |
| 備注 | | 軍事用之 | |

# 第三節　冠服

　　冠服是配合玄冠而穿的服裝，冠服有二，一爲朝服，一爲玄端，朝服重於玄端。《禮記·雜記上》："受皮弁服於中庭，自西階受朝服，自堂受玄端，將命，子拜稽顙，皆如初。"《周禮·春官·司服》："其齊服有玄端素端。"鄭玄注："玄冠，自祭其廟者，其服朝服、玄端。"《儀禮·士冠禮》："主人玄冠朝服。"《儀禮·特牲饋食禮》："及筮日，主人冠端玄，即位於門外，西面。"鄭玄注："冠端玄，玄冠、玄端。下言玄者，玄冠有不玄端者。"朝服與玄端同用玄冠，但朝服之裳以素而屨色白，玄端則玄裳、黃裳、雜裳而著黑屨。因爲六冕都是使用正幅，故亦名端，是以《禮記·樂記》云魏文侯"端冕而聽古樂"。又《論語·先進》云"端章甫"，此端也是指玄端，乃諸侯視朝之服。

## 一、朝服

朝服是在正式禮儀場合所穿的服裝,朝服的得名,是因其爲諸侯、大臣每日視朝之服。《論語・鄉黨》曰:"吉月,必朝服而朝。"此指視朝。《儀禮・燕禮・記》:"燕,朝服於寢。"鄭玄注:"朝服者,諸侯與其群臣日視朝之服也,謂冠玄端、緇帶、素韠,白屨也。燕於路寢,相親昵也。今辟雍十月行此燕禮,玄冠而衣皮弁服,與禮異也。"《詩・鄭風・緇衣》:"緇衣之宜兮。"孔穎達疏:"諸侯與其臣服之以日視朝,故禮通謂此服爲朝服。"《左傳・襄公十四年》:"皆服而朝。"杜預注:"服朝服,待命於朝。"孔穎達疏:"諸侯每日視朝,其君與臣皆服玄冠、緇布衣,素積以爲裳。《禮》通謂此服爲朝服。宴食雖非大禮,要是以禮見君,故服朝服。公食大夫之禮,賓朝服,則臣於君,雖非禮食,亦當服朝服也。"

朝服的構成爲:玄冠,以繒爲之;衣玄色,用十五升緇布裁製而成;素裳;緇帶,素韠(白韋韠)或緇韠;白屨。

士加冠時,主人服朝服。《儀禮・士冠禮》載:"主人玄冠,朝服,緇帶,素韠。"鄭玄注:"玄冠,委貌也。朝服者,十五升布衣而素裳也。衣不言色者,衣與冠同也。筮必朝服者,尊蓍龜之道。緇帶,黑繒帶。士帶博二寸,再繚四寸,屈垂三尺。素韠,白韋韠,長三尺,上廣一尺,下廣二尺,其頸五寸,肩革帶,博二寸。天子與其臣,玄冕以視朔,皮弁以日視朝。諸侯與其臣,皮弁以視朔,朝服以日視朝。凡染黑,五入爲緅,七入爲緇,玄則六入與?"據經注,朝服用玄冠、緇帶、白韋製作的蔽膝。《禮記・玉藻》:"朝服以日視朝於內朝。"鄭玄注:"朝服,冠玄端、素裳也。"與玄端不同,朝服之裳爲素裳。《儀禮・特牲饋食禮》云:"特牲饋食,其服皆朝服,玄冠,緇帶,緇韠。"鄭玄注:"於祭服此也。皆者,謂賓及兄弟,筮日、筮尸、視濯亦玄端,至祭而朝服。朝服者,諸侯之臣與其君日視朝之服,大夫以祭。今賓兄弟緣孝子欲得嘉賓尊客以事其祖禰,故服之。緇韠者,下大夫之臣。夙興,主人服如初,則固玄端。"士祭祖時,主人玄端而祭祀,賓兄弟等朝服而祭。

天子、諸侯的朝服之舄,穿白舄,青絇繶純;大夫、士穿白屨,黑絇繶純。《周禮・天官・屨人》鄭玄注:"青絇者,王白舄之飾。言繶必有絇純,言絇亦有繶純,三者相將。王及后之赤舄皆黑飾,后之青舄白飾。凡屨之飾,如繡次也。黃屨白飾,白屨黑飾,黑屨青飾。"賈公彥疏:"冠弁服則諸侯視朝之服,是以《燕禮記》云'燕朝服',鄭云:'諸侯與其群臣日視朝之服也。'謂冠玄端、緇帶、素韠、白屨也。"

冠弁服即朝服，天子、諸侯皆素裳，屨從裳色，故服白舄。《儀禮·鄉飲酒禮》："鄉朝服而謀賓、介。"鄭玄注："朝服，冠玄端，緇帶，素韠，白屨。"此鄉飲酒禮謀選賓介，服朝服，屨從裳色，用白屨。

朝服，君臣皆服羔裘，但臣子所服羔裘則以豹皮作爲袖子的緣飾。《詩·召南·羔裘》："羔羊之皮，素絲五紽。"毛傳："大夫羔裘以居。"孔穎達疏："謂居於朝廷，非居於家也。《論語》曰：'狐貉之厚以居。'注云'在家所以接賓客'，則在家不服羔裘矣。《論語》注又云：'緇衣羔裘，諸侯視朝之服。卿大夫朝服亦羔裘，唯豹袪，與君異耳。'明此爲朝服之裘，非居家也。"此朝服服羔裘之證。又《周禮·天官·司裘》賈公彥疏："卿大夫助祭用冕服，士用爵弁。君朝服冕服羔裘，卿大夫士弁冕用羔裘。至於朝服亦用羔裘，即是君臣祭服、朝服同服羔裘也。"緇衣羔裘爲諸侯之朝服，《禮記·玉藻》云："羔裘豹飾，緇衣以裼之。"鄭玄注："飾，猶褎也。孔子曰：'緇衣羔裘。'"孔穎達疏："又《詩·唐風》'羔裘豹袪'，卿大夫之服。《檜風》云：'羔裘逍遙。'鄭玄云：'朝燕之服也。'《論語》云'緇衣羔裘'，注云：'諸侯之朝服羔裘者，必緇衣爲裼。'"《詩·召南·羔裘》云："羔羊之革，素絲五緎。"孔穎達疏："其諸侯視朝及卿大夫等同用黑羔裘，以《玉藻》云'羔裘緇衣以裼之'，又鄭玄注《論語》云'緇衣羔裘，諸侯視朝之服'是也。若諸侯視朔，君臣用麛裘，知者，鄭注《論語》云'素衣麛裘，諸侯視朝之服'。其臣則青豻褎，絞衣爲裼。……凡裘，人君則用全，其臣則褎飾爲異，故《唐詩》云'羔裘豹袪'，鄭云"卿大夫之服"是也。"禮，君用純物，臣下之用雜，臣子裘服的袖以豹皮鑲邊，以別尊卑。

朝服的異名較多，據任大椿《弁服釋例》，[1] 枚舉如下：

一曰玄衣，《禮記·王制》："周人冕而祭，玄衣而養老。"鄭玄注："玄衣素裳。"孔穎達疏："又《儀禮》朝服緇布衣素裳，緇則玄，故爲玄衣素裳。"玄衣，上爲玄色衣，下爲素裳。

一曰緇衣，《詩·鄭風·緇衣》："緇衣之宜兮，敝，予又改爲兮。"毛傳："緇，黑色，卿士聽朝之正服也。"鄭玄箋："緇衣者，居私朝之服也。天子之朝服，皮弁服也。"孔穎達疏："此緇衣，即《士冠禮》所云'主人玄冠朝服，緇帶素韠'是也。"《禮記·緇衣》孔穎達疏："緇衣者，諸侯朝服，故《論語》云'緇衣羔裘'，注云：'諸侯之朝服，其服緇布衣而素裳，緇帶素韠。'故《士冠禮》云：'主人玄冠朝服，緇帶

①　任大椿：《弁服釋例》卷 6，《續修四庫全書》第 109 册，第 183—185 頁。

素韠。'注云:'朝服者,十五升布衣而素裳也。衣不言色者,衣與冠同也。'"緇衣
亦曰黑衣。《戰國策·趙策》:"願令得補黑衣之數。"① 漢人以黑衣名皂衣,《漢
書·蕭望之傳》:"敞備皂衣二十餘年,嘗聞罪人贖矣,未聞盜賊起也。"顏師古注
引如淳曰:"雖有五時服,至朝皆著皂衣。"②

一曰玄端,《儀禮·士冠禮》:"玄端,玄裳、黃裳、雜裳可也。"賈公彥疏:"彼云
朝服,即此玄端也。但朝服亦得名端,故《論語》云'端章甫',鄭云:端,諸侯視朝
之服耳。皆以十五升布爲緇色,正幅爲之同名也。"

一曰鄉服,《儀禮·鄉飲酒禮》:"明日,賓服鄉服以拜賜。"鄭玄注:"鄉服,昨
日與鄉大夫飲酒之朝服也。不言朝服,未服以朝也。"

## 二、玄端

玄端上衣玄色無文,衣長和衣袖寬用布皆二尺二寸, ③ 每一幅都裁爲正方
形,故稱玄端。《周禮·春官·司服》:"其齊服有玄端、素端。"鄭玄注:"玄謂端者,
取其正也。士之衣袂,皆二尺二寸而屬幅,是廣袤等也。其祛尺二寸。大夫以
上侈之。侈之者,蓋半而益一焉。半而益一,則其袂三尺三寸,祛尺八寸。"《禮
記·王制》孔穎達疏:"謂之端者,已外之服,其袂三尺三寸,其祛尺八寸,其玄端
則二尺二寸,祛尺二寸。端,正也。以幅廣二尺二寸,袂廣二尺二寸,與之正方,
故云玄端也。"《禮記·文王世子》孔穎達疏:"玄端其衣,則緇布衣也。謂之端者,
端,正也。其制正幅,袂二尺二寸,祛尺二寸。"大夫以上之袂三尺三寸,其祛一尺
八寸。士袂二尺二寸,其祛一尺二寸。

玄端服的構成如下:玄冠;衣以十五升緇布裁製而成;天子、諸侯的玄端服朱
裳,大夫素裳,士玄裳或黃裳、雜裳;天子、諸侯朱韠,大夫素韠,士爵韠或緇韠。④
《周禮·春官·司服》:"凡甸,冠弁服。"鄭玄注:"王卒食而居則玄端。"賈公彥疏:
"案《玉藻》:'韠,君朱,大夫素,士爵韋。'鄭注云:'天子、諸侯玄端朱裳。'以其云
朱韠,韠同裳色故也。鄭因朝服而説玄端者,以朝服與玄端大同小異。以其玄冠
緇布衣,皆有正幅爲端則同,但易其裳耳,故因説玄端也。若然,大夫素韠則素

---

① 繆文遠:《戰國策新校注》(修訂本),第 667 頁。
② 班固:《漢書》卷 78,第 3277、3278 頁。
③ 士妻綃衣之袂皆正方,與士同,大夫内子之袂與大夫之袂同。
④ 孫詒讓:《周禮正義》卷 40,第 1644—1645 頁。

裳。其士韠言爵，爵是不純之名，以其《士冠禮》上士玄裳，中士黃裳，下士雜裳。雜裳者，前三幅玄，後四幅黃，故爵韠也。”《儀禮·士冠禮》：“玄端，玄裳、黃裳、雜裳可也。”鄭玄注：“玄端即朝服之衣，易其裳耳。上士玄裳，中士黃裳，下士雜裳。雜裳者，前玄後黃。《易》曰：‘夫玄黃者，天地之雜色，天玄而地黃。’”賈公彥疏：“彼朝服素韠，韠同裳色，則裳亦素。此既易其裳，以三等裳同爵韠，則亦易之矣。不言者，朝服言素韠，不言裳，故須言易。彼言素韠，此云爵韠，於文自明，故不須言易也。……三裳同云爵韠，故知三等之士同用爵韋爲韠也。……以其裳有三等，爵亦雜色，故同爵韠。若然，大夫素裳則與朝服不異者，禮窮則同也。”雜裳的前三幅爲玄色，後四幅爲黃色。《禮記·玉藻》：“韠，君朱，大夫素，士爵韋。”鄭玄注：“此玄端服之韠也。韠之言蔽也。凡韠，以韋爲之，必象裳色。則天子、諸侯玄端朱裳，大夫素裳。唯士玄裳、黃裳、雜裳也。”孔穎達疏：“以韠從裳色，君既用朱，故知裳亦朱色也。然天子、諸侯祭服，玄衣纁裳。知此朱韠非祭服韠者，若其祭服則君與大夫士無別，同是赤色，何得云‘大夫素，士爵韋’？且祭服之韠，大夫以上謂之韍，士爵弁謂之韎韐，不得稱韠也。云‘大夫素裳’者，大夫玄端，以素爲裳，故素韠也。”《儀禮·士冠禮》：“兄弟畢袗玄，立於洗東，西面，北上。”鄭玄注：“畢猶盡也。袗，同也。玄者，玄衣、玄裳也。緇帶韠。位在洗東，退於主人，不爵韠者，降於主人也。”兄弟卑於主人，不用爵韠而用緇韠。

天子、諸侯穿黑舄，赤絇繶純。《左傳·桓公二年》：“帶裳幅舄。”孔穎達疏：“黑舄者，玄端之舄。其士皆著屨。”天子、諸侯舄有三等，玄端一則不能與祭服同用赤舄，二若與韋弁、皮弁同爲白色，則黑舄無所施，故天子、諸侯着黑舄。士玄端屨亦從玄裳之色用黑屨，青絇繶純。《儀禮·士冠禮》：“玄端黑屨，青絇繶純，純博寸。”鄭玄注：“屨者順裳色，玄端黑屨，以玄裳爲正也。”大夫雖然玄衣素裳，但屨從衣色而不從裳色，用黑屨。①

玄端配狐青裘，《禮記·玉藻》：“君子狐青裘豹褎，玄綃衣以裼之。”鄭玄注：“君子，大夫、士也。綃，綺屬也，染之以玄，於狐青裘相宜。狐青裘，蓋玄衣之裘。”此玄衣，孔穎達疏引皇侃、劉氏等認爲蓋即玄端。又《詩·衛風·旄丘》：“狐裘蒙戎，匪車不東。”毛傳：“大夫狐蒼裘，蒙戎以言亂也。”孔穎達疏：“《玉藻》云：‘君子狐青裘豹褎，玄綃衣以裼之。’青、蒼色同，與此一也。大夫息民之服，有黃

---

① 任大椿：《弁服釋例》卷8，《續修四庫全書》第109冊，第215頁。

衣狐裘。又狐貉之厚以居,在家之服。傳以此刺其徒服其服,明非蜡祭與在家之服,知爲狐蒼裘也。蒼裘所施,禮無明文,唯《玉藻》注云:‘蓋玄衣之裘。’《禮》無玄衣之名,鄭見‘玄綃衣以裼之’,因言‘蓋玄衣之裘’,兼無明説,蓋大夫士玄端之裘也。大夫士玄端裳雖異也,皆玄裘象衣色,故皆用狐青,是以《玉藻》注云:‘君子大夫士衣。’”據此,孔穎達亦認爲狐青裘爲玄端之裘。[①] 賈公彥亦認爲是玄端之裘,《周禮·天官·司裘》:“季秋,獻功裘,以待頒賜。”鄭玄注:“功裘,人功微粗,謂狐青麛裘之屬。鄭司農云:‘功裘,卿大夫所服。’”賈公彥疏:“狐青裘者,鄭《玉藻》注云‘蓋玄衣之裘’。天子下至士玄端之服皆服之。”功裘爲天子頒賜大夫士之裘,故知狐青裘非冕服之裘,又緇衣羔裘爲諸侯視朝之服,故推斷狐青裘非朝服之裘,綜合以上諸説,推測玄端之裘爲狐青裘。

或曰天子、諸侯燕居,服玄端則用羔裘。《詩·召南·羔羊》:“羔羊之革,素絲五緎。”孔穎達疏:“其天子、諸侯燕居,同服玄端,則亦同服羔裘矣。”

表2-4　冠服構成一覽表

| | 冠 | 衣 | 裳 | 帶 | 韠 | 舄、履 | 裘 |
|---|---|---|---|---|---|---|---|
| 朝服 | 玄冠 | 十五升緇布 | 素裳 | 緇帶 | 素韠或緇韠(尊者爵韠,卑者緇韠) | 天子、諸侯白舄,青絇繶純;大夫、士白屨,黑絇繶純 | 君臣均羔裘。臣則豹皮緣袖 |
| 玄端 | 玄冠 | 十五升緇布 | 鄭玄説,天子、諸侯朱裳,大夫素裳,士玄裳,或雜裳、黃裳 | 緇帶 | 天子、諸侯朱韠;大夫素韠;士爵韠,或以緇韠 | 天子、諸侯黑舄,赤絇繶純;大夫、士黑屨,青絇繶純 | 狐青裘,或曰羔裘 |
| 備注 | | | 金鶚、孫詒讓等認爲天子至於士玄端均玄裳 | | 金鶚等認爲玄端服均爵韠 | | |

## 三、冠弁服

冠弁服是天子田獵所穿之服,也爲諸侯視朝之服。《周禮·春官·司服》:“凡

---

[①] 《禮記·玉藻》孔穎達疏駁皇侃、劉氏之説認爲玄衣非玄端,而此疏認爲玄衣即玄端,狐青裘爲玄端之裘。兩疏矛盾。

甸,冠弁服。"鄭玄注:"冠弁,委貌,其服緇布衣,亦積素以爲裳,諸侯以爲視朝之服。《詩·國風》曰'緇衣之宜兮',謂王服此以田。"據鄭玄注,冠弁即玄冠,即委貌。①冠弁服構成是:玄冠,緇布衣,蓋亦十五升布爲之,素積裳。依據衣服通例,推測帶用緇帶,韠爲素韠,足穿白屨。

### 四、素端

凶災時齋戒祈禱所服之服,其制與玄端相同,而用白布裁製而成。《周禮·春官·司服》:"其齊服有玄端、素端。"鄭玄注:"士齊有素端者,亦爲札荒有所禱請。變素服言素端者,明異制。"賈公彥疏:"素端者,即上素服,爲札荒祈請之服也。"《禮記·雜記上》:"素端一,皮弁一,爵弁一,玄冕一。"孫希旦《禮記集解》:"素端,制若玄端,而用素爲之,蓋凶札祈禱致齊之服也。"②素端構成爲縞冠、白布衣、素裳、素韠、素屨。


# 第四節　裘衣與裼襲衣

商周時期,裘是貴族常穿的禦寒冬服,是比較高級的衣服,尤其是狐皮、羔皮製作的裘衣,爲冬季所穿的高級服裝。禦寒之裘的穿著時間,《大戴禮記·夏小正》載九月"王始裘"③。又《國語·周語中》云:"隕霜而冬裘具。"韋昭注:"孟冬,天子始裘,故九月可以具。"④ 可知入冬即可穿裘衣。

### 一、裘

裘是用獸皮製作的皮毛衣,《説文·衣部》云:"裘,皮衣也。"段玉裁注:"裘之制,毛在外。"⑤《説文·衣部》解釋"表"字説:"古者衣裘,故以毛爲表。"⑥甲骨文

---

① 孫詒讓力主冠弁爲玄冠上加皮弁之説,參見《周禮正義》卷40,第1641—1645頁。可備一説。
② 孫希旦:《禮記集解》卷40,第1069頁。
③ 王聘珍:《大戴禮記解詁》,第45頁。
④ 徐元誥:《國語集解》,第65頁。
⑤ 段玉裁:《説文解字注》,第398頁。
⑥ 段玉裁:《説文解字注》,第390頁。

"裘"字作 𧚊(《合集》7921)、𧚊(《合集》7922)等形,字像衣服裘毛向外之形,可知商周時期裘衣的毛向外。

用以做裘的皮毛多種多樣,諸如狐、虎、豹、熊、犬、羊、鹿、貂、狼、兔等動物的皮,皆可用以製作裘衣。

裘衣中尤以狐裘較爲珍貴。《呂氏春秋·分職》載宛春曰:"公衣狐裘,坐熊席,陬隅有灶,是以不寒。民則寒矣。"① 説明狐裘爲高級貴族禦寒的服裝。《左傳·襄公十四年》:"右宰穀從而逃歸,衛人將殺之。辭曰:'余不説初矣,余狐裘而羔袖。'乃赦之。"杜預注言:"言一身盡善,惟少有惡,喻己雖從君出,其罪不多。"狐裘比較珍貴,只有袖子是羔皮,所以用來比喻過失是局部的。狐、貂、貉所製的裘名貴,成爲富有的象徵。如《論語·子罕》:"子曰:'衣敝縕袍,與衣狐貉者立而不恥者,其由也與?'"《論語·公冶長》:"子路曰:'願車馬,衣輕裘,與朋友共,敝之而無憾。'"狐皮或貉皮的裘又輕又暖,所以又稱輕裘。

依據皮毛顏色的差異,狐裘有狐白裘、狐黃裘、狐青裘等種類,尤以狐白裘最爲珍貴,乃稀有之物。狐腋下純白之皮所聚成之皮,又稱狐白裘,其色白,最爲輕暖,因而也最爲貴重。《晏子春秋·外篇》載齊景公"賜晏子狐白之裘,玄豹之茈,其貲千金"②。《史記·孟嘗君列傳》記載秦昭王囚禁了齊國孟嘗君計劃殺之,孟嘗君使人抵昭王幸姬求解,幸姬曰"妾願得君狐白裘"。③ 這些記載都説明狐白裘的珍貴。狐白裘外以錦衣罩之,稱爲"錦衣狐裘",乃天子之朝服,諸侯於天子之朝,天子之卿大夫及諸侯之卿大夫在天子之朝亦服之,是規格較高的服飾。

羔裘是用黑色羔皮製作的皮衣,是羊皮衣中的高級品,亦爲重要的禮服。《左傳·昭公二十九年》:"賜公衍羔裘,使獻龍輔於齊侯,遂入羔裘,齊侯喜,與之陽穀。"齊侯因得一件羔裘而把陽穀邑賜予公衍,足見羔裘的珍貴。狐裘、羔裘貴重的原因,《白虎通·衣裳》解釋云:"裘,所以佐女工助溫也。古者緇衣羔裘,黃衣狐裘。禽獸衆多,獨以狐羔何? 取其輕暖,因狐死首丘,明君子不忘本也。羔取其跪乳遜順也。"④ 狐貍、羊羔之皮毛,柔細叢生,比較暖和,故以之製作爲良裘。

---

① 陳奇猷:《呂氏春秋新校釋》卷25,第1668頁。

② 張純一:《晏子春秋校注》卷7,第364頁。

③ 司馬遷:《史記》卷75,第2354頁。

④ 陳立:《白虎通疏證》卷9,第433—434頁。

黑羔裘是祀天所服之服，又稱爲大裘。《周禮·天官·司裘》：“掌爲大裘，以共王祀天之服。”鄭玄注引鄭司農注：“大裘，黑羔裘，服以祀天，示質。”祭服皆玄上纁下，大裘與上衣（龍衮）相配。羔裘亦可爲諸侯之朝服，《論語·鄉黨》曰：“緇衣，羔裘。”皇侃疏：“是君臣日視朝之服也。”《詩·鄭風·羔裘》：“羔裘如濡，洵直且侯。”鄭玄箋云：“緇衣羔裘，諸侯之朝服也。”

鹿裘被視作粗劣之裘，大概是因爲上古中原地區鹿較易得而皮又不如狐、羔輕暖的緣故。《史記·太史公自序》：“夏日葛衣，冬日鹿裘。”① 葛衣爲粗布之衣，與鹿裘對舉，説明鹿裘非貴重之物。《淮南子·精神訓》：“文繡狐白，人之所好也，而堯布衣揜形，鹿裘禦寒。”②《晏子春秋·外篇》：“晏子相景公，布衣鹿裘以朝。公曰：‘夫子之家，若此其貧也，是奚衣之惡也。’”③ 布衣與鹿裘皆非貴重之物，服之以示簡樸。

麑裘是以幼鹿皮製作的裘衣。《禮記·玉藻》記載：“君衣狐白裘，錦衣以裼之。”孔穎達疏：“其在國視朔，則素衣麑裘。卿大夫士亦皆然，故《論語》注云‘素衣麑裘，視朔之服’是也。”據此，麑裘是諸侯在國視朔之裘。聘禮亦服麑裘。孔穎達疏云：“其受外國聘享，亦素衣麑裘，故《聘禮》‘公裼降立’。注引《玉藻》云‘麑裘青豻褎，絞衣以裼之’，又引《論語》云‘素衣麑裘皮弁，時或素衣’。”

黼裘，是黑羔皮夾雜白狐皮製作的皮裘，黑色與白色交雜成黼紋，故名黼裘。《禮記·玉藻》：“唯君有黼裘以誓省。”鄭玄注：“黼裘，以羔與狐白雜爲黼文也。省，當爲獮。獮，秋田也。國君有黼裘誓獮田之禮。”孔穎達疏：“黼裘，以黑羊皮雜狐白爲黼文以作裘也。”國君秋季獮田獵誓時穿黼裘。但秋天的天氣似并不適於服裘衣，也可能是深秋九月寒冷時服之。

良裘，是供君王所服的精製皮裘，冕服、弁服之裘皆是良裘。《周禮·天官·司裘》：“中秋，獻良裘，王乃行羽物。”鄭玄注引鄭司農曰：“良裘，王所服也。”孫詒讓《周禮正義》：“凡冕服、弁服之裘皆是。以尊者所親御，當擇毛物純縟、人功密緻者獻之，故稱良裘。”④

功裘，天子賜給卿大夫穿的一種皮裘，其做工略粗於國君所穿的良裘。《周

① 司馬遷：《史記》卷130，第3290頁。
② 劉文典：《淮南鴻烈集解》卷7，第232—233頁。
③ 張純一：《晏子春秋校注》卷7，第365頁。
④ 孫詒讓：《周禮正義》卷13，第494頁。

禮·天官·司裘》：“季秋獻功裘以待頒賜。”鄭玄注：“功裘，人功微麤，謂狐青麛裘屬。鄭司農云：‘功裘，卿大夫所服。’”狐青裘、麛裘皆屬於功裘。

褻裘，家居常穿的皮衣，用狐貍皮、貉皮製作。①《論語·鄉黨》：“褻裘長，短右袂。”褻裘是私居之服，狐皮或貉皮製作，其質地粗糙，穿著它只是爲了保暖，故長於其他裘；又爲穿著方便作事，故右袂較短。《禮記·玉藻》云“犬羊之裘不裼”，則褻裘亦不裼。

犬裘爲狗皮作的皮衣，羊裘爲羊皮做的皮衣，是等級較低之皮衣。《禮記·玉藻》云：“犬羊之裘不裼。”鄭玄注謂庶人無文飾，然則犬羊裘是庶人之裘，非貴族所服。《淮南子·齊俗訓》：“貧人則夏被褐帶索”，“冬則羊裘解札”。②《淮南子·說山訓》：“被羊裘而賃，固其事也。貂裘而負籠，甚可怪也。”③

廞裘，隨葬之裘。《周禮·天官·司裘》：“大喪，廞裘，飾皮車。”鄭玄注：“鄭司農云：‘廞裘，陳裘也。’玄謂廞，興也，若《詩》之興，謂象似而作之。凡爲神之偶，衣物必沽而小耳。”據鄭玄注，廞裘是大喪時隨葬的裘衣（製作的偶衣物，即送死之裘），其形制短小，製作粗糙簡單。

## 二、裼衣

裘衣的裘毛在外，通體一色，其形不雅又不美觀，故在行禮或待客時要罩上裼衣以增加服飾的文采。《禮記·玉藻》：“表裘不入公門。”鄭玄注：“必覆之者，裘襲也。”表裘，指裘毛外露，裘外無裼衣又無上服。裘衣上需罩上裼衣并加穿上服，然後纔可進入公門。

裼衣，是覆加於裘外之衣，裼衣上又加正服（朝服、皮弁服等），故裼衣亦稱爲中衣。《禮記·檀弓上》：“袪，裼之可也。”鄭玄注：“裼，表裘也。”孔穎達疏：“裼謂裘上又加衣也。”《禮記·玉藻》：“裘之裼也，見美也。”孔穎達疏：“裘之裼者，謂裘上加裼衣，裼衣上雖加他服，猶開露裼衣，見裼裘之美，以爲敬也。”孔穎達謂裘上加裼衣，這是正確的。但是在裘衣之外加上幾重衣服呢？一說，裼衣上加有多重衣。《禮記·曲禮下》：“執玉，其有藉者則裼，無藉者則襲。”孔穎達疏解云：“裼

---

① 參見江永《鄉黨圖考》卷6，《清經解》第2冊，第2071頁。
② 劉文典：《淮南鴻烈集解》卷11，第375頁。
③ 劉文典：《淮南鴻烈集解》卷16，第537頁。

所以異於襲者，凡衣近體有袍襗之屬，其外有裘，夏月則衣葛，其上有裼衣，裼衣上有襲衣，襲衣之上有常著之服，則皮弁之屬也。"①這一説法是錯誤的，江永、宋綿初等已駁之。②一説，裼衣上即正服。《禮記‧玉藻》："錦衣以裼之。"鄭玄注："然則錦衣復有上衣明矣。天子狐白之上衣皮弁服與？凡裼衣象裘色也。"此注有兩點：第一，禮之通例，裼衣色與與裘色一致。第二，裼衣上再服"上服"，也就是常穿之衣（即禮典中之禮服）。這一點，賈公彦疏解較爲明了。《儀禮‧聘禮》："裼降立。"賈公彦疏云：

> 凡服四時不同。假令冬有裘，儭身襌衫，又有襦袴，襦袴之上有裘，裘上有裼衣，裼衣之上又有上服、皮弁祭服之等。若夏則以絺綌，絺綌之上則有中衣，中衣之上復有上服、皮弁、祭服之等。若春秋二時，則衣袷襦，袷襦之上加以中衣，中衣之上加以上服也。

據賈疏之言，周代四時均有裼衣，裼衣即中衣。裼衣外再加上一層外衣，謂之"正服"（又稱"上衣""上服""常著之服"）。正服也就是外面的衣服。清代夏炘《學禮管釋》云："裘之上有裼衣，裼衣之上朝祭服。"③這一説法是正確的。另外如郝敬、萬斯大、蔡德晉等認爲裼衣即朝祭服（禮服）④，此説前人多辨其誤。⑤

不同級別貴族的裘服，其配穿的裼衣也存在差別，不同毛色的裘須與不同色的裼衣相配。《禮記‧玉藻》記載：

> 君衣狐白裘，錦衣以裼之。君之右虎裘，厥左狼裘。士不衣狐白。君子狐青裘豹褎，玄綃衣以裼之；麑裘青豻褎，絞衣以裼之；羔裘豹飾，緇衣以裼之；狐裘，黃衣以裼之。錦衣狐裘，諸侯之服也。犬羊之裘不裼。

依據周禮，服之中外之色相稱，裘色與裼衣顔色需相稱。庶人穿用犬羊皮製

① 《左傳‧哀公十七年》："至，袒裘，不釋劍而食。"杜預注："食而熱，故偏袒，亦不敬。"孔穎達疏："裼衣之上乃有朝祭正服，裘上有兩衣也。"孔穎達疏解不一。
② 《禮記‧玉藻》曰："襲裘不入公門。"孔穎達疏云："裘上有裼衣，裼衣之上有襲衣，襲衣之上有正服。"據《曲禮疏》，襲衣即所謂中衣。今考《禮記‧玉藻》："君衣狐白裘，錦衣以裼之。"鄭玄注曰："錦衣復有上衣。天子狐白之上衣皮弁服。"皮弁即爲錦衣之上服，而裼衣之上不再有中衣。孔説錯誤。
③ 夏炘：《學禮管釋》，《清經解》第12冊，第4798頁。
④ 參見秦蕙田《五禮通考》卷120，光緒六年（1880）江蘇書局重刊本。
⑤ 參見任大椿《深衣釋例》卷3，《續修四庫全書》第107冊，第232頁。

作的裘,因爲本來此類裘就不雅觀,且"禮不下庶人",裘外不再加裼衣。

表2-5　服裘表（據三禮記載整理）

|  | 祭祀 | 視朝及朝服 | 燕居 | 在朝 | 其他 |
|---|---|---|---|---|---|
| 天子 | 祭天大裘(上服龍衮) | 狐白裘（錦衣裼之，即皮弁服） | 狐青裘（玄綃衣裼之，上則玄端服） | 狐白裘 |  |
| 諸侯 | 誓省以麛裘（?）<br>黃衣狐裘腊祭 | 羔裘（上服：緇衣、素裳） | ? | 在天子朝以狐白裘（素錦衣以裼之） |  |
| 卿大夫 | 冬月祭祀服狐蒼裘（上服爵弁服）<br>自祭之服:羔裘 | 羔裘（緇衣以裼之，袖飾與君不同） | ? | 狐白裘以在天子朝（素衣以裼之） | 兵事則韎韋衣,用黃衣狐裘及貍裘 |
| 士 | 士助祭於君用爵弁服,狐青裘,豹袖,玄綃衣裼之<br>士自祭其先,羔裘,上加玄端服 | 朝服緇衣,裘以羔裘 | 褻裘 | 諸侯之士在天子之朝,用麛裘,素衣裼之 | 凡裘,君用全,臣則褻飾爲宜 |
| 備注 | 祭祀服裘不裼;卿大夫從君視朔以素衣麛裘,受外國之聘享亦同;庶人犬羊之裘,不裼 | | | | |

## 第五節　喪服

《儀禮·喪服》所規定的喪服,由重至輕,有斬衰、齊衰、大功、小功、緦麻五個等級,稱爲五服。五服分別適用於與死者親疏遠近不等的各種親屬,每一種服制都有特定的居喪服飾、居喪時間和行爲限制。關於先秦喪服,學者多有研究①,下面在學者研究基礎上,對喪服相關名物作考察。

---

① 丁鼎:《〈儀禮·喪服〉考論》,社會科學文獻出版社2003年版;丁凌華:《中國喪服制度史》,上海人民出版社2000年版;章景明:《先秦喪服制度考》,臺灣中華書局1986年版。

## 一、男子喪服

### （一）斬衰

斬衰是五服中最重的喪服，服期三年。斬有二意，一是斬斷，即將麻布斬斷，《禮記・雜記下》："縣子云：三年之喪如斬，期之喪如剡。"因與死者親疏關係不同，生者哀戚之情有深有淺，用斬，是表示孝子內心痛甚之義；二是不加縫緝的意思，喪服斷處外露不縫邊。[①] 斬衰服是用最粗惡的雌麻布製做，斷處外露不緝邊，因稱斬衰，用以表示哀痛之深。

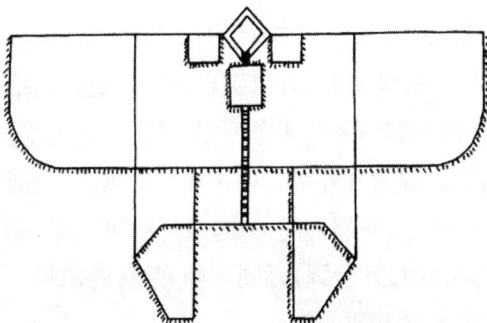

圖 2-2　斬衰（據鄭玄注構擬）

從斬衰至於緦麻，喪服的上衣均外削幅。所謂削幅，指裁好的布幅經縫合後，原布幅被削減部分或者邊幅被縫合部分。將縫合部分外露外翻以使服飾外觀粗惡，稱爲外削幅。吉服則內削幅，指將縫合部分內藏內翻以使服飾美觀。喪服重上衣，故吉凶異制，變爲外削幅，而下裳則同於吉服內削幅。

斬衰之服的男子全套喪服是"斬衰裳，苴絰、杖，絞帶，冠繩纓，菅屨"。

苴絰，指用已結子的雌麻纖維織成的粗麻布帶子，共兩條，一爲首絰，用以圍髮固冠，有繩纓下垂。製作方法是：以兩股連根帶稍的苴麻散麻糾合成周長九寸的麻帶，以麻根置於左耳處，麻梢從額前繞右耳、項後回至左耳處，綴束之，多餘之麻以麻梢在外、麻根在內的方式垂於左耳之際。一爲腰絰，用作腰帶。製作方法是：兩股散麻糾合成麻帶，纏於腰間，多餘部分散而下垂三尺，也稱散帶。腰絰比首絰細。

杖，也就是後世俗稱的哭喪棒。喪服用杖只有兩種：苴杖和削杖。杖的手持方式皆"下本"。本即根，即根部向下。斬衰所用之杖爲苴杖（苴有粗惡之意），

---

① 緶邊，繰邊，是一種縫紉方法，指作衣服邊或帶子時把布邊往裏頭捲進去，然後藏著針腳縫。喪服縫邊包括衰、適、負版、衣帶下、衽等。

竹製,以其所用竹粗惡如苴,故名苴杖。高與胸口齊,表明孝子内心哀慟,難以自持,需要以杖支撐病體。用杖有幾重意義,一是表示喪主的身份,只有孝子用杖;二是因爲孝子喪親,悲哀哭泣減少飲食等原因導致身體羸弱,故用杖"扶病也"①。三是代表爵位。《儀禮・喪服》傳文云:"杖者何? 爵也。無爵而杖者何? 擔主也。非主而杖者何? 輔病也。童子何以不杖? 不能病也。婦人何以不杖? 亦不能病也。"

絞帶,是以絞麻爲繩作帶,與腰絰相似。絞帶先由散麻絞合成細股,再由細股多股編成繩。周代祭服用帶,有大帶、革帶之分,革帶用來拴繫蔽膝,大帶用絲織品製成,加於革帶之上。喪服中用絞帶代替革帶,腰絰則代替大帶。

斬衰之冠,冠梁用六升(480縷)麻布製成,麻布上有三條向右折疊的縱向褶襇,稱爲三辟積。三辟積依次向右疊壓相縫,稱爲右縫,以别吉凶。②冠武用雄麻絞成的麻繩爲之,稱爲繩武。冠梁兩頭一前一後與武之固定縫接處,稱爲畢。畢采用外畢的縫紉方法。《儀禮・喪服》:"冠六升外畢。"鄭玄注:"外畢者,冠前後屈,而出縫於武也。"冠梁兩頭自冠圈内向圈外翻折而縫之,故外觀可見畢,稱爲外畢。吉冠則内畢。斬衰冠的纓(冠帶)與武(冠圈)爲同一條麻繩,繩曲折一圈成爲冠武,然後垂下爲冠纓,稱爲繩纓,結於頤下。

菅屨,亦稱菅菲,是用菅草編成的草鞋,粗陋而不作修飾。《儀禮・既夕禮》:"屨外納。"賈公彦疏:"謂收餘末鄉外爲之,取醜惡不事飾故也。"菅屨特點是外納,即用菅草編鞋子時,將菅草的結頭、餘頭向外編結,使之外露呈粗惡之狀。

《儀禮・喪服》:"傳曰:斬者何? 不緝也。苴絰者,麻之有蕡者也。苴絰大搞,左本在下,去五分一以爲帶。齊衰之絰,斬衰之帶也,去五分一以爲帶。大功之絰,齊衰之帶也,去五分一以爲帶。小功之絰,大功之帶也,去五分一以爲帶。緦麻之絰,小功之帶也,去五分一以爲帶。苴杖,竹也。削杖,桐也。杖各齊其心,皆下本。"喪服上衣"二尺有二寸",據鄭玄注,喪服上衣(衰)自領至腰而二尺二寸,爲一幅布的度數。

裳,即喪裙,内削幅,同於吉服。敖繼公《儀禮集説》解釋爲:"衰外削幅者,所以别於吉服之制,亦如喪冠外畢之類。裳幅不變者,衣裳同用,衣重而裳輕,變其

---

① 張焕君:《喪服用杖考論》,《中國文化研究》2002年春第1期,第135—144頁。
② 吉冠則左縫。小功、緦麻等輕服之冠亦左縫。

重者以示異足矣，故裳不必變也。"① 喪服下裳"裳三袧"，以別於祭服、朝服的"襞積無數"。《儀禮·喪服》："裳內削幅，幅三袧。"鄭玄注："袧者，謂辟兩側空中央也。祭服、朝服辟積無數，凡裳前三幅後四幅也。"袧，指喪服裳幅兩側作褶襇，中央不打褶襇。古服飾的褶襇統稱辟積（亦作襞積、素積），袧爲喪裙褶襇的專稱。幅三袧，即指每幅布有三個褶襇，以異於吉服褶襇的無定數。

斬衰裳并非貼身穿著，而是內襯白色的孝衣。

喪服衣袖以二尺二寸寬的正幅布連成。喪服之袪以一尺二寸布裁製而成。袂均爲外削幅。

衣帶下是遮掩下裳腰際部位的服飾。在上衣腰際相當於束帶之下縫綴一塊上下寬一尺的布，稱爲衣帶下，以遮掩裳之上際。衣帶下綴縫於襟下，前後各一塊，左右兩側與衽相連。

衽，指上衣兩旁掩裳際處形如燕尾的布。裳由前三幅後四幅麻布組成，前後麻布在腰間連爲一體，而裳的兩旁不相連合，兩腿之間是暴露的，故以衽遮掩。《儀禮·喪服》："衽二尺有五寸。"鄭玄注："衽所以掩裳際也。二尺五寸，與有司紳齊也。上正一尺，燕尾一尺五寸，凡用布三尺五寸。"衽有左右兩條，各長二尺五寸，其裁製方法是：以長三尺五寸、寬二尺二寸的麻布一幅，對裁成兩片似L形的相同布幅，長邊長二尺五寸，短邊長一尺，然後分別對折，縫綴垂放於喪服上衣兩側，即爲左右衽。

斬衰裳用每幅三升（八十縷爲一升，240縷）或三升半（280縷）的最粗的生麻布製作，② 都不縫邊，簡陋粗惡，用以表示哀痛之深。

喪服還有衰、適、負版等其他服飾（圖2-3），《儀禮·喪服·記》曰："負，廣出於適寸。適，博四寸，出於衰。衰，長六寸，博四寸。"鄭玄注："前有衰，後有負版，左右有辟領，孝子哀戚無所不在。"衰、適、負版是孝子爲父母喪服的特有服飾。

衰是垂綴於喪服胸前的一塊麻布，以示子喪父母有摧心之痛。③ 麻布的大小爲長六寸，寬四寸。衰布的位置，鄭玄注謂"當心"，大概在上衣胸部正中處。

---

① 敖繼公：《儀禮集說》卷11，第415—416頁。

② 子爲父，妻子爲夫，父爲長子所服斬衰，爲三升麻布；諸侯爲天子所服斬衰，用三升半之麻布。

③ 《釋名·釋喪制》云："生者成服曰縗，縗，摧也，言傷摧也。"（王先謙：《釋名疏證補》卷8，第291頁）引申衰又指喪服上衣。

《説文・糸部》作"縗",釋云:"縗,喪服衣,長六寸,博四寸,直心。"①《左傳・襄公十七年》:"齊晏桓子卒,晏嬰麤縗斬。"杜預注:"縗在胸前。"孔穎達疏:"衰(縗)用布爲之,廣四寸,長六寸,當心。"縗,粗布爲之,不縫不緝,斬衰、齊衰以外無當心之衰。

負,又稱負版,是背上的一塊方形粗麻布,表示喪親之痛負於背上之意。《論語・鄉黨》:"凶服者式之,式負版者。"此負版,即孝子背上的方布。賈公彥疏:"以一方布置於背上,上畔縫著領,下畔垂放之,以在背上,故得負名。"負版麻布質地與衰衣同,上端縫製於辟領之下,下端垂放不縫。負版非五服皆有,乃孝子服父母之喪所特有,爲重喪之象。

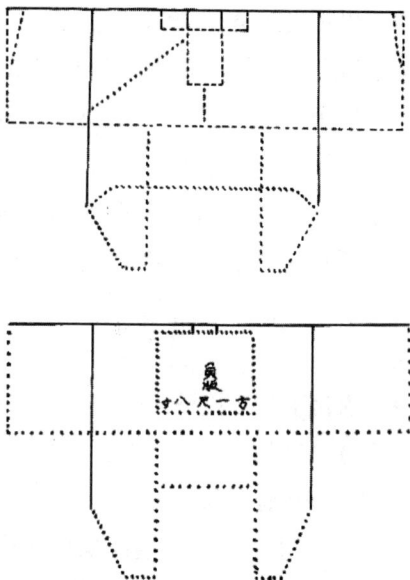

圖 2-3　斬衰前後（據黄以周）

適,指辟領,是斬衰、齊衰喪服從領口翻向左右兩肩的麻布。胡培翬《儀禮正義》引吳廷華曰:"衣當領處,縱橫各剪入四寸,以所剪各反折向外,覆於肩謂之適,亦曰辟領,其中空者爲闊中。"② 喪服上衣有前後襟,在衣領的正中往下剪四寸,再向左右兩側各橫剪四寸,以所剪開的麻布向外翻折覆蓋於肩,即辟領。因剪開辟領翻折後出現的領部空缺部位稱爲闊中,又稱闊中,前後襟闊中各長八寸、寬四寸。另用一塊長六寸、寬八寸的麻布裁製成加領,塞入闊中縫製爲領口。

（二）齊衰

齊衰是次於斬衰的第二等喪服,本身又分四個等級:齊衰三年,齊衰杖期,齊衰不杖期,齊衰三月。

1. 齊衰三年

齊衰三年的全套喪服是"疏衰裳、齊,牡麻絰,冠布纓、削杖、布帶、疏屨"。《儀

---

① 段玉裁:《説文解字注》,第 661 頁。古人認爲心在中心位置,此處"直心"也應是在上衣胸部正中,而不是心臟處。

② 胡培翬:《儀禮正義》卷 25,第 1609 頁。

禮・喪服》云：“《傳》曰：齊者何？緝也。牡麻者，枲麻也。牡麻経，右本在上，冠者沽功也。疏屨者，藨蒯之菲也。”疏有粗意，疏衰裳是用每幅四至六升的牡麻（雄麻）麻布製作，較斬衰用布略細。齊謂衣邊經縫緝而顯齊整。

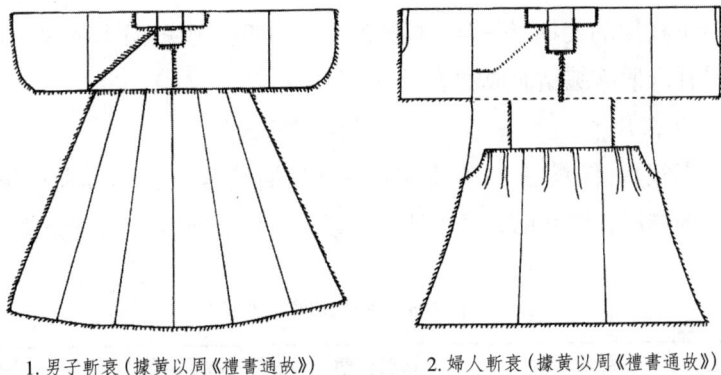

1. 男子斬衰（據黃以周《禮書通故》）　　2. 婦人斬衰（據黃以周《禮書通故》）

圖 2-4　斬衰

　　齊衰的喪冠（冠梁）以七升枲麻布製作，所用麻布也較斬衰略細。其麻布升數與大功的衣裳的升數相同，故《喪服》傳文稱“冠者，沽功也”。喪冠均武、纓條屬，即武、纓同材同用一條，然後以外畢的方式連接。齊衰的冠武、纓是用一條七升枲麻布帶圈成冠武，然後垂下爲纓，故叫布纓。《儀禮・喪服》賈公彥疏：“此布纓亦如上繩纓，以一條爲武，垂下爲纓也。”

　　牡麻経是用牡麻的纖維織成的粗麻布帶子，包括首経、腰経兩種。齊衰首経與斬衰“左，本在下”不同，而是“右，本在上”，即麻根搭在麻梢之上垂右耳處。齊衰腰経以散麻絞合而成，但多餘部分呈繩狀絞合而下垂，叫作結本。

　　杖用桐木製作，叫桐杖，經過砍削加工，故又稱削杖。一説，削杖上半部爲圓形，下半部爲方形。

　　布帶爲麻布所作，用如絞帶。

　　疏屨，用藨草、蒯草之類的草莖編織成。[1] 藨草、蒯草比菅草細，故用於齊衰服。

---

[1] 《廣雅・釋草》：“藨，鹿藿也。”（參見《廣雅疏證》卷 10 上，第 349 頁）鹿藿又名野綠豆，葉子似大豆，根黃而香。屬於豆科草本植物，莖可以編織。

婦女則無冠布纓,代以布總和用柞木製作的惡笄,仍梳髻,其餘同男子一樣。

2. 齊衰杖期

齊衰杖期喪服與齊衰三年完全相同,所不同的只是喪期較短,僅爲一年。

3. 齊衰不杖期

齊衰不杖期的喪期是一年,喪服與齊衰杖期有兩處不同,一是不用杖,二是改疏屨爲牡麻散麻編結而成的麻屨。

4. 齊衰三月

服喪期很短,僅爲三月,喪服與齊衰不杖期基本一致,只是將麻屨改爲用細麻繩編成的繩屨。繩屨的編結方法是先以散麻絞股成繩,再編成喪鞋。

表 2-6　齊衰喪服一覽表

| | 齊衰三年 | 齊衰杖期 | 齊衰不杖期 | 齊衰三月 |
|---|---|---|---|---|
| 衰裳 | 疏衰裳,齊 | 疏衰裳,齊 | 疏衰裳,齊 | 疏衰裳,齊 |
| 冠 | 冠布纓 | 冠布纓 | 冠布纓 | 冠布纓 |
| 絰帶 | 牡麻絰,布帶 | 牡麻絰,布帶 | 牡麻絰,布帶 | 牡麻絰,布帶 |
| 屨 | 疏屨,外納 | 疏屨,外納 | 麻屨,外納 | 繩屨,外納 |
| 杖 | 削杖 | 削杖 | 無 | 無 |
| 衰、負、適 | 有 | 有 | 無 | 無 |
| 備注 | | | | 無受 |

（三）大功

大功的喪期爲九個月,喪服爲布衰裳,牡麻絰,冠布纓,布帶,繩屨。這裏的布是指稍經鍛治的熟麻布,較齊衰用的生麻布細密,較小功爲粗,故稱大功。婦女不梳髻,布總亦用熟麻布。

表 2-7　大功喪服一覽表

| | 大功殤九月 | 大功殤七月 | 大功成人九月 |
|---|---|---|---|
| 衰裳 | 七升枲麻布 | 七升枲麻布 | 七升（降服）,八升（正服）,九升（義服） |
| 冠 | —— | —— | 衰裳七八升者,冠爲十升;<br>衰裳九升者,冠爲十一升 |
| 首絰 | 首絰有纓 | 首絰無纓 | |

续表

| | 大功殤九月 | 大功殤七月 | 大功成人九月 |
|---|---|---|---|
| 腰絰 | 不樛垂 | 不樛垂 | 樛垂 |
| 帶 | 布帶（七八九升） | 布帶（七八九升） | 布帶：七升、八升、九升 |
| 杖 | 無杖 | 無杖 | 無杖 |
| 屨 | 繩屨 | 繩屨 | 繩屨（一説麻屨） |
| 備注 | | 12—15 歲之中殤 | |

大功喪服分爲成人、未成年人（殤）所服大功。鄭玄注説："殤者，男女未冠笄而死，可哀傷者。"所謂未冠笄，是指未滿二十歲。據《儀禮·喪服傳》，"年十九至十六，爲長殤；十五至十二，爲中殤；十一至八歲，爲下殤；不滿八歲以下，皆爲無服之殤"。宗族成員未成年死亡，就依其血緣關係的親疏，并分別長殤、中殤、下殤的不同情況，決定服制的輕重，但即使最親的子女、弟妹、叔父、姑母，其長殤也只服大功九月，總的原則是輕於成人。

大功成人九月服：衰裳麻布升數爲七升（降服）、八升（正服）、九升（義服）。布帶用麻布的升數爲七、八、九升。冠所用麻布的升數較齊衰比較細密，衰裳七、八升者，冠十升；衰裳九升者，冠爲十一升。喪屨同於齊衰三月，爲繩屨。

大功殤九月服飾：殤服的最高級別。其服有：七升枲麻布爲衰裳，首絰有纓，腰絰不"樛垂"（樛垂，指帶子的散垂之麻絞束起來），腰絰繫束腰間後，多餘之麻散而下垂，不絞束。腰絰不樛垂，是殤服的最大特點。殤服無受服。

大功殤七月服飾：大致與大功殤九月服同，區別僅在於首絰無纓。

居大功之喪者初喪三餐不食，葬前居於堊室，疏食水飲，不食菜果，三月既葬，可食肉飲酒，復居正寢。

（四）小功

小功喪期爲五個月，分爲小功殤五月和小功成人服。《儀禮·喪服》："小功布衰裳，澡麻帶絰，五月者。"賈公彦疏："但言小功者，對大功是用功粗大，則小功是用功細小精密者也。"小功之服以熟麻布製成，視大功爲細，較緦麻爲粗。

小功殤服是"布衰裳，澡麻帶絰、冠布纓、吉屨無絇"。衰裳用十升麻布，絰帶所用的麻則經過澡治[①]。冠也爲十升，三辟積，左縫。小功首絰無纓，腰絰則

---

① 澡麻，也成澡治，是將麻浸在水中漚漬脱膠，使之柔和潔白而纖維易於分離。

不樛垂,繫腰後,多餘的麻散垂下來,并不絞束。吉屨即日常所穿的鞋,絇是鞋鼻上的裝飾,用以繫帶,小功是輕喪,不必專備服喪用的鞋,平常所穿的吉屨去絇即可。

小功成人服與小功殤服的區別有:成人服有變服,小功殤則無;衰裳升數,成人服有正服、義服、降服而升數則分爲十升、十一升、十二升三級。再者,成人小功服腰経樛垂。

表 2-8　小功喪服一覽表

| | 小功殤五月 | 小功成人五月 |
|---|---|---|
| 衰裳 | 十升麻布 | 十升、十一升、十二升 |
| 冠 | 十升;冠梁三辟積, 左縫 | 與衰裳升數同;冠梁三辟積, 左縫 |
| 首経 | 澡麻, 無繮 | 澡麻, 無繮 |
| 腰経 | 澡麻, 不樛垂 | 樛垂 |
| 帶 | 澡麻, 布帶 | 澡麻, 布帶 |
| 屨 | 吉屨無絇 | 吉屨無絇 |
| 變服 | 無受, 不變服 | 三月後變服 |

（五）緦麻

緦麻喪期僅爲三個月。緦麻,以澡治之麻織成十五升抽去其半之麻布,來作爲衰裳、冠梁、布帶之材料。《周禮·天官·典枲》:"掌布、緦、縷、紵之麻草之物,以待時頒功而授齎。"鄭玄注:"緦,十五升布抽其半者。"《儀禮·喪服》:"緦者,十五升抽其半,有事其縷,無事其布,曰緦。"鄭玄注:"謂之緦者,治有縷,細如絲也。"因爲其細如絲,正適宜用作最輕一等的喪服。"有事其縷",指對麻進行澡治。"有事其布",指對織成的麻布用石灰、草木灰等碱性物質作煮練脫膠處理,使麻布表面平整滑爽,即灰治。"無事其布",指麻布不再灰治。緦麻服的麻布是不經過灰治,而麻縷則做了澡治。

緦麻殤服與成人服喪期均爲三月,皆無受,無變服,三月既葬除服。二者差異有:一,緦麻殤服腰経"不樛垂",成人服則反之;二,緦麻殤服首経有縷,成人服無縷。

表 2-9　喪服一覽表

| | | 斬衰（三年） | 齊衰（三年） | 成人大功 | 成人小功 | 緦麻 |
|---|---|---|---|---|---|---|
| 衰裳 | 材質 | 苴麻 | 牡麻 | 牡麻 | | 澡治麻布 |
| | 升數 | 三升或三升半 | 四升麻布 | 七升 | 十升、十一升、十二升 | 十五升抽其半之緦布 |
| | 邊 | 不縫邊 | 緝邊 | 緝邊 | 緝邊 | 緝邊 |
| 冠 | 升數 | 六升 | 七升 | 十升或十一升 | 與衰裳升數同 | 緦冠 |
| | 纓 | 繩纓 | 布纓 | 布纓 | 布纓 | 澡纓 |
| | 冠梁 | 三辟積向右縫 | 三辟積向右縫 | 三辟積向右縫 | 三辟積向左縫 | 三辟積向左縫 |
| 首絰 | | 苴絰 | 牡麻絰 | 牡麻絰 | 澡麻絰 | 澡麻絰 |
| 腰絰 | | 絞帶 | 牡麻 | 牡麻絰 | 牡麻絰 | 無纓 |
| 帶 | | 絞帶 | 布帶 | 布帶 | 澡麻布帶 | 布帶 |
| 屨 | | 菅屨 | 疏屨 | 繩屨 | 吉屨無絇 | 吉屨無絇 |
| 杖 | | 苴杖 | 削杖 | 無杖 | 無杖 | 無杖 |
| 備注 | | | | | | |

## （六）五服之外其他關係的喪服

**繐衰**

用細疏的麻布製成之喪服，乃諸侯之大夫（陪臣）爲天子服喪所穿之喪服，服期七月，天子葬後即除。《説文・糸部》：“繐，細疏布也。”段玉裁注云：“按小功十升、十一升成布，而此用小功之縷四升半成布，是謂縷細而布疏。其名曰繐者，布本有一種細而疏者曰繐，但不若繐衰之太疏，而繐衰之名繐，實用其意，故鄭舉‘凡布’以名之。”[①] 繐衰服的衰裳用麻布四升布（麻縷 360 股）；冠用麻布爲八升（麻縷 640 股）；首絰、腰絰用牡麻，大致同於功服；布帶、喪屨同於小功服。《儀禮・喪服》：“繐衰裳，既葬除之者，諸侯之大夫爲天子。”鄭玄注云：“治其縷如小功，而成布四升半。細其縷者，以恩輕也；升數少者，以服至尊也。凡布細而疏者謂之繐。”賈公彥疏云：“天子七月而葬。”諸侯之大夫與天子關係較爲疏遠，受於

---

① 段玉裁：《説文解字注》，第 661 頁。

天子的恩惠比較輕微,故用小功之縷;又因爲天子至尊,不能不尊,而布又不能像小功布那樣的密,所以就用四升半的稀疏之布。

錫衰

細麻布所製,布用十五升去其半,較疑衰粗陋。錫,通"緆"。《周禮·春官·司服》:"王爲三公六卿錫衰。"鄭玄注:"君爲臣服吊服也。鄭司農云:'錫,麻之滑易者。'"《儀禮·喪服》:"大夫吊於命婦,錫衰。命婦吊於大夫,亦錫衰。傳曰:錫者何也?麻之有錫者也。錫者,十五升抽其半,無事其縷,有事其布,曰錫。"鄭玄注:"謂之錫者,治其布,使之滑易也。錫者,不治其縷,哀在內也。緦者不治其布,哀在外。君及卿大夫吊士,雖當事,皮弁錫衰而已。士之相吊,則如朋友服矣,疑衰素裳。凡婦人相吊,吉笄無首,素總。"錫衰是王爲三公六卿所服的喪服,亦爲大夫與命婦相吊之服。

緦衰

王爲諸侯所服的喪服,十五升去其半,較疑衰粗陋。《周禮·春官·司服》:"王爲三公六卿錫衰,爲諸侯緦衰,爲大夫士疑衰,其首服皆弁絰。"鄭玄注:"緦,亦十五升去其半,有事其縷,無事其布。"

疑衰

王爲大夫服的喪服,十四升細麻布爲之,較錫衰細密。"疑"通"擬","衰"通"縗"。《周禮·春官·司服》:"凡喪:爲天王,斬衰;爲王后,齊衰;王爲三公六卿,錫衰;爲諸侯,緦衰;爲大夫、士,疑衰。"鄭玄注:"疑之言擬也,擬於吉。"賈公彥疏:"天子臣多,故三公與六卿同錫衰,諸侯五等同緦衰,大夫與士同疑衰。"

表2-10 《周禮》所載周王凶服一覽表

| | 服弁服 | 弁絰服 | 素服 |
|---|---|---|---|
| 冠弁 | 服弁(喪冠) | 弁上加環絰(弁形如爵弁而素絹爲之) | 縞冠 |
| 服 | 斬衰、齊衰 | 爲三公六卿錫衰;爲諸侯緦衰;爲大夫士疑衰 | 素服 |
| 穿著場合 | 凶事 | 吊喪 | 大札、大荒、大災等年服之 |
| 備注 | | 施於小斂以後,既葬除之;喪主未成服,則玄衣纁裳,成服則服弁服 | |

公子爲母、妻服

公子爲母、妻的喪服，葬後即除服。《儀禮·喪服·記》："公子爲其母，練冠，麻，麻衣縓緣。"鄭玄注："公子，君之庶子也。"公子，指諸侯之庶子。公子爲其母的喪服，包括：熟麻布製作的冠；[1] 麻経帶，粗細規格與緦麻経帶相同；麻衣，以小功麻布所製作的深衣。《詩·曹風·蜉蝣》："蜉蝣掘閲，麻衣如雪。"鄭玄箋："麻衣，深衣。諸侯之朝，朝朝；朝夕則深衣也。"《禮記·間傳》："又期而大祥，素縞麻衣。"鄭玄注："謂之麻者，純用布，無采飾也。"麻衣以麻布製作，無彩。縓緣，指用淺紅絳布鑲邊。

庶子爲自己妻所服的喪服，《儀禮·喪服》載："爲其妻，縓冠，葛経帶，麻衣縓緣。皆既葬除之。"包括以淺紅色麻布製作喪冠，葛布製作的経帶，穿小功布做的帶有淺絳色鑲邊的麻衣，與公子爲母服相同。

朋友之服

朋友之間的服喪不在親疏五服之内，但因有同道之恩，故亦有喪服。《儀禮·喪服·記》："朋友麻。"鄭玄注："朋友雖無親，有同道之恩，相爲服緦之経帶。"吊唁朋友之喪時服緦麻之首経、腰経，吊唁結束即除服。

朋友們同在外國，若朋友客死他鄉者，無親屬爲之主理喪事，代主喪事的朋友可以服袒免（wèn）。《儀禮·喪服》云："朋友皆在他邦，袒免，歸則已。"鄭玄注："謂服無親者，當爲之主，每至袒時則袒，袒則去冠，代之以免。"袒，乃袒去衣袖，裸露左臂。免爲寬一寸之布，從項後繞至前額，再向後繞於紒。《禮記·問喪》有"禿者不免"之説，禿者無髮，無紒可繞，故不免。

《禮記·檀弓上》："公儀仲子之喪，檀弓免焉。"鄭玄注："故爲非禮，以非仲子也。《禮》：朋友皆在他邦，乃袒免。"《禮記·大傳》："五世袒免，殺同姓也。"郭店簡《六德》云："袒免爲宗族也，爲朋友亦然。"[2] 袒免者，爲五世同姓親，爲朋友而袒免，是比於同宗五世之親，是加服。

---

[1] 練冠，厚繒或粗布之冠。練，灰治之麻布。古禮親喪一周年祭禮時戴練冠。《左傳·昭公三十一年》："季孫練冠麻衣跣行。"孔穎達疏："練冠蓋如喪服斬衰，既練之後布冠也。"

[2] 劉釗：《郭店楚簡校釋》，福建人民出版社 2005 年版，第 109 頁。

表 2-11　三禮記載的吊服一覽表

| | 首服 | 衣服 | 哭 | 吊喪通例 | 備注 |
|---|---|---|---|---|---|
| 天子 | 弁絰（爵弁） | 三衰（錫衰、緦衰、疑衰） | 天子哭諸侯爵弁絰紂衣 | | 主人未成喪則玄衣纁裳，當事則弁絰，無衰，成服則弁絰服 |
| 諸侯 | 弁絰或皮弁 | 錫衰 | | 1. 凡吊，當事則弁絰<br>2. 哭吊同冠<br>3. 主人成服則吊者加衰，主人未服則吊者亦不加衰 | 國君爲其臣弁絰，爲他國之臣則皮弁（賈疏）一説，均皮弁（金榜） |
| 大夫 | 弁絰或皮弁） | 錫衰 | 大夫之哭大夫弁絰 | | 大夫吊於命婦，命婦吊於大夫亦均錫衰 |
| 士 | 素委貌 | 疑衰 | | | |
| 庶人 | 素冠委貌 | 白布深衣 | | | |
| 朋友 | 緦麻之首絰、腰絰 | | | | 吊畢即脫去 |

## 二、女子喪服

女子喪服與男子喪服的差異有四點，可以概括爲兩點，即首服與衰裳的差異。首服男子有冠、武、纚，女子首服則有總、笄、髽等，女子無冠，主要以髮飾爲喪服形式；男子衰裳不連，女子衰裳相連。

總

束髮之布帶。《儀禮·喪服》："女子子在室爲父，布總、箭笄、髽，衰三年。"鄭玄注："總，束髮。謂之總者，既束其本，又總其末。"胡培翬《儀禮正義》："案《內則》注亦云：'總，束髮。'孔疏：'總，裂練繒爲之。'是吉時以繒爲總，喪則以布爲總也。"[①]《禮記·檀弓上》："蓋榛以爲笄，長尺而總八寸。"鄭玄注："總，束髮垂爲飾，齊衰之總八寸。"婦人的總平時以絲帛爲材料，喪服則以麻布爲材料，故稱布總。布總升數與男子冠梁升數相同：斬衰總六升，齊衰總六升，大功總十升，小功總、緦麻總均十二升。

髽

女子不用喪冠，而是用一寸寬的麻布條從額上交叉繞過，再束髮成髻，這種喪髻叫作髽。髽有二：一是未成服之髽，一是成服之髽。《儀禮·喪服》："布總、

---

① 胡培翬：《儀禮正義》卷 25，第 1374 頁。

箭笄、髽三年。"鄭玄注："髽，露紒也，猶男子之括髮。斬衰括髮以麻，則髽亦用麻，以麻者，自項而前，交於額上，却繞紒，如著幓頭焉，《小記》曰：'男子冠而婦人笄，男子免而婦人髽。'"以上是未成服之髽。

成服之髽，也稱爲著笄之髽，成服後女子首服加有喪笄、喪總。程序是：除去麻髽或布髽，然後著喪總。布總束住髮髻後麻布有下垂部分，斬衰總垂六寸，齊衰、大功總垂八寸，小功緦麻總垂一尺。著總後再著笄。

笄

喪服之笄有箭笄、惡笄兩種。箭笄，以筱竹製作，長一尺，比象笄、玉笄等吉笄短了二寸。惡笄也稱榛笄，以榛木或柞木製成，長一尺。箭笄的使用對象爲女子在室爲父，妻爲夫，妾爲君等斬衰服；惡笄用於女子出嫁後爲父母，爲舅姑，女子在室爲母等齊衰服。

此外，女子服喪有吉笄折首之禮。《儀禮·喪服》記文云："女子子適人者爲其父母，婦爲舅姑，惡笄有首以髽。卒哭，子折笄首以笄，布總。傳曰笄有首者，惡笄之有首也。惡笄者，櫛笄也。折笄首者，折吉笄之首也。吉笄者，象笄也。何以言'子折笄首'而不言婦？終之也。"女兒出嫁後爲父母，媳婦爲公婆，均服齊衰不杖期，首服都是著惡笄露髽。女兒百日卒哭之後返回夫家，爲防公婆厭惡嫌棄，棄惡笄而使用吉笄，但吉笄之首有鏤刻紋飾部分需要折去，以與尋常吉笄相區別，吉笄長一尺二寸，折去笄首二寸，餘長一尺，與惡笄長度相等。束髮的麻布總不變。

衰

男子喪服衰裳分離，女子衰裳上下相連。女子的外衣原先都是連裳於衣，斬衰裳也無上下之分，連爲一體，類似於今日之連衣裙，亦稱爲衰。

《儀禮·喪服》："布總，箭笄，髽，衰，三年。"鄭玄注："此但言衰不言裳，婦人不殊裳，衰如男子衰，下如深衣，深衣則衰無帶，下又無衽。"賈公彥疏："云'衰如男子衰'者，婦人衰亦如下記所云'凡衰外削幅'，以下之制如男子衰也。云'下如深衣'者，如深衣六幅，破爲十二，闊頭鄉下，狹頭鄉上，縫齊倍要也。"女子之衰形制如同男子，其各等級的麻布升數、麻縷粗細也與男子同；女子衰服下部如同深衣，但用麻布製作，無緣邊，用料爲六幅，破爲十二片，腰部打褶襇，形成上狹下廣的式樣，衰服下緣部分的周長約是腰部周長的兩倍；由於爲上下相連制，故女子衰服無衣帶下與衽。

### 三、變除與受服

葬後哀痛稍減,喪服應隨之而輕,謂之變。去重服而易輕服,謂之受。喪服服飾除去後,不再易之以輕服,稱爲除。變後之輕服服飾稱爲受服。服喪期間,原成服時的服飾一服到底,稱爲無受。

喪服變除可以分爲無受服與有受服兩類。

無受服者,有如下幾種情況:其一,或因爲既葬除服,如大夫、士三月而葬,故齊衰三月、緦麻三月無受服。爲天子總衰七月,因天子七月而葬,故既葬除服,無受服。其二,殤服無受服。爲殤者服喪禮數簡化,"其文不縟",中間不變服。

有受服者在喪服中占據多數。五服的喪服時間有長有短。《禮記·雜記下》:"祥,主人之除也。於夕爲期,朝服。祥因其故服。"鄭玄注:"踰月吉祭,乃玄冠,朝服。既祭,玄端而居,復平常也。"孔疏:"云'踰月吉祭,乃玄冠朝服'者,以《少牢》吉祭朝服故也。若天子諸侯以下,各依本官吉祭之服也。云'既祭,玄端而居,復平常也'者,謂既祭之後,同平常無事之時故也。從祥至吉,凡服有六。祥祭,朝服縞冠,一也。祥訖,素縞麻衣,二也。禫祭,玄冠黃裳,三也。禫訖,朝服綅冠,四也。逾月吉祭,玄冠朝服,五也。既祭,玄端而居,六也。"喪禮分四個階段:

第一階段,從始死到葬後祔祭。其歷時因死者爵位不同而異。喪服從屬於喪禮。從大殮設奠之次日(士喪禮,即喪之第四日)至祔祭(大夫士三月、諸侯五月、天子七月),所有服喪的人一律成服。

第二階段,從祔祭後到喪二十三月小祥祭。其間在喪之六月,小功五月者以故衰除服;在喪之十月,大功九月者以所受小功衰除服。小祥祭後,斬衰三年者以初受齊衰,齊衰三年者以初受功衰,同再受功衰、裳,練冠,葛絰、帶、繩屨。齊衰期者在此時以所受功衰除服。

第三階段,從小祥祭後到喪之二十五月大祥祭。斬衰、齊衰三年者俱以再受功衰除服,改服縞冠(生帛爲縞)麻衣。凡有杖者均服除去杖。

第四階段,從大祥祭後到喪之二十七月禫祭。前已除服者又各以除前之服參與祭禮。禫之義爲淡,哀思已淡,可以作樂。祭後始服玄冠朝服。

表 2–12　喪服變除表

| | | 斬衰 | 齊衰（正服） | 大功（正服、降服同） | 小功成人降服 |
|---|---|---|---|---|---|
| 既虞、卒哭後 | 衰裳 | 衰裳六升，枲麻布 | 七升 | 十升 | 衰、冠十升，同於成服 |
| | 冠 | 受冠七升 | 八升 | 十一升 | |
| | 首絰 | 葛絰 | 葛絰 | 葛絰 | 葛絰 |
| | 腰絰 | 葛絰 | 葛絰 | | 葛絰 |
| | 帶 | 麻布帶 | | | |
| | 杖 | 不變 | | | 無杖 |
| | 屨 | 菅屨内納 | | | |
| 小祥 | 衰裳 | 七升；除去衰、適、負版 | 八升 | 九月除衰裳、葛絰，冠、屨變爲素冠、吉屨無絇，月底恢復吉服　大功成人義服：既虞卒哭以後受衰十一升，受冠十二升，其餘與大功成人降服同 | 五月除衰裳、葛絰，冠屨變爲素冠、吉屨無絇，五月期滿從吉　小功成人正服：既虞卒哭以後衰冠同於正服衰裳十一升、冠十一升，其餘變除同於小功成人降服　小功成人義服：既虞卒哭以後衰冠皆十二升，同於義服成服，其餘變除同於小功成人降服 |
| | 冠 | 練冠 | 練冠 | | |
| | 首絰 | 無 | 無 | | |
| | 腰絰 | 腰絰減去一股葛； | 相當於小功帶 | | |
| | 帶 | 練布帶 | | | |
| | 屨 | 繩屨無絇 | | | |
| | 杖 | 不變 | | | |
| 大祥 | 衰裳 | 十五升布深衣 | 素衣 | | |
| | 冠 | 縞冠 | 素冠 | | |
| | 腰絰 | 無 | | | |
| | 帶 | 布帶 | | | |
| | 杖 | 無 | 無 | | |
| | 屨 | 白麻屨，無絇 | 吉屨無絇 | | |
| 禫祭 | 衣裳 | 日常之服 | | | |
| | 冠帶 | 緅冠，冠纓彩飾，革帶 | | | |
| | 屨 | 吉屨無絇 | | | |
| 備注 | | | | | |

下面對喪冠作一介紹。

素冠

白布製作之冠，於凶喪時戴之。《禮記·曲禮下》："大夫、士去國，踰竟，爲壇位，鄉國而哭，素衣、素裳、素冠。"孔穎達疏："素衣、素裳、素冠者，今既離君，故其衣、裳、冠皆素，爲凶飾也。"《詩·檜風·素冠》："庶見素冠兮，棘人欒欒兮。"毛傳:"庶,幸也;素冠,練冠也。"

縞冠

白色生絹製作之冠,用於祥祭。《逸周書·器服解》:"縞冠素紕。"①《禮記·玉藻》:"縞冠素紕,既祥之冠也。"孔穎達疏:"縞是生絹而近吉,當祥祭之時,身著朝服,首著縞冠,以其漸吉故也。"

緂冠

黑白色相間的絲織物製作之冠。《禮記·雜記下》:"朝服。"鄭玄注:"朝服,緂冠。"陸德明《釋文》:"黑經白緯稱緂。"

# 第六節　其他

袍、襺

袍爲燕居之服,衣裳上下相連。《廣雅·釋器》:"袍,長襦也。"②《釋名·釋衣服》:"袍,丈夫著,下至跗者也。袍,苞也,苞内衣也。婦人以絳作衣裳,上下連,四起施緣,亦曰袍。"③《禮記·喪大記》:"袍必有表,不襌,衣必有裳,謂之一稱。"鄭玄注:"袍,褻衣,必有以表之乃成稱也。"袍爲深衣之制,乃燕居便服,故云褻衣,若無衣以表之則不成稱。這種袍類似後來的長袍,單層,因爲是貼身穿的,不便裸露,所以要在外面再加一層衣。

出土楚國袍子的特徵:一是交領、右衽、直裾,上衣與下裳連爲一體,在領、袖口部及裾邊鑲錦邊;二是袖有三種形式,一種是兩袖斜向外收殺,袖筒最寬處在腋下,小袖口(圖2–5);另一種爲兩袖平直,寬袖口,短袖筒;第三種爲長袖,袖下部垂弧。④

袍、襺皆爲燕居之服,有表有裏,内裏填充保暖材料。袍、襺的差別在於兩者裏面填物的不同。《禮記·玉藻》:"纊爲襺,緼爲袍。"鄭玄注:"衣有著之異名也。纊謂今之新綿也。緼謂今纊及舊絮也。"纊,指精細的新絲綿,後泛指綿絮。《禮

---

①　黄懷信等:《逸周書彙校集注》(修訂本)卷10,上海古籍出版社2007年版,第1109頁。

②　王念孫:《廣雅疏證》卷7下,第231頁。

③　王先謙:《釋名疏證補》卷5,第175頁。

④　彭浩:《楚人的紡織與服飾》,湖北教育出版社1996年版,第151—158頁。

記·喪大記》：“屬纊以俟絶氣。”鄭玄注：“纊，今之新綿。”《尚書·禹貢》：“厥篚纖纊。”僞孔傳：“纊，細綿。”《小爾雅·廣服》：“纊，綿也。絮之細者曰纊。”[1]《左傳·襄公二十一年》：“重繭衣裘，鮮食而寢。”杜預注：“繭，綿衣也。”孔穎達疏：“繭是袍之别名。謂新綿著袍，故云綿衣。”則繭乃是内充新絲綿的衣服。緼，指舊綿絮或亂麻絮。《漢書·東方朔傳》：“衣緼無文。”顏師古注：“緼，亂絮也。”[2]《説文·糸部》：“緼，紼也”，“紼，亂枲也。”[3]綜上，袍與繭的區别在於充絮在衣服裏子與面子之間的東西不同，充絮亂麻或舊絲綿的叫袍，充絮新絲綿的叫繭。

袍是比較低級的冬衣。《詩·秦風·無衣》：“豈曰無衣，與子同袍。”袍子爲戰士所服。《論語·子罕》：“衣敝緼袍，與衣狐貉者立而不恥者，其由也與？”用亂麻和舊綿絮做成的緼袍與狐貉之裘對比，説明緼袍比較低級。繭則比較高級。

祫衣

有襯裏而無絮的夾衣。《説文·衣部》：“祫，衣無絮。”[4]《急就篇》卷二：“襜褕祫複褶袴褌。”顏師古注：“衣裳施裏曰祫，褚之以綿曰複。”[5]夾衣稱爲祫，内充綿絮之夾衣稱爲複。《漢書·匈奴傳上》：“服繡祫

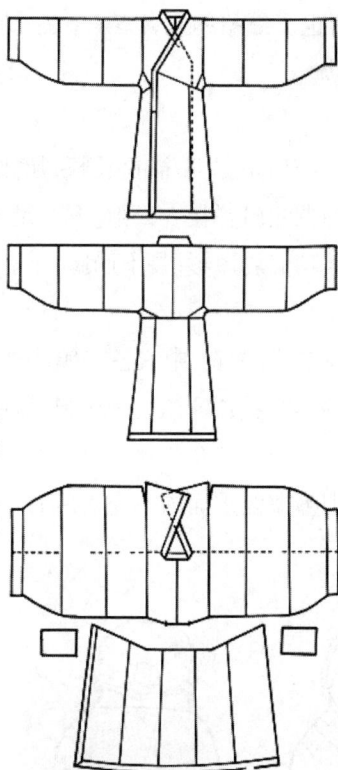

圖 2-5　小菱形紋綿袍（馬山 M1 出土）

圖 2-6　素色綿袍（馬山 M1 出土）

---

[1] 黄懷信：《小爾雅匯校集釋》，第 376 頁。

[2] 班固：《漢書》卷 65，第 2858、2859 頁。

[3] 段玉裁：《説文解字注》，第 662 頁。

[4] 段玉裁：《説文解字注》，第 394 頁。

[5] 史游：《急就篇》卷 3，第 144 頁。

綺衣、長襦、錦袍各一。"顏師古注:"袷者,衣無絮也。繡袷綺衣,以繡爲表,綺爲裏也。"① 袷因有襯裏而無絮,比充絮絲綿的複薄。

襦

襦是短衣。《説文·衣部》曰:"襦,短衣也。一曰㬜衣。"② 襦長及膝,類似今之短襖。《急就篇》卷二:"袍襦表裏曲領裙。"顏師古注曰:"長衣曰袍,下至足跗。短衣曰襦,自膝以上。一曰短而施腰者襦。"③ 襦類似於短衫,長不過膝,下體又穿裙與褲(圖2-7),故合稱褲襦或裙襦。

襦有襌、複之别。敦煌漢簡有:"襌襦、複襦各二領,襌衣、中衣各二領。"④ 襌襦有表無裏,與衫相近,也稱爲襝襦。揚雄《方言》卷四載:"汗襦,……自關而東謂之甲襦;陳魏宋楚之間謂之襝襦,或謂之襌襦。"郭璞注:"今或呼衫爲襌襦。"⑤《釋名·釋衣服》云:"襌襦,如襦而無絮也。"⑥ 則襌襦雙重而内不充著綿絮。又

1. 戰國穿襦人像(長治分水嶺出土)　　　　2. 出土銀人 (傳洛陽金村墓出土)

圖2-7　襦的形象

---

① 班固:《漢書》卷94,第3758頁。

② 段玉裁:《説文解字注》,第394頁。

③ 史游:《急就篇》卷2,第142—143頁。

④ 吳礽驤、李永良、馬建華:《敦煌漢簡釋文》,甘肅人民出版社1991年版,第118頁。

⑤ 華學誠:《揚雄方言校釋匯證》,第272頁。

⑥ 王先謙:《釋名疏證補》卷5,第174頁。

揚雄《方言》第四："偏襌謂之襌襦。"郭璞注："即衫也。"① 錢繹《方言箋疏》："襦有不施袖者，亦有半施袖者，其半施之襌襦，即所謂偏襦。"② 則偏襦即半袖短衫。

複襦則近同於襖，内填充綿絮。《説文・衣部》："複，重衣，一曰褚衣。"③ 重衣即袷衣。褚衣，爲衣之有絮者，即複襦。揚雄《方言》第四："複襦，江湘之間謂之襂，或謂之筩襂。"④ 襂，即複襦。

褐

褐是用毛撚成線編織的粗衣，最早用獸毛，後通常指用麻布、獸毛的粗加工品，是下層百姓賴以禦寒過冬的主要衣料，後泛指粗布或粗布衣。

《詩・豳風・七月》："無衣無褐，何以卒歲。"鄭玄箋："褐，毛布也。"孔穎達疏："用毛爲布，今夷狄作褐，皆織毛爲之，賤者所服。"《孟子・滕文公上》："許子衣褐。"趙岐注："以毳織之，若今馬衣也。或曰：褐，枲衣也；一曰粗布衣也。"睡虎地秦簡《秦律十八種》："囚有寒者爲褐衣，爲幏布一，用枲三斤。"⑤ 此褐衣是用麻布製作的粗布衣。至於用毳毛製作的粗褐衣，應爲褐的一種形式。《説文・衣部》："襂，豎使布長襦。從衣豆聲。""褐，編枲韤。一曰粗衣。"⑥"短褐"常連用，亦指粗布短衣。

褐有長短之別。《新書・過秦下》云"寒者利短褐"⑦，可知褐爲短制。任大椿《深衣釋例》云："凡此言褐者，必曰短褐。師古《貢禹傳》注以褐爲布長襦。《演繁露》又以褐爲'裾垂至地'，豈褐之長短，亦有古今之異與？"⑧

澤

貼身穿的内衣，袍制。字亦作襗。《詩・秦風・無衣》："豈曰無衣？與子同澤。"鄭玄箋："襗，褻衣，近污垢。"孔穎達疏："《説文》云：'襗，袴也。'是其褻衣近污垢也；襗是袍類，故《論語》注云：'褻衣，袍襗也。'"朱熹《集傳》："澤，裏衣也。

① 華學誠：《揚雄方言校釋匯證》，第 298 頁。

② 錢繹：《方言箋疏》卷 4，中華書局 1991 年版，第 144 頁。

③ 段玉裁：《説文解字注》，第 393 頁。

④ 華學誠：《揚雄方言校釋匯證》，第 310 頁。

⑤ 睡虎地秦墓竹簡整理小組：《睡虎地秦墓竹簡》，第 41 頁。

⑥ 段玉裁：《説文解字注》，第 396—397 頁。

⑦ 閻振益、鍾夏：《新書校注》卷 1，第 14 頁。

⑧ 任大椿：《深衣釋例》，《續修四庫全書》第 107 冊，第 246 頁。

以其親膚,近於垢澤,故謂之澤。"①《釋名・釋衣服》:"汗衣,近身受汗垢之衣也。《詩》謂之'澤',受汗澤也。"② 澤因其近身受汗澤而得名,是貼身的内衣。

　　澤衣穿著的次序,孫詒讓《周禮正義》云:"蓋凡著袍襺者,必内著澤,次著袍,次著中衣,次加禮服爲表。"③ 澤衣爲近身内衣,外加以袍,然後加中衣,外面再套以禮服。

---

① 　朱熹:《詩集傳》卷6,第100頁。
② 　王先謙:《釋名疏證補》卷5,第175頁。
③ 　孫詒讓:《周禮正義》卷12,第460頁。

# 第三章　飲食

商周時期，先民不僅開辟了更多的飲食來源，製造了更多的飲食器具，而且爲飲食生活注入禮的内容，"以飲食之禮，親宗族兄弟"（《周禮·春官·大宗伯》）。三禮記載的飲食禮，所食之物大致可以分爲食、飲、膳、羞四類。《周禮·天官·膳夫》云："膳夫掌王之食飲膳羞，以養王及后、世子。"鄭玄注："食，飯也。飲，酒漿也。膳，牲肉也。羞，有滋味者。凡養之具，大略有四。"食物結構包括穀物、酒飲、肉類、蔬菜、水果等，粗具後世的食物門類。

## 第一節　穀物與飯食

商周社會是農業社會，以糧食作爲主食。文獻中有五穀、六穀、九穀等説。《周禮·天官·疾醫》云"以五味、五穀、五藥養其病"，鄭玄注："五穀：麻、黍、稷、麥、豆也"；《周禮·天官·膳夫》"凡王之饋，食用六穀"，鄭玄注此六穀爲"稌、黍、稷、粱、麥、苽"；《周禮·天官·大宰》："以九職任萬民：一曰三農生九穀。"鄭玄注："九穀：黍、稷、秫、稻、麻、大小豆、大小麥也。"總而言之，三禮中的穀物主要有黍、稷、秫、稻、粱、麻、大豆、小豆、大麥、小麥等。[1]

商周時期食用六穀，主要是食其米仁[2]，磨麵之法并不占主流。當時的饌食是以飯爲主，以蒸煮爲主要的糧食加工致熟法。《説文·食部》云："食，糧也。"又云："飯，食也。"[3] 上引《周禮·天官·膳夫》鄭玄注云"食，飯也"，可見古人所謂

---

① 宋鎮豪：《五穀、六穀與九穀——談談甲骨文中的穀類作物》，《中國歷史文物》2002年第4期，第61—67頁。

② 先秦文獻中的米，多指穀物去殼之後的穀仁，秦以後米成爲糧食的總稱，中古以後纔特指稻米。

③ 段玉裁：《説文解字注》，第220頁。

食,即是吃飯,亦即是吃用穀物做成的飯食。因此,中原華夏族群的飲食習慣又稱爲"粒食",如《禮記·王制》云:"北方曰狄,衣羽毛穴居,有不粒食者矣。"鄭玄注:"不粒食,地氣寒,少五穀。"《尚書·益稷》:"烝民乃粒。"僞孔傳:"米食曰粒。"《大戴禮記·少間》更將粒食視作華夏族群與四周少數民族的差別之一:"粒食之民,昭然明視,民明教,通於四海,海外肅慎、北發、渠搜、氐、羌來服。"①

　　穀物還是主要的祭品。盛在祭器内以供祭祀的穀物,稱爲粢盛。《公羊傳·桓公十四年》:"御廩者何?粢盛委之所藏也。"何休注:"黍稷曰粢,在器曰盛。"《左傳·桓公二年》:"粢食不鑿。"孔穎達疏:"粢亦穀物總名。"《周禮·春官·小宗伯》:"辨六齍之名物與其用,使六宫之人共奉之。"鄭玄注:"齍讀爲粢。六粢,謂六穀:黍稷稻粱麥苽。"

　　粢盛需要經過加工,舂米去掉穀殼,《詩·大雅·生民》:"或舂或揄,或簸或蹂",即言祭祀舂米準備祭品之事。《周禮·地官》設有舂人之職掌管舂米之事。

黍稷

　　黍稷常并言,是當時重要穀物,廣泛用於祭祀、飲食等禮儀。《詩·大雅·大田》:"與其黍稷,以享以祀。"《周禮·地官·舂人》云舂人"祭祀,共其齍盛之米"。鄭玄注:"齍盛,謂黍稷稻粱之屬,可盛以爲簠簋實。"黍稷在祭祀中其祝號爲"普淖"。《儀禮·士虞禮》:"嘉薦普淖。"鄭玄注:"普淖,黍稷也。普,大也。淖,和也。德能大和,乃有黍稷,故以爲號云。"周代,黍比稷貴重。《詩·周頌·良耜》云:"或來瞻女,載筐及筥,其饟伊黍。"孔穎達疏:"《少牢》《特牲》大夫、士之祭禮,食有黍,明黍是貴也。《玉藻》云子卯稷食菜羹,爲忌日貶而用稷,是爲賤也,賤者當食稷耳。"據《儀禮·公食大夫禮》,黍稷要尊於稻粱,前者爲正饌,後者爲加饌。

　　黍即現代北方的黍子,又稱糜子,禾本科黍屬一年生草本植物。去殼後的子粒稱爲大黄米,狀似小米,色黄而黏。《説文·禾部》云:"黍,禾屬而黏者也。以大暑而種,故謂之黍。"段玉裁注:"《九穀考》曰:以禾況黍,謂黍爲禾屬而黏者,非謂禾爲黍屬而不黏者也。禾屬而黏者黍,禾屬而不黏者穈。對文異,散文則通偁黍。謂之禾屬,要之皆非禾也。今山西人無論黏與不黏統呼之曰穈黍。太原以東則呼黏者爲黍子,不黏者爲穈子。黍宜爲酒,爲羞籩之餌餈,爲酏粥。穈宜爲飯。禾黍稻稷各有黏、不黏二種。按,黍爲禾屬者,其米之大小相等也。其穗異:

---

① 王聘珍:《大戴禮記解詁》卷11,第216頁。

禾穗下垂如椎而粒聚,黍略如稻而舒散。"[①] 黍有糯質和非糯質之別,黏的稱爲黍子或黏穄子,不黏的稱爲穄子。糯質黍多作以醇酒,非糯質黍,稱爲穄,以食用爲主。

甲骨文黍字作如下之形:

合集 9951　　合集 9970　　合集 9956　　合集 9977　　合集 30306

黍字的異體較多,突出黍的散穗這一特徵。于省吾先生指出,黍即北方人所謂的黍子,或稱穄子,去皮稱作大黄米。[②] 甲骨文加水形之水點形"黍"字,有人認爲表示黍黏的品種,而不帶水的黍字,則表示不黏的黍。[③] 另外,卜辭中尚有白黍之稱(《合集》32014、《英藏》2431)。

秬是一種黑黍。黑黍中一秠二米者稱爲秠。《詩·大雅·生民》:"恒之秬秠,是獲是畝。"毛傳:"秬,黑黍也;秠,一秠二米也。"《爾雅·釋草》:"秬,黑黍。秠,一秠二米。"邢昺疏云:"郭云:'今之白粱粟,皆好穀'也。李巡曰:'黑黍一名秬黍。'秬,即黑黍之大名也。秠,是黑黍之中一秠有二米者,別名之爲秠。若然,秬、秠皆黑黍矣。而《周禮·春官·鬯人》注云:釀秬爲酒,秬如黑黍,一秠二米。言如者,以黑黍一米者多,秬爲正稱,二米則秬中之異,故言如,以明秬有二等也。"秠,乃穀粒之殼。所謂一秠二米,即一個穀殼中含有兩顆米粒。三禮中祭祀使用的薦邊有白、黑。白爲炒稻,黑即炒黍。秬亦可以用來釀酒,謂之秬鬯。

黍原産中國北方,是古代黄河流域重要的糧食作物之一。黍在商代即已是貴重食糧,極受商代貴族重視,卜辭每見商王令臣下或貴婦督衆種黍之事(《合集》9530)。賓組卜辭有"貞:王往省黍"(《合集》9525)、"貞:王立黍受年"(《合集》9525)之辭。省有省視、視察之意;立有蒞臨義。以上卜辭均指商王武丁親往視察黍的生長或黍的種植。有學者指出,在有關農業卜辭裏,黍的地位非常突出,提到的次數比其他作物多得多,說明在殷人心目中,黍是最好的一種穀物,主要爲統治階級所享用,一般平民平時是吃不到的。[④] 黍的生長期短,且能適應惡劣

---

① 段玉裁:《説文解字注》,第 329 頁。

② 于省吾:《甲骨文字釋林》,第 242 頁。

③ 齊思和:《〈毛詩〉穀名考》,《中國史探研》,河北教育出版社 2000 年版,第 9—15 頁。

④ 裘錫圭:《甲骨文中所見的商代農業》,《古文字論集》,第 154—189 頁;彭邦炯:《甲骨文農業資料考辨與研究》,吉林文史出版社 1997 年版。

的環境,故商周時期是北方主要的糧食作物,也是用於祭祀神靈的重要穀物。古代藏冰時,則用黑牡、秬黍以享司寒,因爲司寒爲北方,黑色,故用黑色物祭祀之。

關於稷究竟屬何種穀物,古今學者聚訟紛紜,説法不一①,主要有三種説法:一是指穀子(粟),一是指高粱,一是指黍。

第一種説法認爲稷爲穀子(粟)。《爾雅·釋草》:"粢,稷也。"郭璞注:"今江東人呼粟爲稷。"邢昺疏:"然則粢也,稷也,粟也,正爲一物。"邵晉涵《正義》:"北方呼稷爲穀子,其米爲小米。"②賈思勰《齊民要術·種穀》説:"穀,稷也,名粟。"③《詩·王風·黍離》"彼黍離離,彼稷之苗",朱熹《集傳》:"稷亦穀也,一名穄,似黍而小。或曰粟也。"④現代學者如齊思和、游修齡、李根蟠等多有論證,可以參看。⑤

第二種説法主張稷爲高粱。程瑤田《九穀考》據元人吴瑞之説,主張稷爲高粱,"稷……北方謂之高粱,或謂之紅糧","稷,大名也。黏者爲秫。北方謂之高粱,或謂之紅粱,通謂之秫秫,又謂之蜀黍。蓋穄之類而高大似蘆。故元人吴瑞曰:'稷苗似蘆,粒亦大,南人呼爲蘆穄也。月令孟春行冬令,首種不入。'鄭氏注舊説首種謂稷。今以北方諸穀播種先後考之,高粱最先,粟次之,黍穈又次之,然則首種者高粱也。……余足跡所至,旁行南北,氣候亦至不齊矣。所見五方之士,下及農末,輒相諮詢,曾未聞有正月藝粱粟者。至吾徽藝粟,遲至五六月,烏在其爲日至百日不藝也?而高粱早種於正月者,則南北并有之。故曰稷爲首種。首種者,高粱也。"⑥程氏此説既出,當時很多經學大家,如王念孫、郝懿行、馬瑞辰、劉寶楠、陳奐、孫詒讓、王先謙以及朱駿聲等都翕然風從而尊信程説。但自齊思和先生力辨程瑤田説之非後⑦,今日已甚少學者贊成此説。

---

① 對古代學者爭論梳理最爲詳細的可參見游修齡《論黍和稷》一文,載《農業考古》1984 年第 2 期,第 277—288 頁。

② 邵晉涵:《爾雅正義》卷 14,中華書局 2017 年版,第 712 頁。

③ 繆啓愉:《齊民要術校釋》(第二版),中國農業出版社 1998 年版,第 60 頁。

④ 朱熹:《詩集傳》卷 4,第 56 頁。

⑤ 參見齊思和《毛詩穀名考》,《中國史探研》,第 10—13 頁;黄金貴《古代文化詞義集類辨考》,第 802 頁;游修齡:《論黍稷》,《農史研究文集》,中國農業出版社 1999 年版,第 31—32 頁;李根蟠:《稷粟同物,確鑿無疑——千年懸案"稷穄之辨"述論》,《古今農業》2000 年第 2 期,第 1—15 頁。

⑥ 程瑤田:《九穀考》,《清經解》第 4 册,第 4511 頁。

⑦ 齊思和《毛詩穀名考》,《中國史探研》,第 18—29 頁。

第三種説法主張稷爲黍之一種説。李時珍《本草綱目·穀部·稷》主張："稷與黍，一類二種也。黏者爲黍，不黏者爲稷。稷可作飯，黍可釀酒，猶稻之有粳與糯也。"①

也有人認爲稷就是穄。此説始於唐時蘇恭。蘇恭以陶弘景謂稷與黍相似，《本草》載稷不載穄，遂謂穄即是稷。以後的學者多沿其説。如徐鉉《説文繫傳》云"稷即穄……楚人謂之稷"②，朱熹《詩集傳》云"稷，亦穀也。一名穄，似黍而小。或曰粟也"③。吳其濬《植物名實圖考》亦以稷爲穄。④胡錫文的《粟黍稷古名物的探討》一文是專論稷穄之辨的專著，作者力主稷就是穄。⑤另外，王星玉、柴岩等農學家都主張"黍粳者爲稷"，將黍、稷視作同一類穀物的不同品種。⑥

另外，一些現代農學家主張，黍、稷爲兩種植物，均屬於禾本科黍屬，爲一年生草本，只是品種有差異。胡先驌《經濟植物學》認爲："河北人之區別黍稷，謂黍稈生而有毛，稷（穄）稈無毛。黍穗聚而稷穗散。通常又以米黏不黏分黍稷，以黏者爲黍，不黏者爲稷。"⑦黍、稷，無論是作物，還是種子的外表，看起來大致相同。目前，農學界一般將圓錐花序較密，主穗軸彎生，穗的分枝向一側傾斜，稈上有毛，籽實黏性者稱爲黍；將圓錐花序較疏，主穗軸直立，穗分枝向四面散開，稈上無毛，籽實不黏者稱爲稷。也就是説，黍的莖稈上有毛、散穗，籽粒發黏；稷的莖稈無毛、散穗，籽粒不黏。⑧種植季節上，二者也有差別，早種早收者爲稷，晚種晚收者爲黍。

對此懸案，古今經學家、農史學家至今仍然是聚訟紛紜，令人莫衷一是。本書贊成稷即粟之説。除了學者的很多論證外，尤其是李根蟠先生曾舉出六條證

① 李時珍：《本草綱目》卷23，人民衛生出版社1975年版，第1473頁。
② 丁福保：《説文解字詁林》，第7139頁。
③ 朱熹：《詩集傳》卷4，第56頁。
④ 吳其濬原著，張瑞賢等校注：《植物名實圖考校釋》，第9頁。
⑤ 胡錫文：《粟黍稷古名物的探討》，中國農業出版社1984年版。
⑥ 柴岩：《糜子》，中國農業出版社1999年版，第72—77頁；王星玉：《中國黍稷》，中國農業出版社1996年版，第1—21頁。
⑦ 胡先驌：《經濟植物學》，中華書局1953年版，第85頁。
⑧ 陳文華：《農業考古》，文物出版社2002年版，第46頁。

據,利用考古和出土秦簡《日書》資料論述社稷即粟①,很有説服力。近些年來,此説也獲得了植物考古學資料的支持。

考古學家曾對西遼河流域地區、黃河下游地區、黃河中游地區、西北地區、長江下游地區和長江中游地區等六個區域內選定 30 餘處考古遺址開展植物考古研究。從這些遺址出土了各種植物種子數十萬粒,其中包括了穀子(粟)、糜子(黍)、水稻、大豆、小麥和大麻等不同的農作物品種。經過統計分析,結果發現,在中華文明的形成過程中,即距今 5500—3500 年間,其一,分布在西遼河流域地區和西北地區的中國北方旱作農業,特點是以種植穀子和糜子兩種小米爲主,後期出現了極少量的大豆或小麥;其二,分布在黃河下游地區的稻旱混作農業,特點是水田作物水稻和旱地作物小米并重;其三,主要分布在黃河中游即中原地區的多品種農作物種植制度,即同時種植穀子、糜子、水稻、大豆和小麥五個不同的農作物品種。② 這説明,北方地區主要是以粟作農業爲主。古有"五穀"之説。《周禮·天官·疾醫》説:"以五味、五穀、五藥養其病。"鄭玄注:"五穀,麻、黍、稷、麥、豆也。"《漢書·食貨志》:"種穀必雜五種,以備災害。"顏師古注:"五種即五穀,謂黍、稷、麻、麥、豆也。"均黍、稷并列,而無穀子(粟)。《孟子·滕文公上》:"后稷教民稼穡,樹藝五穀。"趙岐注:"五穀謂稻、黍、稷、麥、菽也。"《淮南子·修務訓》:"神農乃始教民播種五穀。"高誘注:"菽、麥、黍、稷、稻也。"其中提到各地適宜種植的作物,也是黍、稷并列,而無粟。從植物考古角度看,中原地區發現的五種農作物品種與古所謂"五穀"恰好吻合③,而稷爲五穀之長的説法也與考古反映出粟在穀物中占主要地位吻合。因此,稷是穀子之説目前是得到了考古學支持的。

在祭祀祝辭中,稱稷曰"明粢"。《禮記·曲禮下》:"凡祭宗廟之禮:……稷曰明粢。"孔穎達疏:"明,白也。言此祭祀明白粢也。鄭玄注《甸師》云:'粢,稷也。'《爾雅》云:'粢,稷也。'"亦稱"明齍""明齊"。《周禮·秋官·司烜氏》:"以共祭祀之明齍。"《儀禮·士虞禮》:"嘉薦普淖,明齊溲酒。"

---

① 李根蟠:《稷粟同物,確鑿無疑——千年懸案"稷穄之辨"述論》,《古今農業》2000 年第 2 期,第 1—15 頁。
② 趙志軍:《"五穀豐登"是中華文明形成的必要條件》,《科學畫報》2012 年第 12 期。
③ 趙志軍:《中華文明形成時期的農業經濟發展特點》,《中國國家博物館館刊》2011 年第 1 期,第 19—31 頁。

稻

一年生禾本科稻屬草本植物。有水稻、旱稻兩類，通常多指水稻。子實叫稻穀，碾製去殼後叫大米，是重要的糧食作物之一。稻有糯稻、粳稻、秈稻之分。古以黏者爲稻，不黏者爲粳。

稻別名稌，《詩·周頌·豐年》："豐年多黍多稌。"毛傳："稌，稻也。"《說文·禾部》："稻，稌也。"又云"稌，稻也。"[①] 朱駿聲《說文通訓定聲》云："今蘇俗，凡黏者不黏者統謂之稻。古則以黏者曰稻，不黏者曰秔。又蘇人凡未離稈去糠曰稻，稻既離稈曰穀，穀既去糠曰米。北人謂之南米、大米。古則穀米亦皆曰稻。"[②]《爾雅·釋草》："稌，稻。"郭璞注："今沛國呼稌。"二字互訓，可見稌是稻的別稱。

稻在商周時期是較爲珍貴的糧食，《論語·陽貨》云："食夫稻，衣夫錦，於女安乎？"將食稻與衣錦對稱，錦爲貴族的衣著，則稻亦必爲貴族的食物。

栽培稻源於野生，《說文·禾部》所釋"秜"即爲野生稻，"秜，稻今年落，來年自生謂之秜"[③]。徐鍇《繫傳》云"秜，即今云穭生稻也"[④]。甲骨文中有"秜"字，于省吾先生認爲即野生稻的專名。[⑤]

長江流域及其以南地區是稻作的起源地。考古工作者在長江流域曾發現有80餘處新石器時代的稻作遺存，如江西萬年仙人洞遺址、吊桶環遺址，湖南澧縣的彭頭山遺址、道縣的玉蟾岩遺址，浙江余姚的河姆渡遺址、桐鄉羅家角遺址，江蘇吳縣的草鞋山遺址和河南舞陽的賈湖遺址等。[⑥] 考古資料表明，水稻在我國很早就開始人工栽培了，中國是水稻的原產地。在六七千年前的河姆渡文化遺址中也發現有碳化的秈稻粒，經鑑定是人工栽培的。[⑦] 商代也有水稻種植。鄭州商城白家莊遺址中曾發現稻殼遺存，解放前殷墟遺址的科學發掘中還出土過

---

① 段玉裁：《說文解字注》，第 322 頁。

② 丁福保：《說文解字詁林》，第 7156 頁。

③ 段玉裁：《說文解字注》，第 323 頁。

④ 丁福保：《說文解字詁林》，第 7164 頁。

⑤ 于省吾：《甲骨文字釋林》，第 252 頁。

⑥ 嚴文明：《農業發生與文明起源》，科學出版社 2000 年版，第 1—49 頁。

⑦ 朱乃誠：《中國史前稻作農業概論》，《農業考古》2005 年第 1 期，第 26—32 頁；吳耀利：《中國史前稻作農業的成就》，《農業考古》2005 年第 1 期，第 33—41 頁。

稻穀的遺存。① 西周中後期,中原地區已經廣泛栽培水稻。《詩·唐風·鴇羽》有"王事靡盬,不能藝稻粱"的詩句,《詩經》中的《豳風·七月》《小雅·甫田》《周頌·豐年》等詩篇也都提及稻。《左傳·昭公十八年》有"六月,郯人藉稻"的記載,表明山東地區至少春秋時期已經種植水稻了。《戰國策·周策》記載:"東周欲爲稻,西周不下水,東周患之"②,表明戰國時河南地區已種植水稻。

粱

穀物名,粟類作物的一個優良品種,先秦時期屬於精食。《說文·米部》:"粱,禾米也。"③《玉篇·米部》亦云:"粱,米名。"④《漢書·食貨志》:"食必好粱。"顏師古注:"粱,好粟也,即今之粱米。"⑤ 又《漢書·霍去病傳》:"重車餘粱肉。"顏師古注:"粱,粟類也,米之善者。"⑥ 據此看來,自漢以來,都以爲粱是粟的一種,是一種精米,故又稱爲嘉穀。《說文·禾部》:"禾,嘉穀也。"段玉裁注云:"嘉穀之連稿者曰禾,實曰粟,粟之人(仁)曰米,米曰粱,今俗云小米是也。"⑦ 由於粱爲嘉穀,故常以粱肉并稱。《韓非子·五蠹》:"故糟糠不飽者不務粱肉,短褐不完者不待文繡。"⑧《左傳·哀公十三年》:"粱則無矣,粗則有之。"粱與粗對言,可證粱爲細食。

粱具體是哪一類作物,說法紛紜,迄無定論。李時珍《本草綱目·穀部》認爲粱就是粟:"粱者,良也,穀之良者也。……粱即粟也。考之《周禮》,九穀六穀之名,有粱無粟可知矣。自漢以後,始以大而毛長者爲粱,細而毛短者爲粟。今則通呼爲粟,而粱之名反隱矣。"⑨ 齊思和先生認爲,現今穀子中的所謂白苗穀、細苗穀,其米粒小而略扁,用之作飯,滑潤可口,遠勝於普通小米,但是產量不多,所

---

① 張光直、李光謨編:《李濟考古學論文選集》,文物出版社1990年版,第283頁;許順湛:《燦爛的鄭州商代文化》,河南人民出版社1957年版,第7頁;楊育彬:《鄭州商城初探》,河南人民出版社1985年版,第22頁。

② 繆文遠:《戰國策新校注》(修訂本),第8頁。

③ 段玉裁:《說文解字注》,第330頁。別本作"禾,米名也"。

④ 顧野王:《大廣益會玉篇》,第75頁。

⑤ 班固:《漢書》卷24,第1132、1133頁。

⑥ 班固:《漢書》卷55,第2488、2489頁。

⑦ 段玉裁:《說文解字注》,第320頁。

⑧ 王先慎:《韓非子集解》卷19,第492頁。

⑨ 李時珍:《本草綱目》卷23,第1478頁。

以頗爲珍貴。古時所謂粱,當即指此而言,亦即糜芑之類。①

《禮記·內則》記載有黃粱、白粱二種。《禮記·曲禮下》:"粱曰薌萁。"孔穎達疏:"粱,白粱、黃粱也。"蘇恭云:"黃粱穗大毛長,穀米俱粗於白粱……白粱穗大,毛多且長,而穀粗扁長,不似粟圓也。"②

稻、粱是細糧,爲先秦飲食、祭祀之重要糧食,金文中如史免簋銘:"史免作旅匜,從王征行,用盛稻粱。"(《集成》4579)又叔家父簋銘:"叔家父作仲姬匜,用盛稻粱。"(《集成》4615)可見稻、粱珍貴,爲貴族之食品。

麥

一年生或二年生草本植物。籽實用來磨成麵粉,也可以用來製糖或釀酒,是我國北方重要的糧食作物。

麥子有大麥、小麥之分,古代稱大麥爲麰,小麥爲來。《廣雅·釋草》:"大麥,麰也。小麥,來也。"③《孟子·告子上》:"今夫麰麥,播種而耰之,其地同,樹之時又同,浡然而生,至於日至之時,皆孰矣。"趙岐注:"麰麥,大麥也。"麰麥即大麥。《詩·周頌·思文》:"貽我來麰,帝命率育。"來,即小麥;麰,乃大麥。

先秦時期,麥是北方人的主食。河南洛陽市關林皂角樹遺址出土有二里頭文化時期的碳化小麥,證明至遲在夏代中原地區已經有小麥了。④商代甲骨文中有"食麥"的記載。卜辭云:

月一正曰食麥(《合集》24440)。

食來,二告(《合集》914 正)。

食來和食麥同。食麥就是食麥子,《禮記·月令》也云"孟春之月,食麥與羊"。甲骨卜辭有"告麥"的記載(如《合集》9621、9624),"告麥"蓋爲嘗祭。商代的麥和來所指,究竟何者爲大麥,何爲小麥,諸家說法不一,尚需繼續探討。

麥的地位極爲重要。《禮記·月令》:"乃勸種麥,毋或失時。"仲秋之月正是種麥的季節,秋天播種,夏天成熟,《禮記·王制》:"庶人春薦韭,夏薦麥,秋薦黍,冬薦稻。"之所以夏薦麥,是因爲此時麥子剛成熟,故薦於先祖。《禮記·月令》記

---

① 齊思和:《〈毛詩〉穀名考》,《中國史探研》,第 48 頁。

② 李時珍:《本草綱目》卷 23 所引,第 1478—1479 頁。

③ 王念孫:《廣雅疏證》卷 10 上,第 334 頁。

④ 趙春青:《夏代農業管窺——從新砦和皂角樹遺址的發現談起》,《農業考古》2005 年第 1 期,第 215—217 頁。

載孟夏之月，"農乃收麥升獻，天子乃以彘嘗麥，先薦寢廟"。

菰

菰米。菰爲禾本科菰屬多年生宿根水生草本植物，又名蔣、菱白。吴其濬《植物名實圖考》卷十八云："菱草吐穗，開小黄花，實結莖端，細子相膠，大如指，色黑。小兒剥出，煨熟食之。味亦香美，謂之菱粑，即菰米也。"① 菰所結之米稱爲菰米。

字亦作"苽"。《説文·艸部》："苽，雕胡。一名蔣。"《艸部》："蔣，苽也。"② 菰米，故書又稱作雕胡、雕菰，爲《周禮》六穀之一。《禮記·内則》："蝸醢而苽食。"鄭玄注："苽，雕胡也。"《淮南子·原道訓》："浸潭苽蔣。"高誘注："苽者，蔣實也。其米曰雕胡。"③《楚辭·大招》："五穀六仞，設菰粱只。"王逸注："菰粱，蔣實，謂雕葫也。"④

雕胡味道甘美，其米白而滑膩，烹煮爲飯香脆可口，是先秦、秦漢時期的常食之物。《禮記·玉藻》"五俎四簋"孔穎達疏云："天子朔月太牢當六簋，黍、稷、稻、粱、麥、菰各一簋。"菰米飯用於祭祀，亦可説明是當時的美食之一。

圖3-1 菰

菽

大豆，豆科大豆屬一年生草本植物，又作豆類的總名。《詩·小雅·采菽》："采菽采菽，筐之筥之。"鄭玄箋："菽，大豆也。"《説文·尗部》作"尗"，釋云："尗，豆也，象豆生之形也。"段玉裁注説："尗、豆古今語，亦古今字，此以漢時語釋古語也。"⑤ 菽爲大豆古稱，豆爲大豆之今名。

《詩經》中提及的菽有兩種：一是菽，如《詩·豳風·七月》："七月亨葵及菽"，又云："禾麻菽麥。"一是荏菽，如《詩·大雅·生民》："藝之荏菽，荏菽斾斾。"毛傳："荏菽，戎菽也。"鄭玄箋："荏菽，大豆也。"《爾雅·釋草》："戎叔謂之荏菽。"

① 吴其濬原著，張瑞賢等校注：《植物名實圖考校釋》卷18，第331頁。
② 段玉裁：《説文解字注》，第36頁。
③ 劉文典：《淮南鴻烈集解》卷1，第37頁。
④ 洪興祖：《楚辭補注》，中華書局1983年版，第219頁。
⑤ 段玉裁：《説文解字注》，第336頁。

孫炎以爲大豆。《史記・天官書》“戎菽爲”，索隱引韋昭曰：“戎菽，大豆也。”①則戎菽即大豆②，可能戎菽初爲北方戎人種植，故稱爲戎菽。一説，戎、荏皆有大之意，故大豆稱爲戎菽、荏菽。《管子・戒》：“北伐山戎，出冬蔥與戎叔，布之天下。”③《逸周書・王會解》提到周成王時貢品中有“山戎菽”④。這些文獻説明戎菽是東北少數民族種植栽培的一種豆類。

一説戎菽爲胡豆。《爾雅・釋草》：“戎叔謂之荏菽。”郭璞注：“即胡豆也。”或謂戎菽、胡豆皆豌豆別名，見李時珍《本草綱目・穀三・豌豆》。⑤

豆爲平常百姓的食物來源之一。《禮記・檀弓下》：“啜菽，飲水，盡其歡，斯之爲孝。”《戰國策・韓策一》：“韓地險惡山居，五穀所生，非麥而豆，民之所食，大抵豆飯藿羹；一歲不收，民不厭糟糠。”⑥藿即嫩豆苗，特指豆葉，菽藿是貧民的日常食物。

大豆起源於中國，這已成學界定論。大豆因不易保存，考古發掘中發現較少。考古已發現新石器時代的野生大豆粒。⑦吉林永吉烏拉街出土的炭化大豆，經鑑定距今已有2600年左右，爲東周時的實物。而山西侯馬出土的2300年前的大豆實物，種類大小類似現在廣爲栽培的大豆。⑧

麻

大麻，桑科一年生草本植物，有雌雄兩種，雄名枲，亦稱牡麻；雌名苴，今俗稱子麻。牡麻無子，其皮可織布。苴麻子多油，皮也可績布，但是粗黯不潔，只能織粗惡的布。

麻籽叫蕡、苴。《爾雅・釋草》：“蕡，枲實”，“枲，麻”。《詩・豳風・七月》：“九

---

① 司馬遷：《史記》卷27，第1341頁。
② 戴侗《六書故》云：“荏，白蘇也，莖葉似蘇而白，子如粟米，可食，亦可厭油。《詩》云：‘藝之荏菽。’《爾雅》曰：‘戎菽謂之荏菽。’蓋誤以荏、菽爲一物。”參見《六書故》，第543—544頁。此以荏、菽爲兩物，可備一説。
③ 黎翔鳳：《管子校注》卷10，第514頁。
④ 黃懷信等：《逸周書匯校集注》（修訂本）卷7，第881頁。
⑤ 李時珍：《本草綱目》卷24，第1517—1518頁。
⑥ 繆文遠：《戰國策新校注》（修訂本），第812頁。
⑦ 山東滕州莊里西遺址曾發現有新石器時代的野生大豆粒。參見孔昭宸、劉長江、何德亮《滕州莊里西遺址植物遺存及其在環境考古學上的意義》，《考古》1999年第7期，第60頁。
⑧ 郭文韜：《試論中國栽培大豆起源問題》，《自然科學史研究》1996年第4期，第326—333頁。

月叔苴。"毛傳:"苴,麻子也。"《儀禮·喪服傳》:"苴絰者,麻之有蕡者也。"古人所食用的麻子是苴麻子。苴麻子,或謂之蕡,以之爲籩實。《周禮·天官·籩人職》云:"掌四籩之實,朝事之籩,其實麷、蕡、白、黑。"鄭玄注引鄭司農曰:"朝事謂清朝未食,先進寒具口實之籩,熬麥曰麷,麻曰蕡。"蕡,《説文》作"菔",釋曰:"枲實也。"[①] 枲實即麻子。麻子又稱爲蘊。《齊民要術》引崔寔曰:"苴麻,麻之有蘊者,荸麻是也。一名黂。"[②]

麻之所以被列入穀類,是因爲麻子可以食用。[③]《禮記·月令》記載,孟秋之月,"食麻與犬",仲秋之月,"以犬嘗麻,先薦寢廟"。又睡虎地秦簡《倉律》云:"麻畝用二斗大半斗","麻十五斗爲一石"。據此可知麻亦是糧食。[④] 麻與麥、菽、黍、稷等并列,蓋麻子可以炊煮爲飯食。《鹽鐵論·毁學》載:"鮑丘子飯麻蓬葬,修道白屋之下。"[⑤] 可證麻子爲先秦、秦漢時期所食用之物。今日山西等地也有食用麻子者,筆者曾於山西五臺山等地見老嫗售賣麻子。

除了食用,古人尚將麻子入藥,如河北藁城臺西商代遺址發現有麻子入藥的證據。[⑥]

粟

粟,禾本科一年生草本植物,子實爲圓形或橢圓小粒。北方通稱穀子,去皮後稱小米。粟品種繁多,俗稱"粟有五彩",有白、紅、黃、黑、橙、紫各種顏色,也有黏性小米。

《説文·禾部》:"禾,嘉穀也。"禾就是穀子,長在田裏叫禾,打下粒米叫粟。

粟是一切穀物籽實的總稱,苗則成爲泛指一切作物的幼苗。粟在先秦時期是主要的糧食作物,《詩·小雅·黃鳥》:"交交黃鳥,無集於穀,無啄我粟。"《論語》中以粟爲民食,并以粟作爲俸禄,作爲賦税,出現的次數最多。直到戰國時,

---

① 段玉裁:《説文解字注》,第23頁。
② 繆啓愉:《齊民要術校釋》(第二版)卷2,第123頁。
③ 也有人認爲《詩經》等文獻記載食用的麻子指胡麻(又稱脂麻,即今之芝麻),此説不確。古代文獻常言大麻的纖維可以紡織,其子亦可食,而胡麻的纖維則不可紡織。芝麻在先秦時并非普及之物,一直到漢代以後,芝麻方爲人所熟知,而麻子可食則屢見於先秦文獻。
④ 王學理等:《秦物質文化史》,三秦出版社1994年版,第16頁。
⑤ 王利器:《鹽鐵論校注》卷4,第229頁。
⑥ 河北省文物研究所:《藁城臺西商代遺址》,第196頁。

粟仍是人們主要的食物,如《孟子·告子下》説:"今交九尺四寸以長,食粟而已,如之何則可?"《孟子·滕文公上》孟子問陳相説:"許子必種粟而後食乎?"都把粟當成生活中最普通的食物。

芡

睡蓮科芡屬一年生草本植物,生於池沼中,葉圓而大,浮於水面,花莖伸長於水面上,頂生一花,紫色,莖葉有刺,花似雞冠,果實長圓球形,頂端突出花萼,形如雞首,故又名雞頭。

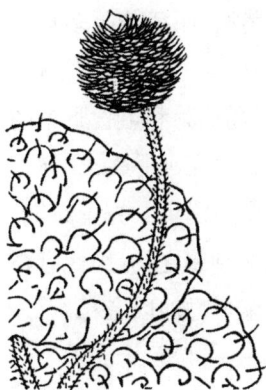

圖 3-2 芡

芡的籽實可以食用。《周禮·天官·籩人》:"加籩之實,菱、芡。"鄭玄注:"芡,雞頭也。"賈公彦疏:"今人或謂之雁頭也。"《説文·艸部》:"芡,雞頭也。"[1] 揚雄《方言》:"莜、芡,雞頭也。北燕謂之莜,青徐淮泗之間謂之芡,南楚江湘之間謂之雞頭,或謂之雁頭,或謂之烏頭。"[2] 芡每果含種子 160 粒至 200 粒,豌豆狀,種仁黃色,稱爲芡米,俗稱雞頭米。

## 第二節 菜蔬

蔬菜是先秦食物體繫中一個不可缺少的部分。饑饉的饉,即是指蔬菜欠收而言。如《爾雅·釋天》説"蔬不熟爲饉",郭璞注:"凡草菜可食者,通名爲蔬。"先秦時期,蔬菜被稱爲蔬或蔌。"蔌"通"蔬",《詩·大雅·韓奕》:"其蔌維何?維筍及蒲。"毛傳:"蔌,菜殽也。"《爾雅·釋器》釋云:"菜謂之蔌",郭璞注謂:"蔌者,菜茹之總名。"菜,《説文·艸部》:"菜,艸之可食者。從艸采聲。"段玉裁注:"此舉形聲包會意,古多以采爲菜。"[3]《説文新附·艸部》:"蔬,菜也。從艸疏聲。"[4] 菜由采艸之采得義,采集所得的野生可食草類叫作菜。有學者指出,"'菜'本指野菜,爲可食野菜的總稱。……上古富家貴族宴饗時'菜'不上席,因此,古代筵宴中

---

① 段玉裁:《説文解字注》,第 33 頁。
② 華學誠:《揚雄方言校釋匯證》,第 199 頁。
③ 段玉裁:《説文解字注》,第 40 頁。
④ 許慎撰,徐鉉校訂:《説文解字》,中華書局 2013 年版,第 21 頁。

有珍肴(牛羊豬肉)、百羞(多滋味的禽鮮等)、佳核(乾果)、美酒,而蔬菜至多只作爲調料搭配而用。唯下層庶民、貧困者以菜爲主要菜肴。……'菜'字大約到漢代,可兼圃蔬與野菜而言。"① 菜本爲可食野菜總稱,秦以後成爲蔬菜和可食野菜的總稱。菜在庶民的日常生活中極爲重要。《國語‧楚語下》說:"庶人食菜。"②《禮記‧月令》:"乃命有司,趣民收斂,務畜菜。"鄭玄注:"始爲禦冬之備。"先秦時期,蔬菜可以醃製成鹹菜,或製作成醢,或者製作羹。菜又爲祭祀神靈之物,周代有釋菜禮,即以蘋、藻、水芹等祭祀神靈。現對三禮中涉及的蔬菜名物加以考釋。

## 一、製羹（芼）之蔬

### 葵

葵,蔬菜名,錦葵科錦葵屬二年生草本植物,果實扁圓形,即今湖北、四川等地尚食用的冬莧菜,一名冬寒菜。根據種植季節的不同,葵有春葵、秋葵和冬葵之分。李時珍《本草綱目‧草部》:"四五月種者可留子。六七月種者爲秋葵。八九月種者爲冬葵,經年收采。正月復種者爲春葵,然宿根至春亦生。"③

種植最晚的爲冬葵,先秦文獻所稱之葵,即冬葵,一名繁露、露葵。④《爾雅‧釋草》曰:"蔠葵,繁露。"郭璞注曰:"承露也。大莖小葉,花紫黃色,可茹。"冬、蔠聲同通假。因冬葵至於冬季葉上常聚滿露珠,故又稱露葵、承露。這種葵菜,其葉有向陽的習性。《左傳‧成公十七年》記孔子語:"鮑莊子之知不如葵,葵猶能衛其足。"杜預注云:"葵傾葉向日以蔽其根,言鮑牽居亂不能危行言孫。"古人又稱之曰"陽草",或又稱之爲"衛足葵""衛足"等,因葵傾葉向日可以護佑葵根,故有衛足之名。

吳其濬《植物名實考》稱冬葵"爲百菜之主"⑤。《說文‧艸部》釋爲:"葵,菜也。"⑥

---

① 黃金貴:《古代文化詞義集類辨考》,第 882—883 頁。
② 徐元誥:《國語集解》,第 516 頁。
③ 李時珍:《本草綱目》卷 16,第 1038—1039 頁。
④ 根據植物學家吳其濬考證,冬葵即冬莧菜。一年或二年生草本植物。葉圓形,稍縐縮,嫩時可作蔬菜。冬莧菜又叫冬寒菜,今四川等地區尚食之以爲湯羹。先秦文獻之葵并非今日所常見的向日葵,二者非一物,不可混淆。
⑤ 吳其濬原著,張瑞賢等校注:《植物名實圖考校釋》,第 33 頁。
⑥ 段玉裁:《說文解字注》,第 23 頁。

冬葵食用其嫩苗或葉。葵的食用方式是烹煮,由於特性黏滑,故可作爲羹芼,《儀禮·士虞禮》:"夏秋用生葵,冬春用乾苴,皆滑物。"《詩·豳風·七月》:"七月亨葵及菽。"葵可醃製,稱葵菹,如《周禮·天官·醢人》:"饋食之豆,其實葵菹。"《儀禮·少牢饋食禮》云:"執葵蠃,以授主婦……韭菹在南,葵菹在北。"

藿

大豆的嫩葉。《詩·小雅·白駒》:"皎皎白駒,食我場藿。"《詩·小雅·小宛》:"中原有菽,庶民采之。"毛傳:"菽,藿也。"孔穎達疏:"菽葉謂之藿。"《儀禮·公食大夫禮》:"藿羊。"鄭玄注:"藿,豆葉也。"藿爲大豆的嫩苗。

豆苗可作爲蔬菜,以爲羹芼。《詩·小雅·采菽》:"采菽采菽,筐之筥之。"毛傳:"菽,所以芼大牢而待君子也。羊則苦,豕則薇。"鄭玄箋云:"菽,大豆也。采之者,采其葉以爲藿。三牲,牛、羊、豕。芼以藿。"今日豫東地區尚有食用嫩豆苗者。

薇

野菜,一年生或二年生豆科野豌豆屬草本植物,結莢果,中有種子五六粒,可食。嫩莖葉可做蔬菜。又稱巢菜、小巢菜、野豌豆。

《説文·艸部》:"薇,菜也,似藿。"段玉裁注:"項安世曰:薇,今之野豌豆也,蜀人謂之大巢菜。按今四川人掐豌豆嫩梢食之,謂之豌豆顛顛。古之采於山者,野生者也。"[1] 戴侗《六書故》:"薇,今之野豌豆也。"[2] 薇形似豆,生長於水邊或山上。《詩·召南·草蟲》:"陟彼南山,言采其薇。"又《詩·小雅·四月》:"山有蕨薇。"鄭玄箋:"薇菜生水邊。"《史記·伯夷列傳》説:"伯夷、叔齊恥之,義不食周粟,隱於首陽山,采薇而食之。"[3] 此生長於山中之薇則是山菜。《爾雅·釋草》:"薇,垂水。"郭璞注:"生於水邊。"邢昺疏:"草生於水濱而枝葉垂於水者曰薇。"又陸璣《毛詩草木鳥獸蟲魚疏》云:"薇,山菜也,莖葉皆似小豆,蔓生,其味亦如小豆,藿可作羹,亦可生食。今官園種之,以供宗廟祭祀。"[4]

圖3-3　薇

---

① 段玉裁:《説文解字注》,第24頁。
② 戴侗:《六書故》卷24,第544頁。
③ 司馬遷:《史記》卷61,第2123頁。
④ 丁晏:《毛詩草木鳥獸蟲魚疏校正》卷上,《續修四庫全書》第71册,第445頁。

薇可以爲羹菜,如《儀禮·公食大夫禮》云:"芼豕以薇。"

苦

苦菜,一種野生蔬菜,菊科多年生草本植物。苦菜莖直立,葉呈披針形或圓形,通常羽狀深裂。邊緣有不規則的尖齒。頭狀花序頂生,花冠黃色。

文獻中單言"苦"者,多指苦菜。《詩·唐風·采苓》:"采苦采苦,首陽之下。"毛傳:"苦,苦菜也。"苦,文獻亦稱爲荼。[1]《詩·豳風·七月》:"九月叔苴,采荼新樗,食我農夫。"《詩·邶風·谷風》:"誰謂荼苦,其甘如薺。"毛傳:"荼,苦菜也。"《爾雅·釋草》:"荼,苦菜。"陸璣《毛詩草木鳥獸蟲魚疏》:"荼,苦菜,生山田及澤中,得霜甜脆而美,所謂'菫荼如飴',《内則》云'濡豚包苦',用苦菜是也。"[2]

荼又名游冬。《顏氏家訓·書證篇》:"《易通卦·驗玄圖》云:'苦菜生於寒秋,更冬歷春,得夏乃成。'今中原苦菜則如此也。一名游冬,葉似苦苣而細,摘斷有白汁,花黃似菊。"[3]陸佃《埤雅》卷一七云:"荼,苦菜也","《月令》孟夏'苦菜秀',即此是也。此草凌冬不彫,故一名游冬。"[4]苦荼以其味苦得名,因其經冬不死,故又名游冬。

苦菜可以烹煮做羹。《儀禮·公食大夫禮》:"鉶芼:牛藿,羊苦,豕薇,皆有滑。"鄭玄注:"苦,苦荼也。"苦菜也是一種調味料,《禮記·内則》:"濡豚,包苦,實蓼。"鄭玄注:"苦,苦荼也,以包豚,殺其氣。"醃漬豬肉時用苦菜包裹,并塞以水蓼,可以去除腥味。

菫

菫菜,菫菜科菫菜屬多年生草本植物,莖細弱,葉呈腎臟形,邊緣有鋸齒,春末開白花,有紫色條紋。果實橢圓形,全草可入藥,今稱菫菫菜、箭頭草、紫花地丁、犁頭草等。[5]

---

[1]　一説荼即蓼。此説誤。蓼屬於蓼科植物,味辛。或以爲先秦文獻的荼即茶,亦誤。

[2]　丁晏:《毛詩草木鳥獸蟲魚疏校正》卷上,第445頁。

[3]　王利器:《顏氏家訓集解》(增補本)卷6,中華書局1993年版,第410—411頁。

[4]　陸佃:《埤雅》卷17,第168頁。

[5]　《詩·大雅·綿》:"周原膴膴,菫荼如飴。"或將菫釋爲烏頭,不確。烏頭有大毒,周人豈能用以烹煮爲羹,且用以祭祀先祖?古書中,藥草烏頭亦名菫。《吕氏春秋·勸學》:"是救病而飲之以菫也。"高誘注:"菫,毒藥也,能毒殺人,何治之有?"《集韻·震韻》:"菫,藥草,烏頭也。"

《説文・艸部》云：“菫，草也。根如薺，葉如細柳，蒸食之甘。”[1]朱駿聲《説文通訓定聲》云：“此菜野生，非人所種，作紫花，味苦，瀹之則甘滑。”[2]《爾雅・釋草》作藋，云：“藋，苦菫。”郭璞注：“今菫葵也，葉似柳，子如米，汋食之滑。”菫葉略帶苦味，蒸瀹之後，味道甘美，可作爲湯羹之菜。《禮記・内則》云：“菫荁粉榆……以滑之。”

先秦時菫菜或用以祭祀，《儀禮・士昏禮》：“若舅姑既没，則婦入三月，乃奠菜。”鄭玄注：“奠菜者，以筐祭菜也，蓋用菫。”

荁

菫菜一類的植物，葉比菫大，可用來調味。《禮記・内則》云：“菫荁粉榆。”《釋文》云：“似菫而葉大也。”《儀禮・士虞禮》：“夏用葵，冬用荁，有柶。”鄭玄注：“荁，菫類也。”

## 二、製菹之蔬菜

芹

水芹，又名楚葵，嫩莖和葉柄可食。《説文・艸部》：“芹，楚葵也。”[3]《爾雅・釋草》：“芹，楚葵。”郭璞注：“今水中芹菜。”芹字或作“菦”，《説文・艸部》釋爲：“菦，菜，類蒿。”[4]芹、菦古字音同可通。

水芹在先秦時是相當普通的食用蔬菜。《詩・小雅・采菽》：“觱沸檻泉，言采其芹。”《詩・魯頌・泮水》：“思樂泮水，薄采其芹。”孔穎達疏：“芹生於泉水，是水菜也。”《吕氏春秋・本味》載菜之美者有雲夢之芹。[5]雲夢澤所産之芹，當爲野生水芹，乃傘形科植物水芹的全草。先秦文獻記載的蔬菜芹，乃是水芹，大部分應屬於野生芹。

芹除作爲鮮菜食用外，也醃製成菹。如《周禮・天官・醢人》云：“加豆之實，芹菹兔醢。”

---

① 段玉裁：《説文解字注》，第 45 頁。
② 丁福保：《説文解字詁林》，第 454 頁。
③ 段玉裁：《説文解字注》，第 31 頁。
④ 段玉裁：《説文解字注》，第 24 頁。
⑤ 陳奇猷：《吕氏春秋新校釋》卷 14，第 745—746 頁。

蕨

蕨菜,一種山菜,因其形卷曲似鱉腳,故亦名鱉[①],字或作"虌"。《説文·艸部》:"蕨,虌也。"[②]《詩·召南·草蟲》:"言采其蕨。"毛傳:"蕨,鱉也。"孔穎達疏:"《草木疏》云:'周秦曰蕨,齊魯曰虌。'又作'鱉',俗云其初生似鱉腳,故名焉。"《爾雅·釋草》:"蕨,虌。"郭璞注:"初生無葉,可食。江西謂之虌。"陸璣《毛詩草木鳥獸蟲魚疏》説:"蕨,虌也,山菜也,周秦曰蕨,齊魯曰虌。初生似蒜,莖紫黑色,可食,如葵。"[③]則其莖紫黑色。李時珍《本草綱目·菜部》謂:"蕨處處山中有之。二三月生芽,拳曲狀如小兒拳。長則展開如鳳尾,高三四尺。其莖嫩時采取,以灰湯煮去涎滑,曬乾作蔬,味甘滑,亦可醋食。"[④]

圖3-4 虌(拳拳菜)

蕨菜,蕨科(又鳳尾蕨科)多年生草本植物。根莖含澱粉,俗稱蕨粉,可供食用或釀造;也供藥用,有清熱利尿之效。我國各地荒山都有生長,嫩莖葉均可食用,葉每年春季從根狀莖上長出,幼時拳卷似小兒拳頭,故又名拳頭菜。

茆

蓴菜,又名水葵、鳧葵,是蓴科蓴屬的唯一植物,葉橢圓形,浮生在水面,夏季開花。嫩葉可供食用。

《説文·艸部》:"茆,鳧葵也。"[⑤]《詩·魯頌·泮水》:"思樂泮水,薄采其茆。"毛傳:"茆,鳧葵也。"孔穎達疏:"茆,江南人謂之蓴菜。"陸璣《毛詩草木鳥獸蟲魚疏》:"茆與荇菜相似,葉大如

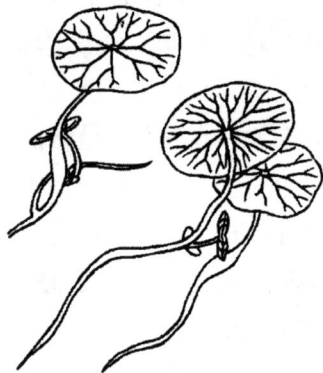

圖3-5 蓴菜

---

① 羅願《爾雅翼》(欽定四庫全書薈要本)卷四云:"名之從蕨,蓋謂蹶矣。"蕨之命名當從"捲曲"取義。
② 段玉裁:《説文解字注》,第45頁。
③ 丁晏:《毛詩草木鳥獸蟲魚疏校正》卷上,《續修四庫全書》第71冊,第445頁。
④ 李時珍:《本草綱目》卷27,第1668頁。
⑤ 段玉裁:《説文解字注》,第46頁。

手,赤圓,有肥者著手中滑不得停,莖大如匕柄,葉可以生食,又可煮,滑美,南人謂之蓴菜,或謂之水葵。"[1] 蓴菜生於水中,性滑(分泌出的黏液比較滑膩)如葵菜,故又名水葵。春、夏采食其嫩葉,也可作菹,如《周禮・天官・醢人》中有"朝事之豆,其實茆菹"。

菖本

菖蒲根。《周禮・天官・醢人》:"朝事之豆,其實昌本。"鄭玄注:"昌本,即菖蒲根也。"《儀禮・有司徹》:"婦贊者執昌、菹、醢以授主婦。"鄭玄注:"昌,昌本也。"

菖蒲是多年生天南星科草本植物,有香氣,葉狹長似劍形。菖蒲種類較多,李時珍《本草綱目・草部》曰:"菖蒲凡五種:生於池澤,蒲葉肥,根高二三尺者,泥菖蒲,白菖也;生於溪澗,蒲葉瘦,根高二三尺者,水菖蒲,溪蓀也;生於水石之間,葉有劍脊,瘦根密節,高尺餘者,石菖蒲也;人家以砂栽之一年,至春剪洗,愈剪愈細,高四五寸,葉如韭,根如匙柄粗者,亦石菖蒲也;甚則根長二三分,葉長寸許,謂之錢蒲是矣。服食入藥須用二種石菖蒲,餘皆不堪。"[2] 據此,古文獻記載的食用昌本,乃是石菖蒲之根。[3]

先秦時期,菖蒲乃食用之蔬菜,[4] 如《詩・大雅・韓奕》:"其蔌非何,非筍及蒲。"《呂氏春秋・遇合》:"文王嗜昌蒲菹,孔子聞而服之。"[5] 菖蒲根可以製作成菹,在饗禮、祭祀等禮儀中食用。《左傳・僖公三十年》:"冬,王使周公閱來聘,饗有昌歜。"杜預注:"昌歜,菖蒲菹。"

筍

竹筍,禾本科竹亞科植物苦竹、淡竹、毛竹等的嫩苗。食用部分爲初生、嫩肥、短壯的芽或鞭。

---

① 丁晏:《毛詩草木鳥獸蟲魚疏校正》卷上,第443頁。
② 李時珍:《本草綱目》卷19,第1357頁。
③ 先秦時期食用的菖蒲非水菖蒲。現代藥用九節菖蒲非古之菖蒲,而是屬於毛莨科植物阿勒泰銀蓮花的乾燥根莖。
④ 李時珍《本草綱目》曰:"菖蒲,乃蒲類之昌盛者,故曰菖蒲。又《呂氏春秋》云冬至後五十七日,菖始生。菖者,百草之先生者,於是始耕,則菖蒲、昌陽又取此義也。"參見李時珍《本草綱目・草部》卷19,第1356頁。
⑤ 陳奇猷:《呂氏春秋新校釋》卷14,第823頁。

《爾雅·釋草》："筍,竹萌。"邢昺疏引孫炎曰："竹初萌生謂之筍。"竹筍可製作菹,《周官·天官·醢人》："筍菹魚醢。"

菱

菱角,菱科菱屬一年生草本水生植物,中國南部各省多見。其果肉可食,嫩莖可作菜蔬,有青色、紅色和紫色,皮脆肉美,亦可作爲糧食之用,因其果有尖銳的角,故俗稱菱角。

菱,字亦作薆、蓤。菱角亦名芰、薢茩、蕨攈,《周禮·天官·籩人》："加籩之實,菱、芡。"鄭玄注："蔆,芰也。"《爾雅·釋草》曰："蔆,蕨攈。"郭璞注："蔆,今水中芰也。"《説文·艸部》云："蔆,芰也。從艸凌聲,楚謂之芰,秦謂之薢茩。"[1] 今俗名菱芰。

菰

菰草,禾本科菰屬多年水生草本植物,生長於淺水裏,莖中因寄生菌——菰黑粉菌的寄生作用而形成紡錘形的肉質莖,白嫩肥大,稱茭白、茭瓜、蔣、茭筍,可做蔬菜食用,味道甘美嫩滑。

菰中心的薹的異名較多,又稱出隧、茭首(茭白頂端比較肥嫩的部分)、蘧蔬等。《爾雅·釋草》："出隧,蘧蔬。"郭璞注："蘧蔬似土菌,生菰草中。今江東啖之,甜滑。"羅願《爾雅翼》云："又今菰中生菌如小兒臂,《爾雅》謂之遽蔬者","菰首者,菰蔣三年以上,心中生薹如藕,至秋如小兒臂。大者謂之茭首,《本草》所謂菰根者也,可蒸煮,亦可生食。其或有黑縷如墨點者,名烏鬱。"[2] 茭白根部交結,故名茭;又因其中生菌如瓜形,可食,故謂之芯。[3]

菰的果實狹圓柱形,名菰米,一稱雕胡米,爲九穀之一,可以作飯。參見本章"菰"條。

菁

蔓菁,蔬菜名。蔓菁爲十字花科芸薹屬二年生草本植物,塊根肉質,類似蘿卜而圓潤,根細無筋,辛辣味濃,質地脆嫩,根和葉作蔬菜,鮮食或鹽醃,製乾後食用。

---

① 段玉裁:《説文解字注》,第 32 頁。
② 羅願:《爾雅翼》卷 1,欽定四庫全書薈要本。
③ 參見李時珍《本草綱目》卷 19,第 1365 頁。

　　《周禮·夏官·醢人》:"朝事之豆,其實韭菹、醓醢、昌本、麋臡、菁菹、鹿臡、茆菹、麇臡。"鄭玄注:"玄謂菁,蔓菁也。"蔓菁,字亦作蕦菁,乃一聲之轉。《儀禮·公食大夫禮》:"以西菁菹、鹿臡。"鄭玄注:"菁,蕦菁,菹也。"蔓菁又名葑,《詩·邶風·谷風》:"采葑采菲,無以下體。"毛傳曰:"葑,須也。菲,芴也。下體,根莖也。"《禮記·坊記》云:"《詩》云:采葑采菲,無以下體。"鄭玄注:"葑,蔓菁也。陳宋之間謂之葑。"《急就篇》卷二:"老菁蘘荷冬日藏。"顏師古注:"菁,蔓菁也。一曰冥菁,亦曰蕪菁,又曰芴菁。"① 又《爾雅·釋草》云:"須,葑蕦。"郭璞注:"葑蕦,似羊蹄,葉細,味酢,可食。"此葑蕦爲蓼科植物酸模,與蔓菁有別,不可混淆。《方言》第三云:"蘴、蕘,蕪菁也。陳楚之郊謂之蘴;魯齊之郊謂之蕘;關之東西謂之蕪菁;趙魏之郊謂之大芥,其小者謂之辛芥,或謂之幽芥,其紫華者謂之蘆菔;東魯謂之菈。"② 蘴與葑,字雖異,音實同,均指蔓菁。菲、蘆菔、菈乃蘿卜,與蔓菁有異,芥與蔓菁也非一物。據上引文獻,則葑、蕪菁、蔓菁、蕘實爲一物。③

　　蔓菁的形態,李時珍《本草綱目·菜部》云蔓菁是芥屬,"根長而白,其味辛苦而短,莖粗葉大而厚闊。夏初起薹,開黃花,四出如芥,結角亦如芥,其子均圓,似芥而紫赤色。……六月種者,根大而葉蠹,八月種者,葉美而根小。惟七月初種者,根葉俱良。……削淨爲菹甚佳。今燕京人以瓶腌藏,謂之閉甕菜"④。

　　芸

　　古代文獻中,芸的義項較多。

　　一,芸香草,多年生芸香科草本植物,葉互生,羽狀深裂或全裂,花黃色,香氣濃鬱,可入藥,有驅蟲、驅風、通經的作用。其下部爲木質,故又稱芸香樹。

　　《説文·艸部》解釋爲:"草也,似目宿。淮南王説,芸草可以死復生。"⑤《禮記·月令》:"芸始生。"鄭玄注:"芸,香草也。"沈括《夢溪筆談·辨證一》:"古人

---

① 史游:《急就篇》卷2,第138頁。
② 華學誠:《揚雄方言校釋匯證》,第195頁。
③ 《爾雅》邢昺疏將須、葑蕦視作蔓菁,誤,參見郝懿行《爾雅義疏》,第719頁。
④ 李時珍:《本草綱目》卷26,第1612頁。
⑤ 段玉裁:《説文解字注》,第31頁。或以《禮記·月令》以及《大戴禮記·夏小正》所言之"芸"指芸薹,即今之油菜。此説不確。芸薹最早種植在當時的"胡、羌、隴、氐"等地,即現在的青海、甘肅、新疆、內蒙古一帶,其後逐步在黃河流域發展。

藏書辟蠹用芸。芸，香草也。今人謂之‘七里香’者是也。"① 羅願《爾雅翼》："芸類豌豆，叢生，其葉極芳香，秋後葉間微白如粉，南人采置席下，能去蚤虱。今謂之七里香。"② 芸香有濃鬱芬芳的氣味，能殺書蟲，人們遂將芸香草夾在書中以避蟲蠹，故其散發之香又稱爲書香。

二，芸即芸蒿，爲一種有芳香氣味的蔬菜，香美可食。《吕氏春秋‧本味》："菜之美者，陽華之芸，雲夢之芹。"高誘注："芸，芳菜也，在吴越之間。"③《吕氏春秋‧仲冬紀》："芸始生。"高誘注："芸，芸蒿，菜名。"④《大戴禮記‧夏小正》有"正月采芸，二月榮芸"的記載，⑤ 此芸當即芸蒿。《爾雅‧釋草》："權，黄華。"邢昺疏引《雜禮圖》云："芸，蒿也，葉似邪蒿，香美可食。"《急就篇》卷二"芸蒜薺芥茱萸香"顏師古注："即今芸蒿也，生熟皆可啗。"⑥

図 3-6　芸

芝栭

樹上生的菌類植物，即木耳，子實體形如人耳，有光木耳和毛木耳之分，可食。《禮記‧内則》："芝栭。"鄭玄注："芝音之；栭音而，本又作檽。"孔穎達疏：

> 庾蔚云："無華葉而生者曰芝栭。"盧氏云："芝，木芝也。"王肅云："無華而實者名栭，皆芝屬也。"庾又云："自‘牛修’至‘薑桂’凡三十一物。"則芝栭應是一物也。今春夏生於木，可用爲菹，其有白者不堪食也。

栭，《説文》字作"檽"，釋爲："木耳也。"⑦

## 三、調味的葷蔬

中國古代將蔥、薑、蒜等氣味辛烈之菜列爲葷，認爲其有損於人的性情，故

① 沈括：《元刊夢溪筆談》卷3，文物出版社1975年版，第11—12頁。
② 羅願：《爾雅翼》卷3，欽定四庫全書薈要本。
③ 陳奇猷：《吕氏春秋新校釋》卷14，第746、763頁。
④ 陳奇猷：《吕氏春秋新校釋》卷11，第575頁。
⑤ 王聘珍：《大戴禮記解詁》卷2，第26、28頁。
⑥ 史游：《急就篇》卷2，第137頁。
⑦ 段玉裁：《説文解字注》，第36頁。

在齋戒等禮儀中禁止食用。《説文・艸部》:"葷,臭菜也。"段玉裁注:"謂有氣之菜也。"①《荀子・富國》:"然後葷菜百蔬以澤量。"楊倞注:"葷,辛菜也。"②《儀禮・士相見禮》:"膳葷。"鄭玄注:"辛物,蔥薤之屬。"《禮記・玉藻》:"膳於君有葷桃茢。"鄭玄注:"薑及辛菜也。"葷的古義指蔥、蒜、韭、薑、薤之類有辛味的植物。

蒜

小蒜,調味菜,百合科二年生草本植物。《説文・艸部》:"蒜,葷菜。"段玉裁注:"其大蒜乃張騫始得自西域者。《本艸》:大蒜名葫,小蒜名蒜。蓋始以大蒜別於蒜。後復以小蒜别於大蒜。古只有蒜而已。"③先秦文獻之蒜爲小蒜,獨瓣,其鱗莖略呈鳥卵形,故又稱卵蒜。《大戴禮記・夏小正》云:"十有二月,納卵蒜。卵蒜者何? 本如卵者也。"④崔豹《古今注》説:"蒜,卵蒜也,俗謂之小蒜。"⑤

小蒜是從野生山蒜馴化而來,山蒜别名蒿。《爾雅・釋草》:"蒿,山蒜。"郝懿行《爾雅義疏》:"蒜之生於山者名蒿。"⑥李時珍《本草綱目・菜部》:"家蒜有二種:根莖俱小而瓣少,辣甚者,蒜也,小蒜也;根莖俱大而瓣多,辛而帶甘者,葫也,大蒜也。……又孫愐《唐韻》云:張騫使西域,始得大蒜種歸。據此則小蒜之種,自蒿移栽,從古已有。故《爾雅》以蒿爲山蒜,所以别家蒜也。大蒜之種,自胡地移來,至漢始有。故《别録》以葫爲大蒜,所以見中國之蒜小也。……小蒜雖出於蒿,既經人力栽培,則性氣不能不移。故不得不辨。"⑦先秦時被列入葷菜的蒜應是小蒜,獨瓣,不同於今日常食的大蒜。現在常食的大蒜是張騫通西域後傳來,當時稱之爲葫或胡蒜,與禮書之蒜并非一物。⑧因其形態比我國原栽培的卵蒜頭大,故名大蒜。大蒜的蒜瓣多,根莖比小蒜大。

---

① 段玉裁:《説文解字注》,第 24 頁。
② 王先謙:《荀子集解》卷 6,第 185 頁。
③ 段玉裁:《説文解字注》,第 45 頁。一説,蒜得名於其蒜瓣相聚如算籌,參見王寧《訓詁學原理》,中國國際廣播出版社 1996 年版,第 304 頁。
④ 王聘珍:《大戴禮記解詁》卷 2,第 47 頁。
⑤ 崔豹:《古今注》卷下,中華書局 1985 年版,第 20 頁。
⑥ 郝懿行:《爾雅義疏》,第 678 頁。
⑦ 參見李時珍《本草綱目》卷 26,第 1593—1594 頁。
⑧ 參見崔豹《古今注》卷下,第 20 頁;王賽時《中國古代對大蒜的引進與利用》,《農業考古》1996 年第 1 期,第 182—188 頁。

薤

百合科蔥屬多年生草本植物。葉濃綠色,細長管狀,三角形截面。葉鞘抱合成假莖,基部形成粗的鱗莖。鱗莖球形,似洋蔥,白色,是主要的食用部分。秋季抽花莖,傘形花序,花小。又名藠頭、薤白頭等,內蒙古、山西人稱薤爲害害。

薤葉細長,上有露水則見陽易乾,故古人常用薤露比喻生命短促。相傳漢初,漢高祖徵召田橫,田橫半途自殺,田橫門客爲之作《薤露》的挽歌。

薤是重要的調味品。《禮記·內則》有:"膾,春用蔥,秋用芥。豚,春用韭,秋用蓼。脂用蔥,膏用薤。"《禮記·少儀》:"爲君子擇蔥薤,則絶其本末。"爲君子用蔥薤時,因爲蔥薤的根不乾净,末端容易枯萎,要去掉本末。

薤原產中國,《漢書·龔遂傳》就有記載。[①] 南方諸省多有種植,北方人較少食薤。

圖3-7　山蒜　　　圖3-8　薤

蔥

百合科多年生草本植物蔥的全草或鱗莖。葉圓筒狀,中空,莖葉有辣味,是常用的蔬菜或調味品。鱗莖入藥,稱爲蔥白。我國各地均有栽培,多在冬、春采收,去須根,洗净用。

---

① 班固:《漢書》卷89,第3640頁。

《説文·艸部》:"蔥,菜也。"①《玉篇·艸部》:"蔥,葷菜也。"② 蔥的品種較多,賈思勰《齊民要術》引《廣志》云:"蔥有冬春二種,有胡蔥、木蔥、山蔥",并云:"崔寔曰:'三月,別小蔥。六月,別大蔥。'夏蔥曰小,冬蔥曰大。"③ 羅願《爾雅翼·釋草》:"蔥有冬蔥、漢蔥、胡蔥、茖蔥凡四種。冬蔥夏衰冬盛,莖葉俱軟美,山南江左有之。漢蔥冬枯,其莖實硬而味薄。胡蔥莖葉粗短,根若金燈,能已腫。茖蔥生於山谷,不入藥用。"④

古時有一種生長於山中名茖的野蔥,又稱山蔥。《爾雅·釋草》:"茖,山蔥。"《山海經·北山經》:"邊春之山,多蔥、葵、韭、桃、李。"郭璞注:"山蔥,名茖,大葉。"⑤ 李時珍《本草綱目·菜部》云:"茖蔥,野蔥也,山原平地皆有之。生沙地者名沙蔥,生水澤者名水蔥,野人皆食之。開白花,結子如小蔥頭。"⑥

薑

薑科薑屬多年生草本植物。花黃緑色。根莖肥大,呈不規則塊狀,灰白色或黃色,有辛辣味,是常用的調味品,亦供藥用。剛長出來的嫩薑因爲尖部有微微的紫色,所以叫作紫薑,或稱爲子薑,相對應的其根稱爲母薑。

薑,字原作"薑",亦作"䕞",今簡化字作"姜"。《説文·艸部》釋爲"禦濕之菜也"⑦,認爲可以禦濕。王安石《字説》則認爲薑能"强禦百邪",⑧ 因此叫作薑。《論語·鄉黨》:"不撤薑食。"邢疏云:"齋禁熏物,將辛而不臭,故不去也。"薑爲抵禦風濕之菜,辛味雖劇而没有刺激氣味,故齋戒者不撤。

韭

即今日常見的韭菜,《説文·韭部》:"韭菜也,一種而久生者也,故謂之韭。"⑨ 先秦時期,韭菜可用於祭祀神靈,如《詩·豳風·七月》:"獻羔祭韭。"《禮記·王制》:"庶人春薦韭。"亦以之製作菹。《禮記·内則》:"膾,春用蔥,秋用芥。

① 段玉裁:《説文解字注》,第 45 頁。
② 顧野王:《大廣益會玉篇》,第 64 頁。
③ 繆啓愉:《齊民要術校釋》(第二版),第 198—199 頁。
④ 羅願:《爾雅翼》卷 5,欽定四庫全書薈要本。
⑤ 郝懿行:《山海經箋疏》卷 3,張鼎三、牟通點校,第 4754 頁。
⑥ 李時珍:《本草綱目》卷 26,第 1588 頁。
⑦ 段玉裁:《説文解字注》,第 23 頁。
⑧ 張宗祥:《王安石〈字説〉輯》,曹錦炎點校,福建人民出版社 2005 年版,第 62 頁。
⑨ 段玉裁:《説文解字注》,第 336 頁。

豚,春用韭,秋用蓼。脂用蔥,膏用薤。三牲用藙。"將其花蕾和其他配料研碎後醃製而成的醬料也稱爲韭花醬、韭花。

## 芥

芥菜。十字花科芸薹屬一年或二年生草本植物,開黃花,莖葉及塊根可食。種子黃色,味辛辣,磨成粉末,稱芥末,作調味品。

芥菜具有辛辣之味,故屬於辛菜。《説文・艸部》:"芥,菜也。"[1]《廣韻・怪韻》:"芥,辛菜名。"芥菜籽粒可以做醬。《儀禮・公食大夫禮》:"炙南醢,以西豕胾、芥醬、魚膾。"鄭玄注:"芥醬,芥實醬也。"《禮記・內則》:"魚膾芥醬。"又云:"膾,春用蔥,秋用芥。"鄭玄注:"芥,芥醬也。"

## 茱萸

植物名。茱萸有三種:吳茱萸、山茱萸和食茱萸。

吳茱萸是芸香科常綠小喬木,葉子大,有香味,葉爲羽狀複葉,初夏開綠白色的小花,結實似椒子;秋後成熟。果實嫩時呈黃色,成熟後變成紫紅色。果實又名吳萸、茶辣、吳辣等。有溫中散寒,開鬱止痛的功效。古人重陽登山時插的茱萸即此類吳茱萸。

山茱萸屬山茱萸科山茱萸屬,落葉灌木或喬木。果肉供藥用,味酸、澀,性微溫。有溫補肝腎,澀精斂汗的功能。

食茱萸爲芸香科植物樗葉花椒的果實,有辛香氣味。食茱萸一名欓,古四川人稱其爲艾子。《玉篇・木部》:"欓,茱萸類。"[2] 李時珍《本草綱目・果部》云:"此即欓子也,蜀人呼爲艾子,楚人呼爲辣子,古人謂之藙及樧子。"[3] 煎茱萸謂之藙,是將食茱萸果實煎熬成膏狀。《禮記・內則》:"三牲用藙。"鄭玄注:"藙,煎茱萸也。"孔穎達疏引賀瑒云:"今蜀郡作之,九月九日取茱萸,折其枝,連其實,廣長四五寸,一升實,可和十升膏,名之藙也。"煎茱萸作牛羊豬肉菜的配料,以除去腥

---

[1] 段玉裁:《説文解字注》,第 45 頁。

[2] 顧野王:《大廣益會玉篇》,第 62 頁。

[3] 李時珍:《本草綱目》卷 32,第 1867 頁。樧與茱萸是否爲一物,諸説不同。《説文・木部》:"樧,似茱萸,出淮南。"《急就篇》:"芸、蒜、薺、芥、茱萸香。"顔師古注:"茱萸似樧而大,食者貴其馨烈,故云茱萸香也。"(《急就篇》卷 2,第 137 頁)《爾雅・釋木》:"椒樧醜莍。"郭璞注:"樧似茱萸而小,赤色。"則茱萸與樧乃二。又《楚辭・離騷》:"椒專佞以慢謟兮,樧又欲充其佩幃。"王逸注:"樧,茱萸也。"認爲樧即茱萸。

膻味。此外,古代或用整粒食茱萸果實作羹臛的調味料,或者用作酒的味料。《本草綱目·果部》還記載食茱萸"味辛而苦,土人八月采,搗濾取汁,入石灰攪成,名曰艾油,亦曰辣米油。始辛辣蟄口,入食物中用"①。

蓼

蓼科一年生或多年生草本植物,節常膨大。托葉鞘狀,抱莖。花小,白色或淺紅色,生長在水邊或水中。

蓼亦名薔、虞蓼。《爾雅·釋草》:"薔,虞蓼。"郭璞注:"蓼之生澤者也。"邢昺疏:"薔,一名虞蓼,即蓼之生水澤者也。"李時珍《本草綱目》認爲水蓼、澤蓼、虞蓼爲同一種植物,并云"山夾水曰虞。"②因生於山水之間(名虞),故名虞蓼;又因生長於水澤,故一名澤蓼。《詩·周頌·良耜》:"以薅荼蓼。"毛傳:"蓼,水草也。"蓼生於水澤之中,爲水草。《急就篇》卷二:"葵韭蔥薤蓼蘇薑。"顏師古注:"蓼有數種:葉長銳而薄,生於水中者,曰水蓼;葉圓而厚,生於澤中者,曰澤蓼,一名虞蓼,亦謂之薔。"③顏師古認爲水蓼與澤蓼形態有別,而澤蓼謂之薔、虞蓼。

蓼屬於有辛味之菜,爲五辛之一(蔥、蒜、韭、蓼、芥)。用作調味之蓼,乃生於水澤之澤蓼。《説文·艸部》釋云:"蓼,辛菜,薔虞也。"④蓼的莖葉味辛,用以調味。《禮記·內則》:"濡豚,包苦實蓼;濡雞,醢醬實蓼。濡魚,卵醬實蓼;濡鱉,醢醬實蓼。"蓼食用時是用其莖葉。

## 第三節　瓜果

據三禮、《詩經》等文獻記載,瓜果的主要用途有如下幾類。(1)生食:《詩·魏風·園有桃》:"園中有桃,其實之殽。"(2)乾製,鹽醃作爲貯備,梅桃等儲藏必先晾乾,然後收藏,稱爲梅諸、桃諸。(3)調味:如梅在先秦時期是重要的調酸味的物料。(4)用於祭祀、相見、飲食等禮儀中:棗、栗放置於籩中,用

---

① 李時珍:《本草綱目》卷 32, 第 1867 頁。

② 李時珍:《本草綱目》卷 16, 第 1093 頁。

③ 史游:《急就篇》卷 2, 第 134 頁。

④ 段玉裁:《説文解字注》, 第 23 頁。

於不同的禮儀中,如《儀禮·特牲饋食禮》:"祝贊籩祭,尸受祭之。"鄭玄注:"籩祭,棗、栗之祭也。"《周禮·天官·籩人》:"饋食之籩,其實棗、栗。"作爲摯見之禮品,婦女之贊主要是棗、栗、榛子等各種果品。《禮記·檀弓上》:"婦人之摯,椇、榛、脯、脩、棗、栗。"《左傳·莊公二十四年》:"女贊不過榛、栗、棗、脩,以告虔也。"《白虎通義·瑞贄》云婦人之贊以棗栗腵脩,"取其朝早起,栗戰自正也"①。

## 一、瓜

葫蘆科蔓生植物,種類甚多。《周禮》《禮記》以及《詩經》中的瓜,可能指的是甜瓜,果實可作蔬菜或水果,有的還可作雜糧和飼料。瓜亦爲瓜類植物果實的統稱。

瓜在先秦時期屬於常食的季節性食品,《詩·豳風·七月》:"七月食瓜,八月斷壺。"《詩·小雅·信南山》:"中田有廬,疆埸有瓜。是剝是菹,獻之皇祖。"瓜可醃製以便於保存,也用於祭祀先祖。

### 葫蘆

葫蘆在先秦屬於瓜類,《論語·陽貨》記載孔子説:"吾豈匏瓜也哉,焉能繫而不食。"《詩·邶風·匏有苦葉》:"匏有苦葉,濟有深涉。"毛傳:"匏謂之瓠。"《詩·豳風·七月》:"七月食瓜,八月斷壺。"毛傳:"壺,瓠也。"匏、瓠、壺、甘瓠均爲葫蘆類植物。但葫蘆之名,古今聚訟紛紜。

陸佃《埤雅·釋草》認爲:"長而瘦上曰瓠,短頸大腹曰匏","似匏而圓曰壺","蓋匏苦瓠甘,復有長短之殊,非一物也"。②據陸佃之説,則瓠、匏有別。概括言之,瓠即現在用來當菜吃的瓠子,細而圓長,猶如絲瓜;匏即農家作水瓢用的瓢葫蘆;壺即短柄的扁圓葫蘆。現代植物學將上述各種葫蘆都歸屬於葫蘆科,并將葫蘆分爲五種:扁蒲(果實細長橢圓,又名都瓠)、長柄葫蘆(果實長柄有腹,又名懸匏)、亞腰葫蘆(果實上小下大,中部縊細,又名約腹瓠)③、大葫蘆(果實圓大形扁無柄,又名瓢葫蘆)和小葫蘆。

---

① 陳立:《白虎通疏證》卷8,第359頁。
② 陸佃:《埤雅》卷16,第156—159頁。
③ 當即今所謂的"細腰葫蘆",其得名之由,李時珍《本草綱目·菜部》曰:"郭義恭《廣志》謂之約腹壺,以其腹有約束也。"參見李時珍《本草綱目》卷28,第1692頁。

葫蘆在先秦時期的功能較多。首先，葫蘆可以食用，其嫩果實可食，葉子可做菜羹。《詩·小雅·瓠葉》上有"幡幡瓠葉，采之亨之"，毛傳説："幡幡，瓠葉貌。庶人之菜也。"《管子·立政》指出："瓜瓠、葷菜、百果不具備，國之貧也；……瓜瓠、葷菜、百果具備，國之富也。"①這説明，葫蘆也是先秦時期普通百姓常吃的蔬菜。其次，匏可以作爲容器，如製爲匏爵，《周禮·春官·鬯人》："禜門用瓢齎。"鄭玄注："禜，謂營鄭所祭。玄謂齎讀爲齊，取其瓠，割去柢，以齊爲尊。"瓠去其柄，用其腹部盛酒。《禮記·郊特牲》："器用陶匏，以象天地之性也。"另外，《韓非子·外儲説左上》説："夫瓠所貴也，謂其可以盛也。"②都説明葫蘆可作爲容器。再次，匏可以用來渡水。《莊子·逍遙遊》謂："今子有五石之瓠，何不慮以爲大樽而浮乎江湖。"③有學者指出，在古人發明船之前，是借用葫蘆的浮力在水上漂浮。他們"腰懸一組葫蘆(又稱腰舟)泅水，可騰出手來劃行或捕魚。"④李時珍《本草綱目》釋壺盧爲："其圓者曰匏，亦曰瓢，因其可以浮水如泡、如漂也。"⑤

此外，匏亦可用來製作樂器。我國古代有所謂"八音"，分別爲金、石、土、革、絲、木、匏、竹。其中瓠指笙。《白虎通·禮樂》載："匏曰笙。"⑥《禮記·明堂位》有"女媧之笙簧"，鄭玄注引《世本》曰："女媧作笙簧。"可見葫蘆用來製作樂器歷史悠久。

王瓜

植物名。葫蘆科多年生草質藤本植物。葉互生，多毛茸。夏季開花，瓣緣細裂成絲狀。果實卵狀橢圓形或橢圓形，塊根紡錘形，肥大。莖細弱，多發枝，具縱棱和槽，被短柔毛。生於山坡疏林中或灌叢中等處。

王瓜一名葍藞、土瓜。《禮記·月令》："王瓜生，苦菜秀。"鄭玄注："王瓜，葍藞也。"《逸周書·時訓解》："王瓜不生，困於百姓。"朱右曾《校釋》："王瓜，一名土瓜，四月生苗延蔓，五月開黃花，子如彈丸，生青熟赤。"⑦蘇頌《本草圖經》："葉

---

① 黎翔鳳：《管子校注》卷1，第64頁。
② 王先慎：《韓非子集解》卷11，第292頁。
③ 郭慶藩：《莊子集釋》卷1上，第37頁。
④ 彭德清：《中國船譜》，人民交通出版社1988年版，第13頁。
⑤ 李時珍：《本草綱目》卷28，第1692頁。
⑥ 陳立：《白虎通疏證》卷3，第121頁。
⑦ 黃懷信等：《逸周書匯校集注》（修訂本）卷6，第592頁。

似栝樓,圓無叉缺,有刺如毛,五月開黄花,花下結子如彈丸,生青熟赤。房間人呼爲老鴉瓜,亦曰菟瓜。"① 李時珍《本草綱目·草部》云:"土瓜,其根作土氣,其實似瓜也。或云根味如瓜,故名土瓜。王字不知何義。瓜似㼏子,熟則色赤,鴉喜食之,故俗名赤㼏、老鴉瓜。一葉之下一須,故俚人呼爲公公鬚。"② 王瓜的葉子下有卷須,俗名公公鬚。

一説栝樓即王瓜。《淮南子·時則訓》:"孟夏之月……王瓜生。"高誘注:"王瓜,括樓也。"③ 顔師古説同。④ 邱光庭《兼明書·禮記·王瓜》:"《月令》:立夏之後十日王瓜生。……王瓜即栝樓也。栝樓與土瓜形狀藤葉正相類,但栝樓大而土瓜小耳。以其大於土瓜,故以'王'字別之,《爾雅》諸言王者皆此類也。"⑤ 實際上王瓜與栝樓爲兩種植物。栝樓是葫蘆科栝樓屬多年生攀緣草本植物,長可達 10 米。根狀莖肥厚,圓柱狀,外皮黄色。莖多分枝,無毛;葉互生,近圓形或心形,雌雄異株,果實橢圓形或圓形,成熟時黄褐色或橙黄色。

圖 3-9　王瓜　　　　　　　　　圖 3-10　栝樓

① 蘇頌:《本草圖經》,尚志鈞輯校,安徽科學技術出版社 1994 年版,第 201 頁。
② 李時珍:《本草綱目》卷 18,第 1274 頁。
③ 劉文典:《淮南鴻烈集解》卷 5,第 167 頁。
④ 史游:《急就篇》卷 4,第 279 頁。
⑤ 邱光庭:《兼明書》卷 3,遼寧教育出版社 1998 年版,第 27 頁。

## 二、果

### 桃

桃樹,果實桃子是今南北方常見的水果。先秦時期,已注重對桃子的儲存、加工。《大戴禮記·夏小正》載:"六月……煮桃。"[1]《禮記·內則》曰:"桃諸、梅諸、卵鹽。"孔穎達疏:"王肅云:'諸,菹也。'謂桃菹、梅菹,即今之藏桃也、藏梅也。欲藏之時,必先稍乾之,故《周禮》謂之'乾',鄭云'桃諸、梅諸'是也。"《釋名·釋飲食》:"桃諸,藏桃也。諸,儲也,藏以爲儲,待給冬月用之也。"[2] 桃子欲長久入藏,需煮過後將其曝曬乾。

### 李

李樹,其果子即李子,形態美豔,口味甘甜,既可鮮食,又可以製成罐頭、果脯。

李也是最古老的果樹之一。《詩·小雅·南山有臺》:"南山有杞,北山有李。"《詩·王風·丘中有麻》:"丘中有麥……丘中有李。"《詩·大雅·抑》:"投我以桃,報之以李。"《詩經》所處的時代,桃李已爲人們所重。

### 梅

薔薇科落葉喬木,核果球形,綠色,熟時黃色,核硬,有槽紋。梅可分花梅及果梅兩類。花梅主要供觀賞。果梅的果實主要作加工或藥用,一般加工製成各種蜜餞和果醬。梅味極酸,與鹽共作調味之用。《禮記·內則》載"獸用梅",可見梅爲重要的調味物料。

與桃子一樣,先秦時儲藏梅子也有一套程序。《大戴禮記·夏小正》記載"五月,煮梅"[3]。儲藏梅子,需要將之煮過,然後曝曬乾,故煮梅是貯藏梅的一道程序。

新石器時代早期人們已知利用梅酸,河南新鄭裴李崗遺址出有梅核。[4] 河南安陽殷墟西區 M284 出土的一件銅鼎中,裝滿了炭化的梅核。梅核呈扁圓形,兩端尖,長約 10 毫米,寬 7 毫米,厚 5.5 毫米,表面遍布蜂窩狀凹點和溝紋,經鑑

---

[1]　王聘珍:《大戴禮記解詁》卷 2,第 40 頁。

[2]　王先謙:《釋名疏證補》卷 4,第 146 頁。

[3]　王聘珍:《大戴禮記解詁》卷 2,第 39 頁。

[4]　中國社會科學院考古研究所:《中國考古學·新石器時代卷》,第 138 頁。

定與栽培的梅核相似。① 在藁城臺西中商遺址一釀酒坊址出土的陶甕内,發現盛有這種沉澱物達8.5公斤,經鑑定就是酵母,同出四件大口罐内還分別裝有桃、李、棗等②,説明商代不僅掌握麴蘖釀酒,又能釀製果料酒。

杏

杏是原產我國的果樹之一,果實早熟,色澤鮮豔,果肉多汁,酸甜適口。《大戴禮記·夏小正》除有"正月,梅、杏、杝桃則華"③ 的記載外,還有"四月,囿有見杏"的記述,可知當時已經種植杏樹。

棗

棗樹,果實成熟後紅色,味甘甜,可食。今南北方常見。《説文·束部》釋爲:"棗,羊棗也。"④ 羊棗是棗的一種,長橢圓形,初生色黃,熟則黑,似羊矢,俗稱羊矢棗。《爾雅·釋木》:"遵,羊棗。"郭璞注:"實小而圓,紫黑色,今俗呼之爲羊矢棗。"棗的品種較多,《爾雅·釋木》有:"棗,壺棗。邊,要棗。櫅,白棗。樲,酸棗。楊徹,齊棗。遵,羊棗。洗,大棗。煮,填棗。蹶泄,苦棗。晳,無實棗。還味,稔棗。"

商周時期,棗樹即廣泛種植。《詩·魏風·園有桃》提到"園有棘,其實之食"。棘是酸棗,亦名樲棘。《孟子·告子上》:"今有場師,舍其梧檟,養其樲棘,則爲賤場師焉。"趙岐注:"樲棘,小棘,所謂酸棗也。"《詩·豳風·七月》:"八月剥棗。"此詩記載八月撲打棗,可見棗已是定期收獲的果品,棗樹也是普遍種植的果樹。

栗

落葉喬木,葉橢圓形,果實有硬殼,富含澱粉而甜美,可食,俗稱爲板栗。栗在西周後已成爲普遍栽培的果木。《詩·鄘風·定之方中》:"樹之榛栗。"《詩·鄭風·東門之墠》:"東門之栗,有踐家室。"《詩·唐風·山有樞》:"山有漆,隰有栗。"《詩·秦風·車鄰》:"阪有漆,隰有栗。"《詩·小雅·四月》:"山有嘉卉,侯栗侯梅。"這裏的栗,絕大多數可肯定係人工栽培。

周代,棗、栗被貴族階層用來作爲摯見禮物,或作爲庶羞。

---

① 中國社會科學院考古研究所安陽工作隊:《1969—1977年殷墟西區墓葬發掘報告》,《考古學報》1979年第1期,第82頁。

② 河北省文物研究所:《藁城臺西商代遺址》,文物出版社1985年版,第176頁。

③ 王聘珍:《大戴禮記解詁》卷2,第29頁。

④ 段玉裁:《説文解字注》,第318頁。

榛

榛,似栗而小的一種果樹,樺木科落葉灌木或小喬木。《説文·木部》:"榛,榛木也。"①《周禮·天官·籩人》:"榛實。"鄭玄注:"榛,似栗而小。"榛實比栗小,風味佳且營養豐富,并可以榨油。

梨

梨樹是薔薇科梨屬,多年生落葉果樹,喬木。果實橢圓形或扁圓形,果皮褐色或黄白色,具果點,果肉白色,質脆多汁。今南北方均常見。

柿

柿子樹,落葉喬木,葉橢圓形或倒卵形,背面有絨毛,花黄白色,柿果成熟於九、十月間。柿樹果即柿子,別名朱果、猴棗。柿的鮮果充發成熟後,多汁味甜,成熟柿子與雜糧混合做成的炒麵甜香可口,可以作爲主食。

梖

木名,即枳椇,也稱枸橘、臭橘。枳椇屬鼠李科枳屬植物,似橘而小的一種果木,落葉灌木或小喬木,小枝多刺,葉廣卵形,邊緣有鋸齒,春生白花,至秋成實。枳椇的果柄花序軸成熟時黄褐色或棕褐、紫紅色,膨大呈肉質狀,扭曲不規則棒狀,有分枝,形似雞爪,故又名雞距子、拐棗、萬字果、雞腳爪、雞爪梨、桔紐子、雞爪樹、金鈎子等,可食。

枳椇或單名枳,或單名椇。《禮記·内則》:"椇。"鄭玄注:"椇,枳椇也。"《禮記·曲禮下》:"婦人之摯,椇、榛、脯、脩、棗、栗。"鄭玄注:"椇,枳也,有實,今邳、郯之東食之。"《説文·木部》:"枳木,似橘。"②《考工記·序官》:"橘踰淮而北爲枳。"《後漢書·馮衍傳下》:"捷六枳而爲籬兮,築蕙若而爲室。"李賢注:"枳,芬木也……枳之爲木,芳而多刺,可以爲籬。"③崔豹《古今注·草木》:"枳椇子,一名樹蜜,一名木餳,實形拳曲,花在實外,味甜美如餳蜜。"④

圖 3-11　枳椇(拐棗)

---

① 段玉裁:《説文解字注》,第 242 頁。
② 段玉裁:《説文解字注》,第 245 頁。
③ 范曄:《後漢書》卷 28 下,第 1000、1001 頁。
④ 崔豹:《古今注》卷下,第 19 頁。

棋或名枳枸。《詩·小雅·南山有臺》:"南山有枸。"毛傳:"枸,枳枸。"枸即枳棋。枸從木從句,有彎曲之意。李時珍《本草綱目》謂:"枳椇……又作枳枸,皆屈曲不伸之意,此樹多枝而曲,其子亦卷曲,故以名之。"①此樹多枝而樹枝彎曲,果實亦彎曲,故名枸。陸璣《毛詩草木鳥獸蟲魚疏》説:"枸樹,山木,其狀如櫨,一名枸骨,高大如白楊,……枝柯不直,子著枝端,大如指,長數寸,噉之甘美如飴,八九月熟,江南特美。今官園種之,謂之木蜜。古語云'枳枸來巢',言其味甘,故飛鳥慕而巢之。"②

枳棋的果實近球形,乾燥,熟時肉質紅棕色,其味甘甜而略帶澀,經霜之後,澀味盡去,其味尤其甘美,可食,亦可釀酒。

楂

果木名。楂即薔薇科的楂子。落葉小灌木,莖高一二尺,葉倒卵形,春日開花,楂果實似梨而色微黄,實圓,其味酢澀。

先秦時期,楂即已作爲果實而食用。《禮記·内則》:"楂、梨、薑、桂。"鄭玄注:"楂,梨之不臧者。"又《内則》云"楂、梨曰攢之",即挑出帶蟲孔的楂。楂子的果實是梨果,鄭玄認爲楂是不好的梨,不確,楂子像梨而非梨。

楂,字亦作"樝"。《説文·木部》:"樝,果似梨而酢。"③亦謂之樝子,《漢書·司馬相如傳上》:"樝棃棃栗,橘柚芬芳。"顏師古注:"樝即今所謂樝子也。"④《爾雅·釋木》:"樝梨曰鑽之。"郭璞注:"樝,似梨而酢澀。見《禮記》。"邢昺疏:"今之所謂樝子者是也。"郝懿行《爾雅義疏》:"按,樝即今鐵梨,黄赤而圓,肉堅酸澀,而入湯煮熟則更甜滑。今順天人呼之鐵梨。"⑤

含桃

櫻桃。《禮記·月令》:"是月也,天子乃以雛嘗黍,羞以含桃先薦寢廟。"鄭玄注:"含桃,櫻桃也。"《淮南子·時則訓》:"羞以含桃。"高誘注:"含桃,鶯所含食,故言含桃。"⑥《爾雅·木部》:"楔,荆桃。"郭璞注:"今櫻桃。"

---

① 李時珍:《本草綱目》卷31,第1845頁。
② 丁晏:《毛詩草木鳥獸蟲魚疏校正》卷上,第450頁。
③ 段玉裁:《説文解字注》,第238頁。
④ 班固:《漢書》卷57,第2535、2538頁。
⑤ 郝懿行:《爾雅義疏》,第797—798頁。
⑥ 劉文典:《淮南鴻烈集解》卷5,第169頁。

## 第四節　肉食

　　肉食在先秦時期是珍貴的食物資源,貴族階層方有財力經常食用。《左傳·昭公四年》稱"食肉之祿",即"肉食者"(《左傳·莊公十年》)。一般百姓則以穀物菜蔬爲主食,至"七十可以食肉"(《孟子·梁惠王上》)。先秦肉食的來源除了幾種主要家畜(牛、羊、豕、犬)與家禽(主要是雞、鴨、鵝),還有野生獸類、魚鱉等。野生獸類,其中食草獸以鹿類爲主,食肉獸有狼與貍等,食用熊蹯(即熊掌)春秋時期也見於文獻記載。野禽有鴻雁、雀、鶉、野鴨、鳩等。水産品中,禮書記載有鱒、鮒、鮪等魚類,加工方法或烹煮,或製作成乾魚,或製作成魚肉醬;至於龜、鱉、螺、蚌,更是當時的美味佳肴。至於昆蟲,三禮記載有螞蟻、蝸牛、蟬等,實際上爲數可能更多。由此可見商周時期食物來源的多樣化。

### 一、肴、羞、膳

　　肴,泛指經過加工致熟,可以食用的魚、肉。《説文·肉部》:"肴,啖也。"段玉裁注:"謂熟饋可啖之肉。"[1]《楚辭·招魂》:"肴羞未通。"王逸注:"魚、肉爲肴。"[2] 肴字又作殽,《廣雅·釋器》:"殽,肉也。"王念孫《疏證》:"肴,通作殽。"[3]又,殽可指帶骨之肉,即禮書所言"俎實""骨體"。《儀禮·特牲饋食禮》:"皆殽脅。"鄭玄注:"凡骨有肉曰殽。"《儀禮·士昏禮》載"腊必用鮮,魚用鮒,必殽全",王引之《經義述聞》按云:"殽,牲體也,俎實也。"[4]

　　羞字下部(丑)爲右手形,上爲羊,據甲骨文,此字構形爲以手持羊,表示進獻。小篆從羊,從丑,"丑"是"又"字的訛變。《説文·丑部》解釋爲:"羞,進獻也。"[5] 羞字本義指進獻,引申之,羞指滋味調和的肉食。《周禮·天官·膳夫》鄭玄注説:"羞,有滋味者。"又《周禮·天官·庖人》鄭玄注説:"致滋味而爲羞。"羞是用牲肉及禽獸等原料製作的調有滋味的菜肴,其特徵在於"有滋味"。《周禮》

---

① 段玉裁:《説文解字注》,第 173 頁。
② 洪興祖:《楚辭補注》,第 209 頁。
③ 王念孫:《廣雅疏證》卷 8 上,第 245 頁。
④ 王引之:《經義述聞》卷 10,第 236 頁。
⑤ 段玉裁:《説文解字注》,第 745 頁。

中的羞有庶羞、内羞、好羞等類。

庶羞

庶，衆多之義，庶羞，指衆多備有滋味的肴饌。《周禮·天官·膳夫》："凡王之饋，食用六穀，膳用六牲，飲用六清，羞用百二十品，珍用八物，醬用百有二十甕。"鄭玄注："羞，出於牲及禽獸，以備滋味，謂之庶羞。《公食大夫禮》《内則》下大夫十六，上大夫二十，其物數備焉。天子諸侯有其數，而物未得盡聞。"依據三禮中被列爲羞的籩豆之實可知，庶羞的原料除了鄭玄所注的"牲及禽獸"外，還包括蟲、魚、瓜果、蔬菜、穀物等。

庶羞主要盛於豆，其豆數按食者的尊卑貴賤等級差別而異，"膳夫"職言王食百二十品，而"掌客"職言上公食四十、侯伯三十二、子男二十四豆，王公大臣豆數皆以其爵秩、命數而定。

内羞

内羞即房中之羞，宮内女官所作供祭祀用的穀類食物，因由女執事從東房所供，故名内羞。在《周禮》中，屬内羞的豆、籩之實是糗餌、粉餈、酏食、糝食等食物，其主要原料是穀物米粉。《周禮·天官·世婦》曰："及祭之日，蒞陳女宮之具，凡内羞之物。"賈公彦疏："凡内羞之物者，謂糗餌、粉餈，案《少牢》皆從房中而來，故名爲内羞。"孫詒讓《周禮正義》認爲："内羞皆穀物，女宮所共與庶羞爲内外饔所共異，故謂之内羞，又謂之房中之羞。"①《周禮·天官·宰夫》："以式法掌祭祀之戒具與其薦羞，從大宰而視滌濯。"鄭玄注："羞，庶羞，内羞。"賈公彦疏："庶羞謂天子八豆、諸侯六豆之等，内羞謂祭祀食後所加，言'内'者，《少牢》所謂'房中之羞'，糗餌、粉餈是也。"《儀禮·燕禮》："凡薦與羞者，小膳宰也。有内羞。"鄭玄注：内羞"謂羞豆之實，酏食、糝食；羞籩之實，糗餌、粉餈"。《周禮·天官·籩人》："羞籩之實，糗餌、粉餈。喪事及賓客之事，共其薦籩羞籩。爲王及后、世子共其内羞。"鄭玄注："於其飲食以共房中之羞。"《周禮·天官·醢人》："羞豆之實，酏食、糝食。凡祭祀，共薦羞之豆實，賓客、喪紀亦如之。爲王及后、世子共其内羞。"内羞包括有羞籩、羞豆之食。

好羞

好羞屬於珍味，是相對於常用食品庶羞而言，是隨季節而進獻的四時新物，

---

① 孫詒讓：《周禮正義》卷 14，第 558 頁。

是非常之物，無常數。《周禮・天官・庖人》："凡其死生鮮薧之物，以共王之膳與其薦羞之物及后、世子之膳羞。共祭祀之好羞。"鄭玄注："謂四時所爲膳食，若荆州魚，青州之蟹胥，雖非常物，進之孝也。"賈公彦疏："今言好羞，則是非常之物，謂美魚之屬也。"祭祀及王室所用物品有其禮數，於其禮數之外，隨季節而進獻的時鮮，如時令荆州魚、青州之蟹胥（蟹醬），以及時令的山珍等，皆爲好羞。

膳

指美味佳肴。膳字本作"善"，善從羊從口，表示羊肉在器皿中，示羊肉味道鮮美。從稱名的理據來説，其得名本源於善，《儀禮・燕禮》："主人酌膳。"鄭玄注："君物曰膳，膳之言善也。"《禮記・玉藻》鄭玄注："膳，美食也。"《説文・肉部》解釋爲："膳，具食也。"[1]《漢書・杜欽傳》："親二宮之饗膳。"顏師古注："具食曰膳，膳之言善也。"[2]通言之，膳爲食物的共名；析言之，膳爲牲肉製作的食物。《周禮・天官・膳夫》："掌王之食飲膳羞"，鄭玄注："膳，牲肉也。"膳的原料是牲肉。

禽獻

供君王食用的四時佳肴。[3]《周禮・天官・庖人》："凡用禽獻，春行羔豚，膳膏香；夏行腒鱐，膳膏臊；秋行犢麛，膳膏腥；冬行鱻羽，膳膏膻。"鄭玄注："用禽獻，謂煎和之以獻王。"禽獻均用動物膏油烹飪，其物隨四時季節更換。

## 二、濕肉類

濕肉

濕肉乃是濕軟的肉，與乾肉相對。《禮記・曲禮上》："濕肉齒決，乾肉不齒決。"孔穎達疏："濕，濕也。濕軟不可用手擘，故用齒斷決而食之。"《禮記・內則》："濡豚包苦實蓼。"鄭玄注："凡濡，謂亨之以汁和也。"《禮記・內則》："欲濡肉則釋而煎之以醢，欲乾肉則捶而食之。"孔穎達疏："言食熬之時，唯人所欲，若欲得濡肉，則以水潤釋而煎之以醢也。"濡肉，用水浸潤之後加上醢煎之即成。

---

[1]　段玉裁：《説文解字注》，第 172 頁。
[2]　班固：《漢書》卷 60，第 2672、2673 頁。
[3]　禽獻，亦指獻禽於賓客。《周禮・天官・庖人》："共喪紀之庶羞，賓客之禽獻。"鄭玄注："禽獻，獻禽於賓客。"《周禮・秋官・掌客》："乘禽日九十隻。"

臠

肉塊。《説文·肉部》："臠，一曰切肉也。"① 大塊肥美的臠肉又稱爲大。《儀禮·公食大夫禮》："士羞庶羞，皆有大，贊者辨取庶羞之大，以授賓。"鄭玄注："大，以肥美者特爲臠，所以祭也。"

腝

腝的義項有：

一指大塊的肉，義同臠。《周禮·天官·内饔》："凡掌共羞、修、刑、腝、胖、骨、鱐，以待共膳。"鄭玄注："腝，肉大臠，所以祭者。"大塊的魚腹肉亦謂之腝。《禮記·少儀》："羞濡魚者進尾，冬右腴，夏右鰭，祭腝。"鄭玄注："腝，大臠，謂刴魚腹也。"《儀禮·公食大夫禮》："士羞庶羞，皆有大、蓋，執豆如宰。"鄭玄注："魚或謂之腝，腝，大也。"《儀禮·有司徹》："皆加腝祭於其上。"鄭玄注："腝讀如殷帬之帬。刴魚時，割其腹以爲大臠也，可用祭也。"

二指無骨乾肉。《説文·肉部》："腝，無骨腊也。"段玉裁注："無骨則肥美，故引申爲凡美之稱。"② 桂馥《説文解字義證》："腝，去骨之乾肉，故曰無骨腊。"③

胾

切成大塊的純肉，即無骨的大肉塊。《禮記·曲禮上》："凡進食之禮，左殽右胾。"鄭玄注："殽，骨體也；胾，切肉也……殽在俎，胾在豆。"陸德明《釋文》："胾，大臠。"孔穎達疏："純肉切之曰胾。"《史記·絳侯周勃世家》："頃之，景帝居禁中，召條侯，賜食。獨置大胾，無切肉，又不置櫡。"裴駰《集解》引韋昭曰："胾，大臠也。"④

膾

細切的生肉或魚肉。《説文·肉部》："膾，細切肉也。"⑤《釋名·釋飲食》："膾，會也，細切肉，令散分其赤白異切之，已乃會合和之也。"⑥《禮記·少儀》説："牛與羊、魚之腥，聶而切之爲膾。"聶，指薄切爲片。又《禮記·内則》云："（肉）細者爲膾。"《論語·鄉黨》説孔夫子"食不厭精，膾不厭細"，皇侃疏："細切魚及肉

---

① 許慎：《説文解字》，第 171 頁。
② 段玉裁：《説文解字注》，第 174 頁。
③ 丁福保：《説文解字詁林》，第 4564 頁。
④ 司馬遷：《史記》卷 57，第 2078 頁。
⑤ 段玉裁：《説文解字注》，第 176 頁。
⑥ 王先謙：《釋名疏證補》卷 4，第 140 頁。

皆曰膾也。"《急就篇》卷三："膾鮨炙皴各有形。"顔師古注："膾，細切生肉也，亦或以魚。"①

牛鮨②，切牛肉，同牛膾。《儀禮·公食大夫禮》："炙南醢，以西牛皴、醢、牛鮨。"鄭玄注："《內則》謂鮨爲膾，然則膾用鮨。今文鮨作鰭。"

刑

脊骨兩側肉。《周禮·天官·內饔》："凡掌共羞修、刑、膴、胖、骨、鱐，以待共膳。"鄭玄注："鄭司農云：'刑膴謂夾脊肉，或曰膺肉也。'"刑爲胂之假借字，孫詒讓《周禮正義》引曾釗云："刑不訓夾脊肉。據先鄭意，當讀爲胂。"③胂，故書訓爲夾脊肉。《説文·肉部》："胂，夾脊肉也。"④《急就篇》卷三："胂腴胸脅喉咽髃。"顔師古注："胂，夾脊肉也。"⑤ 據上，則刑指夾脊肉，今俗稱裏脊肉。

胅

背脊肉。《禮記·內則》："搗珍，取牛羊麋鹿麕之肉，必胅。"鄭玄注："胅，脊側肉也。"《楚辭·招魂》："敦胅血拇，逐人駓駓些。"王逸注："胅，背也。"⑥《廣韻·代韻》："胅，背側肉也。"⑦

胅字通脢。脢，《説文·肉部》釋云："脢，背肉也。"段玉裁注："脢爲全背之肉也。"⑧《易·咸卦》："咸其脢。"陸德明《釋文》引鄭玄云："脢，背脊肉也。"李鼎祚《集解》引虞翻曰："脢，夾脊肉也。"

## 三、乾肉類

《周禮》中設有腊人職官，掌管乾製食物與禮典用腊事宜。《周禮·天官·腊

---

① 史游：《急就篇》卷3，第202頁。
② 鮨，本義指魚肉醬。《説文·魚部》認爲是出於蜀中的一種魚肉醬，"鮨，魚䐽醬也，出蜀中"。段玉裁注："聶而切之爲膾，更細切之，則成醬爲鮨。鮨者，膾之叢細者也。"《釋名·釋飲食》："鮨，宰魚也，以鹽米釀之如菹，熟而食之。"《爾雅·釋器》："肉謂之羹，魚謂之鮨。"郝懿行《爾雅義疏》："鮨是以魚作醬。"
③ 孫詒讓：《周禮正義》卷8，第274頁。
④ 段玉裁：《説文解字注》，第169頁。
⑤ 史游：《急就篇》卷3，第211頁。
⑥ 洪興祖：《楚辭補注》，第201頁。
⑦ 宗福邦等：《故訓匯纂》，第1857頁。
⑧ 段玉裁：《説文解字注》，第169頁。

人》："腊人掌乾肉，凡田獸之脯腊膴胖之事。"鄭玄注："大物解肆乾之，謂之乾肉。薄析曰脯，棰之而施薑桂曰鍛脩。腊，小物全乾。"大物則切成較大的塊，然後加以風乾或曝曬乾，稱爲乾肉。

脯、脩

脯是切成薄片，加鹽製作成的乾肉條。①《説文·肉部》："脯，乾肉也。"②《釋名·釋飲食》："脯，搏也，乾燥相搏著也。又曰脩。脩，縮也，乾燥而縮也。"③《禮記·內則》："牛脩、鹿脯、田豕脯、麇脯、麕脯。"鄭玄注："脯，皆析乾其肉也。"《周禮·秋官·掌客》："三問皆脩。"鄭玄注："脩，脯也。"賈公彥疏："脯，乾肉而薄者。"脯是將肉切成薄片或肉條，加鹽醃製，然後曬乾而成，其做法大致是："以十月作沸湯爛"，"以末椒薑坋之，暴使燥"④。肉脯要用開水進行處理，用薑、椒、鹽、豉等調料煮熟再曬乾。《禮記·內則》中有鹿脯、田豕脯、麇脯、麕脯，也有牛脩。乾肉乃下酒佳品，《周禮·天官·膳夫》："凡王之稍事，設薦脯醢。"賈公彥疏："脯醢者，是飲酒佳肴。"

脯在祭祀中稱爲尹祭。《禮記·曲禮下》："凡祭宗廟之禮……脯曰尹祭。"孔穎達疏："尹，正也。裁截方正而用之祭。"

腶脩是加上薑桂等佐料經過捶搗使之結實的乾肉條。將肉析乾製成脯後，又加上薑桂，捶搗之使堅實，所以也稱鍛脩。鄭玄注《周禮·天官·內饔》説："鍛脯也"；又注《禮記·內則》云："腶脩，捶脯施薑桂也"，"捶，搗之也"。腶即鍛之俗字。脯與腶脩的差異，是腶脩加上薑桂末加以捶打。《周禮·天官·腊人》："腊人掌乾肉，凡田獸之脯腊膴胖之事。"鄭玄注："薄析曰脯，棰之而施薑桂曰鍛脩。"《周禮·天官·膳夫》："凡肉脩之頒賜皆掌之。"賈公彥疏："不加薑桂以鹽乾之者謂之脯。"腶脩加上薑桂等調味品，其味道更爲可口。

先秦文獻中常有"束脩"之稱，指十條乾肉。十脡束紮在一起，稱爲一束。束脩常用來喻指薄禮。《穀梁傳·隱公元年》云："束脩之肉，不行竟中。"這是説大

---

① 乾制的果仁和果肉也稱爲脯，如桃脯、杏脯等。賈思勰《齊民要術·種棗》："棗脯法：切棗曝之，乾如脯也。"參見繆啓愉《齊民要術校釋》（第二版），264頁。

② 段玉裁：《説文解字注》，第174頁。

③ 王先謙：《釋名疏證補》卷4，第139—140頁。

④ 見《史記·貨殖列傳》索隱引晉灼之語，此所説的是制胃脯，與作肉脯大致相同。參見司馬遷《史記》卷129，第3282頁。

夫無私交,即使是束脩這樣微薄的禮品饋贈也不行。《禮記·少儀》:"其以乘壺酒、束脩、一犬賜人。"孔穎達疏謂束脩即十脡脯。一根脩稱爲一脡。脡,長條乾肉,長一尺二寸。脡字亦作挺,亦名臟。《儀禮·鄉射禮》:"臟長尺二寸。"鄭玄注:"臟,猶脡也。"朐,指條狀乾肉屈曲的一端。《公羊傳·昭公二十五年》:"與四脡脯。"何休注:"屈曰朐,申曰脡。"《説文·肉部》:"朐,脯挺也。"段玉裁注:"朐脡,就一脡析言之,非謂脡有曲直二種也。"① 朱駿聲《説文通訓定聲》:"全挺曰脯脡,其端屈處曰朐。"②

鍛脩放置時朐、末的朝向亦有規定。《禮記·曲禮上》:"以脯脩置者,左朐右末。"鄭玄注:"屈中曰朐。"一般情況下,乾肉條彎曲部分(朐)在左,末端部分在右。另外,《儀禮·士虞禮》云:"朐在南。"鄭玄注:"朐脯及乾肉之屈也,屈者在南,變於吉。"士虞禮屬於凶禮,與吉禮相反,放置時乾肉彎曲的一端朝南(右),末端朝北(左)。

腊

完整的禽或小獸製成的乾肉。腊,《説文·日部》作"昔",并釋曰:"昔,乾肉也。從殘肉,日以晞之。"③《釋名·釋飲食》:"腊,乾昔也。"④ 昔即乾肉,得名於久之義。《廣雅·釋詁三》:"腒,久也。"王念孫《廣雅疏證》云:"乾雉謂之腒,猶乾肉謂之昔。腒之言居,腊之言昔,皆久之義也。"⑤《周禮·天官·腊人》:"腊人掌乾肉。"鄭玄注:"腊,小物全乾者。"《儀禮·士昏禮》:"腊一肫,髀不升。"鄭玄注:"凡腊用全。"將動物的肉風乾(或曬乾),以便保存,食用時再用水煮軟煮熟。

腒

風乾的鳥肉。《儀禮·士相見禮》云:"冬用雉,夏用腒。"鄭玄注:"夏用腒,備腐臭也。"《禮記·內則》:"夏宜腒鱐膳膏臊。"鄭玄注:"腒,乾雉也。"《周禮·天官·庖人》:"夏行腒鱐膳膏臊。"鄭玄注:"腒,乾雉。"鄭玄所言之腒乃指乾雉。又《説文·肉部》謂:"腒,北方謂鳥腊腒。"⑥ 則腒不僅指乾雉,其他風乾的鳥肉亦謂腒。

---

① 段玉裁:《説文解字注》,第 174 頁。

② 丁福保:《説文解字詁林》,第 1795 頁。

③ 段玉裁:《説文解字注》,第 307 頁。

④ 王先謙:《釋名疏證補》卷 4,第 139 頁。

⑤ 王念孫:《廣雅疏證》卷 3 下,第 106 頁。

⑥ 許慎:《説文解字》,第 174 頁。

## 四、牲體

周代,割解牲體有房脀、豚解、體解、節折等不同的方式,根據不同的禮制要求而割解出不同的骨體。下面簡略作一敘述。

據《儀禮》等文獻記載,周人對犧牲的各部位區分尤細。據清人凌廷堪考證,牲體的前腿骨稱爲肱骨,又稱前脛骨。前腿骨上下可分爲三部分:上部爲肩,肩下爲臂,臂下爲臑。後腿骨稱爲股骨,又稱後脛骨,上下也分三部分:上爲肫,又謂之膊;肫下爲胳,胳下爲觳。肩上的骨肉稱爲膉,又稱作胜,肫上骨肉稱作髀,餘骨謂之儀。犧牲的中體脊骨部分,也分爲三部分:脊骨的前部分爲正脊,中間部分爲脡脊,後面部分爲橫脊,以前脊爲正爲尊。脊骨兩旁的肋骨稱爲脅(也稱胉或乾),脅骨也分爲三:中間爲正脅(又曰長脅),前部分爲代脅,後部分爲短脅。①

全脀

全脀是對犧牲不割解,直接薦於俎。《國語·周語中》云:“禘郊之事,則有全脀。”韋昭注:“全脀,全其牲體而升之。”②

房脀

宰割犧牲的一種方式。將牲體分爲左右兩部分,割解方式蓋是從犧牲的腹部割解,將之分爲左右兩半,古書稱之爲“兩胖”。《國語·周語中》云:“王公立飫,則有房脀。”韋昭注:“全脀,全其牲體而升之”,“房,大俎也。……半解其體,升之房也”。③依韋昭注,房脀是解割犧牲爲左右二胖,將其中一胖載於俎。《左傳·宣公十六年》說:“王享有體薦,宴有折俎。”杜預注:“享則半解其體而薦之。”孔穎達疏:“王爲公侯設享,則半解其體而薦之。”孔氏又認爲“傳言體薦,即房烝也”,據孔說則房脀又稱爲體薦。

豚解

豚解是將牲體解割爲左右肩、髀,其中,臂、臑與肫、胳分別附屬於肩、髀,這樣就分爲四個骨體,然後再加上兩旁的脅骨和中間的一脊骨,共爲七體。如《儀禮·士虞禮》云:“殺於廟門西,主人不視。豚解。”鄭玄注:“豚解,解前後脛骨、

---

① 凌廷堪:《禮經釋例》卷5,彭林點校,第289頁。
② 徐元誥:《國語集解》,第57頁。
③ 徐元誥:《國語集解》,第58頁。

脊、脅而已，熟乃體解，升於鼎也。”

體解

體解之法，是將牲體肆解折骨爲二十一個骨體。體解二十一個骨體爲：前腿骨肩、臂、臑各一，此共六骨；後腿髀、肫、骼各一，此共六骨；正脊、脡脊、横脊各一，此共三骨；正脅、代脅、短脅各一，此共六骨。[1]

折俎

將體解之骨節折而載於俎，又稱爲殽脅。《左傳・襄公二十七年》：“司馬置折俎，禮也。”杜預注：“折俎，體解節折，升之於俎。”《左傳・宣公十六年》記周定王享士會以殽脅，杜預注：“升殽於俎。”折俎即將體解骨體節折之後置於俎。

肺

除骨體外，犧牲的肺、心、舌等臟器也常用於宴享、祭祀等禮儀中。其中，周人認爲肺爲氣之主，故尤爲崇尚，以之爲貴。《儀禮・士昏禮》云：“陳三鼎於寢門外東方，北面，北上。其實特豚，合升，去蹄。”鄭玄注：“肺者，氣之主也，周人尚焉。”肺也有不同的割解方式，且使用於不同的禮儀場合。肺可分爲離肺（又稱舉肺、嚌肺）與刌肺（又稱祭肺、切肺）兩種。胡培翬《儀禮正義》云：“離肺，肺割而未絶者，即舉肺也，亦名嚌肺。刌肺，肺刌斷者，即祭肺也，亦名切肺。”[2]離肺（舉肺、嚌肺）是以午割的方式割解，解割而未斷絶之肺。所謂午割，就是在切割心舌肺等臟器時，縱横切割，恐其分散，留出中央少許相連。離肺在祭祀中用之。《儀禮・士冠禮》：“離肺實於鼎。”鄭玄注：“離，割也，割肺者，使可祭也，可嚌也。”刌肺（祭肺、切肺）則屬於將之切斷，祭祀時以之祭食。《儀禮・特牲饋食禮》：“刌肺三。”鄭玄注：“爲尸、主人、主婦祭。今文刌爲切。”二者也有貴賤尊卑之別，如《儀禮・士昏禮》説：“舉肺、脊二，祭肺二。”賈公彦解釋爲：“周禮，祭肺尊於舉肺。”

周禮中，不同骨體具有各自的禮制象徵意義。周人尊骨而賤肉，犧牲的各骨體有尊卑之別。若用牲體左右兩胖的其中一胖，則以右胖爲貴。例如周人祭祖以及賓禮、嘉禮等，一般食用犧牲的右胖。《儀禮・少牢饋食禮》説：“司馬升羊右胖，髀不升。”鄭玄注：“上右胖，周所貴也。”周禮，牲體的四肢骨貴於脊骨和脅骨，周人以肩爲貴，前體貴於後體。《禮記・祭統》曰：“凡爲俎者，以骨爲主。骨有貴

---

① 曹建墩：《周代牲體禮考論》，《清華大學學報（哲學社會科學版）》2008 年第 3 期，第 128 頁。

② 胡培翬：《儀禮正義》卷 36，第 2217 頁。

賤,殷人貴髀,周人貴肩,凡前貴於後。"髀因靠近後竅,周人認爲其比較賤,故在禮儀中不升於正鼎,不載於正俎或尊者之俎。如《儀禮·少牢饋食禮》云:"司馬升羊右胖,髀不升。"鄭玄注:"髀不升,近竅,賤也。"

## 五、腥、爓、飪

周代祭祀,根據對肉的加工致熟與否及生熟程度,有腥、爓、飪等幾種,使用於不同的禮典場合。

腥,字通"生",指殺而未烹煮的生肉。《論語·鄉黨》:"君賜腥,必熟而薦之。"朱熹《集傳》:"腥,生肉也。"①

爓,古同"燖",在沸水裏煮至半生半熟之肉。《禮記·禮器》:"郊血,大饗腥,三獻爓,一獻孰。"鄭玄注:"爓,沉肉於湯也。"《禮記·郊特牲》:"郊血,大饗腥,三獻爓,一獻孰。至敬不饗味,而貴氣臭也。爓祭,祭腥而退。敬之至也。"鄭玄注:"爓祭祭腥,祭爓肉、腥肉也。湯肉曰爓。"孫詒讓《周禮正義》云:"爓是半生半孰之肉。"②

飪指熟肉。《説文·食部》:"飪,大熟也。"③飪,字一作"肰"。《禮記·郊特牲》:"腥肆爓肰祭,豈知神之所饗也? 主人自盡其敬而已矣。"鄭玄注:"治肉曰肆。肰,熟也。"

## 第五節 酒漿

酒漿爲飲食禮中的必備之物,古稱之爲飲。甲骨文"飲"字(《合集》775、10137 正)象人探頭以口飲酒之形。作爲動詞,飲字表示飲啜的動作,《説文·欠部》:"飲,歠也。"④《釋名·釋飲食》:"飲,奄也,以口奄而引咽之也。"⑤《周禮·天官·膳夫》"食飲膳羞"的"飲",鄭玄注謂"飲,酒漿也",引申之,可飲之物

---

① 朱熹:《四書章句集注》卷 5,第 121—122 頁。
② 孫詒讓:《周禮正義》卷 8,第 313 頁。
③ 段玉裁:《説文解字注》,第 218 頁。
④ 段玉裁:《説文解字注》,第 414 頁。
⑤ 王先謙:《釋名疏證補》卷 4,第 134 頁。

謂之飲,包括酒、飲料及漿飲等。

先秦時期的釀酒屬於發酵酒,是利用酵母將含澱粉和糖質原料的物質進行發酵,產生酒精成分而形成酒。釀酒使用的原料有麴蘗與穀物,稱爲酒材。上古時期,人們已經知道穀物發黴爲麴,穀物發芽爲蘗。釀酒的穀物有稻、粱、黍、稷等,因穀物品種差異,釀出的酒的檔次亦有差異。《儀禮·聘禮》:"醴、黍、清,皆兩壺。"鄭玄注:"凡酒,稻爲上,黍次之,粱次之。"又鬯酒是用秬釀製,其檔次更高。

麴是製酒的酒母。《尚書·説命》:"若作酒醴,爾惟麴蘗。"麴今簡化字作"曲"。《左傳·宣公十二年》:"有麥麴乎。"孔穎達疏:"麥麴,作酒之物。"楊伯峻注説:"麥麴即今之酒母,用以釀酒者,蓋蒸麥以爲之,故曰麥麴。"[1] 中國古代在釀酒技術上的一項重要發明,就是用麴造酒。酒麴裏含有使澱粉糖化的絲狀菌(黴菌)及促成酒化的酵母菌。利用酒麴造酒,使澱粉質原料的糖化和酒化兩個步驟結合起來,這對造酒技術是一個很大的推進。至秦漢,製麴技術已有了相當的發展。漢代雖還用蘗造酒,但大量的酒卻已是用麴製造了。

蘗是長出芽的穀物。《説文·米部》:"蘗,牙米也。"[2]《釋名·釋飲食》:"蘗,缺也,漬麥覆之,便生芽開缺也。"[3]《齊民要術》記載有作蘗法。古有蘗釀醴,麴釀酒的説法[4],釀製醴時即用蘗糖化發酵。

## 一、釀酒工藝流程

《周禮》有酒人一職,得到酒正提供的釀酒原料後,率領其屬員釀酒。釀酒時間一般在每年收獲穀物後的冬天。《詩·豳風·七月》:"十月獲稻,爲此春酒,以介眉壽。"《禮記·月令》記載仲冬"乃命大酋"作酒,大酋負責釀酒事宜,同於《周禮》中的酒人。《禮記·月令》記載製酒的大概程序是:"乃命大酋,秫稻必齊,麴蘗必時,湛熾必潔,水泉必香,陶器必良,火齊必得。兼用六物,大酋監之,毋有差貸。"上古釀酒的基本過程有穀物蒸煮、加麴蘗發酵、過濾、貯酒等環節。必須使釀酒的原料秫、稻等齊熟,麴蘗等酒母用得適時,漬米炊釀之時食品、器具等潔

---

[1]　楊伯峻:《春秋左傳注》(修訂本),第 749 頁。

[2]　段玉裁:《説文解字注》,第 331 頁。

[3]　王先謙:《釋名疏證補》卷 4,第 139 頁。

[4]　宋應星《天工開物》説:"古來麴造酒,蘗造醴,後世厭醴味薄,遂至失傳,蘗法亦亡。"參宋應星《天工開物》卷下,廣陵書社 1997 年版,第 427—428 頁。

净,漬麴、漬米之水香甜,所盛陶器良善,炊米時用火得中,釀酒這六個程序都由大酋親自監督,無使有誤。只有做到這樣,釀製的酒纔會醇香。

今日陝北黄酒釀製之法乃是用糜子或小米釀造的黏稠甜酒,略同上古釀製之法,可作爲了解上古釀酒法的參考。其大致程序介紹如下。首先,製"酒麴"(其實即蘖)。用熱水將麥子焯浸後裝入陶盆容器内,蓋上蓋。經三四天後,麥子發芽半寸,倒出來曬乾或放鍋裏烘乾。然後,在石碾子上壓碎成粉,用羅將麩皮羅出,便做成了。或者將新麥磨成麥仁,用餘温尚存的開水將麥仁糁子和成軟餅狀,包入新摘的南瓜葉中,更裹以厚厚的新鮮麥秸,置之熱炕頭。發酵一夜後,再將已頗有酒香味的該發酵物剥去麥秸,藏之通風背陽之陰凉處晾爲乾餅,此麥仁餅即爲米酒酒麴。第二步,把黏性小米和黄米浸泡一夜後壓成麵,過羅後鍋蒸,蒸的過程中掀蓋將麵團打散。蒸熟後,盛入陶盆内并按照比例拌入蘖,并兑冷開水,發酵。數日後酒香溢出,變稠粥狀,即成米酒原漿。將原漿舀入熱水,邊添柴加温,邊用羅(細篩子)將團粒羅出,至煮沸,即爲米酒,趁熱飲用。此種黄酒酒體渾濁,帶有甜味。[①]

## 二、酒的種類

上古時代的酒,按其顏色的清、濁分爲清酒與濁酒。酒釀成時汁與渣滓混在一起,呈混濁狀,爲濁酒,因爲糟滓未濾出,酒的顏色泛出白色,因而濁酒又稱白酒。若經過濾,除去渣滓(糟),酒水清澈,稱爲清酒。《周禮》中,酒人監製的酒按製作時間長短、酒味濃淡以及顏色等標準區分,有五齊、三酒,這些酒入於酒府,由酒正掌管酒的出入,用於祭祀、王室飲用、宴飲賓客等。

### (一) 五齊

五齊爲未經澄濾的五種薄酒,分别爲泛齊、醴齊、盎齊、緹齊、沈齊。《周禮·天官·酒正》曰:"辨五齊之名:一曰泛齊,二曰醴齊,三曰盎齊,四曰緹齊,五曰沈齊。"鄭玄注:"泛者,成而滓浮泛泛然,如今宜成醪矣。醴猶體也,成而汁滓相將,如今恬酒矣。盎猶翁也,成而翁翁然,葱白色,如今酇白矣。緹者,成而紅赤,如今下酒矣。沈者,成滓沈,如今造清矣。自醴以上尤濁,縮酌者。盎以下差清。其象類則然,古之法式未可盡聞。"五齊均爲内有糟粕的濁酒,只是清濁程度

---

① 參見王克明《濁酒一杯説蘖醴》,《博覽群書》2008 年第 10 期, 第 65—69 頁。

有差異,尤其是泛齊、醴齊更爲渾濁。對於五齊,古今學人有不同的解釋。據專家研究,五齊是不同的釀酒階段所産生的酒。①

發酵開始,産生大量的二氧化碳氣體,穀物膨脹之後,有部分浮到液面上來,泛齊是糟滓上浮的薄酒,又謂之行酒。《釋名·釋飲食》:"泛齊,浮蟻在上泛泛然也。"②《説文·酉部》:"醱,泛齊,行酒也。"③ 泛齊發酵期較短,酒味淡薄。

當釀酒糖化作用旺盛時,醪味變甜,并有了薄薄的酒味,即醴齊。醴齊,是汁滓相和,漿汁和於糟内的薄酒,麴少米多④,釀一宿而熟,味甜,類似現在的甜酒釀。醴齊若濾去糟粕,則爲醴清,屬於四飲之一。《説文·酉部》:"醴,酒一宿孰也,從酉豊聲。"⑤《釋名·釋飲食》:"醴,禮也,釀之一宿而成禮,有酒味而已也。"⑥ 醴是釀造時間略長,帶糟的薄味甜酒。

釀酒時發酵旺盛,産生很多氣泡并伴有嘶嘶聲,酒液呈白色。盎齊,是酒液呈白色的濁酒。《釋名·釋飲食》:"盎,滃也,滃滃然濁色也。"⑦《禮記》之《禮運》《郊特牲》篇又謂之醆、醆酒。《禮記·禮運》:"故玄酒在室,醴醆在户。"《禮記·郊特牲》:"醆酒涗於清。"鄭玄注:"醆酒,盎齊。盎齊差清,和之以清酒涗之而已。涗盎齊必和以清酒者,皆久味相得。"

當釀酒時間更長,酒精成分逐漸增多,浸出了原料中的色素,顔色紅赤,是緹齊。緹齊,爲淺紅色的濁酒,《禮記·禮器》謂之醍。緹齊汁多於滓,可以用筐將汁瀝出。《禮記·禮運》:"醴醆在户,粢醍在堂,澄酒在下。"陳澔《禮記集説》:"粢醍,即《周禮》醍齊,酒成而紅赤色也。"⑧

---

① 周嘉華:《文物與化學》,東方出版社 2000 年版,第 114 頁;洪光住:《中國釀酒科技發展史》,中國輕工業出版社 2001 年版,第 98—99 頁。

② 王先謙:《釋名疏證補》卷 4,第 144 頁。

③ 段玉裁:《説文解字注》,第 748 頁。

④ 醴齊是用酒麴還是用蘖釀造,學者對此説法不一。《韓詩外傳》云:"甜而不沛,少麴多米曰醴。"《漢書·楚元王傳》:"醴,甘酒也。少麴多米,一宿而孰,不齊之。"認爲是以麴釀造,但不過濾酒糟。而《吕氏春秋·重己篇》高誘注曰:"醴以蘖與黍相體,不以麴也。"認爲蘖作醴,不用酒麴。李時珍也持有同樣的看法。

⑤ 段玉裁:《説文解字注》,第 747 頁。

⑥ 王先謙:《釋名疏證補》卷 4,第 144 頁。

⑦ 王先謙:《釋名疏證補》卷 4,第 144 頁。

⑧ 陳澔:《禮記集説》卷 4,第 172 頁。

醸酒發酵完成，酒糟下沉，即最後的沈齊。沈齊，是糟滓下沉，酒汁成清水狀的稍清之酒。《釋名·釋飲食》："沈齊，濁滓沉下，汁清在上也。"① 又謂之澄酒。《禮記·禮運》："粢醍在堂，澄酒在下。"孔穎達疏："澄謂沈齊也。"《禮記·坊記》："澄酒在下。"鄭玄注："澄酒，清酒也。"因其酒液呈清水狀，故又稱爲清酒。

濁酒需要過濾去糟粕之後用斗勺酌於飲酒器中。清濁程度不同的酒，濾酒方式略有差異。一種是使用時，或用事酒將之沖淡，或添水然後加以過濾。《周禮·春官·司尊彝》："凡六彝、六尊之酌，鬱齊獻酌，醴齊縮酌，盎齊涚酌，凡酒修酌。"鄭玄注："盎齊差清，和以清酒，涚之而已。其餘三齊，泛從醴，緹沈從盎。凡酒，謂三酒也。修讀爲不滌濯之滌。滌酌，以水和而涚之，今齊人命浩酒曰滌。明酌，酌取事酒之上也。澤讀爲醳。明酌、清酒、醆酒，涚之皆以舊醳之酒。"依據鄭玄説，盎齊、緹齊、沈齊加以清酒澄濾，三酒(事酒、昔酒、清酒)則加水濾去酒中糟滓。濾酒用筐筥或茅草等。《詩·小雅·伐木》："伐木許許，醸酒有藇。"毛傳："以筐曰醸，以藪曰湑。"《説文·酉部》："醸，下酒也。"② 醸，即用筐筥等器過濾酒。以草濾去酒糟稱爲湑。

又，據《禮記·郊特牲》以及鄭玄注，醴齊采用縮酌之法。將澄清的事酒和入醴齊中，然後以茅草濾之。以茅草濾去酒糟，稱爲縮酒，又稱爲縮酌。《周禮·天官·甸師》："祭祀，共蕭、茅。"鄭玄注云："縮酒，涚酒也。"鄭玄注《禮記·郊特牲》"縮酌用茅，明酌也"云"涚之以茅，縮去滓也"。茅草潔白而有芬芳香味，以之縮酒，可使酒味更加香醇。

(二) 三酒

三酒爲事酒、昔酒、清酒，皆爲已涚濾去滓之酒，以醸酒時間的新舊長短爲次。《周禮·天官·酒正》云："辨三酒之物：一曰事酒，二曰昔酒，三曰清酒。"鄭玄注："事酒，酌有事者之酒，其酒則今之醳酒也。昔酒，今之酋久白酒，所謂舊醳者也。清酒，今中山冬醸，接夏而成。"賈公彥疏："五齊、三酒俱用秫稻麴糵，又三酒味厚，人所飲者也；五齊味薄，所以祭者也，是以下經鄭注云：'祭祀必用五齊者，至敬不尚味而貴多品。'"也就是説，五齊、三酒都是用秫稻酒母和糵醸造，但五齊味道淡薄，祭祀時用之；三酒味道醇厚，生人飲用之。

① 王先謙：《釋名疏證補》卷4，第144頁。
② 段玉裁：《説文解字注》，第747頁。

事酒，《釋名·釋飲食》云："事酒，有事而釀之酒也。"[1] 此説可從，臨事而釀造的酒稱爲事酒。由於釀造時間短，不經過貯藏。

釀造時間較長的酒稱爲昔酒。釀造時間長於昔酒的爲清酒。《禮記·曲禮下》："酒曰清酌。"孔穎達疏："言此酒甚清澈，可斟酌。"《詩·小雅·信南山》："祭以清酒。"清酒大概是最高檔的酒，經過過濾、澄清等步驟。

三酒還用於饗食燕飲，作爲禮酒和宴飲酒。《周禮·天官·酒人》："共賓客之禮酒、飲酒而奉之。"鄭玄注："禮酒，饗燕之酒。飲酒，食之酒。"《儀禮·公食大夫禮》："飲酒、漿飲，俟於東房。"鄭玄注："飲酒，清酒也。飲酒先言飲，明非獻酬之酒也。"《周禮·酒人》職中的飲酒、《儀禮·公食大夫禮》中的飲酒都應當是三酒。

（三）六飲

《周禮·天官·漿人》有六飲，亦稱爲六清，分別爲水、漿、醴、涼、醫、酏。除水外，其他五飲其實都是酒。

玄酒、明水

玄酒其實就是清水，又稱爲新水、明齊。《儀禮·士冠禮》："玄酒在西。"鄭玄注："玄酒，新水也。"《儀禮·士虞禮》："明齊溲酒。"鄭玄注："明齊，新水也。"古人因水色黑而謂之玄。遠古時期無酒，以水爲飲料，當酒、醪、醴等酒飲出現以後，人們即賦予水以玄酒之名。而依照《周禮·秋官·司烜氏》"以鑒取明水於月"賈公彥疏説，"玄酒，井水也"。這是從水的來源上而言，商周時期飲水多飲井水。

明水，是用陰鑒向月得到的露水，供祭祀洗滌粢盛以及加於鬱鬯、五齊等之用。《周禮·秋官·司烜氏》："司烜氏掌以夫遂取明火於日，以鑒取明水於月，以共祭祀之明齍、明燭，共明水。"鄭玄注："鑒，鏡屬，取水者，世謂之方諸。取日之火，月之水，欲得陰陽之絜氣也。明燭以照饌陳，明水以爲玄酒。鄭司農云：'夫，發聲。明齍，謂以明水修滌粢盛黍稷。'"[2] 孫詒讓云："竊意取明水，止是用鑒承

---

① 參見王先謙《釋名疏證補》卷4，第144頁。

② 取明水之法，一說方諸是一種大蚌的名字。月明之夜，捕得方諸，取其殼中貯水，清明純潔，即是方諸水。《淮南子·天文訓》："方諸見月則津而爲水。"高誘注："方諸，陰燧，大蛤也。熟磨令熱，月盛時，以向月下，則水生，以銅盤受之，下水數滴。"參見《淮南鴻烈集解》卷3，第82頁。一說王充《論衡》："十一月壬子日，夜半子時，北方，煉五方石爲之。狀如杯盂，嚮月得津。"《周禮》所言之明水，蓋用盤器置於月下承接露水。鄭玄注認爲鑑是鏡子之類的器物。蓋與漢武帝在未央宮立仙人承露盤相類。

露。濕潤烝騰，遇冷承露，月夜澄朗，更無風雲，露下猶多，因謂取水於月，以配明火。大蛤得水，亦同兹理。”① 孫説平允，可從。

明水、玄酒，析言則别，渾言明水亦可謂玄酒。明水於祭祀用之，取其清明純潔之義，以體現恭敬之情。《禮記・郊特牲》：“祭黍稷加肺，祭齊加明水，報陰也。明水涗齊，貴新也。……其謂之明水也，由主人之絜著此水也。”鄭玄注：“明水，司烜所取於月之水也。齊，五齊也。五齊加明水，則三酒加玄酒也。”

使用玄酒明水，目的是讓人不忘本。如《禮記・鄉飲酒義》説：“尊有玄酒，教民不忘本也。”《禮記・郊特牲》云：“酒醴之美，玄酒明水之尚，貴五味之本也。”

漿

一種味稍酸的米湯。漢時，漿稱爲截漿。鄭玄注《周禮・天官・酒正》“三曰漿”云：“漿，今之截漿也”，賈公彦疏：“截之言截，米汁相截，漢時名爲截漿。”鄭玄注《禮記・内則》“漿”云：“酢截。”《説文・水部》釋“漿”：“漿，酢漿也。”《説文・酉部》將“截”解釋爲“酢漿也”。② 漿、截二字互訓。孫詒讓《周禮正義》認爲：“漿、截同物，累言之則曰截漿，蓋亦釀糟爲之，但味微酢耳。”③ 綜上，漿、截指一種味酸的米湯。

賈思勰《齊民要術》卷九有“作寒食漿法”④。寒食漿相當於今日冷飲。李時珍《本草綱目・水・漿水》記載漿的具體製作方法是：“漿，酢也。炊粟米熱，投冷水中，浸五六日，味酢，生白花，色類漿，故名。”又説：“漿水，性凉善走，故解煩渴而化物。”⑤ 此種漿應當是味微酸可以解渴的凉飲。

醴

一種甜濁酒。炊米成乾飯釀的酒叫醴。《説文・酉部》：“醴，酒一宿孰也。”⑥ 朱駿聲《説文通訓定聲》：“醴，如今蘇俗之白酒，凡醴，沛曰清，未沛曰糟。”⑦《玉

① 參見孫詒讓《周禮正義》卷 70，第 2911 頁。

② 段玉裁：《説文解字注》，第 751 頁。

③ 孫詒讓：《周禮正義》卷 9，第 352 頁。

④ 繆啓愉：《齊民要術校釋》（第二版），第 648—649 頁。

⑤ 李時珍：《本草綱目》卷 5，第 409 頁。

⑥ 段玉裁：《説文解字注》，第 747 頁。

⑦ 丁福保：《説文解字詁林》，第 14292 頁。

篇》釋："醴,甜酒也。一宿熟也。"①《釋名·釋飲食》説："釀之一宿而成醴,有酒味而已也。"②《漢書·楚元王傳》:"常爲穆生設醴。"顔師古注:"醴,甘酒也。少麴多米,一宿而熟,不齊之。"③《周禮·天官·酒正》"二曰醴齊。"鄭玄注:"醴猶體也,成而汁滓相將,如今恬酒矣。"孫詒讓《周禮正義》云:"許、劉言醴成之速,鄭言醴成之濁,各舉一端,義不異也。"④《吕氏春秋·重己》:"其爲飲食酏醴也,足以適味充虚而已矣。"高誘注:"醴者,以蘗與黍相體,不以麴也,濁而甜耳。"⑤可見,醴爲一種釀造時間較短,略帶酒味的帶酒糟的甜米酒。

醴若沛而去其糟,則爲"四飲"中的"清","六清"(六漿)中的"醴"。《周禮·天官·酒正》:"辨四飲之物,一曰清,二曰醫,三曰漿,四曰酏。"鄭玄注:"清,謂醴之沛者。"此濾去酒糟的醴酒稱爲清。

周代有清醴,有糟醴,前者爲濾去糟粕之醴,後者爲帶有糟粕之醴。《周禮·天官·漿人》:"共夫人致飲於賓客之禮,清醴、醫、酏糟。"《儀禮·士冠禮》:"乃醴賓以壹獻之禮。"鄭玄注云:"凡醴事,質者用糟,文者用清。"清、糟醴或一并陳設,如《禮記·内則》:"重醴,稻醴清、糟,黍醴清、糟,粱醴清、糟。"釀造醴酒的原料有稻、粱、黍等。此稻粱黍醴各有清、糟,相配重設,故稱爲重醴。

糟醴可飲可食,食時設柶。周代禮儀,有糟之醴飲時用柶,濾去糟之醴清飲時不用柶。鄭玄注《周禮·天官·漿人》云:"醴,飲醴用柶者糟也,不用柶者清也。"柶是用來抉取醴中之酒糟。⑥

涼

涼是以諸(乾桃梅等)或糗飯之類和水而成的冷飲。《周禮》"漿人"職中的涼,鄭玄注謂"今寒粥,若糗飯雜水也"。《釋名·釋飲食》:"寒粥,末稻米投寒水中育育然也。乾飯,飯而暴乾之也。糗,齲也,飯而磨散之,使齲碎也。"⑦糗是炒熟的

① 顧野王:《大廣益會玉篇》,第135頁。
② 王先謙:《釋名疏證補》卷4,第144頁。
③ 班固:《漢書》卷36,第1923、1924頁。
④ 孫詒讓:《周禮正義》卷9,第344頁。
⑤ 陳奇猷:《吕氏春秋新校釋》卷1,第35—36頁。
⑥ 周聰俊:《説醴》,《第三屆中國文字學國際學術研討會論文集》,輔仁大學出版社1992年版,第221—240頁。
⑦ 王先謙:《釋名疏證補》卷4,第145頁。

米或米粉。米粉摻雜水,漢時稱爲寒粥,也是一種冷飲。

《釋名·釋飲食》:"桃濫,水漬而藏之,其味濫濫然酢也。"①《禮記·內則》有"濫",是以乾果浸漬於水中做成的飲料。《禮記·內則》:"飲……或以酏爲醴,黍酏,漿,水,醷,濫。"鄭玄注:"醷,梅漿。濫,以諸和水也。以《周禮》六飲校之,則濫,涼也。"陸德明《釋文》"以諸,乾桃、乾梅皆曰諸。"濫即《周禮》之涼,爲寒涼之飲,即冷飲。以乾梅、乾桃等乾果羼雜水浸漬的濫,實際上是一種酸漿。

醫

醫是將蘗麴投入煮好的稀粥之內,經發酵而成的酒飲。鄭玄注《周禮》"酒正"職:"醫,《內則》所謂或以酏爲醴。凡醴濁,釀酏爲之,則少清矣。醫之字,從殹從酉省也。"鄭玄認爲,醫是用稀米湯(酏)釀製的甜酒。江永認爲:"今時北方造黃酒之法,先煮黃米爲粥,乃入麴蘗釀之成酒,正與《內則》注合。……蓋炊飯而釀者爲醴,煮粥而釀者以酏爲醴也。"② 因醫是用稀粥釀成,粥的水分較多,故比炊乾飯而釀成的未沛之醴稍清。

醫也有糟有清。《周禮·天官·漿人》:"共夫人致飲於賓客之禮,清醴、醫、酏糟。"此醫是未沛之醫糟。

酏

稀粥,類似今日稀米湯。《說文·酉部》:"酏,黍酒也。一曰甛也。賈侍中說酏爲鬻清。"段玉裁注:"凡粥稀者謂之酏。"③ 此所謂"黍酒",即以酏釀製的醴酒;酏爲鬻清,即醫。鄭玄注《周禮》"酒正"職:"酏,今之粥。"賈公彥疏:"即今之薄粥也。"《禮記·內則》在"飲"目下有"黍酏",是黍米煮成的稀粥。

酏可以釀酒,如《禮記·內則》:"或以酏爲醴。"鄭玄注:"釀粥爲醴。"此醴比用乾飯釀的醴清洌,其含水也比較多。

六漿的功能,一是供漱口之用,一是饑渴作爲飲料之用。

(四) 鬯、酪、酎、醪

鬯

鬯是以一種名秬的黑黍爲原料釀造的酒。《詩·大雅·江漢》:"釐爾圭瓚,

---

① 王先謙:《釋名疏證補》卷4,第146頁。

② 孫詒讓:《周禮正義》卷9引江永之語,第351頁。

③ 段玉裁:《說文解字注》,第751頁。

秬鬯一卣。"鄭玄箋:"秬鬯,黑黍酒也,謂之鬯者,芬香條鬯也。"孔穎達《正義》云:"《禮》有鬱鬯者,築鬱金之草而煑之,以和秬黍之酒,使之芬芳條鬯,故謂之鬱鬯。鬯非草名,而此《傳》言鬯草者,蓋亦謂鬱爲鬯草。何者?《禮緯》有秬鬯之草,《中候》有鬯草生郊,皆謂鬱金之草也。以其可和秬鬯,故謂之鬯草,毛言鬯草,蓋亦然也。"鄭、孔兩家解釋頗爲明晰,秬鬯爲使用秬爲原料釀造的酒,而鬱鬯則爲秬鬯調和以鬱金汁的酒。①

鬱鬯亦見於西周金文,叔簋銘文有云:"賞叔鬱鬯、白金、芻牛。"(《集成》4132)秬鬯和以鬱金根所煑之汁液,有芬芳的香味,故稱鬱鬯。又因所煑鬱金汁呈現黃色,和於鬯酒中,故《詩·大雅·旱麓》稱鬱鬯爲黃流。②

鬱鬯是在祭祀以及饗禮等禮儀中行灌禮時使用。《禮記·郊特牲》:"周人尚臭,灌用鬯臭,鬱合鬯,臭陰達於淵泉。"此乃言祭祀用鬱鬯灌地。《禮記·禮器》:"諸侯相朝,灌用鬱鬯,無籩豆之薦。"此言賓客之灌禮用鬱鬯。

酪

酪是一種酸漿。《禮記·禮運》云:"以爲醴酪。"鄭玄注云:"酪,酢酨也。"《玉篇·酉部》:"酢,酸也;酨,酢漿也,釋米汁也。"③《漢書·食貨志下》:"除米麴本賈,計其利而什分之,以其七入官,其三及醯酨灰炭,給工器薪樵之費。"顏師古注:"酨,酢漿也。"④《周禮·天官·酒正》"三曰漿"鄭玄注:"酨之言載也。米汁相載也。"酨是米汁,則酪乃酸米汁,又稱酸漿。

酎

酎酒是釀製歷時較長,經多次釀製加工而成的酒。《說文·酉部》:"酎,三重醇酒也。"段玉裁注:"謂用酒爲水釀之,是再重之酒也,次又用再重之酒爲水釀之,是三重之酒也。"⑤王筠《句讀》:"酎,謂以酒釀釀酒至再至三也。"⑥《禮

---

① 西周金文中有"鬯""秬鬯""鬱鬯"三名,秬鬯與郁鬯應有差別。單獨稱"鬯"者,應爲秬鬯;金文中單稱"鬱"者,應爲鬱鬯的簡稱。

② 《詩·大雅·旱麓》:"瑟彼玉瓚,黃流在中。"鄭玄箋:"黃流,秬鬯也。"孔穎達疏:"釀秬爲酒,以郁金之草和之,使之芬香條鬯,故謂之秬鬯。草名郁金,則黃如金色;酒在器流動,故謂之黃流。"對黃流的解釋,古今學者聚訟紛紜,此從鄭玄說。

③ 顧野王:《大廣益會玉篇》,第135頁。

④ 班固:《漢書》卷24,第1182、1183頁。

⑤ 段玉裁:《說文解字注》,第748頁。

⑥ 丁福保:《說文解字詁林》,第6662頁。

記·月令》:"孟夏之月……天子飲酎,用禮樂。"鄭玄注:"酎之言醇也,謂重釀之酒也。春酒至此(八月)始成,與群臣以禮樂飲之於朝,正尊卑也。"《左傳·襄公二十二年》:"公孫夏從寡君以朝於君,見於嘗酎,與執燔焉。"杜預注:"酒之新熟,重者爲酎。"酎是三重酒,在釀造過程中多次補料後進一步發酵釀成,酎酒通常需要發酵三次。第一次發酵而成的酒,摻新料再發酵,再發酵而成的酒再摻新料再發酵。酎酒的釀造時間從春經夏,時間長達七八個月,故其酒味醇厚、酒性濃烈。三重釀製的酒,工藝複雜,酒味醇厚,因而酎酒非常名貴,故有"天子飲酎,百姓飲酒"之説。

中國的黃酒基本以"溫飲"爲主,而酎酒的飲用時節是"孟夏之月"及八月中秋的獻酎飲酎,采用凍飲方式。《楚辭·招魂》云:"瑤漿蜜勺,實羽觴些,挫糟凍飲,酎清涼些,華酌即陳,有瓊漿些。"[①] 在冬天采集冰塊貯存起來,待飲用時,將酒液置於冰鑒中的容器内,間隙之中放入冰快,使酒液冷却,使酒味醇厚又清又涼。

醪

醪是一種汁糟混合的米酒,又稱濁酒,也稱醪糟。《説文·酉部》曰:"醪,汁滓酒也。"段玉裁注:"許意此爲汁滓相將之酒,醴爲一宿孰之酒。"[②] 醪的酒味比醴酒濃厚,醴酒味道淡薄。

凌純聲先生認爲,由壞飯製的酒稱爲醪,有汁有滓,可以同時食滓飲汁,也可以飲汁棄滓。濾出的汁稱酡,又有白酒之名,而滓稱爲糟,可以加水再釀成釃或醨,都是淡的薄酒。凌先生介紹了臺灣花蓮縣阿美族壞飯造酒之法。方法十分簡單:

先做酵母,以小米或陸稻的剩飯,放在一小簽内攤開,上再蓋一簽,置於火塘上的吊架上。經三四日即發黴,黴菌成絲狀,短的約一公分,長的至二三公分,黴菌以不到一公分最好,以之釀酒色白而味甜,長的下部變黑做酒色黑而味苦,再久則黴菌變黃而紅色,則不能做酒。酵母做成以後,乃以陸稻或小米,糯或粳均可,煮成飯,攤開在簽内,使稍冷即拌入酵母,用一藤筐,圓口方底,用大蕉葉先墊筐底,倒入酒醅,即用蕉葉包起,經三或四天,發

---

① 洪興祖:《楚辭補注》,第208—209頁。

② 段玉裁:《説文解字注》,第748頁。

酵成汁滓相將之酒，土名 lao，與古代之醪音相同。可以乾吃，如吃酒釀。再放入缸或盎內加水，用蕉葉紮口，再覆以蓋，經過四天，即可取飲。用一藤製濾器如匙形下尖，可將汁滓分開，汁名 saran-no-lao 即酒，滓名 lakare-no-lao 即糟也。日常飲用或接待普通賓客，飲以汁滓相將之酒，如宴貴賓須敬以濾去酒糟的清酒。故壞飯造酒，先濾去糟，儲藏清酒以待不時之需。又糟可加熱水沖濾，但味薄有時略酸。①

凌先生所述可以作爲了解商周釀酒的參考。

（五）其他

秩酒

按平常規制國家賜與九十歲以上老臣的酒。《周禮·天官·酒正》："凡有秩酒者，以書契授之。"鄭玄注："所秩者，謂老臣。"賈公彥疏："秩，常也。謂若老臣年九十已上，常與之酒。"秩，其意爲常。《禮記·王制》："九十日有秩。"國家爲彰顯尊老敬老之禮，對九十歲以上的大臣，則每日賜予其膳食與酒，稱爲"秩膳""秩酒"。

公酒

爲公事而釀造的酒。《周禮·天官·酒正》："凡爲公酒者，亦如之。"鄭玄注："謂鄉射飲酒，以公事作酒者，亦以式法及酒材授之，使自釀之。"《儀禮》之鄉射、鄉飲酒禮所飲酒即屬公酒。

公猶官，謂官家之事。《周禮·地官·牛人》："掌養國之公牛，以待國之政令。"鄭玄注："公猶官也。"

禮酒、飲酒

這兩種酒都屬於饋贈用酒。《周禮·天官·酒正》："共賓客之禮酒，共后之致飲於賓客之禮醫酏糟，皆使其士奉之。"鄭玄注："禮酒，王所致酒也。"孫詒讓《周禮正義》云："注云'禮酒，王所致酒也'者。《酒人》注云：'禮酒，饗燕之酒。王不親饗燕，不親食，而使人各以其爵以酬幣、侑幣致之，則從而以酒往'是也。"據《周禮·秋官·掌客》以及《儀禮·公食大夫禮》《聘禮》等文獻記載，如果賓客身份爲上公，天子應先後爲之舉行三次饗禮，三次燕禮，三次食禮。若天子因故不

---

① 凌純聲：《中國酒之起源》，《中國邊疆民族與環太平洋文化》，臺灣聯經出版事業公司 1980年版，第 843—846 頁。

能親自舉行饗燕與食禮,則委派人帶著酬幣或侑幣代表自己前往賓館致辭,且將舉行饗禮、燕禮、食禮所用之酒也一并致送,以表示雖然君王不親自參加,但仍不廢其禮。若致送的是饗宴之酒,則將這種酒稱爲禮酒;若致送的是食禮用酒,則將這種酒謂之飲酒。所致之酒皆盛於壺中。

## 第六節　乾飯粥類

乾飯主要是供行旅時攜帶的乾糧,出行時放進橐囊中,食用時就用水冲泡。粥是先秦時常食之物,製作簡單便易。

### 一、乾飯:糗糒餱

糗是用炒熟的穀物做成的乾糧,多數是將穀物炒熟後再舂搗碾成粉,也有未搗成粉者。《説文・米部》:"糗,熬米麥也。"段玉裁注云:"米麥已熬,乃舂之而簁之成勃,鄭所謂搗粉也,而後可以施諸餌餈。"[1]孫詒讓《周禮正義》云:"惟糗有搗與未搗兩種。"[2]搗碾成粉後可以灑在餌、餈上,防止互相粘連。《周禮・天官・籩人》:"羞籩之實,糗餌、粉餈。"鄭玄注:"鄭司農云:'糗,熬大豆與米也。粉,豆屑也。茨字或作餈,謂乾餌餅之也。'玄謂此二物皆粉稻米、黍米所爲也。合蒸曰餌,餅之曰餈。糗者,搗粉熬大豆,爲餌餈之黏著,以粉之耳。餌言糗,餈言粉,互相足。"《尚書・費誓》:"峙乃糗糧,無敢不逮,汝則有大刑。"孔穎達疏:"謂熬米麥使熟,又搗之以爲粉也。"《國語・楚語下》:"成王聞子文之朝不及夕也,於是乎每朝設脯一束、糗一筐,以羞子文。"[3]《釋名・釋飲食》:"糗,齲也,飯而磨散之,使齲碎也。"[4]糗類似於後世的炒麵,便於攜帶,無火也可就食,也便於消化,所以常作行路之乾糧。

糒是乾飯,《説文・米部》:"糒,乾飯也。"[5]《漢書・李廣傳》:"大將軍使長史

---

① 段玉裁:《説文解字注》,第 332—333 頁。
② 孫詒讓:《周禮正義》卷 10,第 391 頁。
③ 徐元誥:《國語集解》,第 522 頁。
④ 王先謙:《釋名疏證補》卷 4,第 145 頁。
⑤ 段玉裁:《説文解字注》,第 332 頁。

持糒醪遺廣。"顏師古注："糒,乾飯也。"① 糒是將米麥等穀物蒸熟後曬乾、磨細的乾糧,裝入囊袋中,隨身攜帶,行旅需要進食時,用清水冲泡即可食用。

糗和糒皆屬於乾糧,兩者的差別在於製作方法不同。王筠《説文解字句讀》云："已炊之飯,日乾之,曰糒;生米麥火熬之,曰糗。其實一物也。"②《廣雅·釋器》:"糗,糒也。"王念孫《廣雅疏證》:"糗糒皆乾也。糗之言炒,糒之言焙也。" ③ 糗以炒熟的米麥等食糧加工成,糒以蒸煮之飯曬乾而成。

糗和糒都是古代行軍必帶的乾糧,也是行旅之人隨身帶的乾糧。《周禮·地官·廩人》:"凡邦有會同師役之事,則治其糧與其食。"鄭玄注:"糧謂糒也,止居曰食,謂米也。"此處糧指乾糧。《詩·大雅·公劉》:"乃裹餱糧,於橐於囊。"《莊子·逍遙遊》:"適千里者,三月聚糧。"④ 要走千里路就須準備大量的糗糒,而炒、焙費工,所以三個月前就要動手。《左傳·文公十二年》:"裹糧坐甲,固敵是求。"裹糧,所裹的是糗糧。《論語·衛靈公》:"在陳絕糧,從者病,莫能興。"這裏的糧,指餱糧。

餱,字本作"餱",《左傳·昭公三十二年》:"書餱糧。"陸德明《釋文》:"餱音侯,本亦作餱。"《説文·食部》作"餱",云"餱,乾食也。"⑤《釋名·釋飲食》:"餱,候也,候人饑者以食之也。" ⑥ 餱爲乾糧。

用蒸煮熟的飯曬製的乾糧,也稱作乾飯,《釋名·釋飲食》:"乾飯,飯而曝乾之。" ⑦ 將飯在陽光下曬乾,便於保存、攜帶。

## 二、粥類

粥即稀飯,是用糧食或糧食雜以它物煮成的半流質食物。《穀梁傳·昭公十九年》:"止哭泣,歠飦粥,嗌不容粒,踰年而死。"孔穎達疏:"厚曰饘,稀曰粥。"粥相當於現在的稀粥。飦字又作"饘",是稠粥。《左傳·昭公七年》:"饘於是,鬻

---

① 班固:《漢書》卷54, 第2448、2449頁。
② 丁福保:《説文解字詁林》, 第7304頁。
③ 王念孫:《廣雅疏證》卷8上, 第247頁。
④ 郭慶藩:《莊子集釋》卷1上, 第9頁。
⑤ 段玉裁:《説文解字注》, 第219頁。
⑥ 王先謙:《釋名疏證補》卷4, 第145頁。
⑦ 王先謙:《釋名疏證補》卷4, 第145頁。

於是,以糊余口。"杜預注:"於是鼎中爲饘鬻,饘鬻,糊屬,言至儉。"孔穎達疏:"然則餬、饘、鬻、糜,相類之物。稠者曰糜,淖者曰鬻。餬、饘是其別名。"《爾雅·釋言》:"糊,饘也。"郭璞注云:"糜也。"又云:"鬻,糜也。"孫炎曰:"淖糜也。"根據稠稀和原料的不同,稀飯有糜、粥、饘等種類。

糜

爛粥,將米加水煮爛了就是糜。《説文·米部》:"糜,糝糜也。"[①]《釋名·釋飲食》:"糜,煮米使糜爛也。"[②]《禮記·問喪》:"水漿不入口,三日不舉火,故鄰里爲之糜粥以飲食之。"孔穎達疏:"糜厚而粥薄。"則糜爲較稠之粥。

粥

煮得比糜爛且薄稀就是粥,《釋名·釋飲食》:"粥,濁於糜,粥粥然也。"[③] 蓋粥的特點是將米水煮沸。《禮記·檀弓上》:"饘粥之食。"孔穎達疏:"厚曰饘,稀曰粥。"郭寶鈞先生説:"以鬲煮粥,只是把米和水放入鬲中加火漫煮,米熟即得。""水多而米少的粥稀,謂之粥,米多而水少的粥稠,謂之饘。"[④]

饘

稠厚粥,亦謂之糊。《説文·食部》:"饘,糜也。從食,亶聲。周謂之饘,宋衛謂之飦。"[⑤]《禮記·檀弓上》:"饘粥之食。"孔穎達疏:"厚曰饘,希曰粥。"稠者曰饘,稀者曰粥。揚雄《方言》第一:"陳楚之内相謁而食麥饘謂之餐,楚曰飦。"郭璞注:"饘,糜也。"[⑥]

糝

以米屑和菜謂之糝。《禮記·内則》:"和糝不蓼。"鄭玄注:"凡羹齊宜五味之和,米屑之糝。"陳澔《禮記集説》:"宜以五味調和米屑爲糝,不須加蓼,故云和糝不蓼也。"[⑦]孫詒讓《周禮正義》云:"凡以米和菜,通謂之糝。"[⑧]糝亦可作爲名詞,

---

① 段玉裁:《説文解字注》,第 332 頁。
② 王先謙:《釋名疏證補》卷 4,第 137 頁。
③ 王先謙:《釋名疏證補》卷 4,第 137 頁。
④ 郭寶鈞:《中國青銅器時代》,生活·讀書·新知三聯書店 1963 年版,第 113 頁。
⑤ 段玉裁:《説文解字注》,第 219 頁。
⑥ 華學誠:《揚雄方言校釋匯證》,第 92 頁。
⑦ 陳澔:《禮記集説》卷 5,第 221 頁。
⑧ 孫詒讓:《周禮正義》卷 10,第 405 頁。

指米糧的碎屑碎米。《説苑·雜言》："七日不食，藜羹不糝。"[1] 糝，《説文·米部》作"糂"，釋云"以米和羹也。一曰粒也"[2]。不糝指羹中無半點米粒。

## 第七節　薦羞

羞的意思是進美味。三禮中薦羞的品種較多，豆、籩、鉶所盛的食物，皆可以稱爲羞。

### 一、豆實

《周禮·天官·醢人》："掌四豆之實。"又："王舉，則共醢六十甕，以五齏、七醢、七菹、三臡實之。"四豆包括朝事、饋食、加豆、羞豆，豆食有齏、醢、菹、臡等類，屬於調味品。

五齏

齏，指將蔬菜或肉切碎後加以醃製的食物，《周禮·天官·醢人》鄭玄注："凡醯醬所和，細切爲齏，全物若䐑爲菹。"據此，將原料菜或肉切成細末，用醯醬醃調和後淹漬成的是齏。五齏指用昌本（昌蒲根）、脾析（牛百葉）[3]、蜃、豚拍（豬肋）[4]、深蒲爲原料製作的醃菜。

七醢

醢是肉醬。《説文·酉部》："醢，肉醬也。""醬，醢也。從肉酉，酒以和醬也。"[5] 從字形而言，醬字從酉從肉，説明早期的製醬原料中有酒、肉。醢的製作過程比較複雜，《周禮·天官·醢人》："醢人掌四豆之實。"鄭玄注："醢者，必先膊乾其肉，乃後莝之，雜以粱麴及鹽，漬以美酒，塗置瓶中，百日則成矣。"大體程序，是先把肉製成乾肉，然後剉碎，加進粱米製作的酒麴和鹽攪拌，再用好酒浸漬，密封在容器中，百日後即可食用。製醢的原料不僅用牛、羊、豬肉，野味、水產也可

---

① 向宗魯：《説苑校證》卷 17，第 422 頁。

② 段玉裁：《説文解字注》，第 332 頁。

③ 《周禮·天官·醢人》："其實葵菹、蠃醢、脾析。"鄭玄注引鄭司農曰："脾析，牛百葉也。"

④ 《周禮·天官·醢人》："豚拍魚醢。"鄭玄注："鄭大夫、杜子春皆以拍爲膊，謂脅也。"

⑤ 段玉裁：《説文解字注》，第 751 頁。

以做,如三禮中有兔醢、麋醢、魚醢、蠯醢等。《周禮》七醢爲:醓醢,帶汁的肉醬。《詩·大雅·行葦》:"醓醢以薦,或燔或炙。"毛傳:"以肉曰醓醢。"孔穎達疏:"蓋用肉爲醢,特有多汁,故以醓爲名。"《周禮·天官·醢人》:"朝事之豆,其實韭菹、醓醢。"鄭玄注:"醓,肉汁也。"蠃醢,田螺肉製作之醢。蠃是田螺。蠯醢,蛤蚌肉製作之醢。蠯指體形狹長的蚌類水中生物。《爾雅·釋魚》:"蜌,蠯。"郭璞注:"今江東呼蚌長而狹者爲蠯。"蚳醢,用螞蟻卵製作之醢;《説文·蟲部》解釋"蚳"説:"蟻子也。從蟲氏聲。"① 此外還有魚醢、兔醢、雁醢等。

七菹

醃製的酸菜。菹,字亦作葅。《周禮·天官·醢人》:"以五齊、七醢、七菹、三臡實之。"鄭玄注:"全物若牒爲菹。"《説文·艸部》:"菹,酢菜也。"②《釋名·釋飲食》:"菹,阻也,生釀之,遂使阻於寒温之間,不得爛也。"③ 與齏爲細末不同,菹是將整物或將韭菜、蔓菁等菜蔬薄切加以醃製而成。禽獸也可醃漬。《禮記·少儀》:"麇鹿爲菹,野豕爲軒,皆聶而不切。麋爲辟雞,兔爲宛脾,皆聶而切之。切蔥若薤實之,醯以柔之。"鄭玄注:"此軒、辟雞、宛脾,皆菹類也。其作之狀,以醯與葷菜淹之,殺肉及腥氣也。"此都是肉菹。

用魚醃製的菹稱爲鮓。《釋名·釋飲食》:"鮓,菹也。以鹽米釀魚以爲菹,熟而食之也。"④ 魚用鹽和酒糟釀製後可以防止食物腐爛,經發酵作用變成美味。

七菹是用韭、菁、茆、葵、芹、箈、筍等爲原料製作的菹。韭菹就是將韭菜薄切後加以醃製成的酸菜。菁即蔓菁。茆是鳧葵(蓴菜)。葵菹是用冬葵製作的菹。箈,箭萌。箈菹謂以箭竹筍腌製爲菹。筍菹,是用竹筍製作的菹。

三臡

肉醬無骨者謂之醢,肉醬有骨者謂之臡。《爾雅·釋器》云:"肉謂之醢,有骨者謂之臡。"郭璞注:"雜骨醬。"《説文·肉部》字作胒,釋作:"胒,有骨醢也。從肉臬聲。"⑤《儀禮·公食大夫禮》:"昌本南麋臡,以西菁菹、鹿臡。"鄭玄注:"醢有骨謂之臡。"三臡爲麋臡、鹿臡、麇臡,分別爲以麋鹿肉、梅花鹿肉以及獐子肉爲原

---

① 段玉裁:《説文解字注》,第666頁。
② 段玉裁:《説文解字注》,第43頁。
③ 王先謙:《釋名疏證補》卷4,第138頁。
④ 王先謙:《釋名疏證補》卷4,第139頁。
⑤ 段玉裁:《説文解字注》,第175頁。

料製作的有骨肉醬。

此外，羞豆之實尚有酏實、糝食，這兩種食品均爲濕物，盛於豆內。

酏食，用稻米粉和牛羊油熬成的粥。《周禮·天官·醢人》："羞豆之實，酏食、糝食。"鄭玄注："鄭司農云：'酏食，以酒酏爲餅。糝食，菜餗蒸。'玄謂：酏，餰也。《內則》曰：'取稻米舉糔溲之，小切狼臅膏，以與稻米爲餰。'"參考《禮記·內則》，酏食的製作法大致如下：將稻米舂粉，將牛羊等胸臆間的脂膏切碎，和入稻米粉中一同煮食成粥。

糝食爲用牛羊豕之肉與稻米粉煎成之餌，《禮記·內則》記載其做法爲："糝，取牛、羊之肉，三如一，小切之。與稻米二，肉一，合以爲餌，煎之。"糝食類似今天的肉餅。

## 二、籩實

《周禮·天官》有籩人掌四籩之實，分別爲朝事、饋食、加籩、羞籩，包括形鹽、乾果、脯修、糗餌、粉餈等物。

形鹽，參本章"鹽"條。

乾果類籩實有棗、栗、桃、乾梅、榛實(榛子)、芡實(又稱雞頭蓮、刺蓮、雞頭米)、菱角等。

羞籩之實有糗餌、粉餈。《周禮·天官·籩人》："羞籩之實，糗餌、粉餈。"鄭玄注云："此二物，皆粉稻米、黍米所爲也。合蒸曰餌，餅之曰餈。糗者，搗粉熬大豆，爲餌餈之黏著，以粉之耳。餌言糗，餈言粉，互相足。"鄭玄認爲，餌以稻米粉、黍米粉爲主，將粉和水蒸熟，稱爲餌。餌大概類似於糕。揚雄《方言》十三云："餌謂之餻。"[1]《釋名·釋飲食》："餌，而也，相黏而也。"[2] 餌比較黏，故上面要撒上乾豆粉以防止互相粘在一起。餈，是將稻米粉、黍米粉和水做成的餅。《説文·食部》解釋爲："餈，稻餅也。"段玉裁注："以糯米蒸孰，餅之如麵餅曰餈，今江蘇之餈飯也。粉糯米而餅之而蒸之則曰餌。"[3]《説文·食部》："餅，麵餈也。"《釋名·釋飲食》："餅，并也，溲麵使合并也。"[4] 溲，是用水和麵粉使之可塑成形，這類合水

---

①　華學誠：《揚雄方言校釋匯證》，第 984 頁。

②　王先謙：《釋名疏證補》卷 4，第 136 頁。

③　段玉裁注：《説文解字注》，第 219 頁。

④　王先謙：《釋名疏證補》卷 4，第 135 頁。

麪做成的有形食物皆可稱爲餅。

又《急就篇》卷二："餅餌麥飯甘豆羹。"顏師古注："溲麪而蒸熟之則爲餅，餅之言并也，相合并也；溲米而蒸之則爲餌，餌之言而也，相黏而也。"① 顏氏認爲，將麪粉用水調和揉製蒸熟的食品叫作餅，將米用水調和揉製蒸熟的食品叫作餌。

此外，《周禮·天官·籩人》云："朝事之籩，其實麷、蕡、白、黑、形鹽、膴、鮑魚、鱐。"鄭玄注："蕡，枲實也。鄭司農云：'朝事謂清朝未食，先進寒具口實之籩。故麥曰麷，麻曰蕡，稻曰白，黍曰黑。築鹽以爲虎形，謂之形鹽，故《春秋傳》曰：鹽虎形。'玄謂以《司尊彝》之職參之，朝事謂祭宗廟薦血腥之事。形鹽，鹽之似虎者。膴，朕生魚爲大臠。鮑者，於糗室中糗乾之，出於江淮也。鱐者，析乾之，出東海。王者備物，近者腥之，遠者乾之，因其宜也。今河間以北，煮穜麥賣之，名曰逢。燕人膾魚方寸，切其腴以啗所貴。"朝事之籩之實有：

麷，是炒的小麥粒；

蕡，枲(麻子)實，也就是麻子，經炒之後食用；

白，爲炒稻米；黑爲炒黍米。二者因其顏色得名。

膴，以生魚的腹下肉爲大臠，即大塊的魚腹肉。《儀禮·有司徹》："皆加膴祭於其上。"鄭玄注："膴讀如殷胥之胥。剜魚時，割其腹以爲大臠也，可用祭也。"

鮑，一指烘乾之魚。據上引鄭玄注，鮑是在糗室中糗乾之魚。糗，原意指以火乾肉，後來凡以火乾物皆稱糗。二指鹽漬曬乾的鹹魚。《史記·貨殖列傳》："鮐鮆千斤，鯫千石，鮑千鈞。"司馬貞《索隱》："魚漬云鮑。"②《釋名·釋飲食》："鮑魚，鮑，腐也，埋藏淹使腐臭也。"③ 另一說，鮑爲濕鹹魚。《説文·魚部》："鮑，饐魚也。"段玉裁注："饐，飯傷濕也，故鹽魚濕者爲饐魚。"④ 饐魚是濕鹹魚。《急就篇》卷三："鯉鮒蟹鱓鮐鮑鰕。"顏師古注："鮑，亦海魚，加之以鹽而不乾者也。"⑤ 上引《周禮》朝事之籩，籩盛乾物，故此處鮑指乾魚。

鱐爲析斷的乾魚。《周禮·天官·庖人》："夏行腒鱐，膳膏臊。"鄭玄注引鄭司農曰："鱐，乾魚。"

---

①　史游：《急就篇》卷 2，第 132 頁。

②　司馬遷：《史記》卷 129，第 3276 頁。

③　王先謙：《釋名疏證補》卷 4，第 146 頁。

④　段玉裁：《説文解字注》，第 580 頁。

⑤　史游：《急就篇》卷 3，第 180—181 頁。

### 三、羹湇

羹,析言之,指加有鹽、菜的肉汁,爲濃湯或薄糊狀;混言之,肉類或菜蔬等製成的帶濃汁的食物皆可謂之羹。

《爾雅·釋器》:"肉謂之羹。"郭璞注:"肉臛也。"《釋文》:"羹,又作䰺"。羹是以肉調和五味而煮成的肉汁,其特點爲五味調和,食用之則心平氣和,故又叫和羹。《詩·商頌·烈祖》:"亦有和羹,既戒既平。"鄭玄箋:"和羹者,五味調,腥熟得節,食之,於人性安和。"《左傳·昭公二十年》總結了五味調肉羹的過程:"和如羹焉。水火醯醢鹽梅,以烹魚肉,燀之以薪,宰夫和之,齊之以味,濟其不及,以泄其過。君子食之,以平其心。"肉或者魚放入清湯烹煮,然後用醬、醋、肉醬、鹽、梅子等物調味。調和再煮時,要提防火候太過或不及。

無菜之純肉羹謂之臛。①《楚辭·招魂》:"露雞臛蠵。"王逸注:"有菜曰䰺,無菜曰臛。"②胡培翬《儀禮正義》:"臛,即無菜之肉羹。"③《儀禮·公食大夫禮》:"膷以東臐、膮、牛炙。"鄭玄注:"膷、臐、膮,今時臛也。牛曰膷,羊曰臐,豕曰膮,皆香美之名也。"膷、臐、膮分別是用牛、羊、豬肉製作之羹。

有菜的肉羹,其内加有藿、薇、苦荼之類的蔬菜,可用作芼,《儀禮·少牢饋食禮》:"坐設於羊鉶之南,皆芼。"鄭玄注:"芼,菜也。"賈公彥疏:"芼菜者,菜是地之毛。"《禮記·内則》:"雉兔皆有芼。"鄭玄注:"謂菜芼也。"菜放在羹裏,使起汁液柔滑的作用。《儀禮·士虞禮》:"鉶芼,用苦若薇,有滑。夏用葵,冬用荁,有柶。豆實,葵菹,菹以西,蠃醢。"《禮記·昏義》:"教成祭之,牲用魚,芼之以蘋藻。"苦菜、蘋藻或者薇等蔬菜比較柔滑,故羹中用之爲芼。《儀禮·公食大夫禮》記錄了肉羹與蔬菜的搭配方法:牛羹宜配藿葉,羊羹宜配苦菜,豬肉羹宜配薇菜。

還有一種是純粹用菜調製的羹,内或加有米糁。《禮記·喪大記》:"不能食粥,羹之以菜可也。"《孟子·萬章下》:"雖蔬食菜羹,未嘗不飽。"《戰國策·韓

① 另一説,羹臛的差別,在調味品和烹調法不同,與有菜無菜無關。顏師古《匡謬正俗》云:"羹臛。羹之與臛,烹者以異齊,調和不同,非係於菜也。今之膳者,空菜不廢爲臛,純肉亦得名羹,皆取於舊名耳。"此可備一説,參顏師古:《匡謬正俗》卷8,文淵閣四庫全書本。
② 洪興祖:《楚辭補注》,第208頁。
③ 胡培翬:《儀禮正義》卷19,第1223頁。

策一》：“民之所食，大抵豆飯藿羹。”① 菜羹爲貧窮百姓食用，比較粗疏。

羹食爲飲食之主，無論身份尊卑，皆可製作食用。《禮記·內則》：“羹食，自諸侯以下至於庶人，無等。”鄭玄注：“羹食，食之主也。”菜肴及飯食爲主食，人人均可食之。

不同羹還以其原料性味配不同的主食和膳、羞。《禮記·內則》中所載“蝸醢而苽食，雉羹，麥食、脯羹、雞羹，析稌、犬羹、兔羹，和糝不蓼”，即以蝸爲醢，配以苽米爲飯、以雉爲羹；以麥爲飯，配析脯爲羹，又以雞爲羹；以細淅的稻米爲飯，配以犬、兔製作的羹。搭配原則，是以涼性的菜調和溫熱的肉，羹與糧食的搭配，也是以調和爲原則。如《周禮·天官·食醫》記有這樣的搭配調和原則：“牛宜稌，羊宜黍，豕宜稷，犬宜粱，雁宜麥，魚宜苽。”

大羹

大羹是不調和五味，不加鹽、菜等佐料的煮肉汁。②《周禮·天官·亨人》云：“祭祀共大羹、鉶羹，賓客亦如之。”鄭玄注：“大羹，肉湆。鄭司農云：‘大羹，不致五味也。鉶羹加鹽菜矣。’”《儀禮·士昏禮》：“大羹湆在爨。”鄭玄注：“大羹湆，煮肉汁也。大古之羹無鹽菜。”

大羹湆的主要功能是祭祖時，爲禮敬尸而設，故在祭祀時尸不祭不嘗。《儀禮·特牲饋食禮》：“設大羹湆於醢北。”鄭玄注：“不和，貴其質，設之所以敬尸也。不祭，不嚌，大羹不爲神，非盛者也。”大羹不備五味，不加鹽、菜，這種肉湯較爲肥膩，淡而無味，顯得較爲質儉。《禮記·郊特牲》：“大羹不和，貴其質也。”《大戴禮記·禮三本》將大羹視爲飲食之本：“大饗尚玄尊，俎生魚，先大羹，貴飲食之本也。”③《禮記·郊特牲》：“大羹不和，貴其質也。”《左傳·桓公二年》曰：“大路越席，大羹不致，昭其儉也。”越席、大羹等樸質之物具有昭示儉約、不忘本的意義。

---

① 繆文遠：《戰國策新校注》（修訂本）卷 26，第 812 頁。

② 調和羹，加鹽菜梅等作料以調味，稱爲絮羹。《禮記·曲禮上》：“毋絮羹。”鄭玄注：“絮，猶調也。”孔穎達疏：“毋絮羹者，絮謂就食器中調和鹽梅也。”

③ 王聘珍：《大戴禮記解詁》卷 1，第 18 頁。

## 第八節　調味品

商周時期,飲食之味主要有酸、苦、辛、鹹、甘五味。《周禮·天官·食醫》云:"凡和,春多酸,夏多苦,秋多辛,冬多鹹,調以滑甘。"《禮記·禮運》:"五味、六和、十二食,還相爲質。"周代飲食最重調味,以五味諧和方爲佳肴。《周禮·天官》"疾醫"職:"以五味、五穀、五藥養其病";《周禮·天官》"瘍醫"職:"以五氣養之,以五藥療之,以五味節之。"鄭玄注:"五味,醯、酒、飴蜜、薑、鹽之屬。"賈公彥疏云:"五味,醯、酒、飴蜜、薑、鹽之屬者,醯則酸也,酒則苦也,飴蜜則甘也,薑即辛也,鹽即鹹也。此其五味酸、苦、辛、鹹、甘也。"

膏脂

先秦時期烹飪所用的油脂皆爲動物脂膏,油脂既是烹製菜肴的必需物,也是菜肴的調味品。

脂、膏二名,析言則異,用有角動物提煉之油稱脂,用無角動物提煉之油稱膏。《説文·肉部》曰:"脂,戴角曰脂,無角曰膏。"[1]《大戴禮記·易本命》曰:"無角者膏而無前齒,有羽者脂而無後齒。"[2]《考工記·梓人》:"天下之大獸五:脂者,膏者,臝者,羽者,鱗者。"鄭玄注:"脂者,牛羊屬;膏者,豕屬。"牛羊等動物有角,豬無角,牛油、羊油稱脂,豬油稱膏。

從形態來區別,動物油脂凝固的稱脂,液狀的稱膏。《爾雅·釋器》:"冰,脂也。"邢昺疏:"云'脂膏'也者,孫炎曰:'膏凝曰脂',則似脂與膏異。而云脂膏者,以脂有凝有釋。"《禮記·內則》:"脂用蔥,膏用薤。"鄭玄注:"脂,肥凝者,釋者曰膏。"《禮記·內則》:"沃之以膏曰淳熬","脂膏以膏之"。孔穎達疏:"凝者曰脂,釋者爲膏。"析言之,脂指凝固的油,常温下較爲堅硬;膏指融化的油,常温下較爲柔軟。通言之,脂、膏相同,皆泛指油脂、油膏。

牛羊等牲的腸間脂肪稱爲膋。《禮記·內則》:"肝膋。"鄭玄注:"膋,腸間脂。"《詩·小雅·信南山》:"執其鸞刀,以啟其毛,取其血膋。"鄭玄箋:"膋,脂膏也。"膋,《説文》作"膫",釋云:"牛腸脂也。從肉尞聲。《詩》曰:'取其血膫。'"段玉裁

---

①　段玉裁:《説文解字注》,第175頁。

②　王聘珍:《大戴禮記解詁》卷13,第258頁。

注："肸字下云一曰肸,腸間肥也,一名膫。然則膫一名肸矣。"①

脂膏一名冰雪,《爾雅·釋器》:"冰,脂也。"郭璞注:"《莊子》云:'肌膚若冰雪。'冰雪,脂膏也。"

烹飪提取葷油的方法,是把動物的油脂剝下來切成塊炒煉出膏再凝而爲脂。周代脂膏使用之法,一種是放入膏油烹煮肉,一種是用膏油塗抹以後將食物放在火上烤,還有一種就是直接用膏油炸食品。

煎和牲肉時所用脂膏皆有規定。《周禮·天官·庖人》:"凡用禽獻,春行羔豚,膳膏香;夏行腒鱐,膳膏臊;秋行犢麛,膳膏腥;冬行鮮羽,膳膏羶。"煎和這些東西所用膏油,一物配一物,也是有規定的。按東漢鄭衆注:"膏香,牛脂也;膏臊,豕膏也。"據東漢杜子春注,則"膏臊,犬膏。膏腥,豕膏也。膏羶,羊脂也"。

鹽

鹽爲百味之首,是古代菜肴調和鹹味的主要調料。《禮記·雜記下》說:"功衰,食菜果,飲水漿,無鹽、酪,不能食食。"《儀禮·特牲饋食禮》說:"尸左執角,右取肝於鹽,振祭,嚌之,加於菹豆,卒角。"無鹽作菜肴調料,則不能食。

鹽的使用甚早。殷商卜辭有云:"取鹵"(《合集》7022),"酉以。鹵以。"(《合集》22294)《説文》謂鹵"象鹽形"。《玉篇·鹵部》云:"鹵,鹹也。"②《説文·鹽部》:"鹽,鹵也。天生曰鹵,人生曰鹽。"③徐灝箋云:"天生謂不湅治者,如今鹽田所曬生鹽。人生謂湅治者,如今揚灶所煎熟鹽是也。"④鹵似指自然界的天然鹽塊,而非人工熬煮之鹽。甲骨文記載表明商代已經使用天然之鹽,但當時可能也有人工熬煮的鹽,甲骨文有"鹵小臣"(《合集》5596)的職官,似表明晚商已設有鹽官。西周金文中有賜予臣下鹵的記録。⑤此外,《尚書·禹貢》有青州"厥貢鹽希"的記載,説明鹽極爲珍貴,被當作貢物。

《周禮》中設鹽人一職掌管鹽政。《周禮·天官·鹽人》云:"掌鹽之政令,以共百事之鹽。祭祀共其苦鹽、散鹽,賓客共其形鹽,王之膳羞共其飴鹽。"下面分別考述這幾種鹽名。

---

① 段玉裁:《説文解字注》,第173—174頁。

② 顧野王:《大廣益會玉篇》,第77頁。

③ 段玉裁:《説文解字注》,第586頁。

④ 丁福保:《説文解字詁林》,第11564頁。

⑤ 馮時:《古文字所見之商周鹽政》,《南方文物》2019年第1期,第57—71頁。

苦鹽,即池鹽,味道鹹苦。《禮記·曲禮下》:"凡祭宗廟之禮,曰'鹹鹺'。"《爾雅·釋言》:"鹹,苦也。"郭璞注:"苦即大鹹。"《水經注·涑水》:"土人鄉俗裂水沃麻,分灌川野,畦水耗竭,土自成鹽,即所謂鹹鹺也,而味苦,號曰'鹽田'。"①《説文·鹵部》:"鹽,河東鹽池也。袤五十一里,廣七里,周百一十六里。字從鹽省,古聲。"②《左傳·成公六年》:"沃饒而近鹽,國利君樂,不可失也。"楊伯峻注:"鹽即鹽池,今曰解池。"③解州鹽池(在今山西運城西南)的鹽,早年當是池中鹵水自然結晶而成。《宋史·五行志一下》説:"(大中祥符)三年八月,解州鹽池紫泉場水次二十里許不種自生,其味特嘉,命屯田員外郎何敏中往祭池廟。八月,東池水自成鹽,僅半池。潔白成塊,晶瑩異常。"④ 自然結晶的鹽,含量高,顆粒大。這種天然形成的鹽,即鹵。

散鹽是煮水之後的鹽。故書常有煮鹽的記載⑤,如《周禮·天官·鹽人》:"凡齊事,煮鹽以待戒令。"《管子·地數篇》:"煮沸水爲鹽。"⑥《史記·平準書》:"冶鑄煮鹽,則或累萬金,而不佐國家之急,黎民重困。"⑦《鹽鐵論·錯幣》:"文帝之時,縱民得鑄錢、冶鐵、煮鹽。"⑧ 這類煮治之鹽,因爲散亂不結塊,所以也叫作散鹽、末鹽。《周禮·天官·鹽人》:"祭祀,共其苦鹽、散鹽。"鄭玄注:"散鹽,鬻水爲鹽。"賈公彦疏:"散鹽,煮水爲之,出於東海。"《宋史·食貨志下三》云:"鹽之類有二:引池而成者,曰顆鹽,《周官》所謂鹽鹽也;鬻海、鬻井、鬻碱而成者,曰末鹽,《周官》所謂散鹽也。"⑨

卵鹽,大鹽塊,因其形狀似卵而得名。《禮記·内則》:"醢醬、桃諸、梅諸、卵鹽。"鄭玄注:"卵鹽,大鹽也。"孔穎達疏:"以其鹽形似鳥卵,故云大鹽也。"

形鹽,天然鹽鹵結塊如虎狀或特製而成的虎形鹽。《周禮·天官·籩人》:"祭

---

① 陳橋驛:《水經注校證》卷6,中華書局 2007 年版,第 170 頁。
② 段玉裁:《説文解字注》,第 586 頁。
③ 楊伯峻:《春秋左傳注》(修訂本),第 828 頁。
④ 脱脱等:《宋史》卷62,第 1361 頁。
⑤ 包山簡147 有煮鹽的記載,參見劉釗《談包山楚簡中"煮鹽於海"的重要史料》,《中國文物報》1992 年 10 月 18 日。
⑥ 黎翔鳳:《管子校注》卷23,第 1366 頁。
⑦ 司馬遷:《史記》卷30,第 1425 頁。
⑧ 王利器:《鹽鐵論校注》卷1,第 57 頁。
⑨ 脱脱等:《宋史》卷181,中華書局 2011 年版,第 4413 頁。

祀供形鹽。"鄭司農注説:"築鹽以爲虎形,謂之形鹽。故《春秋傳》曰:鹽虎形。"鄭玄注説:"形鹽,鹽之似虎者。"兩鄭之説的區別在於,前者强調虎形是人工築成的,後者則僅僅强調虎形而不言其形成方式。實際上,虎形鹽的形成方式,不外乎有天然和人工兩種。天然形成的,是出自鹽池鹵水的自然凝結。唐代閻伯興《鹽池賦》:"其出形鹽也,狀雄虎之嶂於長野,攫拏兮布濩。"①解州鹽池曾發現自然凝結的像虎形的形鹽。煮鹽而自然凝結成獸形的,也時有所見,桂馥《札樸》卷十"鹽獅"條説:"雲龍煮鹽,其形作獅子者,品最上。州牧王君見惠數十枚,余謂即《左傳》之形鹽也。"②上古的形鹽,或許也有自然凝結的似虎形的鹽,甚爲少見,也極難覓得,故而極爲珍貴。但形鹽,恐怕主要是人工加工而成虎獸形。形鹽用於祭祀,亦爲饗禮所用之物,《左傳·僖公三十年》:"冬,王使周公閱來聘,饗有昌歜、白、黑、形鹽。辭曰:'國君文足昭也,武可畏也,則有備物之饗,以象其德,薦五味,羞嘉穀,鹽虎形。'"周公閱是周天子的三公,魯僖公招待他用重禮,故陳饌有形鹽。

飴鹽,鹹味中有甘味之鹽。《周禮·天官·鹽人》:"王之膳羞共飴鹽。"鄭玄注:"飴鹽:鹽之恬者,今戎鹽有焉。"賈公彦疏:"即石鹽是也。"恬即甜字。飴鹽是鹹而微甜之岩鹽。

桂

桂,木名。古代用作飲食調料的是肉桂。肉桂,樟科,常綠喬木。葉子長橢圓形,有三條葉脈。果實橢圓形,紫紅色。樹皮含揮發油,極香,可作香料或入藥。

《説文·木部》:"桂,江南木,百藥之長。"③《山海經·南山經》云:"西海之上,多桂。"郭璞注:"桂,葉似枇杷,長二尺餘,廣數寸,味辛,白花,叢生山峰,冬夏常青,間無雜木。"④《急就篇》卷四:"芎藭厚樸桂栝樓。"顏師古注:"桂謂菌桂、牡桂之屬,百藥之長也。"⑤桂是先秦重要的調味品,《禮記·內則》:"布牛肉焉,屑桂與薑。"《禮記·檀弓上》:"曾子曰:'喪有疾,食肉、飲酒,必有草木之滋焉。'以

① 參見李昉等編《文苑英華》卷83,中華書局1966年版,第376頁。
② 桂馥:《札樸》,商務印書館1958年版,第334頁。
③ 段玉裁:《説文解字注》,第240頁。
④ 郝懿行:《山海經箋疏》卷1,張鼎三、牟通點校,第4671頁。
⑤ 史游:《急就篇》卷4,第278—279頁。

爲薑桂之謂也。"

椒

花椒,芸香科落葉灌木或小喬木,上有針刺,具有香氣。單數羽狀複葉。果實可做調味的香料,也可供藥用。

《詩·唐風·椒聊》:"椒聊之實,蕃衍盈升。"陸璣《毛詩草木鳥獸蟲魚疏》:"椒樹似茱萸,有針刺,莖葉堅而滑澤。"[①]《詩·周頌·載芟》:"有椒其馨。"《荀子·禮論》:"芻豢稻粱,五味調香,所以養口也;椒蘭芬苾,所以養鼻也。"[②] 花椒能刺激味覺,減除腥膩,增加菜肴肉食的美味。花椒味辛而香烈,還可用酒浸泡,古稱椒酒、椒漿,又可作藥用。

用花椒調味的歷史,至遲可至商代。河南固始縣葛藤山商代後期墓 M6 曾發現有數十粒花椒。[③] 信陽固始侯古堆春秋晚期墓 M1 銅盒内盛有花椒。[④]

醬

醬是醓醢的總稱。《周禮·天官·膳夫》:"凡王之饋,食用六穀……醬用百有二十甕。"鄭玄注:"醬,謂醓醢也。"《説文·酉部》:"醬,醢也,從肉從酉,酒以和醬也。"[⑤] 醬本是以酒和製的肉醬,引申爲醬類的通名而成爲常用詞,《論語·鄉黨》:"不得其醬不食。"劉寶楠《正義》引汪烜《四書詮義》:"醬,醓醢鹽梅之總名。"[⑥]

醯,指帶酸味的醬或醬汁,用以調味。《論語·公冶長》:"孰謂微生高直? 或乞醯焉,乞諸其鄰而與之。"邢昺疏:"醯,醋也。"劉熙《釋名·釋飲食》:"醯多汁者曰醓。醓,沈也。宋、魯人皆謂汁爲沈。"[⑦]《禮記·内則》:"和用醯。"《周禮·天官·醢人》:"醢人掌共五齊七菹,凡醢物以醯和以醃菜。"鄭玄注曰:"醃菜而柔之,以醯殺腥肉及其氣。以共祭祀之齊菹,凡醯醬之物和以醯醬。"燴豬、牛、羊肉

---

① 丁晏:《毛詩草木鳥獸蟲魚疏校正》卷上,第 449 頁。

② 王先謙:《荀子集解》卷 13,第 346—347 頁。

③ 信陽地區文管會等:《固始縣葛藤山六號商代墓發掘簡報》,《中原文物》1991 年第 1 期,第 99 頁。

④ 固始侯古堆一號墓發掘組:《河南固始侯古堆一號墓發掘簡報》,《文物》1981 年第 1 期,第 1—8 頁。

⑤ 段玉裁:《説文解字注》,第 751 頁。

⑥ 劉寶楠:《論語正義》卷 13,第 411 頁。

⑦ 王先謙:《釋名疏證補》卷 4,第 138—139 頁。

時,用醢來除掉肉上的油膩和腥味。

醢,指用魚、肉等製成的醬。① 參上文"七醢"條。

醷,梅醬。《禮記・內則》:"醷。"鄭玄注:"梅漿。"

卵醬,魚子醬。《禮記・內則》:"濡魚,卵醬,實蓼。"鄭玄注:"凡濡,謂亨之以汁和也。卵讀爲鯤。鯤,魚子。"

芥醬,芥子醬。《儀禮・公食大夫禮》:"炙南醢,以西豕胾、芥醬、魚膾。"鄭玄注:"芥醬,芥實醬也。《內則》曰:'膾,春用蔥,秋用芥。'"

### 醋

酸,早就被列爲調味中的五味之一。商周時期,用梅作爲調味之酸。《尚書・説命下》:"若作酒醴,爾惟麴糵。"僞孔傳:"酒醴須麴糵以成,鹽鹹梅醋,羮須成醋以和之。"梅子搗碎後取其汁,做成梅漿。

早期的醋稱酢。《説文・酉部》:"醶,酢漿也","酸,酢也。關東謂酢曰酸。"段玉裁注:"凡味酸者皆謂之酢。"② 徐灝注箋:"醶爲酢漿之本名,醶亦爲酢漿,今二名并廢,而以其味爲其名,又易酢爲醋矣。"③《廣韻》:"酢,漿也,醋也。"酢即醋。

### 蜜

甘味調味品。《禮記・內則》:"棗栗飴蜜以甘之。"此是以飴糖、蜂蜜作爲調味品。蜜,指蜂蜜。《説文》蜜字從䖵從宓,釋爲:"蜜,蜂甘飴也。"④

### 糖

飴或餳是比較早的糖。飴是利用麥子發芽後產生的一種麥芽酶,把酶加入蒸煮好的米飯,混合均勻,麥芽酶把米飯中含有的澱粉分解變成甜味的糖,然後把變了糖的汁水從飯渣裏分離出來,經過熬煎等工藝,最後變成一種淺棕色的、黏稠的、甜味溫和的、半透明的糖漿,這就是飴。由於早期無論使用哪種傳統工藝製作,均需使用麥芽作爲促酶,故俗稱爲麥芽糖。飴、餳是原始的麥芽糖。這種麥芽糖,是黑糊糊、黏糊糊的半流動體。

---

① 製作醬的肉料有生肉和熟肉。脡,《説文》解釋爲:"生肉醬也。"《釋名》解釋具體製作法:"生脡,以一分膾,二分細切,合和挺攪之也。"肵,《説文》釋爲:"孰肉醬也。"段玉裁注:"用熟肉爲醬。"《廣韻》:"乾肉醬也。"

② 段玉裁:《説文解字注》,第 751 頁。

③ 丁福保:《説文解字詁林》,第 14348 頁。

④ 段玉裁:《説文解字注》,第 675 頁。

　　關於飴和餳的製作工藝，《説文·食部》曰："飴，米糵煎者也。餳，飴和饊也。"[1]《釋名·釋飲食》："餳，洋也，煮米消爛，洋洋然也。飴，小弱於餳，形怡怡然也。"[2]《急就篇》卷二："棗杏瓜棣饊飴餳。"顏師古注："以糵消米取汁而煎之，澳弱者爲飴，言其形怡怡然也。厚强者爲餳，餳之爲言洋也，取其洋洋然也。"[3]飴的製作有煮米成飯、加麥芽和水、煎熬等程序，軟者爲飴，稍稠者爲餳，類似今日之糖稀。餳比較强厚，飴比較柔薄。通稱則二者無別，《方言》卷十三："凡飴謂之餳，自關而東陳、楚、宋、衛之通語也。"[4]

　　饊，《説文·食部》釋爲："熬稻粻饍也。"[5] 顏師古注《急就篇》"棗杏瓜棣饊飴餳"云："饊之言散也，熬稻米飯使發散也；古謂之張皇，亦目其開張而大也。"[6]張皇有膨脹之意。"張皇"，累增"米"符作"粻粕"，累增"食"符作"餦餭"，也是麥芽糖。《方言》卷十三："餳謂之餦餭。"郭璞注："即乾飴也。"[7] 此餦餭指飴糖塊。

　　賈思勰《齊民要術》卷九記載《食經》作飴法："取黍米一石，炊作黍，著盆中。糵末一斗攪和。一宿，則得一斛五斗。煎成飴。"[8] 飴的製法，是將黍米炊成飯，與麥芽攪匀，放在盆裏，過一夜就得汁水，將汁水煎濃就成飴。

　　《齊民要術》詳細記載了煮白餳法：

　　　　用白芽散糵佳；其成餅者，則不中用。用不渝釜；渝則餳黑。釜必磨治令白净，勿使有膩氣。釜上加甑，以防沸溢。乾糵末五升，殺米一石。米必細晡，數十遍净淘，炊爲飯。攤去熱氣，及暖於盆中以糵末和之，使均調。臥於甕中，勿以手按，撥平而已。以被覆盆甕，令暖，冬則穰茹。冬須竟日，夏即半日許，看米消減離甕，作魚眼沸湯以淋之，令糟上水深一尺許，乃上下水洽。訖，向一食頃，使拔酳取汁煮之。每沸，輒益兩杓。尤宜緩火，火急則焦氣。盆中汁盡，量不復溢，便下甑。一人專以杓揚之，勿令住手，手住則餳

①　段玉裁：《説文解字注》，第219頁。
②　王先謙：《釋名疏證補》卷4，第143頁。
③　史游：《急就篇》卷2，第140—141頁。
④　華學誠：《揚雄方言校釋匯證》，第987頁。
⑤　段玉裁：《説文解字注》，第218頁。
⑥　史游：《急就篇》卷2，第140頁。
⑦　華學誠：《揚雄方言校釋匯證》，第987頁。
⑧　繆啓愉：《齊民要術校釋》（第二版），第676頁。

黑。量熟,止火。良久,向冷,然後出之。用粱米、稷米者,餳如水精色。①

餳的製作方法大致程序是:用收乾的白色嫩小麥芽。熬糖的大鐵鍋必須磨淨光潔,否則有油腥氣。鍋上立一個鑿去底的缸,將缸沿底泥砌在大鐵鍋上,以防止熬糖漿時因沸騰而漫溢出來。每五升乾麥芽可糖化一石米。先把米淘洗淨煮成飯,再攤開晾到溫熱,然後放在大盆裏與麥芽末攪合均勻。接著將它們密閉在底邊有孔(先塞住)的甕中,蓋上綿被,保持相當高的溫度使之糖化。甕中的飯要保持蓬松。冬天經一天,夏日只要半天,飯就變成稀粥狀了,糖化便告完成。加進熱水,拔掉甕底的塞子,放出糖液,在鐵鍋中用溫火煎熬。要不斷攪拌,不要熬焦。憑經驗直到煮濃,停火,冷下來就生成硬餳了。用高粱米、小米所製成的餳則潔白如冰晶。

## 第九節　烹飪法

先秦時期對烹飪原料的加工方法,在《儀禮》《禮記》中記載的比較具體。《禮記·內則》載:"肉曰脫之,魚曰作之,棗曰新之,栗曰撰之,桃曰膽之,柤梨曰攢之","肉腥,細者爲膾,大者爲軒。或曰:麋、鹿、魚爲菹,麕爲辟雞,野豕爲軒,兔爲宛脾"。《禮記·少儀》也載:"牛與羊魚之腥,聶而切之爲膾。麋鹿爲菹,野豕爲軒,皆聶而不切。"這些脫、作、新、撰、膽、攢、膾等都是先秦時期對烹飪原料的初加工方法。《禮記·禮運》也云:"以炮,以燔,以亨,以炙,以爲醴酪。"下面對主要的烹飪方法作考察。

### 一、烹煮

烹煮是將食物放在鼎鑊、釜、鬲等器皿中,內加以水,用火加熱從而使食物變熟。《周禮·天官·內饔》:"內饔掌王及后、世子膳羞之割亨煎和之事。"鄭玄注:"亨,煮也。"《方言》卷七:"亨,熟也。徐揚之間曰飪,嵩嶽以南陳潁之間曰亨。"②鄭玄注《儀禮·士冠禮》"載合升"云:"煮於鑊曰亨。"《儀禮·士虞禮》:"側亨於

---

① 繆啓愉:《齊民要術校釋》(第二版),第 675 頁。
② 華學誠:《揚雄方言校釋匯證》,第 516 頁。

廟門外之右。"鄭玄注:"亨於爨用鑊。"

　　早期的烹煮法可能包括有石烹法,是將燒石不斷投入盛有水和食物的容器內,依靠燒石的熱量將食物煮熟。甲骨文"庶"字,作如下之形:

　　　图 合集 4292　　图 合集 16270　　图 合集 16272　　图 合集 22045　　图 合集補 1978 正

　　此字從石從火,于省吾先生認爲:"庶之本義乃以火燃石而煮,是根據古人實際生活而象意依聲以造字的。"[①] 石烹法在民族學資料中也有記載,凌純聲先生記述赫哲人的石烹法爲"用極大的木盆一個,内盛水,將肉放在其中,以石塊燒紅,立刻浸入大盆水中,如是數次即水沸肉熟"[②]。

　　《周禮》設有專職食官亨人掌管烹煮事務,謂"亨人掌共鼎鑊,以給水火之齊。職外内饔之爨亨煮,辨膳羞之物",鄭玄注:"齊,多少之量。"烹煮之要在於掌握水量和控制火候。

## 二、燒烤

　　燒烤之法是更爲原始的烹飪方法。原始先民的燒烤法,其中之一種,可能是於燒石上將食物加工致熟。《禮記·禮運》:"其燔黍捭豚。"鄭玄注:"中古未有釜、甑,釋米捭肉,加於燒石之上而食之耳,今北狄猶然。"孔穎達疏:"以水洮釋黍米,加於燒石之上以燔之,故云'燔黍'。或捭析豚肉,加於燒石之上而孰之,故云'捭豚'。"後來,陸續發明了鐺等器具,則將食物置於鐺上,以火烤致熟。

　　燒烤之法,文獻常見有三,曰燔,曰炙,曰炮。《詩·小雅·瓠葉》云:"有兔斯首,燔之炙之。……有兔斯首,燔之炮之。"毛傳:"加火曰燔,炕火曰炙。"孔穎達疏謂:"加置於火上,是燔燒之,故言加火曰燔。炕,舉也,謂以物貫之而舉於火上以炙之。"《禮記·禮運》記載先民"以炮,以燔,以亨,以炙,以爲醴酪",鄭玄注云:"炮,裹燒之也;燔,加於火上;亨,煮之鑊也;炙,貫之火上。"

　　燔,是直接將食物加於火上燒,《詩·大雅·生民》:"載燔載烈。"毛傳:"傅火曰燔。"又曰:"加火曰燔"。周禮祭祀以及飲食禮中,常采用燔法來製作燔肉。燔

---

①　于省吾:《甲骨文字釋林·釋庶》,第 434 頁。

②　凌純聲:《松花江下游的赫哲族》,上海文藝出版社 1990 年版,第 65 頁;另參見汪寧生《古俗新研》,敦煌文藝出版社 2001 年版,第 237—238 頁。

肉是宗廟祭祀以及飲食禮中常用食物。《儀禮·特牲饋食禮》云:"兄弟長以燔從。"鄭玄注:"炙肉也。"《儀禮》又有"羊燔""豕燔"。祭祀之後,燔肉歸送給助祭祀者或臣下等,以示同享福禄。《孟子·告子下》:"燔肉不至。"《左傳·僖公二十四年》:"天子有事,燔焉。"此燔,指祭祀胙肉。①

炮,是一種用爛泥塗裹食物置火中煨烤之法。上引鄭玄注云:"炮,裹燒之也。"《禮記·内則》云:"塗之以謹塗,炮之。"鄭玄注:"炮者,以塗燒之爲名也。"孔穎達疏:"塗之以謹塗,謂穰草相和之塗也。"此説認爲炮是將食物外面塗上泥巴進行燒烤。此外,《説文·火部》:"炮,毛炙肉也。"段玉裁注:"毛炙肉,謂肉不去毛炙之也。"②《廣韻·肴韻》:"炮,合毛炙物也。"③此説主張炮是將肉或禽獸等物連毛帶體放在火上烤。二説結合來看,炮是將禽獸等物連毛帶肉塗上泥巴進行燒烤,熟則去毛去泥而食之。

炙,是指用樹枝等物把食物串起來近火烤之,或以整隻動物燒烤,或將肉切成肉塊燒烤。近世少數民族也采用此法加工肉類。《説文·炙部》:"炙,炙肉也。從肉在火上。"④朱熹《詩集傳》解釋爲:"炕火曰炙。謂以物貫之而舉於火上以炙之。"⑤用整隻動物燒烤的稱爲貊炙,是從北方少數民族地區傳入的熟食之法。《釋名·釋飲食》:"貊炙,全體炙之,各自以刀割出,於胡貊之爲也。"⑥此法類似今天的烤乳豬或烤全羊。

## 三、蒸

蒸是利用蒸汽傳熱使食物致熟的方法。《説文·火部》:"烝,火氣上行也。"⑦蒸所使用的基本器具是甑甗等,所蒸之物主要是黍稷稻米等穀物。

饙、餾皆屬蒸法。《爾雅·釋言》:"饙、餾,稔也。"郝懿行《義疏》曰:"《玉篇》

---

① 脤,一作祳,《説文》:"社肉,盛以蜃,故謂之祳。天子所以親遺同姓。從示辰聲。《春秋傳》曰:'石尚來歸祳。'"祭社之生肉,因盛於蜃(大蚌蛤)器中而得名。《穀梁傳·定公十四年》:"脤者何也? 俎實也,祭肉也。生曰脤,熟曰燔。"
② 段玉裁:《説文解字注》,第482頁。
③ 宗福邦等:《故訓匯纂》,第1350頁。
④ 段玉裁:《説文解字注》,第491頁。
⑤ 朱熹:《詩集傳》卷15,第230頁。
⑥ 王先謙:《釋名疏證補》卷4,第141頁。
⑦ 段玉裁:《説文解字注》,第480頁。

云：‘半蒸飯。’《洞酌》釋文引孫炎云：‘蒸之曰饙，均之曰餾。’然則饙者，半蒸之，尚未熟，故《釋名》云：‘饙，分也。衆粒各自分也者。’餾者，《説文》云：‘飯氣蒸也。’《詩》正義引作‘飯氣流也’。蓋餾之爲言流也，飯皆烝熟則氣欲流，故孫炎云‘均之曰餾’。郭云‘饙熟爲餾’，《詩》正義引作‘飯均熟爲餾’，義本孫炎。”①《詩·大雅·洞酌》：“洞酌彼行潦，挹彼注兹，可以餴饎。”毛傳：“餴，餾也。”孔穎達疏謂：“然則蒸米謂之饙，饙必餾而熟之，故言饙餾，非訓饙爲餾。”朱熹《詩集傳》：“饙，烝米一熟，而以水沃之，乃再烝也。”②《説文·食部》云：“餾，飯氣流也。”③朱駿聲《説文通訓定聲》解釋爲：“如今北方蒸飯，先以米下水一涫，漉出，再蒸勻熟之。下水涫之曰饙，再蒸之曰餾。”④桂馥《義證》：“烝飯更炊謂之餾。”⑤王筠《句讀》：“烝米半熟，以水溲之，是之謂饙。”⑥據上引諸説，可知饙是將米蒸半熟，即所謂“半蒸飯”，由於半熟，故稱“半蒸”；又由於不再澆水復蒸，故爲“一蒸”。若添水再置於甑甗等器皿內蒸成熟飯，謂之“餾”，所謂復蒸爲餾。餾是爲了使米粒軟硬一致，生熟均勻，故謂之“均熟”。

蒸這種方法也可用於蒸魚，馬王堆漢墓遣策中有“蒸鰍”“蒸鱖”的簡文（《簡》225、226）。⑦

## 四、煎熬

煎，是將食物汁液熬乾，使之不帶湯汁。《説文·火部》：“煎，熬也。”⑧《周禮·天官·内饔》：“内饔掌王及后、世子膳羞之割亨煎和之事。”鄭玄注：“煎和，齊以五味。”煎和指在火上煎并以五味調和之。

熬即乾炒。《説文·火部》曰：“熬，乾煎也。”⑨《方言》第七曰：“熬，火乾也。

---

① 郝懿行：《爾雅義疏》，第 304—305 頁。
② 朱熹：《詩集傳》卷 17，第 263 頁。
③ 段玉裁：《説文解字注》，第 218 頁。
④ 丁福保：《説文解字詁林》，中華書局 1988 年版，第 5332 頁。
⑤ 丁福保：《説文解字詁林》，第 5334 頁。
⑥ 丁福保：《説文解字詁林》，第 5332 頁。
⑦ 湖南省博物館、湖南省文物考古所：《長沙馬王堆二、三號漢墓·第一卷田野考古發掘報告》，文物出版社 2004 年版，第 63 頁。
⑧ 段玉裁：《説文解字注》，第 482 頁。
⑨ 段玉裁：《説文解字注》，第 482 頁。

凡以火而乾五穀之類,自山而東、齊楚以往謂之熬,關西隴冀以往謂之焙,秦晉之間謂之䐄。"[1] 上古之熬,與今日之熬的含義不同,指乾煎,即今日所謂炒。

《周禮·天官》"庖人"職中的"春行羔豚,膳膏香;夏行腒鱐,膳膏臊;秋行犢麛,膳膏腥;冬行鮮羽,膳膏膻。"就是用牛、豕、犬、羊的脂膏來煎製羔豚、腒、犢麛、鮮羽等多種牲獸禽肉,并調以五味,烹調成佳肴。

春秋銅器王子嬰次爐是一個長方淺盤(《銘圖》19261),即是煎炒的炊具。江西省靖安縣出土自名"爐盤"[2],1978年湖北隨縣戰國曾侯乙墓出土青銅爐盤,是一個雙層的銅器,上層是圓形淺盤,下層爲爐盤。出土時上層盤內有魚骨一具,盤底有煙熏痕跡。[3] 兩器都似過淺,故推測可以用於煎。

## 五、八珍

八珍見載於《周禮·天官·膳夫》和《食醫》,包括淳熬、淳毋、炮豚、炮牂、搗珍、漬、熬、肝膋,代表了周代的烹飪技術。根據《禮記·內則》記載,可知其具體的做法。

### 淳熬、淳毋

類似現在的蓋澆飯。淳爲澆沃的意思,熬是一種烹飪法,即加薑桂等調料來煎,這裏指煎肉醬。淳熬,即把煎熟的肉醬澆在旱稻飯上,淳毋則是把肉醬澆在黍米飯上。兩者并澆上油脂。[4]

### 炮豚、炮牂

炮豚的做法如下:把乳豬宰殺治净,腹內塞滿棗子,用蘆葦包裹後,外面塗上濕黏土。用火烤至黏土乾,離火,剝去泥殼、蘆葦。將手在水中浸濕,擦除乳豬表皮薄膜。再塗上一層用稻米粉調成的糊,入油鼎炸到一定程度。將乳豬取出切成片,加薌等香料鋪在小鼎中,將小鼎放進大鼎中,不要使開水漫進小鼎中,這樣隔水燉三天三夜即成。食時用醯、醬調和。牂即母羊羔,炮牂製法同炮豚。

### 搗珍、漬

這是一組嫩肉菜。搗珍是取牛、羊、鹿、獐等食草動物的背脊肉,反復捶打,

---

① 華學誠:《揚雄方言校釋匯證》,第 514 頁。

② 江西省歷史博物館:《江西靖安出土春秋徐國銅器》,《文物》1980 年第 3 期,第 13 頁。

③ 湖北省博物館:《曾侯乙墓》,第 206—207 頁。

④ 《説文·食部》:"饙,以羹澆飯也。"參見《説文解字注》,第 220 頁。饙類似今日之蓋澆飯。

去其筋腱,煮熟後撈出,去掉皮膜,加上調料。漬,取剛宰殺的牛羊肉,逆紋路切薄片,浸入美酒,次日早晨食用。食時用梅醬、肉醬或醋等調味。

熬、肝膋

爲一組雜菜。熬,將生肉搗捶,除去筋膜,攤放在蘆草編的席子上,把薑和桂皮灑在上面,用鹽醃後曬乾了就可以吃。想吃帶汁的,就用水把它泡開,加肉醬煎。想吃乾肉,就晾乾搗軟後再吃,類似今天的牛肉乾。肝膋,用狗腸油包裹狗肝,使狗油滋潤肝,再用火烤,至腸油變焦即成。

《周禮》中對食物的烹飪加工方法,除煎、炮、亨以外,還通過醃製、乾製方法加工或保藏食品。此不贅述。

# 第十節　其他

饔餼

諸侯行聘禮時招待賓客的禮物。《周禮·秋官·司儀》云:"致飧如致積之禮。"鄭玄注:"小禮曰飧,大禮曰饔餼。"賈公彥疏:"大禮曰饔餼者,以其有腥有牽,芻薪米禾又多。"孫詒讓《周禮正義》云:"云'大禮曰饔餼'者,其禮比飧爲盛也。"[1] 據上述文獻,飧是屬於小禮,而饔餼比較豐盛。鄭玄注《儀禮·聘禮》"歸饔餼五牢"云:"牲,殺曰饔,生曰餼。"胡培翬《儀禮正義》釋云:"饔,兼飪與腥言,皆是已殺者。餼是生物。"[2] 饔指已殺之牲畜,包括飪與腥:飪是殺後烹煮熟的肉,腥是殺後尚未烹煮熟的生肉。餼則指未殺的活牲畜。

據《儀禮·聘禮》,舉行聘禮以後,主國派人將饔餼、芻草及其他食品等送到客人下榻的賓館,稱爲饋饔餼。此禮比較豐盛,故鄭玄說"大禮曰饔餼"。《周禮·天官·外饔》鄭玄注又云:"飧,客始至之禮。饔,既享幣之禮。致禮於客,莫盛於饔。"

饋饔餼的數量,因客人的身份尊卑貴賤有異。鄭玄注《周禮·天官·大宰》云:"此禮陳數,存可見者,惟有《行人》《掌客》及《聘禮》《公食大夫》。"

---

① 孫詒讓:《周禮正義》卷72,第3031頁。
② 胡培翬:《儀禮正義》卷17,第1054頁。

飧

古文獻中有諸多義項：

一指晚飯。《説文·食部》釋此字爲"餔，申時食也"[1]。申時大致相當於北京時間下午 3 點到 5 點。《國語·晉語二》："里克辟奠，不飧而寢。"[2] 此飧指夕食，不飧而寢，謂不吃晚飯就睡覺。《孟子·滕文公上》："賢者與民并耕而食，饔飧而治。"趙岐注："朝曰饔，夕曰飧。"《説文·食部》："飧，餔也。"[3] 饔指早飯，在辰時（大致相當北京時間 7 點到 9 點），相當於殷墟卜辭的"大食"；飧，爲傍晚吃的那頓飯，相當於殷墟卜辭中的"小食"。

一指熟食。《詩·小雅·大東》："有饛簋飧，有捄棘匕。"毛傳："飧，熟食，謂黍稷也。"《詩·魏風·伐檀》："彼君子兮，不素飧兮！"毛傳："熟食曰飧。"徐灝《説文解字注箋》引戴侗《正字通》説："飧，夕食也，古者夕則餕朝膳之餘，故熟食曰飧。"[4] 晚飯吃早飯剩下的食物，故稱熟食爲飧。

一指簡單的飲食。《周禮·秋官·司儀》："致飧如致積之禮。"鄭玄注："飧，食也。小禮曰飧。"《儀禮·聘禮》："宰夫朝服設飧。"鄭玄注："飧，食不備禮曰飧。"飧因爲不備禮，故又引申指簡單的飯食。

一指水泡飯。《禮記·玉藻》："不敢飧。"孔穎達疏："飧謂用飲澆飯於器中也"，《釋名·釋飲食》："散也，投水於中解散也。"[5]《玉篇·食部》："水和飯也。"[6]《太平御覽》卷六五〇引《通俗文》解釋爲"水澆飯曰飧"。[7]

秩膳

常備於庋閣上的美食。《禮記·内則》："大夫無秩膳。大夫七十而有閣。"鄭玄注："秩，常也。有秩膳也。閣以板爲之，庋食物也。"孫希旦《禮記集解》："膳，美食也。秩膳，謂常置美食於左右，以備食也。"[8]

① 段玉裁：《説文解字注》，第 220 頁。

② 徐元誥：《國語集解》，第 277 頁。

③ 段玉裁：《説文解字注》，第 220 頁。

④ 丁福保：《説文解字詁林》，第 5362 頁。

⑤ 王先謙：《釋名疏證補》卷 4，第 137 頁。

⑥ 顧野王：《大廣益會玉篇》，第 46 頁。

⑦ 宗福邦等：《故訓匯纂》，第 2517 頁。

⑧ 孫希旦：《禮記集解》卷 27，第 753 頁。

# 第四章　都邑宫室建築

周代制禮作樂，都邑居室建築被納入周禮體系，都城、宫室、官署、住宅也成爲表徵身份以立政事之物。《國語·魯語上》載孟文子説："夫位，政之建也；署，位之表也；車服，表之章也；宅，章之次也；禄，次之食也。君議五者以建政，爲不易之故也。"① 爵位用以立政，署是爵位的標志，車服標識貴賤等級，住宅是有車服官位者所居住的府邸，其大小寬窄也表現等次；禄是按照次第享受的食米。可見官署住宅也與車服器用一樣，與身份爵位等級相聯係，是禮制等級關係的表徵物。下面對三禮中與建築有關名物詳加考察。

## 第一節　《考工記》與都城、中城規劃

城是一容納民衆與護衛民衆的空間，《説文·土部》云："城，以盛民也。"段玉裁注曰："言盛者，如黍稷之在器中也。"②《墨子·七患》曰："城者，所以自守也。"③ 城的最初功能主要是用於盛民與守民，防衛是其主要功能。

### 一、都城規模制度

文獻記載的都城規模有不同的説法，可以分爲兩種體系：一是天子都城方九里，然後五等諸侯各依據爵位依次減殺；一是周天子都城方十二里，以下諸侯依據爵位各有等秩。

依據《考工記》等文獻記載，天子都城方九里，諸侯大國的都城亦方九里，其

---

① 徐元誥：《國語集解》，第 162—163 頁。
② 段玉裁：《説文解字注》，第 688 頁。
③ 孫詒讓：《墨子閒詁》卷 1，第 29 頁。

次方七里,再其次方五里,或三里,減殺以二。《考工記·匠人》云:"匠人營國,方九里。"此言天子都城方九里。若依據禮制降殺的一般通例,則公爲七里,侯伯五里,子男三里。《逸周書·作雒解》:"及將致政,乃作大邑成周於土中。城方千七百二十丈。"① 千七百二十丈正合古里九里。《左傳·隱公元年》:"都城過百雉,國之害也。先王之制,大都不過三國之一,中五之一,小九之一。"杜預注曰:"方丈曰堵,三堵曰雉,一雉之牆,長三丈,高一丈。侯伯之城方五里,徑三百雉。"孔穎達正義云:"天子之城方九里,諸侯禮當降殺,則知公七里,侯伯五里,子男三里。"

而《周禮·春官·典命》則云:"上公九命爲伯,其國家、宮室、車旗、衣服、禮儀皆以九爲節;侯伯七命,其國家、宮室、車旗、衣服、禮儀皆以七爲節;子男五命,其國家、宮室、車旗、衣服、禮儀皆以五爲節。"鄭玄注:"公之城,蓋方九里,宮方九百步;侯伯之城,蓋方七里,宮方七百步;子男之城,蓋方五里,宮方五百步。"賈公彦疏:"案《書·無逸》傳云:'古者百里之國,九里之城。'注:玄或疑焉。《周禮·匠人》'營國方九里',謂天子之城。今大國與之同,非也。然則大國七里,次國五里,小國三里之城,爲近可也。或者天子實十二里之城,諸侯大國九里,次國七里,小國五里。如是,鄭自兩解不定。"《周禮·春官·典命》的都城規制、鄭玄注與《考工記》記載有所出入。

不同等級貴族的城牆高度,文獻記載的説法不同,不可究詰。《墨子·雜守》:"率萬家而城方三里。"② 許慎《五經異義》:"天子之城高九仞,公侯七仞,伯五仞,子男三仞。"③《淮南子·原道訓》:"夏鯀作三仞之城。"④《周禮·考工記·匠人》賈公彦疏引古《周禮》説云:"天子城高七雉,隅高九雉。公之城高五雉,隅高七雉。侯伯之城高三雉,隅高五雉。都城之高,皆如子男之城高。"可知天子之城最高最大,諸侯次之,一般的城既低又小。

鄭國是春秋時期比較小的諸侯國家,《左傳·昭公十三年》謂:"鄭伯,男也。"鄭的爵位屬於伯男一類的諸侯國,都城規模只能是"方五里,徑三百雉"。按三丈爲一雉,三百雉合九百丈。若是按 1 周尺等於 19.91 厘米來換算,三百雉只合

① 黃懷信等:《逸周書彙校集注》(修訂本) 卷 5,第 525 頁。
② 孫詒讓:《墨子閒詁》卷 15,第 636 頁。
③ 陳壽祺:《五經異義疏證》卷下,上海古籍出版社 2013 年版,第 216 頁。
④ 劉文典:《淮南鴻烈集解》卷 1,第 14 頁。

1792 米。但是保存下來的鄭韓故城城址,東西長約 5000 米,南北寬約 4500 米,周長約 19000 米,已經大大超過了"徑三百雉"的數據,僭越了周禮規定的制度。

《左傳·隱公元年》:"都城過百雉,國之害也。先王之制,大都不過三國之一,中五之一,小九之一。"一雉爲三丈長,一丈高的版築牆,這裏説的百雉,只著眼於長度。百雉爲三百丈,既然是三分國都之一,則國都每邊應爲九百丈,合五里。

春秋戰國時期,不僅諸侯之城普遍不合於《周禮》,就以天子之城而論,也超過了"方九里"的規定。至於城垣的高度,因爲破壞嚴重,原來的情況不得而知,僅從殘存的城垣來看,高低不一,起伏不已,很難進行比較。按規定諸侯城的高度爲"伯五仞",按一仞等於七尺,五仞合 6.9685 米,若以五雉計算,一雉高一丈,五雉高 9.955 米。河南新鄭鄭韓故城殘垣高 15—18 米,已經超過了"五仞"或"五雉"。據考古資料,春秋戰國城的規模巨大,池深垣高,制度混亂。

## 二、城郭與道路

### 郭

郭是外城,是在城一定距離以外加築的一道城垣。内城爲城,外城爲郭。《管子·度地》:"内爲之城,城外爲之郭。"[1]《釋名·釋宫室》云:"城,盛也,盛受國都也。郭,廓也,廓落在城外也。"[2] 郭,字亦作廓。《孟子·公孫丑下》云:"三里之城,七里之郭,環而攻之而不勝。"郛,也指外城,《左傳·隱公五年》:"鄭人以王師會之,伐宋,入其郛。"杜預注:"郛,郭也。"《公羊傳·文公十五年》:"齊侯侵我西鄙,遂伐曹,入其郛。郛者何? 恢郭也。"何休注:"恢,大也。郛,城外大郭。"恢郭指城外大郭。内城爲君王、貴族所居住,外城爲普通老百姓所居住。

從東周時期各國都城的考古資料來看,其城郭形式可以分爲兩類:一,小城(即宫城)位於郭城之中,可稱爲環套式;另一類,小城(宫城)與郭城分開,可稱爲互聯式。早期的城大多是宫城位於郭城之中,也即内之爲城(宫城),外之爲郭;後來則采取了宫城與郭城分離的形式。采用環套形式的有曲阜魯故城、紀南城、

---

① 　黎翔鳳:《管子校注》卷 18,第 1051 頁。
② 　王先謙:《釋名疏證補》卷 5,第 182 頁。

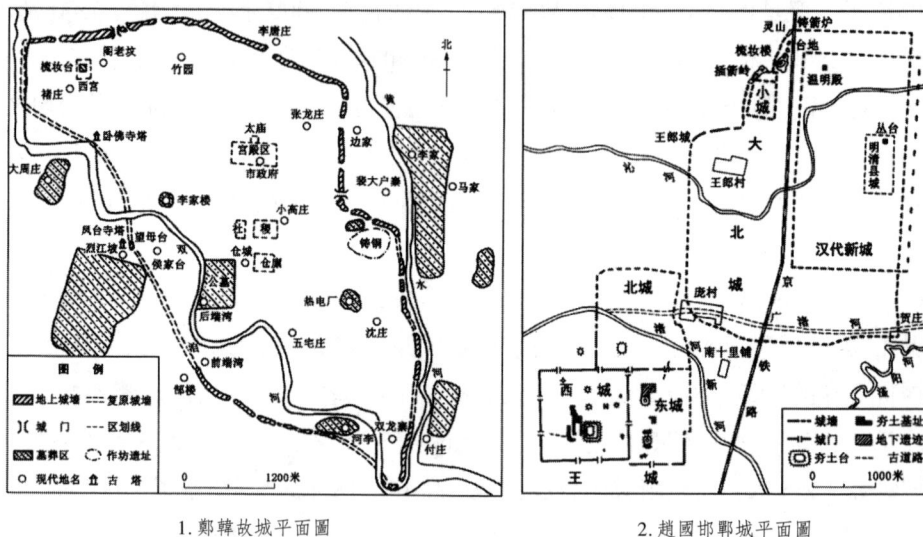

1. 鄭韓故城平面圖　　　　2. 趙國邯鄲城平面圖

圖4-1　東周城址平面圖

魏都安邑城等。① 這種内城外郭形式,可以有效地護衛内城。軍隊守在外郭城,守衛郭城也即守城。一旦郭城不保,則可以收縮兵力退守宫城以待援兵或者媾和。采用宫城與郭城分離形式的有臨淄齊國都城、鄭韓故城(圖4-1-1)、趙國邯鄲城(圖4-1-2)、中山國靈壽城、燕下都等,一般采用西城東連郭的形式。這種形式可以將宫城脱離於郭城居民區的包圍,并且將宫城規模擴大以抵禦外部侵犯,"戰國時期國土的擴大,常備兵的建立,普遍徵兵制的實行,騎兵的出現,武器的精良,城牆的既高且大,給敵人的進攻造成了較大的難度,從而爲宫城分離於郭城創造了條件,於是將宫城遷到郭外或者從郭城中劃出一部分作爲宫城的新布局便出現了"②。

城外爲郊,郊外爲野。國的本義是指王城和國都,城郭以外有相當距離的周圍地區稱爲郊。國郊以内有鄉。郊以外是野,設有遂,乃都鄙之地。③《尚書·費誓》説:"魯人三郊三遂。"孫星衍注云:"《大傳》説:古者百里之國,三十里之遂

---

① 中國社會科學院考古研究所:《中國考古學·兩周卷》,中國社會科學出版社2004年版,第227—229頁。

② 以上論述參見徐衛民《秦都城研究》,陝西人民教育出版社2000年版,第244—284頁。

③ 楊寬:《西周史》,上海人民出版社2003年版,第395—396頁。

(隧),二十里之郊。七十里之國,二十里之遂,九里之郊。五十里之國,九里之遂,三里之郊。"① 天子畿內以五十里爲近郊,百里之外爲遠郊,近郊是遠郊里程的一半。《儀禮·覲禮》:"至於郊,王使人皮弁用璧勞。"鄭玄注:"郊,謂近郊,去王城五十里。"《儀禮·聘禮》云:"賓及郊。"鄭玄注:"郊,遠郊也。周制天子畿內千里,遠郊百里,以此差之,遠郊,上公五十里,侯伯三十里,子男十里,近郊各半之。"諸侯都城也有近郊與遠郊,其遠郊則各有差等。

宮牆、城牆的轉角處有閣樓,比城牆高②,上有網狀孔,用於守望與防禦,名爲角浮思,或作罘罳、覆思、複思、桴思、浮思③,并聲近字通。《考工記·匠人》:"宮隅之制七雉,城隅之制九雉。"鄭玄注:"宮隅、城隅謂角浮思也。"賈公彥疏:"則浮思者,小樓也。"孫詒讓《正義》引焦循云:"浮思者,《廣雅》《釋名》《古今注》皆訓爲門外之屏。角浮思者,城之四角爲屏以障城,高於城二丈。蓋城角隱僻,恐奸宄逾越,故加高耳。"④ 罘罳的形狀,蓋與門屏相類。《爾雅·釋宮》云:"陝而修曲曰樓。"《釋名·釋宮室》云:"樓,言牖戶諸射孔,婁婁然也。"⑤ 黃以周謂:"城隅宮隅皆築土爲之,形狹而修,至隅又曲。"⑥ 據此,城牆上的閣樓狹長,有戶牖。山東沂南北寨村畫像石上有小角樓,上有網形圖案,即角浮思。⑦ 罘,本指捕獵禽獸的網,引申又指彫鏤爲網格紋爲主的裝飾,城隅小樓之所以名浮思,可能即來自樓上雕刻有這種網格紋。蓋城牆角的小樓爲瞭望侯敵,守望牆牖爲方格之孔爲網形,以便於射箭,故名之爲罘罳。

道路

依據《考工記》規劃,周天子之城,城內南北有九條經路,東西有九條緯路,路寬容得下九軌。《考工記·匠人》云:"國中九徑、九緯,經涂九軌。"鄭玄注:"國中,城內也。經緯謂涂也。經緯之涂,皆容方九軌。軌謂轍廣,乘車六尺六寸,旁加七寸,凡八寸,是爲轍廣。九軌積七十二尺,則此涂十二步也。旁加七寸者,輻內

---

① 孫星衍:《尚書今古文注疏》卷 26,中華書局 1986 年版,第 514—515 頁。

② 《考工記·匠人》規定:"城隅之制九雉。"城的四角處比城垣高出二丈。

③ 參見顧炎武著,黃汝成:《日知錄集釋》卷 32,岳麓書社 1994 年版,第 1150—1151 頁。

④ 孫詒讓:《周禮正義》卷 84,第 3473 頁。

⑤ 王先謙:《釋名疏證補》卷 5,第 190 頁。

⑥ 黃以周:《禮書通故·宮室通故》,中華書局 2007 年版,第 69 頁。

⑦ 楊寬:《中國古代陵寢制度史》,上海古籍出版社 1985 年版,第 143 頁。

二寸半,輻廣三寸半,綆三分寸之二,金轄之間三分寸之一。"賈公彦疏云:"南北之道爲經,東西之道爲緯。"王城内南北向、東西向各有九條大路:南北走向的稱爲經途,東西走向的稱爲緯途,每條大路爲九軌,即其寬度可容九輛車并行。環涂指環繞王城的道路,爲七軌,其寬度可容七輛車并行。野涂指王城外郊野的道路,其寬度可容五輛車并行。諸侯城内大路相當於王城之環途,爲七軌,鄭玄此注又云:"諸侯環涂五軌,其野涂及都環途、野涂皆三軌。"推知諸侯國環城路寬容得下五輛車,其他爲三軌;大夫都邑城内大路相當於王城外之野涂,爲五軌。據此可知城市道路與鄉村道路的寬度。

鄭玄注云"軌謂轍廣",即一軌爲一車轍之間的寬度。當時車寬,上引《考工記·匠人》鄭玄注云:"軌謂轍廣,乘車六尺六寸,旁加七寸,凡八尺,是謂轍廣。九軌積七十二尺。"東周時一尺大概爲23.1厘米,轍廣八尺,換算成今制,應爲184.8厘米,這與虢國墓1227號車馬坑3號車的軌寬(184厘米)相當。按照鄭玄的解釋,當時王城經途寬爲七十二尺,換算成今制,大約爲16.6米;環塗七軌,每軌八尺,共爲五十六尺,換算成今制,大約13米;野涂五軌,每軌八尺,共爲四十尺,換算成今制,大約9.2米。

王城的大道形制,是有三道:中間一道供車通過,兩邊的兩道路供人走。《禮記·王制》:"道有三塗。""道路,男子由右,婦人由左,車從中央。"紀南城西垣北門爲3個門道,門内兩側有門房。[1]可證道路當爲"一道三塗"之制。

四通八達的道路稱爲逵。《左傳·隱公十一年》:"潁考叔挾輈以走,子都拔棘以逐之,及大逵。"杜預注:"逵,道方九軌也。"楊伯峻也贊同杜注,云:

> 寬闊能并容九具車馬者謂之逵。此種道路已能四通八達,故《爾雅》云:"九達謂之逵。"鄭國有此,桓十四年《傳》亦謂之"大逵",莊二十八年《傳》謂之逵市,宣十二年《傳》謂之逵路,雖非同一道路,皆以逵名。魯國亦有此,莊三十二年《傳》所謂逵泉是也。[2]

據上,國中四通的寬闊道路皆可謂之逵。天子都城中逵寬爲九軌,能容得下九輛車的寬度。

---

[1] 郭德維:《楚都紀南城復原研究》,文的出版社1998年版,第102頁。

[2] 楊伯峻:《春秋左傳注》(修訂本),第73頁。

### 三、五門三朝與廟朝布局

《考工記》中的都城規劃,是網格狀的都城布局。都城之中有王宫,天子及大國方三里,小國方一里。王宫外築圍城,稱中城(宫城),護衛宫殿區。天子的中城亦稱周城,諸侯的中城亦稱軒城。[①] 宫城是都城的核心,其南北中軸線是王城規劃的主軸線。這條中軸線南起王城正南門,經外朝,穿過宫城,經過市,直達王城的正北門。門、朝、寢、市依次從南往北布置在此中軸線上。《禮記·曲禮下》:"在朝言朝。"鄭玄注:"朝謂君臣謀政事之處也。"天子、諸侯的三朝制與"五門""三門"之制,學者多有討論[②],然衆説紛紜,莫衷一是,下面對此略作考察。

(一)天子五門

天子周城設有五門。《詩·大雅·綿》:"乃立皋門,皋門有伉。乃立應門,應門將將。"毛傳:"王之郭門曰皋門。伉,高貌。王之正門曰應門。將將,嚴正也。美大王作郭門以致皋門,作正門以致應門焉。"鄭玄箋云:"諸侯之宫,外門曰皋門,朝門曰應門,内有路門。天子之宫,加以庫、雉。"《周禮》:"閽人掌守王宫之中門之禁。"鄭玄注:"鄭司農云:'王有五門,外曰皋門,二曰雉門,三曰庫門,四曰應門,五曰路門。路門一曰畢門。'玄謂雉門,三門也。《春秋傳》曰:'雉門災,及兩觀。'"天子在皋門内、應門外加有雉門和庫門,雉門外設兩觀。

天子五門爲:外曰皋門(又稱南門)[③],二曰庫門,三曰雉門(中門),四曰應門,五曰路門(又稱畢門、虎門)[④]。

(二)諸侯三門

諸侯軒城(中城)設有三門。一説,三門分别是:最外爲郭門(一曰皋門),即《詩·大雅·綿》的"皋門有伉",皋門是王宫最外一重門。中間爲正門,曰應門,

① 參見賀業鉅:《考工記營國制度研究》,中國建築工業出版社 1985 年版。

② 李學勤:《小盂鼎與西周制度》,《當代學者自選文庫·李學勤卷》,安徽教育出版社 1999 年版,第 289 頁;杜勇:《清華簡〈皇門〉與五門三朝考異》,《天津師範大學學報》2015 年第 2 期,第 48—53 頁;馬楠:《西周"五門三朝"芻議》,《出土文獻》第一輯,中西書局 2010 年版,140—143 頁;沈文倬:《周代宫室考述》,《浙江大學學報(哲學社會科學版)》2006 年第 3 期,第 36—44 頁。

③ 小盂鼎(《集成》2839)銘文中有南門,即皋門。

④ 《周禮·地官·師氏》:"居虎門之左,司王朝。"鄭玄注:"虎門,路寢門也。王日視朝于路寢門外,畫虎焉以明勇猛,於守宜也。"路門乃路寢之門,是寢宫區的總門。

即《詩·大雅·綿》的"應門將將";正寢設路門,又名畢門,路門爲燕朝之門,門内即路寢,爲天子及妃嬪燕居之所。另一説,諸侯的三門:外門爲庫門,中間是雉門,内是路門。《禮記·明堂位》:"大廟,天子明堂。庫門,天子皋門。雉門,天子應門。"鄭玄注:"言廟及門如天子之制也。天子五門:皋、庫、雉、應、路。魯有庫、雉、路,則諸侯三門與? 皋之言高也。"孔穎達疏:"但其餘諸侯有皋門、應門及路門也。引《詩》乃立皋門、應門者,證諸侯有皋門、應門也。所引《詩》者,《大雅·文王·綿》之篇也。言大王徙居岐周,爲殷諸侯,立此皋門、應門。衛亦有庫門,故《家語》云:'衛莊公反國,孔子譏其繹之於庫門内,祊之於東方,失之矣。'是衛有庫門也。"

（三）三朝制

《考工記》的規劃是前朝後寢,路寢前有三朝:外朝一;内朝二。天子、諸侯都有三朝,從外至内有:一外朝,二治朝,三燕朝(亦名内朝)。治朝和燕朝相對於外朝來説,又總稱爲内朝。卿大夫有封地者則有私臣,當有私朝,所以有學者認爲大夫有一朝。① 士無臣,没有朝。

治朝和燕朝位於宮城中,外朝位於宮前區,宮城外。

外朝

天子的外朝設在皋門與庫門之間,即皋門内,庫門外。② 外朝設在宮城外,空間開闊,爲露天的庭院(兩邊均有圍牆),類似於宮前廣場,又稱外廷、大廷 ③,此處國人可自由出入,在此君臣詢百姓,公布法令,處理爭訟,所謂"合民事於外朝" ④。《周禮·地官·槀人》:"掌共外内朝冗食者之食。"鄭玄注:"外朝,司寇斷獄弊訟之朝也。今司徒府中,有百官朝會之殿云,天子與丞相舊决大事焉。是外朝之存者與? 内朝,路門外之朝也。"賈公彦疏:"天子三朝,路寢庭朝,是圖宗人嘉事之朝,大僕掌之;又有路門外朝,是常朝之處,司士掌之;又有外朝,在皋門内,庫門外,三槐九棘之朝,是斷獄弊訟之朝,朝士掌之。"《周禮·秋官·小司

---

① 《國語·魯語下》:"天子及諸侯合民事于外朝,合神事於内朝;自卿以下,合官職於外朝,合家事於内朝;寢門之内,婦人治其業焉。上下同之。夫外朝,子將業君之官職焉;内朝,子將庀季氏之政焉,皆非吾所敢言也。"參見徐元誥《國語集解》,第193頁。

② 諸侯的外朝設在皋門與雉門之間。

③ 小盂鼎之大廷,《尚書·顧命》《逸周書·大匡》之大庭,即外朝之廷。

④ 《國語·魯語下》。參見徐元誥:《國語集解》,第193頁。

寇》記："小司寇之職,掌外朝之政,以致萬民而詢焉,一曰詢國危,二曰詢國遷,三曰詢立君。"三詢之朝乃外朝,天子在此徵詢百姓意見:第一是邦國有兵寇等外部侵略如何對付,第二是遷都改邑,第三種是天子無嫡子,需選庶子繼位。戰爭、遷都、繼位,這三件事是國家的頭等大事,可見外朝是商議國家大事的場所。

《周禮·秋官·朝士》:"掌建外朝之法。左九棘,孤、卿、大夫位焉,群士在其後;右九棘,公、侯、伯、子、男位焉,群吏在其後;面三槐,三公位焉,州長眾庶在其後。左嘉石,平罷民焉;右肺石,達窮民焉。"外朝的左邊植九棵棘樹,用來標明孤、卿、大夫的朝位,刑官之士站在其後;右邊植九棵棘樹,用來標明公、侯、伯、子、男的朝位,鄉遂及都鄙公邑的官吏站在其後;南面植三棵槐樹,用來標明三公的朝位,州長和平民的代表站在其後。朝門是處理訴訟場所,左邊設置有嘉石,右邊設置有肺石,作爲標志。

治朝

外朝之後是中朝,又稱爲正朝。天子的中朝在應門與路門之間①,即應門內,路門外。治朝是君王每日上朝處理政務的場所,公卿大夫每日協助理事之地,也是舉行賓射的場所。《周禮·天官·大宰》:"王視治朝,則贊聽治。"鄭玄注:"治朝在路門外,群臣治事之朝。王視之則助王平斷。"《周禮·天官》:"宰夫之職:掌治朝之法,以正王及三公、六卿、大夫、群吏之位。掌其禁令。敘群吏之治,以待賓客之令、諸侯之復、萬民之逆。"《禮記·玉藻》:"朝服以日視朝於內朝。朝,辨色始入。君日出而視之,退適路寢聽政,使人視大夫,大夫退,然後適小寢釋服。"鄭玄注:"此內朝,路寢門外之正朝也。天子、諸侯皆三朝。群臣也。入,入應門也。"此視朝在路門外、應門內的正朝。

燕朝

燕朝(內朝,寢朝)設在路門內,屬內寢之廷,也是露天之廷。金文中作"中廷",文獻稱爲"寢庭",《左傳·成公六年》:"獻子從公立於寢廷。"《周禮·夏官·大僕》:"掌正王之服位,出入王之大命。……王視燕朝,則正位,掌擯相;王不視朝,則辭於三公及孤卿。"燕朝是聚議家事、處理宗族等事務的場所。

朝時,王即位於宸前或宁前,群臣的朝位在路寢中庭或門庭,即《爾雅·釋宮》云"中庭之左右謂之位"。西周册命金文中的"某右某入門立中庭",都是指燕

―――――――――

① 諸侯的中朝在雉門與路門之間。

朝的朝位。

　　（四）宗廟布局

　　據《考工記》的規劃，宮城是王城規劃的核心，位於全城的核心。宮城南北中軸線是王城的中軸線。中軸線南起王城南門（皋門），經過外朝，穿過宮城，過三市，直達王城正北門。門、朝、寢、市都依次由南而北分布在中軸線上。宮城前爲外朝，宮城後爲三市。《考工記·匠人》云：“左祖右社，面朝後市，市朝一夫。”鄭玄注：“王宮所居也。祖，宗廟。面猶鄉也。王宮當中經之塗也。方各百步。”《周禮·春官》小宗伯之職，“掌建國之神位：右社稷，左宗廟。”鄭玄注：“庫門内、雉門外之左右。”鄭玄認爲，宗廟、社稷分布於庫門内、雉門外。[1] 據鄭玄，從應門至雉門，從雉門至庫門，并不設朝，而是官府府庫所在。應門爲宮城的正南門，之内爲治朝，後爲寢，形成前朝後寢的格局。

　　這種規劃體現出一種幾何形宇宙觀以及尚中思想。古人認爲，中央是最尊的位置，是最高權威的象徵，因此王者應居天下之中，“天子中而處”[2]。《荀子·大略》：“欲近四旁，莫如中央，故王者必居天下之中，禮也。”[3]《吕氏春秋·慎勢》：“古之王者，擇天下之中而立國，擇國之中而立宮，擇宮之中而立廟。天下之地，方千里爲國，所以極治任也。”[4] 一個王朝的建都選在天下之中，宮廟在都城的中心，這都屬於禮制的内容。《考工記》將宮城置於王城中心，宮城中軸線便是王城規劃的主軸線，此中軸線南起王城正南門，直達王城正北門。同時宮廟分開，讓王宮成爲國之中心，而社稷壇、宗廟偏離中心位於兩邊夾中軸線對稱，形成左祖右社的布局。這樣的布局，體現出王權至上的思想。

　　宗廟建築群的布局，是祖廟居中，昭廟、穆廟在祖廟的左右方，周祖廟排列在一條平行線上，成爲一個横一字形的建築群？還是昭廟和穆廟在祖廟的前方左右擺開，成爲一個品字形的建築群？這個問題歷來研究宗廟禮制的人也有分歧。

　　皇侃、孫毓等主張太祖廟在最北端或最西端，居中，自成一列；有三廟者，昭穆廟則在它的左右前方，對稱排列，成爲第二列；有五廟者，接著第一對昭穆廟復

---

[1]　戴震《考工記圖》將宗廟、社稷設在路寢門東西兩側（戴震：《考工記圖》，《戴震全集》第2册，第818頁）。也有學者認爲社稷、宗廟分布在皋門内應門外，即宮城前的左右。

[2]　《管子·度地》。黎翔鳳：《管子校注》卷18，第1051頁。

[3]　王先謙：《荀子集解》卷19，第485頁。

[4]　陳奇猷：《吕氏春秋新校釋》卷17，第1119頁。

對稱排列，成爲第三列，這就是所謂的"左昭右穆次而南"，"以次東陳，在北者曰昭，在南者曰穆"的意思。這樣排列成一個品字形布局。南宋朱熹、清人任啓運畫的《天子七廟都宫門道圖》《諸侯五廟都宫門道圖》，都是太祖廟居北，左昭右穆次面南的品字形。

賈公彦注《儀禮》，首創五廟、三廟東西并列之説，《儀禮·聘禮》："公揖入，每門、每曲揖。"賈公彦疏："諸侯有五廟，大祖之廟居中，二昭居東，二穆居西。廟皆別門，門外兩邊皆有南北隔牆，隔牆中夾通門。"他認爲太祖之廟居中，二昭廟居東，二穆廟居西，如此五廟東西排列在一條直線上，即呈一字形，清人焦循、江永、孫詒讓贊成賈説，焦循畫的天子宗廟圖和諸侯宗廟圖，都是五廟東西并列而成一字形。

上述兩種説法，據目前資料尚難以裁定 ①，有待今後的考古發掘提供更多資料。從夏商時期的宫殿宗廟布局看，排成一字形的可能性很小，宗廟布局品字形排列的可能性很大。

## 四、《周禮》之市

市是商品交易的場所。《説文·冂部》云："市，買賣所之也，市有垣。" ②《周易·繫辭傳》説："日中爲市，致天下之民，聚天下之貨，交易而退，各得其所。"市開始只是臨時場所，設在井旁或者交通要道上，百姓互通有無，早上人進行交易，晚上人則散去，後逐漸成爲固定的交易場所。市，古又稱作市井，其得名之因，應劭《風俗通》云："俗説：市井者，謂至市鬻賣者，當於井上洗濯，令其物香潔，及自嚴飾，乃到市也。……因井爲市，交易而退，故稱市井也。" ③《管子·小匡》曰："處商必就市井。"尹知章解釋"市井"曰："立市必四方，若造井之制，故曰市井。" ④ 諸説不同，可并參。市井，即商業集市，類似今天的商業區。

據《周禮》，王城的宫城後有三市，爲大市、朝市、夕市。《周禮·地官·司市》載："大市，日昃而市，百族爲主；朝市，朝時而市，商賈爲主；夕市，夕時而市，販夫

---

① 也有學者根據陝西鳳翔縣雍城馬家莊建築認爲當成品字形，參見陳緒波《儀禮宫室考》，上海古籍出版社 2017 年版，第 122—133 頁。

② 段玉裁：《説文解字注》，第 228 頁。

③ 王利器：《風俗通義校注·佚文》，中華書局 2010 年版，第 580 頁。

④ 黎翔鳳：《管子校注》卷 8，第 400 頁。

販婦爲主。"鄭玄注:"日昃,昳中也。市,雜聚之處。言主者,謂其多者也。百族必容來去,商賈家於市城,販夫販婦朝資夕賣,因其便而分爲三時之市,所以了物極衆。"朝市於早晨開放,以商賈爲主;大市於中午開放,以平民百姓爲主;夕市在傍晚開放,以普通小商販爲主。《禮記·郊特牲》載孔子批評魯國制度時説"朝市之於西方,失之矣",似表明三市制確曾實行過。《考工記》所説"面朝後市"的規劃在春秋戰國時期的某些都城中有所體現。其中,秦都雍城遺址被認爲與《考工記》"面朝後市"模式符合。市位於都城的北部,北距城址的北城牆大約 300 米。市場是一個近似長方形的全封閉空間,四周有圍牆基址,東牆長 156.6 米,南牆長 230.4 米,西牆長 166.5 米,北牆長 180 米,寬 1.8—2.4 米。圍牆内爲露天市場,面積 3 萬平方米左右。① 市場的南邊爲秦公朝寢所在。另外,在楚都紀南城遺址中,"宮城北垣外,通過龍橋河西段工程和松柏魚池工程中的考古發掘已經證實,這一帶相當繁華",學者認爲"應即《考工記》'面朝後市'的'市'"。②

戰國時期,也有主張在國都之中設置市場者,如《管子·揆度》主張"百乘之國,中而立市","千乘之國,中而立市","萬乘之國,中而立市"。③ 銀雀山漢簡《市法》亦云:"市必居邑之中,令諸侯、外邑來者毋□□□……"④ 與《揆度》篇説法相同。這與《考工記》"面朝後市"的規劃不同。

《周禮》記載的市場管理制度,采取的是一種封閉式的管理模式。市場的建築布局可分爲兩部分:一是市場官署,一是營業場所。據《周禮·地官·司市》,市場官署爲思次、介次。思(司)次爲市場管理總機構,是司市(市場管理職官)管理市政、聽治訟獄的處所,類似漢代的市亭。辦公場所是樓層建築,每天開市時,官府在上面樹立旌旗,表示交易開始。《周禮·地官·司市》:"上旌於思次以令市,市師范焉,而聽大治大訟。"鄭玄注:"思次,若今市亭也。……思當爲司,聲之誤也。"介次爲所轄各商業區的分支機構,負責具體的管理工作,不同的是市場開放的標志由升旗改爲擊鼓。介次也是市官治事、處理官司訴訟之所。《周禮·地

---

① 王學理等:《秦物質文化史》,三秦出版社 1994 年版,第 91 頁;韓偉、焦南峰:《秦都雍城考古發掘研究綜述》,《考古與文物》1988 年 5、6 期合刊;徐衛民:《秦都城研究》,陝西人民教育出版社 2000 年版,第 73—74 頁。

② 郭德維:《楚都紀南城復原研究》,第 86 頁。

③ 黎翔鳳:《管子校注》卷 23,第 1384 頁。

④ 銀雀山漢墓竹簡整理小組:《銀雀山漢墓竹簡》(釋文部分),文物出版社 1985 年版,第 141 頁。

官·司市》："胥師賈師，蒞於介次，而聽小治小訟。"鄭玄注："介次，市亭之屬。"孫詒讓《周禮正義》云："市官聽大小治訟者，各於其市朝。凡思次、介次皆於市中爲寺舍，其外爲朝，以聽治訟及爲刑肆罪人之所，其地當與百官府治事之朝略相儗。"① 市場官署門前外面的空地叫作市朝。此處是聚集的地方，國家經常在此向民衆公布政令。《周禮·地官·鄉師》曰："凡四時徵令有常者，以木鐸循於市朝。"

市一般有闤、闠、列肆、隧、廛、市樓等建築設施。

市場營業場所分爲肆、廛兩部分。肆是出售貨物的店鋪，廛指公家所建供商人存儲貨物的邸舍。《禮記·王制》："市，廛而不稅。"鄭玄注："廛，市物邸舍。稅其舍不稅其物。"《孟子·公孫丑上》："市，廛而不徵，法而不廛，則天下之商皆悦，而願藏於其市矣。"此謂貨物儲藏於邸舍。

爲便於對商業活動控制和管理，市與里是分開的，在市的四周建有圍牆，稱爲闤。《文選·張衡〈西京賦〉》："爾乃廓開九市，通闤帶闠。"薛綜注："闤，市營也。"② 崔豹《古今注》曰："闤者，市牆也。"③ 市牆四面設門，并有專門管理市的司市掌管鎖鑰，市門每天按時開關。《周禮·地官·司市》所提到的朝市、大市、夕市皆爲封閉性市場，每市各有總門。介次也都是封閉經營區，有介次之門。介次內兩個肆合爲一巷，設有肆門。《周禮·地官·司市》曰："凡市入則胥執鞭度守門。"市門叫作闠。崔豹《古今注·都邑》："闠者，市門也。"④ 上引張衡《西京賦》"通闤帶闠。"⑤ 闠即市門。四川廣漢縣出土的《市井》畫像磚左邊有門垣，其上有隸書題記"東市門"三字。新繁縣出土的《市井》磚上，四周市垣環繞，三方設門（每門三間），東西相對，左邊市門內隸書題記"東市門"三字，北邊市內有隸書題記"北市門"三字。⑥《市井》畫像磚中反映出，闤所圈圍的市區一般呈正方形的建築格式。

實際上，《考工記》記載的都城建置布局，不過是作者一種理想化的國都制度

---

① 孫詒讓：《周禮正義》卷 27，第 1062 頁。

② 蕭統編，李善注：《文選》卷 2，第 61 頁。

③ 崔豹：《古今注》卷上，第 6 頁。

④ 崔豹：《古今注》卷上，第 6 頁。

⑤ 蕭統編，李善注：《文選》卷 2，第 61 頁。

⑥ 劉志遠：《漢代市井考——説東漢市井畫像磚》，《文物》1973 年第 3 期，第 52—56 頁。

構擬,此書并未將具體的山川河流、地理形勢以及具體的政治、經濟、商業需求納入都城規劃設計中。因此,若將《考工記》中的理想化的制度構擬來和考古資料對比,兩者難免會出現扞格不符現象。《管子·乘馬》云:"凡立國都,非於大山之下,必於廣川之上,高毋近旱而水用足,下毋近水而溝防省。因天材,就地利,故城郭不必中規矩,道路不必中準繩。"[1] 這種建城思想與《周禮·考工記》的營國思想是截然不同的,其設計考慮到都城規劃的諸多具體因素。

## 第二節　宮室廟寢

宮和室都是供人居住的建築物,廟寢是祭祀供奉神靈之所。《禮記·禮運》:"昔者先王未有宮室,冬則居營窟,夏則居橧巢。未有火化,食草木之實,鳥獸之肉,飲其血,茹其毛,未有麻絲,衣其羽皮。後聖有作,然後脩火之利,範金,合土。以爲臺榭、宮室、牖戶。"宮室之制是禮學研究的重點,也是難點。

### 一、宮室名義

宮與室,渾言則可以通用。《爾雅·釋宮》云:"宮謂之室,室謂之宮。"郭璞注:"皆所以通古今之異語,明同實而兩名。"宮、室互訓,二者是名異實同。隨著住房建築規模的擴大,宮與室所指的意義範圍也逐漸起了變化。一般説,宮大室小,宮包括圍牆以内的整個建築,室只指四周有壁的房屋。《風俗通義》云:"由此言之,宮其外,室其内也。"[2]

宮,可以表示包括圍牆以内的整個建築,又可以引申指圍牆、垣牆。《禮記·儒行》云:"儒有一畝之宮,環堵之室。"鄭玄注:"宮爲垣牆也。"

室乃人所常居處。《釋名·釋宮室》云:"室,實也,人物實滿其中也。"[3] 室由指四壁之内的居室,可以引申爲家室。《左傳·桓公十八年》:"女有家,男有室。"孔穎達疏:"欲見男女之别,故以室屬之,其實室、家同也。"由家室還可以引申爲

---

①　黎翔鳳:《管子校注》卷1,第83頁。
②　王利器:《風俗通義校注·佚文》,第575頁。
③　王先謙:《釋名疏證補》卷5,第180頁。

指妻室。《禮記·曲禮上》:"三十壯,有室。"鄭玄注:"有室,有妻也。妻稱室。"孔穎達疏:"妻居室中,故呼妻爲室。"

宮與室連用,或爲房屋之通稱,如《墨子·辭過》云:"古之民,未知爲宮室時,就陵阜而居,穴而處。"①亦可特指君王的宮殿,如《管子·八觀》:"入國邑,視宮室,觀車馬衣服,而侈儉之國可知也。"②又可以指皇宮中的人,如《淮南子·主術訓》:"百姓短褐不完,而宮室衣錦繡。"③

宮與室,先秦時并無貴賤之別。秦漢以後,宮專用於表示帝王的住宅。《爾雅·釋宮》:"宮謂之室,室謂之宮。"邢昺疏:"古者貴賤所居皆得稱宮。故《禮記》曰:'由士命以上,父子皆異宮。'又《喪服傳》繼父爲其妻前夫之子築宮廟,是士庶人皆有宮稱也。至秦漢以來,乃定爲至尊所居之稱。"

## 二、宮與廟

先秦時期,宮與廟可以通用,或將宗廟稱爲宮。例如:

唯八月,辰在甲申,王命周公子明保尹三事四方,受卿事寮。丁亥,令矢告於周公宮。(作册令方彝,《銘圖》24.13548,《集成》9901)

唯王十又六年九月即(既)生霸甲申,王在周新宮,王格大室,即位。(士山盤,《銘圖》25.14536)

丁酉,武公在獻宮,乃命向父侶(召)多友,乃延於獻宮。(多友鼎,《銘圖》5·2500,《集成》2835,西周厲王)

唯三年五月既死霸甲戌,王在周康卲宮。旦,王格大室,即位。(頌鼎,《銘圖》5.2492,《集成》2828,西周宣王)

單子逆悼王於莊宮以歸。王子還夜取王以如莊宮。……秋七月,……單子使王子處守於王城,盟百工於平宮。杜預注:"平宮,平王廟。"(《左傳·昭公二十二年》)

王子朝入於王城,次於左巷。秋七月戊申,郘羅納諸莊宮。(《左傳·昭公二十三年》)

---

① 孫詒讓:《墨子閒詁》卷1,第30頁。
② 黎翔鳳:《管子校注》卷5,第259頁。
③ 劉文典:《淮南鴻烈集解》卷9,第291頁。

十一月……癸酉，王入於成周；甲戌，盟於襄宮。(《左傳・昭公二十六年》)

晉侯有間，以偪陽子歸，獻於武宮，謂之夷俘。(《左傳・襄公十年》)武宮爲晉武公廟，這是獻夷俘於武公廟。

二月辛巳，立武宮。(《春秋經》成公六年)武宮者何？武公之宮也。(《公羊傳》)

二月癸酉，有事於武宮。(《春秋經》昭公十五年)將禘於武宮，戒百官。(《左傳》)君有事於廟，聞大夫之喪，去樂卒事。(《公羊傳》)

立煬宮。(《春秋經》定公元年)昭公出，故季平子禱於煬宮。九月，立煬宮。(《左傳》)煬宮者何？煬公之宮也。(《公羊傳》)

據上引文獻，可見宮可以指單獨的宗廟構成單元。東漢蔡邕《獨斷》云："廟以藏主，列昭穆；寢有衣冠、几杖、象生之具，總謂之宮。"① 上引文獻中的"康宮""莊宮""平宮""襄宮""武宮""煬宮"等都是指單獨的宗廟單元，爲獨立建築，內有廟有寢。

金文中與宗廟有關的建築物名稱有"大室"一詞。學者們對太室的解釋，諸說紛紜。傳統解釋太室是中央之室。《禮記・月令》："天子居大廟大室。"鄭玄注："大廟大室，中央室也。"有人認爲大室是廟的一種，但地位比廟低；② 也有人認爲廟和大室是在同一宗廟裏的不同建築；③ 還有人認爲"周代宮中有大室，廟中亦有大室"，"大室不必在宗廟之內"。④ 下面對此作考察。金文有：

王在周新宮，格於大室。(虎簋蓋，《新收》633)

王在周康昭宮，格於大室。(馬鼎，《集成》2815)

王在周康宮夷宮，旦，王格大室。(此鼎，《集成》2821)

王在成周司土淲宮，格大室。(十三年興壺，《集成》9723)

唯正月壬申，王格於恭大室。(引簋，《銘圖》11.05299，西周中期)恭大室，乃是恭王廟太室。

---

① 蔡邕：《獨斷》卷下，明弘治十六年（1503）刊本，四部叢刊三編子部第222冊，第4b頁。

② 黃盛璋：《大豐簋歷史與地理問題》，《歷史地理與考古論叢》，齊魯書社1982年版，第254頁。

③ 唐蘭：《西周銅器斷代中的康宮問題》，《唐蘭先生金文論集》，紫禁城出版社1995年版，第115—167頁。

④ 陳漢平：《西周冊命制度研究》，學林出版社1986年版，第97、99頁。

　　唯五年三月初吉庚寅,王在周師錄宮,旦,王格大室,即位,司馬共右諫,入門,立中廷,王呼內史敖冊命諫。(諫簋,《銘圖》12.5336,《集成》4285,西周晚期)

　　唯五月,王在衣,辰在丁卯,王啻(禘),用牡於大室,啻(禘)昭王,剌御,王賜剌貝卅朋。(剌鼎,《銘圖》5.2428,《集成》2776,穆王)

　　王夕卿(饗)醴於大室,穆公侑印。(穆公簋蓋,《銘圖》11.5206,《集成》4191,西周中期)

　　分析金文資料,可以得出如下結論:第一,宗廟太室從屬於宗廟建築群,在宮內,如"周穆王大室""康宮大室""穆太室",表明太室是宗廟建築群的一部分。另,新出清華簡《耆夜》簡文記載了周武王征伐耆歸來在宗廟內舉行飲至之禮,簡文云:"武王八年,征伐耆,大戡之。還,乃飲至於文大室。"[1]文太室,即文王廟之大室,此處太室無疑應從屬於文王廟。宗廟大室是舉行政務、燕饗之場所。

　　第二,從金文看,太室與廟有一定的差別,它是另外的建築物,功能又可以作爲燕息居所,例如吳方彝銘說:"王在周成太室。旦,王格廟。"(《集成》19898)周王夜晚在"周成太室",早上至於廟。另外,畯簋銘文云:"唯十年正月初吉甲寅,王在周[般]大室,旦,王格廟,即位。"(《銘圖》5386)。據上例金文可見太室與廟不是同一個建築物。但值得注意的是。金文言至於廟,說明對於宗廟建築群(宮)來說,廟應是其中的的禮制建築,大室也是其中的禮制建築,二者都屬於某宮(某先王之宗廟)。

　　太室又是從事冊命、賞賜群臣等政務活動的場所,也可以舉行燕飲等禮儀。《尚書·洛誥》云:"王賓殺禋咸格,王入太室祼。"《呂氏春秋·古樂篇》說:"薦俘馘於京太室。"[2]剌鼎銘說:"王禘,用牲於太室,禘昭王。"(《銘圖》5.2428,《集成》2776)金文中的例證還很多,不一一引證。

　　綜合以上分析,我們認爲,宗廟太室是從屬於某宗廟建築群(宮)的一處建築單元,在此處可以處理政務,可以進行祭祀,亦可舉行燕飲。從西周金文也可見西周宗廟內的建築比較複雜,有廟,有太室,有寢。

---

① 李學勤主編:《清華大學藏戰國竹簡》(壹),中西書局 2010 年版,第 149—155 頁。
② 陳奇猷:《呂氏春秋新校釋》卷 5,第 289—290 頁。

### 三、廟寢

#### （一）廟

廟，指祖先神廟，是後代子孫憑吊祭祀先祖之所，內置祖先偶像或神主等。故書對廟的解釋頗多，如《釋名·釋宮室》云："廟，貌也。先祖形貌所在也。"① 《白虎通義》云："廟者，貌也。象先祖之尊貌也。所以有室何？所以象生之居也。"②《詩·周頌·清廟》小序："《清廟》，祀文王也。"鄭玄箋："廟之言貌也。死者精神不可得而見，但以生時之居立宮室、像貌爲之耳。"《說文·广部》說："廟，尊先祖皃也。"段玉裁注："古者廟以祀先祖，凡神不爲廟也，爲神立廟者始三代以後。"③ 崔豹《古今注》："廟者，貌也，所以仿佛先人之靈貌也。"④ 這些說法，反映出廟是放置先祖神像的處所這一特徵。

宗，甲骨文從宀從示，像宗廟中陳示，示乃祖先神主。殷卜辭所見的宗廟建築稱宗。⑤ 宗是宗族內部共同尊崇的祖先神廟，內放置有宗族祖先之神主或像，故而宗有尊意，如《說文·宀部》云："宗，尊祖廟也。"⑥《白虎通·宗族》云："宗者，尊也。爲先祖主者，宗人之所尊也。"⑦ 綜合而言，宗廟指由一系列先祖神廟構成的建築群。⑧

宗廟之內有寢，也即宗廟之寢。師遽方彝銘曰："王在周康寢饗醴。"（《銘圖》24·13544，《集成》9897）康寢是康宮的後寢。一座宗廟是由寢與廟等建築構成，前面是廟，後面是寢。《周禮·夏官·隸僕》云："掌五寢之掃除糞撒之事。"鄭玄注："前曰廟，後曰寢。"《左傳·昭公十八年》曰："子太叔之廟在道南，其寢在廟北。"此寢，乃是宗廟內之寢。廟寢在廟之北，即構成所謂的前廟後寢格局。《禮記·月令》云："寢廟畢備。"鄭玄注："凡廟，前曰廟，後曰寢。"孔穎達疏："廟是接

---

① 王先謙：《釋名疏證補》卷 5，第 181 頁。
② 陳立：《白虎通疏證》卷 12《闕文》，第 567 頁。
③ 段玉裁：《說文解字注》，第 446 頁。
④ 崔豹：《古今注》卷上，第 7 頁。
⑤ 常玉芝：《商代宗教祭祀》，中國社會科學出版社 2010 年版，第 480—517 頁。
⑥ 段玉裁：《說文解字注》，第 342 頁。
⑦ 陳立：《白虎通疏證》卷 8，第 393 頁。
⑧ 始祖廟稱大廟，高祖以下廟稱小廟。

神之處,其處尊,故在前。寢,衣冠所藏之處,對廟爲卑,故在後。"宗廟之寢是藏先祖衣冠,几杖象生等物之處。

廟中之寢有大寢、小寢。《周禮·夏官·隸僕》:"大喪,復於小寢、大寢。"小寢、大寢二者所指,鄭玄認爲:"小寢,高祖以下廟之寢也;始祖曰大寢。"據鄭玄説,始祖廟內的寢稱爲大寢,高祖以下廟中之寢稱爲小寢。據《周禮》,周天子的五廟皆有寢。《周禮·夏官·隸僕》:"隸僕掌五寢之埽除糞灑之事。祭祀,修寢。"鄭玄注:"五寢,五廟之寢也。周天子七廟,惟祧無寢。《詩》云'寢廟繹繹',相連貌也。前曰廟,後寢。於廟祭,寢或有事焉。《月令》凡新物,先薦寢廟。"賈公彦疏:"彼薦只在寢,不在廟,連廟言者,欲見是廟之寢,非生人之寢故也。"薦在廟寢舉行。依據鄭玄之説,文王、武王的二祧廟無寢。①

不同階層的貴族,其所立廟數也不同。《禮記·王制》:"天子七廟,三昭三穆,與太祖之廟而七。諸侯五廟,二昭二穆,與太祖之廟而五。大夫三廟,一昭一穆,與太祖之廟而三。士一廟,庶人祭於寢。"《禮記·曾子問》:"天子七廟。"《穀梁傳·僖公十年》亦言天子七廟。《禮記·祭法》云:

> 王立七廟,一壇一墠,曰考廟,曰王考廟,曰皇考廟,曰顯考廟,曰祖考廟,皆月祭之。遠廟爲祧,有二祧,享嘗乃止。……諸侯立五廟,一壇一墠,曰考廟,曰王考廟,曰皇考廟,皆月祭之。顯考廟,祖考廟,享嘗乃止。……大夫立三廟二壇,曰考廟,曰王考廟,曰皇考廟,享嘗乃止。……適士二廟一壇,曰考廟,曰王考廟,享嘗乃止。……官師一廟,曰考廟,王考無廟而祭之,去王考爲鬼。庶士、庶人無廟,死曰鬼。

《大戴禮記·禮三本》記:"故有天下者事七世,有國者事五世,有五乘之地者事三世,有三乘之地者事二世,待年而食者不得立宗廟。"② 上博簡《天子建州》(乙本):"凡天子七殜(世),邦君五殜(世),大夫三殜(世),士二殜(世)。"③ 其中"七世""五世""三世""二世"指的是周代的廟數之制。據上引文獻,可知王立七廟,親廟四:父廟曰考廟,祖廟曰王考廟,曾祖廟曰皇考廟,高祖廟曰顯考廟;始祖后稷廟一,世世代代不遷;遠廟謂文、武廟,文、武廟在應遷之例,因爲其功德而

---

① 孫詒讓認爲,祧廟另在其他處設置,故云五廟之寢。其實祧廟也有寢。參見孫詒讓《周禮正義》卷 32,第 1262 頁。

② 王聘珍:《大戴禮記解詁》卷 1,第 18 頁。

③ 馬承源主編:《上海博物館藏戰國楚竹書》(六),上海古籍出版社 2007 年版,第 333 頁。

留,故謂祧。文、武廟不遷,爲二祧,合爲七廟。文、武以下遷廟之主,以昭穆次序合藏於二祧之中,若是昭行,寄藏武王祧;若是穆行,即寄藏文王祧。先公之主,置於后稷廟中。七廟之外,又立壇、墠各一。諸侯設置五廟,始祖廟,加上父廟、祖廟、曾祖廟、高祖廟。諸侯無祧廟,遷主藏於祖考廟(始祖廟)中。大夫設置三廟,《禮記・王制》云"大夫三廟,一昭一穆,與大祖而三",大祖即是大夫之祖考,大夫若無祖考,只得立曾祖與祖及父三廟。上士二廟,諸侯中士、下士一廟(祖、禰共廟)。庶人無廟,無祭而薦之於寢,即《禮記・王制》所云"庶人祭於寢"。天子、諸侯之親廟,不能超過四世,超過四世必毀廟。①

周代宗廟的設置是建立在宗法制度基礎上,它是周代宗法制度下用以凝聚大小宗族向心力、維繫宗族關係的重要紐帶,不僅是舉行祭祀的場所,也是社會政治活動的場所。枚舉如下。

## 1. 冠禮

冠禮在宗廟舉行,《禮記・冠義》:"是故古者重冠,重冠故行之於廟。行之於廟者,所以尊重事。尊重事而不敢擅重事,不敢擅重事,所以自卑而尊先祖也。"《左傳・襄公九年》記載季武子曰:"君冠,必以裸享之,禮行之,以金石之樂節之,以先君之祧處之。"魯襄公即"冠於(衛)成公之廟"。

## 2. 昏禮

周代女子行笄禮後,於嫁前三月在祖廟接受爲婦之道的教育。《禮記・昏義》云:"是以古者婦人先嫁三月,祖廟未毀,教於公宮。祖廟既毀,教於宗室。教以婦德、婦言、婦容、婦功。"

昏禮前告廟,按照《儀禮・士昏禮》所記,女方受六禮,皆需要告廟。《禮記・昏義》云:"是以昏禮納采、問名、納吉、納徵、請期,皆主人筵几於廟,而拜迎於門外,入揖讓而升,聽命於廟,所以敬慎重,正昏禮也。"此處的主人是指女方之父。因爲"將以先祖之遺體許人,故受其禮於禰廟",故設筵、几於禰廟,體現對昏禮的慎重。《禮記・曲禮上》云:"男女非有行媒,不相知名。非受幣,不交不親。故日月以告君,齊戒以告鬼神,爲酒食以召鄉黨僚友,以厚其別也。"鄭玄注:"昏

---

① 《公羊傳・文公二年》:"毀廟之主,陳于大祖。"何休注:"毀廟,謂親過高祖,毀其廟,藏其主于大祖廟中。"《穀梁傳・文公二年》:"作主壞廟有時日,於練焉壞廟。壞廟之道,易檐可也,改塗可也。"所謂毀廟,并不是毀壞廟,而是將原來的廟改頭換面爲禰廟。即把刻了字的屋檐換掉,將廟重新粉刷一遍,原來的廟是不動的。

禮,凡受女之禮,皆於廟爲神席以告鬼神,謂此也。"

男方親迎之前有告廟之禮,如《左傳·昭公元年》記楚公子圍娶鄭公孫段氏女,即稱"圍布几筵,告於莊、共之廟而來",此爲其證。

根據《儀禮·士昏禮》記載的士禮,婦嫁三月後,若舅姑皆亡,婦人有奠菜之禮,經云:"若舅姑既没,則婦入三月,乃奠菜。"按照經文,此奠菜禮是指舅姑已經去世者,婦人進夫家三月後而有此禮。三月廟見祭祖的禮節具有告祭性質,目的是表達尊崇祖先之情而告知婦爲宗族之成員,故其禮減殺。《禮記·曾子問》言及廟見云:"三月而廟見,稱來婦也。擇日而祭於禰,成婦之義也。"廟見禮是春秋時期貴族階層之禮,是婦人到宗廟拜祭亡者,是婚禮被取得認可必經的一道程序,經過這一程序,婚姻得到宗族的認同,具有了合法性,標志婦人正式爲家族成員,取得參與宗廟祭祀等權力。

3. 喪禮

喪禮有朝祖之儀。《儀禮·既夕禮》記載,下葬前一天,先把靈柩遷入祖廟停放。靈柩遷入祖廟後,要舉行朝祖的儀式。朝祖是死者在葬前向祖先告別,猶如生前將出行告於祖。

4. 軍事征伐

戰爭之前"受命於廟"(《左傳·閔公二年》),來祈求獲得先祖的庇護。《禮記·王制》:"天子將出征……受命於祖。"《禮記·王制》説天子將出征,"造乎禰",此造祭與《周禮·春官·大祝》以及"六祈"之造,均指至祖禰廟祈禱。

周代兵器藏於國,一旦有戰事,需要祭祀於祖廟,然後將武器發給兵士,此稱爲授兵。《左傳·隱公十一年》記載:"鄭伯將伐許,五月甲辰,授兵於大宫。"杜預注:"大宫,鄭祖廟。"大宫爲鄭國祖廟,可見授兵是在宗廟舉行。

軍隊征伐返回,有燎祭宗廟告至之禮。小盂鼎云:"盂以人馘入門,獻西旅,□□入燎宗周。"(《集成》2839)《逸周書·世俘解》云:"武王乃夾於南門用俘,……乃以先馘,入燎於周廟。"①燎祭的對象爲祖先神靈(於宗廟),爲告捷禮。

軍隊凱旋,周王或者諸侯要於宗廟内宴享功臣,論功行賞,這種"享有功於祖廟,舍爵策勳"的禮儀稱爲"飲至之禮"。《左傳·襄公十三年》:"十三年,春,公至自晉,孟獻子書勞於廟,禮也。"《左傳·隱公五年》:"歸而飲至,以數軍實。"杜預

---

① 黄懷信等:《逸周書匯校集注》(修訂本)卷4,第439—440頁。

注：“飲於廟，以數車徒、器械及所獲也。”《左傳·桓公二年》：“凡公行，告於宗廟；反，行飲至，舍爵、策勳焉，禮也。”書勞策勳，即論功行賞。

5. 館賓之所

根據《儀禮》等文獻記載，宗廟可以住宿賓客。如《儀禮·聘禮》曰：“卿館於大夫，大夫館於士，士館於工商。”鄭玄注：“館者必於廟，不於敵者之廟，爲太尊也。”《禮記·禮運》云：“故天子適諸侯，必舍其祖廟。”《國語·周語上》：“襄王使太宰文公及内史興賜晉文公命，上卿逆於境，晉侯郊勞，館諸宗廟，饋九牢，設庭燎。”①

6. 聘禮、覲禮、朝聘會盟、巡守等出行告廟

君王出行前和歸國後要告廟。《左傳·桓公二年》云：“冬，公至自唐，告於廟也。凡公行，告於宗廟。”《禮記·曾子問》：“諸侯適天子，必告於祖，奠於禰。”“諸侯相見，必告於禰。”歸來後，亦告於祖禰廟。《曾子問》記載諸侯出行“反必親告於祖禰”。《禮記·王制》：“天子五年一巡守”，“歸假於祖禰，用特”。此未記載天子巡守時告廟，乃文不備。

貴族出訪於外要朝廟。莊公二十三年《春秋經》：“蕭叔朝公。”《左傳》解釋説：“微國之君未爵命者，……朝於廟，正也。”這是小國君主朝拜魯國的祖廟。

7. 舉行君主即位典禮以及册命等典禮

《左傳·昭公二十五年》：“宋元公將爲公故如晉，夢大子欒即位於廟。”這是諸侯即位於廟的間接反映。天子即位大典的情形，《尚書·顧命》述之甚詳，可參。

貴族舉行册命儀式要在廟舉行。據上引西周金文，西周天子册封大臣的典禮在宗廟舉行。爵禄賜予以及慶賞也在廟舉行，《禮記·祭統》説：“古者，明君必賜爵禄於太廟。”《禮記·祭義》也説：“爵禄慶賞，成諸宗廟。”

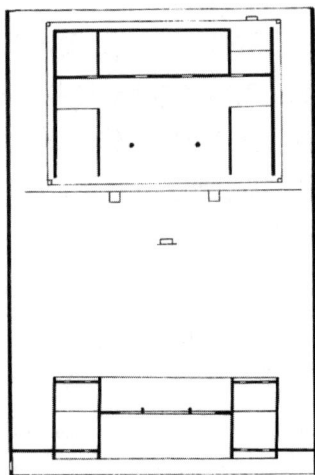

圖 4–2　天子諸侯的宗廟平面圖（黃以周構擬）

① 徐元誥：《國語集解》，第 36 頁。

（二）寢

周代,生人之寢與宗廟内之寢不同,它是休息燕居之所。《説文·宀部》:"寢,臥也。從宀,侵聲。"段玉裁注:"李善引《論語》鄭玄注:'寢,臥息也。'臥必於室,故其字從宀。"[1] 張榮明先生曾概括先秦文獻中寢的特徵如下:(1)君主的居所。《左傳·宣公十四年》記楚子派申舟聘於齊,故意不向宋國借路,結果申舟被殺。"楚子聞之,投袂而起,屨及於窒皇,劍及於寢門之外。"又,昭公七年鄭子產聘晉,晉國大夫韓宣子對他説:"寡君……今夢黄熊入於寢門。"(2)内側有室。"晉侯夢大厲,……壞大門及寢門而入。公懼,入於室。又壞戸。"(《左傳·成公十年》)(3)寢有庭,是主要的議政場所。《左傳·成公六年》:"晉人謀去絳。……公揖而入,獻子從公立於寢庭。"[2] 此寢庭乃是路寢之廷。

寢有正寢和燕寢兩種。天子、諸侯有正(路)寢、燕寢,燕寢有多有少;卿大夫也有正寢及燕寢;士有正寢,無燕寢而有下室;[3] 庶人無廟而有寢。

1. 燕寢

燕寢是天子、諸侯、大夫等日常休息居住、宴飲之處。[4] 燕寢見於《周禮·天官·女御》,亦稱小寢(見於《春秋·僖公三十三年》)和高寢(見於《春秋·定公十五年》《穀梁傳·定公十五年》)。何休注云:"天子諸侯皆三寢:一曰高寢,二曰路寢,三曰小寢。"路寢為正寢,則高寢、小寢為燕寢。

2. 正寢

正寢為議事、日常理政務治事之所,亦為齋戒養病的處所。《大戴禮記·明堂》:"此天子之路寢也,不齋不居其室。"[5]《禮記·祭統》:"君致齊於外,夫人致齊於内,然後會於大廟。"孔穎達疏:"外,謂君之路寢,内,謂夫人正寢,是致齊并皆於正寢,其實散齊亦然。"《禮記·檀弓上》:"夫晝居於内,問其疾可

---

① 段玉裁:《説文解字注》,第 340 頁。

② 張榮明:《中國的國教——從上古到東漢》,中國社會科學出版社 2001 年版,第 131 頁。

③ 士是否有燕寢?《儀禮·士喪禮》:"死於適室。"適室就是適寢之室,通常稱為正寢。寢之後有下室。《儀禮·士喪禮》曰:"士處適寢。"又曰:"朔月若薦新,則不饋於下室。"鄭玄注:"如今之内堂正寢聽朝事。"賈公彦疏:"下室,燕寢也。"然則士之下室相當於天子、諸侯之小寢。或説,下室在適寢之後。

④ 胡培翬:《燕寢考》,《續修四庫全書》第 110 册,第 556 頁。

⑤ 王聘珍:《大戴禮記解詁》卷 8,第 152 頁。

也。夜居於外,吊之可也。是故君子非有大故,不宿於外,非致齊也,非疾也,不晝夜居於內。"鄭玄注:"內,正寢之中。"齋戒和生病療養時居於正寢內。《儀禮·既夕禮》:"士處適寢,寢東首於北墉下。有疾,疾者齊。"鄭玄注:"將有疾,乃寢於適室,正情性也。適寢者,不齊不居其室。"依據周禮,貴族須壽終於正寢。《禮記·喪大記》云:"君、夫人卒於路寢。大夫、世婦卒於適寢。內子未命,則死於下室,遷屍於寢。士之妻皆死於寢。"鄭玄注:"言死者必皆於正處也。寢、室通耳,其尊者所不燕焉。君謂之路寢,大夫謂之適寢,士或謂之適室。此變命婦言世婦者,明尊卑同也。世婦以君下寢之上爲適寢。內子,卿之妻也。下室,其燕處也。"

天子、諸侯的正寢稱爲路寢,亦名大寢。路寢之名見於《春秋·莊公三十二年》《春秋·宣公十八年》《春秋·成公十八年》《左傳·莊公三十二年》《左傳·成公十八年》《公羊傳·莊公三十二年》《穀梁傳·莊公三十二年》等。《春秋》宣公十八年,"公薨於路寢",是說魯宣公死於正寢。莊公十三年《春秋經》:"八月癸亥,公薨於路寢。"《公羊傳》解釋云:"路寢者何?正寢也。"《穀梁傳》說同。路寢亦稱大寢,見於《周禮·夏官·大僕》《禮記·月令》。《周禮·夏官·大僕》:"建路鼓於大寢之門外,而掌其政。"鄭玄注:"大寢,路寢也。"

據《周禮》,天子有六寢。路寢爲正寢,其餘爲燕寢。《周禮·天官·宮人》:"宮人掌王之六寢之脩。"鄭玄注:"六寢者,路寢一,小寢五。《玉藻》曰:'朝,辨色始入。君日出而視朝。退適路寢聽政。使人視大夫,大夫退,然後適小寢,釋服。'是路寢以治事,小寢以時燕息焉。《春秋》書魯莊公薨於路寢,僖公薨於小寢,是則人君非一寢明矣。"《禮記·曲禮下》:"天子有后,有夫人,有世婦,有嬪,有妻,有妾。"孔穎達疏云:"周禮,王有六寢,一是正寢,餘五寢在後,通名燕寢,是王之六寢,即王之六宮也。"據經注疏,天子有六寢,正寢一,燕寢五。路寢是辦公處理政事的地方,燕寢是燕息之處。路寢在前,其餘小寢在後。[1] 西周金文中有"王觀東宮"(《集成》6009)、"飲於西宮"(《集成》5431),此宮應是指寢。

后妃之寢曰宮。王后亦有六寢,稱爲六宮。從布局上看,王之寢在前,后

---

[1] 金文中有"下寢""中寢"之名,參見羅西章《西周王盂考》,《考古與文物》1998年第1期,第76—81頁。中寢即宮內之寢,參見王輝《周初王盂考跋》,《一粟集》(上冊),臺北藝文印書館1993年版,第51—58頁。

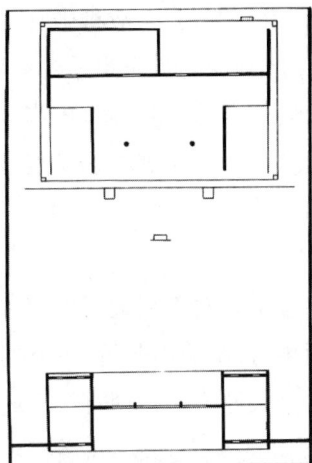

**圖 4-3 大夫士的寢圖（黃以周構擬）**

妃之寢在後。《禮記·昏義》："古者天子后立六宮。"鄭玄注："天子六寢，而六宮在後，六官在前，所以承副，施外內之政也。"《周禮·天官·內宰》："以陰禮教六宮。"鄭玄注："玄謂六宮，謂后也。婦人稱寢曰宮。宮，隱蔽之言。后象王，立六宮而居之，亦正寢一，燕寢五。"據鄭玄注，王后亦有正寢一所，燕寢五所。王后六宮或謂之北宮，《周禮·天官·內宰》："正歲均其稍食，施其功事，憲禁令於王之北宮而糾其守。"鄭玄注："北宮，后之六宮。謂之北宮者，繫於王言之，明用王之禁令令之。"王后之六宮組成建築群，因位於天子六寢之北，故謂之北宮。王后的正寢爲處理政事之所，有朝以聽政。據《左傳·成公十八年》，"齊侯使士華免以戈殺國佐於內宮之朝"，諸侯夫人有內宮之朝，則王后正宮之前亦設有朝以聽政。又《詩·衛風·碩人》："大夫夙退，無使君勞。"毛傳："夫人聽內事於正寢"，亦可證夫人正寢有聽事之朝。

諸侯有三寢，正寢一，小寢二(小寢即燕寢)。①《禮記·喪大記》："君、夫人卒於路寢。"孔穎達疏："諸侯三寢，一正者曰路寢，餘二曰小寢。"諸侯夫人亦有三寢。《禮記·祭義》："及大昕之朝，君皮弁素積，卜三宮之夫人、世婦之吉者，使入蠶於蠶室。"鄭玄注："諸侯夫人三宮，半王后也。"《穀梁傳·桓公十四年》："甸粟而納之三宮。"范甯注："三宮，三夫人也。"楊士勛疏："禮，王后六宮，諸侯夫人三宮也。故知三宮是三夫人宮也。"《公羊傳·僖公二十年》云："五月乙巳，西宮災。西宮者何？小寢也。小寢則曷爲謂之西宮？有西宮則有東宮矣。魯子曰：'以有西宮，亦知諸侯之有三宮也。'"何休注："禮，夫人居中宮。"《左傳·襄公九年》記載"穆姜薨於東宮"，東宮即小寢。可知諸侯及其夫人的三寢包括一個路寢和兩個小寢，路寢就是正寢或大寢，兩個小寢又叫東宮、西宮。推測婦人的小寢，因在

---

① 一説諸侯有三燕寢，夫人亦如此。參見胡培翬《燕寢考》，《續修四庫全書》第110册，第559—560頁。

空間上位於東、西,故稱爲東宮、西宮。夫人的中宮當在中軸線上,故稱中宮。

士有正寢和下室。《儀禮·既夕禮》:"朔月,若薦新,則不饋於下室。"鄭玄注:"下室,如今之内堂。正寢聽朝事。"賈公彦疏:"天子、諸侯,路寢以聽政,燕寢以燕息。案《玉藻》云:'朝玄端夕深衣。'鄭注云:'謂大夫士也。'則亦在正寢也。"下室即燕寢,爲常居之所。

(三)廟與寢的空間布局

一般來説,宗廟與寢(生人之寢)都是并列在一起,寢居於西而廟居於東。據禮書所載,賓主進入廟門後,其欲進入廟中,皆曲而東行,又曲而北行,可見廟在寢的東邊。《儀禮·士冠禮》云:"賓立於外門之外,主人迎賓,入每曲揖,至於廟門。"鄭玄注曰:"入外門將東曲揖,直廟,將北曲又揖是也。"又根據《儀禮·聘禮》,公迎賓於大門内,每門每曲揖,及廟門。此亦可證明廟在寢東。

廟寢之間有牆隔開,開設有門以供人出入,名叫闈門。《爾雅·釋宮》謂:"宮中之門謂之闈,其小者謂之閨,小閨謂之閤。"闈門即閤門。

大夫三廟,諸侯五廟,天子七廟,每廟有門有垣,形成一個宮。每廟皆各自有一宮門。廟、寢之外,還有大門,亦稱外門,與寢門相對。

# 第三節　堂房序室

三禮中的廟寢建築結構,可考者約略如下:從大門進入至於廟門(或寢門),沿著庭中路穿過庭院,就來到主體建築前。主體建築由堂、室、房組成,一般均建在高臺上,面向爲坐北朝南,堂在前,室在後,故云登堂入室。下面依據由外至内順序對禮書中的宮室作一考證。

## 一、門、塾

### (一)門

門是阻止外人進入,方便出入的防禦設施。《説文·門部》:"門,聞也。從二戶,象形。"段玉裁注:"訓聞者,謂外可聞於内,内可聞於外也。"[1]《爾雅·釋宮》:

---

[1]　段玉裁:《説文解字注》,第 587 頁。

“閎謂之門。”閎音防，得義於防，這是著眼門的防衛作用。① 甲骨文門字象大門之形②，由兩扇門扉組成，兩旁有根，上有門楣。

門的兩側有豎立的長木名根，亦名楔。《爾雅·釋宫》云：“根謂之楔。”郭璞注：“兩旁木。”《禮記·玉藻》：“君入門，介拂闑，大夫中根與闑之間，士介拂根。”鄭玄注：“根，門楔也。”孔穎達疏：“謂門之兩旁長木，所謂門楔也。”

門户上的橫木謂之楣，亦謂之梁。《爾雅·釋宫》云：“楣謂之梁。”今日稱作門楣。

門中央設有豎立的短木，名闑，字亦作槷，亦稱橛。《儀禮·士冠禮》曰：“席於門中，闑西閾外。”鄭玄注曰：“闑，橛也。”《禮記·曲禮上》：“大夫士出入君門，由闑右，不踐閾。”鄭玄注：“闑，門橛。”陸德明《釋文》：“門橜，門中木。”《禮記·玉藻》：“君入門，介拂闑。”孔穎達疏曰：“闑，門之中央所豎短木也。”《爾雅·釋宫》曰：“橜在地者謂之臬。”郭璞注曰：“即門橜也。”可知闑是門中地上所豎短木。闑爲常設之物，也可根據需要隨時撤掉。

關於闑的設置，學者有爭議，或言門中有兩闑③，或主張有一闑④。陝西鳳雛甲組建築基址門檻正中心有一柱礎，此可能是闑。若如此則門中有一闑。此外，漢代畫像石中的大門常見一闑。但考古材料畢竟有限，尚不足以説明問題。《禮記·曲禮上》：“行不中道，立不中門。”鄭玄注：“中門謂根闑之中央。”鄭玄大概主張門内有一闑，根闑之中央爲中門。按，門兩旁有根，中間有兩闑，兩闑之間爲中門，門以向堂爲正，故闑東爲右，闑西爲左，東爲主位，西爲賓位，闑東乃是主所出入，闑西賓所出入。

門下設置一東西向的橫木爲門限，稱爲閾，亦稱梱，字或作閫。《禮記·曲禮上》：“大夫士出入君門，由闑右，不踐閾。”鄭玄注：“閾，門限也。”《禮記·曲禮

---

① 閎，字亦作祊，宗廟之門，亦指廟門内設祭之處。《詩·小雅·楚茨》：“或肆或將，祝祭於祊。”毛傳：“祊，門内也。”《國語·周語中》：“今將大泯其宗祊。”韋昭注：“廟門謂之祊。宗祊，猶宗廟也。”

② 參見劉釗、馮克堅主編《甲骨文常用字字典》，中華書局 2019 年版，第 148 頁。

③ 今人錢玄先生認爲“門中有東西兩短木曰闑”，參見《三禮通論》，第 174 頁。此説本自《儀禮·聘禮》賈公彦疏，另如張惠言、黄以周、林昌彝、段玉裁、朱駿聲等皆從賈説。王引之認爲有一闑，參見《經義述聞》卷 14《禮記上·由闑右》，第 315—316 頁。

④ 王引之列舉六證來論證門内有一闑甚力。參見《經義述聞》卷 16《禮記下·闑》，第 394—396 頁。

上》：“外言不入於梱，内言不出於梱。”鄭玄注：“梱，門限也。”《爾雅・釋宫》曰：“柣謂之閾。”郭璞注曰：“閾，門限。”邢昺疏曰：“謂門下橫木爲内外之限也。”門限又名畿。《詩・邶風・谷風》：“不遠伊邇，薄送我畿。”毛傳：“畿，門内也。”馬瑞辰《毛詩傳箋通釋》：“‘薄送我畿’，即送不過梱之謂。梱設於門中。”① 門限可設可去。

門扇謂之闔，亦謂之扉，混言則無别，析言則異。《爾雅・釋宫》：“闔，謂之扉。”《説文・門部》：“闔，門扉也。”② 按《禮記・玉藻》：“閏月則闔門左扉，立於其中。”左扉即左門扇。《禮記・月令》：“耕者少舍，乃修闔、扇。”鄭玄注：“用木曰闔，用竹曰扇。”析言之，闔與扇的區别在於製作材料的不同，以木材製作的門扇稱爲闔，以竹材製作的門扇稱爲扇。

門戶開閉設施有扃、關、鍵、管、鑰等。

### 扃

扃是從外面關閉門戶的門閂，多用於宫室内門。《説文・戶部》解釋“扃”爲“外閉之關也”，段玉裁注：“戶扃，蓋以木橫著於戶爲之機，令外可閉者。”③《禮記・曲禮下》：“入戶奉扃，視瞻毋回。”孔穎達疏：“今謂禮有鼎扃，所以關鼎。今關戶之木，與關鼎相似，亦得稱扃。”入戶奉扃，可見扃是外閉之關。扃大概是一橫木，兩門扇上設有可以插門閂的帶孔裝置，扃可從穿孔中插入從而將門關閉。

1976 年在陝西扶風縣莊白 1 號西周青銅器窖藏中出土的一件刖人守門方鼎④，可見西周時期的門的形狀。可以開合的兩扇小門，一門上飾一獸鈕，另一門側鍵部是一刖奴隸作守門狀。刖人手持的即是門閂。左門上設有可以插門閂（扃）的裝置。類似的刖人守門爲題材的青銅器國内還有多件出土。

### 關、鍵

關爲橫門閂，是關閉門的橫木。《説文・門部》：“關，以木橫持門戶也。”⑤《左傳・襄公二十三年》：“臧紇斬鹿門之關以出，奔邾。”楊伯峻注：“關爲橫木，故可

---

① 馬瑞辰：《毛詩傳箋通釋》卷 4，第 132 頁。
② 段玉裁：《説文解字注》，第 588 頁。
③ 段玉裁：《説文解字注》，第 587 頁。
④ 圖片參見曹瑋《周原出土青銅器》第 5 卷，巴蜀書社 2005 年版，第 926 頁。
⑤ 段玉裁：《説文解字注》，第 590 頁。

枕，今謂之門栓。"① 此"鹿門之關"乃城門的内門閂。關一般多指從裏面關閉門的門閂。關上有孔，可以插入豎立直木，這一豎立的直木稱爲楗。《老子》二十七章："善閉無關楗而不可開。"楗垂直插進關中，字或作"鍵"，從金，表示豎門閂是用金屬製作。《急就篇》卷三："釭釭鍵鑽冶鍋鐈。"顏師古注："鍵以鐵，有所豎關，若門牡之屬也。"② 關是攔住門板的横木，楗是插入關中抵住横關的直木，兩者組合爲閉門的裝置。又因爲關是横木門閂，上有孔用來插入楗，類似於牝牡交媾，故古人又以牝牡稱之。横關稱爲牝，因横門閂上有孔，象陰器，可以直插入楗木，故以牝作爲比喻；豎鍵插入關中，象陽具，故以牡稱之。《廣雅·釋宮》："鍵，戶牡也。"③《顏氏家訓·書證》引蔡邕《月令章句》："鍵，關牡也，所以止扉也。"④ 又《禮記·月令》："修鍵閉，慎管籥。"鄭玄注："鍵，牡；閉，牝也。"關木上的楗孔、鼻紐等設施稱爲閉。關、鍵的設置，大概是在門扇的兩框上各釘一帶孔短木，或者設有紐孔，兩門扇合上時，從門内將門關插入短木的孔中；或者爲了防止門關滑動，又在關上設置有孔，然後將楗插入孔中，楗向下插入地中以固定。

　　敦煌馬圈灣漢代烽燧遺址出土有漢代的閉門設施一件。横木爲方柱形，上部被削成斜面，下部有一穿，中部有一長方形牝孔，直木可以在其中横穿。直木一端較厚，削成臺，能使直木不穿過脱落，臺上有一穿。横木長9厘米，直木長11.6厘米。⑤ 漢簡中戶牡又稱爲門戊，戊通牡，⑥ 即楗。

　　管

　　一種用於開啓門的設施，形制不詳。關於管爲何物，聚訟紛紜，迄無定論。⑦ 一説，管是開門的鑰匙。《周禮·地官·司門》："掌授管鍵，以啓閉國門。"鄭玄

①　楊伯峻：《春秋左傳注》（修訂本），第 1081—1082 頁。

②　史游：《急就篇》卷 3，第 163—164 頁。

③　王念孫：《廣雅疏證》，第 212 頁。

④　王利器：《顏氏家訓集解》（增補本），第 497 頁。

⑤　敦煌漢簡稱戶牡，參見《敦煌漢簡釋文》，第 284—285 頁；甘肅省文物工作隊、甘肅省博物館：《漢簡研究文集》，甘肅人民出版社 1984 年版，第 207—209 頁。

⑥　參見《漢簡研究文集》，第 207—209 頁。

⑦　李人鑒：《釋"鍵閉""關鍵""關籥""管鍵""管籥"等》，《揚州師院學報（社會科學版）》1984 年第 4 期，第 62—67 頁；富金壁：《鎖，還是籥鑰？》，《北方論叢》1986 年第 1 期，第 67—72 頁；徐時儀：《"鑰匙"探源》，《中國典籍與文化》2003 年第 3 期，第 108—111 頁；李鵬爲：《"鎖"字源流及相關問題研究》，《西部考古》2018 年第 1 期，第 50—66 頁。

注引鄭司農曰："管謂籥也。鍵謂牡。"賈公彦疏："謂用管籥以啓門,用鍵牡以閉門,故雙言以啓閉。"據鄭玄、賈公彦,管即籥,是開門的工具。《管子·立政》："審閭閈,慎筦鍵,筦藏於里尉。"① 筦爲"管"之通假字。② 據上,管與鍵牡并非一物。管藏於里尉,也似乎可以説明管是一種可以開啓門的工具。《禮記·檀弓下》："所舉於晉國管庫之士七十有餘家。"而鄭玄注則云"管,鍵也"。孔穎達疏調停云："案《月令》注:'管籥,搏鍵器。'鍵謂鎖之入内者,俗謂之鎖須;管謂夾取鍵,今謂之鑰匙;則是管、鍵爲别物。而云'管鍵'者,對則細别,散則大同,爲鍵而有,故云'管鍵'。"孔穎達認爲管爲鑰匙,鍵爲鎖須。

也有學者認爲,管類似後世的鎖,但不同於後世有搏鍵器的鎖,可能是細長中空的管狀物,上有孔以鍵閉門。③

鑰（籥）

一説,籥爲關下牡,爲止門的直木,即楗。《説文·門部》："籥,關下牡也。"段玉裁注："關下牡者,謂以直木上貫關,下插地,是與關有牝牡之别。《漢書》所謂牡飛牡亡者,謂此也。《月令》曰:修鍵閉,慎管籥。注曰:鍵,牡。閉,牝也。管籥,搏鍵器也。然則關下牡謂之鍵,亦謂之籥。籥,即闠之假借字。析言之,則鍵與有闠二。渾言之,則一物也。《金縢》啓籥見書,亦謂關閉兆書者。古無鎖、鑰字,蓋古袛用木爲,不用金鐵。故《説文》鍵下只云鉉,不云門牡。"④《史記·魯仲連鄒陽列傳》："魯人投其籥,不果納。"⑤《逸周書·器服解》："簟鑰捍。"朱右曾《校釋》："鍵謂之鑰。"⑥ 揚雄《方言》第五:"户鑰,自關之東陳楚之間謂之鍵,自關之西謂之鑰。"⑦ 據上,鑰指關下直木,即鍵。

一説,鑰匙稱爲鑰。《墨子·號令》："諸城門吏各入請鑰,開門已,輒復上鑰。"⑧ 從此看,鑰類似後世的鑰匙,與關、鍵不是一物。《墨子·備城門》："周垣

---

① 黎翔鳳:《管子校注》卷1,第65頁。
② 參見孫詒讓《周禮正義》卷28,第1101—1102頁。
③ 黃金貴:《古代文化詞義集類辨考》,第1031頁。
④ 段玉裁:《説文解字注》,第590頁。
⑤ 司馬遷:《史記》卷83,第2463頁。
⑥ 黃懷信等:《逸周書彙校集注》（修訂本）卷10,第1111、1112頁。
⑦ 華學誠:《揚雄方言校釋匯證》,第409頁。
⑧ 孫詒讓:《墨子閒詁》卷15,第598頁。

之,高八尺。五十步一方,方尚必爲關鑰守之。"孫詒讓《間詁》:"關鑰即管鑰。"①
管鑰即鑰匙。《周禮·地官·司門》:"掌授管鍵,以啓閉國門。"鄭玄注引鄭司農
曰:"管謂鑰也,鍵謂牡。"鄭衆認爲管即鑰,應是一種鑰匙。

一説,最早鑰近於鍵,當是鍵上的一個物件,或爲環紐,或爲插鎖,其作用是
使插入關之鍵固於閉;卸開,可使鍵脱出。後來鑰發展爲鑰匙。②

鎖、鑰匙是在横關與豎楗基礎上演變而來,二者的關係與牝牡交合相似,故
也有牝牡之稱。鑰匙因插入鎖體中,謂之牡;而受鑰匙的鎖體,因承受鑰匙,謂
之牝。

(二) 塾與臺門

大門東西與堂相似的門屋建築,名塾。中間爲門,兩旁爲塾。《爾雅·釋宫》:
"門側之堂謂之塾。"郭璞注曰:"夾門堂也,門之内外其東西皆有塾,一門而塾
四。"門有内外,東西内外各有一堂,即所謂"一門而塾四"。《儀禮·士虞禮》:"陳
鼎門外之右,七俎,在西塾之西。"鄭玄注曰:"塾有西者,是室南鄉。"又《儀禮·士
冠禮》:"擯者負東塾。"鄭玄注曰:"東塾,門内東堂,負之北面則内塾北鄉。"可知
外塾南向,内塾北向。

塾的得名,舊説認爲臣子朝見君上時在此處熟思所應對之事,故名塾。《白
虎通》云:"所以必有塾何? 欲以飾門,因取其名也。明臣下當見於君,必先熟思
其事也。"③崔豹《古今注》卷上云:"塾,門外之舍也。臣來朝君,至門外當就舍,
更詳熟所應對之事也,塾之言熟也。"④此説望文生義,不足爲據。

最早關於塾的記載出自商代甲骨文。據裘錫圭先生考證,在殷墟出土的卜
辭中,有多處提到了塾。塾在卜辭中作"𡎚",兩個字旁爲上下結構。商代的塾是
宫門側之堂。⑤

大門邊築臺架屋,謂之臺門。《禮記·禮器》曰:"有以高爲貴者,天子、諸侯
臺門","家不臺門,言有稱也"。孔穎達疏:"兩邊築闍爲基,基上起屋曰臺門,諸
侯有保捍之重,故爲臺門,而大夫輕,故不得也。"《禮記·郊特牲》:"臺門,大夫

---

① 孫詒讓:《墨子閒詁》卷 14, 第 517 頁。

② 黄金貴:《古代文化詞義集類辨考》, 第 1033 頁。

③ 陳立:《白虎通疏證》卷 12《闕文》, 第 595 頁。

④ 崔豹:《古今注》卷上, 第 6 頁。

⑤ 裘錫圭:《古文字論集》, 中華書局 1992 年版, 第 190—195 頁。

之僭禮也。"孔穎達疏:"兩邊起土爲臺,臺上架屋曰臺門。"天子、諸侯有臺門,大夫、士無之。

(三) 門名

大門以北皆圍以牆。《儀禮·聘禮》:"釋幣於行。"鄭玄注曰:"喪禮有毁宗躐行,出於大門,則行神之位在廟門外西方。"毁宗躐行,指毁西邊牆以出柩。《儀禮·士喪禮》:"爲垼於西牆下。"鄭玄注曰:"西牆,中庭之西。"《儀禮·特牲饋食禮》:"主婦視饎爨於西堂下。"《記》文曰:"饎爨在西壁。"鄭玄注曰:"堂之西牆下。"門之西有牆,則牆屬於門。西牆在中庭之西,則牆周於庭。西壁在西堂下,則牆周於堂。入門至於庭,堂與庭東西邊有東西壁,也稱爲東西牆。

先秦文獻中,與門有關的稱名有閭、閈、閦、闠、閨、閤等。下面略作考釋。

閭是里門。《説文·門部》:"閭,里門也。"①《尚書·武成》:"式商容閭。"孔穎達疏引《説文》:"閭,族居里門也。"《淮南子·時則訓》:"門閭無閉,關市無索。"高誘注:"閭,里門也。"②《荀子·大略篇》:"慶者在堂,吊者在閭。"楊倞注:"閭,門也。"③閭門是一里的大門,有雙扇。《公羊傳·成公二年》:"出,相與踦閭而語。"何休注:"閭,當道門。閉一扇,開一扇,一人在外,一人在内,曰踦閭。"里門有守備設置,謂之閭互。《周禮·秋官·修閭氏》:"邦有故,則令守其閭互。"孫詒讓《周禮正義》:"閭互,謂國中閭里之門亦各有障互,有禍災則須置守也。"④《管子·立政》:"審閭閈,慎筦鍵,筦藏於里尉,置閭有司,以時開閉。"⑤閭的四周圍以牆垣,臨幹道設里門,平時里門有專門官吏守護,朝啓夕閉,居民出入由里門。⑥

閈,楚方言中的里門之名。《漢書·敘傳下》:"縮自同閈,鎮我北疆。"顏師古注引應劭曰:"楚名里門爲閈。"⑦《説文·門部》:"閈,閭也。汝南平輿里門曰閈。"⑧

---

① 段玉裁:《説文解字注》,第 587 頁。
② 劉文典:《淮南鴻烈集解》卷 5,第 169 頁。
③ 王先謙:《荀子集解》卷 19,第 493 頁。
④ 孫詒讓:《周禮正義》卷 70,第 2921—2922 頁。
⑤ 黎翔鳳:《管子校注》卷 1,第 65 頁。
⑥ 里門有堂塾,《漢書·食貨志》:"春將出民,里胥平旦坐於右塾,鄰長坐于左塾,畢出然後歸。夕亦如之。"參班固:《漢書》卷 24 上,第 1121 頁。
⑦ 班固:《漢書》卷 100,第 4246 頁。
⑧ 段玉裁:《説文解字注》,第 587 頁。

　　閦,巷門,亦泛指門。《爾雅・釋宮》云:"衖門謂之閦。"《左傳・成公十七年》:"齊慶克通於聲孟子,與婦人蒙衣乘輦而入於閦。"楊伯峻注:"閦,宮中夾道門,巷門。"①里内開闢有巷道,通向各里門,巷乃里中道路,可通行車馬。《左傳・襄公十一年》:"乃盟諸僖閦。"閦,本意爲里巷之門,此僖閦是僖公廟之大門。

　　闈,宮室、宗廟的旁側小門。《爾雅・釋宮》曰:"宮中之門謂之闈。"郭璞注曰:"謂相通小門也。"是正門之外,旁壁又有闈門。《左傳・哀公十四年》:"子我歸,屬徒,攻闈與大門,皆不勝,乃出。"此闈與大門對舉,可知闈爲小門。《周禮・地官・保氏》:"使其屬守王闈。"鄭玄注:"闈,宮中之巷門。"孫詒讓《周禮正義》謂:"此保氏守王闈,亦即王宮之側門……而凡側門之内,必别有巷以達於内宮,故側門亦得稱巷門也。"②《周禮・考工記・匠人》:"廟門容大扃七個,闈門容小扃參個。"鄭玄注:"廟中之門曰闈。"孫詒讓《周禮正義》:"此蒙上廟門,故知其爲廟中小門……蓋闈爲小門之通稱,廟側小門旁出,外通於巷,故亦謂之巷門。"③《禮記・雜記下》:"禮,夫人至,入自闈門,升自側階。"孔穎達疏:"闈門是旁側之門。"因爲宮中小院落類似於人的腋窩,故稱爲宮掖,其門稱爲闈,後來稱爲掖門。禮,婦人入廟自闈門。《儀禮・士冠禮》:"冠者降,適東壁,見於母。"鄭玄注曰:"適東壁者,出闈門也。時母在闈門之外,婦人入廟由闈門。"④《儀禮・士虞禮》:"賓出,主人送,主婦亦拜賓。"鄭玄注曰:"女賓也,不言出,不言送,拜之於闈門之内。闈門如今東西掖門。"

　　閨,小於闈的宮中小門。《説文・門部》:"閨,特立之户也。上圜下方,有似圭。"⑤《公羊傳・宣公六年》:"有人荷畚,自閨而出者。"何休注:"宮中之門謂之闈,其小者謂之閨。"《淮南子・氾論訓》:"夫醉者,俛入城門,以爲七尺之閨也。"⑥《墨子・備城門》:"閨門兩扇,令可以各自閉也。"⑦閨門形制如圭,上圜下方,有兩扇。

---

①　楊伯峻:《春秋左傳注》(修訂本),第898頁。

②　孫詒讓:《周禮正義》卷26,第1018頁。

③　孫詒讓:《周禮正義》卷84,第3465—3466頁。

④　黃以周認爲東壁爲寢東壁。參見《禮書通故・宮室通故》,第45—46頁。

⑤　段玉裁:《説文解字注》,第587頁。

⑥　劉文典:《淮南鴻烈集解》卷13,第457頁。

⑦　孫詒讓:《墨子閒詁》卷14,第522頁。

小於閨的門稱爲閤。《爾雅·釋宫》:"小閨謂之閤。"閤原指邊門,《説文·門部》解釋爲"門旁户也"①,可知閤是設在大門旁側的獨扇小門。

(四)内屏與外屏

廟寢門内外設置有一道短垣牆,謂之屏,亦謂之樹,又謂之蕭牆。《禮記·郊特牲》:"臺門而旅樹。"鄭玄注:"旅,道也。屏謂之樹,樹所以蔽行道。管氏樹塞門,塞猶蔽也。禮:天子外屏,諸侯内屏,大夫以簾,士以帷。"《爾雅·釋宫》曰:"屏謂之樹。"郭璞注曰:"小牆當門中。"舍人注:"以垣當門蔽爲樹。"②《論語·八佾》:"邦君樹塞門,管氏亦樹塞門。"諸侯内屏,進門即有屏,人必須左轉或右轉方可入内,故云遮蔽行道,即"樹塞門"。《論語·季氏》:"吾恐季孫之憂在蕭牆之内。"孔安國注:"蕭牆,屏也。"則門内蕭牆亦通名屏。蕭牆之義,《論語集釋》引鄭玄注曰:"蕭之言肅也。牆,謂屏也。君臣相見之禮,至屏而加肅敬焉,是以謂之蕭牆。"③君臣進宫室首先要經過蕭牆,至此處而内心肅敬,故謂之蕭牆。蕭牆的作用,在於遮擋門外人的視線,防止外人向大門内窺視。

大門與内屏之間謂之宁,字亦作"著"。《禮記·曲禮下》:"天子當宁而立,諸公東面,諸侯西面,曰朝。"鄭玄注:"宁,門屏之間。"《爾雅·釋宫》又曰:"門屏之間謂之宁。"李巡注曰:"宁,正門内兩塾間。"④與鄭玄説同。諸侯之制,宁在門之内、屏之外。宁有佇立之義,國君門外有正朝,視朝則在宁處站立,故謂之宁。大夫、士無屏,則内門兩塾之間謂之宁。按《儀禮·聘禮》:"賓問卿大夫,迎於外門外及廟門。大夫揖入,擯者請命,賓入,三揖,并行。"鄭玄注曰:"大夫揖入者,省内事也。既省俟於宁也。"凡至門内霤爲三揖之始,上言揖入,下言三揖并行,則大夫俟於霤南門内兩塾間。《詩·齊風·著》:"俟我於著","俟我於庭","俟我於堂",著即宁,此是有堂之屋以門内兩塾間爲宁。

天子寢廟門外有外屏。《儀禮·覲禮》載"侯氏入門右","告聽事"後"自屏南適門西,遂入門左,北面立"。鄭玄注曰:"天子外屏。"此諸侯出廟門而隱於屏,可知天子在門外設屏。《禮記·曲禮下》:"天子當宁而立。"孔穎達疏曰:"天子外屏,屏在路門之外。諸侯内屏,屏在路門之内。"屏所以别外内。《荀子·大略篇》

---

① 段玉裁:《説文解字注》,第 587 頁。
② 郝懿行:《爾雅義疏》,第 481—482 頁。
③ 程樹德:《論語集釋》卷 33,中華書局 2014 年版,第 1468 頁。
④ 郝懿行:《爾雅義疏》,第 481—482 頁。

曰："天子外屏,諸侯内屏,禮也。外屏,不欲見外也;内屏,不欲見内也。"①《淮南子·主術訓》:"天子外屏所以自障。"②禮,上可兼下,下不可僭上,天子内外屏皆可有,諸侯减殺,有内屏而無外屏。天子的宗廟門前之屏或加裝飾,上雕刻有云氣蟲獸等紋飾,或雕有罘罳狀紋飾。

外屏即今日俗稱之影壁、照壁。陝西鳳雛甲組建築基址發現有外屏遺跡,影壁位於門道前4米處。東西長4.8米、厚1.2米、殘高0.2米。影壁殘基的南北兩面均抹有由細砂、白灰和黄土攪拌成的三合土牆皮。影壁仍留存有木炭痕跡,可見當時影壁上覆蓋有護頂。③

罘罳

罘罳本爲捕獵兔子等禽獸的網,此二字本從"罒"頭,則本義自當訓網。蓋引申爲類似的網格狀稱爲"浮思",進而門户等雕飾有網格狀紋飾,亦稱爲"罘罳"。程大昌《雍録》云:"罘罳,鏤木以爲之,其中疏通可以透明。或爲方空,或爲連鎖,其狀扶疏,故曰罘罳。其制與青瑣類。"④程大昌《演繁露》:"罘罳云者,刻鏤物象著之板上,取其疏通連綴之狀而罘罳然,故曰浮思也。以此刻鏤施於朝屏則其

圖4-4　漢代倉樓上的方格紋⑤

屏爲疏屏,施諸宮禁之門則爲某門罘罳,而在屏則爲某屏罘罳,覆諸宮寢闕閣之上則爲某闕之罘罳,非其别有一物,元無附著而獨名罘罳也。至其不用合板鏤刻而結網代之以蒙冒户牖,使雀蟲不得穿入則别名絲網。"⑤《楚辭·招魂》:"網户朱綴,刻方連些。"朱熹《集注》:"網户者,以木爲門扉而刻爲方目,使如羅網之狀,即漢所謂罘罳。而程泰之以爲今之亮隔,其説是也。"⑥可見,罘罳一詞在中國古代建築中,指一種裝飾方式,具體

①　王先謙:《荀子集解》卷19,第485頁。

②　劉文典:《淮南鴻烈集解》卷9,第270頁。

③　陝西周原考古隊:《陝西岐山鳳雛西周建築基址發掘簡報》,《文物》1979年第10期,第27—37頁;尹盛平:《周原西周宮室制度初探》,《文物》1981年第9期,第13—17頁。

④　程大昌:《雍録》,中華書局2002年版,第212頁。

⑤　程大昌:《演繁露》卷11,遠方出版社2001年版,第141頁。

⑥　朱熹:《楚辭集注》卷7,《朱子全書》第19册,上海古籍出版社2002年版,第148頁。

而言,鏤空作網狀、正斜方格狀紋(圖4-4),其形狀如網,故名罘罳。漢代陶樓、門闕、門閣、牆屏等建築上常見有類似的罘罳裝飾,它具有屏障、圍護、防禦、采光、通風、擋土以及裝飾等多種功能。①

由於門屏、城牆四隅的小樓等建築上常有罘罳之飾,故往往以罘罳稱之,如角浮思即是。蓋門屏上有罘罳之飾,屏亦可稱罘罳。崔豹《古今注》云:"罘罳,屏也;罘者,複也;罳者,思也。臣朝君,至屏外,複思所奏之事於其下。"《禮記·明堂位》:"疏屏,天子之廟飾也。"鄭玄注:"屏謂之樹,今桴思也,刻之爲云氣蟲獸,如今闕上爲之矣。"孔穎達疏:"解者以爲天子外屏,人臣至屏俯伏思念其事。按《匠人》注云:'城隅謂角浮思也。'漢時東闕浮思災,以此諸文參之,則浮思,小樓也,故城隅闕上皆有之。然則屏上亦爲屋,以覆屏牆,故稱屏曰'浮思'。"天子廟寢門前的疏屏,疏通連綴,形類於網,故亦可謂罘罳,上或雕刻有云氣蟲獸等紋飾。②

(五)觀(闕)

觀是設在宮門外高臺起屋的獨立建築。闕、觀名異而實同,因上面或懸掛教象等,使百姓觀之,故謂之觀。《説文·門部》:"闕,門觀也。"③《爾雅·釋宮》云:"觀謂之闕。"孫炎注云:"宮門雙闕,舊章縣焉,使民觀之,因謂之觀。"④ 崔豹《古今注》:"古每門樹兩觀於其前,所以標表宮門也。其上可居,登之則可遠觀,故謂之觀。人臣將至此則思其所闕,故謂之闕。其上皆丹堊,其下皆畫云氣仙靈,奇禽怪獸,以昭示四方焉。"⑥

門闕上懸掛象魏,又名象魏;巍巍高大,又名魏闕。《左傳·莊公二十一年》云"鄭伯享王於闕西辟",杜預注:"闕,象魏也。"《左傳·哀公三年》記載桓宮災,

---

① 相關研究參見黃婧琳、朱永春《漢代建築中的罘罳》一文,載《中國建築史論彙刊》第13輯,中國建築工業出版社2016年版,第223—243頁。

② 角浮思是城隅小樓,樹是短垣,前者在牆角,後者在門中,二者并非一物。參見沈文倬《周代宮室考述》,《浙江大學學報(哲學社會科學版)》2006年3期,第36—44頁;黃以周:《禮書通故·宮室通故》,第56—57頁。

③ 段玉裁:《説文解字注》,第588頁。

④ 郝懿行:《爾雅義疏》,第484頁。

⑤ 廣州漢墓M5042出土。李桂閣:《試論漢代的倉囷明器與儲糧技術》,《華夏考古》2005年第2期,第79—85頁。

⑥ 崔豹:《古今注》卷上,第7頁。

圖4-5　漢代門闕（《漢代物質文化資料圖説》圖版46）

"季桓子至，御公立於象魏之外，命藏象魏曰：舊章不可亡也"。天子、諸侯門闕上懸掛法令，以供百姓觀瞻。《周禮·天官·大宰》："正月之吉，始和布政於邦國都鄙，乃縣政象之法於象魏，使萬民觀政象，挾日而斂之。"鄭玄注引鄭司農云："象魏，闕也。故魯災，季桓子御公立於象魏之外，命藏象魏，曰舊章不可忘。"賈公彥疏："周公謂之象魏，雉門之外，兩觀闕高魏魏然。孔子謂之觀，《春秋左氏》定二年夏五月，'雉門災及兩觀'是也。云觀者，以其有教象可觀望。又謂之闕者，闕，去也。仰視治象，闕去疑事。"所謂教象，乃是將政教之象掛於高巍的門闕上，百姓觀望之，故謂之觀，又謂之象魏。《淮南子·本經訓》："魏闕之高。"高誘注："門闕高崇嵬嵬然，故曰魏闕。"[1]《淮南子·俶真訓》："身處江海之上，而神游魏闕之下。"高誘注："魏闕，王者門外闕，所以懸教象之書於象魏也。巍巍高大，故曰魏闕。"[2] 門闕的名稱含魏，"魏"通"巍"，取義於"巍巍高大"。

闕上有屏，亦稱罦罳，上刻云氣蟲獸爲飾。《漢書·文帝紀》："未央宮東闕罘

---

[1] 劉文典：《淮南鴻烈集解》卷8，第263頁。

[2] 劉文典：《淮南鴻烈集解》卷2，第53頁。

罘罳。"顔師古注:"罘罳,謂連闕曲閣也,以覆重刻垣墉之處,其形罘罳然。一曰屏也。"① 黄以周《禮書通故》認爲屏有二,一爲門内之屏,以土爲之;一爲闕上之屏,以木爲之。②

闕的作用,初始應是出於觀望守衛的目的,後來其功能愈多。《白虎通義》云:"門必有闕者何?闕者,所以飾門,别尊卑也。"③ 除了裝飾之用,闕也用來"標表宫門",區别尊卑,具有等級符號的意義。天子庫門兩旁設有雙闕,亦稱兩觀。《釋名·釋宫室》云:"闕也,在門兩旁,中央闕然爲道也。"④ 魯國作爲諸侯也僭有兩觀。兩觀在内城門外,所以《禮記·禮運》載孔子與於蜡賓後,"出遊於觀之上"。諸侯也應懸法,自當有象魏。《公羊傳·昭公二十五年》記載子家駒謂昭公云:"諸侯僭天子,大夫僭諸侯,久矣。"昭公曰:"吾何僭矣哉?"子家駒曰:"設兩觀,乘大路。"何休注云:"天子外闕兩觀,諸侯内闕一觀。"則諸侯不得有雙闕,據禮,諸侯有一觀。⑤

考古發現的闕以漢代爲多,按其性質可分宫殿闕、城闕、廟闕、墓闕等。⑥《史記·高祖本記》記西漢初年蕭何"營建未央宫,立東闕、北闕"⑦,漢武帝修建章宫,其東側鳳闕高達五十丈。宫殿闕一般爲磚木結構,考古很難見到。

## 二、庭

據《儀禮》,庭與堂的東西邊有東西壁,亦稱東西牆。堂下是庭。庭有三堂之深,東西階下各有一道堂途,賓主由此出入,堂途與門相連。庭下距北一堂之深處,正中立碑,用來觀測日影或拴繫牲畜。

（一）庭和碑

庭中有碑,用以觀日影計時或拴繫牲畜。據《儀禮·士昏禮》及《聘禮》記載,

---

① 班固:《漢書》卷4,第122頁。

② 黄以周:《禮書通故·宫室通故》,第57頁。

③ 陳立:《白虎通疏證》,第741頁。

④ 王先謙:《釋名疏證補》卷5,第189頁。

⑤ 錢玄先生認爲,諸侯雉門上設一闕,亦即一觀,上懸掛象魏。參見錢玄《三禮通論》,第159—160頁。

⑥ 姜生:《漢闕考》,《中山大學學報（社會科學版）》1997年第1期,第61—66頁;陳明達:《漢代的石闕》,《文物》1961年第12期,第9—18頁。

⑦ 司馬遷:《史記》卷8,第385頁。

大夫、士宗廟内皆有碑。《儀禮·鄉飲酒》《鄉射禮》言三揖有當碑揖，則庠序之内亦有碑。《禮記·祭義》云：“君牽牲……既入廟門，麗於碑。”孔穎達疏：“君牽牲入廟門，繫著中庭碑也。王肅云：‘以貫碑中。’”諸侯廟内有碑，天子廟及庠序有碑可推而知。碑用石製作而成。《説文·石部》：“碑，豎石也。”①《儀禮·聘禮》載：“賓自碑内聽命”，“賓降自碑”。鄭玄注：“宮必有碑，所以識日景，引陰陽也。凡碑引物者，宗廟則麗牲焉，以取毛血。其材，宮廟以石，窆用木。”

設碑之處，一説立於庭三分之一北，賈公彦疏釋《儀禮·士昏禮》曰：“碑在堂下，三分庭一在北。”《儀禮·聘禮》曰：“米百筥，筥半斛，設於中庭，十以爲列，北上。”鄭玄注：“庭實固當庭中，言當中庭者，南北之中也”，“此言中庭，則設碑近如堂深也”。堂深謂從堂廉北至房室之壁。三分庭一在北設碑而碑如堂深，則庭蓋三堂之深。一説在庭近階處，金鶚《求古録禮説》謂：“蓋四分庭一在北也。”②

1997 年 3 月至 12 月，考古人員曾對鄭韓故城宮城中心的大型建築遺址進行局部試掘，在房基的中心處，也是城的正中心，出土一件圭形石碑，房基的東

南部出土有一件戰國青銅圓壺。這件圭形碑爲黄灰色花崗岩，頂爲圭形，長方體，後兩面磨光，中部偏下有一圓穿，上部左右兩側有突出的不等長半圓形翼。碑根部爲毛石，豎斜尖狀。碑高 3.26 米，中部寬 0.45 米，厚 0.26 米。③碑在夯土基址的正中心，夯基又在城的正中心，其建築當座落中庭之位。發掘者認爲這座小型城址應是韓國的宗廟遺址，圭形大碑當是宗廟之碑。碑中之圓孔，犧牲繩索穿之，所謂“以貫碑中”麗牲即是。（參圖 4–6）

圖 4–6　鄭韓故城石碑（筆者攝）

（二）庭中道路

庭中有路分别通向東西兩階，連接門

---

① 段玉裁：《説文解字注》，第 450 頁。

② 金鶚：《求古録禮説》卷 10，《續修四庫全書》第 110 册，第 343 頁。

③ 蔡全法、馬俊才：《新鄭鄭韓故城宮城遺址》，《中國考古學年鑒·1998》，文物出版社 2000 年版，第 162 頁。

與堂。《爾雅·釋宮》:"廟中路謂之唐,堂途謂之陳。"郭璞注曰:"堂下至門徑也。"其北屬階,其南接門内霤。陳是北連兩階,南接門内霤的道路。《釋名·釋宮室》:"陳,堂塗也,言賓主相迎陳列之處也。"① 鄭玄注《儀禮·鄉飲酒禮》"三揖"曰:"將進揖,當陳揖,當碑揖。"陳即堂塗。

《爾雅》所言唐與陳,是什麼關係?《詩·陳風·防有鵲巢》:"中唐有甓。"孔穎達疏認爲"唐之與陳,廟庭之異名耳,其實一也"。任啓運《朝廟宮室考》則認爲:"唐相逼,陳相遠。唐,廟中路,入門當中者也。入必經此,故相逼。陳,當東西階路也,分東西,故相遠。詩疏混唐陳爲一,非是。"② 江永云:"則廟中又有中唐,其爲庭之中塗歟?"③ 任氏與江永説可從,陝西鳳雛甲組建築基址中庭有道路與中階相連,此路即唐。陝西扶風雲塘建築基址從門口有兩條石子路通向兩階,即陳。

高級貴族的中唐或以磚鋪砌而成,《詩·陳風·防有鵲巢》:"中唐有甓。"毛傳:"中,中庭也。唐,堂塗也。甓,令適也。"《爾雅·釋宮》:"瓴甋謂之甓。"李巡曰:"瓴甋一名甓。"郭璞曰:"磚也。今江東呼瓴甓。"④ 此言庭中道路用磚鋪砌。磚在周代屬於高級貴族所用⑤,非一般人可以使用。

（三）霤

屋檐下滴水之處,即散水。《説文·广部》:"霤,中庭也。"徐鍇《説文解字繫傳》云:"屋檐滴水爲霤,其地謂之霤。"⑥ 霤爲下雨時承水之地,即建築臺基四周的散水。陝西扶風雲塘建築基址 F1 臺基四周均有散水,散水用小鵝卵石鋪成,很精緻。四周有散水,説明屋頂至少是四阿頂,F1 臺基四面均有散水,當爲四注四霤。雲塘建築基址的 F4 南側門塾四周有以較大石頭拼成的散水。

（四）庭之兩旁

庭之兩旁是否還有建築? 江永《儀禮釋宮增注》認爲:"自塾至堂無屋以連

---

① 王先謙:《釋名疏證補》卷 5,第 187 頁。

② 任啓運:《朝廟宮室考》,《清經解續編》第 9 册,第 776 頁。

③ 江永:《儀禮釋宮增注》,《清經解續編》第 9 册,第 352 頁。

④ 郝懿行:《爾雅義疏》,第 487 頁。

⑤ 磚在西周時期即已經出現,參見羅西章《扶風雲塘發現西周磚》,《考古與文物》1980 年第 2 期,第 108 頁;劉軍社:《周磚芻議》,《考古與文物》1993 年第 6 期,第 84 頁;劉宏岐:《周公廟遺址發現周代磚瓦及相關問題》,《考古與文物》2004 年第 6 期,第 66—70 頁。

⑥ 丁福保:《説文解字詁林》,第 9230 頁。

之,倘雨沾服失容不得成禮矣。"①據《儀禮》經文,并未顯示出兩旁有廊廡或堂房跡象,歷代經學家對此意見比較一致。

至於天子、諸侯之宗廟,其布局恐非如大夫士的宗廟那麼簡單。比如,天子、諸侯宗廟內設有龜室。《周禮·春官·龜人》云:"凡取龜用秋時,攻龜用春时,各以其物入於龜室。"《史記·龜策列傳》言"高廟有龜室"②,可知藏龜應在廟內。

商周時期的建築,在庭兩旁尚有廊廡建築。③《説文》云:"廡,堂周屋也。"④《楚辭·九歌·湘夫人》:"合百草兮實庭,建芳馨兮廡門。"朱熹《集注》:"廡,堂下周屋也。"⑤《後漢書·孝靈帝紀》:"公府駐駕廡自壞。"李賢注:"廡,廊屋也。"⑥從文獻記載來看,有些建築的庭兩旁應有廊廡建築,這點在西周鳳雛建築基址中也得到證實。故推測天子、諸侯等高級貴族的宗廟遠非如大夫、士的廟寢那麼簡單。文獻記載的廟寢制度,大多是根據禮儀程序的展開而敘及部分廟寢的構成,有些與行禮無關的建築組成部分,禮書并未述及。

## 三、堂上下

堂是主人平時活動、行禮、待客的地方。堂上兩楹之間是賓主行禮之處。燕飲禮中,東序是主人的席位,戶牖之間是正賓的席位,以次至西序是眾賓的席位。堂後是室,有戶相通。要入室必先登堂,所以《論語·先進》説:"由也,升堂矣,未入於室也。"《論語·雍也》:"誰能出不由戶,何莫由斯道也?"堂無南牆,因而敞亮,故又名堂皇。《漢書·胡建傳》云:"於是當選士馬日,監御史與護軍諸校列坐堂皇上。"⑦

(一)序與東堂、西堂

堂上有東西兩面牆,稱作東序、西序,起到隔斷東西堂的作用。《説文·广

---

① 江永:《儀禮釋宮增注》,《清經解續編》第 9 册, 第 353 頁。
② 司馬遷:《史記》卷 128, 第 3227 頁。
③ 如偃師二里頭宮殿建築、殷墟宮殿建築基址等。
④ 段玉裁:《説文解字注》,第 443 頁。別本作"堂下周屋"。
⑤ 朱熹:《楚辭集注》卷 2,《朱子全書》第 19 册, 第 53 頁。
⑥ 范曄:《後漢書》卷 8, 第 344 頁。
⑦ 班固:《漢書》卷 67, 第 2910 頁。

部》:“序,東西牆也。”[1]《爾雅·釋宫》:“東西牆謂之序。”郭璞注曰:“所以序别内外。”東序之東爲序外,西序之西爲序外;兩序牆之間爲序内。

堂東西共有五間,中間三間爲舉行禮典之所,東西各一間,用序隔開,爲東堂、西堂。東序之東,前半(南)爲廂,曰東廂,後半(北)爲夾,曰東夾;西序之西,前半爲西廂,後半爲西夾。

夾在堂的兩旁,有左右夾持之象,故名夾。夾又名達。《禮記·内則》:“天子之閣左達五,右達五。”左右達,天子於此置閣以庋放食物。夾又名個,《左傳·昭公四年》“豎牛置饋於個而退”,所云之個即夾。[2]《儀禮·聘禮》:“公許,賓升,公揖退於箱。”鄭玄注:“箱,東夾之前,俟事之處。”《儀禮·覲禮》:“几俟於東箱。”鄭玄注曰:“東箱,東夾之前,相翔待事之處。”據此,箱在夾之前(南)。《儀禮·特牲饋食禮》:“几、席、兩敦在西堂。”鄭玄注曰:“西堂,西夾之前,近南耳。”賈公彦疏曰:“即西箱也。”廂亦名堂,西堂即西廂。

《儀禮·特牲饋食禮》:“豆籩鉶在東房。”鄭玄注曰:“東房,房中之東,當夾北。”則東夾之北通爲房中。東夾之北爲房中,其有兩房者則西夾之北通爲右房。若是一房一室,則西夾之北蓋通爲室中,《儀禮·公食大夫禮》:“大夫立於東夾南。”鄭玄注曰:“東於堂。”

凡無夾室的建築,則序以外(序東、序西)通謂之東堂、西堂。《儀禮·鄉射禮》:“主人之弓矢在東序東。”《儀禮·大射儀》:“君之弓矢適東堂。”《大射》之東堂即《鄉射》之東序東。

《儀禮》有“東堂下”“西堂下”之名。《儀禮·公食大夫禮》:“小臣具盤匜,在東堂下。”《儀禮·既夕禮》:“設棜於東堂下,南順,齊於坫,饌於其上,兩甒醴、酒,酒在南。”《儀禮·大射》:“君之弓矢適東堂,賓之弓矢與中、籌、豐,皆止於西堂下。”《儀禮·特牲饋食禮》:“主婦視饎爨於西堂下。”鄭玄注:“西堂下者,堂之西下也,近西壁,南齊於坫。”所謂西堂下、東堂下,指東方堂下、西方堂下。《儀禮·特牲饋食禮》云“主婦視饎爨於西堂下”,《記》文曰:“饎爨在西壁”,則自西壁以東皆謂之西堂下。具體而言,東堂下、西堂下指堂東西牆下面的這部分空間。混言則東堂下也稱爲堂東,西堂下稱爲堂西。《儀禮·鄉射禮》:“主人堂東袒、决、

---

① 段玉裁:《説文解字注》,第 444 頁。

② 參見胡培翬《儀禮正義》卷 34,第 2099—2030 頁。

遂，執弓，搢三挾一個。賓於堂西亦如之。"《儀禮·大射儀》："賓之弓矢止於西堂下。"其將射，"賓降取弓矢於堂西"。可證堂西即西堂下。

禮經中單言"堂下"則指南面堂下。《儀禮·鄉射禮》："司射遂適階間，堂下北面命曰：不鼓不釋。"《儀禮·士喪禮》："衆婦人戶外北面，衆兄弟堂下北面。"《儀禮·少牢饋食禮》："降設於堂下阼階南。"《儀禮·士昏禮》："贊者徹尊幂，酌玄酒三屬於尊，棄餘水於堂下階間，加勺。"以上經文的"堂下"均是指南面堂下，北當東西序。也就是說，《儀禮》之堂下指南面堂下阼階至西階的這部分空間。

兩序牆不到堂廉，其南端稱爲序端。《儀禮·鄉射禮》："主人坐奠爵於序端，阼階上再拜崇酒。"鄭玄注："序端，東序頭也。"序端即序頭。此處乃行禮之節，主人、賓等升堂後常立於此處。如《儀禮·鄉射禮》："司正退立於西序端，東面。"

（二）楹

楹，堂上柱子。《説文·木部》曰："楹，柱也。"[1]《釋名·釋宮室》云："楹，亭也，亭亭然孤立，旁無所依也。"[2] 堂上東西楹孤立無所依，故獨得楹名。楹安設於前楣之下。《儀禮·鄉射禮》曰："射自楹間。"鄭玄注曰："謂射於庠。非偏東也，但房外有東序。房戶近東序。若偏東耳、西房則偏東。"

堂東西之中曰兩楹間。《儀禮·公食大夫禮》載豆實陳於楹外，簠簋陳於楹內。堂內兩楹一帶作爲堂內建築的重要空間，是舉行各種禮儀活動的主要場所。如《儀禮·既夕禮》云："正棺於兩楹間，用夷床。"《儀禮·聘禮》云："賓升西楹西，東面，……公側襲，受玉於中堂與東楹之間。"鄭玄注："中堂，南北之中也。"《儀禮·燕禮》曰："媵爵者……升自西階，序進，酌散，交於楹北，降適阼階下。"《儀禮·鄉射禮》曰："司正告於主人，遂立於楹間以相拜，主人阼階上再拜，賓西階上答再拜"，"射自楹間"。《儀禮·士昏禮》曰："賓升西階，當阿，東西致命。主人阼階上北面再拜，授於楹間，南面。"可見，堂內兩楹一帶作爲堂內的重要空間，是賓主舉行禮典的重要場所。[3]

南北之中曰中堂。《儀禮·聘禮》："受玉於中堂與東楹之間。"鄭玄注曰："中堂，南北之中也。入堂深，尊賓事也。"李如圭《儀禮釋宮》引賈氏說："後楣以南爲

---

① 段玉裁：《説文解字注》，第 253 頁。
② 王先謙：《釋名疏證補》卷 5，第 189 頁。
③ 賓主雙方尊卑相敵者，授受於堂中兩楹間；尊卑不同者則否。

堂,堂凡四架,前楣與棟之間爲南北堂之中,公當楣拜訖更前北,侵半架受玉,故曰入堂深。"①

（三）廉

堂一面（南）無牆,其邊沿暴露於外。堂之側邊曰廉。《儀禮·鄉飲酒禮》:"設席於堂廉。"鄭玄注曰:"側邊曰廉。"《禮記·喪大記》:"卿、大夫即位於堂廉楹西。"孔穎達《正義》曰:"堂廉,堂基南畔廉棱之上也。"《儀禮·鄉射禮》:"衆弓倚於堂西,矢在其上。"鄭玄注曰:"上,堂西廉。"堂之四周皆有廉。

禮書有"内廉"之名。《儀禮·聘禮》:"飪一牢,鼎九,設於西階前,陪鼎當内廉,東面北上。"胡培翬《儀禮正義》引李如圭云:"内廉,西階之東廉也。階有東西兩廉,近堂之中者爲内廉。"② 西階之東的堂上之廉,與堂中相近,故名内廉。内廉應指東西階之間的堂上之廉。

按《書·顧命》"四人夾兩階咫",僞孔傳云:"堂廉曰咫。"廉一名咫,也可能兩階之間的堂廉稱爲咫。

（四）坫

坫是用土壘成的臺子,用以庋置器具食物等物。文獻記載的坫有幾類,名同而實異。

堂角有坫③,可以庋放物品,東西角落各有一坫,名東坫、西坫。《儀禮·士虞禮》:"刌茅,長五寸,束之,實於筐,饌於西坫上。"《儀禮·大射》:"小射正一人,取公之決、拾於東坫上。"《儀禮·士冠禮》:"爵弁、皮弁、緇布冠各一匴,執以待於西坫。"鄭玄注曰:"坫在堂角。"《儀禮·大射》記載將射,工遷於下東坫之東南。《儀禮·士喪禮》床笫夷衾饌於西坫南,《儀禮·既夕禮》"設棜於東堂下,南順,齊於坫"。以上皆堂角之坫。賈公彦疏《儀禮·士喪禮》曰:"堂隅有坫,以土爲之。或謂堂隅爲坫。"《爾雅·釋宫》云:"垝謂之坫。"垝是毁垣,坫形如土堆,乃以土築成的土臺。

諸侯在兩楹間,酒尊之南設有反坫,爲反爵之坫。《論語·八佾》云:"邦君爲兩君之好,有反坫。"《禮記·明堂位》云:"反坫出尊,崇坫康圭。"鄭玄注:"反坫,

---

① 李如圭:《儀禮釋宫》,叢書集成本,第9頁。
② 胡培翬:《儀禮正義》卷17,第1056頁。
③ 或認爲坫在堂下四隅。此説備考。

反爵之坫也。出尊，當尊南也。唯兩君爲好，既獻，反爵於其上。禮，君尊於兩楹之間。"《禮記·郊特牲》："臺門而旅樹，反坫，繡黼丹朱中衣，大夫之僭禮也。"鄭玄注："言此皆諸侯之禮也。反坫，反爵之坫也，蓋在尊南，兩君相見，主君既獻，於反爵焉。"據禮，大夫士無反坫。據《儀禮·鄉飲酒》，尊於房戶間，獻酬畢後，反爵於篚內，無坫；《儀禮·燕禮》是燕其臣尊於東楹之西，獻酬畢後，亦反爵於篚內，無坫。據上可知反坫的設置，主要是兩君相見時在兩楹間設尊，尊南設有反爵之坫，獻禮後將爵置於坫上。孔穎達認爲反坫以土爲之，案江永《鄉黨圖考》曰："反坫以反爵，崇坫以康圭，乃是燒土爲之。"[1]江説亦可通。聶崇義《三禮圖》主張坫以木爲之。蓋人君設置反坫是在特殊場合下纔設置，若以土，則設撤皆不便；以木爲之，可省却諸多不便，故聶説亦有道理。然經無明文，此存疑待考。

崇坫，乃安玉之坫，設置於堂上反坫之南。[2]《禮記·郊特牲》所云"崇坫康圭"，即奠玉之坫。康，安。因爲設崇坫是爲了安放瑞玉圭，故曰康圭。《禮記·明堂位》鄭玄注爲："又爲高坫，亢所受圭，奠於上焉。"

（五）堂前臺階

禮經所記載，堂前有東西二階，東序略西的臺階曰阼階，也稱東階，供主人升降用；西序略東的臺階曰西階，爲賓客升降所用。

《儀禮·士冠禮》："立於阼階下。"鄭玄注："阼，猶酢也，東階所以答酢賓客也。"阼階爲東階，是主人升降的地方。《尚書·顧命》："由賓階隮。"賓階即西階，是客人等上下的地方。古人在室外尊左，因此西階是賓客走。《史記·魏公子列傳》："趙王埽除自迎，執主人之禮，引公子就西階。公子側行辭讓，從東階上。"[3]魏公子無忌走東階，示不敢分庭抗禮，不敢以賓自居。

兩階的位置，各自在楹外而略近序。《儀禮·鄉射禮》云："升階者，升自西階，繞楹而東。"説明賓階在堂下西楹之西；《儀禮·士冠禮》冠於東序之筵，而《記》文曰"冠於阼"，《儀禮·喪禮》攢置於西序，而《禮記·檀弓》曰周人殯於西階之上，故知兩階近序。

士之堂階有三等。《儀禮·士冠禮》云："降三等，受爵升。"鄭玄注曰："下至

---

① 江永：《鄉黨圖考》卷 4，第 2046 頁。

② 一説坫或有設置於堂下者，全祖望《經史問答》認爲："觀禮'侯氏奠圭'，以在堂下，故稍崇之。"參見《經史問答》卷 6，《清經解》第 2 册，第 2407 頁。

③ 司馬遷：《史記》卷 77，第 2382 頁。

地。"降三等階而至於地,則士階三等。又《儀禮·士冠禮》云:"賓筵前坐,正纚,興,降西階一等。執冠者升一等,東面授賓。"鄭玄注:"下一等,升一等,則中等相授。"賈公彥疏曰:"《匠人》云天子之堂九尺,賈、馬以爲階九等。諸侯堂宜七尺,階七等;大夫宜五尺,階五等;士宜三尺,故階三等也。"其他等級的貴族臺階數,文獻無載,是否如賈公彥等學者所説,存疑待考。

有的建築的東西堂各自有臺階。《禮記·雜記下》載夫人奔喪"入自闈門,升自側階"。《禮記·奔喪》曰:"婦人奔喪,升自東階。"鄭玄注曰:"東階,東面階。"側階指東面階,即東堂之階。基於對稱考慮,其西堂應有西面階。蓋人君五階,大夫士三階,宜以此爲降殺。《禮記·奔喪》篇言婦人奔喪時升自東階,此謂人君之婦人,如果是大夫士之婦人奔喪,當升自北階。

周代等級較高、規模較大的建築,庭中尚有中路,用以陳列品物之用,中路通於堂前,堂前中間亦有一階,爲中階。《逸周書·明堂解》説:"三公之位,中階之前北面東。"《禮記·明堂位》所載與此略同:"昔者周公朝諸侯於明堂之位:天子負斧依南鄉而立;三公,中階之前,北面東上。諸侯之位,阼階之東,西面北上。諸伯之國,西階之西,東面北上。"可見天子宮室前有東階、西階、中階三階。《管子·君臣》也説:"立三階之上,南面而受要。"舊注:"君之路寢前有三階。"[1]鳳雛建築群的發現證明三階的記載可信。鳳雛甲組建築基址中院北面有三組大臺階,正對前堂門,均爲斜坡形,階面和兩側都塗有灰漿飾面,中階的西側飾面保留較好。三階大小不一,東階長1.9米、寬1.9米,中階長2.1米、寬2.2米,西階長1.8米、寬1.9米,東階距中階4米,中階距西階4.4米。中階往東偏離中軸線約1米,東階、西階相應偏離,當與前堂作偶數開間有關。

## 四、室房

### (一) 左右房

關於宗廟的室房布局,天子宗廟之制文獻無載;人君則爲左右房,大夫、士同。《儀禮·聘禮》:"若君不見,使大夫受聘,升,受,負右房而立。"賓亦退負右房,則大夫的宗廟有左右房。《儀禮·大射》:"薦脯醢由左房。"可見人君之房有左右。《儀禮·少牢饋食禮》云"主婦薦自東房",則大夫的宗廟亦有左房、東房之稱。又

---

① 黎翔鳳:《管子校注》卷10,第560頁。

《儀禮·特牲饋食禮》云"賓與長之薦自東房",《儀禮·有司徹》云"宰夫自東房薦脯醢",大夫、士言東房,則亦有西房。經與記文言左房、東房、右房者,則上下同制可知,自天子降殺至士,其宗廟亦有左右房(參圖4—2)。室的面積比較迫狹,但從《儀禮》記載看,其空間當足以行禮,必不至非常迫狹。

礼書記載的寢制,爭論主要集中在大夫士是否有左右房。鄭玄、賈公彥等主張,大夫士之寢有東房西室,沒有左右房;天子、諸侯之寢則有左右房。《儀禮·公食大夫禮·記》:"筵出自東房。"鄭玄注曰:"天子、諸侯左右房。"賈公彥疏曰:"言左對右,言東對西。大夫士惟東房西室,故直云房而已。"黃以周、今人沈文倬先生并主此說(參圖4—3)。[1]另一說,大夫士亦有左右房。江永即主此說,氏著《鄉黨圖考》云:"按天子至士,堂房室之制有廣狹降殺,堂後爲房室,左右房以夾室,使室居中,其制度當同。如大夫士東房西室,恐不成制度。堂上設席行禮當戶牖之間,賓席不得當東西之中,偏於西北一隅,非所以尊賓。大夫賓尸,尸席不當堂之中,亦非所以尊尸,皆因《鄉飲酒義》言設尊賓主共之,及拘於四面之坐,以辭害意,故先儒有此說。"[2]

按,左右房和室乃是通制,天子、諸侯、大夫、士的廟寢均爲左右房。《儀禮·士冠禮》記載賓醴冠者時:"徹皮弁、冠、櫛、筵,入於房。筵於戶西,南面。"此應是在堂上東西正中,若無西室,則難以成立。《儀禮·士昏禮》:"贊醴婦。席於戶牖間,側尊甒醴於房中。"同樣道理,若是無西室,則戶牖間非堂之正中。因此,推測大夫士之寢有左右房。

(二) 室中四隅名稱

室內有四角,古稱角爲隅。《禮記·檀弓上》云:"童子隅坐而執燭。"隅坐即坐於角落處。室內四隅都有專名,《爾雅·釋宮》云:"西南隅謂之奧,西北隅謂之屋漏,東北隅謂之宧,東南隅謂之窔。"

室中西南隅謂之奧,爲室中隱奧處。邢昺疏曰:"西南隅最爲深隱,故謂之奧。而祭祀及尊者常處焉。"室中四隅以奧爲最尊,此處是主人生時坐臥處,祭祀時是尸坐的地方。《禮記·曲禮上》說:"夫爲人子者,居不主奧。"奧是室內的主

---

[1]　黃以周:《禮書通故·宮室通故》,第35—36頁;沈文倬:《周代宮室考述》,《浙江大學學報(哲學社會科學版)》2006年第3期,第36—44頁。

[2]　江永:《鄉黨圖考》卷4,《清經解》第2冊,第2043頁。

要祭祀之所,爲人子者不居於此尊處。《儀禮》記載的士大夫祭祖禮,均在室中奧處布席,陳設祭品。

東南隅謂之窔。郭璞注曰:"窔亦隱闇。"《儀禮‧既夕禮》云:"朔月,童子執帚埽室聚諸窔。"窔是戶後隱蔽處,掃的垃圾暫放於此。奧與窔都有幽深、黑暗的意思。光自戶、牖入,室内自然是北邊亮南邊暗,所以南邊兩角以奧、窔爲名。又《説文‧宀部》解釋爲"戶樞聲也。室之東南隅",段玉裁注謂"古者戶東牖西,故以戶樞聲名東南隅也"[1],認爲東南隅名來自門戶樞聲,此可備一説。

東北隅謂之宧,含義不明。《説文‧宀部》解釋曰:"宧,養也。室之東北隅,食所居。"[2]《爾雅‧釋宫》郭璞注曰:"義未詳。犍爲舍人曰:東北隅,陽氣始起,萬物所養,故謂之宧也。"郝懿行《爾雅義疏》作了進一步解釋:"古人庖廚食閣皆在室之東北隅,以迎養氣。"[3] 此可備一説。

西北隅謂之屋漏。關於屋漏的得名,説法較多。一説,屋漏是祭祖時改饌扉隱處。《詩‧大雅‧抑》:"尚不愧於屋漏。"鄭玄箋:"屋,小帳也。漏,隱也。禮祭於奧既畢,改設饌於西北隅而扉隱之處,此祭之末也。"周代祭祖畢,將祭品改設於室的西北隅隱蔽處,此禮稱爲陽厭。另一説,《釋名‧釋宫室》解釋爲:"禮,每有親死者,輒彻屋之西北隅,薪以爨灶煮沐,供諸喪用,時若直雨,則漏,遂以名之也。必取是隅者,禮既祭,改設饌於西北隅。今徹毁之,示不復用也。"[4] 此説認爲因爲抽取西北隅房屋上的茅草而導致屋漏雨,故而名屋漏。此外,清人金鶚解釋爲:"室之西北隅有向,向,北出牖也,日光自牖中漏入,故名屋漏。"[5]《禮記‧曾子問》謂之"當室之白",鄭玄注謂:"當室之白,西北隅得戶明者。"此説認爲當室,即亮光所漏入而得以明亮之處。室的西北牆上有窗戶,名向,亮光從此處漏入[6],故名屋漏。上述諸説,以金説爲優。

---

① 段玉裁:《説文解字注》,第 338 頁。

② 段玉裁:《説文解字注》,第 338 頁。

③ 郝懿行:《爾雅義疏》,第 471 頁。

④ 王先謙:《釋名疏證補》卷 5,第 180 頁。

⑤ 金鶚:《求古録禮説》,《清經解續編》第 11 册,第 3188 頁。

⑥ 室的北牆有窗,叫向。《説文》解釋爲:"北出牖也。"《詩‧豳風‧七月》:"穹窒熏鼠,塞向墐戶。"《儀禮‧既夕禮‧記》:"寢東首於北墉下。"《禮記‧喪大記》作"北牖下",鄭玄注云:"一作北墉下。"鄭玄不破"牖"字之非,則室固有北牖,亦名向。

室中謂之中霤。《禮記·月令》："中央,祀中霤。"鄭玄注："中霤,猶中室也。土主中央,而神在室。古者複穴,是以名室爲霤云。"孔穎達疏:

> 複穴者,謂窟居也。古者窟居隨地而造,若平地則不鑿,但累土爲之,謂之爲複,言於地上重複爲之也。若高地則鑿爲坎,謂之爲穴,其形皆如陶灶,故《詩》云"陶複陶穴"是也。故毛云"陶其土而複之,陶其壤而穴之",鄭云"複者,複於土上,鑿地曰穴,皆如陶然"。故庚蔚云"複謂地上累土,謂之穴則穿地也。複穴皆開其上取明,故雨霤之,是以後因名室爲中霤也"。

《釋名·釋宮室》："中央曰中霤。古者覆穴後室之霤,當今之棟下直室之中,古者霤下之處也。"① 程瑤田云:"古者屋覆至地,必開上納明,故霤恒於中室。"② 上古時期,人們居於地穴式或半地穴式房子,在覆蓋的房頂上開一取明處,雨水從此開明處流入室的中央,故而稱作中霤。

### (三) 戶牖

室南設有戶、牖。《説文·戶部》曰:"半門曰戶。"③《説文·片部》又云:"牖,穿壁,以木爲交窗也。"④戶是單扇之門,是内室的出入口,戶雖爲單扇,也有門限與局。⑤ 牖爲窗戶,其窗扇在内,可以從室内開閉牖。牖又名鄉,案《儀禮·士虞禮》云:"祝闔牖戶,如食間,啓戶,啓牖鄉。"鄭玄注曰:"牖先闔後啓,扇在内也。鄉、牖一名是也。"

戶在室的東邊而牖在室的西邊。禮經中,戶東曰"房戶之間",也就是東房與室戶之間。《儀禮·士冠禮》:"尊於房戶之間。"鄭玄注曰:"房西室戶東也。"禮經通例,寢廟以室爲主,故室戶專得戶名,凡言戶者,皆室戶,若房戶則兼言房以別之。

人君之室居中,其西爲右房,東爲東房。堂上戶牖之間爲尊處。《爾雅·釋宮》曰:"兩階間謂之鄉。"郭璞注:"人君南鄉,當階間。"戶牖之間這塊地方叫扆,位於堂之正中,居於東西之中,爲堂上尊貴之位。《爾雅·釋宮》:"牖戶之間謂之扆。"郭璞注:"牖東戶西也。《禮》云斧扆者,以其所在處名之。"《儀禮·覲禮》:"天

---

① 王先謙:《釋名疏證補》卷5,第181頁。
② 程瑤田:《釋宮小記》,《清經解》第4册,第4361—4362頁。
③ 段玉裁:《説文解字注》,第586頁。
④ 段玉裁:《説文解字注》,第318頁。
⑤ 《禮記·曲禮下》:"入戶視必下,入戶奉局。"

子設斧依於戶牖之間。"戶牖之間所設之屏風,也叫扆。周天子舉行禮典時負扆而立,即背對著扆。西周金文之册命禮,周天子的位置也是在戶牖之間的位置。賓坐戶牖間,主人自阼階上望之,若在西北,其實在北而正中,非西北。

(四) 北堂

東房中一半以北稱爲北堂,因爲東房無北牆壁,故可以稱爲堂。《儀禮·士昏禮》:"婦洗在北堂。"鄭玄注:"北堂,房中半以北。"賈公彦疏曰:"房與室相連爲之,房無北壁,故得北堂之名。"《儀禮·有司徹》:"主婦北堂。"鄭玄注:"北堂,中房以北。"

陳器列服及婦人的立位常在北堂。《儀禮·特牲饋食禮》:"尊兩壺於房中,西墉下,南上。内賓立於其北,東面南上。宗婦,北堂東面,北上。内賓在宗婦之北。"周代嚴男女之别,婦女無事不下堂,婦人的盥洗器具設在北堂,禮書稱爲内洗或北洗。《儀禮·特牲饋食禮》云:"主婦盥於房中。"鄭玄注:"主婦盥,盥於内洗。"婦洗在北堂,而《儀禮·士虞禮》云主"婦洗足爵於房中",則北堂亦通名房中。①

北堂有北階以供上下。《儀禮·大射儀》:"工人、士與梓人升下自北階。"鄭玄注曰:"位在北堂下。"則此北階指北堂下之階。

# 第四節　房屋架構與裝飾

據《儀禮》等文獻記載,寢廟房屋結構一般采用檯梁式。檯梁式是在柱上沿房屋進深方向放置大梁,大梁上再疊置幾層縮短的梁,各短梁的兩端梁下置墊木或短柱,支承在下一層梁上。最上的短梁稱平梁,正中立短柱。在相鄰兩片梁架之間,於正中短柱柱頭和各梁梁頭用沿開間方向的檁子連接起來,即構成一間。檁下可能還施用墊板和木枋。

## 一、五架之屋的架構

南北五架,指東西牆前後共立五柱,從前面第一柱至第四柱的空間爲堂之進

---

① 《儀禮》或省文單言房,即知是東房,非謂西房、右房。

深,從第四柱至最後第五柱爲房室之進深。五架屋上有五根東西向横梁,正中的横梁稱爲棟,棟南有兩架,棟北有兩架,次棟之架曰楣(前後楣),次楣之架曰庪(前後庪)。天子至士,其各貴族階層的廟寢均是五架之屋,只不過是不同等級貴族的寢廟房屋,其廣狹存在差異。《儀禮·鄉射禮》曰:"序則物當棟,堂則物當楣。"鄭玄注曰:"是制五架之屋也。正中曰棟,次曰楣,前曰庪。"賈公彥疏曰:"中脊爲棟,棟南兩架,北亦兩架,棟前一架爲楣,楣前接檐爲庪。今見於經者惟棟與楣而已。"《儀禮·聘禮》:"諸侯受聘於廟,賓升亦當楣。"賈公彥疏曰:"凡堂皆五架。"

棟是屋脊下最高的一根東西向的大木,居於正中。棟一名阿。《儀禮·士昏禮》:"賓升當阿致命。"鄭玄注曰:"阿,棟也。"《説文·木部》云"棟,極也","極,棟也"。[1]《釋名·釋宫室》:"棟,中也,居屋之中也。"[2]

楣爲二梁,即棟之下的第二道横梁,棟的南北皆有楣。楣又稱爲桴。《説文·木部》:"桴,眉棟也。"[3] 桴即《儀禮》之楣。

庪是南北兩架楣之下接屋檐的横木。《説文·厂部》:"庌,一曰屋梠也,秦謂之楣,齊謂之庌"[4],此庌即庪。

後楣(北)以北爲室與房,北楣以南爲堂。《儀禮·少牢饋食禮》:"主人室中獻祝,祝拜於席上,坐受。"鄭玄注曰:"室中迫狹。"賈公彥疏曰:"棟南兩架,北亦兩架,於棟北楣下爲室,南壁而開户,以楣後兩架之間爲室,故云迫狹也。"《儀禮·士昏禮》:"賓當阿致命。"鄭玄注云"入堂深",此不云入室,是棟北乃有室。

承載這五根横梁需要依賴四根經柱。南北之架最大者曰梁,亦名棟廇。棟廇是南北向的大梁,《爾雅·釋宫》云:"棟廇謂之梁,其上楹謂之梲。"郭璞注:"屋大梁也。"邵晉涵《正義》云:"此爲堂上之梁,其前横列者爲楣,承之者爲楹柱。"[5]黄以周《禮書通故》云:"棟之言大,木之大者謂之棟。梁如橋梁。《毛詩傳》:'罶,曲梁也。'廇與罶聲相近,屋之大梁,曲而如罶,故名棟廇,班固《西都賦》'抗應龍之虹梁',李注'形似龍而曲如虹'是也。"又云:"凡作室先立四經柱。後二柱附於

---

① 段玉裁:《説文解字注》,第 253 頁。

② 王先謙:《釋名疏證補》卷 5,第 184 頁。

③ 段玉裁:《説文解字注》,第 253 頁。

④ 段玉裁:《説文解字注》,第 448 頁。

⑤ 邵晉涵:《爾雅正義》卷 6,第 356 頁。

室,前之旅立者謂之楹。四經以承梁,故其木較他柱爲大,而梁以荷棟楣庪,材宜更大,故須并三木合斫爲曲形如虹。"① 四經柱承二宋廇,宋廇上有侏儒柱,以承荷棟、楣、庪。

梁上之短柱爲梲,亦稱爲侏儒柱,在屋架結構中,梲是騎在梁上只頂住屋頂,但不落地的短柱。《禮記·禮器》:"管仲鏤簋,朱紘,山節,藻梲,君子以爲濫矣。"鄭玄注:"梁上楹謂之梲。"《禮記·明堂位》:"山節藻梲。"鄭玄注:"藻梲,畫侏儒柱爲藻文也。"《釋文》:"棳本或作梲。"梲字或作棳,侏儒柱亦謂之棳儒,《爾雅·釋宮》云:"其上楹謂之棳。"郭璞注:"侏儒柱也。"《釋名·釋宮室》云:"棳儒,梁上短柱也。棳儒猶侏儒,短,故以名之也。"② 梁上之柱較短,故俗稱侏儒柱。侏儒柱是連接兩道縱梁之間的短柱,是梁與梁的連接構件。

棼乃是短梁。《説文·木部》云:"橑,棼也。"③《説文·林部》云:"棼,複屋棟也。"④ 黄以周以爲"棼爲短梁",可從。棼是縱梁,兩端加於兩侏儒柱之上。同時,前後楣的一端,也分別加在兩侏儒柱上。兩侏儒柱承棼又承楣,所以上面必須加有斗拱。斗拱大於侏儒柱。正中的棟加在棼上,下有一根侏儒柱豎在棼的中間而上承於棟。

斗與拱,均爲我國木結構建築中的支承構件,是在立柱和橫梁交接處向外伸出成弓形的承重結構。從柱頂探出的弓形肘木叫拱,拱與拱之間的方形墊木叫斗。斗拱承重結構,可使屋檐較大程度外伸,形式優美,爲我國傳統建築造型的一個主要特徵。⑤

早期的斗拱稱爲節,亦名欂櫨、枅,乃屋柱上端頂住橫梁的木結構。《論語·公冶長》:"臧文仲居蔡,山節藻梲。"《論語集注》:"節,柱頭斗拱也。"⑥《禮記·禮器》云:"山節藻梲。"鄭玄注:"栭謂之節,梁上楹謂之梲。宮室之飾,士首本,大夫達棱,諸侯斫而礱之,天子加密石焉。無畫山藻之禮也。"孔穎達疏:"山

---

① 黄以周:《禮書通故·宮室通故》,第48—49頁。《穀梁傳·莊公二十三年》載:"禮,天子、諸侯黝堊,大夫倉,士黈,丹楹,非禮也。"

② 王先謙:《釋名疏證補》卷5,第185頁。

③ 段玉裁:《説文解字注》,第255頁。

④ 段玉裁:《説文解字注》,第272頁。

⑤ 沈文倬:《周代宮室考述》,第36—44頁。

⑥ 程樹德:《論語集釋》卷10,第427頁。

節謂刻柱頭爲斗拱,形如山也。孫炎云:'栭謂之節,李巡本'節'作'㮰',謂薄盧一名節,皆謂斗栱也。"節字亦作"㮰"。《法言·學行》:"吾未見斧藻其德若斧藻其㮰者也。"李軌注:"㮰,櫨也。"①《漢書·敘傳上》:"㮰梲之材不荷棟梁之任。"顏師古注曰:"㮰即薄櫨,所謂枅也。梲,梁上短柱也。㮰音節,字亦或作節。"②《爾雅·釋宮》:"栭謂之㮰。"郭璞注:"即櫨也。"邵晉涵《正義》云:"㮰,《論語》《禮記》俱作節。包咸云:節,栭也。"③《爾雅義疏》引李巡云:"栭謂檽櫨,一名㮰,皆謂斗栱也。"④

檽櫨,檽亦通用爲"薄"字,《漢書·王莽傳下》曰:"爲銅薄櫨,飾以金銀琱文。"顏師古注曰:"檽櫨,柱上枅也。"⑤字亦作"檽盧"。《禮記·明堂位》:"山節。"鄭玄注:"山節,刻檽盧爲山也。"《禮記·雜記下》:"山節而藻梲。"鄭玄注:"山節,薄櫨刻之爲山。"因斗拱如山形,故名山節。

枅,《說文·木部》云:"枕,檽櫨也。檽櫨,柱上枅也。枅,屋檽櫨也。栭,屋枅上標也。"⑥《三蒼》云:"檽櫨,柱上方木也。山東、河南皆曰枅。"⑦《廣雅·釋宮》:"檽謂之枅。"⑧

櫨,指方形似斗狀的墊木,《釋名·釋宮室》:"櫨,在柱端,如都盧負屋之重也。斗,在㮰兩頭,如斗也,斗負上員檼也。"⑨《說文·木部》:"檽,柱上枅也。"⑩即櫨斗。

綜以上諸訓,節、枅、檽櫨同物異名,即斗拱,加在侏儒柱之上。

椽是椽子的總稱,是垂直放置於棟檁上以供鋪瓦、茅草,直接承受屋面荷載的細木杆件,多用木製,也有竹製者。《釋名·釋宮室》:"椽,傳也,相傳次而布列

---

①　汪榮寶:《法言義疏》,中華書局 1987 年版, 第 26 頁。

②　班固:《漢書》卷 100, 第 4210 頁。

③　邵晉涵:《爾雅正義》卷 6, 第 357 頁。

④　郝懿行:《爾雅義疏》, 第 478 頁。

⑤　班固:《漢書》卷 4, 第 4162、4163 頁。

⑥　段玉裁:《說文解字注》, 第 254 頁。

⑦　馬國翰:《玉函山房輯佚書》,廣陵書社 2004 年版, 第 2325 頁。

⑧　王念孫:《廣雅疏證》卷 7 上, 第 209 頁。

⑨　王先謙:《釋名疏證補》卷 5, 第 186 頁。

⑩　段玉裁:《說文解字注》, 第 254 頁。

也。或謂之榱,在櫋旁下列,衰衰然垂也。"① 椽子的特徵是排列有序,故謂之椽。椽有圓形有方形,析言之,椽特指圓形椽子,方形椽稱爲桷;混言之,桷、椽無別。《左傳·桓公十四年》:"桓公伐鄭,以大宮之椽爲盧門之椽。"陸德明《釋文》云:"圓曰椽,方曰桷。"《説文·木部》:"桷,榱也,椽方曰桷。"段玉裁注:"桷之言棱角也。"② 實際上,桷用作方形椽子的意義很少在古籍中見到。

桷亦謂之榱。《爾雅·釋宮》云:"桷謂之榱。"郭璞注:"屋椽。"《説文·木部》云:"橑,椽也";"榱,椽也,秦名屋椽也,周謂之椽,齊魯謂之桷"。段玉裁注云:"橑必與棼連言,而別於榱桷,則榱桷爲屋椽,橑爲複屋之椽可知,檐霤在複屋。"③ 橑經常和棼結合使用,棼是重簷複屋的棟,橑亦特指複屋(雙層屋面)上的椽子。

豪華宮室上面的椽子常加以雕飾。《國語·晉語八》:"趙文子爲室,斲其椽而礱之。"又云:"天子之室,斲其椽而礱之,加密石焉。諸侯礱之,大夫斲之,士首

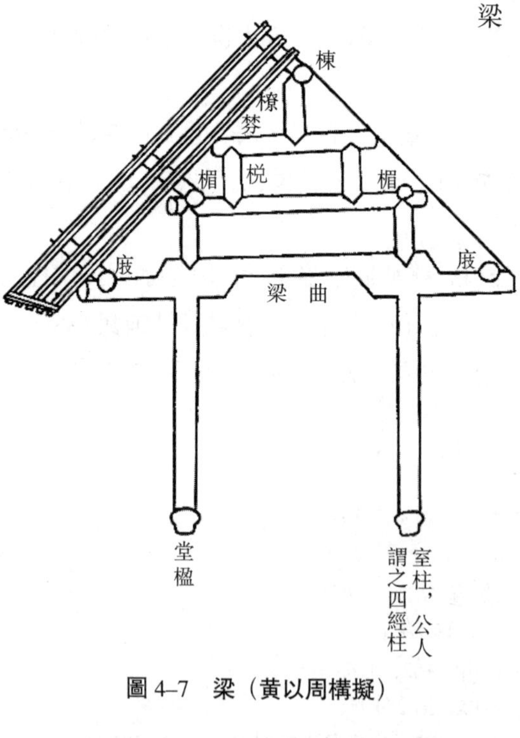

圖 4-7　梁(黄以周構擬)

① 王先謙:《釋名疏證補》卷 5,第 184 頁。
② 段玉裁:《説文解字注》,第 255 頁。
③ 段玉裁:《説文解字注》,第 255 頁。

之。”韋昭注：“礱，磨也。”①天子的宮殿，砍削房椽後粗磨，再用密文石細磨；諸侯宮室的房椽粗磨，大夫宮室的房椽加以砍削，士的房子只要砍掉椽頭即可。

椽子上加有薄，用以防漏。《爾雅·釋宫》：“屋上薄謂之筄。”郭璞注：“屋笮。”邵晉涵云：“在椽上而傅於瓦者名筄。”②薄亦名笮，《説文·竹部》：“笮，迫也。在瓦之下，棼上。”③椽上加有筄（竹箔），筄上加瓦或草等覆蓋物。屋頂的一般做法，是檩子上排列鋪設椽，椽上鋪有席、笆或木版等物，然後鋪苫背泥，泥上鋪瓦。陝西鳳雛建築甲組基址有葦束抹泥作屋頂④，此葦束蓋即笮。笮在檩子上相互擠在一起，上面又承受泥背和瓦的壓力，故《説文》解釋爲“迫也”。

屋頂有茸屋，有瓦屋。《考工記·匠人》：“茸屋三分，瓦屋四分。”《左傳·桓公二年》：“是以清廟茅屋，昭其儉也。”茸屋即茅屋，以葦及茅草等物覆蓋屋頂。瓦屋，指以瓦蓋屋頂的房屋。瓦屋亦稱爲甍，甍有蒙之義，因屋以瓦覆蓋蒙之，故名甍。《釋名·釋宫室》：“屋脊曰甍。甍，蒙也，在上覆蒙屋也。”王先謙《疏證補》引程瑤田《通藝録》云：“甍者，蒙也，凡屋通以瓦蒙之曰甍。”⑤西周遺址中發現有板瓦、筒瓦以及瓦當等（圖4–8）。⑥

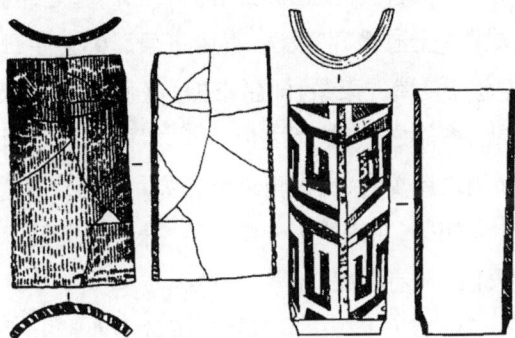

**圖4–8　西周陶瓦（扶風雲塘出土）**

---

① 徐元誥：《國語集解》，第432頁。
② 邵晉涵：《爾雅正義》卷6，第361—362頁。
③ 段玉裁：《説文解字注》，第191—192頁。
④ 傅熹年：《陝西岐山鳳雛西周建築遺址初探——周原西周建築遺址研究之一》，《文物》1981年第1期，第65—74頁。
⑤ 王先謙：《釋名疏證補》卷5，第186頁。
⑥ 參見岳連建《西周瓦的發明、發展演變及其在中國建築史上的意義》，《考古與文物》1991年第1期，第98—101頁。

## 二、四注與二注

天子、國君之堂屋爲四注,四注亦謂之四阿,四阿亦謂之殿屋。所謂四注,天子、諸侯堂屋東西南北有四霤,皆有水下流,形成水下流四注,故謂之四注。《儀禮·燕禮》:"設洗,當東霤。"鄭玄注曰:"人君爲殿屋也。"殿屋即四注屋。《考工記·匠人》云:"殷人四阿重屋。"鄭玄注曰:"四阿,若今之四注屋。"四阿指四面坡,四面有檐霤,可使水從四面流下。大夫士之堂屋則南北兩下而已。所謂"下",指水從屋上流下,故稱下,此引申爲水留下之處,即霤。大夫士兩下,指大夫士房的南北有兩處水下流之處,即有南北二霤。霤之義,《說文·雨部》釋曰:"屋水流也。"徐鍇《繫傳》曰:"屋檐滴處。"①霤乃是屋檐下滴水處,今謂之散水。兩注者又稱爲夏屋。周制,天子、諸侯爲殿屋四注,卿大夫以下但爲夏屋兩注,則天子、諸侯的房屋四周南北東西皆有霤,大夫、士的房屋則南北有霤,是以《儀禮·燕禮》言東霤,而大夫士禮則言東榮,因爲没有東西霤之故。《儀禮·鄉射禮》:"磬階間縮霤。"縮有縱義,霤以東西爲縱,故稱爲縮霤。此霤謂堂之南霤。門塾有兩注,有南北霤。《儀禮·燕禮》之門内霤,乃門塾之北霤。

屋翼名榮。《儀禮·士冠禮》:"設洗,直於東榮。"鄭玄注曰:"榮,屋翼也。周制自卿大夫以下其室爲夏屋。"東榮,即屋東檐。《說文·木部》曰:"屋梠之兩頭起者爲榮。"又曰:"楣,齊謂之厃,楚謂之梠。"②屋檐的東西兩頭張起者稱爲榮,有爲屋榮飾之義;又謂之屋翼者,因檐角之軒張如翬斯飛。四注屋有東西南北四榮(屋檐),兩注屋亦有四榮。《儀禮·士喪禮》:"升自前東榮。"《禮記·喪大記》:"降自西北榮。"可見士的屋有四榮。

屋檐亦謂之宇。《儀禮·士喪禮》:"爲銘,置於宇西階上。"鄭玄注曰:"宇,梠也。"《說文·宀部》曰:"宇,屋邊也。"③《爾雅·釋宮》曰:"檐謂之樀。"郭注曰:"屋梠。"邢昺疏曰:"屋檐一名樀,一名宇,皆屋之四垂也。"所謂宇西階上,指西階之上,上當宇(屋簷)。《儀禮·特牲饋食禮》:"主婦視饎爨於西堂下。"鄭玄注曰:"南齊於坫。"其《記》又注曰:"南北直屋梠是也。"階上當宇,故階當霤。

---

① 段玉裁:《說文解字注》,第573頁。
② 段玉裁:《說文解字注》,第247、255頁。
③ 段玉裁:《說文解字注》,第338頁。

### 三、夯築與裝飾

商周時期的宮室及城垣采用版築法築牆。版築法是將牆的兩側壁和一個橫頭用木板堵住,在這一段內分層夯築,夯成後拆除橫堵板和兩側壁板,然後逐段前進夯築。《詩‧大雅‧綿》云:"其繩則直,縮版以載,作廟翼翼",記載的即是版築場景。分段版築法是建築技術上的一個進步,它可以在同一時間裹集中較多勞動力同時按一定的要求標準施工,既加快築城進度,也可以保證建築的質量。河南登封王城崗和山西夏縣東下馮村城址就是采用原始的夯土技術修建的牆體;河南鄭州、湖北黃陂盤龍城兩處發現的商代城牆主體都是采用此法。[①] 如鄭州商城的夯築,是在擬築的夯土城牆下面先平整地面,然後開挖出一條與城牆平行的基礎槽。在基礎槽底層層層夯築,基槽以上部分用版築。城牆是用成捆的圓棍夯打而成。夯築木板一般長約 2.5—3.3 米,寬約 0.15—0.3 米。[②]

築牆時所用的木版,豎在前後端的稱爲楨,亦稱爲植;豎在兩旁障土的木版稱爲榦。《周禮‧夏官‧大司馬》:"屬其植。"鄭玄注:"植,築城楨也。"《尚書‧費誓》:"峙乃楨榦。"僞孔傳:"題曰楨,旁曰榦。"孔穎達疏:"題曰楨,謂當牆兩端者也。旁曰榦,謂在牆兩邊者也。"《史記‧魯周公世家》:"魯人三郊三隧,峙爾芻茭、糗糧、楨榦,無敢不逮。"《集解》引馬融曰:"楨、榦皆築具,楨在前,榦在兩旁。"[③]

宮室的牆多以草或植物的莖葉拌泥,謂之墐。《禮記‧內則》:"塗之以謹塗。"鄭玄注:"謹當爲墐,聲之誤也。墐塗,塗有穰草也。"在泥土中摻和草葉,目的是增強泥土的抗拉性能。

天子、諸侯和卿大夫居室的屋面牆壁或再飾以白灰、白土等物,謂之堊。《說文‧土部》:"堊,白涂也。"[④]《爾雅‧釋宮》:"牆謂之堊。"郭璞注:"白飾牆也。"《釋名‧釋宮室》:"堊,亞也,次也。先泥之,次以白灰飾之也。"[⑤]《周禮‧地

---

① 王慎行:《古文字與殷周文明》,陝西人民教育出版社 1992 年版, 第 164—170 頁。

② 中國社會科學院考古研究所:《中國考古學‧夏商卷》,中國社會科學出版社 2003 年版,第 220—221 頁。

③ 司馬遷:《史記》卷 33, 第 1525 頁。

④ 段玉裁:《說文解字注》, 第 686 頁。

⑤ 王先謙:《釋名疏證補》卷 5, 194 頁。

官·掌蜃》："祭祀共蜃器之蜃。共白盛之蜃。"鄭玄注引鄭司農云："蜃可以白器，令色白。"蜃灰是用貝殼類的動物燒制而成的粉末，再用水調和，即可粉刷牆壁。

往牆上塗抹白灰使之光滑潔净并防雨水冲刷的破壞，在古代叫圬，字又作杇。《論語·公冶長》："糞土之牆，不可杇也。"皇侃疏："謂圬墁之使之平泥也。"①《左傳·襄公三十一年》："圬人以時塓館宫室。"杜預注："圬人，塗者。"圬人，即粉刷牆壁的泥瓦匠。

# 第五節　學校

文獻記載的貴族子弟學制有小學、大學兩級。《大戴禮記·保傅》云："古者年八歲而出就外舍，學小藝焉，履小節焉；束髮而就大學，學大藝焉，履大節焉。"② 八歲或者十歲的兒童進入小學學習基本的數術、書記以及小舞等小藝；十五歲的青少年則進入大學學習禮樂射御等大藝。

## 一、小學

小學是教育未成年子弟道藝的場所。《大戴禮記·保傅》："及太子少長，知妃色，則入於小學。小者，所學之宫也。"③ 這類小學屬宫廷的貴胄小學，其學生是王太子、公卿太子、門子、元士的嫡子等。

西周設有小學，在青銅器銘文中也有印證。大盂鼎銘云："汝妹辰又大服，余唯即朕小學，汝勿克余乃辟一人。"（《集成》2837）師虘簋云："在昔先王小學，汝敏可事。"（《集成》4324）由此可見西周貴族確有小學，爲兒童學習的場所。

天子設置的學校有小學和大學。小學在國都内，大學在國都近郊。《禮記·王制》："天子命之教，然後爲學。小學在公宫南之左，大學在郊。"天子之小學蓋與諸侯相同。小學在王宫南門内之東，教師由警衛王宫的高級軍官師氏和保氏擔任，主要是對年幼的貴族子弟進行道德行爲培養和初步的習武訓練。

---

① 參見宗福邦等編《故訓匯纂》，第 408 頁。
② 王聘珍：《大戴禮記解詁》卷 3，第 60 頁。
③ 王聘珍：《大戴禮記解詁》卷 3，第 51 頁。

一説周代有門闈之學,師氏、保氏掌之以教太子,而國之貴胄子弟亦從學。《周禮·地官·師氏》:"居虎門之左,司王朝。"鄭玄注:"虎門,路寢門也。"路寢門,即路門。《大戴禮記·保傅》云"年八歲而出就外舍",盧辨注云:"小學,謂虎闈,師保之學也。"① 世子學於虎門(路寢門)之學,與其一起學習者應是一些王子弟及公卿嫡子。而金鶚與孫詒讓等認爲周代并無此制。②

其一爲郊外之學。周時除設在公宮南之左的那所貴胄小學之外,還在西郊設有小學。《禮記·王制》:"周人養國老於東膠,養庶老於虞庠,虞庠在國之西郊。"鄭玄注:"庠之言養也。周之小學爲有虞氏之庠制,是以名庠云。"③ 這類小學可能是宮廷的貴胄小學,入學學生的層次可能要低一些,大夫、元士之子及國中之秀者當學於郊外小學,入學者爲中小貴族的子弟。

各諸侯國也有自己的貴胄小學。《公羊傳·宣公十五年》:"什一者,天下之中正也。什一行而頌聲作矣。"何休注云:"諸侯歲貢小學之秀者於天子,學於大學。"可證諸侯國有小學。

## 二、大學

三禮載周天子所設大學,規模較大,其學有五,辟雍居中,四周分設南(成均)、北(上庠)、東(東序)、西(瞽宗)四學,是進行各種教學活動的場所。見《周禮》者有成均,見於《禮記》者又有辟雍、上庠、東序(又稱東膠)、瞽宗,共五學。

大學實際上類似一所軍事學校。據《周禮》記載,大學學員的學習管理是采用軍事體制,在學期間,由諸子率領組成部隊,除了學習禮樂、射事外,還具有宿衛王宮、參與戰事等職責。《周禮·夏官·諸子》云:"凡國之政事,國子存遊倅,使之修德學道,春合諸學,秋合諸射,以考其藝而進退之","國有大事,則帥國子而致於大子,惟所用之。若有兵甲之事,則授之車甲,合其卒伍,置其有司,以軍法治之。司馬弗正。"由此可見當時學校與軍事有密切關係。

大學學員結束後,由司馬考核優秀則被分派職司,定爵禄。《禮記·王制》:"大樂正論造士之秀者,以告於王,而升諸司馬,曰進士。"鄭玄注:"移名於司馬。

---

① 王聘珍:《大戴禮記解詁》卷 3,第 60 頁。
② 孫詒讓:《周禮正義》卷 25,第 1004 頁。
③ "西郊",一説爲"四郊"之誤。

司馬,夏官卿,掌邦政者。進士,可進受爵禄也。"

辟雍

大學名。又作"辟廱"。傳統説法是,辟雍本爲西周王朝爲教育貴族子弟而設立的大學,在國都近郊,是貴族子弟學習道藝之所。辟雍的校址圓形,四面環水如璧。《禮記·王制》:"大學在郊,天子曰辟廱,諸侯曰頖宮。"鄭玄注:"辟,明也。廱,和也。"《詩·大雅·靈臺》:"於論鼓鐘,於樂辟廱。"毛傳:"旋丘如璧曰辟廱,以節觀者。"《詩·魯頌·泮水》:"思樂泮水,薄采其芹。"鄭玄箋:"辟廱者,築土廱水之外,圓如璧,四方來觀者均也。"辟,乃"璧"字初文。雍與"邕"同音通用,《説文·巛部》説:"邕,邑四方有水自邕成池者是也。"①辟雍是圓形水池環繞的臺形建築,因其形圓如璧,故名辟雍。據舊説,辟邕之所以爲圓形,是爲了使觀者平均。

辟雍問題是經學研究中聚訟紛紜的一個問題。《詩·大雅·靈臺》中提到有靈臺、靈沼、靈囿、辟雍等。傳統經學研究中,關於辟雍、明堂、靈臺等之間的空間關係,説法不同。據《詩經》孔穎達正義所引,列舉如下:

《韓詩》説:辟廱者,天子之學,圓如璧,雍之以水,示圓,言辟,取辟有德。不言辟水,言辟廱者,取其廱和也,所以教天下春射秋饗,尊事三老五更。在南方七里之內,立明堂於中,《五經》之文所藏處,蓋以茅草,取其潔清也。《左氏》説,天子靈臺在太廟之中,雍之靈沼,謂之辟廱。諸侯有觀臺,亦在廟中。皆以望嘉祥也。……《大戴禮·盛德篇》云:"明堂者,所以明諸侯尊卑也。外水名曰辟廱。"《政穆篇》云:"大學,明堂之東序也。"如此文,則辟廱、明堂同處,故諸儒多用之。盧植《禮記注》云:"明堂即大廟也。天子太廟,上可以望氣,故謂之靈臺。中可以序昭穆,故謂之太廟。圓之以水,似辟,故謂之辟廱。古法皆同一處,近世殊異,分爲三耳。"蔡邕《月令論》云:"取其宗廟之清貌則曰清廟,取其正室之貌則曰太廟,取其堂則曰明堂,取其四門之學則曰太學,取其周水圓如璧則曰辟廱。異名而同耳,其實一也。"穎子容《春秋釋例》云:"太廟有八名,其體一也。肅然清静謂之清廟,行禘祫、序昭穆謂之太廟,告朔行政謂之明堂,行饗射、養國老謂之辟廱,占雲物、望氣祥謂之靈臺,其四明之學謂之太學,其中室謂之太室,總謂之宮。"賈逵、服虔注《左傳》亦

---

① 段玉裁:《説文解字注》,第 569 頁。

云："靈臺在太廟明堂之中。"此等諸儒,皆以廟、學、明堂、靈臺爲一。

鄭玄則認爲:

> 玄之聞也,《禮記·王制》:天子命之教然後爲學,小學在公宮之左,大學在郊。天子曰辟廱,諸侯曰泮宮。天子將出征,受命於祖,受成於學。出征執有罪,反,釋奠於學,以訊馘告。然則太學即辟廱也。《詩·頌·泮水》云:"既作泮宮,淮夷攸服。矯矯虎臣,在泮獻馘。淑問如皋陶,在泮獻囚。"此復與辟廱同義之證也。《大雅·靈臺》一篇之詩,有靈臺,有靈囿,有靈沼,有辟廱。其如是也,則辟雍及三靈皆同處在郊矣。①

鄭玄認爲,靈臺、靈沼、靈囿與辟雍同設於都城郊區,辟雍即天子大學,與靈臺等并非一事,但都在郊區。

辟雍見於西周金文,西周銅器麥方尊銘文記載:"在辟雍,王乘於舟爲大禮,王射大龏禽,侯乘於赤旂舟從。死咸,之日,王以侯入於寢,侯賜玄琱戈。"(《銘圖》11820,《集成》6015)。陝西長安張家坡 M183 出土的伯唐父鼎,其銘載,"乙卯,王饔荎京,王秉,辟舟臨舟龍,咸。伯唐父告備,王各,乘辟舟,臨白旗,用射兕、犛虎、貉、白鹿、白狼於辟池,咸秉。"(《銘圖》5.2449)以上兩例所記之射皆與祭祀有關,都提到辟雍的水池或水鳥。麥尊所言的辟雍,伯唐父鼎所言在辟池,二者皆爲同一處,皆是在京的辟雍大池②,此大池可能即《詩·大雅·靈臺》所言的"靈沼"。關於辟雍的形制,由金文看,辟雍的外圍是一個人工修建的圓形大池,中心是圓形的高臺,這與傳統經學對辟雍形制的解釋是一致的。從伯唐父鼎銘文看,大池旁應設有苑囿,裏面放養有禽獸,也可能就是《詩·大雅·靈臺》的"靈囿"。至於《詩·靈臺》中的靈臺,不能排除是建在大池中央的臺地上。大學的辟雍之所以設在郊,蓋園囿、池沼魚鳥所養,在國中終有不便,於是設置於郊區。從金文看,辟雍及其周圍的建築是比較複雜的,中間臺地建築有宣榭之類的建築可以舉行饗射,而爲了教育貴族子弟,中央當還有其他建築設施。

因此,綜合來看,西周時期的太學辟雍中的靈臺、大池、苑囿等構成了一個規模較大的集教學、饗射、天文觀測等功能於一體的區域。

---

① 參見《詩·大雅·靈臺》孔穎達正義。

② 參見黃盛璋《周都豐鎬與金文中的荎京》,載《歷史地理論集》,人民出版社 1982 年版,第 57—83 頁。

荓京是舉行宗廟祭祀大典的地方(麥方尊,《銘圖》21・11820,《集成》6015),説明此處有宗廟宫室。辟雍是舉行饗射之宫。静簋銘文記載了周王令静督課學宫射事,銘文曰:"丁卯,王令静司射學宫,小子罞服罞小臣罞夷僕罞學射。"(《集成》4273)此學宫蓋即大學辟雍,在此對貴族子弟進行射箭教學,并舉行周王親自參加的射獵活動加以考核,還獎勵負責教射有功的官員。西周銅器遹簋(《集成》4207,《銘圖》5237)銘文反映出,周穆王在荓京大池舉行漁獵,然後舉行饗酒禮(應是在中央臺地上的宣榭之類建築上),這説明,辟雍也是舉行饗禮之所。銅器銘文記載與《白虎通》所云辟雍是"大學者辟雍,饗射之宫"的説法是符合的。

至於荓京中辟雍與宗廟的關係,有兩種可能:第一,辟雍與宗廟爲一;第二,宗廟與辟雍設於二處。西周銅器鮮簋銘文云:"唯王卅又四祀,唯五月既望戊午,王在荓京,禘(禘)於昭王。"(《集成》10166)這説明荓京設置有宗廟,極有可能西周諸王宗廟應設於荓京。但據麥方尊(《集成》6015),周王饗荓京、彤祀,第二天在辟雍舉行射禮,推測荓京的宗廟與辟雍極可能不在一起,或者説宗廟建築不大可能建築在辟雍中央臺地上,但距離應該不會太遠。

據後世漢儒之説,辟雍也是舉行禮樂禮典,宣行教化之所,環之以水,象徵教化流行。《白虎通・辟雍》曰:"天子立辟雍何? 辟雍所以行禮樂,宣德化也。辟者,璧也。象璧圓,以法天也。雍者,壅之以水,象教化流行也。"[1] 劉向《五經通義》亦云:"天子立辟雍者何? 所以行禮樂,宣教化,教導天下之人,使爲士君子,養三老,事五更,與諸侯行禮之處也。"[2] 環水爲雍,圓形象璧,象徵王道教化圓滿不絕。此説後起,恐非本義。

頖宫

頖宫是諸侯在都城郊區設置的大學。字又作泮宫,泮,有半之義。《禮記・王制》:"大學在郊,天子曰辟廱,諸侯曰頖宫。"蔡邕《獨斷》:"三代學校之別名:夏曰校,殷曰庠,周曰序。天子曰辟雍,謂流水四面如璧,以節觀者。諸侯曰頖宫,頖言半也,義亦如上。"[3] 因爲諸侯大學有一半環水,減殺於天子,故稱泮宫。

---

[1] 陳立:《白虎通疏證》卷6,第259頁。

[2] 馬國翰:《玉函山房輯佚書》第3册,第2031頁。

[3] 蔡邕:《獨斷》卷上,第15b頁。

　　魯國設有泮宫。《禮記·禮器》曰:"魯人將有事於上帝,必先有事於頖宫。"鄭玄注:"先有事於頖宫,告后稷也。告之者,將以配天,先仁也。頖宫,郊之學也,《詩》所謂頖宫也。"泮宫亦爲祭祀后稷之所。戴震《戴氏詩經考》云:"魯有泮水,作宫其上,故它國絶不聞有泮宫,獨魯有之。泮宫也者,其魯人於此祀后稷乎? 魯有文王廟,稱周廟而郊祀后稷,因作宫於都南泮水上,尤非諸侯廟制所及。宫即水爲名,稱泮宫。"① 戴震認爲,魯國有河流名泮水,在其上作宫,故稱泮宫。今人錢玄先生認爲,"泮宫本爲魯大學之專稱,後來作爲諸侯大學之通稱"②。是否如此,不可究詰。

　　泮宫的建築形制,有二説。一説,建築的西方、南方爲水,東方、北方爲牆,一半有水,一半無水。《説文·水部》:"泮,諸侯饗射之宫,西、南爲水,東、北爲牆。"段玉裁注:"泮之言半也,蓋東西門以南通水,北無也。"③ 許慎認爲泮宫的西、南有水環繞,東、北爲牆。一説,東門與西門以南有水環繞,東門與西門以北無水。《詩·魯頌·泮水》:"思樂泮水,薄采其芹。"毛傳:"泮水,泮宫之水也。天子辟雍,諸侯泮宫。"鄭玄箋:"泮之言半也。半水者,蓋東西門以南通水,北無也。天子諸侯宫異制,因形然。"劉向《五經通義》説與此同。泮宫的形制無據可考,蓋泮宫東門、西門以南環之以水,北面則無之,以示與天子辟雍有别。

　　成均

　　周之大學名。④《周禮·春官·大司樂》:"大司樂掌成均之法,以治建國之學政,而合國之子弟焉。"《禮記·文王世子》:"三而一有焉,乃進其等,以其序,謂之郊人,遠之,於成均,以及取爵於上尊也。"鄭玄注:"董仲舒曰:五帝名大學曰成均。"成均本義爲調整樂調,大司樂掌之,此以之爲大學之名。

　　瞽宗

　　瞽宗由樂師瞽蒙主持,是祭祀樂祖之所,同時又是進行樂教、教習禮樂的機構。

　　瞽,指樂官。因爲盲人對聲音比較敏鋭,古代樂官多以瞽者爲之,故稱瞽。《詩·周頌·有瞽》:"有瞽有瞽,在周之庭。"鄭玄箋:"瞽,蒙。以爲樂官者,目無

　　① 戴震:《毛鄭詩考正》卷4,《戴震全集》第2册, 第1237頁。
　　② 錢玄:《三禮通論》, 第404頁。
　　③ 段玉裁:《説文解字注》, 第566頁。
　　④ 一説成均即辟雍, 參見錢玄《三禮通論》, 第405—406頁。

所見,於聲音審也。"《國語·周語下》:"古之神瞽,考中聲而量之以制,度律均鐘,百官軌儀,紀之以三,平之以六,成於十二,天之道也。"韋昭注:"神瞽,古樂正,知天道者也,死以爲樂祖,祭於瞽宗,謂之神瞽。"①《周禮·春官·大司樂》:"凡有道者有德者,使教焉,死則以爲樂祖,祭於瞽宗。"鄭玄注:"死則以爲樂之祖,神而祭之。鄭司農云:'瞽,樂人,樂人所共宗也。'"據説,瞽宗乃殷商之學。《禮記·明堂位》説:"瞽宗,殷學也。"鄭玄注:"瞽宗,樂師瞽矇之所宗也,古者有道德者使教焉,死則以爲樂祖,於此祭之。"有道德教藝的樂師主掌樂教,死後被尊爲樂祖受享,瞽宗即是祭祀樂祖的神廟。又《禮記·文王世子》云:"春誦夏弦,大師詔之瞽宗","《禮》在瞽宗,《書》在上庠"。鄭玄注云:"學《禮》《樂》於殷之學,功成治定,與己同。"可知周代瞽宗爲教學場所,學禮樂在瞽宗,祭先師亦在瞽宗。

大學除教育功能,因西周政教未分,所以當時的大學還具有重要的政治功能。

其一,大學爲施政場所。周代軍事征伐前,在大學商議作戰謀略,即所謂"受成"。《禮記·王制》:"天子將出征","受成於學"。鄭玄注:"定兵謀也。"及其返回,則釋奠、凱旋獻俘等禮均於學校舉行。《禮記·王制》:"天子出征,執有罪,反,釋奠於學,以訊馘告。"鄭玄注:"釋菜奠幣,禮先師也。"蓋於大學釋奠先師以酬答其功。又《詩·魯頌·泮水》曰:"翩彼飛鴞,集於泮林。憬彼淮夷,來獻其琛。"此所載乃在學校接受外夷貢獻之禮。《詩》又曰:"明明魯侯,克明其德。既作泮宮,淮夷攸服。矯矯虎臣,在泮獻馘。淑問如皋陶,在泮獻囚。"此言在泮宮舉行獻馘獻囚之禮。

其二,西周大學是舉行禮樂禮典活動,推行禮樂教化的場所。

西周大學具有養老的社會功能,國家在各級學校中舉辦禮儀以養老,以培養社會尊老敬老的意識。《禮記·王制》説:"五十養於鄉,六十養於國,七十養於學,達於諸侯。八十拜君命,一坐再至,瞽亦如之,九十使人受。"所謂的鄉,孔穎達疏以爲指鄉學;所謂國,鄭玄注以爲是"國中小學";學,鄭玄注以爲是大學。天子、諸侯有養老之禮,亦在辟雍、泮宮舉行。《詩·大雅·靈臺》篇:"虡業維樅,賁鼓維鏞,於論鼓鐘,於樂辟雍。"《詩·魯頌·泮水》篇:"思樂泮水,薄采其茆。魯侯戾止,在泮飲酒。既飲旨酒,永錫難老。順彼長道,屈此群醜。"此言諸侯在泮

---

① 徐元誥:《國語集解》,第 113 頁。

宫行飲酒禮招待老年人。周代於太學養三老、五更，以教化百姓孝悌尊老。《禮記·祭義》説：“食三老、五更於大學，天子袒而割牲，執醬而饋，執爵而酳，冕而總干，所以教諸侯之弟也。是故鄉里有齒而老窮不遺，强不犯弱，衆不暴寡，此由大學來者也。”之所以在大學中，除了昭顯國家尊老敬老之意義，還在於爲天下作出表率，以爲百姓效法的對象。

其三，大學爲舉行學禮之場所。《禮記·文王世子》云：“凡學，春官釋奠於先師，秋冬亦如之。”鄭玄注曰：“不言夏，夏從春可知。”此爲四時釋奠。凡“始立學”之釋奠，“天子視學”之釋奠，這些皆屬於非時之釋奠。《禮記·文王世子》：“凡始立學者，必釋奠於先聖先師。及行事，必以幣。”《禮記·學記》云：“大學始教，皮弁祭菜，示敬道也。”

楊寬先生概括西周大學的三個特點爲，“第一個特點，建設在郊區，四周有水池環繞，中間高地建有廳堂式的草屋，附近有廣大的園林。園林中有鳥獸集居，水池中有魚鳥集居”；“第二個特點，西周大學不僅是貴族子弟學習之所，同時又是貴族成員集體行禮、集會、聚餐、練武、奏樂之處，兼有禮堂、會議室、俱樂部、運動場和學校的性質，實際上就是當時貴族公共活動場所”；“第三個特點，西周大學的教學内容以禮樂和射爲主要”。① 總之，西周的大學是一個以教育爲主，同時兼有政治和社會功能的綜合性場所。

## 三、門塾之學

兩周時期，塾是鄉學的一種形式。當時，學在官府，官師合一，塾的主持人是年老致仕的大夫、士，負責在地方推行道德教化。

《禮記·學記》謂之家塾：“古之教者，家有塾，黨有庠，術有序，國有學。”鄭玄注：“古者仕焉而已者，歸教於閭里，朝夕坐於門。門側之堂謂之塾。”家塾，《尚書大傳》謂之門塾。《尚書大傳》云：“歲事既畢，餘子皆入學，十五始入小學，見小節，踐小義。十八入大學，見大節，踐大義焉。距冬至四十五日，始出學傅農事。上老平明坐於右塾，庶老坐於左塾。餘子畢出，然後皆歸，夕亦如之。”②《白虎通義》記載大致相同：“古者教民者，里皆有師，里中之老而有道德者爲里右師，其次

---

① 楊寬：《我國古代大學的特點及其起源》，《古史新探》，中華書局 1965 年版，第 200—208 頁。
② 皮錫瑞：《尚書大傳疏證》，《續修四庫全書》第 55 册，第 784—785 頁。

爲左師,教里中之子弟以道藝、孝悌、仁義。立春而就事,朝則坐於里之門,餘子皆出就農而後罷。夕亦如之,皆入而後罷。其有出入不時,早晏不節,有過,故使語之,言心無由生也。若既收藏,皆入教學。"① 致仕的大夫、士任塾師,農家子弟在農事結束後,由塾師在閭里之門塾教以道藝。

## 四、射宫

射宫爲舉行射禮之處。《禮記·射義》:"是故古者天子之制,諸侯歲獻,貢士於天子,天子試之於射宫","天子將祭,必先習射於澤。澤者,所以擇士也。已射於澤,而後射於射宫,射中者得與於祭,不中者不得與於祭。諸侯歲獻貢士於天子,天子試之於射宫"。《尚書大傳》亦云:"凡祭,取餘獲陳於澤,然後卿大夫相與射也。"此澤,可能即金文中辟雍大池之類,裏面養有各種飛禽走獸以供觀賞射獵。射宫,孔穎達疏云:"其射宫,天子則在廟也。"此言射宫在宗廟中。金文中射所名射廬,例如十五年趞曹鼎銘:"又五年五月既生霸壬午,恭王在周新宫,王射於射廬,史趞曹易弓矢、虎盧胄、盾、甲、殳。"(《集成》2784)師湯父鼎銘説:"王在周新宫,在射廬。"(集成》2780)匡卣:"懿王在射廬。"(《集成》5423)上面的射廬位於宫中,蓋即《禮記·射義》所言之射宫,應位於宗廟建築群內。

宣榭爲講武臨觀之所,是建築於土臺上的廳堂。《説文·宀部》:"宣,天子宣室也。"宣榭一詞見於金文。弁敦銘文云:"唯二年正月初吉,王在周昭宫,丁亥,王格於宣榭。"(《集成》4296—4297)虢季子白盤銘文云:"桓桓子白,獻馘於王,王孔嘉子白義,王格周廟宣榭爰饗。"(《銘圖》25.14538,《集成》10173)此宣榭位於宗廟內。榭的形制,各家有説解。《左傳·襄公三十一年》:"宫室卑庳,無觀臺榭。"《釋文》:"土高曰臺,有木曰榭。"《禮記·月令》孔穎達疏引李巡云:"但有大殿,無室,名曰榭。"《尚書·太誓》正義引孫炎曰:"榭,但有堂也。"《左傳·宣公十六年》:"夏,成周宣榭火。"杜預注曰:"宣榭,講武屋。《爾雅》曰:'無室曰榭。'謂屋歇前。"孔穎達疏:"服虔云:'宣揚威武之處,義或當然也。'李巡曰:'臺,積土爲之,所以觀望,臺上有屋謂之榭。'則榭是臺上屋。居臺而臨觀講武,故無室而歇前,歇前者,無壁也,如今廳事也。《公羊》以爲'宣宫之榭',謂宣王之廟也。"廳

---

① 陳立:《白虎通疏證》卷6,第262—263頁。

事即堂埠。《爾雅·釋宮》：“無室曰榭。”郭璞注：“榭即今堂埠。”[1] 綜上來看，宣榭建築在高臺上，是射箭講武之所，其形制與一般的房屋不同。榭築於臺上而用於觀臨講武，故無室亦無牆壁（如東周青銅射禮圖像顯示，圖4–9、圖4–10），與一般的學宮不同。

圖4–9　成都百花潭銅壺燕飲射禮圖像（《文物》1976年3期）

圖4–10　上海博物館藏刻紋燕射畫像橢桮（《文物》1961年10期）

---

[1] 參見郝懿行《爾雅義疏》，第494頁。

射宮與宣榭有密切關係,推測二者異名同實。射宮是總名,宣榭是其中的組成部分。從東周青銅器上的饗射圖像看,高臺建築既可以舉行射箭活動,也可以舉行燕飲,符合文獻所言的宣榭之制,應即宣榭。推測周圍尚有宮牆,從而構成宗廟建築群內的一單元,稱爲射宮。

## 五、庠序的宮室結構

鄉遂以及諸侯國各州、黨均設有學,一曰鄉校,一曰州序,一曰黨庠。其宮室制度與廟寢有所不同。

### (一) 庠序

庠是鄉之學宮。《孟子‧滕文公上》説:"設爲庠序學校以教之:庠者,養也;校者,教也;序者,射也。夏曰校,殷曰序,周曰庠,學則三代共之,皆所以明人倫也。"趙岐注云:"庠序者,教化之宮也,殷曰序,周曰庠。"《禮記‧學記》:"黨有庠,術有序。"鄭玄注:"術當爲遂,聲之誤也。"孔穎達疏:"黨,謂周禮五百家也;庠,學名也,於黨中以學,教閭中所升者也。"周制,都城以外百里之內的地區稱鄉,百里以外的地區稱遂。《禮記‧鄉飲酒義》:"主人拜迎賓於庠門之外。"鄭玄注:"鄉學也。"《禮記‧王制》:"耆老皆朝於庠。"鄭玄注曰:"此庠,謂鄉學也。"實際上,庠、序、校爲周代學校之通稱,如段玉裁云:"庠未嘗不射,則庠可稱序也。序未嘗不

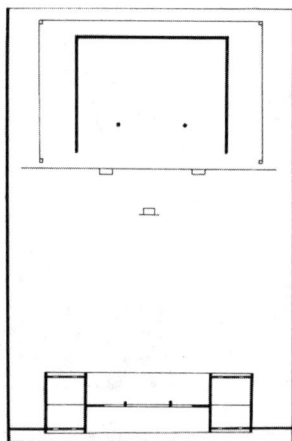

1. 州學示意圖(黃以周構擬)　　2.《儀禮》州學爲榭圖 (沈文倬構擬)

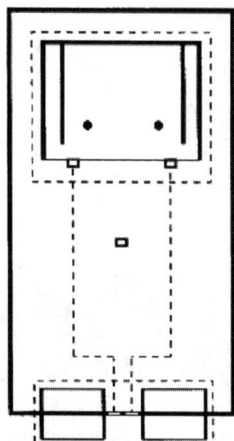

**圖4–11　州學平面示意圖**

養老,則序可稱庠也。庠序校皆有學事焉,皆有中年考校之事焉,則庠序校皆得稱學也。"①

庠一稱米廩,相傳起源於虞舜時代。《禮記·明堂位》:"米廩,有虞氏之庠也。"鄭玄注:"庠、序,亦學也。"

序是州黨之學宮。一說,序字又作豫或榭,實則都是同一類建築物。李惇《群經識小》"豫榭序"條云:榭字今音與"豫""序"若不相近,而古音讀若"豫"。豫、榭、序三字音相近,故彼此參錯互異,而其義一也。榭字從射得聲,射字古音亦讀若豫。……古人作字,諧聲者十之七八,即訓詁衆多取音相近者。《春秋》經文、《三傳》參錯,亦多因音近而異。②

(二)庠序的宮室

庠序學宮没有與其他房屋在一起,故只有一門。據《儀禮·鄉飲酒》《鄉射禮》,鄉飲酒、鄉射都在學宮舉行,主人迎賓入門,"與賓三揖,至於階",直上於堂。這與士冠禮迎賓入廟門,要"每曲揖,至於廟門,揖入,三揖,至於階"不同。入門三作揖直接到臺階升堂,可見別無其他之門。

庠的宮室之制,《儀禮·鄉飲酒禮》:"薦出自左房。"又云"席賓於戶牖間",

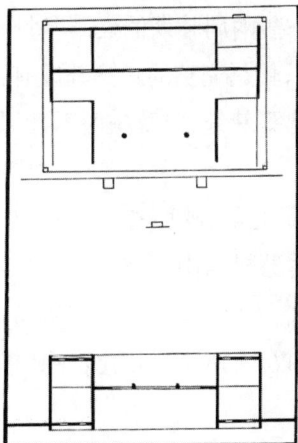

圖 4-12　鄉學平面圖（黃以周構擬）

《儀禮·鄉射禮》:"揖進,當階,北面揖。及階揖,升堂揖。豫則鈎楹内,堂則由楹外。當左物,北面揖。"鄭玄注云:"庠之制,有堂有室也。"賈公彦疏:"以其鄉之庠有室有堂,州謝則有堂無室。"《儀禮·鄉射禮》:"籩豆出自東房",則庠之制亦有左右房,有室,有堂。

序是否有房室,鄭玄、賈公彦等均主張無房室。《儀禮·鄉射禮》:"豫則鈎楹内,堂則由楹外。當左物,北面揖。"鄭玄注:"序無室,可以深也。周立四代之學於國,而又以有虞氏之庠爲鄉學。《鄉飲酒義》曰'主人迎賓於庠門外'是也。庠之制,有堂有室也。今言豫

---

① 段玉裁:《經韻樓集·與黄紹武書》,上海古籍出版社 2008 年版,第 319 頁。

② 李惇:《群經識小》卷 4,《續修四庫全書》第 173 册,第 32 頁。

者,謂州學也。讀如'成周宣謝災'之謝,《周禮》作"序"。凡屋無室曰謝,宜從謝。州立謝者,下鄉也。左物,下物也。今文豫爲序,序乃夏后氏之學,亦非也。"《儀禮·鄉射禮》云:"序則物當棟,堂則物當楣。"鄭玄注曰:"序無室,可以深也。"物是射禮中在堂上畫的標志,射者踐物而射。在燕寢中行射禮,物畫在當前楣之處;在州學行射禮,物畫在當棟之處。所以作此區别,燕寢之堂的後楣爲房室,當前楣畫物,後面有兩架之地,作射者進退回旋之用;州學無房室,當棟畫物,後面亦有兩架之地。據畫物當棟當楣之不同,因此推定州學實際上無房室。

也有學者主張序有房室。《儀禮·鄉射禮》:"醮以豆,出自東房。"此說序有東房,則序有房室。另《欽定儀禮義疏》云:"若并無房,則籩豆無所置之。且如其說,則後楣之下便爲北墉,比尋常五架之屋又少一架,恐無此規制也。"[1] 究竟如何? 以理推測,州黨之學中舉行燕飲、禮射等活動,應有房室,惜無更多文獻可證,存疑待考。


## 第六節　扶風雲塘、齊鎮建築基址


近三十年來,由於考古學的長足發展,出土有一些兩周時期的建築基址,爲了解兩周宫室結構與布局提供了實際的參照。其中,較爲完整的建築基址有:陝西岐山鳳雛村(圖4–13)、扶風召陳、陝西扶風雲塘建築基址,以及陝西鳳翔馬家莊一號建築遺址,洛陽大型宫室建築基址,等等。

1999年秋至2000年,由中國社會科學院考古研究所、陝西省考古研究所、北京大學考古系組成的周原考古隊在陝西扶風縣雲塘村西南、齊鎮村西北各發掘了一組西周建築基址。[2] 其中,位於雲塘村的"品"字形建築群結構獨特(圖4–14),保存完整。與20世紀70年代發掘的鳳雛和召陳建築群相比,在高臺建

---

① 參見《欽定儀禮義疏》卷首下,《欽定四庫全書薈要》第60册,吉林出版集團2005年版,第42頁。

② 周原考古隊:《陝西扶風縣雲塘、齊鎮西周建築基址1999—2000年度發掘簡報》,《考古》2002年第9期,第3—26頁;徐良高、王巍:《陝西扶風雲塘西周建築基址的初步認識》,《考古》2002年第9期,第27—35頁;劉瑞:《陝西扶風雲塘、齊鎮發現的周代建築基址研究》,《考古與文物》2007年第3期,第39—53頁。

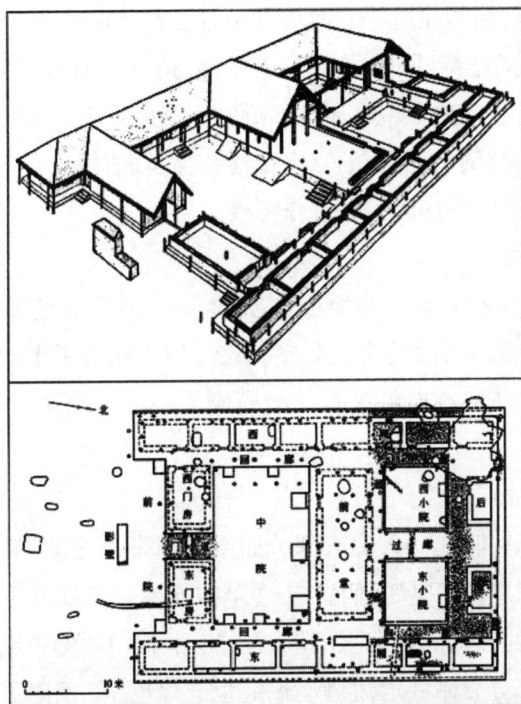

圖 4–13　岐山鳳雛西周甲組建築基址復原示意圖及平面圖（據《中國考古學·兩周卷》）

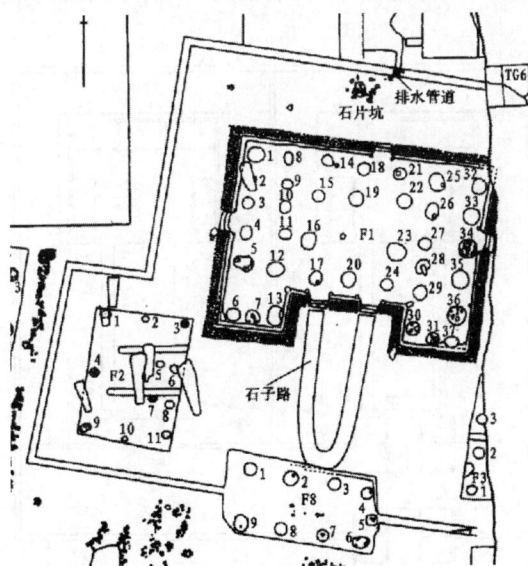

圖 4–14　扶風雲塘西周 F1 建築群平面圖

築技術、用瓦、散水、柱礎建造等方面均有相似之處,但在結構布局上又有很大不同,如"品"字形對稱結構、圍牆、"U"形石子路等,都具有自身特徵,而且建築面積也不小於前兩者。這些發現爲研究西周宮室制度提供了新的材料。更重要的是,這些建築可以與《儀禮》記載的宮室結構結合起來討論。

下面對扶風雲塘、齊鎮建築基址作考察。

（一）F1 建築群

F1、F2、F3、F8 建築基址組成品字形,F1 爲整個建築群的主體部分,F1 是建築群的主體,上有堂、房、序、室。F2 與 F3 構成了東、西廂房,F8 爲門房建築, F1、F2、F3、F8 和圍牆一起構成了一組建築單元。這組建築單元的性質不明。

堂與房室（F1）

F1 平面整體呈"凹"字形,凹入部分面南。屬臺式建築,基表高出當時地面約 0.7 米。臺基上共有柱礎 37 個。F1 臺階共 5 處。夯基東西兩邊中部各有一處臺階門道,面南的凹入部分有兩處臺階式門,北邊中間偏東處有一臺階。每處臺階現存三級。部分臺階經過燒烤呈現紅色或綠色。F 面南東邊的臺階無疑當爲阼階,西邊的臺階應當爲賓階。東西兩邊中部的臺階屬於東階和西階,即《禮記》所云的側階。F1 北面的臺階也應爲側階。《尚書·顧命》載:"一人冕,執銳,

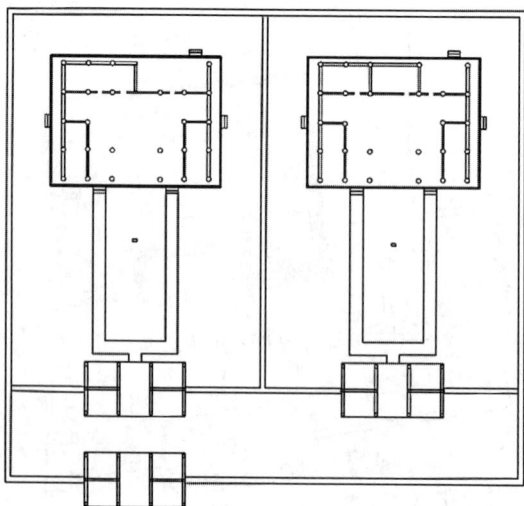

圖 4-15　士廟寢平面圖（清華大學《儀禮》復原項目組構擬）

立於側階。"蔡沈《集傳》："側階,北陛之階上也。"① 則北階爲側階。F1 東面、西面臺階亦應爲側階。《禮記·雜記下》云："夫人至,入自闈門,升自側階。"鄭玄注："側階,亦旁階也。"《晏子春秋·內篇諫上》曰："景公之時,雨雪三日而不霽,公被狐白之裘,坐於堂側階。"此堂側階應爲堂上之旁階。側階并非特指某階,堂以南面的阼階、賓階爲正,其他東面、西面及北階皆可謂之側階。

夯基四周除門道臺階前側外,均鋪有卵石散水。卵石大小相若,一般長 10 厘米、寬約 7 厘米。散水寬 0.6 米,兩邊卵石橫向豎置爲邊界,內界距夯土臺基外邊 0.2 米。此散水即禮書所言的霤,F1 建築有四霤。

根據文獻記載,大致推測各單元名稱如下:

第一,1 號、2 號柱礎坑,32 號、33 號之間的距離爲房室的寬度。至於房室,應爲東西房,中間爲室,兩邊分別爲東、西房。中間爲室的寬度,從柱礎看,構成 6 開間,東西房和室各占 2 間。

第二,F1 中間的 12、9、26、29 號柱礎坑所圍成的區域應爲正堂,是此建築的主要活動場所。其中,16、23 號柱礎坑應爲堂上東、西兩楹。

第三,9 到 12 號柱礎這一排爲堂上西序;29 到 26 號柱礎這一排爲堂上東序。

第四,在堂的西邊,2、11、4、9 號四個柱礎坑所圍成的區域應爲西夾,西夾以南的封閉空間爲西堂。在堂的東邊,26、28、34、33 號柱礎坑所圍成的區域爲東夾,東夾以南的封閉空間爲東堂。

庭

F1 至 F8,F2 至 F3 的空間爲庭。根據西周金文、禮書記載,庭是舉行冊命、賞賜、祭祀燕飲等禮的主要場所,庭中有路途,有碑等。

F1 建築群的庭中有兩條石子路,其北端與兩南門相接,路北界距一級臺階 0.2 米。其南端相連,內側圓弧,外側呈梯形。整體爲口朝北的"U"字形。卵石大小與鋪設方法和散水相同。每條卵石路寬 1.2 米,路南北全長 13.1 米。此連接堂與門的兩條路即禮書、《爾雅·釋宮》所言的陳。②

---

① 蔡沈:《書集傳》卷 6,第 235 頁。

② 韓偉、劉瑞等學者認爲,門塾向北有連結陳的一端路稱爲唐。參見韓偉《馬家莊秦宗廟建築制度研究》,載《文物》1985 年第 2 期,第 36 頁。此說待考。

東西廂房

F2 位於 F1 臺基西南側,東距 F1 西邊緣 1.5 米。臺基保存基本完整,平面呈南北向的長方形,南北長 11.4—11.6、東西寬 8.4—8.5 米。現存臺基表面距當時活動面 0.35—0.5 米。方向爲 8 度(以西邊爲準)。臺基上發現柱礎坑 11 個。臺基距西圍牆約 2.5—2.84 米。

F3 位於 F1 東南側,距 F1 東南角 1.64 米。破壞嚴重,僅存西南一角。臺基西邊殘長 10.76 米,南邊殘長 2.92 米。現存臺基表面比庭院活動面高 0.46 米。以西邊爲準,方向爲 8 度。

塾(F8)

F8 屬於門塾建築,北距 F1 臺基南緣 14.1 米,其中線與 F1 中線在一條中軸線上。F1 爲東西向、略偏北的長方形臺基。方向 98 度,與 F1 東西向方向基本一致。臺基長 12.84(以北邊爲準)、寬 6.7 米。臺基爲黃夯土結構,周圍未見散水。在臺基南側有活動面痕跡,爲紅燒土面。現存臺基表面高於周圍地面 0.35 米,其西端被破壞,僅存基槽部分。

從 F8 結構看,面闊 3 間,進深 2 間,中間與中庭的道路相接,正符合中間爲門,左右有堂的塾的特徵。

石子路交匯處在 F8 北側寬 2.56 米。臺基在中間房間南側有一條向南延伸的路面遺跡。

另外,在 F1—F3、F8 等臺基外圍,還分布有瓦礫堆積、圍牆、排水管道等遺跡。瓦礫堆積在 F8 兩側圍牆的南側,壓在活動面上。瓦礫堆積中的碎片包括筒瓦、板瓦,其中筒瓦有大小之分,表面紋飾多種多樣。在繩紋底紋之上有間斷繩紋、"之"字紋、"回"形紋等等。瓦礫分布區東西長約 20 米、南北寬約 16 米。其中 F8 南側瓦礫最多,分布面積最大。西側圍牆南側因有漢代建築和晚期坑破壞,瓦礫層不見。再向西,又與 F8 東南側瓦礫堆積相連。圍牆連接 F8,圍繞在 F1—F3 三座臺基外圍。圍牆由 F8 東西兩側分別向東、西延伸。向東部分因被破壞,接近斷崖處已不存在。西側圍牆向西經 F2 南側,至 F2 西南角外側北折,穿行於 F2 和 F8 之間,至 F2 西北角外,沿 F2 北緣外側東行,然後沿 F1 臺基西緣外側北行,至 F1 西北角外東。

(二)F4 建築群

F4 與 F7、F9 以及 F6 共同構成了一組建築群,F4 組建築群基址的建築格局基本與 F1 組建築群十分相似（圖 4—16）。其中，F4 居中，爲主體建築，是堂、房室部分；F9 爲門塾建築，F7 爲東廂房。出於對稱考慮，應有西廂房。F4 到 F9 中間的空白場地，爲庭，亦有一條"U"形石子路相連。

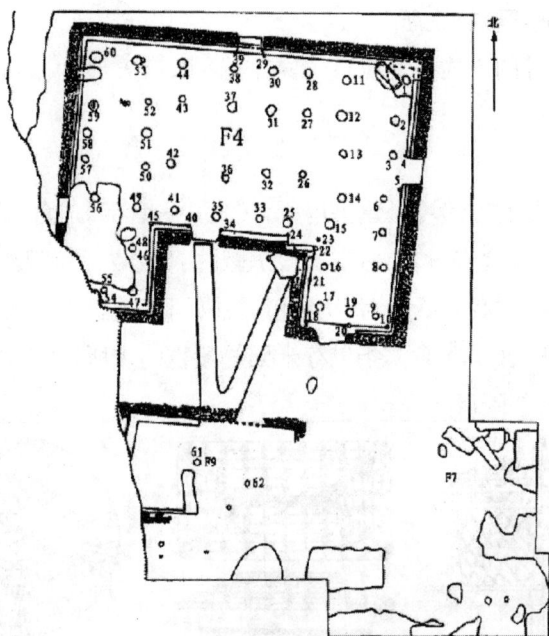

圖 4—16　扶風雲塘建築 F4 組平面圖

## 第七節　倉廩府庫

倉廩爲貯藏五穀糧食的倉庫，府庫爲儲藏幣帛軍械的倉庫。《墨子·非樂上》："內治官府，外收斂關市、山林、澤梁之利，以實倉廩府庫，此其分事也。"[①]《禮記·月令》記載季春之月"命有司發倉廩，賜貧窮，振乏絶。開府庫，出幣帛，周天下"。下面對相關名物作一考釋。

---

① 　孫詒讓：《墨子閒詁》卷 8，第 258 頁。

## 一、儲藏糧食之所

儲存糧食的方式大體上可以分爲兩類,一類於地上建倉廩,主要有倉廩困庾等建築,一類於地下挖窖穴儲藏,主要有窨窖等。

(一) 地上儲藏穀物之所

先秦時期倉貯的方式主要有:一是屋内儲藏,有方形倉、圓形困及廩等;二是庾,乃露天的穀倉。

倉

倉是貯藏糧食的方體屋形建築場所。《説文·倉部》:"倉,穀藏也,蒼黄取而藏之,故謂之倉。從食省,口象倉形。"段玉裁注:"穀藏者,謂穀所藏之處也。" ①《詩·小雅·楚茨》:"我倉既盈,我庾維億。"《國語·越語下》:"府倉實。"韋昭注:"貨財曰府,米粟曰倉。"②倉本指儲存米粟等穀物的處所,析言之,方囷爲倉。《吕

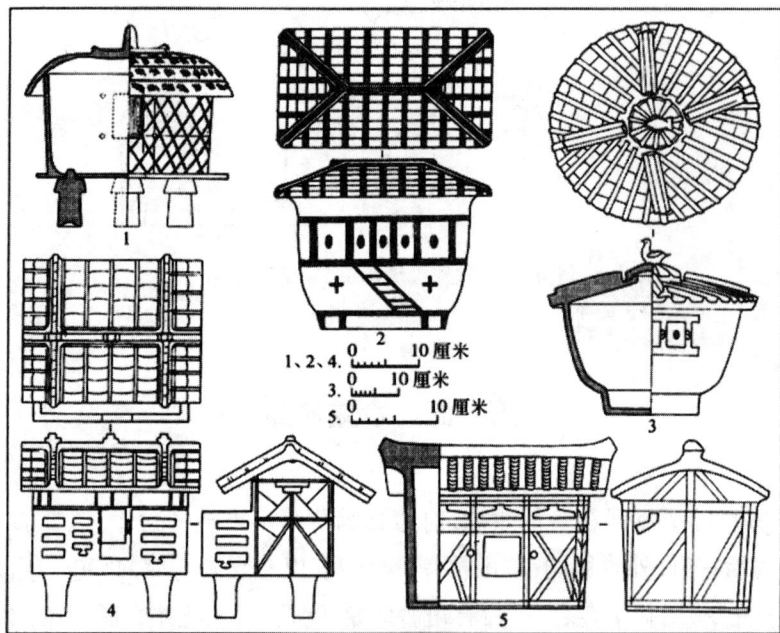

圖 4-17　漢代陶倉廩模型

① 段玉裁:《説文解字注》,第 223 頁。
② 徐元誥:《國語集解》,第 578 頁。

氏春秋・季春》:"命有司發倉窌,賜貧窮,振乏絶。"高誘注:"方者曰倉。"①據考古出土陶倉模型②,倉應是建在地面上用於儲藏糧食的方體屋形建築。

神倉,儲藏祭祀用穀物的處所。《禮記・月令》:"乃命冢宰,農事備收,舉五穀之要,藏帝籍之收於神倉,祇敬必飭。"鄭玄注:"藏祭祀之穀爲神倉。"孔穎達疏:"神倉者,貯祀鬼神之倉也。"

囷

圓形穀倉。《説文・口部》:"囷,廩之圓者。從禾在口中。圜謂之囷,方謂之京。"③《詩・魏風・伐檀》:"不稼不穡,胡取禾三百囷兮?"鄭玄箋:"圓者爲囷。"《國語・吳語》:"而囷鹿空虛。"韋昭注:"員曰囷,方曰鹿。"④《周禮・考工記・匠人》:"囷窌倉城。"鄭玄注:"囷,圜倉。"賈公彦疏:"方曰倉,圜曰囷。"據上引文獻,圓形倉庫曰囷,方形倉庫爲京,爲鹿,爲倉。

考古出土有秦漢時期的陶倉囷模型明器(圖4–17)⑤,爲我們了解倉囷形制提供了實物資料。陶倉囷明器最早發現於關中西安、鳳翔、寶雞等地春秋戰國時期的秦墓中⑥,至西漢中、晚期流行於中原地區以至於全國。學者多有探討。⑦陝西臨潼秦始皇陵陪葬墓出土有陶囷,在其門楣上刻有"囷"字樣(圖4–18)。⑧此外,1962年5月考古人員在西安市東郊洪慶村發現一座漢墓,出土有3件桶形綠釉陶囷,蓋上分別用墨書寫有"白米囷""小麥囷""黍粟囷"等字。⑨據自名器,可知囷爲儲藏穀物的圓形設施,多爲圓筒形、矮胖圓形,有窗,有屋蓋。⑩另外,以木竹編製的圓形囤糧設施稱爲篅。

① 陳奇猷:《呂氏春秋新校釋》卷3,第123、128頁。

② 參見李桂閣《試論漢代的倉囷明器與儲糧技術》,《華夏考古》2005年第2期,第79—85頁。

③ 段玉裁:《説文解字注》,第277頁。

④ 徐元誥:《國語集解》,第555頁。

⑤ 中國社會科學院考古研究所:《中國考古學・秦漢卷》圖9–17,中國社會科學出版社2010年版,第588頁。

⑥ 中國社會科學院考古研究所:《新中國的考古發現和研究》,文物出版社1984年版,第311頁。

⑦ 韓偉:《秦國的貯糧設施淺議》,《考古與文物》叢刊1938年第3號,第76頁;張穎嵐:《秦墓出土陶囷模型及相關問題研究》,《秦文化論叢》第7輯,西北大學出版社1999年版,第363—389頁;禚振西、杜葆仁:《論秦漢時期的倉》,《考古與文物》1982年第6期,第84—93頁。

⑧ 秦俑考古隊:《臨潼上焦村秦墓清理簡報》,《考古與文物》1980年第2期,第42—60頁。

⑨ 程學華:《西安市東郊漢墓中發現的帶字陶倉》,《考古》1963年第4期,第227頁。

⑩ 徐壽群:《倉、囷與"筒腹罐"之界説》,《江漢考古》1995年第1期,第66—72頁。

廩

有屋的糧倉。廩,字古亦作亩、稟。《爾雅·釋言》:"廩,廯也。"邢昺疏:"廩、廯皆囷倉之別名。"《說文·亩部》:"亩,穀所振入也,宗廟粢盛,蒼黃亩而取之,故謂之亩。從入從回,象屋形,中有戶牖。"[1] 有屋之倉曰廩,有戶牖。《詩·周頌·豐年》:"亦有高廩。"毛傳:"廩,所以藏齍盛之穗也。"《漢

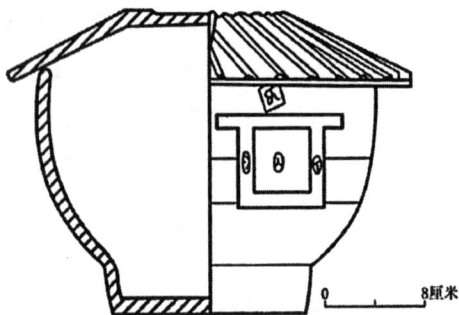

圖 4–18　帶"囷"字陶囷模型

書·昭帝紀》:"朕虛倉廩。"顏師古注:"倉,新穀所藏也。廩,穀所振入也。"[2] 析言之,倉用於儲藏已舂之米,廩用於儲藏尚未舂之穀物。[3]

管理糧倉的官吏稱爲廩人。《周禮·地官·廩人》:"廩人掌九穀之數,以待國之匪頒、賙賜、稍食。"《孟子·萬章下》:"其後廩人繼粟,庖人繼肉,不以君命將之。"

庾

露天的穀倉。《說文·广部》:"庾,一曰倉無屋者。"段玉裁注:"無屋,無上覆者也。"[4]《詩·小雅·甫田》:"曾孫之庾,如坻如京。乃求千斯倉,乃求萬斯箱。"鄭玄箋云:"庾,露積穀也。"孔穎達疏:"言千倉萬箱,是箱以載稼,倉以納庾,故知'庾,露地積穀也'。"《史記·孝文本紀》:"發倉庾以振貧民,民得賣爵。"司馬貞《索隱》引郭璞注《三倉》:"庾,倉無屋也。"[5]《釋名·釋宮室》:"庾,裕也,言盈裕也,露積之言也;盈裕不可勝受,所以露積之也。"[6]《詩·小雅·楚茨》:"我倉既盈,我庾維億。"毛傳:"露積曰庾。"《國語·周語中》:"野有庾積。"韋昭注:"此庾露積穀也。"[7]《史記·孝文本紀》:"發倉庾以振貧民。"裴駰《集解》:"胡公曰:在

---

① 段玉裁:《說文解字注》,第 230 頁。
② 班固:《漢書》卷 7,第 229 頁。
③ 孫機:《漢代物質資料圖說》(增訂本),第 242 頁。
④ 段玉裁:《說文解字注》,第 444 頁。
⑤ 司馬遷:《史記》卷 10,第 432 頁。
⑥ 王先謙:《釋名疏證補》卷 5,第 193 頁。
⑦ 徐元誥:《國語集解》,第 62 頁。

邑曰倉,在野曰庾。"① 據上引文獻,庾是存放糧食的露天穀倉。

（二）窌

儲藏穀物的地窖。字亦作"窖"。《説文·穴部》："窌,地藏也。從穴,告聲。"段玉裁注："《通俗文》曰:藏穀麥曰窖。"②《考工記·匠人》："囷、窌、倉、城,逆牆六分。"鄭玄注："囷,圜倉。穿地曰窌。"《荀子·榮辱》："餘刀布,有囷窌。"楊倞注："窌,窖也,地藏曰窌。"③《淮南子·時則訓》："穿竇窖。"高誘注："穿窖,所以盛穀也。"④ 綜合上説,窖爲地窖。又,鄭玄認爲藏穀物的地窖形狀爲方形。《禮記·月令》："穿竇,修囷倉。"鄭玄注："入地隋曰竇,方曰窖。"孔穎達疏："隋者似方非方,似圓非圓,以其名竇,與窖相似,故云隋曰竇。方曰窖者,竇既爲隋圓,故以窖爲方也。"析言之,橢圓形的地窖稱爲竇,方形的地窖稱爲窖。實際上圓形地窖也可稱爲窖。

地窖儲藏穀物的歷史久遠,在距今 7000 多年前的河北武安磁山新石器時代遺址中發現了儲藏穀物的窖穴。地窖有方形和圓形兩種。⑤

## 二、府庫

府與庫,混言無別,析言則異。府,指儲藏文書或財物的場所。《説文·广部》："府,文書臧也。"段玉裁注："文書所臧之處曰府。"⑥《尚書·大禹謨》："地平天成,六府之事允治。"孔穎達疏："府者,藏財之處。"《周禮·天官·天府》："天府,上士一人,中士二人,府四人,史二人,胥二人,徒二十人。"鄭玄注："府,物所藏。"賈公彦疏："府,聚也。凡物所聚皆曰府。"《論語·先進》："魯人爲長府",皇侃疏："藏錢帛曰府。"

庫,本指儲藏兵車武備之所,亦通指貯存財貨物資的屋舍。《説文·广部》："庫,兵車臧也。"段玉裁注："此庫之本義也,引申之,凡貯物舍皆曰庫。"⑦《墨

---

① 司馬遷:《史記》卷 10,第 432 頁。
② 段玉裁:《説文解字注》,第 345 頁。
③ 王先謙:《荀子集解》卷 2,第 67 頁。
④ 劉文典:《淮南鴻烈集解》卷 5,第 176 頁。
⑤ 河北省文物管理處等:《河北武安磁山遺址》,《考古學報》1981 年第 3 期,第 307—308 頁。
⑥ 段玉裁:《説文解字注》,第 442 頁。
⑦ 段玉裁:《説文解字注》,第 443 頁。

子·七患》：“庫無備兵，雖有義不能征無義。”①《禮記·曲禮下》：“在府言府，在庫言庫。”鄭玄注：“府謂寶藏貨賄之處，庫謂車馬兵甲之處也。”《左傳·昭公十八年》：“宋、衛、陳、鄭皆火。梓慎登大庭氏之庫以望之。”孔穎達疏：“則庫亦藏財貨，非獨車馬甲兵也。”《釋名·釋宮室》：“庫，舍也，物所在之舍也，故齊魯謂庫曰舍也。”②

## 第八節　凌陰建築及其他建築

商周時期的專門藏冰之所，稱爲凌陰，也稱爲凌室。《詩·豳風·七月》：“二之日鑿冰冲冲，三之日納於凌陰。”毛傳：“凌陰，冰室也。”《漢書·惠帝紀》載：“秋七月乙亥，未央宮凌室災。”顏師古注：“凌室，藏冰之室也。”③ 從文獻記載來看，王室或諸侯在自己的宮殿內，爲防暑降溫，冰鎮食品，多建有凌陰設施。新中國成立以來，考古工作者發現有先秦、秦漢時期的凌陰遺址，爲了解凌陰建築提供了實物資料。

1976 年，考古工作者在秦都雍城姚家崗宮殿遺址的西部，發掘了一處春秋時期的凌陰遺址。該遺址爲平面近似方形的夯土基。夯土基的四邊，夯築有東西長 16.5 米、南北寬 17.1 米的土牆一周。在夯土基中部，有一個口部爲東西長 10 米、南北寬 11.4 米的長方形窖穴，窖穴內四壁呈斜坡狀，窖壁坡長 1.84 米，窖壁上部爲夯築，下部爲生土。在窖壁的坡底，夯築一周寬 0.70—0.80 米的二層臺，通高 0.32 米。二層臺範圍之內爲東西長 6.4 米、南北寬 7.35 米的窖底。窖底鋪有與二層臺等高的砂質片岩一層，這個平面爲窖穴使用時的實際窖穴底面。方形窖穴四周爲回廊，東西回廊寬 3—3.2 米，南北回廊寬 2.1—2.2 米。回廊兩邊有柱洞。西回廊正中有一個通道，呈等腰梯形，通道有由東向西平行的槽門五道。靠近窖穴的第一、第二號槽門均有底槽，槽門亦呈等腰梯形，較通道稍寬。所有槽門的槽溝剖面均爲側置或倒置的等腰梯形，以便於插合和提取木板。通

---

① 孫詒讓：《墨子閒詁》卷 1，第 29 頁。
② 王先謙：《釋名疏證補》卷 5，第 192 頁。
③ 班固：《漢書》卷 2，第 90 頁。

道與西回廊上最大的缺口相通，可知這裏應爲窖穴下部的主要出入口。在第二槽門之西的通道底部，鋪設有水道一條。水道與姚家崗西南部的白起河相通。水道東高西低，底部與鋪設片岩的地面大體在一個水平上。發掘者推測，這種在宮殿附近的大型窖穴，應爲宮殿内的儲藏設備。但建築本身没有防潮設施，説明被儲藏的物品無須防潮。西回廊内的一條水道，顯然是排水設施。由此推測，這座窖穴可能是儲冰用的冰窖，即古代文獻中的凌陰，……根據窖穴體積計算，這一冰室可藏冰190立方米。①

秦都雍城凌陰遺址的發現，爲研究中國古代的藏冰以及低温儲藏技術提供了珍貴的實物資料。姚家崗凌陰遺址爲了確保藏冰的安全，防止熱氣融化冰塊，而且在地面上設置防暑隔温的建築設施。從該遺址四周回廊兩邊發現的柱洞來看，冰窖在當時是處於室内的地下建築。據推測，通道是用於從外面進入窖内取冰。在通道中建有5道門，是爲了防止窖外的熱空氣進入窖内。②

古代藏冰，主要用於食物的冷藏，保鮮防腐。由於冰在日常生活中的作用，圍繞著冰塊的收藏和使用，周代業已形成了一套很完備的禮儀制度。《大戴禮記·夏小正》中有"三月，頒冰"的記載。③頒冰即分配冰塊。《周禮·天官·凌人》也規定"夏頒冰"。由於藏冰以及建築凌陰都需要一定的經濟實力，因此商周時期藏冰主要天子、諸侯掌控，并且頒冰於臣下以供使用。爲保證有充足的冰源，周王室設有冰務管理機構，指派專門官吏司掌有關藏冰、開冰、頒冰等事務。據《周禮·天官·凌人》記載，周王室設有專職管理冰政之官——凌人，"凌人掌冰正，歲十有二月，令斬冰，三其凌"。凌人之下有"下士二人，府二人，史二人，胥八人，徒八十人"（《周禮·天官·敘官》）。下士管理衆事，府主藏文書，史主作文書，胥管十徒，八胥有徒八十名，胥徒是冰務的主要勞動者。據《左傳·昭公四年》記載，諸侯國尚有山人、輿人、縣人、隸人等有司負責開冰、藏冰等職事。

① 雍城考古隊：《陝西鳳翔春秋秦國凌陰遺址發掘簡報》，《文物》1978年第3期，第43—47頁；雍城考古隊：《秦都雍城鑽探試掘簡報》，《考古與文物》1985年第2期，第7—26頁。
② 衛斯：《我國古代冰鎮低温貯藏技術方面的重大發現——秦都雍城凌陰遺址與鄭韓故城"地下室"簡介》，《衛斯考古論文集》，山西古籍出版社1998年版，第152—154頁。
③ 王聘珍：《大戴禮記解詁》卷2，第34頁。

# 第五章　車馬（上）

　　據文獻記載,我國是世界上最早發明和使用車的國家之一。[①] 截至目前,最早的車的考古發現是在河南淮陽平糧臺城址發現的車轍痕跡,應該説這時已經有了車,但是否即屬於馬車,尚需繼續探討。車的大量出現是在商代晚期,河南安陽殷墟先後發現幾十輛。商代的車子皆爲獨輈(轅),輻條多爲 18 根,車廂平面爲長方形,面積較小,一般爲 0.8 米 × 1.3 米,通常可立乘二或三人。衡多爲長 1 米左右的直木棒,衡的兩側各縛一人字形軛,用以駕馬。從商代車馬坑中大都埋一車兩馬來,商代的車大多爲兩馬駕轅,至商末周初始見四馬駕車。出土資料表明,至商代,我國古代造車技術已相當成熟,商代的車基本上具備了漢以前獨輈車結構的大致輪廓。在其後的一千多年中,獨輈車雖然多有改進和發展,但從總體結構上講,還沒有突破商代獨輈車的形制。西周、春秋戰國時期的車實物在考古中多有發現。從形制上看,周代的車與商車基本相同,在結構上并有所改進(圖 5–1),在車馬的配件上也更加完備,增加了許多商代車上所没有的零部件,如車轙、銅鑾、銅軎等。爲求堅固,在許多關鍵部位都采用了青銅構件,如變木轄爲銅轄,軛上包銅飾,并有一套用銅、鉛、金、銀、骨、貝和獸皮條等材料製成的飾件和鞁具,製作精美。駕車的馬也由商代車的二匹增加到三匹、四匹甚至六匹。

## 第一節　車的形制

　　商周時期的車,主要由輪、輿(車廂)、輈(車轅)、衡等部分組成,下面對構成車的主要部件作考察。

---

① 　也有學者主張中國車的起源是西來的。參見王巍《商代馬車淵源蠡測》,《中國商文化國際學術討論會論文集》,中國大百科全書出版社 1998 年版, 第 386 頁。

## 一、輪

輪爲牙、轂、輻之總名。車輪分爲無輻條的車輪和有輻條的車輪兩類。前者是用輻板（整塊的圓形木板）做成，比較原始，古人稱爲輇。《禮記·雜記上》："載以輇車入自門。"鄭玄注："輇讀爲輇，或作槫。許氏《説文解字》曰：'有輻曰輪，無輻曰輇。'"輇車的缺點是笨重，一般用牛拉引，多用爲喪車或貨車。有輻條車是商周車的常制，考古發現的車輪大多爲有輻之輪。輪由牙、輻、轂三者構成。《考工記·輪人》云："轂也者，以爲利轉也；輻也者，以爲直指也；牙也者，以爲固抱也。"

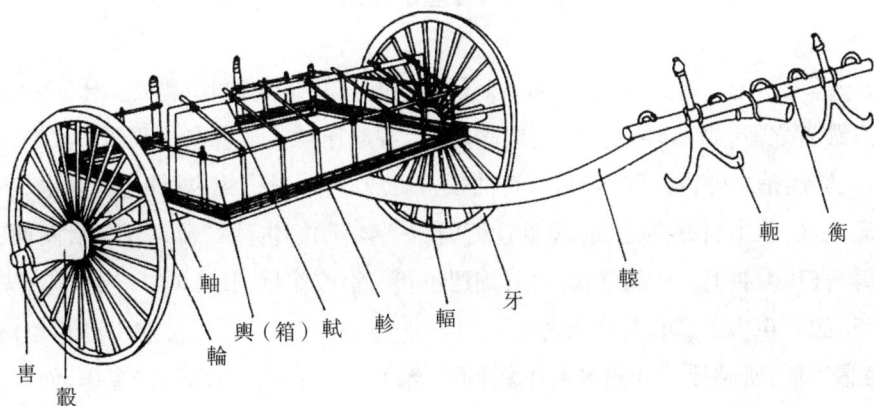

圖 5–1　車各部位名稱示意圖

牙

車輪的外圓框，是用兩條或多條直木經火烤後揉爲弧形拼接而成[1]，木料彼此相抱而成，如牙齒上下咬合，故稱爲牙。[2]《説文·木部》："枒，一曰車網會

---

[1]　輪牙的拼接方法，參見張長壽《井叔墓地所見西周輪輿》，《商周考古論集》，文物出版社2007年版，第266頁。

[2]　阮元云："蓋輞非一木，其曲須揉，或合五而成規，或合六而成規，其合抱處，必有牡齒以相交固，爲其象牙，故謂之牙。"參見《揅經室集·考工記車制圖解》，中華書局1993年版，第128頁。王宗涑云："兩輮交合之牡齒曰牙，此其本義也。"參見《考工記考辨》，《續修四庫全書》第85冊，第267頁。

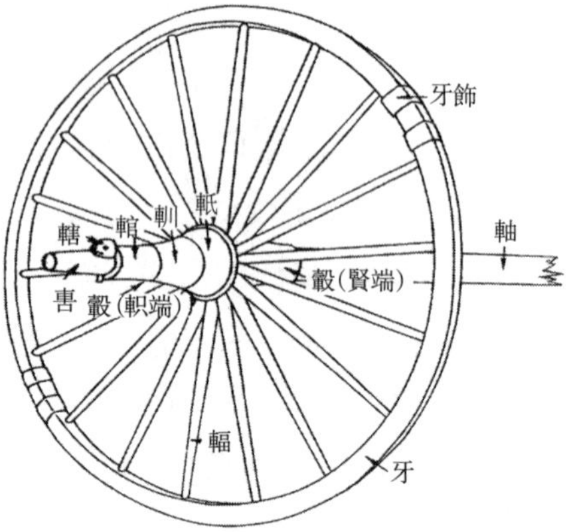

圖 5–2 輪的轂、輻、牙等位置圖（《殷周車器研究》圖二）

也。"①《考工記·輪人》："牙也者,以爲固抱也。"鄭玄注引鄭司農云："牙,讀如跋者訝跋者之訝,謂輪輮也。世間或謂之罔,書或作輮。"《釋名·釋車》："輞,罔也,罔羅周輪之外也。關西曰輮,言曲輮也。或曰輗。輗,綿也,綿連其外也。"② 或謂之輮,取木材揉曲之義。《急就篇》卷三"輮"顏師古注："輮,車輞也,關西謂之輮,言其柔曲也。或謂之輮,言其綿連也,輮,字或作輗,其音同。"③ 或謂之渠,《考工記·車人》："車人爲車,柯長三尺……渠三柯者三。"鄭玄注引鄭司農曰："渠謂車輮,所謂牙。"牙邊裝有銅鍱(銅牙箍),其上有孔,以細皮條穿綁,使牙木互相接牢而成一圓輪。轂與牙構成兩個同心圓,其上均有榫眼名鑿,用以安裝輻條。

　　《考工記》記載車的輪直徑爲六尺六寸,牙圍爲一尺一寸,其三分之二加漆,踐地部分不加漆。從考古材料看,商周車輪徑皆在1米以上,多數在1.2米以上,最高者可達 1.6 米以上。

　　轂

　　轂是車輪中心有孔的圓木,是車軸所貫及車輻湊集的部件(圖 5–3)。《説文·車部》云："轂,輻所湊也。"④ 戴侗《六書故》："輪之中爲轂,空其中,軸所貫

---

① 段玉裁:《説文解字注》,第 246 頁。
② 王先謙:《釋名疏證補》卷 7,第 258 頁。
③ 史游:《急就篇》卷 3,第 222 頁。
④ 段玉裁:《説文解字注》,第 724 頁。

也，三十輻湊其外。"① 湊，會和之義，此指輻條會和之處。

　　商代和西周轂的形狀，呈中空的棗核形；春秋以後的轂呈壺形，轂外部的一端突出於車輪外，因比較長，故稱爲長②，字或作暢。《詩·小雅·小戎》："文茵暢轂。"毛傳："暢轂，長轂也。"車輛相交，彼此最容易碰撞的部分就是轂，所以《戰國策·齊策一》形容臨淄的繁華時說："車轂擊，人肩摩。"③

　　轂內納軸的中空部分稱爲藪，又稱爲壺中。《考工記·輪人》："以其圍之防捎其藪。"鄭玄注："鄭司農云：'捎讀爲螵蛸之蛸。藪讀爲蜂藪之藪，謂轂空壺中也。'玄謂此藪徑三寸九分寸之五。壺中，當輻菑者也。蜂藪者，猶言趨也，藪者衆輻之所趨也。"阮元《〈考工記〉車制圖解·輪解》："轂中空謂之藪。"④《説文》作"橾"，釋曰"車轂中空也，讀若藪。"⑤《急就篇》作"𣕆"，顏師古注："𣕆者，轂中之空，受軸之處也。"⑥ 車轂中空部分圓正而光滑，可以減輕轂軸摩擦力。

　　轂的外側穿孔近軸端部分稱爲軹，內側轂孔近輿端部分稱爲賢。《考工記·輪人》："五分其轂之長，去一以爲賢，去三以爲軹。"鄭玄注引鄭司農云："賢，大穿也。軹，小穿也。"戴震《釋車》："大釭謂之賢。"⑦ 賢是大孔，在車輻內近車輿，軸承荷之任重，故孔大；軹是小孔，車輻外之車軸承荷之任輕，故車轂孔稍減殺。

　　由於轂是車輪上最吃力的部件，所以在其上加裝金屬飾件，用以加固。商周時期的轂飾由䡊、軎、軹三部分組成，一般爲青銅製作，附著在轂的內外兩端，對木質的轂起到加固的作用。

　　包裹於轂端賢、軹外面的金屬圓管曰䡊。《説文·車部》："䡊，轂耑鐏也。"段玉裁注："鐏者，以金有所冒也。轂孔之裏以金裹之曰釭，轂孔之外以金表之曰䡊。"⑧ 揚雄《方言》卷九："關之東西曰䡊，南楚曰軑。"⑨ 案《離騷》："齊玉軑而并

① 戴侗：《六書故》，第 621 頁。"輻"，原書訛作"軸"。
② 郭寶鈞先生將䡊、軎、軹三部分連鑄爲一體的車轂飾稱爲長轂，參見《殷周車器研究》，文物出版社 1998 年版，第 8 頁。
③ 繆文遠：《戰國策新校注》（修訂本），第 285 頁。
④ 阮元：《揅經室集·考工記車制圖解》，第 130—131 頁。
⑤ 段玉裁：《説文解字注》，第 266 頁。
⑥ 史游：《急就篇》卷 3，第 222 頁。
⑦ 戴震：《釋車》，《戴震全集》第 2 冊，第 706 頁。
⑧ 段玉裁：《説文解字注》，第 725 頁。
⑨ 華學誠：《揚雄方言校釋匯證》，第 607 頁。

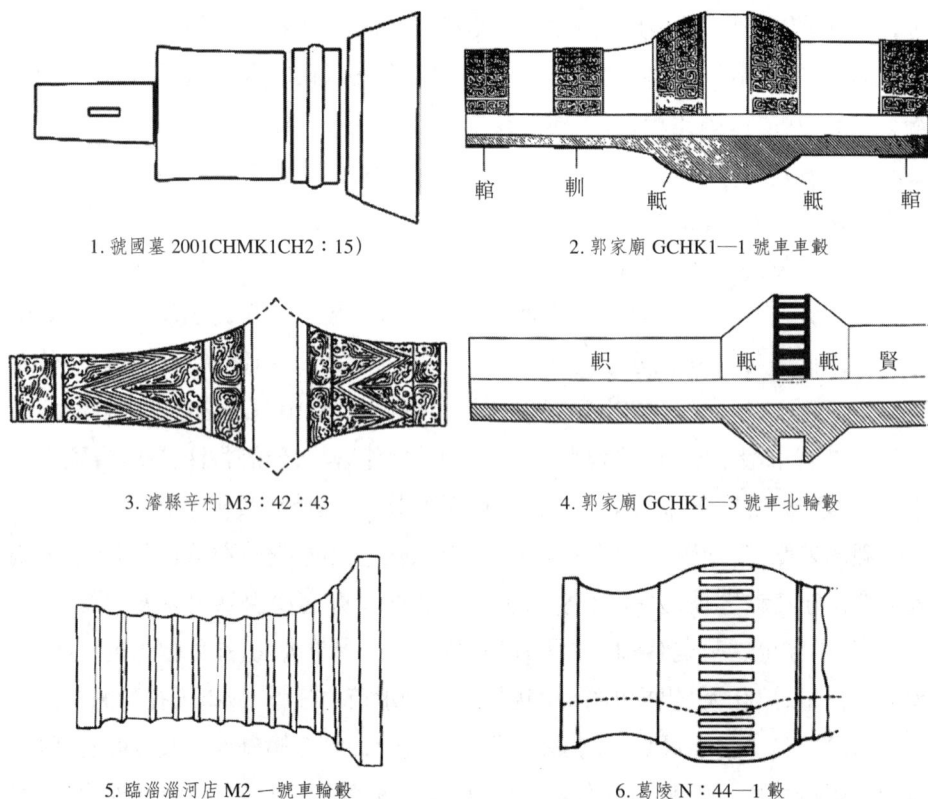

1. 虢國墓 2001CHMK1CH2：15)

2. 郭家廟 GCHK1—1 號車車轂

3. 濬縣辛村 M3：42：43

4. 郭家廟 GCHK1—3 號車北輪轂

5. 臨淄淄河店 M2 一號車輪轂

6. 葛陵 N：44—1 轂

圖 5–3　車轂

馳。"朱熹《集注》："軑，輨也，轂内之金也。"①《説文·車部》云："軑，車輨也。"②輨軑，字亦作錧釱，是在轂端外面包裹的車輨元件。約束於轂腰的金屬箍形圈曰"軐"。《説文·車部》："軐，車約也。"③約束於輻旁之轂的金屬圓管曰軹，中間夾輻。

約軹

轂有約軹之飾，兼具固轂功能，爲高級貴族所使用。《詩·商頌·烈祖》："約軹錯衡。"毛傳："朱而約之也。"鄭玄箋："約軹，轂飾也。諸侯來助祭者，乘篆轂金

―――――

① 朱熹：《楚辭集注》卷1，《朱子全書》第 19 册，第 42 頁。

② 段玉裁：《説文解字注》，第 725 頁。

③ 段玉裁：《説文解字注》，第 722 頁。

飾錯衡之車。”《考工記·輪人》：“容轂必直，陳篆必正。”鄭玄注：“篆，轂約也。”約，孫詒讓認爲：“約者，於轂間璪刻之爲圻堮，故謂之約。”[1] 轂上雕刻有各種紋飾，形成圻堮，周匝一周，即約，又稱篆，篆乃車轂上雕刻的環飾。

　　車轂以革裹之謂之幬，亦曰軧。幬有覆蓋之義，此指覆蓋車轂之革。《考工記·輪人》：“進而眂之，欲其幬之廉也：無所取之，取諸急也。”鄭玄注：“幬，幔轂之革也。”廉是棱角，皮革緊貼車轂，則見轂原來的棱角。約與幬革爲兩事。清人黃以周謂：“約自謂篆，軧自謂幬革。”[2] 清人鄭珍《輪輿私箋》解釋道：“約轂與幬革是兩事。……幬革者，除置輻處，通挽之，所以固轂，因以爲飾，凡小車皆然，無貴賤之別。”篆乃“於轂乾刻之，令起圻堮一周，刻此處微容，即彼處起圻堮，其圻堮處即是篆也，當不止一處，刻訖，其狀蓋如竹形，然後渾體厚播以膠，密被以筋，又播膠一層，乃以革挽之，令革與容處、圻堮處，皆緊相貼切，則璪起者亦隨革璪起，容突分明；……以其周繞束轂，故曰約”[3]。鄭氏此説比較明瞭。孫詒讓亦云：“凡轂初斲治成，平緩無文。自卿以上乘夏篆，則回環璪刻，自成圻堮，若竹之有節者，是謂之篆，亦謂之約。又以革軶篆約之外，是謂之軧。”“篆在革內，而文見於轂外也。”“即篆刻而革挽，又漆之爲五色，是之爲夏篆。”[4] 綜合諸説，則篆是在轂上雕刻成凸凹的線路紋理，再施膠加筋，然後以皮革縛纏，上畫以五彩。因轂篆與皮革緊貼，轂之篆文則凸顯於外。

　　山西太原金勝村 251 號大墓出土之 8 號車，軹端向裏有 8 道凸起的環棱。製作車時曾在環槽中施膠，纏以 8 道皮革，乾後再打磨塗漆，以增強車轂的堅固程度。又山東臨淄淄河店 M2 一號車輪轂，軹端、賢端略細呈圓柱狀，因革帶輔轂，表面呈凹凸弦紋狀。[5] 這些皆是約軧的實例。

---

① 孫詒讓：《周禮正義》卷 52，第 2182 頁。

② 黃以周：《禮書通故·車制通故》，第 1857 頁。

③ 鄭珍：《輪輿私箋》卷 1，《續修四庫全書》第 85 册，第 442—443 頁。黃以周認爲是縛纏以起圻堮，“先施筋膠爲圻堮形，後又幬以革，其圻堮之形已隱約不可見，以朱表之，乃宛然如約軧矣”。參見《禮書通故·車制通故》，第 1856—1857 頁。黃説恐非。

④ 孫詒讓：《周禮正義》卷 75，第 3160—3161 頁。

⑤ 山西省考古研究所等：《太原金勝村 251 號春秋大墓及車馬坑發掘簡報》，《文物》1989 年第 9 期，第 85 頁；山東省文物研究所：《山東淄博市臨淄區淄河店二號戰國墓》，《考古》2000 年第 10 期，第 62 頁。

釭、鐧

釭是在車轂裏面設的金屬構件，用以保護車軸。鐧是車軸上的金屬構件，用以保護車軸。春秋以後，對轂進行加固的做法發生了很大變化，開始采用皮條或麻繩纏繞、髹漆等製作工藝，輻、

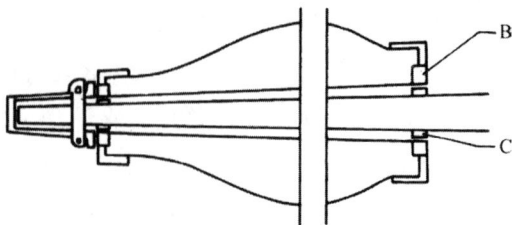

圖5-4　釭鐧安裝示意圖（B：釭，C：鐧）

軹、軝不再流行，而在壺中兩端以及對應的軸上出現了釭和鐧（圖5-4），用以加強轂和軸的強度，[1]從而防止轂端的賢、軹由於軸的轉動而造成磨損。《説文·金部》：“釭，車轂中鐵也。”[2]《急就篇》卷三：“釭鐧鍵鑽冶鋼鐈。”顏師古注云：“釭，車轂中鐵也。鐧，軸上鐵也。施釭鐧者，所以護軸使不相摩墾也。”[3]《釋名·釋車》：“釭，空也，其中空也。鐧，間也，間釭軸之間使不相摩也。”[4]轂中設釭，轉動時則容易摩擦車軸，故在軸上再以鐧裹軸，使車軸不受釭摩。《方言》云：“車釭，齊燕海岱之間謂之鍋，或謂之錕；自關而西謂之釭。”[5]釭的形狀爲外八角形，内空圓形，内壁勻整光潔。鐧則爲瓦狀或管狀。

輻

輻條，是連接車轂與車牙的狹長木條，圓形或扁狀（圖5-5）。《説文·車部》云：“輻，輪轑也。”[6]輻是轂牙之間的支撐物，其作用承轂接牙，把輿的重量傳遞到地面，數量雖多，但同時起作用的只有兩條。輻條近牙的一端較細，稱骹；近轂的一端較粗，名股。《考工記·輪人》：“三分其輻之長而殺其一，……三分其股圍去一以爲骹圍。”鄭玄注引鄭司農注：“股謂近轂者也。骹謂近牙者也。方言股以喻其豐，故言骹以喻其細。人脛近足者細於股，謂之骹。羊脛細者亦爲骹。”骹乃脛骨近腳處，較細，而車轂近牙處較細，故以骹名之；股乃大腿，較粗，而車近轂

---

① 李森、劉方、韓慧君：《淺談商周車具的功能與結構》，《新世紀的中國考古學：王仲殊先生八十華誕紀念論文集》，科學出版社2005年版，第1037頁。

② 段玉裁：《説文解字注》，第711頁。

③ 史游：《急就篇》卷3，第163頁。

④ 王先謙：《釋名疏證補》卷7，第258頁。

⑤ 華學誠：《揚雄方言校釋匯證》，第608頁。

⑥ 段玉裁：《説文解字注》，第725頁。

處較粗，故以股名之。

車輻條兩頭出榫。插入牙鑿的輻榫叫蚤，裝入轂鑿的輻榫名菑，菑亦名弱。《考工記·輪人》："眡其綆，欲其蚤之正也。察其菑蚤不齵，則輪雖敝不匡。"鄭玄注："蚤當爲爪，謂輻入牙中者也。菑，謂輻入轂中者也。"阮元說，"何以謂之菑、蚤也？菑蚤皆指名也。《公羊傳》曰：'如以指，則接菑也四。'接菑即駢指也。《儀禮》：'巾柶鬠蚤。'蚤即爪也。古人命物多就人身體名之也。菑又謂之弱者，菑藏不見，有似蒲在水中之弱。故鄭氏曰：'今人謂蒲本在水中者爲弱也。'"[①]車輻條的輪廓線類似人的大腿（股），人的腿部是從大腿向脛骨處逐漸變細，而輻條也是從牙鑿處逐漸向車轂弱處逐漸變細。《考工記·輪人》："鑿深而輻小，則是固有餘而强不足也。故竑其輻廣以爲之弱，則雖有重任，轂不折。"鄭玄注："弱，菑也，今人謂蒲本在水中者謂弱，是其類也。"賈公彥疏："蒲蒻蘭席，謂取蒲之本在水者謂席，則此經弱亦是輻入轂中者也。"插入車轂端的輻榫比較細弱，類似蒲草在水中的部分名弱，故名弱。

據《考工記》，輪人在製輻選材時要求輻應具備四項主要條件：料應强、徑應細、材應直、質應均，這樣纔能製成一個好輪。

20世紀50年代初河南輝縣出土的第16號戰國車輿，車輻裝好後均向內偏斜，從外側看，整個輪子形成一中凹的淺盆狀（圖5–6），《考工記》稱之爲輪綆，又稱爲輪算，它使輻形成內傾的分力，輪不易外脱。當道路起伏不平時，縱使車身向外傾斜，由於輪綆所起的調劑作用，車子仍不易翻倒。[②]但當負載過重或是行

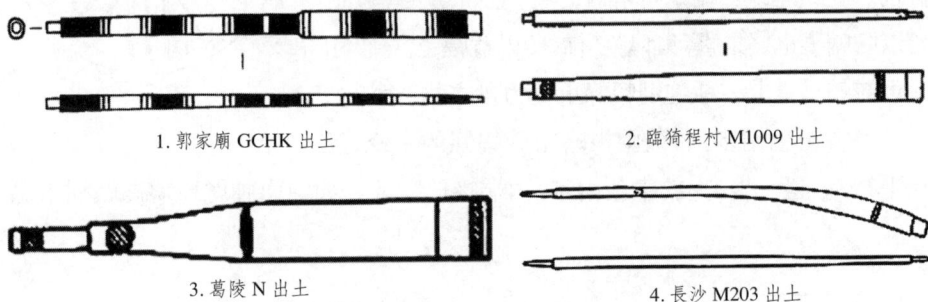

1. 郭家廟 GCHK 出土

2. 臨猗程村 M1009 出土

3. 葛陵 N 出土

4. 長沙 M203 出土

**圖 5–5　輻、牙**

① 阮元：《揅經室集·考工記車制圖解》，第 134—135 頁。
② 關於古車輪綆或輪算的作用及其力學原理可參見郭寶鈞《殷周車器研究》，第 15—16 頁；孫機：《中國古獨輈馬車的結構》，《中國古輿服論叢》（增訂本），第 41 頁。

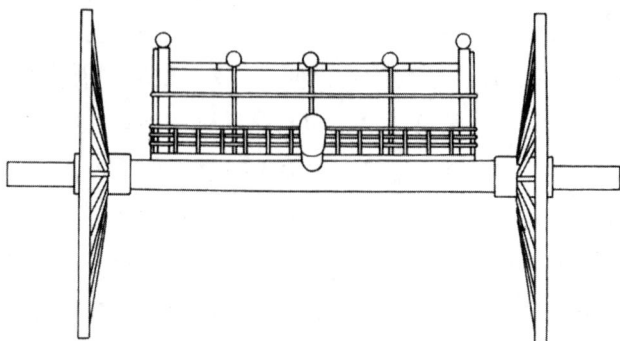

圖 5–6　輝縣出土戰國車上所見輪緣結構

進於泥濘險阻的道路時,這種中凹形的車輪,輪牙的構造就必須具有極强的切向牢度,而設有對付拉力的兩根輔,可以使車子不致陷入危險。

　　每個輪的輻條數,按文獻記載是"三十輻,共一轂"(《老子》),《考工記·輈人》:"輪之輻三十,以象日月也。"但從考古資料看,周車輪輻數,早期(西周)在18 至 24 根之間,晚期(戰國)除少數車達到 30 根及 30 多根以外,大多數輪輻是26 根。①

　　輔

　　輔是依附於車輪上的部件,爲車輪外邊另加上夾轂的兩根直木,目的是增强輪子的承重能力。②《詩·小雅·正月》:"無棄爾輔,員於爾輻。"毛傳:"員,益也。"孔穎達疏:"輔是可解脱之物,蓋如今人縛杖於輻以防輔事也。"朱熹《集傳》:"輔,所以益輻也。"③ 由此可知輔爲車上一種佐助輻條承受力量之物。④

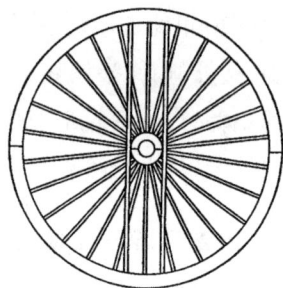

圖 5–7　車輔

　　考古出土輔多例,爲兩根略粗於輻條的木條,互相平行,一邊一根,夾於車轂兩邊,兩端接於輪牙。如河南輝縣琉璃閣戰國車馬

① 　參見吳曉筠《商周時期車馬埋葬研究》附表,科學出版社 2009 年版,第 211—231 頁。

② 　許嘉璐:《中國古代衣食住行》,北京出版社 1988 年版,第 131 頁。

③ 　朱熹:《詩集傳》卷 11,第 173 頁。

④ 　關於輔的詳細考辨,參見汪少華《中國古車輿名物考辨》,商務印書館 2005 年版,第 188—213 頁。

坑中曾有出土(圖5-7),郭寶鈞先生曾作有令人信服的考證。① 河南新鄭鄭韓故城車馬坑1號坑也曾有出土,筆者曾多次參觀,印象深刻。

## 二、軸

軸是用以安輪的圓木杠,中間較粗,兩端較細,橫置在輿下,插入車轂中。《説文·車部》:"軸,所以持輪者也。"②《釋名·釋車》:"軸,抽也,入轂中可抽出也。"③ 爲使車運轉暢通輕快,車軸上施以潤滑油膏。《詩·邶風·泉水》:"載脂載舝,還車言邁。"《左傳·襄公三十一年》云:"巾車脂轄。"皆指爲車軸塗油脂之事。④

軸與軫木相接,二者固定方法是在輿兩側的軫與軸交接部位,各安一塊方木,名轐,用繩索或革帶綁在軸上面。因爲方木形狀像趴伏的兔子,所以又叫伏兔,又謂之輹,亦謂之車屐。《説文·車部》:"轐,車伏兔也。"⑤《考工記·總敘》:"加軫與轐焉。"鄭玄注引鄭司農云:"轐讀爲旆僕之僕,謂伏兔也。"賈公彦疏:"云謂伏兔也者,漢時名,今人謂之車屐是也。"孫詒讓《周禮正義》:"阮元云:'轐在輿底,而銜於軸上,其居軸上之高,當與輈圜徑同。至其兩旁,則作半規形,與軸相合。而更有二長足,少鍥其軸而夾鈎之,使軸不轉鈎,軸後又有革以固之。輿底有轐,則不至與軸脱離矣。'……《廣雅·釋器》云:轐、輹,伏兔也。是轐、輹同爲伏兔之名。"⑥《左傳·僖公十五年》:"車説其輹。"孔穎達疏引《子夏易傳》云:"輹,車下伏兔也,今人謂之車屐,形如伏兔,以繩縛於軸,因名縛也。"《釋名·釋

---

① 參見郭寶鈞《殷周車器研究》,第17—18頁。考古學者渠川福不贊成此説,他認爲"這兩根直木的用途説白了其實非常簡單,那就是:車輪製造的最後一道工序——總裝、膠合、調試(使其牙圓、輻直、轂正等等)完成之後,爲防止膠結乾燥過程中發生變形而使用的拉杆固定裝置"。參見渠川福《太原晉國趙卿墓車馬坑與東周車制散論》一文,載山西省考古研究所、太原市文物管理委員會編《太原晉國趙卿墓》,文物出版社1996年版,第361—362頁。

② 段玉裁:《説文解字注》,第724頁。

③ 王先謙:《釋名疏證補》卷7,第258頁。

④ 車上盛油膏的容器名㮯。《説文·木部》:"㮯,盛膏器,從木,咼聲,讀若過。"(《段玉裁《説文解字注》,第266頁)楊樹達《積微居小學述林·説文讀若探源》:"按輠字從車,與車盛膏之義相會。然《説文·車部》無輠字,許以㮯僕爲之。"參見楊樹達《積微居小學述林全編》卷4,上海古籍出版社2007年版,第212—213頁。

⑤ 段玉裁:《説文解字注》,第724頁。

⑥ 孫詒讓:《周禮正義》卷74,第3137—3138頁。

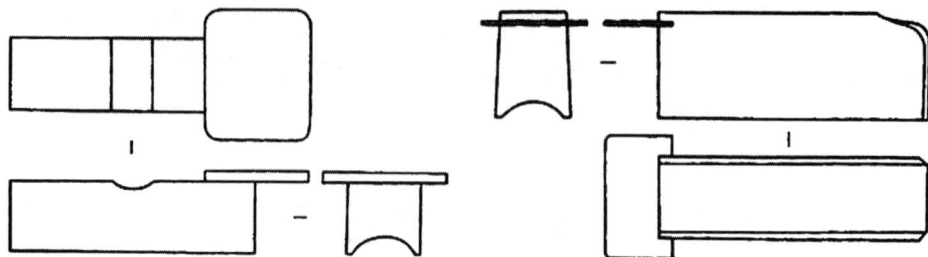

1.程村 M1009∶5 掩板及伏兔復原圖　　　　　2.秦陵一號銅車馬掩板及伏兔復原圖

圖 5-8　掩板及伏兔

車》∶"展，似人展也。又曰伏兔，在軸上似之也。又曰轐。轐，伏也，伏於軸上也。"[1] 考古發現的伏兔多爲長方形或展形，或近似馬鞍形，上平以承車輿，下有凹槽與軸相合而挾持之，順著軸置於軸兩側（圖 5-8）。伏兔與車軸用皮條縶繫。[2] 伏兔具有保護車輿下軸、軫木，使軸與軫木結合牢固，阻止車轂向内移動及減震等功能。

　　車軸與車軫相交處或設有當兔。當兔是位於軫下軸上連結軫與軸的構件，也像一隻深伏的兔子，因其處於兩伏兔之間，故稱當兔。《考工記・輈人》∶"十分其輈之長，以其一爲之當兔之圍。"鄭玄注∶"輈當伏兔者也。"賈公彦疏∶"當兔，謂輿下當橫軸之處。"戴震《釋車》曰∶"當兔在輿下正中，其兩旁置伏兔。"[3] 秦始皇陵出土二號銅車馬的當兔，其形狀近似方形，上下面各有一個凹口，上面的凹口以承輈，下面的凹口以含軸，其上下各連接有革帶，上面的革帶用以縛輈，下面的革帶固定軸，這樣就把輈、當兔和軸三者連爲一體。[4]

　　軸外爲車轂，轂外的車軸末端套有金屬車軎來固護軸阻轂。《説文・車部》∶"軎，車軸耑也。從車，象形，杜林説。轊，軎或從彗。"[5]《史記・田單列傳》∶"令其宗人盡斷其車軸末而傅鐵籠。"《索隱》∶"斷其軸，恐長相撥也。以鐵裹軸頭，

<hr>

[1]　王先謙∶《釋名疏證補》卷 7，第 261 頁。

[2]　張長壽、張孝光∶《説伏兔與畫轑》，《考古》1980 年第 4 期，第 361—364 頁。

[3]　戴震∶《考工記圖》，《戴震全集》第 2 册，第 729 頁。

[4]　秦始皇兵馬俑博物館、陝西省考古研究所∶《秦始皇陵銅車馬發掘報告》，文物出版社 1998 年版，第 144 頁。

[5]　段玉裁∶《説文解字注》，第 725 頁。

堅而易進也。"①書套在車軸的兩端,用以加固軸頭。書的形狀一般呈長筒形,一端粗一端細,粗端套接車軸。書上有穿孔,用以納轄。

飛軨

懸掛於車書上的飾物,以絲帛爲之。《急就篇》卷三:"軹軾軨轑轙軜衡。"顏師古注:"軨,兩轙之系也,故路車之轑,施小幡者謂之飛軨。"②《文選·張衡〈東京賦〉》:"重輪貳轙,疏轂飛軨。"李善注引蔡邕《獨斷》云:"飛軨,以緹紬廣八尺,長柱地,畫左青龍,右白虎,繫軸頭,取兩邊飾。"③《禮記·曲禮上》:"已駕,僕展軨效駕。奮衣由右上,取貳綏跪乘。"陸德明《經典釋文》引《禮記·曲禮上》"已駕,僕展軨"。盧植注云:"軨,車轙頭靼也。"飛軨爲身份的標志,如《尚書大傳》卷二下曰:"未命爲士,車不得有飛軨。"④

秦始皇陵二號銅車馬車轂端的書上繫有幡狀青銅飛軨(圖5-9-1),是繫掛於銀質車書的紐形鼻上。⑤汲縣山彪鎮戰國墓出土了兩對附有活動方環的車書,方環有舌,郭鈞先生認爲,方環是用來懸掛飛軨的,并稱這種車書爲"飛軨式車書"。⑥這種形式的車書,在安徽舒城九里墩春秋墓、隨縣曾侯乙墓皆有

1. 秦始皇陵2號銅車馬　　　　　2. 東漢晚期壁畫中的馬車,右下角即飛軨

**圖5-9　出土飛軨以及壁畫中的飛軨形象**

① 司馬遷:《史記》卷82,第2453、2454頁。
② 史游:《急就篇》卷3,第223頁。
③ 蕭統編,李善注:《文選》卷3,第112頁。
④ 皮錫瑞:《尚書大傳疏證》卷3,《續修四庫全書》第55册,第730頁。
⑤ 秦始皇兵馬俑博物館、陝西省考古研究所:《秦始皇陵銅車馬發掘報告》,第16、143頁。
⑥ 郭寶鈞:《山彪鎮與琉璃閣》,科學出版社1959年版,第31、32頁;郭寶鈞:《殷周車器研究》,第25頁。

出土。① 考古報告有時稱這種車書爲"銜框式"車書,或稱其有舌的方環爲方策。孫機先生認爲,所謂"方策"的正確名稱應該叫"鑣"。② 鑣的功能是扣住飛軥的柄部,是便於摘掛飛軥而專設的裝置。

車轄

轄,故書字作"舝",俗稱銷釘、銷子,木製、銅製或鐵製,呈長條形,上粗下細,上端或鑄以獸首或人像,約三四寸長,插入軸末端的方孔内,以防車輪脱出。

《説文・舛部》:"舝,車軸耑鍵也。"③《詩・小雅・車舝》序:"車舝,大夫刺幽王也。"陸德明《釋文》:"車軸頭鐵也。"《説文・車部》:"轄,車聲也。從車害聲。一曰轄,鍵也。"④《釋名・釋車》:"轄,害也,車之禁害也。"⑤《急就篇》卷三"轄"顏師古注:"轄,豎貫軸頭制轂之鐵也。"⑥ 舝或名桎,字亦作銍。《詩・小雅・節南山》:"尹氏大師,維周之氐。秉國之鈞,四方是維。"鄭玄箋:"氐,當做桎轄之桎。言尹氏作大師之官,爲周之桎轄。持國政之平。"孔穎達疏:"《孝經・鈎命決》云:孝道者,萬世之桎轄也。《説文》云:桎,車轄也。則桎是轄之別名耳。"戰國楚簡中亦作"銍",如包山楚簡 276 有"赤金之銍"⑦,此銍指車轄。孫機先生指出:"遠在商代書已用銅製,但當時還多用木轄,只是有些木轄外包銅套,或在頂部裝銅獸頭;西周中期以後銅轄纔較常見。"⑧ 早期車轄多爲木製,故以"桎"表示,用金屬製作,則以"銍"表示。

轄是古代車上關鍵的零部件之一,無轄車就不能行駛,故爲保險起見,轄端還有鍵孔,用以穿革帶,縛牢車轄防其脱落。車輛不出行,則可將轄取下,出行時則將原轄錘入。《詩・邶風・泉水》:"載脂載舝,還車言邁。"孔穎達疏:"古者車不駕則脱其舝……今將行,既脂其車,又設其舝。"《漢書・陳遵傳》記載:"每大

---

① 安徽省文物工作隊:《安徽舒城九里墩春秋墓》,《考古學報》1982 年第 2 期, 第 239 頁圖 11・5;湖北省博物館:《曾侯乙墓》, 第 313、315 頁。

② 孫機:《中國古代的帶具》,《中國古輿服論叢》(增訂本), 第 261 頁。

③ 段玉裁:《説文解字注》, 第 234 頁。

④ 段玉裁:《説文解字注》, 第 727 頁。

⑤ 王先謙:《釋名疏證補》卷 7, 第 259 頁。

⑥ 史游:《急就篇》卷 3, 第 222 頁。

⑦ 湖北省荆沙鐵路考古隊:《包山楚簡》, 文物出版社 1991 年版, 第 39 頁。

⑧ 孫機:《中國古輿服論叢》(增訂本), 第 37 頁。

飲,賓客滿堂,輒關門,取客車轄投井中,雖有急,終不得去。"①

　　舝和轄是成對出現,配合使用(圖 5–10),也有單獨使用的。商代晚期出現青銅舝,西周早期出現青銅轄,銅質的舝、轄一直流行到西漢前期,以後改用鐵鑄造。

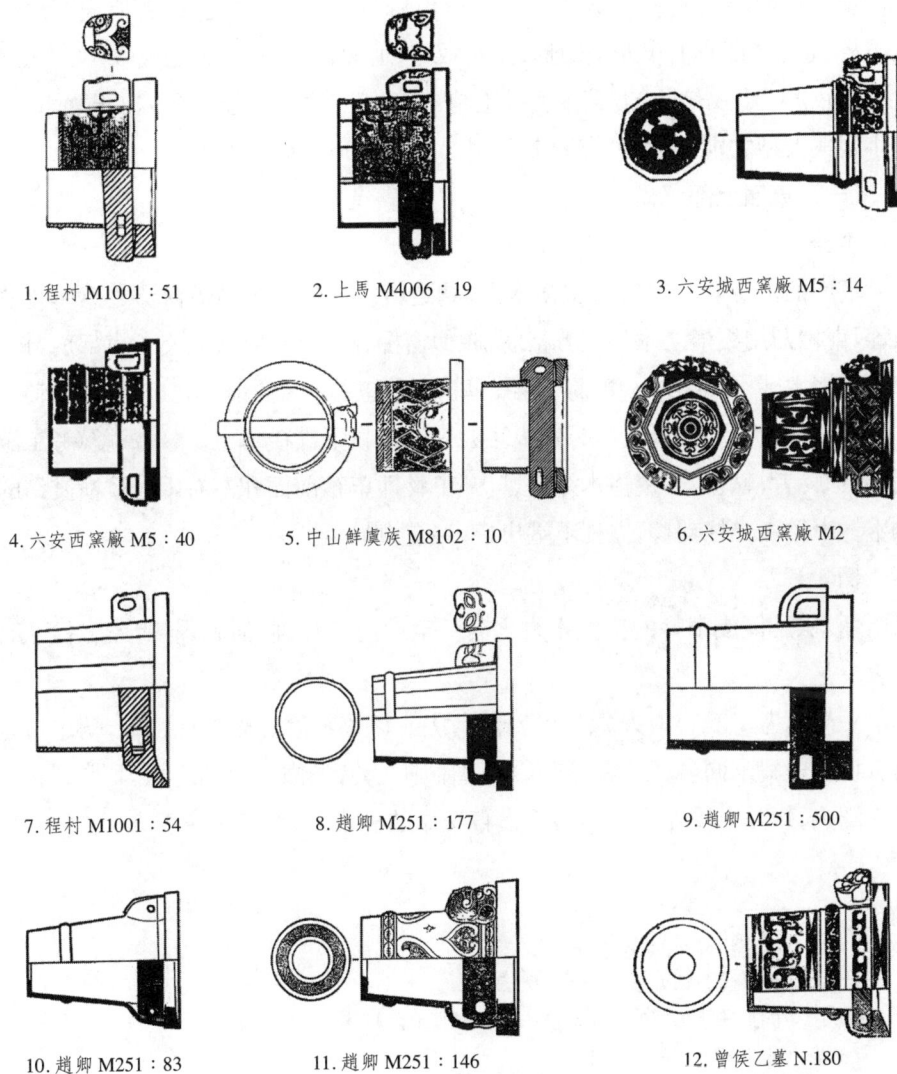

1. 程村 M1001：51　　　　2. 上馬 M4006：19　　　　3. 六安城西窯廠 M5：14

4. 六安西窯廠 M5：40　　　5. 中山鮮虞族 M8102：10　　6. 六安城西窯廠 M2

7. 程村 M1001：54　　　　8. 趙卿 M251：177　　　　9. 趙卿 M251：500

10. 趙卿 M251：83　　　　11. 趙卿 M251：146　　　　12. 曾侯乙墓 N.180

圖 5–10　車舝

---

① 班固:《漢書》卷 92, 第 3710 頁。

## 三、車輿

車廂,是乘人載物的部分。其構造是,以軫和薦板爲底,以輢爲牆(輢),以後闌爲門,以蓋爲宇,如輪之載房屋之形,故有車之名。①《釋名·釋車》云:"車,古者曰車,聲如居,言行所以居人也。今曰車聲近舍。車,舍也,行者所處若居舍也。"②商周時期有的車廂呈矩形,左右較寬,進深較窄淺,亦謂之俴收。《詩·秦風·小戎》:"小戎俴收,五楘梁輈。"毛傳:"俴,淺。收,軫也。"考古出土之車輿,有小型與大型之別,小者可容納2人,大者可納3—4人。③

(一) 車廂上部

車軨

車輿的前部及左右皆有縱橫木欄,謂之軨。車軨之名乃借窗欞之意轉化過來,因車輢乃用縱橫之木架成方格狀,頗似窗欞,故名車軨。《説文·車部》:"軨,車轖間橫木。"④《説文·車部》:"轖,車箱交革也。"⑤《楚辭·九辯》:"倚結軨兮長太息,涕潺湲兮下沾軾。"朱熹《集注》:"軨,車軾下縱橫木也。"⑥戴震《考工記圖》云:"軨者,軾、較下縱橫木總名。"⑦車軨即車箱前面和左右兩面縱橫交結的欄木。車軨由立柱支撐,立柱下端出榫,裝在車軨上。

輢、軹

輢、軹是構成車軨的橫豎木材之名。至於何者爲輢,何者爲軹? 諸説紛紜,莫衷一是。

一説,《考工記·輿人》:"參分較圍,去一以爲軹圍。"鄭玄注:"軹,輢之植者衡者也。與轂末同名。"戴震《釋車》:"車闌謂之軨,軨内之軹謂之軹。"⑧鄭玄和戴震認爲,軹是車箱左右(輢)兩面橫直交結的欄木。《考工記·輿人》:"參分軹

---

① 郭寶鈞:《殷周車器研究》,第44頁。
② 王先謙:《釋名疏證補》卷7,第246—247頁。
③ 孫機:《中國古獨輈馬車的結構》,《中國古輿服論叢》(增訂本),第28—57頁。
④ 段玉裁:《説文解字注》,第723頁。
⑤ 段玉裁:《説文解字注》,第723頁。別本作"車籍交錯也"。
⑥ 朱熹:《楚辭集注》卷6,第133頁。
⑦ 戴震:《考工記圖》,《戴震全集》第2冊,第736頁。
⑧ 戴震:《釋車》,《戴震全集》第2冊,第706頁。

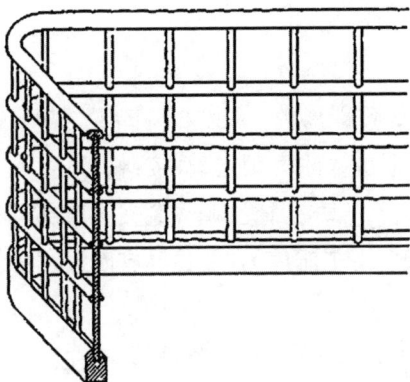

圖 5-11 車輈構造（《上村嶺虢國墓地》圖四一）

圍，去一以爲輢圍。"鄭玄注："輢，式之植者衡者也。鄭司農云：'輢讀如繫綴之綴，謂車輿輅立者也。立者爲輢，橫者爲軹。書輢或作輚。'玄謂輢者，以其鄉人爲名。"據鄭衆説，車輅間豎木爲輢，車輅間的橫木爲軹。鄭玄不從此説，認爲車軾前縱橫欄木爲輢。又戴震《釋車》云："式下人所對謂之輢。"① 鄭玄和戴震主張車前輅間橫豎欄木爲輢，因與人相對，故名。

一説，許慎《説文·車部》："輢，車橫輅也。"阮元認爲："蓋輅爲軹、輢之總名。軹，枝也，如枝相交也。輢者，對也，對於人也。輢橫交於軹。故《説文》曰：'輢，車橫輅也。'輢爲橫輅，軹直輅可知。"② 阮元認爲，輢乃是橫輅，軹乃是直輅。今人楊英傑也認爲，立植之木曰軹，橫綴之木曰輢，軹輢相交曰輅。③

從《考工記》"參分軹圍，去一以爲輢圍"看，軹徑比輢徑粗。考古出土的車輅縱橫欄木，有兩種情況：一，一般是橫木較粗，豎木較細，而車輅左右縱橫欄木與車前縱橫欄木没有什麽區别。如三門峽虢國墓地 M2001 車馬坑和 M2012 車馬坑内出土的馬車，車體平面均爲圓角橫長方形，豎欄底端插入車輈，頂端與橫欄相交。④ 二，車輅之間的橫木較細，而樹立的直木較粗，車輿左右和前面的車輅粗細并没有差别。如趙卿墓 M251 一號車的車輅⑤，輝縣琉璃閣戰國車即屬於此類，以較細的橫木連綴較粗的立木。⑥ 因此，從出土車輿情況看，鄭衆、阮元之説并不全面。鄭玄之説與考古資料亦扞格，故而上引説法孰是孰非，難以判

---

① 戴震：《釋車》，《戴震全集》第 2 册，第 706 頁。

② 阮元：《揅經室集·考工記車制圖解》，第 144—145 頁。

③ 楊英傑：《戰車與車戰》，東北師範大學出版社 1986 年版，第 22 頁。

④ 河南省文物考古研究所、三門峽市文物工作隊：《三門峽虢國墓》（第一卷），文物出版社 1999 年版，第 212、296 頁。

⑤ 山西省考古研究所、太原市文物管理委員會等：《太原晉國趙卿墓》，文物出版社 1996 年版，第 206—209 頁。

⑥ 中國科學院考古研究所：《輝縣發掘報告》，科學出版社 1956 年版，第 48 頁。

斷,姑存諸説待考。

輢

車廂左右的立木板或縱橫欄杆,因可以憑倚,稱爲輢。《説文·車部》:"輢,車旁也。"段玉裁注:"謂車兩旁,式之後,較之下也。注家謂之輢,按:輢者,言人所倚也。前者對之,故曰轛;旁者倚之,故曰輢。"① 輢亦謂之輒。《説文·車部》:"輒,車兩輢也。"② 車輢上可以插兵器,《周禮·考工記序》:"殳長尋有四尺。"鄭玄注:"戈、殳、戟、矛,皆插車輢。"

車軨上覆裹以皮革,或加以漆飾。《周禮·春官·巾車》"革路"鄭玄注:"革路,鞔之以革而漆之,無他飾。"孫詒讓《周禮正義》也以爲"四路并有鞔革"。③ 鄭珍《輪輿私箋》云:"車箱三面止是輢,無所謂板也。……飾車鞔革,當貼輢内,若糊紙然。"④ 這種窗櫺式的車子在考古發現中也有出土。

考古出土的兩周車子的車廂有方形和圓形兩種車輿(圖5–12),有的車廂爲窗櫺式,有的爲封閉的欄板式。⑤ 如三門峽虢國墓地 M2001 車馬坑和 M2012 車馬坑内出土的馬車,車體平面均爲圓角横長方形,豎欄底端插入車軨,頂端與横欄相交。横軾正中處有一根支柱,支柱上端插入横軾,向下垂直然後折爲水平方向,交於前軾最高的一根横條,然後越過前軾斜插入輢上,與輢平行。⑥

太原趙國晉卿墓 M251 車馬坑的 1 號馬車,軨框後部較高,軨格共 9 層,前較低,共 7 層,前後以軾爲界向前以平緩斜坡過渡,形成前低後高的傳統車輿形態,車軾與側軨齊平,由三道膝條連接前軨,其中間一條近軾處分叉呈"Y"形。車輿門柱内側的後軨向上引起呈刀狀外框,造型美觀。車軨外側的第 4、5 横軨之間的高度上,每側安裝由 4 個木質和漆製的筒狀小件,推測爲插小旗的壁座。⑦

---

① 段玉裁:《説文解字注》,第 722 頁。

② 段玉裁:《説文解字注》,第 722 頁。

③ 孫詒讓:《周禮正義》卷 52,第 2155 頁。

④ 鄭珍:《輪輿私箋》卷 2,《續修四庫全書》第 85 册,第 458 頁。

⑤ 王振鐸遺著、李强整理補著:《東漢車制復原研究》,科學出版社 1997 年版,第 53 頁。

⑥ 河南省文物考古研究所、三門峽市文物工作隊:《三門峽虢國墓》(第一卷),第 212、296 頁。

⑦ 山西省考古研究所、太原市文物管理委員會等:《太原晉國趙卿墓》,第 206—209 頁。

1. 趙卿墓 M251 一號車（乙Ⅰ）

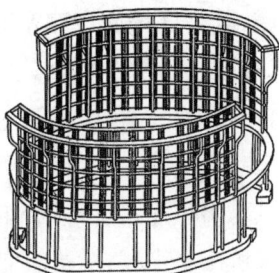

2. 曾侯乙墓 E.155 車輿（乙Ⅱ）

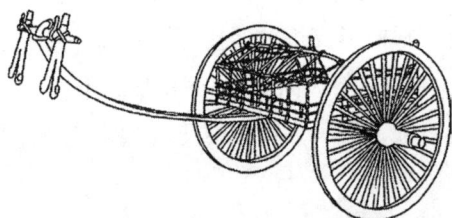

3. 淄河店 M2 第 20 號車

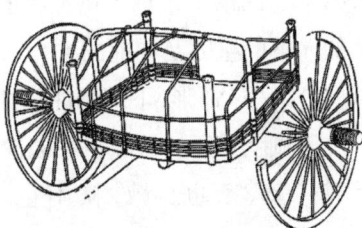

4. 趙卿墓車馬坑 8 號車

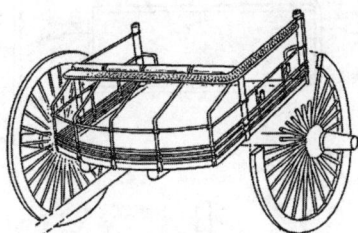

5. 趙卿墓車馬坑 4 號車

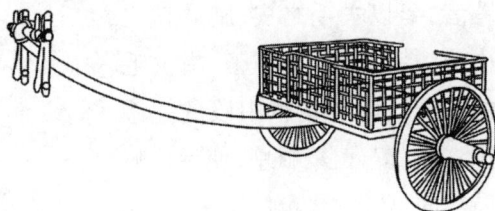

6. 淄河店 M2 第 1 號車

圖 5–12　車輿

車軾

軾是車廂前端設置的一高出車廂的橫木扶手(圖 5–13)，以一根圓木揉曲而成①，呈"冂"形。《説文·車部》："軾，車前也。"②《考工記·輿人》："參分車廣，去一以爲隧。參分其隧，一在前，二在後，以揉其式。"據此，軾在車廂前三

---

① 江永《周禮疑義舉要》卷 6 云："所以用曲木者，不欲令折處有棱角觸礙人手，如今人作椅子扶手，亦揉曲木是也。"參見《周禮疑義舉要》，《清經解》第 2 册，第 1927 頁。

② 段玉裁：《説文解字注》，第 722 頁。

分一處,其高度等於車廂寬度的二分之一。《考工記·輿人》:"參分其隧,一在前,二在後,以揉其式。"賈公彥疏:"式,謂人所馮依而式敬,故名此木爲式也。"《釋名·釋車》云:"軾,式也,所伏以式敬者也。"[1] 周代軾禮,乃據車軾小俛以表敬意。

軾高出車廂多許,便於御者執轡,射者引弓。考古出土之軾,如臨猗程村墓地車馬坑出土車軾,横跨車廂,軾全長在 189 厘米—254 厘米之間。上面横的一段平直,兩側在左右欄的上方呈 90 度下折成豎柱,并緊貼兩欄内側垂直向下,插入軨木的凹槽中。爲了增加軾的負荷强度,以支撐乘者從後面或憑或伏時所産生的向下的壓力及向前的推力,軾前設有三根曲形支撐柱連接,其中中間一根近軾處分叉呈"Y"形,下端彎曲後插入軹木;車前部斜坡向下,側面呈"⌒"形。[2]

車軾上手所扶持處覆蒙以皮革,稱爲鞹軓。《詩·大雅·韓奕》:"鞹軓淺幭。"毛傳:"鞹,革也。軓,軾中也。淺,虎皮淺毛也。幭,覆式也。"孔穎達疏:"鞹爲去毛之皮。鞹軓者,蓋以去毛之皮,施於軾之中央,持車使牢固。"鞹,指去毛的皮子;軓,指車軾中段的把手處。以皮革覆蒙軾中,使手持軾時牢固,且作爲裝飾。

以去毛之皮覆車軾亦稱幦,字或作幭。《儀禮·既夕禮》:"主人乘惡車,白狗幦,蒲蔽。"鄭玄注:"幦,覆笭也,以狗皮爲之,取其臑也。"《禮記·玉藻》:"君羔幦虎犆;大夫齊車鹿幦豹犆,朝車;士齊車鹿幦豹犆。"鄭玄注:

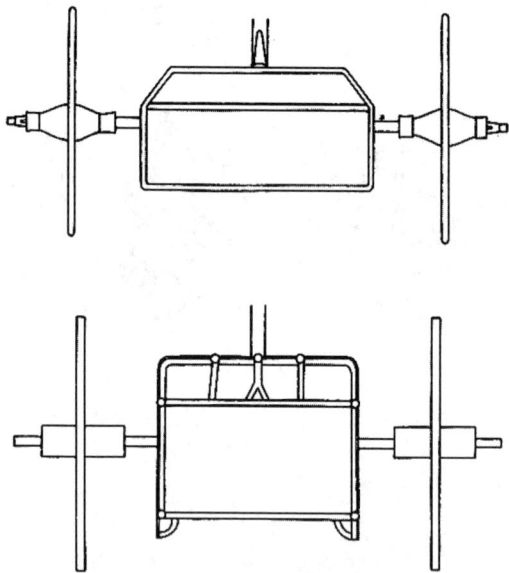

(上:西周車,陝西長安出土;下:戰國車,河南輝縣出土)

**圖 5–13　車軾示意圖**

---

[1]　王先謙:《釋名疏證補》卷 7,第 254 頁。

[2]　中國社會科學院考古研究所、山西省考古研究所等:《臨猗程村墓地》,中國大百科全書出版社 2003 年版,第 158—198 頁。

"幬，覆笭也。"孔穎達《正義》曰："笭即式。"《禮記・曲禮下》："素簚。"鄭玄注："簚，覆笭也。"①

軓

軓是車輿前的橫木（軫木）。軓位於車的何種部位？形狀如何？衆説不一，概括如下：

一説，《玉篇》："軓，車軾前。"② 此解模糊。戴震則明確認爲，軓謂之陰，軓是車軾前掩板，累呼之曰揜軓。③ 朱駿聲《説文通訓定聲》："軓，車前掩輿之板。"④《説文・車部》"軓，車軾前也。"段玉裁注："戴先生云：車旁曰輢，式前曰軓，皆揜輿版也。軓以揜式前，故漢人亦呼曰揜軓。《詩》謂之陰。"⑤ 此説主張軾前的遮揜車輿之板名軓，亦謂之掩軓，即《毛詩》之陰。

一説，軓爲車廂下三面材。《考工記・輈人》："軓前十尺而策半之。"鄭玄注："鄭司農云：'軓謂式前也。'玄謂軓是。軓，法也。謂輿下三面之材，輈之所尌，持車正也。"鄭玄認爲車箱下的前左右三面之木材稱爲軓。在前者稱爲前軓。

一説，軓爲圍輈之木，形如半規，位於輿之前軫下正中。阮元《考工記車制圖解・輿解》云："當式下圍輈者曰軓。軓之爲物，蓋在輿之前軫下正中，略如伏兔，爲半規形以圍輈身。輈與輿之力在後軫則有任正以持之，在前軫則有軓以衛之，故左右轉戾不致敗折。"⑥ 阮氏所繪出的軓形作倒凹字狀，其凹口用以衛車輈。

一説，軓是車輿下的橫木。清人黃以周反對鄭玄之説，認爲"軓爲輿前橫木之專名"，而非鄭玄所説的車輿下三面之材。⑦ 今人聞人軍、汪少華亦認爲，"軓爲車廂底前面的橫木"。⑧

一説，楊英傑認爲軓爲"軾前左右前面成冂形的車廂沿木"。⑨

---

① 古文獻中，笭的意思不一，此取其車軾之意。

② 顧野王：《大廣益會玉篇》，第 87 頁。

③ 戴震：《考工記圖》，《戴震全集》2 册，第 735—736 頁。

④ 丁福保：《説文解字詁林》，第 13799 頁。

⑤ 段玉裁：《説文解字注》，第 721 頁。

⑥ 阮元：《揅經室集・考工記車制圖解》，第 145 頁。

⑦ 黃以周：《禮書通故・車制通故》卷 46，第 1871 頁。

⑧ 聞人軍：《考工記譯注》，上海古籍出版社 2008 年版，第 33 頁；汪少華：《從〈考工記〉看〈漢語大字典〉的釋義失誤》，《傳統文化與現代化》1997 年第 3 期，第 91 頁。

⑨ 楊英傑：《戰車與車戰》，第 20 頁。

《詩經》記載另有陰，一般認爲陰即揜軓，乃一掩蓋軓的木板。《詩·秦風·小戎》："陰靷鋈續。"毛傳："陰，揜軓也。"鄭玄箋："揜軓在軾前，垂軓上。"孔穎達疏："以板木橫側車前，所以陰映此軓，故云揜軓。"鄭玄認爲，掩軓位於車軾前，下垂至於車軓上。孔穎達進而認爲，車前橫置的木板掩蓋軓，故名掩軓。胡承珙《毛詩後箋》說："軓在輿下，陰在軾前，陰高於軓，是名揜軓。箋云'揜軓在軾前垂軓上'，所言止有一面。"①孫詒讓《周禮正義》說："《毛詩·秦風·小戎》傳云：'陰，揜軓也。'鄭玄箋云：'揜軓在式前，垂軓上。'孔疏謂以版木橫側車前，所以陰映此軓。然則彼乃揜蔽前軓之版，本與軓異物。《釋名·釋車》云：'陰，蔭也，橫側車前以蔭軨也。'軨即前闌，與軓同處。陰軨非即軨，則揜軓非即軓明矣。"②孫詒讓認爲，揜軓與軓爲二物，掩軓爲掩前軓之版，而軓則是車輿下之材，此則爲前軓。

按，以上諸說，軓與掩軓（陰）爲二，不可混淆，孫詒讓說可從。掩軓爲掩蓋軓之木板。軓，鄭玄注認爲是三面材，不可從。《考工記·輈人》："軓前十尺，而策半之"，此指車輈在軓前爲十尺，可見軓乃是一固定之位，而鄭玄三面之材之說，顯不可從。《考工記·輈人》又云："良輈環灂，自伏兔不至軓七寸，軓中有灂，謂之國輈。"經文言伏兔至軓，伏兔位於車軸兩側，其距軓，則軓亦爲固定之構件；軓中有灂，此乃是就車輈與軓正相交匯之處而言。綜論而言，軓應是車輿前的橫木。

秦始皇陵 2 號銅車前輿的軾前有一覆箕狀的蓋板，一號銅車軾前亦有一微凹的坡形蓋板，軾的背面下沿另有一懸掛著的長方形垂板，藉以把軾前的車輿形成半封閉的空間。此空間坐乘者足以容膝，立乘者内可藏物，如一號車的銅方壺、盛箭的籠箙均懸垂於此空間内；再者還可障蔽塵泥。報告認爲上述蓋板、垂板當名軓。③孫機先生認爲，秦始皇皇陵 2 號車前輿的車輈上的覆箕狀的蓋板，恰好遮掩著車輿前那段較平直的輈，此蓋板就是揜軓，車輿前伸出的車輈有一段是平直的，這一段平直的輈稱爲軓。④

---

① 胡承珙：《毛詩後箋》卷 11，黄山書社 1999 年版，第 567 頁。
② 孫詒讓：《周禮正義》卷 77，第 3212 頁。
③ 秦始皇兵馬俑博物館、陝西省考古研究所編：《秦始皇陵銅車馬發掘報告》，第 344—345 頁；袁仲一：《秦陵銅車馬有關幾個器名的考釋》，《考古與文物》1997 年第 5 期，第 25 頁。
④ 孫機：《始皇陵 2 號銅車對車制研究的新啓示》，《載馳載驅：中國古代車馬文化》，上海古籍出版社 2016 年版，第 13 頁。

較

較是在兩邊車輢上或車軫上安插的構件,用以憑靠或區別尊卑。《考工記·輿人》:"以其隧之半爲之較崇。"鄭玄注:"較,兩輢上出軾者。"《詩·衛風·淇奥》:"寬兮綽兮,猗重較兮。"陸德明《釋文》:"較,古岳反。車兩傍上出軾者。"朱熹《詩集傳》:"較,兩輢上出軾者,謂車兩傍也。"① 由此可見車較高於車軾。較,字亦作較,《説文·車部》:"較,車輢上曲鈎也。"據許慎説,較是一彎曲的鈎子。段玉裁注曰:"按較之制,蓋漢與周異。周時較高於軾,高處正方有隅,故謂之較。較之言角也。至漢時乃圜之如半月然,故許云車上曲鈎。曲鈎,言勾中鈎也。"②《釋名·釋車》:"較在車箱上,爲辜較也。"戴震《考工記圖》:"縮輢上者謂之較","較有兩,在兩旁"。③ 據古注疏,較是曲鈎式的構件,或者是兩旁車輢上安插的橫木,其下面由輢相承,可以插入輢柱。

現代學者依據考古出土資料,對較的形制多有論述。袁仲一認爲:"較是車兩邊輢上的橫木,猶如今日沙發椅兩邊的扶手。"王振鐸、李强認爲:"車輿兩旁的闌杆稱輢。輢上端橫木稱較。"揚之水以爲:"車左右兩旁之欄又稱作輢,輢最上面的一根橫木稱作較。"④ 楊英傑《戰車與車戰》認爲,軾後輢上的車箱沿木曰較,因較是輢的上緣沿木,故亦可倚靠。較多用較粗的圓木製作,因而又稱爲"重較";又因其多飾以銅,故又稱之"金"。⑤ 郭寶鈞考察濬縣辛村出土西周車器,認爲:車旁欄杆短柱叫輢,輢上再接以短柱,柱頂有曲鈎的銅叫較。他説:"較的基部爲直木,可以插入輢,較之上端爲曲鈎,可以縛繫蓋,是撐蓋時用的,而亦用以施帷。"⑥ 孫機認爲:"在立乘的車上,爲了防止傾側,於左右兩旁的車輢即輢上各安一橫把手,名較。"⑦

綜合考古資料,車較是安插在車輢上的構件,其形狀多樣。先秦時期的車

① 朱熹:《詩集傳》卷3,第46頁。
② 段玉裁:《説文解字注》,第722頁。
③ 戴震:《釋車》,《戴震全集》第2册,第706頁。
④ 袁仲一:《秦陵銅車馬有關幾個器名的考釋》,《考古與文物》1997年第5期,第25—32頁;王振鐸、李强:《東漢車制復原研究》,第51頁;揚之水:《詩經名物新證》,第447頁。
⑤ 楊英傑:《戰車與車戰》,第20—22頁。
⑥ 郭寶鈞:《殷周車器研究》,第52—55頁。
⑦ 孫機:《中國古獨輈馬車的結構》,《載馳載驅:中國古代車馬文化》,第39—40頁。

較,車旁欄杆短柱是輢,輢柱上再加高一節的短柱,名較,[1] 車較一般安插在車輢柱上[2]。河南濬縣辛村西周車馬坑中出土銅較,狀如曲鉤,一端有銎,可以插在輢柱上,其頂部折而平直,以便用於扶持[3],此類較在淮陽馬鞍冢戰國晚期車馬坑也曾有發現(圖5–14)。[4] 秦始皇陵2號兵馬俑坑出土的銅較,垂直部分較長,直接插入車軨并用銅釘固定,以代替輢柱,其上端折成直角,與西周銅較的式樣大體一致。到了漢代,較的兩端爲圓弧,形如半月,所以《説文》稱"較,車輢上曲勾也"。河北滿城1號西漢墓出土銅較,兩端垂直下折弧形呈冂字形,下與輢相接插入輢上。[5] 山東雙乳山漢墓出土銅車較1件,呈ո形,長24.5厘米、高6厘米,斷面呈半圓形,高0.8厘米、寬1厘米。兩支腳上分別有一小圓孔。出土時上面仍附有部分木構件,嵌進木内約2.5厘米,外露部分嵌有錯金銀雲雷紋。[6] 它安裝於車箱兩側,供乘車者憑倚。

淮陰戰國墓高莊墓出土的青銅較飾形制特別,由大小相同、形制一樣、兩兩相對的左右較飾組成。它前端平直,胸身弧形下曲,回升後成圓直角急折,同時將高度降至輿底,左右兩較在車輿後端交匯。其斷面呈喇叭口狀,外飾以雲雷紋爲界的蟠螭紋,下有均勻分布的釘孔,是套合在木質較身之上,用木釘固定。[7] 金較整體爲交龍型,係鑲嵌在車輿表面輿緣上的銅飾。它好像今天沙發上的扶手,環繞車輿的左、後、右三面,構成二龍交錯的形式,組成一個縱120厘米,橫170厘米的橫方形。[8]

較的作用,除了可供人憑靠外,也具有禮制意義。金較上有各種各樣的精美

---

① 參見汪少華《中國古車輿名物考辨》,第122—147頁。

② 朱啓新:《計較的較》,《中國文物報》2001年12月26日。

③ 郭寶均:《濬縣辛村》,科學出版社1964年版,第54頁。車較圖參該書圖版39:1。

④ 河南省文物研究所、周口地區文化局文物科:《河南淮陽馬鞍冢楚墓發掘簡報》圖二六,《文物》1984年第4期。

⑤ 中國科學院考古研究所等:《滿城漢墓發掘報告》上册第193頁,下册圖版103:2,文物出版社1980年版。

⑥ 崔大庸:《雙乳山一號漢墓一號馬車的復原研究》,《考古》1997年第3期,第20—21頁。

⑦ 淮陰市博物館:《淮陰高莊戰國墓》,《考古學報》1988年第2期,第189—232頁。

⑧ 王厚宇、王衛清:《淮陰高莊戰國墓的青銅輿飾及相關問題》,《故宫博物院院刊》2000年第6期,第45—52頁。

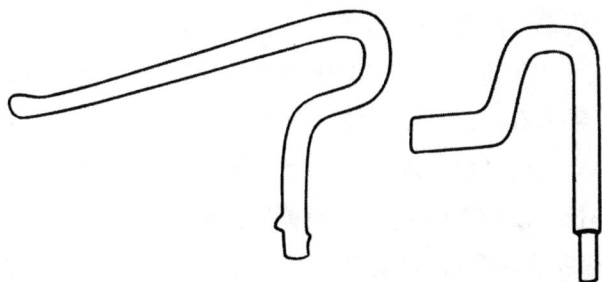

1. 春秋銅較（濬縣出土）　　　2. 戰國銅較（河南淮陽出土）

圖 5-14　**車較**

紋飾，有的還錯金銀、鎏金或鑲嵌，是車主人身份的具體體現。[①] 金較可以區別尊卑貴賤，是兩周禮制的產物。

士大夫以上的乘車或安重耳、重較。[②] 關於重較，各家解釋不一。阮元《考工記車制圖解》云：“《說文》：‘輢，車旁也。’《毛詩》作猗。蓋輿左右板通謂之輢。……輢上反出謂之軓，輢立木達軓謂之較。……《說文》曰：‘較，車輢上曲鈎也。’又曰：‘軓，車兩輢也。從車耴聲。’又曰：‘耴，耳下垂也。象形。’……至其直立軫上，上曲如兩角之木，則謂之較；重出軾上，故名重較。崔豹《古今注》曰：‘車較，重耳也，在車釁上，重起如兩角然。’此固謂車耳重出軾上，如兩角之輢勢也。……重較，即重耳之義，以喻武公之開張寬廣也。”[③] 孫詒讓《周禮正義》曰：“其較上更設曲銅鈎，向外反出，則是在較耳上重累爲之，斯謂之重較重耳矣。”[④] 崔豹《古今注》：“重耳，古重較也。文官青耳，武官赤耳。或曰：重較在軍車藩上，重起如牛角，故曰重較耳。”[⑤] 較之貴者或飾曲鈎銅，爲區別尊卑貴賤的標志。

較高出車廂，一眼望去，亦可以辜較尊卑。《詩·衛風·淇奧》：“輢重較兮。”毛傳：“重較，卿士之車。”《釋名·釋車》：“重較，其較重，卿所乘也。”[⑥] 車制規定，士以上的乘車只有一較，卿大夫以上的乘車纔置重較。孫詒讓《周禮正義》云：

---

① 王厚宇：《考古資料中的先秦金較》，《中國典籍與文化》1999 年第 3 期，第 52—64 頁。

② 王厚宇：《考古資料中的先秦金較》，《中國典籍與文化》1999 年第 3 期，第 52—63 頁。

③ 阮元：《揅經室集·考工記車制圖解上》，第 142—143 頁。

④ 孫詒讓：《周禮正義》卷 76，第 3195 頁。

⑤ 崔豹：《古今注》卷上，第 3 頁。

⑥ 王先謙：《釋名疏證補》卷 7，第 250 頁。

"蓋周制庶人乘役車,方箱無較。士乘棧車以上皆有較,唯士車兩較出式上者,正方無飾,則有較而不重也。大夫以上所乘之車,則於較上更以銅爲飾,謂之曲銅鈎。"① 士以上乘車有較,但士之車較無飾且不重,大夫以上車較以銅飾,庶人車無較。較辨尊卑,自周已然。段玉裁注《説文》稱:"惟較可辜榷尊卑,故其引申爲計較之較,俗作校。"以較之形、色、質,就能計其尊貴,比其高卑。

較飾作爲表明身份高貴,自漢代以後,一是以較的顔色區別文武官員。崔豹《古今注》記:"重耳,古重較也。文官青耳,武官赤耳。"二是以較的質量區別職位高低。漢代天子所乘車上的較,以黃金爲飾。《後漢書·輿服志》記:"公列侯安車朱斑輪,倚鹿較,伏熊軾。"較作鹿形或以鹿角爲飾。《晉書·輿服志》記:"皇太子安車朱斑輪,倚獸較,伏鹿軾。"較則作神獸形。②

藩蔽

車之貴者,車輿前後有革或席以蔽之。《爾雅·釋器》:"輿革,前謂之鞎,後謂之芾;竹,前謂之御,後謂之蔽。"邢昺疏引李巡曰:"竹前,謂編竹當車前以擁蔽,名之曰御。御,止也。"孫炎曰:"御,以簟爲車飾也。"郭璞曰:"蔽,以簟衣後戶也。"皮革製作的擋在車前的藩蔽物稱爲鞎,後面的稱爲芾。御是遮擋在車前的簟席,蔽是遮擋於車後的簟席。

統言之,車蔽亦曰芾。《詩·齊風·載驅》:"載驅薄薄,簟茀朱鞹。"毛傳:"簟,方文席也。車之蔽曰芾。"《詩·大雅·韓奕》:"簟茀錯衡。"鄭玄箋云:簟茀,漆簟以爲車蔽,今之藩也。"婦人之車亦有衣蔽。《詩·衛風·碩人》:"翟茀以朝。"毛傳:"翟,翟車也。夫人以翟羽飾車。茀,蔽也。"

藩蔽類似今日的簾子,設於車後或車前,高度足以遮蔽車中人。藩蔽設於車輿上,或上與車蓋相連。

(二)車廂下部

軫

車廂底部的四周木框叫軫,是由四根方木做成的底架,這四根方木即軫。《説文·車部》:"軫,車後橫木也。"③《考工記·輈人》:"軫之方也,以象地也。"鄭玄

---

① 孫詒讓:《周禮正義》,第 3195 頁。
② 朱啓新:《計較的較》,《中國文物報》2001 年 12 月 26 日。
③ 段玉裁:《説文解字注》,第 723 頁。

注："輿後橫木也。"許慎、鄭玄認爲是車後的橫木，不確，阮元已辨之。① 《詩·秦風·小戎》："小戎俴收，五楘梁輈。"毛傳："收，軫也。"戴侗《六書故》："軫，輿四面木匡合成輿者也。"② 戴震《考工記圖》云："輿下四面材合而收輿謂之軫，亦謂之收。"③ 戴説可從。阮元《考工記車制圖解》云："軫木最大，輿底木板、兩輢板皆賴軫相收以爲固，而輈、較、軹亦將就軫爲鑿以樹之也。蓋軫所以收衆材者，故又謂之收。"④ 車輿下四根方木做成底架，木框合而收車輿底木板等，故謂之收。車軫上有鑿孔，可以樹插輢柱、軹等構件。

車軫有青銅飾，軫飾在商周考古墓葬曾有發現。井叔墓地的軫飾爲長條形銅片⑤，大約有八件，相互組成一個圓角方形，器表飾夔紋，背面有半環狀鼻。這種軫飾是貼在車軫的外側，安裝時需要在車軫上鑿孔，然後用木釘將鼻固定。寶雞茹家莊的軫飾也是八件長銅片，其斷面爲曲尺形，可以鑲嵌在車軫的外側和下側的銅飾。向外的一面有夔紋，并預留釘孔，是采用木釘固定的方法安裝軫飾。銅片組成了一個圓角的橫長方形，清楚地反映出車輿的平面輪廓。⑥

任正、衡任

車箱底部的木梁，在前方、左方、右方者謂之任正，與在後方者（即所謂後軫）共同構成車箱之方矩形。《考工記·輈人》："凡任木：任正者，十分其輈之長，以其一爲之圍；衡任者，五分其長，以其一爲之圍。小於度，謂之無任。"鄭玄注："目車持任之材。任正者，謂輿下三面材、持車正者也。輈，軌前十尺與隧四尺四寸，凡丈四尺四寸。則任正之圍，尺四寸五分寸之二。衡任者，謂兩軛之間也。兵車、乘車衡圍一尺三寸五分寸之一。無任，言其不勝任。"任正，據鄭玄注，指車廂下承受重壓的三面木材。

任木，指車輛結構中擔負重荷的木部件。戴震《考工記圖》認爲："輈、衡、軸皆任木。任正者，輈也。衡任者，軸也，衡也。此先發其意，下文乃舉其制，《記》中文體若是多矣。輿下之材合而成方，通名軫，故曰：軫之方也，以象地也。鄭注

① 阮元：《揅經室集·考工記車制圖解》，第 141—142 頁。
② 戴侗：《六書故》，第 619 頁。
③ 戴震：《考工記圖》，《戴震全集》第 2 册，第 723 頁。
④ 阮元：《揅經室集·考工記車制圖解》，第 142 頁。
⑤ 張長壽：《井叔墓地所見西周輪輿》，《商周考古論集》，第 263—265 頁。
⑥ 張長壽：《殷周車制略説》，《商周考古論集》，第 245 頁。

專以輿後橫木爲軫,以輢式之所樹三面材爲軓,又以爲任正者,如其説,宜記於《輿人》,今《輈人》爲之,殆非也。"① 戴震認爲車輈、車軸、車衡等皆負荷,故謂之任木。② 黃以周《禮書通故》主張:"'凡任木'通下軸、當兔、頸、踵諸材。"③ 阮元則認爲,"任木者,輈兩端木名。衡任者,即輈前端之衡,駕馬者也。任正者,輈後端之橫木,當車後持輿之後軫底者也"④。此從戴震、黃以周之説。

衡任,據鄭玄注,乃車衡上兩車軛之間的木材。孫詒讓《周禮正義》:"鄭珍云:'車箱三面之下,即軫之左、右、前三方也。'……黃以周云:'任正者,任此正也。正謂車正。車正者,輿也。輿形方正,故謂之車正。其前、左、右三面材之尌輢式者,與古文匚正字同。'"⑤ 黃以周認爲,所謂正,指車正,因爲車輿方正,故謂之正,車正即車輿。任正,即車廂下左右前三方的木材。衡任,猶言衡之任,乃兩車軛之間的衡木,正當輈頸處,此處受力最重,故其圍較粗。又,戴震認爲任正爲輈,衡任爲軸。阮元認爲衡任爲輈前端之木,任正爲輈後端之木。按,黃以周云:"輈、軸亦任重之木,下文又別記之,明任正、衡任之非輈、軸也。"⑥ 黃説有理,兹從之。衡任乃車軛之間的衡木。

薦板

車軫間用以輔助枕托薦板的木梁稱栿⑦,栿上鋪墊木板,構成輿底,木板稱爲薦板。《釋名·釋車》:"薦板,在上如薦席也。"⑧ 戰國時,也有在栿間編織革帶作爲車輿底的情況。這種革帶編箱底的做法,在輝縣琉璃閣出土的戰國時期的車,以及秦陵一號銅車馬上均有發現。陝西秦陵一號銅車馬的車輿底部四周是四軫,四軫之間爲兩根前後向的縱栿和七根左右向的橫條交錯構成的底架。縱橫栿的兩端均與四軫相接,相互交錯的交叉處還用皮條紮結。四軫之間底架上是象徵用革帶編織的輿底。二號車車輿底也有斜方格的皮條編織紋,説明原來

---

① 戴震:《考工記圖》,《戴震全集》第2册,第728頁。
② 戴侗《六書故》亦云:"任正者輈,衡任者軸。"參見《六書故》,第619頁。
③ 黃以周:《禮書通故·車制通故》,第1872頁。
④ 阮元:《揅經室集·考工記車制圖解》,第154頁。
⑤ 孫詒讓:《周禮正義》卷77,第3213—3214頁。
⑥ 黃以周:《禮書通故·車制通故》,第1872頁。
⑦ 孫機:《中國古獨輈馬車的結構》,《載馳載驅——中國古代車馬文化》,第41頁。
⑧ 王先謙:《釋名疏證補》卷7,第256頁。

是以皮編織物作爲車輿底，皮革車輿底富有彈性，可以免除顛簸之苦。[1]

茵

薦板上所鋪的席子，名茵，字亦作鞇。《説文・艸部》：“茵，車重席也。”[2] 茵席爲葦草或用錦類絲織物編織而成，豪華車則以獸皮襯墊。用虎皮爲席者，稱爲文茵，亦作文鞇。[3]《詩・秦風・小戎》：“文茵暢轂。”毛傳：“文茵，虎皮也。”《釋文》：“文茵，以虎皮爲茵。茵，車席也。”朱熹《詩集傳》：“文茵，車中所坐虎皮褥也。”[4]《釋名・釋車》云：“文鞇，車中所坐者也，用虎皮爲之，有文采。”[5] 因虎皮紋飾斑斕有文采，故稱文茵。

（三）登車設施

車廂後部的車框留有缺口，以供登車者之用，即登車處。考古發現的車輿，後面欄杆正中一般留有 30 厘米左右的缺口，以供登降車之用。

乘石

貴族男子登車或踏乘石。《周禮・夏官・隸僕》云：“王行，洗乘石。”鄭玄引鄭司農注云：“乘石，王所登上車之石也。”《詩・小雅・白華》云：“有扁斯石，履之卑兮。”毛傳云：“扁扁，乘石貌。王乘車履石。”《淮南子・齊俗訓》云：“武王既没，殷民叛之，周公踐東宫，履乘石，攝天子之位，負扆而朝諸侯。”[6]

婦人則踩几乘車，《儀禮・士昏禮》云：“婦乘以几。”祭祀之尸，因其地位尊崇，登車亦以几。如《禮記・曲禮上》云：“尸必式，乘必以几。”鄭玄注：“尊者慎也。”

綏

繫於車上供上車時拉手用的繩索、組帶或革帶，[7] 叫綏。《論語・鄉黨》：“升車必正立執綏。”皇侃疏：“牽以上車之繩也。”《説文・糸部》：“綏，車中靶也。”段

---

① 秦始皇兵馬俑博物館、陝西省考古研究所：《秦始皇陵銅車馬發掘報告》，第 21，146—147 頁。

② 段玉裁：《説文解字注》，第 44 頁。

③ 錢玄先生認爲文茵爲車軾之虎皮，即鞙靷，亦稱幬。參見《三禮通論》，第 190—191 頁。

④ 朱熹：《詩集傳》卷 6，第 96 頁。

⑤ 王先謙：《釋名疏證補》卷 7，第 254 頁。

⑥ 劉文典：《淮南鴻烈集解》卷 11，第 371 頁。

⑦ 曾侯乙竹簡有“革綏”，蓋是革制之綏。

玉裁注："綏則繫於車中,御者執以授登車者。"① 《儀禮·士昏禮》:"授綏。"鄭玄注:"所以引升車者。"綏可繫可解。《禮記·少儀》云:"車則脱綏。"

綏有正綏和貳綏。《禮記·曲禮上》:"取貳綏。"孔穎達《正義》:"'取貳綏'者,貳,副也。綏,登車索。綏有二,一是正綏,擬君之升,一是副綏,擬僕右之升。"又《禮記·少儀》云:"僕者右帶劍,負良綏,申之面,拕諸幦,以散綏升,執轡然後步。"鄭玄注:"良綏,君綏也。"孔穎達疏:"散綏,副綏也。僕登車,既不得執君綏,故執副綏而升也。"則正綏又稱爲良綏,貳綏又稱爲散綏。

綏的形制和位置,學者根據秦陵出土車馬材料解釋不一。② 孫機先生認爲"蓋杠上部的繩套",其設於蓋杠上。③ 此説已遭學者所駁。戰車以及很多禮儀用車或無蓋④,據此推測綏恐不是設於蓋杠上。秦始皇陵一號銅車軾上綴有兩根流蘇狀之物,長達 37 厘米,袁仲一、汪少華等先生以爲即綏⑤。這兩條綏蓋即正綏和副綏。

## 四、輈

輈是駕車用的車杠,前持衡而後承輿,爲一根稍曲的圓木,長度一般在 2.8—3.2 米之間。《釋名·釋車》:"輈,句也。轅上句也。"⑥ 句爲彎曲之義。輈前端向上彎曲,如屋梁高曲,又謂之梁輈。《詩·秦風·小戎》:"五楘梁輈。"毛傳:"梁輈,輈上句衡也。"孔穎達疏:"轅從軫以前,稍曲而上至衡,則居衡之上而鄉下句之,衡則橫居輈下,如屋之梁然,故謂之梁輈也。"輈從側面看,前高下曲後平,好像舟船之底,故以輈名之。⑦ 衡在輈上⑧,彎曲如房屋之梁,故名梁輈。

輈和轅是同義詞,故書多互訓。如《説文·車部》:"轅,輈也。"⑨ 混言之,二

① 段玉裁:《説文解字注》,第 662 頁。

② 諸説參見汪少華《中國古車輿名物考辨》,第 48—68 頁。

③ 孫機:《中國古輿服論叢》(增訂本),第 25 頁。

④ 《左傳·宣公四年》杜預注:"兵車無蓋。"

⑤ 袁仲一:《秦陵銅車馬有關幾個器名的考釋》,《考古與文物》1997 年第 5 期,第 24—31 頁;汪少華:《中國古車輿名物考辨》,第 48—68 頁。

⑥ 王先謙:《釋名疏證補》卷 7,第 253 頁。

⑦ 參見郭寶鈞《殷周車器研究》,第 30 頁。

⑧ 孔穎達認爲衡居輈下,錯誤。

⑨ 段玉裁:《説文解字注》,第 725 頁。

者無别；析言之，二者略有差異。據《考工記・輈人》記載，兩者區别是：單根稱輈，雙根叫轅；輈形彎曲，轅則平直；輈用於馬車，爲兵車、田車、乘車的構件，轅用於輜重車(大車)，駕牛以任重。①

輈最前端謂之首，亦謂之軏。《論語・爲政》："大車無輗，小車無軏，其何以行之哉。"何晏《集解》引包咸曰："軏者，轅端上曲鉤衡者也。"② 軏後爲頸。《考工記・輈人》："去一以爲頸圍。"鄭玄注："頸，前持衡者。"車衡與車轅在前端綁縛在一起。輈出軓前穹而上揚的部分謂之胡，亦謂之侯；《周禮・秋官・大行人》"立當前疾"鄭玄注引鄭司農曰："前疾，謂駟馬車轅前胡，下垂柱地者。"疾乃侯之訛字。③ 胡、侯聲相近。

車輿下之輈，居於車箱底貫前後，與車軸相交，上或設有當兔；輈尾伸出後軫的部分稱爲踵，《考工記・輈人》："五分其頸圍，去一以爲踵圍。"鄭玄注："踵，後承軫者也。"戴震《釋車》："輈端謂之頸，後謂之踵。"④ 輈踵在車輈的後端，如人踵在後，故名踵。踵可以供人登車之用。爲了保護踵，商周時期還有青銅踵飾，是套接在車轅後端的銅飾件，一般呈方筒形，因處在車輿之下，故只有簡單的紋飾或没有紋飾，商代晚期出現，西周毛公鼎稱爲"金踵"（《集成》2841)的即此。考古出土還有玉踵飾、象牙踵飾。

車輈亦加以裝飾。車輈上或纏束用來加固車轅的皮帶，且以爲裝飾。《詩・秦風・小戎》："五楘梁輈。"毛傳："五，五束也；楘，歷録也。"孔穎達疏："五楘是轅上之飾，故以五爲五束，言以皮革五處束之。楘，歷録者，謂所束之處，因以爲文章歷録然。歷録，蓋文章之貌也。"高亨注："楘，箍也，環形，纏革做成，或用銅做成。"⑤《説文・木部》："楘，車歷録，束文也。"⑥ 五楘即是五條皮革交錯束於車輈上以爲裝飾。此外，車輈上或畫有紋飾圖案。曾侯乙竹簡第七簡有乘

① 此是大略而言。戰國以前，輈是馬車的車杠之稱，單杠上曲；戰國以後，車杠名轅，多雙杠，或單杠上曲。

② 程樹德：《論語集釋》卷 4，第 164 頁。

③ 錢坫：《車制考》，《續修四庫全書》第 85 册，第 393 頁。

④ 戴震：《釋車》，《戴震全集》第 2 册，第 706 頁。

⑤ 高亨：《詩經今注》，上海古籍出版社 1980 年版，第 166 頁。

⑥ 段玉裁：《説文解字注》，第 266 頁。

車所使用的輈爲畫輈的記録①，包山楚墓竹牘記有"一周(雕)輈"，簡 270 作"雕
(輈)"②，指雕畫有圖案的輈。車轅前端或有青銅裝飾，考古學上稱之爲轅首飾
或銅軧，是裝飾在轅頭的銅件，多呈筒形，一頭封頂，表面有紋飾，西周早期始見。

## 五、衡

衡是車輈前端一根用以縛軛駕馬的横木，是車上縛軛服馬的重要構件之一，
一般用皮革與車轅綁縛在一起加以固定。《莊子·馬蹄篇》："加之以衡扼"，陸
德明《釋文》："衡，輈前横木，縛軛者也。"③衡之得名來自其横木之形，《釋名·釋
車》："衡，横也，横馬頸上也。"④考古發現的衡有直木，略短；亦有兩端上翹之曲
衡，通體近弓背之形，如長安張家坡 2 號車馬坑 2 號車的衡即兩端上翹，頂端各
裝有一件銅矛裝物，下垂有紅色織物串起的貝和蚌魚。⑤

文獻有"錯衡"之詞，亦見於毛公鼎(《集成》2841，《銘圖》2518)、番生簋蓋
(《集成》4326)，傳統將之解釋爲有文采裝飾之衡，如《詩·商頌·烈祖》："約
軧錯衡，八鸞鶬鶬。"毛傳："錯衡，文衡也。"文，意思是指加以打扮裝飾。如《左
傳·宣公二年》云："文馬百駟"，即指加以扮飾之馬。據此，錯衡乃是上有紋飾的
衡。有學者對舊注提出質疑，如郭寶鈞先生認爲錯衡即"衡飾"，⑥孫機先生推斷
錯衡爲金屬製品，或者至少是具有較多的金屬構件，他認爲兩端上翹裝有矛狀
物的衡或即錯衡。⑦楊英傑先生進而解釋道，"考古發現的兩端上翹的衡，衡身
與兩端成上下錯落之形"，即錯横。⑧但《荀子·禮論》云："前有錯衡，所以養目
也。"⑨若如楊英傑先生之説，錯横上下高低交錯，何以養目？故楊説并非確詁。
"約軧錯衡"，指重在畫鏤裝飾，王引之《經義述聞·國語下》云："畫文謂之錯，繡

① 參見陳偉主編：《楚地出土戰國簡册［十四種］》，經濟科學出版社 2009 年版，第 342 頁。
② 劉信芳：《包山楚簡解詁》，藝文印書館 2003 年版，第 320 頁。
③ 郭慶藩：《莊子集釋》卷 4 中，第 340 頁。
④ 王先謙：《釋名疏證補》卷 7，第 253 頁。
⑤ 中國科學院考古研究所編：《灃西發掘報告》，第 144—145 頁。
⑥ 郭寶鈞：《殷周車器研究》，第 39 頁。
⑦ 孫機：《中國古獨輈馬車的結構》，《中國古輿服論叢》(增訂本)，第 44—45 頁。
⑧ 楊英傑：《戰車與車戰》，第 28 頁。
⑨ 王先謙：《荀子集解》卷 13，第 347 頁。

文亦謂之錯,其義同也。"① 從錯的故訓分析,"錯横"之解當以舊注"文衡"爲是,指有雕鏤畫紋裝飾的衡。②

衡有的也裝有紐,縛衡的革條穿過此紐,將衡繫結在輈端的軏上。此鈕名轙(圖5–15)。衡上軏的兩側設轙,左右各一或二,對稱裝置,有的在衡中間設一個轙,《説文·車部》解釋爲:"車衡載轡者。"③《爾雅·釋器》:"載轡謂之轙。"郭璞注:"車軛上環,轡所貫也。"《急就篇》:"軹軾軫軨轙軜衡。"顏師古注:"轙,車衡上貫轡環也。"④ 轙的功能是用以貫轡。

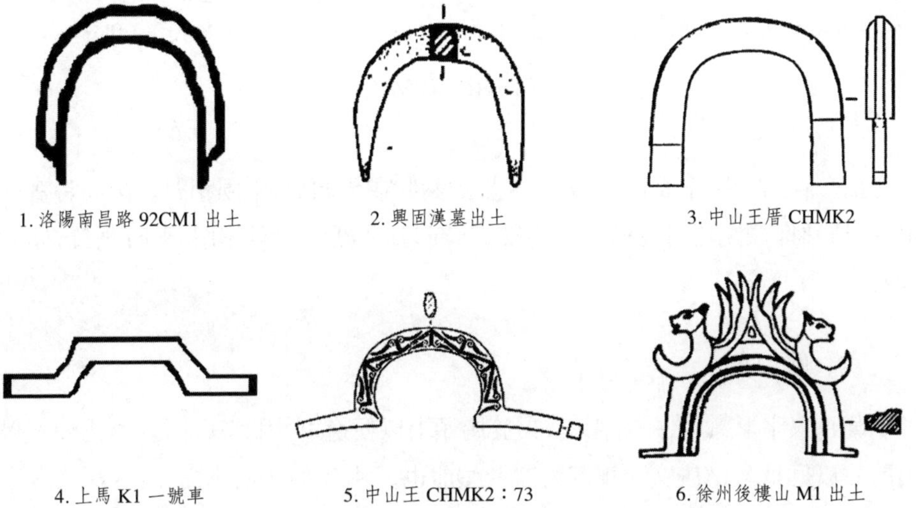

1.洛陽南昌路92CM1出土　　　2.興固漢墓出土　　　3.中山王厝CHMK2

4.上馬K1一號車　　　5.中山王CHMK2:73　　　6.徐州後樓山M1出土

圖5–15　轙

衡兩頭幾乎都套有銅管狀部件,今稱之爲衡飾(圖5–16)。西周青銅衡飾上有的還懸掛有銅鈴。⑤趙卿墓M251出土的衡飾,端部略内凹,鋬口外側有凸棱一周。⑥

---

① 王引之:《經義述聞》卷21,第513頁。
② 曾侯乙墓竹簡有"畫轅"(第七簡),指車轅上繪畫有紋飾圖像等;毛公鼎(《集成》3148)、番生簋蓋(《集成》4272)皆記載有賞賜"錯横",則錯横爲一物。
③ 段玉裁:《説文解字注》,第726頁。
④ 史游:《急就篇》卷3,第223頁。
⑤ 參見陳嶸君、王煒林:《梁帶村裏的墓葬——一份公共考古學報告》,北京大學出版社2012年版,第57頁。
⑥ 山西省考古研究所等編著:《太原晉國趙卿墓》,文物出版社1996年版。

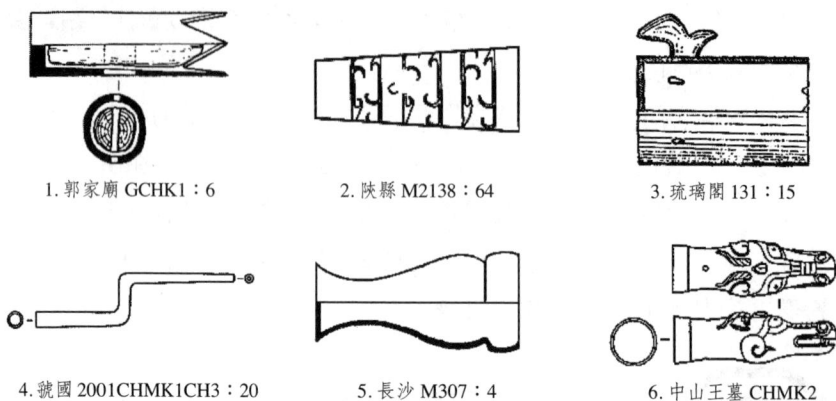

1. 郭家廟 GCHK1：6     2. 陝縣 M2138：64     3. 琉璃閣 131：15

4. 虢國 2001CHMK1CH3：20     5. 長沙 M307：4     6. 中山王墓 CHMK2

圖 5-16　衡飾

有的衡套管的一端作成齊口，另一頭呈鋸齒狀或矛頭形，兩兩相對。兩周時盛行車戰，這種衡頭銳器可在敵我兩車交錯時起到武器的勾殺作用，平時爲飾，亦壯軍威。

## 六、軛（軶）

軛爲人字形叉木，一首兩腳，夾於馬頸上以便挽車，因其功能是"厄馬頸不得出"，故以厄爲名。《説文·車部》："軶，轅前也。"[1] 牛軛或稱爲楅、鬲。《説文·木部》："楅，大車枙。"[2] 大車即牛車。《考工記·車人》："鬲長六尺。"鄭玄注引鄭司農云："鬲，謂轅端，厭牛領者。"馬軛亦曰烏啄，《釋名·釋車》："楅，扼也，所以扼牛頸也。馬曰烏啄，下向，叉馬頸，似烏開口向下啄物時也。"[3]《詩·大雅·韓奕》："鞗革金厄。"毛傳："厄，烏蠋也。"因馬軛下叉馬頸，好像烏鳥啄物，故名。

軛由首、頸、肢三部分構成。兩肢作人字形分叉，車軛兩邊下伸反曲以夾牲頸的部分稱爲軥。《説文·車部》："軥，軶下曲者。"段玉裁注："軶木上平而下爲兩坳，加於兩服馬之頸，是曰軥。"[4]《左傳·襄公十四年》："射兩軥而還。"杜預注："車軛下卷者。"陸德明《釋文》引服虔注謂軥爲"車軛兩邊叉馬頸者"。一名

---

① 段玉裁：《説文解字注》，第 726 頁。

② 段玉裁：《説文解字注》，第 266 頁。

③ 王先謙：《釋名疏證補》卷 7，第 256—257 頁。

④ 段玉裁：《説文解字注》，第 726 頁。

輈。《説文・車部》：“輈，軸輈也。”段玉裁注：“輈之言圍也，下圍馬頸也。”[1]

車輈多爲木質，外表全部或局部包銅飾。《詩・大雅・韓奕》有“鞗革金厄”，金文中也有“金厄”（録伯𣪘蓋，《集成》4302）之名。厄乃輈之本字。郭寶鈞先生認爲：“附有銅飾的輈，古稱爲金輈。”[2] 甚是，金厄爲有銅飾之輈。輈的製法，是兩根圓木，頂端削平，平面相貼插入銅輈首，并由釘孔加楔固定，也有的在兩木之間另加三角形木楔，末端則向外揉曲成輈腳。[3]

一衡設有兩輈，夾住兩服馬之頸。輈首繫在衡後左右兩側，[4] 輈足輈架於服馬頸上。輈、衡用皮條相互纏繞縛固。驂馬的輈不縛在衡上，而是直接架在馬頸上。《考工記・輿人》“輿人爲車，輪崇、車廣、衡長，參如一，謂之參稱。”賈公彦疏云：“以其驂馬別有輈鬲引車，故衡唯容服也。”

輈下墊有襯墊用以保護馬的頸部[5]，防備輈體磨傷馬頸。秦皇陵一、二號銅車服馬輈的内側襯有厚厚的類似皮質的鞍橋形軟墊，和輈體附著成爲一體，既可防止輈體磨傷馬頸，又擴大了輈與馬肩胛的接觸面，增强車輈的承力挽車性能。[6]

輈體爲木質，商代晚期開始用銅管加固輈首和輈腳，西周時期有的將輈體的外側（不挨馬頸的一側）全部用銅片鑲包起來，即金文中所稱的“金厄”。輈足飾大多爲獸首形。

鑾鈴

安裝在車衡或車輈上的青銅鈴，車行則鈴聲動聽如鸞鳥之音，故名鑾鈴。《説文・金部》解云：“鈴象鸞鳥之聲，聲和則敬也。”[7] 古代經學家對於鑾鈴的位置常

---

[1] 段玉裁：《説文解字注》，第 726 頁。

[2] 郭寶鈞：《殷周車器研究》，第 40 頁。

[3] 張長壽：《殷周車制略説》，《商周考古論集》，第 243 頁。

[4] 輈在衡後，《説苑・雜言》云：“孫叔敖相楚三年，不知輈在衡後。”參見《説苑校正》卷 17，第 414 頁。

[5] 考古發現有此類絲織物做成的襯墊，如河南濬縣新村一號西周墓的車器中有“漆布夾脖”。北京琉璃河 202 號西周車馬坑中有墊輈的絲質物品。長安張家坡 M170 號西周墓中有置放於輈裏的類似於墊肩的物品。參見中國社會科學院考古研究所灃西發掘隊《陝西長安張家坡 M170 號井叔墓發掘簡報》，《考古》1990 年第 6 期，第 507 頁。

[6] 秦始皇兵馬俑博物館、陝西省考古研究所：《秦始皇陵銅車馬發掘報告》，第 65—66、194 頁。

[7] 段玉裁：《説文解字注》，第 712 頁。

有爭議,有在車衡、車軏、鑣設鈴諸説。① 考古發現的鑾鈴通常安裝在軏首透出的軏木上,或者安裝在衡上,可解經學之聚訟。

考古出土的鑾鈴由兩部分構成,上部是鈴體,扁球形,正面有放射形孔,中含銅丸,行車時風吹震動而發出清脆悦耳的聲音。下部是方銎,可以納入木座,以便安裝在衡或軏上。

鑾鈴的功能,文獻多有記載。周代貴族的車馬之儀,要求行車之緩疾以鑾鈴聲音爲節,并與音律相合拍。如《周禮·夏官·大馭》云:"凡馭路儀,以鸞和爲節。"《禮記·仲尼燕居》亦云:"和鸞中《采齊》。"《大戴禮記·保傅》説:"在衡爲鸞,在軾爲和,馬動而鸞鳴,鸞鳴而和應,聲曰和,和則敬,此御之節也。上車以和鸞爲節,下車以佩玉爲度。"② 君子上下車也須和佩玉之音,應和鸞之節,《禮

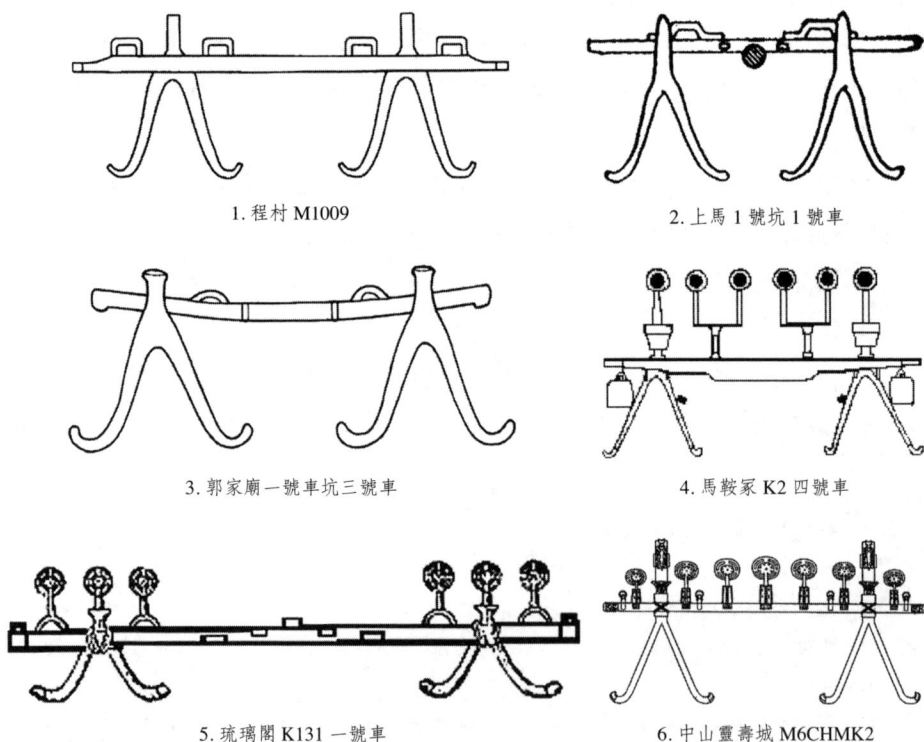

1. 程村 M1009

2. 上馬 1 號坑 1 號車

3. 郭家廟一號車坑三號車

4. 馬鞍冢 K2 四號車

5. 琉璃閣 K131 一號車

6. 中山靈壽城 M6CHMK2

圖 5-17　衡、軏、轙、鑾鈴組合

① 參見陳壽祺《五經異義疏證》,上海古籍出版社 2013 年版,第 176—178 頁。

② 王聘珍:《大戴禮記解詁》卷 3,第 61 頁。車軾上的和,可能即車軾上懸掛的銅鈴。

記·經解》云："升車，則有鸞和之音。"車馬之容重在嚴整，目的是借助鸞鈴的共鳴、玉佩的合音以展現君子的優雅風度，以體現君子之威儀，是以《白虎通》云："所以有和鸞者何？以正威儀，節行舒疾也。"[1]

鸞鈴出現於西周早期，一直流行到戰國時期。鸞鈴上或有刻銘（《集成》12012）。

## 七、車蓋及其飾件

車蓋是車輿上的部件，形似雨傘。《釋名·釋車》："蓋，在上覆蓋人也。"[2] 其功能是用以遮擋雨水和陽光，但其主要功用仍是避雨。《考工記·輪人》："上尊而宇卑，則吐水疾而霤遠。"鄭玄注："蓋者，主爲雨設也。"車蓋并不是固定的裝置，它可以根據需要隨取下隨設。如《周禮·夏官·道右》云："王式，則下前馬，王下，則以蓋從。"

車蓋的構成一般有傘蓋、蓋斗、傘柄等幾部分組成，《考工記·輪人》載：

> 輪人爲蓋，達常圍三寸。桯圍倍之，六寸。信其桯圍以爲部廣，部廣六寸。部長二尺。桯長倍之四尺者二。十分寸之一謂之枚。部尊一枚。弓鑿廣四枚，鑿上二枚，鑿下四枚。鑿深二寸有半，下直二枚，鑿端一枚。弓長六尺謂之庇軹，五尺謂之庇輪，四尺謂之庇軫。參分弓長而揉其一。參分其股圍，去一以爲蚤圍。參分弓長，以其一爲之尊。上欲尊而宇欲卑。上尊而宇卑，則吐水疾而霤遠。蓋已崇，則難爲門也；蓋已卑，是蔽目也。是故蓋崇十尺。

車傘的柄有兩截，連接兩節車柄的有銅管箍，竹節形，傘柄或有衣飾。傘柄的下面一截稱爲杠，又名桯[3]；傘柄的上面一截爲達常，插在桯上。傘柄的頂端膨大，名部，也叫蓋斗，與達常爲一體，是用同一塊木料製成。[4] 蓋斗四周有插弓

---

[1]　陳立：《白虎通疏證》卷12《闕文》，第588頁。

[2]　王先謙：《釋名疏證補》卷7，第259頁。

[3]　鄭玄注引鄭司農云："桯，蓋杠也。"

[4]　賈公彥疏："蓋柄有兩節，此達常是上節，下入杠中也。"又云："此蓋柄下節，粗達常一倍，向上含達常也。"

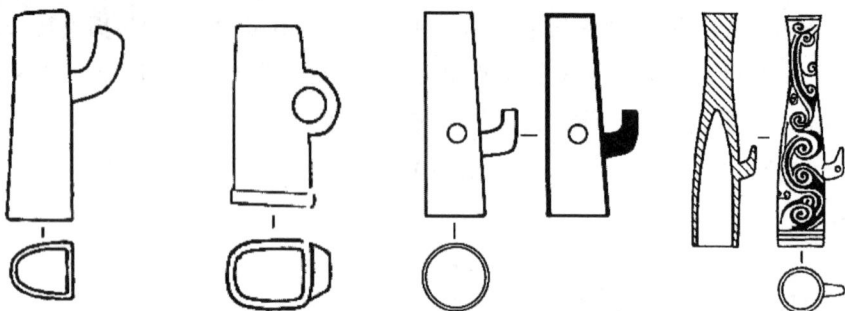

1. 程村 M1072：43：2　　2. 侯馬牛村 M6：13　　3. 天星觀 M2：139　　4. 九店 436：26

圖 5–18　蓋弓帽

用的榫眼,稱作弓鑿。轑,字亦作橑,爲車蓋弓 ①,是從蓋斗向四方伸出的木條,猶如後世的傘骨,長度有 6 尺、5 尺、4 尺三種。蓋弓中部和尾部常有小孔,內可以穿繩連結各弓。蓋弓上端入弓鑿處稱爲股。爲了便於瀉水,弓靠近傘頂的 1/3 處是平直的,其餘的 2/3 則向下傾斜。蓋弓的功用是支撐蓋衣,即幕。蓋弓末端所安裝的帽,即蓋弓帽(圖 5–18),稱爲蚤,字或作瑵,表示蓋弓帽以玉製作,《說文·玉部》:"瑵,車蓋玉瑵。"②《漢書·王莽傳下》:"金瑵羽葆。"顏師古注:"瑵讀曰爪,謂蓋弓頭爲爪形。"③ 蓋弓帽上有倒鈎,稱爲棘爪,用來鈎住傘蓋帷,使帷平整而不回縮。蔡邕《獨斷》:"凡乘輿皆羽蓋金華爪。"④《後漢書·輿服志》:"乘輿、金根、安車、立車, ……羽蓋華蚤。"劉昭注引徐廣曰:"金華施橑末,有二十八枚,即蓋弓也。"⑤ 這裏的金華爪、華蚤施橑末指的皆是蓋弓帽。

車傘杠插在車廂中,"桯之入於輿板底下者皆當有數寸,又皆有鍵以固之,故不爲風飄"。⑥ 秦始皇陵一號車蓋下有蓋座,有拱形的底座、座杆及上下兩道夾

① 《說文·車部》:"轑,車蓋弓也。"(段玉裁:《說文解字注》, 第 726 頁)《釋名·釋車》:"轑, 蓋叉也, 如屋構橑也。"(《釋名疏證補》卷 7, 第 260 頁)《急就篇》顏師古注:"轑, 蓋弓之施爪者也。謂之轑者, 言若屋之椽轑也。"(《急就篇》卷 3, 第 224 頁)

② 段玉裁:《說文解字注》, 第 14 頁。

③ 班固:《漢書》卷 99 下, 第 4169 頁。

④ 蔡邕:《獨斷》, 明代弘治癸亥刊本。

⑤ 范曄:《後漢書·輿服志上》, 第 3644、3645 頁。

⑥ 江永:《周禮疑義舉要》卷 6,《清經解》第 2 冊, 第 1927 頁。

持鎖緊機構組成。上邊的一個夾持機構呈環形位於座杆的上端一側，此環由兩個半環作活鉸式連接，一個半環固定於座杆上，另一半環可自由開合；與活動半環末端相應的在座杆上有一楔形暗槽，暗槽的上部有一楔形垂直銷，當把蓋杠置於環內後，推動活動半環插入暗槽把垂直銷頂起鎖閉，即把蓋杠緊緊夾住。下邊的一個夾持機構位於底座上，即座上有一凹槽和一暗槽，暗槽裝一活動的曲柄銷，把蓋杠末端連接的橫"U"字形杠附置於凹槽內，推動曲柄銷把杠附鎖閉。藉助上述兩道夾持機構使蓋杠和蓋座固著成一體。如要把蓋取下，提起垂直銷和拉動曲柄銷即可把兩道夾持鎖閉機構打開，使蓋杠與蓋座脱離。此箝合裝置名扃，① 也即江永《周禮疑義舉要》所云之"鍵"。

高柄的傘形蓋立在車上，爲防止其傾倒，車上尚設置有固定蓋杠的裝置——軬軨。孫詒讓云："古車蓋皆在軾間，有環以持其桯，則不入輿版，亦足以爲固也。"② 此設於軾中央的用以持蓋杠環形構件，有學者認爲即軬軨。③《急就篇》卷三"軬軨"顏師古注云："軬軨，持蓋之杠，在軾中央環爲之，所以止蓋弓之前却也。"④ 甘肅武威雷臺漢墓出土的軺車，在軾的中央後側有一方形板狀的附加物，上有一孔，蓋杠貫於孔内，此與《急就篇》顏注和《聲類》所説軬軨的形狀和部位正相契合。⑤

車蓋柄部樹立在車輿上，在車馳騁中是很難保持立而不墜，故往往設四維以維繫車蓋。四維一般是四條繩索或紘繩，在車蓋四角，下繫在車的車軨，這樣車蓋就牢固了。⑥

車傘主體結構爲木質，大多無法保存，僅個別可恢復原狀。存留下來的是傘的金屬構件如蓋弓帽、蓋頂飾、柄箍等。據考古發現，殷商車輿已經有車蓋，如山東滕州前掌大遺址 M41 車馬坑發現有圓形銅蓋頂飾，周圍環繞有 82 枚海貝；北京琉璃河西周燕國墓地的車馬坑也發現有車蓋。⑦ 兩周時期的蓋弓帽是車馬

① 孫機：《略論始皇陵一號銅車》，《中國古輿服論叢》（增訂本），第 25 頁。
② 孫詒讓：《周禮正義》卷 75，第 3179—3180 頁。
③ 汪少華：《中國古車輿名物考辨》，第 26—47 頁。
④ 史游：《急就篇》卷 3，第 224—225 頁。
⑤ 袁仲一：《秦陵銅車馬有關幾個器名的考釋》，《考古與文物》1997 年第 5 期，第 26 頁。
⑥ 郭寶鈞：《殷周車器研究》，第 58 頁。
⑦ 朱鳳瀚：《中國青銅器綜論》，第 449 頁。

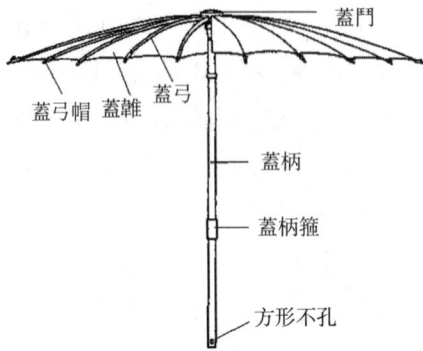

1.車傘結構示意圖
（望山 M1：B31—25 複原圖）

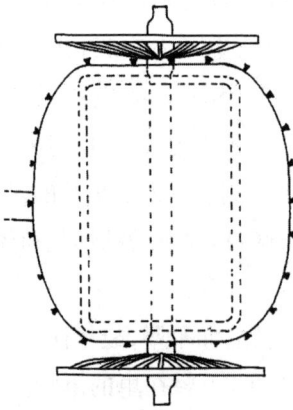

2.橢圓形傘蓋
（高莊 M1 二號車復原俯視圖）

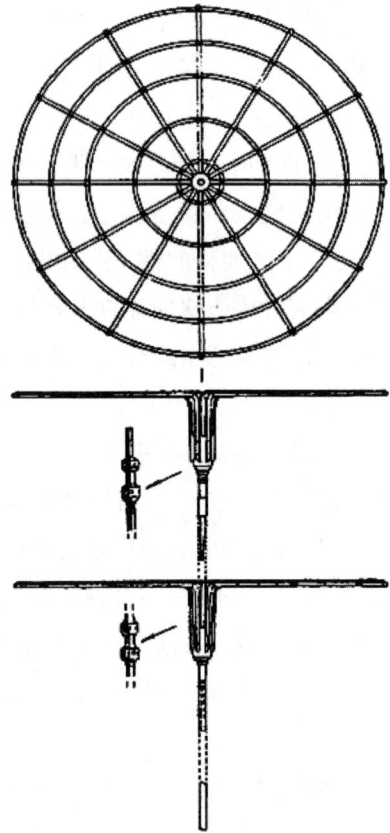

3.華蓋
（曾侯乙墓 N.10 復原圖）

4.秦始皇陵一號銅馬車（Ab Ⅳ）

5.高莊漢墓 1 號車

圖 5-19　車蓋

器具中發現較多的一類，也是隨葬車馬器具組合中較爲常見一種器物，一般爲銅質。

　　湖北江陵望山一號楚墓出土有車傘、傘柄、傘弓、傘弓蓋和傘弓帽等結構裝置，傘柄髹漆，長約 220 厘米，分三節組成，傘柄套有青銅箍，表面有華麗的錯銀工藝紋飾；江陵望山楚墓 M1：B31-25 的蓋斗呈喇叭狀，有可容蓋弓的卯孔 20 個，以下呈圓錐狀，插入第一節蓋柄的凹槽内，第一節與第二節交接處套一對蓋柄箍（圖 5-19-1），上飾有錯銀的卷雲紋和雷紋圖案，最下端有長方形孔以便縛繩固定在薦板上。① 傘弓蓋外徑 13 厘米，厚 5 厘米，周邊開有楔形孔 22 個；傘弓髹漆，長 150 厘米，一端入接楔形孔中，另一端套有傘弓帽。該車傘體量較大，傘面當有 300 厘米左右。

　　傘蓋大多爲單層，圓形，但也有圓角方形傘蓋，如秦始皇陵銅車馬坑二號車車蓋 ②，橢圓形傘蓋如高莊漢墓Ⅲ號箱三號車和二號車車蓋 ③ 等。雙層傘蓋也叫華蓋，發現較少，曾侯乙墓 N.10 爲平頂圓盤蓋（圖 5-19-3），每層裝在上下兩個相連的圓球形蓋斗上 ④，東漢時期的武威雷臺漢墓出土的四輛軺車上均有華蓋，柄蓋齊全的三具，圓形平頂，外沿向下弧斜。⑤

## 八、其他

　　除了上述主要部件之外，有關車的附件尚包括有軔。

　　軔是用來阻止車輪滾動的器具，木製或金屬製。古代的車没有制動裝置，爲防止車輪自己滑動，停車後用木頭阻礙車輪，這木頭就叫軔。《説文·車部》："軔，所以礙車也。"⑥《玉篇·車部》："軔，礙車輪木。或作杒。"⑦ 車行則除軔，稱爲發軔。如《楚辭·離騷》："朝發軔於蒼梧天津兮，夕余至於西極。"王逸注："軔，揩

---

① 湖北省文物考古研究所：《江陵望山沙冢楚墓》，文物出版社 1996 年版，第 69 頁。
② 秦始皇兵馬俑博物館、陝西省考古研究所：《秦始皇陵銅車馬發掘報告》，第 164 頁圖九六。
③ 河北省文物研究所、鹿泉市文物保管所：《高莊漢墓》附録二，科學出版社 2006 年版，第 121 頁。
④ 湖北省博物館：《曾侯乙墓》，第 311 頁。
⑤ 甘肅省博物館：《武威雷臺漢墓》，《考古學報》1974 年第 2 期，第 93 頁。
⑥ 段玉裁：《説文解字注》，第 728 頁。
⑦ 顧野王：《大廣益會玉篇》，第 86 頁。

輪木也。"洪興祖《楚辭補注》:"軔,止車之木,將行則發之。"① 後代以發軔表示出發、啓程之義。

秦始皇兵馬俑坑出土之車軔爲近似方形的木框,長 40 厘米、寬 32 厘米,均出土於車輪的附近,一輪一軔,支於輪下,用於止車。此外,在二號銅車左側的地表上出土兩件近似口形的銅方框,長 13.2 厘米,寬 12.8 厘米,由四根兩兩平行的長方形銅條構成,此亦是車軔。②

## 第二節　兵車、軺車、安車、輜重車

三禮、《左傳》等文獻記載的車,就其用途功能來説,主要有如下幾類:一類是兵車,用於作戰;一類是運輸車,用於陸上各類物資和軍需的輸送;一類爲乘車,包括禮儀用車,用於貴族出行、迎聘以及不同的禮儀等,安車、軺車等輕便快捷,用於日常出行與驛傳等。《禮記·曲禮上》:"兵車不式,武車綏旌,德車結旌。"鄭玄注:"德車,乘車。"孔穎達疏:"德車,謂玉路、金路、象路、木路。四路不用兵,故曰德車。德美在内,不尚赫奕,故結纏其旒著於竿也。何胤云,以德爲美,故略於飾此坐乘之車也。""兵車,革路也。兵車尚武猛,宜無推讓,故不爲式敬也。武車亦革路也。取其建戈刃,即云兵車。取其威猛,即云武車也。"君王乘的玉路、金路、象路、木路等車又名德車;革路用於征伐,爲兵車,又名武車。

### 一、兵車

兵車,作戰之車,《左傳·宣公二年》:"宋人以兵車百乘。"亦謂之戎車,《詩·小雅·六月》:"戎車既飭。"

按照乘坐方式,馬車有立乘與坐乘兩種方式。一般普通戰車皆立乘。《詩·魯頌·閟宫》:"公車千乘,朱英緑縢,二矛重弓。"鄭玄箋云:"兵車之法,左人持弓,右人持矛,中人御。"戰車乘員一般有三名車兵。③ 一名甲士,爲車長,稱

---

① 洪興祖:《楚辭補注》,第 26 頁。
② 陝西省秦俑考古隊、秦始皇兵馬俑博物館:《秦陵二號銅車馬》,《考古與文物》叢刊 1983 年第 1 号,第 43、105 頁。
③ 實際上兵車的乘員并不都是三名,也有二名或四名者。

甲首,因其位在車廂左側,所以又名車左,職責是持弓主射,同時指揮本戰車和隨車步行的徒兵,或驅車衝殺或屯車自守。另一名甲士,位在車右,因此名戎右,又名參乘,其任務是披甲執鋭,直接與敵方廝殺格鬥。如車遇險阻或出故障,他必須下去推車和排除故障。另一位是駕車的馭手,稱御,位居車中,作戰時只管馭馬駕車。《詩·鄭風·清人》:"左旋右抽,中軍作好。"鄭玄箋云:"左,左人,謂御者。右,車右也。中軍,爲將也。高克之爲將,久不得歸日,使其御者習旋車,車右抽刃,自居中央,爲軍之容好而已。兵車之法,將居鼓下,故御者在左。"孔穎達疏:"左謂御者在車左,右謂勇力之士在車右,中謂將居車中也。"元帥之兵車則御者在左,帥居中,在鼓下,戎右在右。將而非帥者,如平時乘車之法,則將居左。[①]

按用途劃分,兵車有三類。第一爲指揮車,供將帥指揮兵士作戰之用。第二爲馳驅攻擊的攻車,是戰車的主要車種。第三是用於設障、運輸的守車。《周禮》有"五戎"。《周禮·春官·車僕》:"掌戎路之萃,廣車之萃,闕車之萃,蘋車之萃,輕車之萃。"鄭玄注:"萃,猶副也。此五者皆兵車,所謂五戎也。戎路,王在軍所乘也;廣車,橫陳之車也;闕車,所用補闕之車也;蘋,猶屛也,所用對敵自蔽隱之車也;輕車,所用馳敵致師之車也。"下面對各類戰車作考釋。

### 戎路

王在軍所乘之戰車,又稱旄車,以車尾建有旄牛尾爲飾的旌旗作標志,也是一種主帥乘坐的指揮車。據《周禮·夏官·校人》載,戎路以戎馬爲駕車之馬。《左傳·僖公二十八年》記載周王賞賜晉侯:"賜之大輅之服,戎輅之服。"杜預注:"戎輅,戎車。"《左傳·莊公九年》記載乾時之戰,魯莊公喪戎路。《左傳·桓公八年》記載楚鬭丹獲戎車。

### 廣車

一種防禦列陣之車,行軍時用來構成臨時軍營。《左傳·襄公十一年》:"鄭人賂晉侯以廣車、軘車,淳十五乘,甲兵備。"杜預注:"廣車、軘車,皆兵車名。"由此可知廣車爲兵車一種。孫詒讓《周禮正義》認爲:"廣與橫聲類同,古通用。橫陳,謂縱橫陳列之以自固也。"[②]《戰國策·西周策》記載:"昔智伯欲伐厹由,遺之

---

① 參見孫詒讓《周禮正義》卷54,第2265—2266頁。

② 孫詒讓:《周禮正義》卷53,第2196頁。

大鐘,載以廣車,因隨入以兵。"① 此廣車也應爲輜重車。蓋廣車體形龐大,主要功能是縱橫陳列以擋禦敵人,亦可作爲輜重車。

曾侯乙墓竹有廣車(簡204),有少廣(簡18)。廣車即大車,少廣相當於《左傳·襄公二十三年》的"貳廣"。②

蘭永蔚先生認爲廣車是一種駕馬的大車,亦名爲輦。楊英傑亦主張:"廣車即輦,是一種駕馬的輜重車。"③ 此可備一説。

闕車

補缺之車,是用於補充和警戒的後備車。《左傳·宣公十二年》記載邲之戰,"楚子使潘黨帥游闕四十乘,從唐侯爲左拒",杜預注:"游闕者,游車補闕。"闕車的機動性比較好,故可擔負後備與警戒任務。《國語·晉語一》:"古之爲軍也,軍有左右,闕從補之。"韋昭注:"闕,缺也。"④ 先秦戰爭主要爲車戰,要求布陣嚴整,如果因戰車損傷而出現空缺,則以闕車補充。闕車形制不詳,推測此車與一般的戰車形制相同,因其功能爲後備車可以補闕,故名闕車。

蘋車

防禦性的戰車。蘋通屏,屏蔽之義。孫詒讓認爲,屏車車廂的周圍有葦草皮革,以爲屏蔽,作戰時可以避飛矢流石。⑤ 蘭永蔚先生認爲,蘋車的防護功能主要依賴若干車輛的連結,目的是阻止遲滯敵人的進攻。⑥ 但若是聯結衆車形成車宮,形成臨時的屏障,一般的戰車亦可充當,爲此專門製作蘋車,可能性較小。

河南淮陽馬鞍冢車馬坑出土的車,有的在車輢上裝有青銅甲札,孫機先生認爲這種車應即蘋車。⑦ 此類車輿上安裝有銅甲的戰車,較早的是山西北趙晉侯墓地的戰車,車廂四周繫結有銅甲片,梁帶村 M28 内也發現有銅甲片,可能是車輿上的甲片。⑧

---

① 繆文遠:《戰國策新校注》(修訂本),第 39 頁。

② 裘錫圭:《談談隨縣曾侯乙墓的文字資料》,《文物》1979 年第 7 期,第 25—33 頁。

③ 蘭永蔚:《春秋時期的步兵》,中華書局 1979 年版,第 65 頁;楊英傑:《戰車與車戰》,第 78 頁。

④ 徐元誥:《國語集解》,第 263 頁。

⑤ 孫詒讓:《周禮正義》卷 53,第 2197 頁。

⑥ 蘭永蔚:《春秋時代的步兵》,第 63 頁。

⑦ 參見孫機《中國古輿服論叢》(增訂本),第 25 頁。

⑧ 參見陝西省考古研究院等《梁帶村芮國墓地——二〇〇七年度發掘報告》,第 225 頁。

輕車

用以衝鋒致師之車，是一種攻擊型的輕捷戰車。上引鄭玄注云：“輕車，所用馳敵致師之車也。”《孫子兵法·行軍》：“輕車先出居其側者，陳也。”張預注：‘輕車，戰車也。’”① 輕車之名見曾侯乙簡 63 號，亦見雲夢秦簡《秦律雜抄》，文云：“輕車、趀張、引强、中卒所載傳到軍，縣勿奪，奪中卒傳，令、尉貲各二甲。”② 此輕車屬於戰車。

輕車的形制，《後漢書·輿服志》云：“輕車，古之戰車也。洞朱輪輿，不巾不蓋，建矛戟幢麾。”注引徐廣曰：“置弩於軾上，駕兩馬也。”③ 據此，輕車無巾、車蓋，上建有矛戟等兵器。與一般禮儀用車不同，輕車輕捷駕兩匹馬。

輕車亦稱輶車。《説文·車部》：“輶，輕車也。”④《詩·秦風·駟驖》：“輶車鸞鑣，載獫歇驕。”鄭玄箋：“輶車，輕車也，所以驅獸，所謂驅逆之車也。”孫詒讓《周禮正義》云：“輕車在五戎中，最爲便利，宜於馳驟，故用爲馳敵致師之車，又兼用之田狩也。”⑤ 輶車因其輕便快捷，也可爲田獵驅逆之車。

衝車

衝鋒陷陣之車。衝，字或作轐，《説文·車部》：“轐，陷陣車也。”⑥《詩·大雅·皇矣》曰：“臨衝閑閑，崇墉言言。”毛傳曰：“臨車、衝車也。”孔穎達疏：“臨者在上臨下之名，衝者從旁衝突之稱，故知二車不同。”臨車即隆車⑦，其形高，可以臨下監視敵方；衝車形大，大則可以衝突。

衝車的形制與功能，《太平御覽》卷 336 引《春秋感精符》曰：“齊晉并爭，吳楚更謀，不守諸侯之節，競行天子之事，作衡（衝）車，屬武將，輪有刃，衡著劍，相振懼”，“輪有刃，鑿輪著刃也。”⑧ 輪有刃，指車轊上帶有刃。可知衝車輪上設置有

---

① 參見楊丙安《十一家孫子校理》，中華書局 1999 年版，第 196 頁。
② 睡虎地秦墓竹簡整理小組：《睡虎地秦墓竹簡》，文物出版社 1990 年版，第 81 頁。
③ 范曄：《後漢書·輿服志上》，第 3650 頁。
④ 段玉裁：《説文解字注》，第 721 頁。
⑤ 孫詒讓：《周禮正義》卷 53，第 2197 頁。
⑥ 段玉裁：《説文解字注》，第 721 頁。
⑦ 惠棟《九經古義》云：“案文當云‘隆，隆車也。’隆，高也，巢車之類。《鹽鐵論》云：‘衝隆不足爲强，高城不足爲固。’《韓詩外傳》作‘隆衝’。後漢殤帝諱隆，改隆爲臨。漢有隆慮縣，東京爲臨慮，避諱也。”《九經古義》卷 6，《清經解》第 3 冊，第 2833 頁。
⑧ 李昉等：《太平御覽》卷 336，四部叢刊本。

刃兵器，車衡上設有劍類兵器。《淮南子·覽冥訓》："大衝車。"高誘注："衝車，大鐵著其轅端，馬被甲，車被兵，所以衝於敵城也。"[①] 據此，衝車又可用於攻城。

曾侯乙墓楚簡 75 號簡記載有"王僮車，荆(刑)轄之輪"，整理者認爲："其意似是出於'王'的'僮車'。'僮車'，疑讀爲'衝車'"。[②] 簡文所記王僮車裝有"荆(刑)轄之輪"，即衝車。

考古出土的衝車[③]，車軸兩端裝有帶刃的軎(圖 5-20)。[④] 陝西戶縣宋村春秋墓 M2 出土之帶刃的軎，呈圓筒狀，中部有一剖面呈 M 字形的箍形飾，將其分成兩節，外節較短，頂端作刺兵狀，素而無紋飾，長 16.2 厘米、軎筒長 10.7 厘米。[⑤] 曾侯乙墓出土了兩件矛狀車軎[⑥]，N.142：1 體長矛短，體上飾雲形和花草等紋樣，矛刃部作四道連弧紋狀，通長 37 厘米，N.142：2 體短矛長，通體飾云形和花草等紋樣，刃部作五道連弧紋狀，通長 41.4 厘米(圖 5-20：3) [⑦]。張家坡西周車馬坑 2 號車，其衡上兩端各插一件銅矛，上有緌[⑧]，以便在衝鋒陷陣時刮刺敵方的步兵。

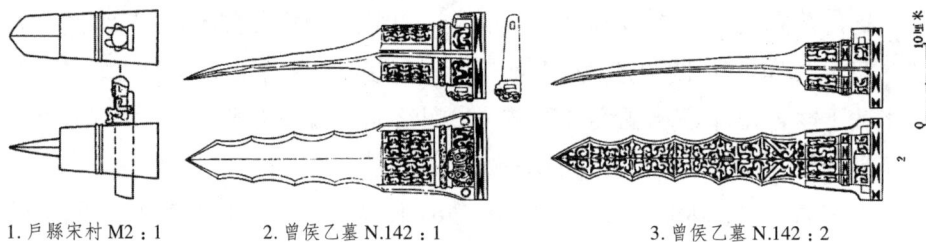

1. 戶縣宋村 M2：1      2. 曾侯乙墓 N.142：1      3. 曾侯乙墓 N.142：2

圖 5-20　戰車上的軎

---

① 劉文典：《淮南鴻烈集解》卷 6，第 213 頁。

② 湖北省博物館：《曾侯乙墓》，文物出版社 1989 年版，第 519 頁。

③ 漢代稱此類車爲銷車。《淮南子·氾論訓》："連弩以射，銷車以斗。"高誘注云："以刃著左右，爲機關發之，曰銷車。"參見劉文典《淮南鴻烈集解》卷 13，第 431 頁。

④ 彭邦炯：《帶矛車軎與古代衝車》，《考古與文物》1984 年第 1 期，第 109—111 頁。

⑤ 陝西省文物管理委員會墓發掘組：《陝西戶縣宋村春秋秦墓發掘報告》，《文物》1975 年第 10 期，第 60—63 頁。

⑥ 參見孫機《有刃車軎與多戈戟》，載《文物》1980 年第 12 期，第 83—84 頁。

⑦ 湖北省博物館：《曾侯乙墓》，第 324 頁。

⑧ 中國科學院考古研究所：《灃西發掘報告》，文物出版社 1962 年版，第 144 頁。

### 軘車

兵車之一種，蓋爲守車。《説文·車部》："軘，兵車也。"[1]《釋名·釋車》："軘車，戎者所乘也。"[2]《左傳·襄公十一年》："鄭人賂晉侯以廣車、軘車，淳十五乘，甲兵備。"杜預注："廣車、軘車，皆兵車名。"孔穎達疏引服虔云："軘車，屯守之車也。"這是一種防禦性的笨重兵車，可能不如輕車那樣便於馳騁，但敵人車馬難於攻破。

### 樓車

用於登高瞭望偵察之車。《左傳·宣公十五年》："登諸樓車，使呼宋而告之。"杜預注："樓車，車上望櫓。"望櫓即望樓。《文選·司馬相如〈上林賦〉》："河江爲陕，泰山爲櫓。"郭璞注："櫓，望樓。"[3]

樓車一名巢車，字或作轈車。車上有用轆轤升降的望樓，人可以登梯而上，用以窺探敵人的虛實，人在臺中，如鳥在巢，故名巢車。《説文·車部》："轈，兵車高如巢以望敵也。"[4]《左傳·成公十六年》："楚子登巢車以望晉軍。"杜預注："巢車，車上爲櫓。"陸德明《釋文》："兵車高如巢，以望敵也。"《六韜·軍略》："視城中，則有雲梯、飛樓。"[5] 此飛樓即巢車。

### 小戎

兵車的一種，爲有司及士卒所乘。相對於君王所乘大戎，其他人所乘兵車名小戎。《詩·秦風·小戎》："小戎俴收。"鄭玄箋："此群臣之兵車，故曰小戎。"孔穎達疏："先啓行之車謂之大戎，從後者謂之小戎。"小戎車無車蓋，車輿淺小。《國語·齊語》："十軌爲里，故五十人爲小戎，里有司帥之。"韋昭注："小戎，兵車也。此有司之所乘，故曰小戎。"[6] 小戎爲、臣屬、將帥及卒衆所乘之兵車。《周禮·夏官·戎僕》："掌凡戎車之儀。"鄭玄注："凡戎車，衆之兵車也。"孫詒讓《周禮正義》："戎車爲王自乘之戎路，明此凡戎車爲將帥及卒士所乘。亦謂之小戎。"[7]

---

① 段玉裁：《説文解字注》，第 721 頁。
② 王先謙：《釋名疏證補》卷 7，第 250 頁。
③ 蕭統編，李善注：《文選》，第 371 頁。
④ 段玉裁：《説文解字注》，第 721 頁。
⑤ 《六韜》，中華書局 2007 年版，第 152 頁。
⑥ 徐元誥：《國語集解》，第 224 頁。
⑦ 孫詒讓：《周禮正義》卷 62，第 2596 頁。

## 二、安車與軺車

### 安車

安車是一種坐乘之車，形制矮小，有蓋。商周時期的乘車一般都立乘，而安車則可以安坐，故名安車。《禮記·曲禮上》："大夫七十而致事……適四方，乘安車。"鄭玄注："安車，坐乘，若今小車也。"《釋名·釋車》："安車，蓋卑坐乘，今吏所乘小車也。"① 安車的車蓋較爲低矮，人安坐其中。

安車的車輪上或裹以蒲草，稱爲軟輪、蒲輪，目的是防止車震動劇烈，使乘者乘坐安穩。《漢書·武帝紀》："遣使者安車蒲輪，束帛加璧，徵魯申公。"顏師古注："以蒲裹輪，取其安也。"②

曾侯乙墓竹簡也有"安車"之名，見於簡 48 號、50 號、164 號、165 號。曾墓簡文出現有安車、新安車、舊安車三種車名，蓋以製作時間之長短爲分別。曾侯乙墓簡文 164 號舊安車駕二馬，165 號安車駕駟馬。③ 但安車多用駟馬，江陵鳳凰山 168 號漢墓遺冊簡 1 記有"案（安）車一乘，馬四匹"。④《史記·儒林列傳》："於是天子使使束帛加璧安車駟馬迎申公，弟子二人乘軺傳從。"⑤ 申公年高德劭，故漢武帝用駟馬安車去徵迎他；其弟子從行，乘一馬或二馬拉的普通傳車（軺傳）。

1980 年在陝西臨潼秦始皇陵西側的車馬坑中發現了兩乘彩繪銅車，八匹銅馬，兩個御車銅俑。其中一輛（簡報上稱二號銅車馬）的彎繩末端清楚地標有"安車第一"四個字，説明該車當是安車模型。車的形制仍是先秦時獨輈車的形制，但車輿呈凸字形，分前後兩室，前室爲御官俑駕御處，俑爲跽坐姿態，雙手執彎御車，後室則是車主人乘坐處，全車通長 3.28 米，高 1.04 米，總重量達 1800 公斤之多，車馬整體用青銅鑄造，共有 3400 多個零部件，車馬上竹、木、絲、革等質料的部位，也全部用金屬逼真地仿製出來。車馬通體施以彩繪，爲變體龍鳳紋、雲氣紋、菱形紋等圖案，線條流暢，極富立體感，猶如鑲嵌一般，將車裝點得富麗堂皇，

---

① 王先謙：《釋名疏證補》卷 7，第 252 頁。
② 班固：《漢書》卷 6，第 157 頁。
③ 參見陳偉主編：《楚地出土戰國簡冊 [十四種]》，第 344、364 頁。
④ 湖北省文物考古研究所：《江陵鳳凰山一六八號漢墓》，《考古學報》1993 年 4 期，第 500 頁。
⑤ 司馬遷：《史記》卷 61，第 3121 頁。

華貴典雅。由此車可以看出，立乘車與坐乘車的最大區別在車輿形制不同。立乘車，車輿淺小，呈橫長方形，置於車軸之上，四周圍以欄杆，後留缺口而無車門，上不封頂，只立車蓋。而坐乘車的車輿寬廣，呈縱長方形，如二號銅車馬，輿縱長1.24 米，橫寬 0.78 米。四周屏蔽，上封頂，後設車門。①

軺車

一種車輿敞露，輕便快速的雙轅小車。《説文・車部》："軺，小車也。"②《釋名・釋車》説："軺，遙也。遙，遠也，四向遠望之車也。"③ 軺車的形制淵源於戰車，④ 其特點是車輿四面敞露，無衣蔽，故視野廣闊。《史記・季布欒布列傳》："朱家乃乘軺車之洛陽，見汝陰侯滕公。"司馬貞《索隱》云："謂輕車，一馬車也。"⑤ 此謂一馬車。畫像石上見到的軺車，多爲一馬牽引。居延漢簡中軺車亦有駕一匹馬者（505.9）⑥。亦有駕二馬者。《漢書・平帝紀》："親迎立軺併馬。"顏師古注引服虔曰："立乘小車也。"⑦ 併馬，即駕二馬。這段記載説昏禮親迎立乘，表明平時則坐乘軺車。

從畫像石圖像看，軺車亦坐乘，或有蓋，或無蓋，或有四維。甘肅武威磨嘴子48 號漢墓出土一組木質軺車馬，包括車、馬、御奴共三件。車通高 97 厘米，長 80厘米，車分輿、輪、轅、馬、槽、傘蓋等部分，輿爲橫長方形，内右側底部有略高起的座墊，施紅彩，輿下墊伏兔二隻；輪轂爲壺形，竹輻 16 根；轅後端連輿底，前端翹曲如蛇首，中部各嵌一銅環；傘蓋柄兩截，有銅箍連接，柄端按蓋斗，插 16 根彎曲的竹弓，蓋頂圓形皂繒。御奴跪坐，作雙手持轡狀。⑧

軺車在漢代亦作爲驛傳之車，《漢書・高帝紀》："乘傳詣雒陽。"顏師古注："如淳曰：'律，四馬高足爲置傳，四馬中足爲馳傳，四馬下足爲乘傳，一馬二馬爲軺傳。急者乘一乘傳。'師古曰：傳者，若今之驛，古者以車，謂之傳車，其後又單

① 陝西省秦俑考古隊、秦始皇兵馬俑博物館：《秦陵二號銅車馬》，第 47 頁。
② 段玉裁：《説文解字注》，第 721 頁。
③ 王先謙：《釋名疏證補》卷 7，第 252 頁。
④ 《晉書・輿服志》："軺車，古之時軍車也。"參見房玄齡等《晉書》卷 25，中華書局 2013 年版，第 763 頁。
⑤ 司馬遷：《史記》卷 100，第 2729、2830 頁。
⑥ 參見謝桂華等《居延漢簡釋文合校》，文物出版社 1987 年版，第 604 頁。
⑦ 班固：《漢書》卷 12，第 355 頁。
⑧ 甘肅省博物館：《武威磨咀子三座漢墓發掘簡報》，《文物》1972 年第 12 期，第 13 頁。

置馬,謂之驛騎。"①

## 三、輜重車

輜重車是運載輜重的車,有時亦稱爲重車或輜車。《左傳·宣公十二年》云:"楚重至於邲。"杜預注云:"重,輜重也。"孔穎達疏:"輜重,載物之車也。蔽前後以載物,謂之輜車;載物必重,謂之重車;人挽以行,謂之輦。輜、重、輦,一物也。襄十年《傳》稱'秦堇父輦重如役',挽此車也。"《漢書·韓安國傳》:"擊輜重。"顏師古注:"輜,衣車也。重謂載重物車也。故行者之資,總曰輜重。"②《後漢書·光武本紀》:"輜重。"李賢注云:"《釋名》曰:'輜,廁也,謂軍糧什物雜廁載之,以其累重,故稱輜重。'"③據上引文獻,輜重爲載物之車,前後有蔽遮擋,載物有重,故謂輜重。

《考工記·車人》記載有大車、柏車、羊車等,這三種車皆爲任載車,其制粗略,可以在不同的地形下行走。此外尚有輦、輜、輧等車,皆可載物。

### 大車

大車即牛車,是運送糧草軍械等物的輜重車。《國語·晉語五》云:"遇大車當道而覆。"韋昭注云:"大車,牛車也。"④《考工記·車人》:"大車牝服二柯,有參分柯之二。"鄭玄注云:"大車,平地載任之車,牝服長八尺,謂較也。""大車"之名又見於西周銅器師同鼎,銘文云:"俘車馬五乘,大車廿。"雲夢睡虎地秦簡《司空律》有"及大車轅不勝任,折軸上",這兩處的大車都是指牛車。⑤

《考工記·輈人》:"是故大車平地,既節軒摯之任,及其登阤,不伏其轅,必縊其牛。"孫詒讓《正義》引王宗涑云:"大車前重後輕,行平地時,節其任載,俾之輕重適均,不至畸輕畸重也。"大車爲直轅、駕牛、方形車廂,與輕車相比,輪低而軫深,前重後輕。其所以仍稱大車,是與小車相對而言的。《論語·爲政》曰:"是由

---

① 班固:《漢書》卷1,第57—58頁。
② 班固:《漢書》卷52,第2404頁。
③ 范曄:《後漢書》卷1《光武帝紀》,第6頁。
④ 徐元誥:《國語集解》,第384頁。
⑤ 李零:《"車馬"與"大車"(跋師同鼎)》,《李零自選集》,廣西師範大學出版社1998年版,第127—128頁;李學勤:《師同鼎試探》,《新出青銅研究》(增訂本),人民美術出版社2016年版,第99頁。

大車無輗,小車無軏。"《集解》引包咸注:"大車,牛車;小車,駟馬車。"①

　　牛車作爲平地任載工具被廣泛應用,屢見於文獻。《尚書·酒誥》云:"肇牽車牛,遠服賈。"《詩·小雅·黍苗》亦云:"我任我輦,我車我牛,我行既集,蓋云歸哉!"此皆以牛車載物。《詩·小雅·無將大車》:"無將大車,祇自塵兮。"毛傳:"大車,小人之所將也。"鄭玄箋云:"將,猶扶進也。祇,適也。鄙事者,賤者之所爲也。君子爲之,不堪其勞。"大車也是普通百姓所用的載物車。

　　柏車

　　柏車爲行走於山地的輜重車。《考工記·車人》:"柏車轂長一柯。"鄭玄注曰:"柏車,山車。"關於"柏車"之名,王宗涑解釋爲:"柏,迫也。柏車之輪更卑於田車,牝服最迫近於地,故名柏車。"② 牝服指車箱兩旁橫木。《考工記·車人》:"大車崇三柯,綆寸,牝服二柯有參分柯之二。"鄭玄注:"牝服長八尺,謂較也。"孫詒讓《周禮正義》:"今以鄭義推之,較者,輿兩面上橫木之稱。馬車牛車皆有左右兩較,但馬車較左右出式而高,牛車較卑,無較式之別,是之謂平較。平較謂之牝服,較高者爲牡,則平者爲牝矣。"③ 柏車的車廂低矮,迫近於地,故名柏車。

　　另一解,《釋名·釋車》云:"柏車,柏,伯也,大也。丁夫服任之大車也。"④ 此解柏車爲人丁所牽引的大車。

　　羊車

　　羊車之名不僅見於《考工記》,也見於包山楚簡,秦漢以後羊車也在使用。對此車的形制,古今學者解釋不一。⑤

　　《考工記·車人》:"羊車二柯有參分柯之一。"鄭玄注引鄭衆注曰:"羊車,謂車羊門也。"先鄭以爲該車有陽門,陽、羊同音,故稱羊車。鄭玄注謂:"羊,善也。羊車若漢定張車,較長七尺。"漢代的定張車,其制難考,孔廣森以爲定張車即司南車。⑥

　　《釋名·釋車》:"羊車,羊,祥也;祥,善也,善飾之車,今犢車是也。"⑦ 犢車即

① 程樹德:《論語集釋》卷4,第164頁。
② 參見《周禮正義》卷86,第3521頁。
③ 參見《周禮正義》卷86,第3523頁。
④ 王先謙《釋名疏證補》卷7,第249頁。
⑤ 參見彭衛《羊車考》,《文物》2010年第10期,第71—75頁。
⑥ 孫詒讓:《周禮正義》卷86,第3525頁。
⑦ 王先謙:《釋名疏證補》卷7,第249頁。

牛車。《考工記·輈人》:"今夫大車之轅摯,其登又難。"賈公彦疏:"車人造大車、柏車、羊車,是駕牛車,自在下《車人》。"

一説羊車是羊拉之車。《釋名·釋車》:"騾車,羊車,各以所駕名之也。"[1] 也有學者認爲是羊所拉之車,故名羊車。[2] 後世西晉時期宮中也有羊車。此外,後世一些朝代的羊車即輦車,駕牛或果下馬;也有的羊車以童子挽之。[3]

《周禮》之羊車,認爲屬於羊拉之車,倒是有堅實證據。河南安陽殷墟郭家莊商墓 M146 發現有羊坑,坑内埋有 2 羊 1 人,值得注意的是羊的頭部上方各豎立 1 件銅軛首,出土時,軛首比羊頭高 0.13–0.16 米。羊的嘴旁還各放置有 1 件銅鑣。羊的頭部有由小銅泡組成的絡頭,排列甚整齊。發掘者指出:"這些跡象説明了這兩隻羊,是供人們役使拉車的羊。"由於出土銅鑣、銅軛首的尺寸較小,發掘者推測:"這種車子也是較小的。羊挽力弱,車型又小,其用途是很有局限的,必定未能流行。"[4] 此外,晉侯墓地的夫人墓發現有一些"製作精美""裝飾考究"的小車。這些小車的輪徑在 120 厘米或更小,其他車子的構件如軸、輈和輿的尺寸也比一般大車小很多。學者或認爲:"其高度明顯不宜駕馬,而只能駕以羊、鹿等動物。"[5] 漢代畫像石上也有羊車圖像[6],漢昭帝平陵陵園外陪葬坑出土有四羊駕車明器[7],説明當時存在以羊駕車。

### 輦車

馬駕直轅載重大車。《説文·車部》:"輦,大車駕馬者也。"段玉裁注:"古大車多駕牛,其駕馬者則謂之輦。"[8]《周禮·地官·鄉師》:"大軍旅會同,正治其徒役,與其輂輦。"鄭玄注:"輂,駕馬;輦,人挽行,所以載任器也。"輂,字亦作"欅"。

---

[1]　王先謙:《釋名疏證補》卷 7,第 252 頁。

[2]　參見聞人軍《考工記譯注》,上海古籍出版社 2008 年版,第 132 頁。

[3]　參見羅小華《"羊車"補説》,《四川文物》2013 年第 5 期,第 53 頁。

[4]　中國社會科學院考古研究所:《安陽殷墟郭家莊商代墓葬》,中國大百科全書出版社 1998 年版,第 147—148、158 頁。

[5]　劉緒、徐天進:《關於天馬—曲村遺址晉國墓葬的幾個問題》,上海博物館編:《晉侯墓地出土青銅器國際學術研討會論文集》,上海書畫出版社 2002 年版,第 48 頁。

[6]　參見聞人軍《考工記譯注》,第 132 頁。

[7]　參見彭衛《羊車考》,《文物》2010 年第 10 期,第 71—75 頁。

[8]　段玉裁:《説文解字注》,第 729 頁。

《史記・河渠書》：“山行即橋。”《集解》引徐廣曰：“楯，直轅車也。”① 據此，輂車蓋直轅。②

內蒙古和林格爾漢墓壁畫中，夫人軿車從騎後隨有兩車，雙轅較直，單駕馬，車輿上施卷棚，題榜作“輂車”③，內蒙古托克托縣漢墓壁畫中也有類似的車，題榜“輂車一乘”。④ 從漢畫看，輂車的特徵之一是上有卷棚，推測先秦輂車的車輿形態亦同。甘肅武威雷臺漢墓出土有銅輂車模型。⑤

輦車

以人挽行的車。輦字，甲骨文作二人在車前衡軛後推車之形（《合集》29693），構形作單轅雙輪小輿的木車形象。⑥《荀子・大略篇》曰：“天子召諸侯，諸侯輦輿就馬，禮也。”楊倞注：“輦謂人挽車，言不暇待馬至，故輦輿就馬也。”⑦《説文・車部》云：“輦，挽車也。從車夫，夫在車前引之也。”段玉裁注：“謂人挽以行之車也。”⑧ 可見輦車是靠人力挽引。《詩・小雅・黍苗》：“我任我輦。”鄭玄箋云：“有挽輦者。”《左傳・成公十七年》云：“齊慶克通於聲孟子，與婦人蒙衣乘輦而入於閎。”《左傳・定公六年》云：“公叔文子老矣，輦而如公。”輦車即可用來乘人，也可用來載物。

輦車轅上用來挽車的橫木叫輅。《儀禮・既夕禮》：“賓奉幣，由馬西當前輅，北面致命。”鄭玄注：“輅，轅縛，所以屬引。”賈公彥疏：“云輅轅縛所以屬引者，謂以木縛於柩車轅上，以屬引於上而挽之，故名轅縛也。”《淮南子・兵略訓》：“挽輅首路死者。”高誘注：“輅，挽輦橫木也。”⑨

① 司馬遷：《史記》卷 29，第 1405 頁。

② 一説輂爲從後推之車。江永《周禮疑義舉要》云：“從後推之曰輂，從前挽之曰輦。輂，從共，以兩手拱而推也。今有後推之車。”參見《周禮疑義舉要》卷 2，《清經解》第 2 冊，第 1907 頁。可備一説。

③ 內蒙古自治區文物考古研究所：《和林格爾漢墓壁畫》，文物出版社 2007 年版，第 85 頁；趙化成：《漢畫所見漢代車名考辨》，《文物》1989 年第 3 期，第 68—72 頁。

④ 羅福頤：《內蒙古自治區托克托縣新發現的漢墓壁畫》，《文物參考資料》1956 年第 9 期，第 45 頁。

⑤ 甘肅省博物館：《武威雷臺漢墓》，《考古學報》1974 年第 2 期，第 94 頁。

⑥ 邱德修：《説“輦”及其相關問題》，《第三屆中國文字學國際學術研討會論文集》，第 241—72 頁。

⑦ 王先謙：《荀子集解》卷 19，第 486 頁。

⑧ 段玉裁：《説文解字注》，第 730 頁。

⑨ 劉文典：《淮南鴻烈集解》卷 15，第 499 頁。

1986 年在陝西隴縣邊家莊春秋早期的墓中發現有一件木輂車，形象結構基本上與金文字形象相同，車約 1 米左右大小，單轅，轅前有橫木，轅後站立兩個木質的人俑在作推車之狀，車子小巧玲瓏。①

## 第三節　三禮所載的禮儀用車

路，字又作輅。《論語·衛靈公》云：“行夏之時，乘殷之輅。”輅即路車。張衡《東京賦》云：“龍輅充庭，雲旗拂霓。”李善注：“輅，天子之車也，故曰龍輅。”② 輅亦爲路車。三禮中的車，形式上主要以文飾和車馬飾來區別，如玉路以玉飾，金路以金飾，象路以象牙裝飾等。

### 一、周王五路

《周禮·春官·巾車》記載王之五路：“王之五路：一曰玉路，錫，樊纓，十有再就，建大常，十有二斿，以祀；金路，鉤，樊纓九就，建大旗，以賓，同姓以封；象路，朱，樊纓七就，建大赤，以朝，異姓以封；革路，龍勒，條纓五就，建大白，以即戎，以封四衛；木路，前樊鵠纓，建大麾，以田，以封蕃國。”據此可知，周王有玉路、金路、象路、革路、木路等五路，用於祭祀、封建、田獵、戰爭等場合。前三種玉、金、象路皆爲乘車。《釋名·釋車》說：“金路、玉路，以金玉飾車也。”③ 玉路、金路、象路是因其裝飾車“諸末”的材質差異而名稱有異。所謂諸末，指車衡、轅、車軛、轂等車構件的末端。

玉路

玉路是天子參加國家祭典時所乘之車。車的各種構件的末端用玉裝飾，故名玉路。駕玉路之馬的裝飾規格較高，當盧上雕刻紋飾，樊纓十二就，車上建大常，大常十二旒。

① 劉軍社：《説“輂”——從邊家莊五號春秋墓一號車子的結構與定名問題説起》，《考古與文物》1992 年第 4 期，第 86—91 頁；王學理：《秦物質文化史》，三秦出版社 1994 年版，第 219 頁。
② 蕭統編，李善注：《文選》卷 3，第 107 頁。
③ 王先謙：《釋名疏證補》卷 7，第 247 頁。

金路

金路是天子會宴賓客，封賜同姓時所乘用的車。車的各種裝飾件的末端所用材料爲青銅，故名金路。駕車的馬面上有金鈎之飾，樊纓九就，車上建大旂。

金路又名齊車。《周禮・夏官・齊右》云："掌祭祀，會同，賓客前齊車。"鄭玄注："齊車，金路，王自整齊之車也。而有祭祀之事，則兼玉路之右。"西周銅器銘文中"金車"多見①，金車即金路。

不同等級的貴族，其齊車裝飾有異。《禮記・玉藻》曰："君羔幦虎犆；大夫齊車鹿幦豹犆，朝車；士齊車鹿幦豹犆。"鄭玄注："幦，覆苓也。犆，讀皆如'直道而行'之'直'。直，謂緣也。"國君車用羔皮覆蒙在車軾上，并以虎皮鑲邊。大夫士的齊車以鹿皮覆蒙車軾，以豹皮鑲邊。

象路

象路是天子上朝、燕行出入和封賜異姓諸侯時所乘用的車，車的各種構件的末端所用材料爲象骨，故名象路。駕車的馬配有朱勒，樊纓七就，車上建大赤。

象路可作道車。《周禮・夏官・道右》云："掌前道車。"鄭玄注："道車，象路也。"又天子、國君乘此車上朝，故《禮記・玉藻》亦謂之朝車。

士亦有道車，是士早晚或閑暇時所乘的車。《儀禮・既夕禮》云："道車，載朝服。"鄭玄注："道車，朝夕及燕出入之車。"士的道車應無象牙之飾。

革路

革路屬於兵車，是出兵征伐，封建子男（四衛）時所乘之車。革路上覆以皮革，加以漆飾，此外別無他飾；駕車的馬勒之皮革爲白黑相雜之色，其樊纓皆以條絲裝飾，五就；車上建大白。

《禮記・曲禮上》："兵車不式。"孔穎達疏："兵車，革路也。"革路又屬於戎車、戎路，如《周禮・夏官・戎僕》云："掌馭戎車。"鄭玄注："戎車，革路也。"《左傳・莊公六年》："吾有二位於戎路。"革路有時還作爲出行的前導車。

木路

木路是田獵以及封賜藩國時所乘之車。木路不覆蓋皮革，但加以黑漆飾。駕車的馬無勒，而是飾淺黑色樊和白色纓，五就，車上建大麾。

---

① 如易金車（小臣宅簋，《集成》4201）、金車（毛公鼎，《集成》2841；獻簋，《集成》4209—4212；三年師兌簋，《集成》4318、4319）等。

木路又叫斿路。《周禮·春官·司常》云:"斿車載旌。"鄭玄注:"斿路,木路也。"因木路裝飾簡樸,故爲郊祀之用。所謂殷之"大路",即此木路。

曾侯乙墓楚簡 121 號云:"遊車九乘。"整理者考釋云:"《國語·齊語》:'戎車待遊車之�。'韋昭注:'遊車,遊獵之車也。'《周禮·夏官·司常》:'斿車載旌。'鄭玄注:'斿車,木路也,王以田以鄙。'"① 按《周禮·夏官·田僕》:"田僕掌馭田路,以田以鄙。"賈公彥疏:"按《巾車》云:'木路建大麾以田',故知田路即木路也。"孫詒讓《正義》:"凡王遠行,出國門則乘田路。"② 據此則知斿車亦即田路,即木路。按鄭玄的説法,木路原爲殷商之大路,周人用爲田路。田路由典路掌管,以田馬爲駕。

田獵之車亦謂之田車。《詩·小雅·車攻》:"田車既好。"西周克鐘銘記載周王賜予克的"甸車"(《集成》206、《銘圖》15294),即是田獵所用之車。《石鼓文·田車》云"田車孔安"的"田車",與文獻記載相合。③ 曾侯乙墓簡 67 記載的"畋車"即"田車"。④

《周禮》記載之路車,在考古發掘中尚可追索其蹤。筆者曾多次去河南新鄭鄭韓故城車馬坑參觀考察。在新鄭鄭韓故城車馬坑 1 號車馬坑中,一些中型車的轅首和車衡上裝飾有青銅環或鏈等飾件,一個車輪的軹上裝飾有三道青銅環,這些車可能是文獻中所記載的金路。有兩輛中型車的車輿角柱首上裝飾有象牙扶手和象牙骨管,它們可能是象路。小型車多髹漆,諸末端無裝飾件,僅在個別車輿的兩側裝飾有青銅串珠,可能屬於革路。17 號車素面不髹漆,部件寬厚結實,軾欄稠密,前端裝飾有青銅臥獸飾件,推測是兵車,也可能爲木路。

表 5-1 《周禮》周王五路一覽表

| | 玉路 | 金路 | 象路 | 革路 | 木路 |
|---|---|---|---|---|---|
| 車飾 | 諸末以玉飾 | 諸末以金飾 | 諸末以象牙飾 | 鞔之以革而漆之,無他飾 | 不鞔以革,漆之 |

① 湖北省博物館:《曾侯乙墓》,第 521 頁。
② 孫詒讓:《周禮正義》卷 62,第 2599 頁。
③ 徐寶貴:《石鼓文整理研究》,中華書局 2008 年版,第 716 頁。
④ 陳偉主編:《楚地出土戰國簡册 [十四種]》,第 345 頁。

续表

| | 玉路 | 金路 | 象路 | 革路 | 木路 |
|---|---|---|---|---|---|
| 馬飾 | 馬面飾錫 | 鈎 | 朱勒 | 黑白色勒 | —— |
| | 樊纓十二就 | 樊纓九就 | 樊纓七就 | 絛纓五就 | 淺黑色樊，白色纓，五就 |
| 車上建旗 | 大常 | 大旂 | 大赤 | 大白 | 大麾 |
| 乘之場合 | 祭祀 | 會賓客，封同姓 | 以朝，封異姓 | 兵事，封子男（四衛） | 田獵，封蕃國 |
| 備注 | | 一名齊車、金車 | 一名道車、朝車 | 一名戎車、戎路 | 一名斿路、遊車 |

　　君王之路皆有貳車，即副車，或稱倅車、佐車。《周禮·夏官·道僕》云："掌馭象路，……掌貳車之政令。"《周禮·夏官·戎僕》云："掌馭戎車。掌王倅車之政。"《周禮·夏官·田僕》云："掌佐車之政。"其中道僕所掌的貳車，乃特指象路之副；戎僕所掌的倅車，乃特指戎車之副；田僕所掌的佐車，乃特指田路之副。

　　戎車之貳車稱佐車、副車。析言之，戎車之副車爲佐，朝祀之車的副車爲貳車。《禮記·少儀》："乘貳車則式，佐車則否。"鄭玄注："貳車、佐車，皆副車也。朝祀之副曰貳，戎獵之副曰佐。"《逸周書·大武解》云："佐車舉旗。"朱右曾《逸周書集訓校釋》亦云："佐車，戎車之貳者。"[①]《左傳·哀公二十年》："公南楚驂乘，使華寅乘貳車。"杜注："公副車。"《周禮·夏官·馭夫》孫詒讓疏引姜兆錫云：

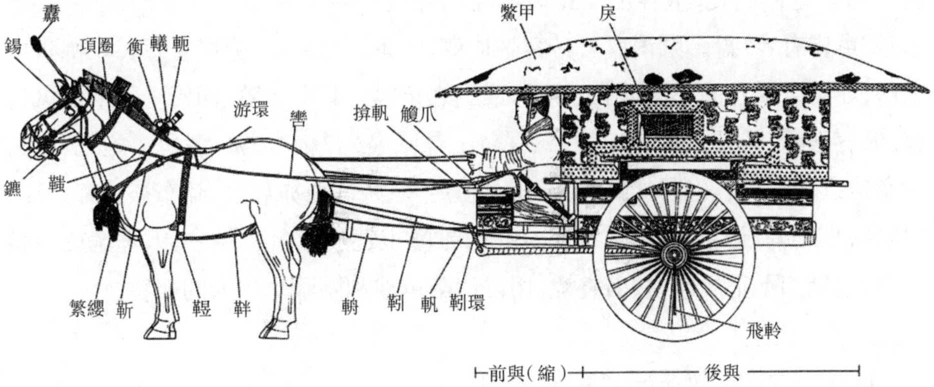

圖 5-21　始皇陵 2 號銅車

① 黄懷信等：《逸周書匯校集注》（修訂本）卷 2，第 120 頁。

"貳車，通謂諸僕倅車，貳車，佐車之屬。對文則分倅、貳、佐，散文則通名貳也。"

天子至士皆有貳車。《大戴禮記·朝事篇》云："(天子)乘大輅，……貳車十有二乘，率諸侯而朝日東郊。"[1]《國語·魯語下》云："大夫有貳車，備承事也。"[2]《韓非子·外儲說左下》云："晉國之法，上大夫二輿二乘，中大夫二輿一乘，下大夫專乘。此明等級也。"[3]"二輿"亦即貳車。《儀禮·既夕禮》云："主人乘惡車，……貳車，白狗攝服。"此乃士喪禮用車，可證士有貳車。

各級貴族的貳車數目不等，以別尊卑。《周禮·秋官·大行人》云："上公之禮，貳車九乘；諸侯之禮，貳車七乘；諸伯之禮，貳車七乘；諸子之禮，貳車五乘；諸男之禮，貳車五乘。"公侯伯子男的車輿皆配有貳車，以備應急之用。據此可知，天子、諸侯、卿大夫、士并有貳車，其貳車的配備之數為：天子十二，上公九，侯伯七，子男五。至於大夫、士的貳車數，推測孤卿大夫三，士二乘。

## 二、王后五路

婦人所乘的車，其車輿之上有蓋，蓋下輿旁往往環繞帷幔以為屏蔽，謂之"容"，亦稱為帷裳、童容、袡、襜等。《周禮·春官·巾車》："王后之五路，重翟、厭翟、安車皆有容、蓋。"鄭玄注引鄭司農云："容，謂幨車。山東謂之裳幃，或曰潼容。"《儀禮·士昏禮》云："婦車亦如之，有袡。"鄭玄注云："袡，車裳幃，《周禮》謂之容。車有容則固有蓋。"《詩·衛風·氓》："漸車帷裳。"毛傳："帷裳，婦人之車也。"鄭玄箋："幃裳，童容也。"孔穎達疏："幃裳一名童容，故《巾車》云：重翟、厭翟、安車皆有容、蓋。鄭司農云：'容謂襜車，山東謂之裳幃，或曰童容。'以幃障車之傍，如裳以為容飾，故或謂之幃裳，或謂之童容。其上有蓋，四傍垂而下。"可見容、潼容與幨、袡及裳幃為一物。《釋名·釋床帳》："幢容，幢，童也。施之車蓋，童童然以隱蔽形容也。"[4]《儀禮·既夕禮》："主婦之車亦如之，疏布袡。"鄭玄注："袡者，車裳幃，於蓋弓垂之。"據上引文，帷幔上連於車蓋蓋弓[5]，下垂至於車軨與車軾，猶如下垂之裳，故名裳幃，用以遮蔽風塵和隱蔽車中人的面容。

---

① 王聘珍：《大戴禮記解詁》卷 12，第 229 頁。
② 徐元誥：《國語集解》，第 187 頁。
③ 王先慎：《韓非子集解》卷 12，第 328 頁。
④ 王先謙：《釋名疏證補》卷 6，第 199 頁。
⑤ 衣四周者曰帷，衣其上者曰幔。

《周禮・春官・巾車》記載王后五路：“王后之五路：重翟，錫面朱總；厭翟，勒面繢總；安車，雕面鷖總，皆有容、蓋。翟車，貝面，組總，有握；輦車，組挽，有翣，羽蓋。”下面對此作考察。

重翟

重翟，王后隨從王祭祀先王、先公、群小祀所乘之車。此車的特徵是將翟（雉）羽重疊於車兩旁以爲屏蔽，故名重翟。《周禮・春官・巾車》：“王后之五路：重翟，錫面朱總。”鄭玄注：“重翟，重翟雉之羽也。”馬面上有當盧，且有朱色總作爲裝飾，總的上端繫於馬勒兩端當馬耳處，下垂於馬口兩邊當鑣處。

厭翟

厭翟，王后隨從王賓饗諸侯所乘之車。此車的特徵是將翟羽緊密的編次在一起，故名厭翟。《周禮・春官・巾車》：“厭翟，勒面繢總。”鄭玄注：“厭翟，次其羽使相迫也。”繢，畫文。駕車之馬面上有雜黑白二色的韋裝飾的當盧，馬勒兩旁當耳處繫有花紋的繒帶。

安車

安車是王后朝王之車，諸侯夫人亦乘此以朝君。此車是坐乘之車。《周禮・春官・巾車》：“安車，雕面鷖總，皆有容、蓋。”鄭玄注：“安車，坐乘車。”雕面，指用漆韋雕刻爲文作馬面之飾。駕車之馬勒間兩旁當耳處繫以青黑色繒束爲總，下垂於鑣旁。安車與重翟、厭翟的四周皆有裳帷，上有車蓋。

翟車

翟車是王后外出從事蠶桑之事時所乘之車，車側用翟羽裝飾，但翟羽不重疊，不以順序壓疊。車四周有帷幄而無車蓋。《周禮・春官・巾車》：“翟車，貝面，組總，有握。”鄭玄注：“翟車，不重不厭，以翟飾車之側爾。貝面，貝飾勒之當面也。有握，則此無蓋矣，如今軿車是也。后所乘以出桑。”駕車之馬面當盧上有貝殼作爲飾物；以組條爲組總，繫於馬勒當耳處，下垂及兩鑣。車上設有幄。幄的設置，推測以木柱插入車軫，然後再掛帷幔。

輦車

輦車是王后在宮中所乘之車。輦車不加漆飾，無面飾，無蔽幄，是一種無輻軽車。與王后其他路車不同的是，輦車是靠人挽行，設有供人牽引用的絲帶。《周禮・春官・巾車》：“輦車，組挽，有翣，羽蓋。”鄭玄注：“輦車不言飾，后居宮中從容所乘，但漆之而已。爲軽輪，人挽之以行。有翣，所以禦風塵。以羽作小蓋，爲蔽日也。"輦車兩旁設有翣扇以障蔽風塵,車上有羽蓋以蔽日。也有可能翣與羽蓋皆人執之而傍車。

表5–2 《周禮》王后五路一覽表

|  | 重翟 | 厭翟 | 安車 | 翟車 | 輦車 |
|---|---|---|---|---|---|
| 車飾 | 重疊翟羽,以爲車兩旁屏蔽 | 翟羽蔽車兩旁,翟羽編次較密 | —— | 車側用翟羽裝飾,但不重羽,不壓疊羽 | 漆之而無飾,有翣,樹車兩旁 |
| 馬飾 | 銅當盧;紅色總上端繫於馬勒兩端當馬耳處,下垂於馬口兩邊當鑣處 | 當盧(黑白雜色的韋飾之);馬勒兩旁當耳處繫有花紋的繒帶,下垂於鑣旁 | 當盧(雕畫爲文的漆韋飾之)青黑色繒束爲總,繫於馬勒間兩旁當兩耳處,下垂於鑣旁 | 有貝飾;組總繫於馬勒間兩旁當兩耳處,下垂於鑣旁 | —— |
| 乘車場合 | 王后從王祭祀先王、先公、群小祀乘之 | 王后從王賓饗諸侯乘之 | 王后朝王之車;諸侯夫人乘此以朝君 | 王后外出從事蠶桑之事乘之 | 王后在宮中所乘 |
| 容蓋 | 四周有裳帷,上有車蓋 | 四周有裳帷,上有車蓋 | 四周有裳帷,上有車蓋 | 有幄,無蓋 | 有羽蓋 |
| 備注 |  |  |  |  | 無輻輇車,人挽絲帶而行 |

## 三、服車五乘

服車爲服王事者(卿大夫下至庶民在官府爲王事服務者)所用之車,類似當今公務車。《周禮·春官·巾車》云:"服車五乘:孤乘夏篆,卿乘夏縵,大夫乘墨車,士乘棧車,庶人乘役車。"鄭玄注:"服車,服事者之車。"以上諸車爲孤、卿、大夫、士及擔任官職的庶人服王事所乘之車。

夏篆

車轂上雕刻有凸凹紋理,并加以五彩紋飾之車。《周禮·春官·巾車》:"孤乘夏篆。"鄭玄注:"玄謂夏篆,五采畫轂約也。夏縵,亦五采畫,無篆爾。墨車不畫也。"此篆指車轂上雕刻的凸起的紋飾。《考工記·輪人》:"容轂必直,陳篆必正。"鄭玄注:"篆,轂約也。"則所謂轂約,即車轂上雕刻的凸凹紋飾。又《禮記·郊特牲》:"丹漆雕幾之美。"鄭玄注:"幾,謂漆餙沂鄂也。"孔穎達疏:"雕,謂刻鏤。幾,謂沂鄂。言以丹漆雕餙之,以爲沂鄂。"《禮記·哀公問》:"車不雕幾。"孔穎達疏:"幾,謂沂鄂也,謂不雕鏤使有沂鄂也。"幾,即沂鄂,凸凹的環紋,沂,凹紋;鄂,凸紋。綜上所述,夏篆的車轂上雕刻有凸凹的紋飾,上用皮革覆裹,然後加以彩飾，如此則車轂上呈現出五彩繽紛而凸凹有致的紋理（即沂鄂），這是一種高級裝飾。

曾侯乙簡 73 號、74 號、120 號、176 號有“端轂”。整理者考證爲：“簡文‘端轂’是車名，大概由於車轂雕鏤有花紋而得名，猶兵車‘長轂’（見《左傳·昭公五年》）以轂長而得名。”[①] 端轂即《周禮》所謂的篆（轂約）。山東臨淄淄河店 M2 一號車輪轂，軹端、賢端略細呈圓柱狀，轂表面呈凹凸弦紋狀。[②] 此凸凹紋理即《周禮》之篆[③]，也即楚簡之端轂。

夏縵

夏縵的形制同於夏篆，但車轂上無雕刻的凸凹紋理（轂約）而施以五彩畫飾。《周禮·春官·巾車》：“服車五乘，孤乘夏篆，卿乘夏縵。”賈公彦疏：“縵者，亦如縵帛無文章。”[④] 夏縵車無雕刻文飾，如縵帛而無紋飾。《左傳·成公五年》：“君爲之不舉，降服，乘縵。”孔穎達疏：“乘縵，車無文。”[⑤] 夏縵車的轂上不刻篆飾，故幬革上無凸凹的紋理，但以五彩繪畫飾之。

墨車

墨車爲黑色無飾之車。《儀禮·覲禮》：“乘墨車，載龍旗、弧韣，乃朝以瑞玉，

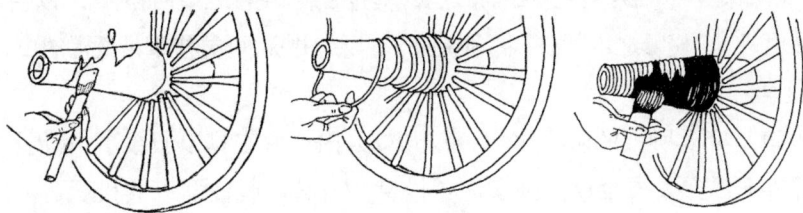

圖 5–22　車轂加固方法示意圖　左：塗漆；中：纏繞；右：髹漆（江陵九店 M104 號車馬坑）

① 湖北省博物館：《曾侯乙墓》，第 519 頁。

② 山東省文物研究所：《山東淄博市臨淄區淄河店二號戰國墓》，《考古》2000 年第 10 期，第 61 頁。從考古發現看，一類是在木轂上飾有紋飾，如辛村車馬坑出土的轂上飾有粗帶狀的蟠螭紋四組，此蓋同於夏縵。

③ 2008 年發掘的湖北熊家冢楚墓很多車轂上有紋飾或皮革痕跡，其中 CH17 右車轂上有皮革和彩繪紋飾，參荆州博物館《湖北熊家冢墓地 2008 年發掘簡報》，《文物》2011 年第 2 期，第 6—7 頁。

④ 注疏解釋“夏縵”，皆恐有未安。據賈公彦説，夏縵無文章，然夏縵的車轂加以彩畫漆飾。再者，凶禮乘的縵車無文，蓋是指車的整體無文飾而言。

⑤ 約軹的解釋，參見《周禮正義》卷 75，第 3160—3161 頁。

有繅。”鄭玄注:“墨車,大夫制也。”一般認爲,墨車是大夫之制。諸侯入朝覲見天子亦乘墨車,降殺從大夫禮。《釋名・釋車》:“墨車,漆之正黑,無文飾,大夫所乘也。”①《儀禮・士昏禮》:“主人爵弁,纁裳緇袘,從者畢玄端,乘墨車。”鄭玄注:“墨車,漆車,士而乘墨車,攝盛也。”士昏禮,新郎親迎時攝盛亦乘墨車,新娘亦乘墨車,但有容、蓋。

墨車車轂上亦漆之而不畫。孫詒讓認爲“車輿黑漆之,轂則徒漆,無刻文又無畫文也”②。可從。

### 棧車

棧車是以竹木條編車棚,不張皮革但加以漆飾的車。《説文・木部》:“棧,棚也,竹木之車曰棧。”③《周禮・春官・巾車》:“士乘棧車。”鄭玄注:“棧車,不革鞔而漆之。”不革鞔也就是不用皮革包裹,但加以漆飾。這種車的形制是車輿較長,車輿與軾、較等以竹木編織成棧棚,既可載人,亦可拉貨。

棧車又稱樏車。《左傳・成公二年》云:“逢丑父寢於樏中。”杜預注:“樏,士車。”棧車車廂較長,上有車棚,人可以臥息其中。

棧車比較簡樸,《韓非子・外儲説左下》記載“孫叔敖相楚,棧車牝馬”④,《晏子春秋・内篇雜下十二》:“晏子衣緇布之衣,麋鹿之裘,棧軫之車,而駕駑馬以朝,是隱君之賜也。”⑤“棧軫之車”即棧車,與緇布衣、駑馬并提,可見棧車是低檔的車。

### 役車

役車是庶人所乘的服役之車,車箱方形,内可盛工具以服役事。《周禮・春官・巾車》:“庶人乘役車。”鄭玄注:“役車,方箱,可載任器以共役。”賈公彦疏:“此役車亦名棧車,以其同無革鞔故也。”《詩・唐風・蟋蟀》:“蟋蟀在堂,役車其休。”孔穎達疏:“然則收納禾稼亦用此車。”

庶人所乘亦有棧車,無革鞔。《釋名・釋車》云:“役車,給役之車也。棧車,棧,靖也,麻靖物之車也,皆庶人所乘也。”⑥《詩・小雅・何草不黄》云:“有棧之

① 王先謙:《釋名疏證補》卷7,第250頁。
② 孫詒讓:《周禮正義》卷52,第2182—2183頁。
③ 段玉裁:《説文解字注》,第262頁。
④ 王先慎:《韓非子集解》卷12,第329頁。
⑤ 張純一:《晏子春秋校注》卷6,第293頁。
⑥ 王先謙:《釋名疏證補》卷7,第250頁。

車,行彼周道。"毛傳云:"棧車,役車也。"役車與棧車車制略同,皆可供庶人乘坐。

又有檀車,亦屬於役車,如《詩·小雅·杕杜》云:"檀車嘽嘽。"毛傳云:"檀車,役車也。"

表 5-3　《周禮》服車五乘一覽表

| | 夏篆 | 夏縵 | 墨車 | 棧車 | 役車 |
|---|---|---|---|---|---|
| 車 | 車轂雕刻紋飾,幬革上畫五彩紋 | 車轂上無篆而有畫飾 | 漆黑無文 | 不革鞔而漆之 | 方箱,不革鞔而漆之 |
| 主體 | 孤 | 卿 | 大夫 | 士 | 庶人 |
| 備注 | | | 覲禮諸侯乘之入朝;士昏禮親迎攝盛亦乘之 | 庶人亦可乘之 | |

## 四、喪車

喪車爲居喪時所乘之車,有別於吉時所乘諸車。根據《周禮·春官·巾車》記載,王之喪車五乘爲木車、素車、藻車、駹車和漆車。此五種車皆不加以漆飾,以體現喪者的哀戚之情。《周禮》無后置喪車的記載,因婦人的喪車與主人的喪車相同,以相準況則王后的喪車亦當與王車大致相同,故經不另外記載。

（一）王喪車五乘

木車

無漆飾之車,初喪時王所乘。《周禮·春官·巾車》:"王之喪車五乘:木車,蒲蔽,犬𧝅尾橐,疏飾,小服皆疏。"鄭玄注:"木車,不漆者。鄭司農云:'蒲蔽,謂贏蘭車以蒲爲蔽,天子喪服之車,漢儀亦然。犬𧝅,以犬皮爲覆笭。'故書'疏'爲'揟',杜子春讀'揟'爲'沙'。玄謂蔽,車旁禦風塵者。犬,白犬皮,既以皮爲覆笭,又以其尾爲戈戟之弢。粗布飾二物之側爲之緣,若攝服云。"木車形制以及構件如下:用蒲草席置於車旁以擋禦風塵;車軾上覆蓋有白狗皮做的𧝅;設有用狗尾做成的橐。𧝅和橐、盛刀劍短兵器的袋子皆用粗布飾邊。

《儀禮·既夕禮》云:"主人乘惡車,白狗幦,蒲蔽,御以蒲菆,犬服,木錧,約綏約轡。木鑣,馬不齊髦。主婦之車亦如之,疏布裧。"鄭玄注謂"然則此惡車,王喪之木車也",即類似於王喪車中的木車。士的惡車與王的木車大致相同,士喪車駕車用牡蒲莖杆,木制之錧,綏與轡均用繩製作,木鑣,馬不再修飾鬃毛。推測周王木車蓋亦如此。

素車

以白土漆成的白色之車,卒哭後所乘。《周禮·春官·巾車》:"素車,棼蔽。"
鄭玄注:"素車,以白土垩車也。棼讀爲蕡。蕡麻以爲蔽。其襮服以素繒爲緣。
此卒哭所乘,爲君之道益著,在車可以去戈戟。"蕡麻即苴麻。素車用粗惡的苴麻
布作爲車蔽,用白狗皮做成的襮則以白繒飾邊,小兵器袋也用白繒飾邊。素車
上不建戈戟等兵器。

藻車

以蒼土塗刷的淺青色車,練祭後所乘。《周禮·春官·巾車》:"藻車,藻蔽,
鹿淺襮,革飾。"鄭玄注:"以蒼土垩車,以蒼繒爲蔽也。鹿淺襮,以鹿夏皮爲覆
笭,又以所治去毛者緣之。此既練所乘。"藻車的藻蔽用蒼色繒,車軾上覆蓋有以
淺毛鹿皮做的襮,又用去毛之鹿皮緣飾襮邊。

駹車

邊側有漆飾之車,大祥所乘。《周禮·春官·巾車》:"駹車,萑蔽,然襮,髤
飾。"鄭玄注:"玄謂駹車,邊側有漆飾也。萑,細葦席也。以爲蔽者,漆則成藩,即
吉也。然,果然也。髤,赤多黑少之色韋也。此大祥所乘。"駹車的藩蔽用細葦
席,車軾上覆蓋有以果然(一種動物)皮做的襮,襮以赤而微黑的韋飾邊。

漆車

黑色之車,禫祭所乘。《周禮·春官·巾車》:"漆車,藩蔽,犴襮,雀飾。"鄭玄注:
"漆車,黑車也。藩,今時小車藩,漆席以爲之。犴,胡犬。雀,黑多赤少之色韋也。"
漆車的藩蔽用黑漆的細葦席,車軾上覆裹用犴皮做的襮,襮用微赤的韋飾邊。

表5-4　《周禮》王喪車五路一覽表

| | 木車 | 素車 | 藻車 | 駹車 | 漆車 |
|---|---|---|---|---|---|
| 車 | 無漆飾 | 白土漆成白色 | 以蒼土塗刷成淺青色 | 車邊側有漆飾 | 黑色 |
| | 蒲草編織的蔽 | 苴麻布爲蔽 | 蒼色繒爲蔽 | 細葦席爲蔽 | 黑席爲車藩 |
| | 白狗皮包裹車軾,粗布飾邊 | 白狗皮覆裹車軾,以白繒飾邊 | 夏鹿皮覆裹車軾以去毛之鹿皮緣飾 | 果然皮覆裹車軾,赤而微黑的韋飾邊 | 以犴皮覆裹車軾,微赤的韋飾邊 |
| | 狗尾做橐,粗布飾邊 | 小兵器袋以白繒爲緣 | | | |

续表

| | 木車 | 素車 | 蒨車 | 駹車 | 漆車 |
|---|---|---|---|---|---|
| 功能 | 喪初所乘 | 卒哭所乘 | 練祭之後所乘 | 大祥所乘 | 禫祭所乘 |
| 備注 | 木輨（轄）；木鑣；馬不齊髦；約軧約綏 | 不建戈戟等長兵器 | | | |

#### （二）其他喪葬有關的車

另外，與喪葬有關的車尚有以下幾種車。

祥車（魂車）

祥車是死者日常所乘之車，葬時用之載皮弁服、朝服、蓑笠等物，因爲爲神魂所依，故謂此車爲魂車。《儀禮·既夕禮》："薦車，直東榮，北輈。"鄭玄注："進車者，象生時將行陳駕也，今時謂之魂車。"

祥車的左位空置以爲神位。《禮記·曲禮上》："祥車曠左。乘君之乘車，不敢曠左，左必式。"鄭玄注："空神位也。祥車，葬之乘車。君存，惡空其位。"孔穎達疏："祥猶吉也，吉車爲平生時所乘也。死葬時因爲魂車，鬼神尚吉，故葬魂乘吉車也。曠，空也。車上貴左，故僕在右，空左以擬神。"又《周禮·夏官·戎右》云："會同充革車。"鄭云："充之者，謂居左也。《曲禮》曰：'乘君之乘車，不敢曠左。'若曠左則似祥車，近於凶時，故乘者自居左。"葬時要將祥車左邊的位子空出來，代表著死者之魂所在之處。平常乘國君副車時則乘者居於左，因爲不敢將國君當作鬼魂。

輴車

天子、諸侯殯殮所用之車，天子、諸侯及大夫朝廟時亦用輴車載柩。《禮記·檀弓上》："天子之殯也，菆塗龍輴以槨，加斧於槨上，畢塗屋。"鄭玄注："天子殯以輴車，畫轅爲龍。"《禮記·喪大記》："君殯用輴，攢至於上，畢塗屋。大夫殯以幬，攢置於西序，塗不暨於棺。士殯見衽，塗上帷之。"鄭玄注："諸侯輴不畫龍。"《儀禮·既夕禮》："遷於祖，用軸。"鄭玄注："大夫、諸侯以上，有四周，謂之輴。天子畫之以龍。"輴車形制似軘軸，但四周有木框。天子輴車在轅上畫龍形，故稱爲龍輴。諸侯之禮減殺，車轅上不畫龍。

戰國時將棺運於墓壙内，亦有用輴車者。《吕氏春秋·節喪》："世俗之行喪，載之以大輴。”①

遣車

遣車是葬日遣運大遣奠骨體等物之車,以此車載放物品遣送亡者,故名遣車。《禮記·檀弓下》:“國君七個,遣車七乘,大夫五個,遣車五乘。”孔穎達疏:“葬柩朝廟畢,將行,設遣奠竟,取遣奠牲體臂臑,折之爲段,用此車載之,以遣送亡者,故謂之遣車。然遣車之形甚小。”《周禮·春官·巾車》:“大喪,飾遣車,遂廞之,行之。”鄭玄注:“行之,使人以次舉之以如墓也。遣車一曰鸞車。”賈公彥疏:“遣車,謂將葬遣送之車,入壙者也。言飾者,還以金象革飾之,如生存之車,但粗小爲之耳。”據注疏,遣車形制粗小,亦有銅、象、革飾,人舉之至墓。遣車又爲魂魄所依,《周禮·夏官·虎賁氏》:“及葬,從遣車而哭。”鄭玄注:“遣車,王之魂魄所憑依。”因遣車爲盛所苞奠遣送者之車,故爲死者魂魄所憑依。

遣車一名鸞車。《周禮·春官·冢人》:“及葬,言鸞車象人。”鄭玄注:“鸞車,巾車所飾遣車也,亦設鸞旗。”鸞車上設有鸞旗,故名鸞車。孫詒讓《周禮正義》曰:“鸞車即明器之小車,以木爲之,如五路之制,以之送葬,謂之遣車。《漢書·郊祀志》載漢郊祀有木寓車謂之鸞路,與此略同。”②

遣車之革路,以皮革蒙飾,稱爲皮車。《周禮·天官·司裘》:“大喪,廞裘,飾皮車。”鄭玄注:“皮車,遣車之革路。”賈公彥疏:“亦謂明器之車,以皮飾之。”天子遣車亦有五路,此革路亦稱皮車,爲明器之車。

不同等級的貴族遣車之數各異,《禮記·檀弓下》云:“國君七個,遣車七乘,大夫五個,遣車五乘。”鄭玄注:“遣車之差,大夫五,諸侯七,則天子九。諸侯不以命數,喪數略也。”

柩路（輴車）

載靈柩之車,人挽之而行。人君所居之車皆曰路,故稱爲柩路。《儀禮》記載有“柩車”,爲載棺之車。《儀禮·既夕禮》:“既正柩,賓出,遂、匠納車於階間。”鄭玄注:“車,載柩車,《周禮》謂之蜃車,《雜記》謂之團,或作轜,或作摶,聲讀皆相附耳,未聞孰正。其車之輿狀如床,中央有轅,前後出,設絡輿,絡輿上有四周,下則前後有軸,以輇爲輪。許叔重說:‘有輻曰輪,無輻曰輇。’”《周禮》記載運靈柩的

---

① 陳奇猷:《呂氏春秋新校釋》卷10,第532頁。

② 孫詒讓:《周禮正義》卷41,第1702頁。

蜃車，因其外形似蜃，故名蜃車。《周禮·春官·巾車》：“小喪，共柩路與其飾。”鄭玄注：“柩路，載柩車也。”賈公彥疏：“即蜃車也。”《周禮·地官·遂師》：“共丘籠及蜃車之役。”鄭玄注：“蜃車，柩路也。柩路載柳，四輪迫地而行，有似於蜃，因取名焉。行至壙，乃說，更復載以龍輴。蜃，《禮記》或作輇，或作輲。”賈公彥疏：“四輪迫地而行即輇車，以二軸而貫四輪，即許氏《說文》云‘無輻曰輇’者也。”《禮記·雜記上》：“大夫以布爲輤而行，至於家而說輤，載以輲車，入自門，至於阼階下而說車。”鄭玄注：“輲，讀爲輇，或作輪。許氏《說文解字》曰：‘有輻曰輪，無輻曰輇。’”孫希旦《禮記集解》曰：“戴氏震曰：輲車，四輪迫地而行，其輪無輻。然鄭以爲即輇，亦非也。輲者車之名，輇者輪之名。……愚謂在道載柩載屍，皆以輲車，以其上有四周，下有四輪，又輪用全木，承載穩，行地安，而無傾敗之患也。”①輲字亦作輴、輇，均爲一種無輻之車。士喪禮之柩車亦謂之棧。《儀禮·既夕禮》：“主人哭，拜稽顙，成踊。賓奠幣於棧左服，出。”鄭玄注：“棧，謂柩車也。凡士車制無漆飾。”賈公彥疏：“明此棧車、柩車即蜃車，四輪迫地，無漆飾，故言棧也。”

　　據上引文獻，柩車亦謂之蜃車，或作輲車、輇車，其形制大概是，車輿形狀如床，中央有車轅，前後突出；車輿上四周有木框，車輿下前後有二橫貫之軸，分別貫有二輪；輪子不用輻爲輪，而是以圓木作輪。因四輪迫地而行，其形與蜃相似，故名蜃車。《儀禮·既夕禮》：“遷於祖用軸。”鄭玄注曰：“軸，狀如長床，穿程，前後著金而關軸焉，大夫諸侯以上有四周，謂之輴。”總結上述文獻，可知輇車與士喪禮所用軸軸的區別在於此車上有四周，即車框，其礨狀如床，中央有轅，前後出，設前後輅，下則前後有軸，以輇爲輪。

　　輀車

　　輀車亦爲載柩車。②《說文·車部》：“輀，喪車也。”③《釋名·釋喪制》：“輿棺之車曰輀。輀，耳也，懸於左右前後，銅魚搖絞之屬耳耳然也。其蓋曰柳。柳，聚也，衆飾所聚，亦其形僂也。亦曰鱉甲，似鱉甲然也。”④《漢書·王莽傳下》：“此似輀車，非儳物也。”顏師古注：“輀車，載喪車，音而。”⑤

① 孫希旦：《禮記集解》卷39，第1042頁。
② 參見信立祥《漢代明器銅輀車考》，《中國國家博物館館刊》2003年第2期，第11—19頁。
③ 段玉裁：《說文解字注》，第730頁。
④ 王先謙：《釋名疏證補》卷7，第295頁。
⑤ 班固：《漢書》卷99，第4170、4171頁。

山東省微山縣溝南村出土的漢畫像石中有一幅送葬圖(圖 5–23)，①中格中間刻四輪喪車，車身較長，頂施篷蓋，車前設輿，中豎一柱，穿一璧形物，上施華蓋。車棚前後部各豎一柱，上裝翣，施羽葆。車前十三人，分三層，下層五人雙臂前伸，雙手共挽肩上繩索，引車前行；中層四人也持綍引車，其中一人舉蟠狀物；上層二人向右行走，前有一人伏地跪拜，身側置一棍狀物。車後有八人隨車行進，上層人物腰繫布帶，爲男子，下層人物髮髻均結長帶，爲女子。江蘇沛縣

圖 5–23　山東微山縣溝南村漢畫像石《送葬圖》

圖 5–24　江蘇沛縣龍固漢畫像石《出喪圖》

龍固漢畫像石《出喪圖》中有一輛車，此車蓋作鱉甲狀，由牛牽引(圖 5–24)。②輀車在漢畫中不多見。這兩幅漢畫像石圖中的車均爲載柩車，有鱉甲形車棚，與文獻描述輀車之形相吻合，當即輀車。

## 五、其他

五路及服車五等之外的車，稱爲“散車”。《周禮·春官·巾車》：“凡良車、散車不在等者，其用無常。”鄭玄注：“給遊燕及恩惠之賜。不在等者，謂若今輀後戶之屬。”

---

① 王思禮、賴非、丁冲等：《山東微山縣漢代畫像石調查報告》，《考古》1989 年第 8 期；圖像參見《中國畫像石全集·第 2 卷·山東漢畫像石》圖五五，山東美術出版社、河南美術出版社 2000 年版，第 46—47 頁。

② 范志軍：《漢代帛畫和畫像石中所見喪服圖與行喪圖》，《文博》2006 年第 3 期，第 85—87 頁。

### 傳、遽

傳，指傳遞文書的乘車，《左傳·成公五年》云：“梁山崩，晉侯以傳召伯宗。”
楊伯峻注：“傳，傳車。”《左傳·定公十三年》云：“銳師伐河內，傳必數日而後及
絳。”此傳亦爲傳車。傳亦曰遽。《説文·辵部》云：“遽，傳也。”①《説文·人部》：
“傳，遽也。”②《國語·晉語九》：“遽人來告”，韋昭注：“遽，傳也。”③《左傳·僖公
三十三年》：“且使遽告於鄭。”杜預注云：“遽，傳車。”遽、傳二者互訓，可知傳車亦
可謂遽。《周禮·秋官》：“行夫掌邦國傳遽之小事。”鄭玄注：“傳遽，若今時乘傳
騎驛而使者也。”《禮記·玉藻》：“傳遽之臣。”鄭玄注：“傳遽，以車馬給使者也。”
析言之，傳遽有別。《詩·大雅·江漢》：“告成於王。”鄭玄箋云：“克勝，則使傳遽
告功於王。”《釋文》：“以車曰傳，以馬曰遽。”傳與遽在上古所指相同，後來以傳
指傳車，以遽指驛馬。傳車亦謂之馹。《説文·馬部》：“馹，傳也。”段玉裁注：“馹
爲尊者之傳用車。”④《左傳·文公十六年》：“楚子乘馹，會師於臨品。”杜預注：
“馹，傳車也。”《爾雅·釋言》云：“馹，遽傳也。”又《左傳·文公十六年》云：“楚子
乘馹。”楊伯峻注：“馹音日，傳車也。”⑤馹是尊貴者乘的傳車。

傳車蓋商代即已有之（《合集》29084）。周時傳遽蓋用輕車，取其速至，故《方
言》揚雄《答劉歆書》以行人爲輶軒使者，輶軒即輕車。《文選·左思〈吳都賦〉》：
“輶軒蓼擾，轂騎煒煌。”⑥輶軒即輕車。此外，戰國銅器鑄客匜銘文云：“鑄客爲
御痊爲之”（《集成》10199）。痊讀爲馹，此爲楚王御用的傳馹。⑦

### 稾車

士田獵或出行郊野所乘的車。《儀禮·既夕禮》云：“稾車，載蓑笠。”鄭玄注：
“稾猶散也。散車，以田以鄙之車。”洛陽中州路車馬坑出土的一輛駟馬車，有傘
形車蓋，整車華麗精美，殉犬，并隨葬弩機和銅鏃，似即畋車。⑧

---

① 段玉裁：《説文解字注》，第 75 頁。
② 段玉裁：《説文解字注》，第 377 頁。
③ 徐元誥：《國語集解》，第 453 頁。
④ 段玉裁：《説文解字注》，第 468 頁。
⑤ 楊伯峻：《春秋左傳注》（修訂本），第 619 頁。
⑥ 蕭統編，李善注：《文選》卷 5，第 223 頁。
⑦ 朱德熙、裘錫圭：《戰國文字研究（六種）》，《考古學報》1972 年第 1 期，第 88 頁。
⑧ 洛陽博物館：《洛陽中州路戰國車馬坑》，《考古》1974 年第 3 期，第 171—178 頁。

軒車

軒車是卿大夫以上貴族所乘之車，或單稱軒。《詩·曹風·候人》：“彼其之子，三百赤芾”，毛傳云：“大夫以上，赤芾乘軒。”《左傳·閔公二年》：“衛懿公好鶴，鶴有乘軒者。”杜預注：“軒，大夫車。”

軒車的特徵在於有藩。《説文·車部》：“軒，曲輈藩車也。”段玉裁注：“謂曲輈而有樊蔽之車也。”① 可見軒車的特徵在於有藩。何謂藩？《説文·艸部》：“藩，屏也。”段玉裁注：“屏蔽也。”② 藩即屏，是設於車兩側的屏蔽之物。曾侯乙墓簡 203 號載有“圓軒”，整理者認爲：“（圓軒）用爲車名，當是因爲有‘圓軒’而得名。《左傳》閔公二年‘鶴有乘軒者’，孔穎達《正義》引服虔云：‘車有藩曰軒。’《漢書·景帝紀》：‘今長吏二千石車朱兩藩。顏師古注引應劭曰：‘車耳反出，所以爲之藩屏，翳鹿泥也。’又引如淳曰：‘轓，音反，小車兩屏也。’古代建築物欄杆上的板也稱‘軒’。《文選·曹子建雜詩》李善注引《漢書》韋昭注：‘軒，檻上板也。’軒車車廂兩旁有較高的屏藩，與建築物欄杆上有軒形近，所以二者同名。”③ 此説可信。所謂軒，應是指車輿兩側的較高的屏板或欄杆。

藩蔽亦以犀牛皮、魚皮等爲飾。《左傳·定公九年》：“與之犀軒直蓋。”犀軒，以犀牛皮爲飾。軒車以魚皮爲飾，稱爲魚軒。《左傳·閔公二年》：“歸夫人魚軒。”杜預注：“魚軒，夫人車，以魚皮爲飾。”④《漢書·司馬相如傳》：“前皮軒，後道游。”⑤ 皮軒是以虎皮裝飾軒⑥；或加以文飾，漆飾，如《論衡·超奇篇》：“文軒之比於敝車。”⑦ 文軒乃車上繪有美麗紋飾之軒車；《後漢書·陳寵傳》：“朱軒駢馬。”⑧ 朱軒乃是上髤朱漆之軒。

軒車上設有蓋。《説苑·臣術》：“田子方渡西河，造翟黃，翟黃乘軒車，載華

---

① 段玉裁：《説文解字注》，第 720 頁。
② 段玉裁：《説文解字注》，第 43 頁。
③ 湖北省博物館：《曾侯乙墓》，第 508 頁。
④ 孔穎達疏引陸璣《毛詩義疏》云：“魚獸似豬，東海有之，其皮背上有班文，腹下有純青，今人以爲弓韇步叉者也。”
⑤ 班固：《漢書》卷 57，第 2563 頁。
⑥ 顏師古注認爲：“皮軒之上以赤皮爲重蓋，今此制尚存，又非猛獸之皮用飾車也。”參見《漢書》卷 57《司馬相如傳》，第 2564 頁。
⑦ 黃暉：《論衡校釋》卷 13，中華書局 2017 年版，第 709 頁。
⑧ 范曄：《後漢書》卷 46，第 1563 頁。

蓋。黄金之勒,約鎮簟席,如此者,其駟八十乘。子方望之,以爲人君也。”①《左傳·定公九年》:“與之犀軒直蓋。”直蓋即高蓋。李守奎先生認爲,所謂“圓軒”就是兩個弧形木質圍欄側立於側,外面圍上皮革或織物,上與車蓋相連,形成一個圓形的帷幄之物;“軒”或“圓軒”不是單指車廂兩旁較高的屏藩或車耳,而是由廂輿之上的屏藩、車蓋以及車耳共同構成的一個形似屋室的整體結構。② 也有學者認爲,與輶車等不同,軒車上的屏蔽與蓋是一個整體,是車上常設之物。③ 畫像石上有軒車圖像。④

綜上言之,軒車的車廂兩側有高的屏藩,車蓋與車兩側屏藩之間的距離稍寬,四周應有幃裳,上與車蓋相連成一個整體。從文獻記載看,軒車是一種比較高級的車,乘坐舒適,宜於平時乘駕出行外遊,爲卿大夫以上所乘。

鸞路

有鸞鈴的路車,爲天子、人君所乘。《禮記·明堂位》:“鸞車,有虞氏之路也。”鄭玄注:“鸞,有鸞、和也。”《禮記·月令》:“天子居青陽左個,乘鸞路。”鄭玄注:“鸞路,有虞氏之車。有鸞和之節,而飾之以青,取其名耳。”《漢書·王莽傳上》:“鸞路乘馬。”顔師古注:“鸞路,路車之施鸞者也。”⑤

奇車

奇車爲奇邪不合度制之車。奇,有不合法令度數、奇異等義。《禮記·曲禮上》曰:“國君不乘奇車。”鄭玄注曰:“奇車,獵、衣之屬。”盧植注:“所謂不如法之車也。”孔穎達疏引何胤《禮記隱義》曰:“衣車如鱉而長也。漢桓帝之時,禁臣下乘之。”奇車不僅有獵車、衣車,鄭玄僅舉其類。

衣車是一種設有衣蔽的長車,車蓋形如鱉甲。《釋名·釋車》:“衣車,前戶,所以載衣服之車也。”⑥ 此説認爲衣車是因載衣服之車而得名,誤不可從。孫詒

---

① 向宗魯:《説苑校證》卷2,第41頁。
② 李守奎:《出土簡策中的“軒”和“圓軒”考》,《古文字研究》第二十二輯,中華書局2000年版,第195—199頁。
③ 王振鐸:《東漢車制復原研究》,第72頁。
④ 孫機:《漢代物質資料圖説》（增訂本）,第112頁。
⑤ 班固:《漢書》卷99,第4075頁。
⑥ 王先謙:《釋名疏證補》卷7,第251頁。

讓《周禮正義》云："衣車後有衣蔽而前開戶,可以啓閉。"① 據上大致可以知曉衣車的形制如下:衣車的後面有衣蔽,車輿前開有戶(名扆),因有衣蔽可以隱蔽乘者的面容,故名衣車;或者車前後有蔽,旁邊開窗,窗戶可以開閉。衣車主要載人,車體較長,人可以臥息其中,亦可載物作爲輜重車。

輜車與輧車都屬於衣車。《左傳·定公九年》:"載蔥靈,寢於其中而逃。"杜預注:"蔥靈,輜車名。"孔穎達疏:"《説文》云:'輜輧,衣車也,前後有蔽。'賈逵云:'蔥靈,衣車也。有蔥有靈。'然則此車前後有蔽,兩旁開蔥,可以觀望。蔥中豎木,謂之靈,今人猶名蔥木爲靈子。"此表明春秋時期即有輜車。《説文·車部》:"輜輧,衣車也。"② 輜車(圖5-25)與輧車的特徵是車前後(或前或後)設有衣蔽,上有蓬式蓋,封閉嚴實,在旁設有窗,以供觀望。這兩種車的形制大致相同,略有差別。③ 關於輜車與輧車的差異,文獻記載以及諸家解釋也有

圖5-25　山東福山出土畫像石上的輜車

差異。綜合文獻以及漢畫像資料,輜車、輧車、衣車三者形制大同,渾言無別,析言則異。析言之,輜、輧車具有以下差異:

(1)差異在設衣蔽以及開戶的位置。《説文·車部》云:"輜輧,衣車也。輧車前衣也。車後爲輜。"段玉裁注:"前有衣爲輧車,後有衣爲輜車。"④ 朱駿聲《説文通訓定聲》:"按輧車前有衣,輜車前後皆有衣。"⑤ 二説解釋有差異。《釋名·釋車》:"輜車,載輜重臥息其中之車也。輜,廁也,所載衣物雜廁其中也。輧車,輧,屏也,四面屏蔽,婦人所乘牛車也。"⑥ 孫詒讓《周禮正義》云:"三者互釋,知其形制必大致相同,其所以異者,蓋輧車四面有衣蔽,衣車後有衣蔽而前開戶,可以啓

---

① 孫詒讓:《周禮正義》卷52,第2185頁。
② 段玉裁:《説文解字注》,第720頁。
③ 趙化成:《漢畫所見漢代車名考辨》,《文物》1989年第3期,第76—82頁。
④ 段玉裁:《説文解字注》,第720頁。
⑤ 丁福保:《説文解字詁林》,第13780頁。
⑥ 王先謙:《釋名疏證補》卷7,第253頁。

閉。輼車則前有衣蔽,而後開戶,由前視之,見其衣蔽,則類軒車,由後視之,見其戶,則又類衣車。"① 諸家解釋矛盾,未知孰是。蓋軒車比輼車封閉較嚴密。

輼、軒車兩旁封閉,故在車輿前後設戶。輼車的車廂後旁側或設有戶。《説文·戶部》:"戾,輼車旁推戶也。"段玉裁注:"輼車者,衣車也。前後有蔽,旁有可開之戶。"② 輼車不設在車後中央,而是車輿後的旁門。《周禮·春官·巾車》"凡良車、散車不在等者,其用無常。"鄭玄注:"不在等者,謂若今緇車後戶之屬。"

（2）輼車有後轅,軒車無後轅。《釋名·釋車》:"輼、軒之形同,有邸曰輼,無邸曰軒。"③《宋書·禮志》引《字林》曰:"軒車有衣蔽,無後轅,其有後轅者謂之輼。"有邸無邸,指有後轅無後轅。

以上關於輼、軒車的差異,難以判斷各家是非。④ 潘祖蔭舊藏漢畫像石上刻有刻有一輛車（圖5-26-1）,上題"輼車"二字,有後轅,旁無窗欞等。內蒙古和林格爾壁畫中有一輛車（圖5-25-2）,榜題"夫人軒車從騎",⑤ 前有窗戶,此類車爲軒車,前有戶,無後轅。

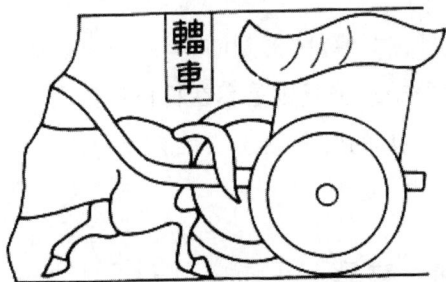

1. 潘祖蔭舊藏漢畫像石中的輼車

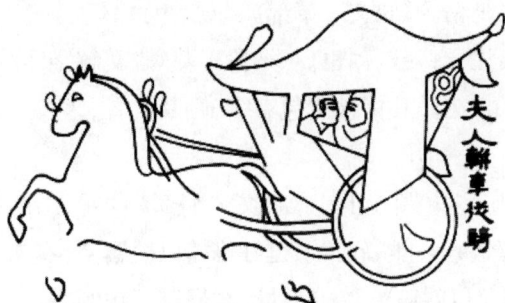

2. 和林格爾漢墓壁畫中的軒車

圖 5-26　輼車與軒車

---

① 孫詒讓:《周禮正義》卷52,第2185頁。
② 段玉裁:《説文解字注》,第586頁。
③ 王先謙:《釋名疏證補》卷7,第253頁。
④ 畫像石的輼、軒車與文獻記載也不完全符合,原因是多方面的。
⑤ 參見《和林格爾漢墓壁畫》圖33,圖版第83頁下。

# 第六章　車馬（下）

　　商周時期的馬具有挽馬具和御馬具，《左傳》中提到的馬具就有鑣、銜、轡、勒、鞍、靮、靽、靳、鞅、鞲等。鞍是鞍轡的統稱，挽具則是套在牲畜身上用以拉車的器具。對於一輛快馬輕車來説，靮具、挽具的齊全，無疑是至關重要的。

## 第一節　靮具

　　靮，套車用的器具，爲馬身裝備之總稱。《説文·革部》：“靮，車駕具也。”①《國語·晉語九》：“吾兩靮將絶。”韋昭注云：“靮，靮也。”②段玉裁《説文解字注》云：“按，韋以《左傳》作‘靮’，故以‘靮’釋之。其實靮所包者多，靮其大者。”③

　　羈（絡頭）

　　羈，網絡馬首的絡頭，今人俗稱馬籠頭（圖6–1）。《説文·網部》：“羈，馬落頭也。”段玉裁注：“落、絡古今字。”④《楚辭·離騷》：“余雖好修姱以鞿羈兮，謇朝誶而夕替。”王逸注：“革絡頭曰羈。”⑤《急就篇》：“轡勒鞅鞲靽羈韁。”顔師古注：“羈，絡頭也，謂勒之無銜者也。”⑥馬絡頭不包括馬銜等物。絡頭是人類馴化馬匹之後最早采用的馬具之一，最初的形制大概就像兩橫兩縱的繩套，橫向繩分別勒在馬的鼻子上方與額頭上，縱向繩則貼著馬的雙頰，越過雙耳固定，這樣就將馬的整個頭部籠住，便可控制駕馭。

---

① 段玉裁：《説文解字注》，第 109 頁。
② 徐元誥：《國語集解》，第 450 頁。
③ 段玉裁：《説文解字注》，第 109 頁。
④ 段玉裁：《説文解字注》，第 356 頁。
⑤ 洪興祖：《楚辭補注》，第 14 頁。
⑥ 史游：《急就篇》卷 3，第 226 頁。

勒

　　勒是套在馬匹頭部，用來控制馬匹的核心部件。一副完整的勒由革制的項帶、額帶、鼻帶、咽帶、頰帶和銜、鑣等組成。勒大體可分作包絡部分和控制部分。包絡部分即所謂的絡頭，主要作用是絡套馬頭，連接并固定銜、鑣，繫佩馬飾；控制部分由銜、鑣和繫在銜環上的轡組成，銜横貫馬口，兩端的銜環伸出口外，兩根鑣穿插於銜環之中，兩根轡繩分別繫結於兩側銜環之上，銜、鑣、轡共同構成控制馬匹的聯合體。

　　勒與羈，二者之義略有差別。《説文·革部》：“勒，馬頭落、銜也。”段玉裁注：“按网部罩，馬落頭也；金部銜，馬勒口中。此云落銜者，謂落其頭而銜其口，可控制也，引伸之爲抑勒之義。”[1]朱駿聲《説文通訓定聲》解釋爲：“爲銜之所繫，故曰絡銜。”[2]《説文·金部》“銜”字下段玉裁又注：“革部曰‘勒，馬頭落銜也’。落謂絡其頭，銜謂關其口，統謂之勒也。”[3]《釋名·釋車》：“勒，絡也，絡其頭而引之也。”[4]孫詒讓《周禮正義》云：“馬頭面間，縱横絡罤之韋革，謂之絡，口中所關銜之銅鐵具謂之銜，絡與銜相聯繫，通謂之勒。”[5]綜合諸説，即絡而無銜者曰羈，俗謂之絡頭；絡有銜者，既能絡其頭，又可關其口，稱勒。勒與羈，散文則通，析文則異。

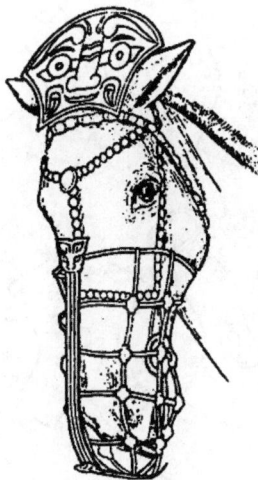

圖 6-1　馬絡頭復原
（《灃西發掘報告》）

　　勒以皮革製作，爲轡之所繫，因其首端連著絡頭，亦稱轡首，故書亦名作革。《急就篇》卷三：“轡勒鞅鞦鞅羈韁。”顔師古注：“在首曰轡，亦謂之勒。”[6]《爾雅·釋器》：“轡首謂之革。”《詩·小雅·蓼蕭》：“鞗革沖沖。”毛傳曰：“鞗，轡也。革，轡首也。”勒上柔革稱爲靷，《説文·革部》：“靷，勒靼也。”段玉裁注：“靷，謂馬

---

① 段玉裁：《説文解字注》，第 110 頁。
② 丁福保：《説文解字詁林》，第 3338 頁。
③ 段玉裁：《説文解字注》，第 713 頁。
④ 王先謙：《釋名疏證補》卷 7，第 262 頁。
⑤ 孫詒讓：《周禮正義》卷 52，第 2156 頁。
⑥ 史游：《急就篇》卷 3，第 226 頁。

勒之鞃也。勒車馬面，故從面。”①

　　勒上有裝飾，或以銅爲之，或以貝殼等物飾之。《説苑·臣術》載有黄金之勒。② 曾侯乙墓簡文有“黄金之勒”（簡 64、66、88），指以青銅物件裝飾之勒。③《詩·周頌·載見》云：“鞗革有鶬。”鄭玄箋：“鞗革，轡首也。鶬，金飾貌。”則轡首或有銅飾。金文賞賜銘文中常見之“攸勒”“鋚勒”“攸革”，④ 皆是指轡首有銅飾而言。馬瑞辰解釋云：

　　　　鞗者，鋚之假借。《説文》無鞗有鋚，云：‘鋚，轡首銅也。’《玉篇》：‘鞗，一作鋚。’《廣韻》：‘鋚，靮頭銅飾。’靮頭即轡首也。……蓋革爲轡首，以皮爲之；鋚爲轡首之飾，以金爲之。……‘鞗革’古或作‘鋚勒’，《石鼓文》及《寅簋文》并云‘鋚勒’是也。或省作攸勒、攸革。⑤

　　孫詒讓認爲，“勒革上絡馬頷，兩旁直垂而下以屬於銜，其間以銅爲飾，謂之鋚。《説文·金部》云：‘鋚，轡首銅也。’《毛詩·小雅》：‘鞗革冲冲。’鞗革即鋚勒。鋚，金材而屬於革，故字或從革也。”⑥ 以上兩説皆主張鋚爲勒飾。

　　《儀禮·既夕禮》：“纓轡貝勒。”鄭玄注：“貝勒，貝勒飾。”貝勒在商周車馬坑中曾有出土。安陽郭家莊西南 M52 號車馬坑，在左右馬首附近各出有成串的貝飾。⑦ 在西安灃西周代車馬坑中，也曾見到飾貝的馬勒。⑧

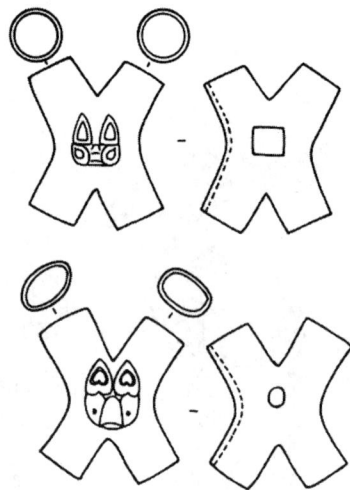

圖 6-2　節約（梁帶村 M28 出土）

①　段玉裁：《説文解字注》，第 110 頁。

②　向宗魯：《説苑校證》卷 2，第 41 頁。

③　參見陳偉主編：《楚地出土戰國簡册［十四種］》，第 345—346 頁。

④　金文如“攸勒”（《集成》9728、9898、9899、2805、2815 等）、“鋚勒”《集成》4302、10169、4469）、“攸革”（《集成》4204—4207）。

⑤　馬瑞辰：《毛詩傳箋通釋》卷 18，第 536 頁。

⑥　孫詒讓：《周禮正義》卷 52，第 2156 頁。

⑦　劉永華：《中國古代車輿馬具》，上海辭書出版社 2002 年版，第 11 頁。

⑧　中國科學院考古研究所：《灃西發掘報告》，文物出版社 1962 年版，第 149 頁。

在秦兵馬俑坑内，發現有用打磨過的青石片串綴的馬勒。秦陵一號銅車馬中的馬勒則是用金銀子母節連接成的條帶構成，條帶的交叉處用底部有鈕鼻、表面鑄花紋的金泡和銀泡連接并裝飾。①

馬勒革帶相交處，常見以底部帶有鈕鼻的銅環或銅泡連接，銅泡和節約是裝飾和連結馬絡頭、轡帶的零件。銅泡一般呈球面形，背面有橫鈕；節約是指編組馬絡頭時加在皮條縱橫交叉或銜接處的金屬管。除有裝飾意義外，節約的設置可以保證皮條在交叉處穩固結節，是使馬絡頭成形的馬具。② 節約均爲細銅管，有一字、十字、X、艹、輪等形狀（圖 6–2），商代晚期已有鑄造。③

銜、橛、鑣

銜是橫勒在馬口中的器具，由一節、兩節或多節鏈條組成，兩端與鑣相接，俗稱馬嚼子。銜者，含也，口中含物曰含。因此物銜於馬口用以制馭馬的行止，故名爲銜。《説文·金部》：“銜，馬勒口中也，從金行。銜者，所以行馬者也。”段玉裁注：“凡馬提控其銜以制其行止，此釋從行之意。”④《孔子家語·執轡》：“夫德法者，御民之具，猶御馬之有銜勒也。”⑤ 銜兩端有環，環外繫轡（馬韁繩），環内貫鑣。轡一端握在御者手中，御者執轡來控制馬的行動。

商代的銜多用革帶等材料製作。至周代時，青銅銜已比較普遍，由一至三節兩端帶環的柱狀物套接而成，其中以兩條兩端各帶一環的銅條組成多見。虢國墓地 M2001 出土的銅銜，兩端環略呈圓形，中間套環呈心形，柱體剖面呈圓形，素面。⑥ 從殷周至秦漢，其形制變化極小（圖 6–3），其表面或光滑平整，或擰作麻花狀。

---

① 秦始皇兵馬俑博物館、陝西省考古研究所編：《秦始皇陵銅車馬發掘報告》，第 88—89 頁。

② 朱鳳瀚：《中國青銅器綜論》，第 491 頁。

③ 焂戒鼎銘文云：“鉻白（伯）慶易（錫）焂戒、簞茀、鈎膺、虎裘、豹裘。”參見吳振武先生《焂戒鼎補釋》，《史學集刊》1998 年第 1 期，第 4—6 頁；李學勤：《鉻伯慶鼎續釋》，《徐中舒先生百年誕辰紀念文集》，巴蜀書社 1998 年版，第 98—100 頁。《詩·小雅·采芑》：“方叔率止，乘其四騏，四騏翼翼。路車有奭，簞茀魚服，鈎膺絛革。”《詩·大雅·韓奕》：“王錫韓侯，淑旗綏章，簞茀錯衡，玄袞赤舃，鈎膺鏤錫。”

④ 段玉裁：《説文解字注》，第 713 頁。

⑤ 陳士珂：《孔子家語疏證》卷 6，上海書店 1987 年版，第 163 頁。

⑥ 河南省文物考古研究所、三門峽文物工作隊：《三門峽虢國墓》，第 103 頁。

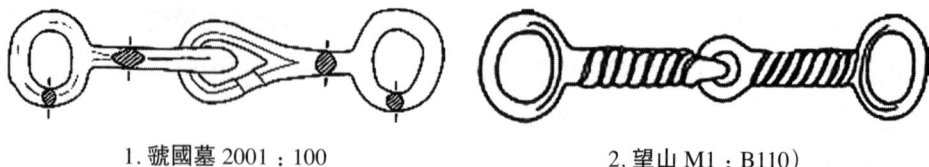

1. 虢國墓 2001：100　　　　　　　2. 望山 M1：B110）

圖 6-3　銜

　　驂馬口中還銜有棒狀帶刺的馬銜，木製或金屬製，謂之橛。《韓非子·奸劫弒臣》：“無捶策之威，銜橛之備，雖造父不能以服馬。”①《史記·司馬相如列傳》：“猶時有銜橛之變。”《索隱》：“張揖曰：‘銜，馬勒銜也。橛，騑馬口長銜也。’”②騑馬即驂馬。在秦陵二號銅車馬左右驂馬的口中，除銅銜外，還各有一根布滿短刺的銅棒。棒體呈一端較粗一端略細的紡錘形，粗端貫一扁條，與棒作十字形，相交處還繫連出一環狀紐繩；細端套裝一枚圓形鈕鼻。依銅車馬驂馬口中之棒的粗細和形狀，并結合秦俑坑出土實物分析，銅馬口中之棒的原本材質亦應是木質。《秦始皇陵銅車馬發掘報告》認爲此物名之曰橛。③橛和銜一樣，都是置於馬口中用作控御馬的工具。

　　鑣是銜在馬口中的球狀勒馬器。《淮南子·氾論訓》：“是猶無鑣銜槃策錣而御駻馬也。”高誘注：“鑣銜，口中央鐵，大如雞子中黃，所以制馬口也。”鑣由數節（最少三節，最多六節）滿布小刺或十字紋的圓形、長圓形銅球如鏈條般相互勾連而成，作用和橛相同。鑣在陝西扶風西周遺址、秦始皇二號銅車馬坑都曾有出土。④

　　鑣

　　鑣是銜末端的條形物，施於馬口角的兩頰上，通過皮條與馬銜的兩端相連（圖 6-5），繫結於馬籠頭上以便御手控馬。《説文·金部》：“鑣，馬銜也，鑣或從角。”段玉裁注：“馬銜橫貫口中”，“蓋古或以角之至堅者爲之”。⑤鑣與銜并非一

① 王先慎：《韓非子集解》卷 4，第 112 頁。
② 司馬遷：《史記》卷 117，第 3054 頁。
③ 秦始皇兵馬俑博物館、陝西省考古研究所編：《秦始皇陵銅車馬發掘報告》，第 216 頁。
④ 參見楊英傑《戰車與車戰》，第 99 頁。
⑤ 段玉裁：《説文解字注》，第 713 頁。

物,此誤。因鑣有用獸角製作者,故字或從角。①《釋名·釋車》:"鑣,苞也,在旁包斂其口也。"②《急就篇》卷三"鑣"顏師古注:"鑣,即馬轡之銜也。亦謂之鑣。鑣之言苞也,所以包斂馬口者也。"③因鑣與銜相連,故許慎、顏師古、段玉裁等將鑣誤釋爲銜。《爾雅·釋器》云:"鑣謂之鑣。"郭璞注:"馬勒旁鐵。"此訓正確。鑣是與馬銜配合使用的馬具,鑣貫於馬銜的左右兩環中,以防馬銜脱落。

秦皇陵銅車馬之銜由兩節兩端有環的銅棒相連而成,中間的小環相互穿接,兩端的大環用於貫鑣。每副勒上有兩根鑣,與勒繫連爲一體,分別位於馬嘴兩側。銅銜橫穿馬口,通過兩端的銜環貫連鑣,使鑣形成夾持馬嘴之態勢。④

商周時期,鑣的質地有角、木、銅、銀、玉、象牙等,銅鑣占多數。鑣有圓形、方形和長條形等形狀(圖6–4)。

馬鑣上纏有扇汗等巾飾,亦稱爲幩。《説文·巾部》:"幩,馬纏鑣扇汗也。"段玉裁注:"以朱幓縷纏馬銜之上而垂之,可以因風扇汗,故謂之扇汗,亦名排

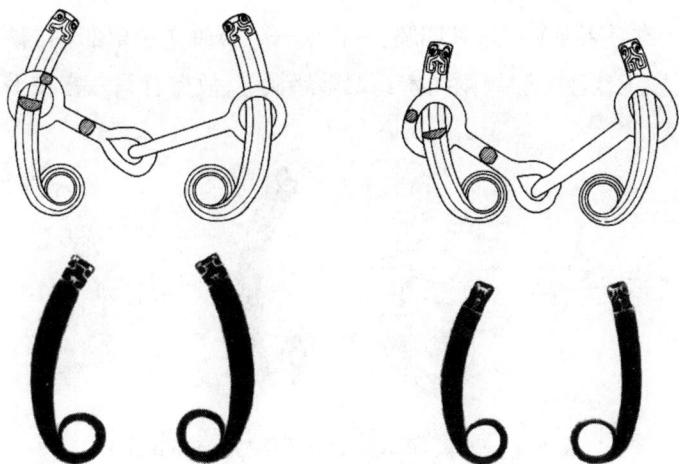

圖6–4　鑣（梁帶村 M28 出土）

---

① 如長安張家坡 55 號西周車馬坑與北京昌平白浮西周墓中且均出土鹿角鑣,河南新野曾國墓、安徽壽縣蔡侯墓等亦有出土。參見《考古學報》1980 年第 4 期,第 481 頁;《考古》1976 年第 4 期,第 228 頁;《文物》1973 年第 5 期,第 19 頁圖 15;《壽縣蔡侯墓出土遺物》圖版 24:1。
② 王先謙:《釋名疏證補》卷 7,第 262 頁。
③ 史游:《急就篇》卷 3,第 227 頁。
④ 秦始皇兵馬俑博物館、陝西省考古研究所編:《秦始皇陵銅車馬發掘報告》,第 92—93 頁。

沫。"① 朱幭縷,即裁剪爲條縷之朱色帛。②《詩·衛風·碩人》:"朱幩鑣鑣。"毛傳:"幩,鑣飾也。人君以朱纏鑣扇汗,且以爲飾。鑣鑣,盛貌。"又《後漢書·輿服志上》》記載,乘輿,象鑣,赤扇汗;王、公、列侯,朱鑣,絳扇汗;卿以下有騑者緹扇汗。③ 可見扇汗爲鑣之飾物,兩者顯然并非一物。所謂"纏馬銜之上",乃纏在馬銜穿過鑣之後的環上。馬狂奔之際,口角處或汗沫交濡,懸掛扇汗則可扇風排汗沫。河北安平漢墓壁畫中之車,於馬鑣外繪出紅色飄帶狀物,殆即扇汗。④

　　轡

　　轡是御者所執馭馬的索繩。《説文·糸部》:"轡,馬轡也。從絲、車,與連同意。《詩》曰:六轡如絲。"⑤《釋名·釋車》:"轡,拂也,牽引拂戾,以制馬也。"⑥轡一名靷。《説文·革部》"靷"段玉裁注:"轡亦名靷也。"⑦ 轡前端與銜、橛相連,後端操於御者之手,御手通過轡來控制馬的進止轉向。

　　由於一馬兩轡,二馬四轡,四馬八轡,但《詩》中均言"六轡在手",如《詩·秦風·小戎》:"四牡孔阜,六轡在手",《詩·秦風·駟驖》:"駟驖孔阜,六轡在手",《詩·小雅·裳裳者華》:"乘其四駱,六轡沃若。"《説文·車部》:"軜,驂馬内轡繫軾前者。"段玉裁注:"驂馬兩内轡爲環繫諸軾前,故御者只六轡在手。"⑧ 錢坫

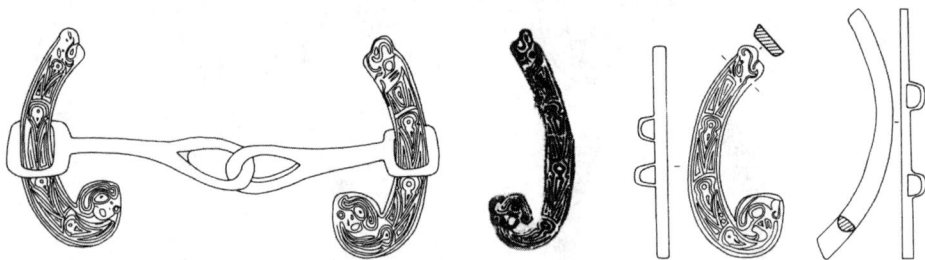

圖6–5　車鑣、車銜組合（梁帶村 M586 出土）

① 段玉裁:《説文解字注》,第 361 頁。
② 一説扇汗即馬銜外鐵。陸德明《釋文》:"鑣,表驕反,馬銜外鐵也,一名扇汗,又曰排沫。"此説誤將鑣與幩混爲一物。參見陳壽祺《五經異義疏證》卷下,第 177 頁。
③ 范曄:《後漢書·輿服志上》,第 3653 頁。
④ 河北省文物研究所:《安平東漢壁畫墓》,文物出版社 1990 年版。
⑤ 段玉裁:《説文解字注》,第 663 頁。
⑥ 王先謙:《釋名疏證補》卷 7,第 262 頁。
⑦ 段玉裁:《説文解字注》,第 109 頁。
⑧ 段玉裁:《説文解字注》,第 726 頁。

《車制考》與段説同。① 段玉裁的解釋是，雖有八轡，但驂馬的兩條内轡繫在軾前，所以只是六轡在手。孫機先生認爲，是將兩驂馬的内轡繫在相鄰的左右服馬的銜環上，并將右服之左轡繞至鞁左，左服之右轡繞至鞁右。這樣，兩驂馬通過内轡與服馬聯爲一體，驂馬的兩條外轡與服馬的四條轡繩共六轡分别左右，不相紊亂（圖 6–6）。揚之水從其説，認爲從戰國刻紋銅器上看，兩驂馬的内轡乃繫結於相鄰之服馬的銜鑣處，而兩服馬的内轡尚須在鞁前交叉一次。故持在御者手中只有六轡。車的左右旋轉，主要依靠操縱兩驂馬的外轡，特别是正直前行的時候，内轡更無須牽挽。依始皇陵二號銅馬車上之例，服馬的兩根内轡，通常可以繫在輿前的軓爪上，以減輕御者之勞。②

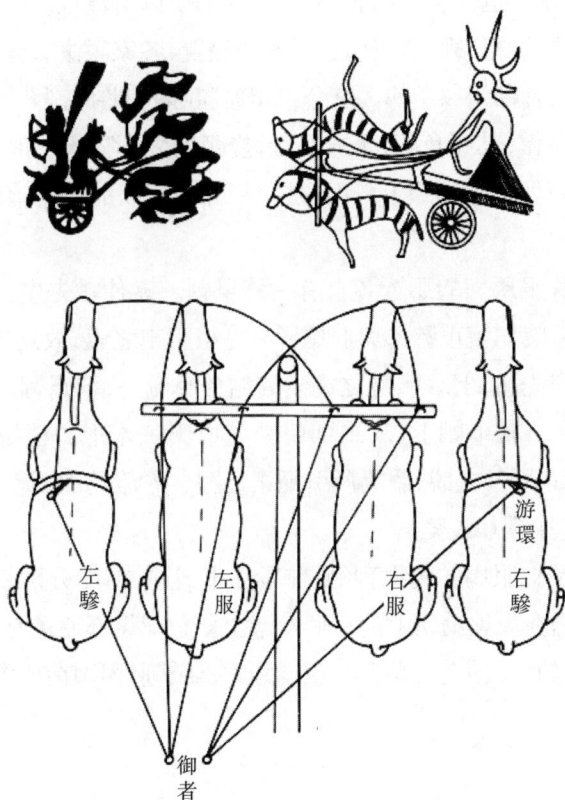

圖 6–6　六轡及其繫結法（《載馳載驅：中國古代車馬文化》圖 1–13）

---

① 錢坫：《車制考》，《續修四庫全書》第 85 册，第 397 頁。

② 揚之水：《詩經名物新證》，第 262 頁。

# 第二節　挽具

《左傳·僖公二十八年》:"晉車七百乘,韅、靷、鞅、靽。"杜預注云:"在背曰韅,在胸曰靷,在腹曰鞅,在後曰靽。言駕乘修備。"孔穎達疏云:"驂馬挽車,有皮在背者,有約胸者,有在腹爲帶者,有繫絆其足者,從馬上而下,次之在後,正謂在足是也。"考古發現的馬具,與孔穎達所解或同或異。下面綜考之。

靷

靷是繫結於服馬身上的引車之繩,因此繩索引車向前而得名。《説文·革部》:"靷,所以引軸者也。"① 《釋名·釋車》:"靷,所以引車也。"② 《詩·秦風·小戎》:"陰靷鋈續。"毛傳:"靷,所以引也。"靷的設置,各家説法有分歧。

一説,兩驂馬有靷繩,《左傳·哀公二年》:"我兩靷將絶。"孔穎達疏云:"古之駕四馬者,服馬夾轅,其頸負軛;兩驂在旁,挽靷助之。"驂馬一般不負軛,偶有負軛者,皆游離於衡外。驂馬頸上無軛,是用一條環套狀的皮帶,套於驂馬的胸部用以承力挽車。

另一説認爲,服馬與驂馬皆各自有一條單靷。袁仲一先生云:"四馬各有一條單靷。"③ 秦皇陵二號車驂馬與服馬皆有一根引車之索,故袁先生有此説。

此外,楊英傑先生認爲,服馬之繩索繫結於車軸上,稱爲靷。秦陵二號車馬的服馬的引索繫結於車軸上,驂馬則繫結於車輿桄木上。根據《説文·革部》"靷,所以引軸者也"④ 之説,服馬所引繩索爲靷。⑤ 服馬的兩靷繫傳遞馬力者,是引車向前的主要承力繩索。

按,楊説爲是。服馬的兩根靷繩,前段在車輿前,前端分別繫於服馬兩軛内側的鞅上,後端繫在車輿前軓上的一個索環上。索環後部連接有一根粗繩,粗繩末端繫結於輿下的轅、軸交叉點上。環後繩索爲續靷,與環前段繩索在飾金之環

---

① 段玉裁:《説文解字注》,第 109 頁。
② 王先謙:《釋名疏證補》卷 7,第 254 頁。
③ 秦始皇兵馬俑博物館、陝西省考古研究所編:《秦始皇陵銅車馬發掘報告》,第 196 頁。
④ 段玉裁:《説文解字注》,第 109 頁。
⑤ 楊英傑:《戰車與車戰》,第 94—95 頁。

處接續,故稱爲鋈續①,其目的是使兩匹服馬的分力在此相聚合,然後集中在車軸的中間,車可以平穩受力。

鞶

鞶是橫置於馬腹兩腋下之革,俗稱馬肚帶。《左傳·僖公二十八年》孔穎達疏引《説文》云:"鞶,著掖皮也。"今本《説文》説法類似:"鞶,著亦(腋)靻也。"段玉裁注:"謂著於馬兩亦之革也。"② 靻指柔革。《史記·禮書》:"膠鞶彌龍。"《集解》引徐廣曰:'鞶者,當馬腋之革。"③ 上引文獻主張鞶乃是繫於馬腋下之革帶。又《釋名·釋車》:"鞶,經也,橫經其腹下也。"④《史記·禮書》:"膠鞶彌龍。"《索隱》:"鞶,馬腹帶也。"⑤ 此説認爲鞶爲馬腹下之革帶,上繫於背。以上諸説存在差異,但其實并不矛盾。皮革下經腋下,上繞馬背,故杜預注云"在背曰鞶"。但諸説并未言明鞶具體繫於何馬之上。

秦陵二號銅車兩服馬的腹部前腋處都有一條橫經的扁帶,其兩端繫於軛兩側的衡上,此帶即文獻所載的鞶。鞶的主要作用是把服馬與衡連爲一體,防止因輿重靻輕,靻端上翹,而使鞍束勒、壓迫馬的咽喉。⑥ 此外,兩驂馬的腹腋處各束約一條環形革帶,帶首裝帶扣,可卸開,上繞馬背。《秦始皇陵銅車馬發掘報告》把這一環繞驂馬腹背間的革帶定名爲鞶。⑦

靳

靳是驂馬當胸曳車的皮帶,又名當膺、膺,皮帶下垂纓飾。《説文·革部》云:

---

① 《詩·秦風·小戎》毛傳:"鋈,白金也。續,續靻也。"鄭玄箋:"白金飾續靻之環。"白金蓋即銀錫之類,以鍍金之法飾之。于省吾先生云:"續、屬、著古通……陰靻既用於引軸,則繫靻處必於環,納環處必於板或獸首之鼻。'陰靻鋈續',謂陰靻繫著之處,其環與鼻鈿以白金也。古人車馬所用革縢,其所著處,未有不用環者,此通制也。"(參見于省吾《澤螺居詩經新證》,中華書局 2003 年版,第 12 頁)此可備一説。張子高先生認爲,"鋈即鍍錫",鋈字的本意即鍍上白色金屬,參見《從鍍錫銅器談到鋈字本意》,《考古學報》1958 年第 3 期,第 73—74 頁。

② 段玉裁:《説文解字注》,第 109 頁。

③ 司馬遷:《史記》卷 23,第 1162、1163 頁。

④ 王先謙:《釋名疏證補》卷 7,第 263 頁。

⑤ 司馬遷:《史記》卷 23,第 1162、1163 頁。

⑥ 錢玄:《三禮通論》,第 201 頁。楊英傑:《先秦古車挽馬部分靬具與馬飾考辨》,《文物》1988年第 2 期,第 75—80 頁。

⑦ 秦始皇兵馬俑博物館、陝西省考古研究所編:《秦始皇陵銅車馬發掘報告》,第 219 頁。

"靳,當膺也。"① 膺,亦見於金文與傳世文獻。如㢲戒鼎銘文云:"鞗伯慶賜㢲戒簟茀、鈎、雁(膺)、虎裘、豹裘。"(《銘圖》2279)毛公鼎銘所記賞賜品與"攸勒"并見者有"金鈎、金雁(膺)"等(《集成》2841,《銘圖》2518)。《詩‧大雅‧韓奕》:"王錫韓侯:淑旗綏章,簟茀錯衡,玄袞赤舄,鈎膺鏤鍚。"

鈎膺是何物?《文選‧張衡〈東京賦〉》:"方釳左纛,鈎膺玉瓖。"薛綜注:"鈎膺,當胸也。"②《詩‧大雅‧崧高》:"四牡蹻蹻,鈎膺濯濯。"毛傳曰:"鈎膺,樊纓也。"薛、毛二人均將鈎膺當作一類物件。但孔穎達疏則區別鈎、膺爲二物,曰:"鈎者,馬婁頷之鈎,是器物之名;膺者,直足馬之膺前,非是器物,以鈎類之。明言膺者,謂膺上有飾,故取《春官‧巾車》之文以足之,謂膺有樊纓也。按《巾車》'金路鈎樊纓。'"馬瑞辰《毛詩傳箋通釋》亦認爲:"《周官‧巾車》:'玉路,錫樊纓。金路,鈎樊纓。'樊纓爲五路所同,而言'錫'言'鈎'各異,則鈎與樊纓不得爲一。蓋錫當面,最上;鈎當額,次之;樊纓當胸,又次之。"③ 毛公鼎(《集成》2841,《銘圖》2518)銘文中記王賜物品中有"金鈎、金膺",鈎與膺分別冠以金,説明鈎、膺是兩類馬飾件。孔、馬二人將鈎膺視作二物是正確的。金膺,可能指綴以銅飾的馬胸前大帶,此命名理據與金厄相同。

《急就篇》卷三:"靳。"顔師古注:"靳,驂馬之帶也。"④ 靳是括約馬胸部的革帶。《左傳‧定公九年》:"吾從子,如驂之有靳。"

從秦皇陵一號銅車馬來看,兩匹服馬的胸前没有括約革帶,而兩驂馬的胸部却括約著一個環套形的條帶,條帶的後端連接著一條單轡用以拉車,此環套形皮帶即靳。⑤

鞅

鞅是連結服馬軛下兩軥的頸帶。《周禮‧春官‧巾車》:"樊纓。"鄭玄注:"玄謂纓,今馬鞅。"賈公彦疏:"後鄭皆不從之者,以鞶爲馬大帶,明纓是夾馬頸,故以

① 段玉裁:《説文解字注》,第 109 頁。
② 蕭統編,六臣注:《六臣注文選》卷 3,中華書局 1987 年版,第 71 頁。
③ 馬瑞辰:《毛詩傳箋通釋》卷 18,第 550 頁。
④ 史游:《急就篇》卷 3,第 228 頁。
⑤ 孫機:《始皇陵 2 號銅車對車制研究的新啓示》,《載馳載驅:中國古代車馬文化》,第 13 頁;袁仲一:《秦陵銅車馬有關幾個器名的考釋》,《考古與文物》1997 年第 5 期,第 24—31 頁。

今馬鞅解之也。"《説文·革部》："鞅，頸鞁也。""鞁，柔革也。"[1]《釋名·釋車》："鞅，嬰也，喉下稱嬰，言纓絡之也。"[2]《急就篇》："彎勒鞅鞊靽羈韁。"顔師古注："在頸曰鞅。"[3]《類篇》："馬頸革。"據上引文獻，可知鞅設在馬頸，多用柔革製作。秦始皇陵一號、二號銅車馬的馬鞅，《發掘報告》定爲頸鞁。[4]

在服馬頸上加軛，再用一條革帶圍繞馬脖子，繫結兩軛軥之下，這條連接服馬軛軥的革帶稱鞅，因其於馬頸下纓絡環繞，故名鞅。鞅的功能是將軛固定於服馬以防脱落。

### 靽

靽是絆馬足的繩子，一名縶。《左傳·僖公二十八年》："羈、靮、鞅、靽。"杜預注："在後曰靽。"孔穎達疏曰："有縶絆其足者。"《急就篇》卷三"靽"顔師古注："在足曰靽。"[5]《釋名·釋車》："靽，半也，拘使半行，不得自縱也。"[6]《公羊傳·襄公二十七年》："夫負羈縶。"何休注："縶，馬絆也。"絆馬足曰絆，絆與靽通，《説文·糸部》："絆，馬繛也。"[7]《六書故》云："絆，縻牛馬足也。"[8] 縶同繛。

**圖 6–7　畫像石中的絆**

絆馬足的目的是駕馭馬匹。《詩·小雅·白駒》："皎皎白駒，食我場苗。縶之維之，以永今朝。"毛傳："縶，絆。維，繫也。"《釋文》："絆音半，繫足曰絆。"《詩·周頌·有客》："有客宿宿，有客信信。言授之縶，以縶其馬。"毛傳："欲縶其馬而留之。"鄭玄箋云："縶，絆也。周之君臣皆愛微子，其所館宿，可以去矣，而言絆其

---

① 段玉裁：《説文解字注》，第110、107頁。
② 王先謙：《釋名疏證補》卷7，第262頁。
③ 史游：《急就篇》卷3，第226頁。
④ 秦始皇兵馬俑博物館、陝西省考古研究所：《秦始皇陵銅車馬發掘報告》，第69、194—195頁。
⑤ 史游：《急就篇》卷3，第226頁。
⑥ 王先謙：《釋名疏證補》卷7，第263頁。
⑦ 段玉裁：《説文解字注》，第658頁。
⑧ 戴侗：《六書故》，第711頁。

馬,意各殷勤。"《淮南子·俶真訓》曰:"是猶兩絆騏驥,而求其致千里也。"[1] 兩絆,言羈其足。

王振鐸、李强兩位先生指出,漢代畫像石、畫像磚上的車馬圖像,其中有的馬足有絆(圖6—7),"這是駕馭烈馬的辦法",并且引用《急就篇》"在足曰絆"、《釋名》"鞙,半也,拘使半行,不得自縱也"爲證。[2] 從畫像石圖像來看,絆套在馬蹄腕部,這與賈思勰《齊民要術》"跞欲促而大,其間纔容鞙"[3] 説相符。

鞙

鞙是繫於驂馬的馬頸、控制驂馬外逸的繩索。《説文·糸部》:"鞙,馬紲也。"[4]《釋名·釋車》:"鞙,疆也,繫之,使不得出疆限也。"[5] 鞙,字亦作韁,因其繫馬使馬不能出疆限,故名韁。鞙繩一名紲,字亦作緤,《釋名·釋車》:"緤,制也,牽制之也。"[6]《左傳·僖公二十四年》:"臣負羈紲,從君巡於天下。"杜預注:"紲,馬韁。"《儀禮·既夕禮》:"薦乘車,鹿淺鞙,干、笮、革緤。"鄭玄注:"緤,韁也。"

秦始皇陵二號銅車兩驂馬的頸上各繫一條索帶,另一端繫於服馬的軛首和衡上。袁仲一先生認爲此索帶即韁索,[7] 當是,其功能是制約驂馬外逸。

游環

游環是設在服馬背上,以皮革製造的環,屬馬車駕具的一部分,又謂之靷環。《詩·秦風·小戎》:"游環脅驅,陰靷鋈續。"毛傳:"游環,靷環也,遊在背上,所以禦出也。"鄭玄箋:"游環在背上,無常處,貫驂之外轡,以禁其

圖6-8　游環（三號國太子墓出土）

---

① 劉文典:《淮南鴻烈集解》卷2,第77頁。
② 王振鐸:《東漢車制復原研究》,第68—69頁。
③ 繆啓愉:《齊民要術校釋》(第二版)卷6,第400頁。
④ 段玉裁:《説文解字注》,第658頁。
⑤ 王先謙:《釋名疏證補》卷7,第263頁。
⑥ 王先謙:《釋名疏證補》卷7,第262頁。
⑦ 參見《秦陵二號銅車馬》,第38頁。

出。"《釋名·釋車》："游環，在服馬背上，驂馬之外轡貫之，游移前却，無定處也。"[1]游環是在服馬背上所設的環，它貫穿驂馬的外轡，[2]馭手執游環所穿之轡以駕馭馬，因其游移無定處故名游環，其作用是防止驂馬外出而導致四馬不協調，影響車輛運轉。虢國太子墓（M2011）曾出土有游環（圖 6-8）[3]。

脅驅

脅驅是一種駕馬用的器具，因其著於服馬外脅，驅使驂馬向外，防止驂馬與服馬擠靠在一起，故名脅驅。《詩·秦風·小戎》："游環脅驅，陰靷鋈續。"毛傳："脅驅，慎駕具，所以止入也。"鄭玄箋："脅驅者，著服馬之外脅，以止驂之入。"《釋名·釋車》云："脅驅，在服馬外脅也。"[4]根據鄭玄箋，脅驅似爲一件器物，其功能是防止驂馬內靠，從而造成四馬擁擠，影響車速。

另一説認爲，脅驅爲皮革製作，《詩·秦風·小戎》："游環脅驅，陰靷鋈續。"孔穎達疏："脅驅者，以一條皮上繫於衡，後繫於軫，當服馬之脅，愛慎乘駕之具也。驂馬欲入，則此皮約之，所以止入也。"此説影響較大，此後的《詩經》注疏基本上是沿襲了孔穎達這一説法。如朱熹《詩集傳》云："脅驅，亦以皮爲之，前繫於衡之兩端，後繫於軫之兩端，當服馬脅之外，所以驅驂馬，使不得內入也。"[5]

秦俑車馬出土兩件器物，懸吊於兩服馬外脅，呈橫丁字形，狀若一隻展翅翹尾的飛鳥（圖 6-9）。扁平的兩翅向兩側直伸，兩翅的下側平齊成爲一條直線，上側兩角收殺成弧形。長 14.6 厘米、寬 2.3—3.6 厘米、厚 0.5—0.8 厘米。尾扁圓柱狀，上細下粗。頂部有四個尖狀的錐齒，直立於雙翅的中部，呈 90 度角。首作鳥頭形，伸頸張口，口中銜著扁平的條帶。據學者考證，此物爲脅驅，用途是"以防止兩驂馬內靠，這樣就可以保證兩驂馬的外側始終保持適當的位置"。[6]

此外，在長安張家坡、甘肅靈臺白草坡、北京昌平白浮等地出土有西周時期的凹形帶釘銅器，報告或稱之爲"U 形六刺器""馬蹄形器"，有的出土於車軶附

---

① 王先謙：《釋名疏證補》卷 7，第 253 頁。

② 從秦皇陵車馬來看，服馬背上并無游環之類的設置，對於驂馬的控制是通過轡來完成的。游環的形制和原理，尚待深考。

③ 參見《三門峽虢國墓》，第 350 頁。

④ 王先謙：《釋名疏證補》卷 7，第 253 頁。

⑤ 朱熹：《詩集傳》卷 6，第 96 頁。

⑥ 陝西省秦俑考古隊、秦始皇兵馬俑博物館：《秦陵二號銅車馬》，第 38 頁。

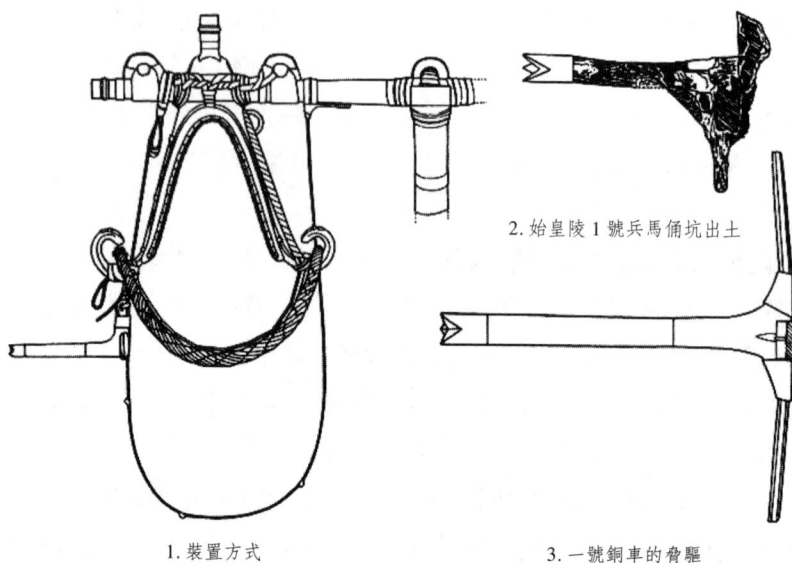

2. 始皇陵 1 號兵馬俑坑出土

1. 裝置方式

3. 一號銅車的脅驅

**圖 6-9　脅驅**

近。有學者認爲是一種制馬之器，"使用時將帶釘的一面朝向馬兩頰，拉繩時使馬感到刺痛，以便達到制馬、馴馬的功用"[1]，即脅驅。

觼軜

觼軜是駕車之具。觼，有舌之環；軜，兩驂内側的轡繩，繫於軾前。觼用以繫軜，因稱觼軜。《詩·秦風·小戎》："龍盾之合，鋈以觼軜。"毛傳："軜，驂内轡也。"鄭玄箋云："軜之觼以白金爲飾也。軜繫於軾前。"朱熹《詩集傳》："觼，環之有舌。軜，驂内轡也。置觼於軾前以繫軜，故謂之觼軜。亦消沃白金以爲飾也。"[2]《説文·角部》："觼，環之有舌者。"[3]"軜，驂馬内轡繫軾前者。"[4]《急就篇》《玉篇》解釋與《説文》同。

由毛、鄭等人的解釋可知，兩匹驂馬共四條轡繩，有外轡、内轡之分，軜爲驂馬内側的轡繩，繫於車軾前。觼乃繫轡繩之環。鋈，指鍍金，蓋鍍錫之環。

①　吳曉筠：《商至春秋時期中原地區青銅車馬器形式研究》，《古代文明》第 1 卷，文物出版社 2002 年版，第 226 頁。
②　朱熹：《詩集傳》卷 6，第 97 頁。
③　段玉裁：《説文解字注》，第 188 頁。
④　段玉裁：《説文解字注》，第 726 頁。

## 第三節　馬飾

馬飾與駕馭用的馬具不可分，多數就是在馬具上加上金屬或玉石的飾片，或者對馬進行加以裝飾，以彰顯車馬的威儀。

**文髦**

對馬鬃加以剪齊修飾，稱爲文髦。《儀禮·既夕禮》記載：“主人乘惡車”，“木鑣，馬不齊髦。”鄭玄注：“此惡車，王喪之木車也”，“齊，剪也，今文髦爲毛，主人之惡車如王之木車。”據此，喪車“馬不齊髦”，則正常情況下駕車之馬均應剪鬃髦。

秦兵馬俑坑出土的數百匹陶質車馬和鞍馬全部剪鬃如一。銅車之馬雖爲銅鑄，但鬃毛表現得絲縷如真，修剪梳理非常講究。兩乘車共駕馬八匹，修飾情況大同而小異。所有銅馬頸項上的鬃毛皆修剪平齊，其中四匹驂馬是自耳後至鬐甲的鬃毛通剪，四匹服馬因爲駕軛的關係，近鬐處的一段鬃毛未剪，任其自然披向兩側。剪理後的短鬃直立馬頸脊部，在其中間偏上的部位，又刻意修剪出一撮寬約 6 厘米高出短鬃之上的鬃花作爲點綴。銅馬頸頂上刻意剪理的單花有明顯的裝飾性質。秦兵馬俑坑的陶質車馬也都剪有單花；除兩車的右驂馬額頂縛纛外，其餘六匹銅馬的額頂上均留有一朵人字形的鬃花。梳理的方式是先將兩耳間的鬃毛合爲一束，然後於耳前分爲兩撮向左右分梳，使其形如展翅，甘肅武威東漢銅馬頭頂也有類似鬃花，說明這是古代的習俗。[①]《秦始皇陵銅車馬發掘報告》將這種鬃花定名爲文髦。

**錫**

錫是裝在馬額前的飾物[②]，因位於馬額中央，故稱當盧，字亦作當顱。《詩·大雅·韓奕》：“鉤膺鏤錫。”鄭玄箋：“眉上曰錫，刻金飾之，今當盧也。”孔穎達疏：“錫，馬面當盧，刻金爲之。所謂鏤錫當盧者，當馬之額，盧在眉眼之上，所謂鏤錫指此文也。”《周禮·春官·巾車》云：“王之五路，一曰玉路，錫，樊纓十有再就。”鄭玄注：“錫，馬面當盧，刻金爲之，所謂鏤錫也。”《急就篇》卷三“錫”顔師

---

① 陝西省秦俑考古隊、秦始皇兵馬俑博物館：《秦陵二號銅車馬》，第 41—42 頁。

② 王恩田：《釋易》，《黃盛璋先生八十華誕紀念文集》，中國教育文化出版社 2005 年版，第 91—98 頁。

古注："錫,馬面上飾也,以金銅爲之,俗謂之當顱。"①據上引文獻,可知當盧爲銅製,表面有雕飾者,稱鏤錫。秦陵銅車是皇帝乘輿車隊中的馬車,級別高貴,馬額中間的葉形金飾雕刻花紋,是古代鏤錫的典型形象。

　　當盧亦有呈半月形者,稱爲月題,濬縣辛村曾有出土(圖6–10)。②《説文·頁部》："題,額也。"③《莊子·馬蹄》："夫加之以衡扼,齊之以月題。"《釋文》引司馬彪、崔譔云："月題,馬額上當顱如月形者也。"④題,額。月題飾於馬額上。

圖6–10　月題（濬縣辛村出土）

　　據出土資料,商代晚期的當盧略呈圓形,背面有橫梁鈕,面微鼓。西周時期的當盧作丫字形,中間有一個圓泡,上端連鑄兩個歧角,下端垂一長方形鼻梁,背面有穿帶的橫鈕,以皮條繫於馬絡頭上,有的則呈長條形,上部飾獸面,下部呈鈎狀。⑤東周時期的當盧多爲圓形,到秦漢時期當盧就變成了長條形。秦陵銅車的馬勒上各有一件葉形的金飾件,勒套裝於馬頭後,葉形金飾位於馬額中央。飾件的正面以淺浮雕形式塑出二者交合爲一的兩條蟠虺紋;背面有四紐鼻,用以穿連勒帶,同時起著節約的作用。《秦始皇陵銅車馬發掘報告》將此飾件定名曰當盧。⑥

　　馬冠

　　馬冠是置於馬首頂部的裝飾品,古名鍐。⑦《文選·張衡〈東京賦〉》："龍輈華轙,金鍐鏤錫。"李善注引蔡邕《獨斷》曰："金鍐者,馬冠也。高廣各五寸,上如

---

① 史游:《急就篇》卷3,第227頁。

② 郭寶均:《濬縣辛村》圖版四五,科學出版社1964年版。

③ 段玉裁:《説文解字注》,第416頁。

④ 郭慶藩:《莊子集釋》卷4中,第340頁。

⑤ 吳曉筠:《商至春秋時期中原地區青銅車馬器形式研究》,《古代文明》第1集,第230頁。

⑥ 秦始皇兵馬俑博物館、陝西省考古研究所:《秦始皇陵銅車馬發掘報告》,第212頁。

⑦ 《説文·金部》："鍐,馬頭飾也。"(段玉裁:《説文解字注》,第712頁)楊英傑先生根據考古發現的相關器物,提出當盧與鍐不是一物,認爲馬頭頂上的青銅鏤刻獸面飾具爲鍐。其說存疑。

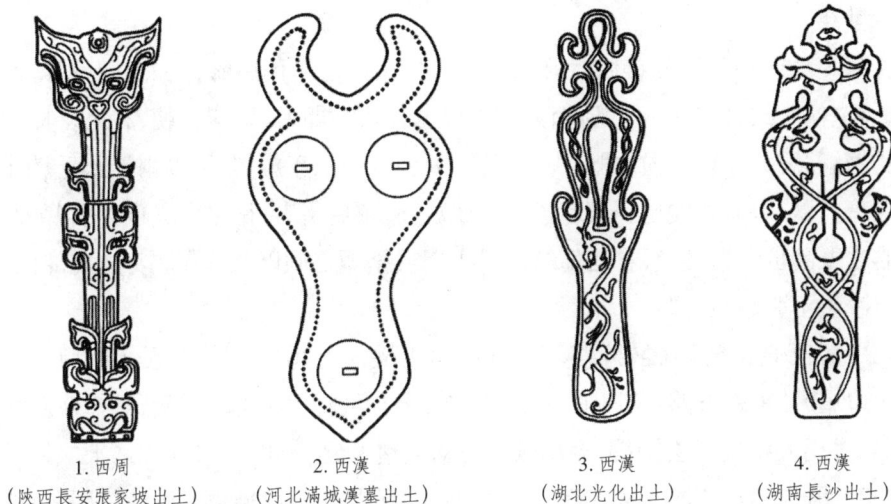

| 1.西周 | 2.西漢 | 3.西漢 | 4.西漢 |
|---|---|---|---|
| （陝西長安張家坡出土） | （河北滿城漢墓出土） | （湖北光化出土） | （湖南長沙出土） |

圖 6–11　當盧

玉華形,在馬髦前。"① 錽,《廣韻·範韻》《玉篇·金部》皆云:"馬首飾。"

　　青銅馬冠流行於西周時期,多鑄造成扇面形,或合鑄爲一體,或耳目口鼻分鑄,飾大獸面,邊緣有穿孔(圖 6–12),以便穿繫,可能是先釘繫於皮冠上,然後套之於馬首。②

| 1.陝西長安張家坡出土 | 2.河南濬縣出土 | 3.河南濬縣出土 |
|---|---|---|

圖 6–12　馬冠

---

① 蕭統編,李善注:《文選》卷 3,第 112 頁。
② 楊英傑:《先秦古車挽馬部分鞁具與馬飾考辨》,《文物》1988 年第 2 期,第 75—80 頁。

繁纓

繁纓爲馬頸下掛的纓絡狀飾物,爲天子、諸侯之專用馬飾,大夫以下不得使用。《左傳·成公二年》:"既,衛人賞之以邑,辭,請曲縣、繁纓以朝,許之。"杜預注:"繁纓,馬飾。皆諸侯之服。"《左傳·哀公二十三年》:"其可以稱旌繁乎。"孔穎達疏:"繁,馬飾繁纓也。"《新書·審微》:"叔孫於奚者,衛之大夫也。曲縣者,衛君之樂體也。繁纓者,君之駕飾也。"[1]對於繁纓之制以及其在馬身上的部位,古今説法不一。

一説認爲,繁,馬腹帶;纓,馬頸革,即馬鞅。此爲鄭玄所主張,《周禮·春官·巾車》:"王之五路:一曰玉路,錫,樊纓,十有再就。"鄭玄注:"樊,讀如鞶帶之鞶,謂今馬大帶也。玄謂纓,今馬鞅。王路之樊及纓,皆以五采罽飾之十二就。"《儀禮·既夕禮》:"薦馬纓三就,入門。"鄭玄注:"纓,今馬鞅也。"兩注皆同。《禮記·禮器》:"大路繁纓一就,次路繁纓七就。"孔穎達疏:"繁,謂馬腹帶也。"鄭氏等認爲樊讀如鞶帶之鞶,是馬的大帶,纓是馬鞅,用五彩罽絛絲、淺黑或鵠色韋等飾鞶和鞅。

一説纓爲當胸之革,繁爲纓下飾物,此説爲賈、馬等人所主張。賈公彦疏引賈逵、馬融説:"鞶纓,馬飾,在膺前,十有二帀,以旄牛尾金塗十二重。"《後漢書·輿服志上》:"天子玉路,以玉爲飾,錫,樊纓十有再就。"劉昭注引傅玄《乘輿馬賦》注:"繁纓飾以旄尾,金塗十二重。"[2]

又《周禮·春官·巾車》:"王之五路:一曰玉路,錫,樊纓,十有再就。"鄭司農認爲纓爲當胸,以削革爲之。《國語·齊語》韋昭注亦同。蔡邕《獨斷》卷下:"繁纓在馬膺前,如索帬者是也。"[3]《左傳·桓公二年》:"鞶厲游纓",杜注:"纓在馬膺前,如索裙。"

一説緌爲馬鞅之飾物。《釋名·釋車》云:"鞅,嬰也,喉下稱嬰。言纓絡之也。其下飾曰樊纓,其形樊樊而上屬纓也。"[4]今人楊英傑從此説。[5]

一説緌爲馬髦上的飾物。《説文·糸部》:"緌,馬髦飾也。《春秋傳》曰:可以

① 閻振益、鍾夏:《新書校注》卷2,第74頁。

② 范曄:《後漢書·輿服志上》,第3643、3644頁。

③ 蔡邕:《獨斷》卷下,第100頁。

④ 王先謙:《釋名疏證補》卷7,第262—263頁。

⑤ 楊英傑:《戰車與車戰》,第115頁。

稱旌緌乎。"段玉裁注："馬髦，謂馬鬣也。飾亦妝飾之飾，蓋集絲條下垂爲飾曰緌。……又俗改其字作繁。"①髦，即馬額頂的鬃花。繁是馬頭上的穗狀飾物。《左傳·僖公二十八年》："初，楚子玉自爲瓊弁、玉纓。"《文選·張衡〈西京賦〉》"天子乃駕雕軫六駿駁，戴翠帽，倚金較，璿弁玉纓，遺光儵爚。"注云："弁，馬冠也，又髦以璿玉作之。纓，馬鞅也。以玉飾之。"②"弁纓"，或作"樊纓""繁纓"。《周禮·巾車》"樊纓"條下孫詒讓案："古文作樊，聲類同也。《禮記》作繁。"又案："樊正字當作緐，此經及《左傳》作樊，假借字也。其意則當如許君説，爲馬髦上飾。"孫氏力挺許慎之説：

> 綜而論之，緐纓古義約區三科，所施各異。後鄭説樊爲馬大帶，則施於脅下；纓爲鞅，則施於頸下也。賈、馬以纓爲當膺革，而緐爲纓下飾，則施於胸前也。許以爲馬髦飾，則施於髦上也。漢晉諸儒所説，要不出此。今考馬鞁具之有大帶與當胸，貴賤所同，而樊纓爲諸侯以上之盛飾，則不可并爲一，明矣。……蓋纓雖即胸膺之革，而緐則當於馬鞁具之外，別爲盛飾。緐者弁也，猶人之有冠也。……凡馬額有鍚，則似冠武；緐前屬於鍚，落馬髦而後接於馬背之革，則似冠梁；又以削革綴於緐，而下復繞胸而上，則似冠纓；纓下有垂飾，則似冠緌。緐落髦而纓落胸，縱橫上下，互相貫屬，故馬、賈以爲一物也。凡經典言緐纓者，義并如此。緐或借作樊，作肇，説者遂失其義。③

孫詒讓認爲緐、纓均指馬飾。孫詒讓排除衆議，力挺許説。

按，從文獻看，常言繁纓一就、三就、七就、十二就等，可推測繁纓應爲一物，而非二物。再者，以常理揆之，樊纓爲諸侯以上貴族之馬的飾物，則應該設於馬的明顯處，人的目光容易看見。若如馬胸下之説，則樊纓之飾恐難以看見，且與彰顯貴族身份與地位的目的難以相符④，故賈、馬之説難以成立。稽諸考古材料，在秦始皇陵二號車馬坑二號銅車所駕銅馬頸下喉部的馬勒連接帶上，均懸掛有一件穗狀的纓絡。一號銅車馬瓔珞一件。纓絡用細銅絲扭結而成，原物應是用犛牛尾、削革、罽或條絲等做成。⑤馬頸下的纓絡懸掛於馬鞅上，符合《釋名》

---

① 段玉裁：《説文解字注》，第 658 頁。

② 蕭統編，李善注：《文選》卷 2，第 67 頁。

③ 孫詒讓：《周禮正義》卷 52，第 2147—2148 頁。

④ 黨士學：《秦陵銅車馬具馬飾擴考》，《秦陵秦俑研究動態》2008 年第 2 期。

⑤ 秦始皇兵馬俑博物館、陝西省考古研究所：《秦始皇陵銅車馬發掘報告》，第 229—230 頁。

之説,此穗狀飾物爲應即繁纓。繁纓得名於嬰,嬰纓二字相通。《説文·女部》："嬰,繞也。"段玉裁注："各本作頸飾也。"[1]《荀子·富國篇》："辟之是猶使處女嬰寶珠。"王先謙《集解》："嬰,繫於頸也。"[2] 嬰有以飾物繞頸上之意。

繁纓有十有再就、九就、七就、五就、三就、一就之别,爲貴族身份與地位的象徵。至於繁纓的"就"數,一般解釋爲"凡會和采色以爲文飾,采備爲就"[3],"凡此經言采者,皆以衆采備帀爲一就"[4],也就是五彩飾一成(一束)爲一就。繁纓的就數體現出尊卑貴賤,身份的差異。

左纛

左纛是爲了便於使四匹馬一起轉彎而設置的部件,[5] 以犛牛尾製成。《續漢書·輿服志》："左纛以犛牛尾爲之,……大如斗。"

左纛所設位置,蓋有三説。一説設於右驂馬頭上。原本《玉篇》云："蔡邕《獨斷》:乘輿輿車黄屋、左纛。纛者,以犛牛尾爲之,大如斗,在最右騑馬頭上也。'"[6] 騑馬爲左右兩旁之驂馬,左纛設置於右驂馬頭上。另《文選·張衡〈東京賦〉》："左纛鈎膺。"李善注云："左纛以犛牛尾大如斗,置騑馬頭上,以亂馬目,不令相見也。"[7]《文選》六臣注："左纛以毛牛尾爲之,在駕車之馬鬃上。"[8] 李善與六臣注并未指明左纛是設於左右騑馬的那匹馬頭上。一説設在車衡左上方。《史記·項羽本紀》："紀信乘黄屋車,傅左纛。"裴駰《集解》："李斐曰:'纛,毛羽幢也,在乘輿車衡左方上注之。'"[9] 一説設於左騑馬軛上,如《初學記》云："又加犛牛尾,大如斗,置左騑馬軛上,所謂左纛也。"[10] 此説不主張左纛設置於馬頭上。

---

[1] 段玉裁:《説文解字注》,第 621—622 頁。

[2] 王先謙:《荀子集解》卷 6,第 200 頁。

[3] 孫詒讓:《周禮正義》卷 15,第 573 頁。《周禮·天官·典絲》鄭玄注:"彩色一成曰就。"

[4] 孫詒讓:《周禮正義》卷 52,第 2149—2151 頁。

[5] 孫機:《始皇陵 2 號銅車對車制研究的新啓示》,《中國古輿服論叢》(增訂本),第 11—14 頁。

[6] 《原本玉篇殘卷》,中華書局 1985 年版,188 頁。原本《玉篇》所引蔡邕《獨斷》文字與其它文獻所引不同。《史記集解》引:"蔡邕曰:以犛牛尾爲之如斗,或在騑頭,或在衡上也。"《文獻通考》卷 116 引蔡邕曰:"以犛牛尾爲之,如斗,或在騑頭,或在衡,或在最後左騑馬鬃上。"參見劉瑞:《左纛位置的文獻考索》,《文獻》2000 年第 4 期,第 238—240 頁。

[7] 蕭統編,李善注:《文選》,卷 3,第 112 頁。

[8] 蕭統編,六臣注:《六臣注文選》卷 3,第 71 頁。

[9] 司馬遷:《史記》卷 7,第 326 頁。

[10] 徐堅等:《初學記》卷 65,景印文淵閣四庫全書本。

秦始皇陵 2 號車的右驂馬額頂設有一裝纓銅杆，其下有半圓形底座，座上有高約二十厘米的銅杆，杆頂飾有纓絡。孫機先生認爲裝纓銅杆即"左纛"，右驂馬頭上的纛之所以被名爲左纛，"可能是因爲當時的戰車一般向左轉彎，即《鄭風·清人》所謂'左旋'的緣故"，"由此而産生的左纛之制，亦不應理解爲左側之纛"。[1] 此可備一説。

　　鈎

　　鈎是一種繫綴於馬頜間革絡的銅製鈎狀飾物。《周禮·春官·巾車》："金路，鈎，樊纓九就。"鄭玄注："鈎，婁頜之鈎也。金路無錫有鈎，亦以金爲之。"頜爲口腔上下的統稱。《公羊傳·昭公二十五年》："牛馬維婁。"何休注："繫馬曰維，繫牛曰婁。"維、婁對言有繫馬、繫牛的區別，泛言則可通用。孫詒讓《周禮正義》云："婁頜，蓋即句曲維婁馬頤頜之靮具，猶當膺亦稱婁胸也。凡馬頜間亦皆有革絡，更以金飾之，則謂之鈎也。"[2] 據此，鈎爲繫連於馬嘴上下革絡上的銅飾。

　　考古出土有銅鈎形飾，這種飾物上端爲獸面，下接長條形銅片，末端呈鈎狀，背面有橫鼻。[3] 張家坡二號車馬坑一號車挽馬，在馬籠嘴中線的皮條上串有兩件帶獸面裝飾的長條鈎狀飾物。一件較長，位於頜的馬鼻上，一件較短，在馬嘴下，鈎於下頜。出土時"小的獸面壓住大的獸面銅飾的鈎部，一同穿在籠嘴的正中的一根皮條上"。類似的鈎形飾件在濬縣辛村西周墓地的二十一號墓中也曾經出土，從頭前綴於馬嘴。這類鈎形銅飾繫於馬的上頜與下頜，楊英傑先生認爲應就是"婁頜之鈎"之鈎。[4]

## 第四節　御馬之具

　　商周時期的御馬之具有策、芮、鞭等。

　　策，驅馬之具，竹製、銅製或木製，一端裝有刺針（圖 6-13），用以刺馬。《考工記·輈人》："軓前十尺，而策半之。"鄭玄注："策，御者之策也。"《説文·竹

---

① 孫機：《始皇陵 2 號銅車對車制研究的新啓示》，《中國古輿服論叢》（增訂本），第 3—19 頁。

② 孫詒讓：《周禮正義》卷 52，第 2151—2152 頁。

③ 朱鳳瀚：《中國青銅器綜論》，第 494 頁。

④ 楊英傑：《先秦古車挽馬部分靮具與馬飾考辨》，《文物》1988 年第 2 期，第 80 頁。

部》："策，馬箠也。"① 策亦名箠，《説
文·竹部》："箠，所以擊馬也。"②《淮
南子·道應訓》説，白公"罷朝而立，
倒杖策，錣上貫頤"，高誘注："策，馬
箠。端有針以刺馬，謂之錣。倒杖
策，故錣貫頤也。"③ 策前面很鋒利的
鋭物，謂之錣。韓城梁帶村 M28 出
土銅策首 3 件，體上端呈短管狀，下
端有三角形錐狀刺，上端兩側有孝釘
孔，銎内安木柲。④ 陝西省鳳翔西村
1 號戰國車馬坑出土一杆馬策，策杆
已朽殘，殘長 33 厘米、直徑 1 厘米。
策杆先塗以棕褐色漆作爲底色，然後
用紅漆髹飾相間的帶紋，帶紋寬 0.2
厘米，上下帶紋間距 0.8 厘米。策杆
末端安有銅錣，并冒以骨帽，首部安
有骨握手，握手以上 1.5 厘米處束有
一骨箍。⑤

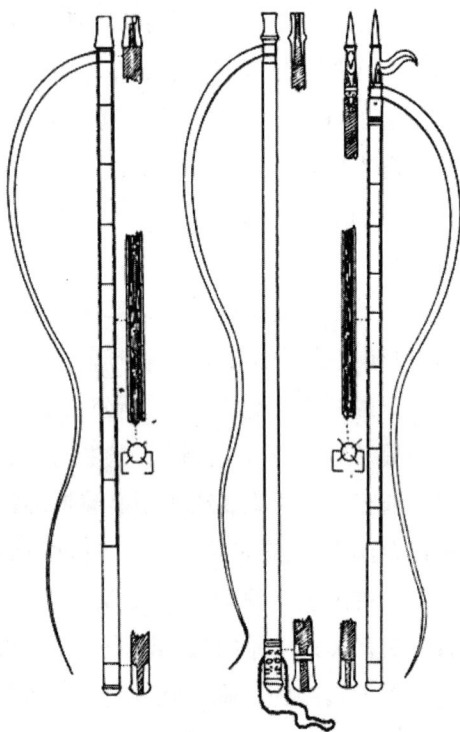

圖 6-13　出土馬策（自左至右分別出土
自安陽小屯 M20、M40、M164）

　　筴是一種頂端帶有針刺的馬鞭，《説文·竹部》："筴，羊車騶箠也。箸箴其
耑，長半分。"⑥《韓詩外傳》卷三介紹馬策的使用方法："欲馬之進，則策其後，欲
馬之退，則策其前。"⑦ 策其後，即刺馬的臀部；策其前，即刺馬的胸部。

　　1980 年陝西臨潼秦始皇陵的一個陪葬坑内，發現兩輛銅車和駕車的馬。在

---

① 段玉裁：《説文解字注》，第 196 頁。

② 段玉裁：《説文解字注》，第 196 頁。

③ 劉文典：《淮南鴻烈集解》卷 12，第 412 頁。

④ 陝西省考古研究院等：《梁帶村芮國墓地——2007 年度發掘報告》，第 141 頁。

⑤ 雍城考古隊、李自智、尚志儒：《陝西鳳翔西村戰國秦墓發掘簡報》，《考古與文物》1986 年
　　第 1 期，第 27 頁。

⑥ 段玉裁：《説文解字注》，第 196 頁。

⑦ 許維遹：《韓詩外傳集釋》卷 3，中華書局 1980 年版，第 107 頁。

車輿(車廂)上發現了三件銅策。銅策仿竹策,鑄成竹節狀。尾端(持握部分)
粗,前端(刺馬部分)細。前端或裝尖錐,或無尖錐。尖錐即文獻之錣,也稱策
尖。前端有錣的策兩件,通長75厘米,徑0.5厘米至0.7厘米。錣長0.9厘米,
尖錐徑0.25厘米。另一件策端無錣,長81厘米,徑0.5厘米至0.7厘米。頂端
齊平,或失錣。兩件銅策通體彩繪流雲紋,與銅車相配,屬於明器。山東福山
出土漢畫像石上有一輜車,主人坐在後輿,御者在前面執一直狀物馭馬,即御
策。①

鞭也是一種御馬之具,以皮革裹木製作。《周禮・地官・司市》:“則胥執鞭
度守門。”孫詒讓《周禮正義》:“繫革於木,以擊人馬,通謂之鞭。”② 析言之,鞭與
策異。《莊子・馬蹄》:“而後有鞭筴之威。”成玄英疏云:“帶皮曰鞭,無皮曰筴,
俱是馬杖也。”③ 混言之,可以通用。朱駿聲《説文通訓定聲》:“鞭,亦曰策,亦曰
箠。”④ 鞭本爲鞭人之物,所以威服衆人,但至遲在春秋時期,鞭子已用於驅馬。
《左傳・僖公二十三年》記載重耳言“左執鞭、弭”相待楚子,《左傳・宣公十五年》
記載伯宗言“雖鞭之長,不及馬腹”,此鞭指馬鞭。


# 第五節　戰馬配備


## 一、戰馬結馬尾

商周時期,對戰馬馬尾的處理方式,主要有將馬尾打結、韜馬尾等方式,目的
是控制馬尾的活動,防止因馬尾上揚而影響車馬行進。

馸指將馬尾挽成結。《説文・馬部》:“馸,繫馬尾也。”段玉裁注:“此當依《玉
篇》作‘結馬尾’。《廣韻》作‘馬尾結也’。結即今之髻字。《太玄》曰:‘車軨馬馸,
可以周天下。’范注:‘馸,尾結也。’《釋文》:‘馸音介,馬尾髻也。’按,遠行,必髻

---

① 李克敏:《山東福山東留公村漢墓清理簡報》圖版六,《考古通訊》1956年第5期。
② 孫詒讓:《周禮正義》卷27,第1063頁。
③ 郭慶藩:《莊子集釋》卷4中,第333頁。
④ 丁福保:《説文解字詁林》,第3344頁。

其馬尾。”① 即把馬尾打成結。

　　將馬尾綰結後尚以絲織物韜之，此絲織物稱爲紛。《説文·系部》：“紛，馬尾韜也。”段玉裁注：“韜，劍衣也，引申爲凡衣之稱。”②《釋名·釋車》曰：“紛，放也，防其放馳以拘之也。”③ 紛的作用是束斂馬尾，防止挽馬放馳。

　　緧是駕車時結絡於牛馬尾下的革帶。《説文·系部》：“緧，馬緧也。”④《考工記·輈人》：“不援其邸，必緧其牛後。”鄭玄注引鄭司農曰：“關東謂緧爲緧。”孫詒讓《周禮正義》引王宗涑曰：“緧以生革縷，般牛尾之下，引而前至背上，與繫輈之革縷相接續。”⑤ 緧，字亦作“鞧”。《釋名·釋車》：“鞧，遒也。在後遒迫使不得却縮也。”⑥《説文·革部》作靯，釋云：“靯，馬尾靯也。從革它聲。今之般緧。”段玉裁注：“《方言》：車緧，自關而東、周雒汝潁而東謂之緧，或謂之曲綯，或謂之曲綸。自關而西謂之緧。”⑦

　　秦始皇陵出土的銅馬，尾巴皆呈編結狀。二號銅車的四馬都把尾毛綰結，并用類似革帶形的銅鏈條束紮。銅鏈長 90.4—98.4 厘米、寬 0.7 厘米、厚 0.4 厘米。兩服馬尾部的銅鏈，後端束紮著馬尾，然後由兩後腿之間穿過，沿腹下前引，其前端繫結於軛内側的銅環上。兩驂馬尾部的鏈條，後端束住馬尾，亦從兩後腿之間穿過沿腹下前引，其前端繫結於鞧上。⑧

## 二、馬甲胄

　　戰馬或則爲之披甲，故書稱爲介馬，介、甲通。《詩·鄭風·清人》：“駟介旁旁。”毛傳：“介，甲也。”《詩·秦風·小戎》：“俴駟孔群，厹矛鋈錞。”毛傳：“俴駟，四介馬也。”鄭玄箋云：“俴，淺也，謂以薄金爲介之札。介，甲也。”孔穎達疏：“俴訓爲淺，駟是四馬。是用淺薄之金以爲駟馬之甲，故知淺駟，四介馬也。成公二

---

① 段玉裁：《説文解字注》，第 467 頁。
② 段玉裁：《説文解字注》，第 658 頁。
③ 王先謙：《釋名疏證補》卷 7，第 262 頁。
④ 段玉裁：《説文解字注》，第 658 頁。
⑤ 孫詒讓：《周禮正義》卷 77，第 3224 頁。
⑥ 王先謙：《釋名疏證補》卷 7，第 263 頁。
⑦ 段玉裁：《説文解字注》，第 111 頁。
⑧ 秦始皇兵馬俑博物館、陝西省考古研究所：《秦始皇陵銅車馬發掘報告》，第 224 頁。

年《左傳》説齊侯與晉戰,云不介馬而馳之,是戰馬皆披甲也。"《左傳·成公二年》:"不介馬而馳之。"杜預注:"介,甲也。"介馬,也即給馬披甲。《左傳·僖公二十八年》記載:"丁未,獻楚俘於王,駟介百乘,徒兵千。"杜預注:"駟介,四馬被甲。"上引文獻中所説的馬甲應是皮甲,是以整片皮或以若干大皮塊編聯而成,有的在皮革上也可能裝飾金屬片,若銅片厚則馬甲重,不利於戰馬的奔馳,故戰馬披甲多用薄的金屬甲。

　　考古發現證明了古代文獻關於戰馬披甲的記載。郭寶鈞先生通過對寶雞3099號馬坑遺址馬骨旁的16個銅甲泡的研究,指出"古代戰車,馬頭有冠,馬身亦有甲"[1]。曾侯乙墓竹簡文字中,有很多關於馬甲的記錄,馬甲有彤甲、畫甲、素甲、漆甲等不同種類。[2] 袁仲一先生則在秦始皇陵園石鎧甲坑發現了相當完整的石馬甲。此外,山西侯馬鑄銅遺址發現的一件陶豆,盤心飾戰車,上有四馬被甲的形象。[3] 戰國初期的曾侯乙墓發現有一些馬甲殘片,經過清理修復,復原了馬的面甲,是由三片大皮革製成,即左、右和正面各一片,表面有壓印及彩繪的花紋。馬身甲只見幾件大的皮甲片,其具體形制和編綴方法不明。[4]

　　荆門包山楚墓出土皮馬甲保存較完好,復原後的馬甲,由頂梁片、鼻側片、面側片共6片甲片組成。馬甲胸頸部分由25片甲片組成,分5列,每列5片。身甲由48片甲片組成,左右對稱,各分4列,每列6片,特殊部位的甲片形制不同。復原後馬甲長66、最寬處74厘米,胸頸部分長70、最寬處約60厘米,身甲長130、每側寬約60厘米。[5] 轅馬披上這種皮馬甲,可以有效地保護頭、頸和軀幹,免遭敵方矢石損傷,從而保證戰車正常進行戰鬥。

　　除了爲馬配備甲外,尚配備有馬冑。曾侯乙墓出土有防護馬頭部的馬冑。馬冑是用整塊皮革橫壓而成,鼻脊近平,頂部正中壓出圓渦紋,兩側開出耳孔和目孔,鼻部也有透孔,兩腮壓成凸出的雲紋狀腮護。皮冑內外均髹黑漆,上繪有

---

①　郭寶鈞:《殷周車馬器研究》,第90頁。

②　陳偉主編:《楚地出土戰國簡册 [十四種]》,第360—361頁。

③　山西省考古研究所:《侯馬鑄銅遺址》,文物出版社1993年版,第316頁。

④　湖北省博物館等:《湖北隨縣擂鼓堆一號墓皮甲冑的清理和復原》,《考古》1979年第6期,第542—553頁。

⑤　白榮金:《包山楚墓馬甲復原辯證》,《文物》1989年第3期,第71—75頁。

朱紅、金黄等色紋飾，細緻精美。①

皮馬冑和馬甲可以有效防衛馬的頭、頸和身軀，避免敵方兵器的傷害，從而保持馬車的順利奔行。

## 第六節　駕馬之法

先秦時期，駕車之馬有用四匹、三匹、二匹，亦有用六匹者。除湖北棗陽九連墩楚墓1號車馬坑13號車駕6馬外②，河南洛陽發現有駕六馬之車，淮陽馬鞍冢M2的13號車也爲駕六之例。③六馬之車也見於文獻記載，如《荀子·議兵篇》："六馬不和，則造父不能以致遠。"④《韓非子·外儲説右上》："夫獵者，托車輿之安，用六馬之足。"⑤曾侯乙墓竹簡亦171—176有駕六的記録六駕之中亦用牝馬，簡文所記駕六之車共六乘。六馬之名稱爲：左飛（騑）、左驂、左服、右服、右驂、右飛（騑）。⑥

車駕四馬，稱爲駟馬。《説文·馬部》："駟，一乘也。"⑦《文選·顔延之〈陽給事誄〉》："如彼騑駟，配服驂衡。"李善注："四馬曰駟。"⑧曾侯乙簡177所記駟馬之稱名爲左驂、左服、右服、右驂。⑨從文獻記載看，周代車駕四馬爲常，其以四牡爲貴，如：

---

① 湖北省博物館等：《湖北隨縣擂鼓墩一號墓皮甲冑的清理和復原》，《考古》1979年第6期，第542—553頁。

② 湖北省文物考古研究所：《湖北棗陽市九連墩楚墓》，《考古》2003年第3期，第12頁；胡家喜：《湖北棗陽九連墩車馬坑翻模及部分車馬復原、復製研究》，《江漢考古》2006年第3期，第83頁。

③ 河南省文物研究所、周口地區文化局文物科：《河南淮陽馬鞍冢楚墓發掘簡報》，《文物》1984年第10期，第1—17頁；裴明相：《談楚車》，《楚文化研究論集》（第一集），荆楚書社，1987年版，第158—168頁。

④ 王先謙：《荀子集解》卷10，第266頁。

⑤ 王先慎：《韓非子集解》卷13，第338頁。

⑥ 陳偉主編：《楚地出土戰國簡册［十四種］》，第364—365頁。

⑦ 段玉裁：《説文解字注》，第465頁。

⑧ 蕭統編，李善注：《文選》，第2466頁。

⑨ 陳偉主編：《楚地出土戰國簡册［十四種］》，第365頁。

《詩·小雅·車攻》："駕彼四牡,四牡奕奕。"

《詩·小雅·采薇》："戎車既駕,四牡業業。"

《詩·小雅·吉日》："田車既好,四牡孔阜。"

由於牡馬貴於牝馬,故而級別高的貴族駕車所用之馬爲純牡,但偶爾間雜以牝馬,自在禮制允許的範圍;但若純用牝馬以供駕車,則爲賤。《韓非子·外儲説左下》："孫叔敖相楚,棧車牝馬。"① 卿大夫以上乘車不用純牝。

駕三之車見於竹簡,如曾侯乙墓簡187所記駕三之車共三乘,分別爲簡178所記大路、簡179所記戎路、簡187所記路車,曾侯乙簡三馬之車重馬的稱名爲左驂、左服、右服(簡178)。② 考古材料表明周代有駕三之制。上村嶺虢國墓地曾出土有三乘駕三馬的木車(分別爲M1051:一號、三號、四號車),1993年山西永濟趙柏鄉趙杏村清理的車馬坑有1車3馬,2車6馬情況。③ 包山楚墓所出"子母口盒"蓋身繪有二乘駕三馬之車的圖像。④ 這些材料表明周代亦有駕三馬之車。

駕二馬爲駢。《説文·馬部》："駢,駕二馬也。"⑤ 曾侯乙簡文言兩馬駕車時,其馬稱左服、右服。據考古資料,殷商時期的馬車基本上駕二馬,而周代駕二馬之車的考古實例,有河南三門峽上村嶺M1727所出的二號、三號、五號車,淅川下寺M2所出的四號車⑥,等等。

駕四馬之車,有兩匹服馬和兩匹驂馬。服馬是駕在車轅兩旁的馬。《詩·鄭風·叔於田》："兩服上襄,兩驂雁行。"鄭玄箋："服,中央夾轅者。"《後漢書·章

---

① 王先慎:《韓非子集解》卷12,第329頁。

② 陳偉主編:《楚地出土戰國簡册[十四種]》,第365頁。

③ 中國科學院考古研究所編著:《上村嶺虢國墓地》(黃河水庫考古報告之三),科學出版社1959年版,第42—47頁;《永濟吉縣趙杏村戰國至東漢墓葬》,《考古學年鑒》1994年版,第147頁。

④ 湖北省荆沙鐵路考古隊:《包山楚墓》圖版四三,第144—146頁。

⑤ 段玉裁:《説文解字注》,第465頁。

⑥ 參見鄭若奎《商代的車馬葬》,《商文化論集》,文物出版社2004年版,第322—332頁;楊寶成:《殷墟文化研究》,第119—152頁;中國科學院考古研究所編著:《上村嶺虢國墓地》(黃河水庫考古報告之三),科學出版社1959年版,第42—43頁;河南省文物研究所:《淅川下寺春秋楚墓》,文物出版社1991年版,第179—186頁。

帝紀》:"騑馬可輟解,輟解之。"李賢注:"夾轅者爲服馬,服馬外爲騑馬。"① 驂馬是位於服馬兩邊的馬。《詩·鄭風·大叔於田》:"執轡如組,兩驂如舞。"鄭玄箋:"在旁曰驂。"《荀子·哀公篇》:"兩驂列,兩服入廏。"楊倞注:"兩服馬在中。兩驂,兩服之外馬。"② 驂馬亦謂之騑馬。《説文·馬部》:"騑,驂也。旁馬也。"③

　　馬和車如何繫駕? 據孫機先生研究,中國古代馬車的繫駕法隨著車形制的變化,經歷了三個主要發展階段,即軛靷式繫駕法、胸帶式繫駕法、鞍套式繫駕法。先秦獨輈車采用的是軛靷式繫駕法(圖6-14),是以軛駕車,以靷、靳拉曳的繫駕法。下面結合秦皇陵車馬以及孫機先生的研究,對軛靷式繫駕法作一敘述。

　　秦俑坑的車均爲雙輪單輈。車前駕有4匹馬,在兩服馬頸上加軛,再用一條革帶(靷)圍繞馬脖子,繫結兩軛軥之下,將軛固定以防脱落。爲了避免木質車軛損傷馬頸,軛底下往往襯以裹軛的軟墊。軛首縛於衡上以支撐車體。

　　從秦皇陵一、二號銅車來看,二服馬通過繫在兩軛內側的軥上的兩條靷繩來挽車,即《左傳·哀公三年》所稱的"兩靷"。服馬的靷分爲前後兩段,前段靷,兩馬各有一根,繫結於車輿前續環的下側。後段位於輿下,爲一根粗繩,兩馬共享,繫於軸的中部。前後兩段之間以靷環連接。真正受力的是叉在馬肩胛前的軛,傳力的是靷繩,前靷傳力於後靷,後靷曳軸引動車輪。馬靳只是爲防止馬脱軛而

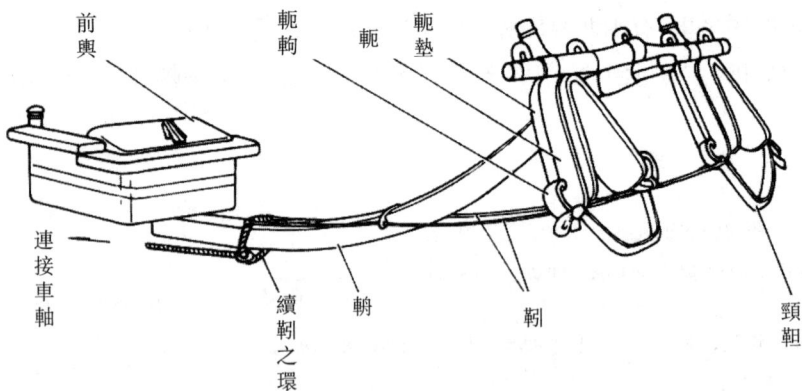

圖6-14　軛靷式繫駕法示意圖

① 范曄:《後漢書》卷3,第155頁。
② 王先謙:《荀子集解》卷20,第546頁。
③ 段玉裁:《説文解字注》,第464頁。

設，并不具有傳力的功能。

駿馬的作用是幫助服馬挽車，據秦皇陵二號銅車馬，駿馬采用胸式繫挽法。兩匹駿馬各有一根革帶形單繩，前端有一環套（靳），束約馬胸用以承力拉車。兩駿馬繩的後端分別繫於輿底下兩側的桄上，與服馬繫軸之靷的繫結點成等腰三角形，便於著力均勻，使車保持平衡。駿馬類似現在牲口車的長套，馬不用轅駕馭，而用皮條與車體相連。《左傳・成公二年》寫齊頃公所乘的車被晉國的韓厥追趕，“將及華泉，駿絓於木而止”。這就是因爲駿馬在外，駕馬的皮條較長而外露的緣故。

秦皇陵一、二號銅馬均駕四馬，每馬有兩根轡索，四馬共八轡。其中兩服馬的内轡繫結於軾前的爪形紐鼻上，其餘六轡握於御者手中，每隻手握三根轡繩。即左手握左駿、左服馬的外轡及右駿馬的内轡，右手握右駿、右服馬的外轡及左駿的内轡，用以控馭車馬。兩服馬因借助於衡連成一體，其内轡不需要牽挽即可使車馬左旋或右旋。

中國古代獨輈車的車輪大，自輈軥至軸的連線接近於水平狀態，以靷傳力曳車，馬的力量能夠集中使用，減少無謂的分力。馬的承力點在肩胛兩側，輈是受力的部件，鞅雖縛圍於馬頸上，但因不傳力，所以不會壓迫馬的氣管，車子進行速度加快時，也不至影響馬的呼吸，從而使馬奔跑自如。①

---

① 　孫機：《中國古馬車的三種繫駕法》，《載馳載驅：中國古代車馬文化》，第 75—91 頁。

# 主要參考文獻

爲排版方便，本書使用的古文字資料，一般對古文字采用寬式隸定。爲避免煩瑣，本文引用次數較多的古文字材料著錄書均用簡稱，簡稱如下：

1.《合集》中國社會科學院歷史研究所：《甲骨文合集》1—13 册，中華書局 1978—1983 年版。

2.《屯南》中國社會科學院考古研究所編：《小屯南地甲骨》，中華書局 1980 年版。

3.《花東》中國社會科學院考古研究所編：《花園莊東地甲骨》，雲南人民出版社 2003 年版。

4.《英藏》李學勤、齊文心、艾蘭（英）：《英國所藏甲骨集》，中華書局 1985 年版。

5.《集成》中國社會科學院歷史研究所：《殷周金文集成》1—18 册，中華書局 1984—1994 年版。

6.《近出》劉雨、盧岩：《近出殷周金文集錄》1—4 册，中華書局 2002 年版。

7.《銘圖》吳鎮烽：《商周青銅器銘文暨圖像集成》，上海古籍出版社 2012 年版。

8.上博簡　馬承源主編：《上海博物館藏戰國楚竹書》（1—9 册），上海古籍出版社 2001—2008 年版。

9.信陽簡　河南省文物研究所：《信陽楚墓》，文物出版社 1986 年版。

限於篇幅，下面列出的參考文獻只列著作，論文、博士、碩士論文不再列入。

## 一、基本古籍文獻

1.阮元校：《十三經注疏》，中華書局 1980 年版。

2.秦蕙田：《五禮通考》，味經窩初刻試印本，臺北聖環圖書公司 1994 年版。

3.胡培翬：《儀禮正義》，江蘇古籍出版社 1993 年版。

4.孫希旦：《禮記集解》，中華書局 1989 年版。

5.王聘珍：《大戴禮記解詁》，中華書局 1983 年版。

6.孫詒讓：《周禮正義》，中華書局 1987 年版。

7.黃以周：《禮書通故》，中華書局 2006 年版。

8.王先謙：《釋名疏證補》，中華書局 2008 年版。

9. 華學誠：《揚雄方言校釋匯證》，中華書局 2006 年版。

10. 郝懿行：《爾雅義疏》，中華書局 2017 年版。

11. 黃懷信：《小爾雅匯校集釋》，三秦出版社 2003 年版。

12. 段玉裁：《説文解字注》，上海古籍出版社 1988 年版。

13. 王念孫：《廣雅疏證》，中華書局 1983 年版。

14. 王引之：《經義述聞》，江蘇古籍出版社 2000 年版。

15. 徐元誥：《國語集解》，中華書局 2002 年版。

16. 司馬遷：《史記》，中華書局 1959 年版。

17. 班固：《漢書》，中華書局 1962 年版。

18. 范曄：《後漢書》，中華書局 1965 年版。

19. 陳奇猷：《吕氏春秋新校釋》，上海古籍出版社 2002 年版。

20. 王先謙：《荀子集解》，中華書局 1997 年版。

21. 孫詒讓：《墨子閒詁》，中華書局 2001 年版。

22. 黎翔鳳：《管子校注》，中華書局 2004 年版。

23. 郭慶藩：《莊子集釋》，中華書局 2004 年版。

24. 王先慎：《韓非子集解》，中華書局 1998 年版。

25. 劉文典：《淮南鴻烈集解》，中華書局 1989 年版。

26. 陳立：《白虎通疏證》，中華書局 1994 年版。

27. 洪興祖：《楚辭補注》，中華書局 2002 年版。

28. 黃汝成：《日知録集釋》，岳麓書社 1994 年版。

29. 李時珍：《本草綱目》，人民衛生出版社 1978 年版。

30. 沈括：《夢溪筆談》，文物出版社 1975 年版。

31. 崔豹：《古今注》，中華書局 1985 年版。

32. 吳其濬原著，張瑞賢等校注：《植物名實圖考校釋》，中醫古籍出版社 2008 年版。

## 二、近人著述部分（按姓氏漢語拼音爲序）

1. 安徽省文物管理委員會、安徽省博物館編著：《壽縣蔡侯墓出土遺物》，科學出版社 1956 年版。

2. 陳偉主編：《楚地出土戰國簡册 [十四種]》，經濟科學出版社 2009 年版。

3. 高崇文：《古禮足徵：禮制文化的考古學研究》，上海古籍出版社 2015 年版。

4. 郭寶鈞：《山彪鎮與琉璃閣》，科學出版社 1959 年版。

5. 郭寶鈞：《濬縣辛村》，科學出版社 1964 年版。

6. 湖北省荆州地區博物館：《江陵馬山一號楚墓》，文物出版社 1985 年版。

7. 湖北省荆沙鐵路考古隊：《包山楚墓》，文物出版社 1991 年版。

8. 湖南省博物館等：《長沙楚墓》，文物出版社 2000 年版。

9. 湖北省荆州地區博物館編著：《江陵雨臺山楚墓》，文物出版社 1984 年版。

10. 湖南省博物館等：《長沙馬王堆一號漢墓》，文物出版社 1973 年版。

11. 黃金貴：《古代文化詞義集類辨考》，上海教育出版社 1995 年版。

12. 凌純聲：《中國邊疆民族與環太平洋文化》，臺灣聯經出版事業公司 1980 年版。

13. 劉興均：《三禮名物詞研究》，商務印書館 2016 年版。

14. 馬縞：《中華古今注》，中華書局 1985 年版。

15. 馬衡：《凡將齋金石叢稿》，中華書局 1977 年版。

16. 彭林：《周禮主體思想與成書年代研究》，中國社會科學出版社 1991 年版。

17. 錢玄：《三禮通論》，南京師範大學出版社 1996 年版。

18. 錢玄：《三禮名物通釋》，江蘇古籍出版社 1987 年版。

19. [日] 青木正兒：《中華名物考》，中華書局 2005 年版。

20. 裘錫圭：《裘錫圭學術文集》，復旦大學出版社 2012 年版。

21. 陝西省考古研究院等：《梁帶村芮國墓地——二○○七年度發掘報告》，文物出版社 2010 年版。

22. 宋兆麟：《古代器物溯源》，商務印書館 2016 年版。

23. 孫慶偉：《周代用玉制度研究》，上海古籍出版社 2008 年版。

24. 孫機：《漢代物質文化資料圖說》（增訂本），上海古籍出版社 2008 年版。

25. 孫機：《中國古輿服論叢》（增訂本），文物出版社 2001 年版。

26. 唐蘭：《唐蘭先生金文論集》，紫禁城出版社 1995 年版。

27. 王國維：《觀堂集林》，中華書局 1956 年版。

28. 王輝：《一粟集——王輝學術文存》，臺北藝文印書館 2002 年版。

29. 王子今：《秦漢名物叢考》，東方出版社 2016 年版。

30. 吳礽驤、李永良、馬建華：《敦煌漢簡釋文》，甘肅人民出版社 1991 年版。

31. 吳曉筠：《商周時期車馬埋葬研究》，科學出版社 2009 年版。

32. 汪寧生：《古俗新研》，敦煌文藝出版社 2001 年版。

33. 吳淑生、田自秉：《中國染織史》，上海人民出版社 1986 年版。

34. 信立祥：《漢代畫像石綜合研究》，文物出版社 2000 年版。

35. 楊寶成：《殷墟文化研究》，武漢大學出版社 2002 年版。

36. 揚之水：《詩經名物新證》，北京古籍出版社 2000 年版。

37. 于省吾：《甲骨文字釋林》，中華書局 1979 年版。

38. 俞偉超：《先秦兩漢考古學論集》，文物出版社 1985 年版。

39. 雲夢睡虎地秦墓編寫組：《雲夢睡虎地秦墓》，文物出版社 1990 年版。

40. 中國社會科學院考古研究所：《殷墟的發現與研究》，科學出版社 1994 年版。

41. 中國社會科學院考古所：《中國考古學·夏商卷》，中國社會科學出版社 2003 年版。

42. 中國社會科學院考古研究所：《殷墟婦好墓》，文物出版社 1980 年版。

43. 中國科學院考古研究所：《灃西發掘報告》，文物出版社 1962 年版。

44. 朱鳳瀚：《中國青銅器綜論》，上海古籍出版社 2009 年版。

# 後　記

小書即將出版,按照著作出版的慣例,在此多言幾句!

2003 年秋,我開始跟隨業師彭林先生學習三禮,期間曾與幾位同學一起研讀《儀禮·喪服》半年之久,其中牽涉名物甚多,深感禮學研究中名物是一難點。爲了瞭解名物的基本形制、用途等,常常翻閱很多資料,而古代學者的解釋,聚訟紛紜,常令人目眩頭暈。於是決定將名物分類加以整理考釋,這樣在閱讀禮學文獻時就會很方便。經過多年的資料積累和思考,終於將三禮中涉及的名物考釋匯集成篇,自己也舒了一口氣。如所周知,名物之學嚮爲禮學研究的難點,幾千年來鴻學碩儒論之已多,以本人粗淺而微不足道的研究水平和愚鈍的資質,從事此項研究真是有點不知天高地厚,猶如蟻銜蚊負,錯誤之處尚祈請學界師友多批評指正。

需要説明的是,本書主要對衣食住行相關名物做了整理,其他名物考釋另册出版。由於出版經費原因,本應放在一起出版,但由於内容龐大,字數較多,唯有參商分離,分別出版,殊以爲憾。

家師彭林先生近些年來時常對我的學習給予殷殷鼓勵,使我能夠坦然面對目前的學術評價體制,靜下心來從事於書齋生活,聆聽古人的教誨! 家師曹錦炎先生,古文字功力深湛,多才多藝,爲人謙和,學業上常加以勉勵指導。在此祝二位業師身體康健,學術之樹常青!

此外,還要感謝浙江大學賈海生教授、陶磊教授,武漢大學楊華教授,清華大學歷史系劉國忠教授、陳穎飛教授,臺灣大學文學院的葉國良教授,上海師範大學的湯勤福教授,本書寫作期間,他們給了我很多的幫助。本文在寫作過程中,張焕君、齊航福、張濤等同窗好友也提供了很多指導。北京大學朱鳳瀚先生、南京師範大學王鍔先生提出了很多寶貴的修改意見。近幾年來,尤其得到中國社會科學院歷史研究所王震中教授、劉源教授、徐義華教授、王澤文教授、嚴志斌教授,以及河北大學耿超教授等諸位師友的幫助,在此一并致謝!

　　人民出版社的翟金明編輯，爲本書的出版付出良多，改正了本書的很多錯誤，在此表示衷心的感謝！

2020 年 9 月 1 日

# 分類索引

### 第一章　服飾（上）

絲　15

制幣　15

純幣　15

布　16

紵　18

絟　18

緆　18

繐　18

葛布　19

絺　19

綌　19

繜　20

毳　20

罽　20

裘（一）　21

革　21

韋　21

繅絲　22

脫膠　23

練　24

涗水　24

茜草　25

復染法　26

套染法　26

媒染劑　27

正色　27

間色　27

帛　28

繒　28

縵　28

縞　29

素　29

綃　30

縑　30

絹　31

羅　32

紗　33

縠　33

紈　34

綈　34

綺　35

綾　36

錦　36

組　38

絛　38

紃　39

綬　39

縋　41

綖　41

褖　41

冕　42

延　42

旒　43

纊　43

武　44

紐　44

紘　44

纓，參"冠"條。　44

緌　45

紞　45

瑱　45

珥，參"瑱"條。　46

弁　48

爵弁　48

韋弁　49

皮弁　49

會　50

綦（一）　50

冠　51

緇布冠　51

缺項，參"緇布冠"條。　52

頍，參"緇布冠"條。　52

玄冠　53

章甫　53

毋追　54

衣裳　54

襦　55

襮　55

衽　56

襟　56

袂　56

袪　57

衿　57

裳　57

辟積（一）　58

蔽膝　58

市，參"蔽膝"條。　58

芾，參"蔽膝"條。　58

韍，參"蔽膝"條。　58

韠，參"蔽膝"條。　58

襜，參"蔽膝"條。　60

大巾，參"蔽膝"條。　60

革帶　62

大帶　62

鞶帶　62

厲　64

紳　64

帶鉤　66

綺　68

襌　68

褌　69

邪幅　69

徽　69

行縢　70

深衣　71

芏　74

鞻　74

絇　75

繶　75

純　75

綦（二）　75

舄　76

金舄　76

屨　77

躧　78

鞮　79

靴　80

襪　80

髦　85

總角　85

羈　86

纚　89

總（一）　90

副　92

編　93

次　93

被　93

笄　95

箭笄　95

櫛笄　95

衡笄　96

櫛　97

掃　98

德佩　99

事佩　99

觽　99

削　101

容刀　101

礪　101

紛帨　101

容臭　102

珩　103

璜　104

衝　104

牙（一）　105

環　108

玦　108

## 第二章　服飾（下）

大裘冕　112

袞冕　113

鷩冕　114

毳冕　114

希冕　114

玄冕　115

圭衣　117

褘衣　117

揄狄　118

闕狄　118

鞠衣　118

展衣　119

緣衣　119

象服　120

宵衣　120

穎衣　120

稅衣　120

爵弁服　122

韋弁服　122

皮弁服　122

朝服　128

玄端　130

冠弁服　132

素端　133

裘（一）　133

狐白裘　134

狐黃裘　134

狐青裘　134

羔裘　134

大裘　135

鹿裘　135

麑裘　135

黼裘　135

良裘　135

功裘　135

襃裘　136

犬裘　136

麏裘　136

裼衣　136

斬衰　139

齊衰　142

大功　144

小功　145

緦麻　147

首絰　147

腰絰　147

苴杖 147
削杖 147
絞帶 147
繩武 147
畢 147
繩纓 147
辟積（二） 147
衣帶下 147
衰 147
適 147
負版 147
闕中 147
總衰 147
錫衰 148
緦衰 148
疑衰 148
袒免 149
總（二） 150
髻 150
素冠 153
縞冠 154
緌冠 154
袍 154
襺 154
袷衣 155
襦 156
褐 157
澤 157

第三章　飲食

粢盛 160
黍 160
稷 161
稻 164
粱 166

麥 167
菰（一） 168
菽 168
戎菽 168
麻 169
黂 169
苴 169
粟 170
芡 171
葵 172
藿 173
薇 173
苦 174
堇 174
萱 175
芹 175
蕨 176
茆 176
蒿本 177
筍 177
菱 178
菰（二） 178
菁 178
芸 179
芝栭 180
菫 180
蒜 181
薤 182
蔥 182
薑 183
韭 183
芥 184
茱萸 184
蓼 185
瓜 186

葫蘆　186

王瓜　187

萆挈，參"王瓜"條。　187

土瓜，參"王瓜"條。　187

桃　189

李　189

梅　189

杏　190

棗　190

栗　190

榛　191

梨　191

柿　191

枳椇　191

柤　192

含桃　192

肴　193

羞　193

庶羞　194

內羞　194

好羞　194

膳　195

禽獻　195

濡肉　195

臠　196

大　196

膴（一）　196

胾　196

膾　196

刑　197

胘　197

脯　198

脩　198

腶脩　198

束脩　198

脡　199

腊　199

腒　199

全胉　200

房胉　200

豚解　200

體解　201

折俎　201

殽胉，參"折俎"條。　201

肺　201

心　201

舌　201

腥　202

爓　202

餁　202

麴　203

蘗　203

清酒（一）　204

濁酒　204

泛齊　204

醴齊　204

盎齊　204

緹齊　204

沈齊　204

事酒　206

昔酒　206

清酒（二）　206

玄酒　207

明水　207

漿　208

醴　208

涼　209

醫　210

酏　210

酏　210

酪 211
酎 211
醪 212
秩酒 213
公酒 213
禮酒 213
飲酒 213
乾飯 214
糗 214
糒 214
餱 215
乾飯 215
糜 216
粥 216
饘 216
糝 217
五齏 217
七醢 217
七菹 218
三臡 218
醓醢 219
糝食 219
糗餌 219
粉餈 219
鬻 220
賣 220
白 220
黑 220
膴 220
鮑 220
鱐 220
羹 221
臐 221
腳 221
臐 221

臄 221
臐 222
大羹 222
脂 223
膏 223
脀 223
鹽 224
苦鹽 225
散鹽 225
卵鹽 225
形鹽 226
飴鹽 226
桂 227
椒 227
醬 227
醢 227
醯 228
卵醬 228
芥醬 228
醋 228
蜜 228
飴 228
錫 228
烹 230
煮 230
燔 231
炙 232
炮 232
饋 232
餾 233
煎 233
熬（一） 233
八珍 234
淳熬 234
淳毋 234

炮豚　234

炮牂　234

搗珍　234

漬　234

熬（二）　235

肝膋　235

饗齍　235

飧　236

秩膳　236

## 第四章　都邑宮室建築

城　237

郭　239

角浮思，參“罘罳”條。　241

逵　242

皋門　243

雉門　243

庫門　243

應門　243

路門　243

外朝　244

治朝　245

燕朝　245

內朝，參“燕朝”條。　245

市井　247

大市　247

朝市　247

夕市　247

思次　248

介次　248

肆　249

廛　249

闤　249

闠　249

宮　250

室　250

大室　252

宗廟　254

寢　259

正寢　259

燕寢　259

閡　262

門　262

棖　263

楔　263

楣（一）　263

闑　263

闛　263

梱　263

閾　263

闒　264

扉　264

戹　264

關　264

鍵　264

管　265

鑰　266

臺門　267

塾　267

閭　268

閈　268

閎　269

闉　269

闉　269

閣　270

屏　270

蕭牆　270

樹　270

宁　270

罘罳　271

觀　272

闕　272

象魏　272

庭　274

碑　274

唐　276

陳　276

罷　276

廇　276

序　277

廂　278

夾　278

東堂　278

東堂下　278

西堂　278

西堂下　278

堂下　279

序端　279

楹　279

廉　280

坫　280

反坫　280

崇坫　281

阼階　281

西階　281

中階　282

奥　283

屋漏　284

宦　284

突　284

中霤　285

戶　285

牖　285

北堂　286

棟　287

楣　287

庪　287

宗廇　288

梲　288

棼　288

斗拱　288

節　288

欂櫨　289

枅　289

椽　289

桷　290

榱　290

薄　291

箔　291

茸屋　291

瓦屋　291

甍　291

四注　292

四阿　292

殿屋　292

屋翼　292

榮　292

宇　292

楨　293

植　293

榦　293

堇　293

埩　293

小學　294

大學　294

上庠　295

東序　295

瞽宗（一）　295

頖宮　298

辟雍　296

成均　299
瞽宗（二）　299
射宫　302
宣榭　302
庠序　304
倉　312
囷　313
廩　314
庾　314
竇　315
窖　315
府　315
庫　315
凌陰　316

### 第五章　車馬（上）

輪　319
輇　319
輞　319
牙（二）　319
轂　320
藪　321
壺中　321
賢　321
軹（一）　321
輨　322
軧　322
約軧　322
篆　323
釭　324
鐧　324
輻　324
骹　324
股　324
蚤（一）　325
菑　325
弱，参“菑”條。　325
輪緶　325
輔　326
軸　327
轐　327
伏兔，参“轐”條。　327
輹，参“轐”條。　327
車屐，参“轐”條。　327
當兔　328
車軎　328
飛軨　329
轄　330
桎　330
車輿　332
軨　332
轛　332
軹（二）　332
輢　334
軾　335
鞹鞃　336
幦　336
軓　337
陰　338
較　339
重較　340
鞎　342
茀　342
蔽　342
軫　342
任正　343
衡任　343
桄　344
薦板　344
茵　345

文茵　345

乘石　345

綏　345

正綏　346

貳綏　346

軜　346

首　347

軌　347

踵　347

轅　347

衡　348

錯衡　348

轙　349

軛　350

烏啄　350

軥　350

金厄　351

鑾鈴　351

蓋　353

達常　353

桯　353

部　353

枚　353

蚤（二）　354

軹軹　355

軔　357

兵車　358

德車　358

戎路　359

廣車　359

闕車　360

蘋車　360

輕車　361

輶車，參“輕車”條。　361

衝車　361

臨車　361

軘車　363

樓車　363

巢車，參“樓車”條。　363

小戎　363

安車（一）　364

轺車　365

輜重車　366

大車　366

柏車　367

羊車　367

輦車　368

辇車（一）　369

玉路　370

金路　371

象路　371

革路　371

木路　371

遊車　372

田車　372

貳車　373

副車　373

倅車　373

佐車　373

重翟　375

厭翟　375

安車（二）　375

翟車　375

辇車（二）　375

夏篆　376

夏縵　377

墨車　377

棧車　378

役車　378

檀車，參“役車”條。　379

木車　379
素車　380
藻車　380
駹車　380
漆車　380
祥車　381
輴車　381
遣車　382
鸞車　382
皮車　382
柩路　382
蜃車　382
輇車　383
傅　385
遂　385
稾車　385
軒車　386
鸞路　387
奇車　387
輜車　388
輧車　389

## 第六章　車馬（下）

鞁　390
羈　390
勒　391
節約　393
銜　393
橛　393
鑣　393
鑣　394

扇汗　395
幩　395
轡　396
靷　398
韅　399
靳　399
鈎膺　400
鞅　400
靽　101
鷙，參“靽”條。　401
韁　402
游環　402
脅驅　403
䩞韅　404
文髦　405
錫　405
當盧　405
月題　406
錣　406
繁纓　408
左纛　410
鈎　411
策　411
芮　412
鞭　413
繢　414
騑馬　416
驂馬　416
服馬　417
騬馬　417
駢　417

# 漢語拼音索引

**A**

盎齊　204

安車（一）　364

安車（二）　375

熬（一）　283

熬（二）　235

奧　283

**B**

八珍　234

白　220

柏車　367

鞁　401

鮑　220

碑　274

北堂　286

閟　262

糒　214

鞁　390

被　93

畢　147

蔽　342

韠，參"蔽膝"條。　58

辟積（一）　58

辟積（二）　147

鷩冕　114

蔽膝　58

革舄，參"王瓜"條。　187

**辟雍**　295

編　93

鞭　413

弁　48

兵車　358

帛　28

褙

樗櫨　289

轃　327

襏　55

薄　291

部　353

布　16

**C**

驂馬　417

倉　312

策　411

襜，參"蔽膝"條。　60

廛　249

菖本　177

巢車，參"樓車"條。　363

朝服　128

車屐，參"轃"條。　327

車書　328

車輿　332

陳　276

城　237

根　263

成均　299

乘石　345

絺　19

衝　104

衝車　361

重較　341

重翟　375

崇坫　281

椽　289

傅　385

邑　210

輀車　380

軕　322

純　75

純幣　15

淳熬　224

淳母　224

次　93

蔥　182

衰　147

榱　290

倅車　373

醋　228

毳　20

毳冕　114

錯衡　348

**D**

達常　353

大　196

大車　366

大帶　62

大羹　222

大功　144

大巾，參"蔽膝"條。　60

大裘　135

大裘冕　111

大室　252

大市　247

大學　295

帶鈎　66

紞　45

當盧　405

當兔　328

搗珍　234

稻　165

德車　358

德佩　99

鞮　79

鏑　393

翟車　375

軝　322

揥　98

坫　280

殿屋　292

東堂　278

東堂下　278

東序　295

棟　287

竇　315

斗拱　288

腶脩　198

轛　332

**E**

堊　293

軛　350

珥，參"瑱"條。　46

輀車　383

貳綏　346
貳車　373

## F

燔　231
繁纓　408
軓　337
反坫　280
泛齊　204
房胥　200
扉　264
飛軨　329
騑馬　416
肺　201
饙　232
紛帨　101
黂　169
幩　395
蕡　220
棼　288
粉餈　219
麷　220
芾，參“蔽膝”條。　58
韍，參“蔽膝”條。　58
茀　342
輻　324
輔　326
服馬　417
黼裘　135
罘罳　271
伏兔，參“轐”條。　327
府　315
副車　373
復染法　26
副　92
負版　147
輹，參“轐”條。　327

## G

蓋　353
乾飯　215
肝膋　235
榦　293
釭　324
縞　29
縞冠　154
膏　223
櫜車　385
皋門　243
羔裘　134
閣　270
革　21
革帶　62
革路　371
葛布　19
羹　222
宮　250
公酒　213
功裘　135
菰（一）　168
菰（二）　178
轂　320
股　324
瞽宗（一）　295
瞽宗（二）　299
瓜　186
閨　269
圭衣　117
庋　287
桂　226

關　264
輨　322
冠　51
管　265
觀　272
冠弁服　132
桄　344
廣車　359
袞冕　113
郭　239
鈎　411
鈎膺　400

## H

含桃　192
閈　268
好羞　194
闔　264
褐　157
黑　220
緷　342
衡　348
珩　103
衡笄　96
衡任　343
紘　44
閎　269
餱　215
膴（一）　196
膴（二）　220
縠　33
狐白裘　134
狐黄裘　134
狐青裘　134
葫蘆　186

壺中　321
戶　285
萱　175
闠　249
環　105
璜　104
徽　69
褘衣　117
會　50
闠　249
堇　180
藿　173
臛　221

## J

枅　289
襋　55
羈　390
屩　20
笄　95
稷　162
夾　278
袷衣　155
縑　30
襉　154
煎　233
間色　27
鐗　324
薦板　344
箭笄　95
鍵　264
韁　402
薑　183
漿　208
醬　227

椒 227
絞帶 147
角浮思 241
窖 315
較 339
節 288
節約 393
芥 184
介次 248
芥醬 228
襟 56
金厄 351
金烏 75
金路 371
墐 293
錦 36
靳 399
衿 57
菫 174
菁 178
潁衣 120
扃 264
韭 183
樞路 382
苴 169
腒 199
屨 77
鞠衣 118
苴杖 147
遽 385
輂車 368
絹 31
蕨 176
珏 108
橛 393

爵弁 48
爵弁服 122
桷 290
艣軜 404

K

苦 174
苦鹽 225
綺 68
庫 315
庫門 243
膾 196
迲 242
葵 172
頍 52
褌 69
梱 263
閫 263
鞹鞃 336

L

卵醬 228
卵鹽 224
酪 211
醪 212
勒 391
梨 191
李 189
禮酒 213
醴 208
醴齊 204
厲 64
礪 101
栗 190
廉 280

練　24
粱　166
涼　209
良裘　135
脊　223
蓼　185
廩　314
臨車　361
綾　36
菱　178
軨　332
凌陰　316
旒　43
籲　232
廇　276
樓車　363
路門　243
鹿裘　135
鑣　394
爵　196
鸞車　382
鑾鈴　351
鸞路　387
輪　319
輪綆　325
羅　32
閭　268

**M**

麻　169
麥　167
縵　28
駹車　380
宗廟　288
髦　85

茆　176
梅　189
楣（一）　263
楣（二）　287
枚　353
脢　197
媒染劑　27
袂　56
門　262
虋　291
糜　216
蜜　228
幦　336
冕　42
明水　207
墨車　377
木路　371
木車　379

**N**

内朝，參"燕朝"條。　245
内羞　194
輦車（一）　375
輦車（二）　375
鳥啄　350
萁　203
闑　263
紐　44

**P**

鞶帶　62
頖宮　292
袍　154
炮　232
炮豚　234

炮牂　234

彎　396

烹　230

皮車　382

皮弁　49

皮弁服　122

輮輗　355

甓　276

駢　417

屏　270

蘋車　360

輜車　389

脯　198

**Q**

漆車　380

七醢　217

七菹　218

綦（一）　50

綦（二）　75

奇車　387

綺　35

葺屋　291

遣車　382

茂　171

茜草　25

骹　324

寢　259

禽獻　195

芹　175

輕車　361

清酒（一）　204

清酒（二）　206

緒　414

裘（一）　21

裘（二）　133

糗　214

糗餌　219

麴　203

絇　75

鞠　350

袪　57

輇　319

絟　18

全脀　200

犬裘　136

闕車　360

闕　272

闕狄　118

闕中　147

缺項，參"緇布冠"條。　52

困　313

**R**

衽　56

飪　202

軔　357

任正　343

榮　292

容刀　101

戎路　359

戎菽　168

容臭　102

襦　156

濡肉　195

緌　45

芮　415

弱，參"蒻"條。　325

## S

三豑 218

散鹽 225

纚 43

纚絲 22

紗 33

膳 195

扇汗 395

上庠 295

裳 57

舌 201

射宮 302

紳 64

糝 216

糝食 219

沈齊 204

深衣 71

蜃車 382

繩武 147

繩纓 147

適 147

市，參"敝膝"條。 58

市井 247

事酒 206

事佩 99

柿 191

室 250

軾 335

首 347

首絰 147

綬 39

菽 168

塾 267

黍 160

樹 270

束脩 198

庶羞 194

涗水 24

稅衣 120

絲 15

思次 248

總衰 148

緦麻 146

肆 249

四阿 292

駟馬 416

四注 292

鱐 220

素 29

素車 380

素端 133

素冠 153

栗 170

蒜 181

綏 345

繐 18

總衰 147

繸 41

筍 177

飧 236

藪 321

## T

祖免 149

檀車，參"役車"條。 379

堂下 279

條 38

桃 189

套染法 26

臺門 267

唐 276

體解 201

緹齊 204

綈 34

瑱 45

田車 372

綎 41

脡 199

庭 274

桯 353

瓝，參"王瓜"條。 187

軘車 363

豚解 220

脫膠 23

**W**

瓦屋 291

外朝 244

紈 34

鋄 406

王瓜 187

輞 319

薇 173

闈 269

韋 21

文髦 405

文茵 345

韋弁 49

韋弁服 124

屋漏 284

屋翼 292

武 44

五齏 217

毋追 54

**X**

腊 199

錫 18

躧 78

纚 89

舄 76

觿 99

錫衰 148

西階 281

西堂 278

西堂下 278

昔酒 206

希冕 114

夕市 247

裼衣 136

綌 19

醯 227

轄 330

夏縵 377

夏篆 376

緌冠 154

賢 321

銜 393

鑣 399

廂 278

月乡郎 221

祥車 381

象服 120

象路 371

象魏 272

庠序 305

膮 221

殽脀，參"折俎"條。 201

綃 30

蕭牆 270

小戎 363

宵衣 120

小學 294

鞋 74

鞢 74

邪幅 69

楔 263

薤 182

褻裘 136

脅驅 403

心 201

廞裘 136

腥 202

刑 197

行縢 70

形鹽 225

杏 190

羞 193

脩 198

序 277

序端 279

軒車 386

宣榭 302

玄端 130

玄冠 53

玄酒 207

玄冕 115

靴 80

削 101

削杖 147

紃 39

爓 202

牙（一） 319

牙（二） 319

厭翟 375

延 42

鹽 224

燕朝 245

燕寢 259

鞅 400

錫 405

餳 228

羊車 367

腰絰 147

肴 193

輻車 365

窔 284

筵 291

醫 210

衣帶下 147

衣裳 54

窔 284

醷 210

醷實 219

疑衰 148

飴 228

飴鹽 226

輢 234

轙 349

醷 228

纞 75

役車 378

陰 338

茵 345

鞃 398

飲酒 213

纓，參“冠”條。 44

楹 279

**Y**

應門　243

饔飧　235

輶車，參"輕車"條。　361

遊車　372

游環　402

牖　285

庾　314

揄狄　118

宇　292

閾　263

玉路　370

轅　347

約軝　322

鑰　266

軏　346

月題　406

褕　41

緣衣　119

芸　179

**Z**

棗　190

蚤（一）　325

蚤（二）　354

藻車　380

襗　68

澤　157

繒　28

俎　192

饘　216

斬衰　139

展衣　119

棧車　378

朝市　247

章甫　53

折俎　201

楨　293

榛　191

軫　342

正寢　259

正色　27

正綏　346

芝栭　180

脂　223

植　293

軹（一）　321

軹（二）　322

桎　330

櫛　97

櫛笄　95

制幣　15

秩酒　213

枳棋　191

繄，參"靬"條。　40

雉門　243

秩膳　236

治朝　245

炙　232

踵　347

中階　282

中霤　285

輈　346

粥　216

縐　20

軸　327

酎　211

茱萸　184

煮　230

紵　18

宁　270

鬠　150

篹　323

梲　288

濁酒　204

藚　325

緇布冠　51

齊衰　142

輻車　388

輻重車　366

葴　196

漬　234

粢盛　160

總（一）　90

總（二）　150

總角　85

宗廟　254

組　38

佐車　373

左纛　410

阼階　281